북위황제 순행과 호한사회

동아시아 학술연구총서 6

북위황제 순행과 호한사회

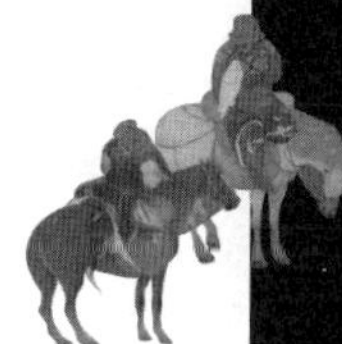

최진열 지음

서울대학교출판문화원

책머리에

북위는 선비(鮮卑)의 한 부족이었던 탁발부가 세운 나라였다. 서진이 망한 후 흉노, 갈, 강, 저, 선비 등 이민족이 중국의 화북지방으로 차례로 침입하여 서로 싸우며 나라를 세웠다. 북위는 소위 오호십육국이라는 분열을 종식시키고 북방을 통일하였다. 그래서 북위와 여러 계승왕조를 합쳐 북조(北朝)시대라고 부른다. 북위는 100여 년 동안 화북지역의 통일을 유지했을 뿐만 아니라 수당시대까지 계승된 균전제라는 토지 분배 제도를 만들어 시행하였다.

대부분의 이민족 군주들은 중국의 일부 혹은 전부를 정복한 후 자민족의 문화와 정체성을 보호하는 정책을 취했지만 북위의 효문제는 반대로 한화정책을 실시하였다. 즉 선비 등 여러 유목민을 중국인에 동화시키려는 정책을 실시하였다. 이민족왕조에서 유례없는 유일한 동화정책을 펼쳤기 때문에 북위는 여러 이민족왕조 가운데 특이한 성격을 가진 국가로 인식되었다. 그뿐 아니라 이민족왕조로는 드물게 유목민의 집단인 부족을 해산시킨 왕조로도 알려져 있다.

필자는 북위사를 연구하면서 북위에 대한 기존의 지식 가운데 상당수가 잘못된 것임을 알게 되었다. 대표적인 것이 효문제의 한화정책이다. 현재 효문제의 한화정책이 제대로 실시되지 못했음을 언어, 문화, 습속, 제도 등의 분야에서 증명하는 연구를 진행 중이며, 이를 바탕으로 몇 년 후 또 다른 연구서를 출판할 계획이다. 필자는 북위사를 연구하면서 탁발부를 중핵으로 한 유목민 집단이 화북 지방을 정복한 이후에도 정치적 · 문화적 정체성을 유지하였고 고유의 문화와 습속을 지니고 있었음을 증명해 왔다. 이 책의 주제인 순행도 북위가 화북지방을 정복한 이후 중국문화의 영향을 받은 것이 아니라 정치적 · 문화적 정체성을 유지하고 고유의 문화의 습속을 지녔음을 보여 주고 있다.

순행은 중국 황제들이 정치적 목적에 따라 지방을 순시하는 행위를 지칭한다. 그간의 연구에 따르면 한인(중국인)이 세운 왕조에서는 순행의 횟수가 적었던 반면 이민족왕조에서는 순행의 횟수가 많았던 것으로 알려져 있다. 필자는 이 점에 착안하여 『위서(魏書)』에 자주 보이는 순행기사에 주목하여 북위의 지배층이 북위황제의 순행을 통해 오랫동안 유목민의 계절 이동 습속을 유지하였음을 증명하려고 하였다. 북위황제의 순행에서 다른 이민족왕조처럼 일정한 지역을 일정한 시기에 이동하는 패턴은 발견되지 않았지만 이민족왕조의 특징은 발견할 수 있었다. 선비인 고유의 정치제도와 문화를 유지했던 점도 발견할 수 있었고, 이러한 연구 성과가 축적되어 이 책을 출판하게 되었다.

그러나 자료가 풍부한 송대(宋代) 이후라면 모를까 진한시대(秦漢時代)부터 당대(唐代)까지 이 주제를 다룬 연구성과가 별로 없는 것은 어쩌면 당연한 일인지도 모른다. 그럼에도 불구하고 필자가 북위시대 순행 문제를 책으로 출간하기로 정한 것은 『위서(魏書)』 본기(本紀)에 북위황제의 순행 기록이 빈출하여 쉽게 관심을 가질 수 있기 때문이기도 했지만 효문제의 한화정책 이전까지 탁발부를 정점으로 한 북방 유목민이 자신의 정치적 · 문화적 · 사회적 전통을 유지했던 배경이 순행에 있다고 생각했기 때문이다.

이 책의 서장(序章)에서는 선행연구와 필자의 조사를 토대로 중국 역대 순행 양상을 개설적으로 서술하였다. 북위사에 관심이 없는 독자라도 서장에 실린 중국 역대왕조의 간략한 순행 역사와 순행 지도를 본다면 순행에 관한 정보를 쉽게 접할 수 있을 것이다. 특히 역대왕조의 순행 지도에는 자주 등장하는 순행 장소를 표기하여 독자들이 쉽게 이해할 수 있도록 하였다. 기존의 연구서나 연구논문에 실린 지도를 재활용한 것도 있고 필자가 그린 지도도 있다. 진한시대부터 당대(唐代)까지 순행빈도와 순행기간을 정리한 표와 이를 바탕으로 작성한 그래프도 지금까지는 없었던 것이다. 처음으로 시도된 만큼 순행 기록이 누락된 기존의 사서 자체의 자료적 한계 때문에 필자가 집계한 통계표의 수치가 정확하지 않을 수도 있다. 이러한 한계에도 불구하고 독자에게는 기원후 첫 번째 밀레니엄 시기의 순행 추세를 압축적으로 이해하는 데 도움이 될 것이다. 최근 출판계의 추세처럼 지도와 그림, 사진을 넣어 독자의 이해도를 조금이라도 더 높이려 하였고 주요 개념과 학술용어를 설명하여 초보자의 이해를 도우려 했다. 이 책이 연구서의 품위를 지키면서도 독자들에게 북위시대와 순행에 관한 관심과 지적 호기심을 이끌어 낼 것으로 기대한다.

이 책이 출간되는 데 많은 분의 격려와 도움을 받았다. 먼저 불초(不肖)한 필자를 너그럽게 받아주시고 필자의 졸고를 출판하도록 힘써 주신 박한제(朴漢濟) 선생님께 가장 먼저 감사의 말을 전하고 싶다. 동아문화연구소장으로서 필자의 글이 출판되는 데 행정적인 도움을 주신 김형종(金衡鍾) 선생님과 이성규(李成珪) 선생님과 김호동(金浩東) 선생님, 신성곤(辛聖坤) 선생님께도 이 자리를 빌려 사의를 표하고자 한다. 그리고 학문의 기본자세와 사료읽기의 중요성을 가르쳐 주신 박혁순(朴赫淳) 선생님께도 큰 학은(學恩)을 입었다. 박혁순 선생님의 진지한 학구열이 구체적인 성과로 이어지지 못한 것은 아쉽지만, 학문적 정열에 대한 기억은 지금까지 생생하다. 이어서 대학원에 진학하기로 결심한 후 필자와 어려운 학문의 길을 함께하거나 귀감이 되어준 김두현, 오병한, 이주엽, 고(故) 박정록, 박길수 형들에게도 이 자리를 빌려 감사의 뜻을 전하고 싶다. 특히 고 박정록 형의 불의의 사망 소식을 들으니 종자기(鍾子期)를 잃은 백아(伯牙)의 심정을 이해할 수 있을 것 같다. 이 책에서 사용된 사진을 흔쾌히 제공해 준 정재훈 선생님과 후배 김용찬에게도 사의를 표한다. 필자의 졸고를 읽고 조언을 해주고 순조로운 출판을 도와준 서울대학교출판문화원의 형난옥 운영본부장, 김현호 편집팀장, 김선래 씨, 표지 디자인의 장혜원 씨에게 감사의 뜻을 전한다.

무엇보다 필자의 외할머니 고 문연희(文延禧) 여사께 이 책을 바친다. 민족의 비극인 6·25전쟁 당시 가정의 비극을 겪으시고 두 남매를 키우시느라 무척 고생하셨다. 특히 어린 필자에게도 많은 관심과 사랑을 베풀어 주셨건만 필자는 아무것도 보답하지 못했다. 훌륭한 학자가 되라고 좋은 이름까지 지어 주셨음에도 대학생이 된 후 필자는 학문보다 세속적인 출세와 성공을 갈망했고 할머니를 호강시켜 드리고 싶었다. 그러나 경제적으로 빈곤한 학문의 길을 택하여 할머니께 물질적인 봉양조차 못했다. 게다가 임종까지 지키지 못했다. 요새 필자의 첫 아이를 장모님이 키우시는 것을 보면서 필자의 할머니께서도 저렇게 고생하시며 키우셨음을 깨닫고 혼자 눈물을 흘린 적이 한두 번이 아니었다. 할머니께 이렇게 지면으로밖에 감사의 뜻을 전할 수밖에 없는 필자의 불효(不孝)가 영원히 가슴에 남을 뿐이다.

2011년 가을

최진열

일러두기

1. 본서에 표기된 날짜는 음력이며 한글 혹은 한자의 숫자와 간지로 표기했다. 이를 양력으로 변환한 경우 진원(陳垣)의 『이십사삭윤표(二十史朔閏表)』(북경(北京): 중화서국(中華書局), 1999)를 참조하였으며, 괄호 안에 아라비아 숫자로 표기했다.

2. 본서의 각 장(章) 혹은 절(節) 가운데 기존의 학술잡지에 동일하게 게재하거나 목차와 내용을 바꿔 발표하거나 일부를 인용한 논문이 있다. 이러한 논문의 목록은 아래와 같다.

1편 1장 1절 순행빈도 · 기간의 통계 분석과 2장 1절 순행 활동의 통계적 분석: 「北魏 皇帝 巡幸의 性格-巡幸頻度 · 巡幸期間 · 巡幸活動의 統計的 分析을 중심으로-」, 『中國古中世史硏究』 26, 2011.

1편 3장 2절 巡幸과 華北 支配: 「北魏의 地域支配方式과 그 性格-지역을 중심으로-」, 『東洋史學硏究』 92, 2005.

2편 1장 巡幸과 '太子監國'의 1節과 2節: 「五胡諸國 · 北朝 후계자의 國政 참여와 그 배경」, 『中國古中世史硏究』 21, 2009.

2편 2장 1절 「文成帝南巡碑」 隨行官員과 近侍官: 「北魏前期 近侍官의 性格-「文成帝南巡碑」의 분석을 중심으로-」, 『역사문화연구』 28, 2007.

2편 3장 한인관료의 巡幸論: 찬성론 · 조언 · 반대론: 「北魏時代 漢人官僚의 巡幸論」, 『역사와 교육』 10집, 2010.

3편 1장 北魏前期 호인의 생활과 胡俗 및 3장 北魏前期 胡俗 유지의 배경: 「北魏 平城時代 호인의 생활과 습속-胡俗 유지와 그 배경을 중심으로-」, 『東方學志』 149, 2010.

3편 2장 北魏前期 胡語 사용 현상: 「北魏前期 胡語 사용 현상과 그 배경」, 『동아시아 문화연구』(『韓國學論集』 改題) 46집, 2009.

3편 4장 北魏後期 胡語 사용과 효문제의 巡幸 · 親征: 「北魏後期 胡語사용 현상과 그 배경」, 중국고중세사학회, 『中國古中世史硏究』 23, 2010.

3. 본문의 중국 지명은 다음과 같은 원칙에 따라 표기했다.

(1) 본문에서 한자로 표기된 중국 지명과 인명, 현재 중국 학자와 일본 학자의 성명은 음역어(音譯語, 한자로 외국어의 음을 나타낸 말)로 표기한다.

(2) 지도에서 지명 다음의 괄호 안 지명은 현재의 지명이며, 외래어표기법에 따라 표기한다.

4. 한자는 원칙상 '한글(한문)'로 병기했으나 한자나 한문이 더 중요하다고 생각되는 경우 '한자(한글)'로 표기하였다.

5. 본문에서 [ ]는 다음의 경우에 사용하였다.

(1) 한문을 번역하며 문맥상 필요한 내용을 필자가 삽입하거나 『위서』의 '태조', '세조', '고조'로 표기된 황제의 이름을 일반적으로 알려진 황제의 시호로 표기할 경우,

(2) 금석문의 이름과 『위서(魏書)』에 표기된 이름이 다를 경우 후자를 보충적으로 설명할 필요가 있을 때,

(3) 호인들의 2자 이상의 성과 효문제의 한성(漢姓) 개칭 이후 1자 성을 병기할 경우

(4) 이름만 표기되어 있는 사료 원문에 '[ ]'로 성을 표기할 경우,

(5) 기타 필요한 경우에 [ ]를 사용하였다.

6. 본문에 인용한 사료와 연구서, 논문은 첫 번째 인용 때 서지사항을 모두 썼고 두 번째 인용 때부터는 '사료명', '저자, 연구서', '저자, 연구논문'의 형식으로 표기했다. 그리고 연구서와 논문명의 부제도 두 번째 인용부터 생략했다.

7. 인용하는 사료가 중복될 경우 첫 번째 인용할 때, 그리고 내용상 중요한 곳에 해당 사료의 원문을 제시했고 나머지 인용 때는 사료의 이름과 권수, 쪽수만 기록했다.

8. 본문의 '□'는 금석문에서 판독하기 어렵거나 아예 탈루된 글자임을 뜻한다.

9. 각주와 본문에서 인용문을 표시할 때 학계의 관행에 따라 " "를 사용했다.

10. 그 사람을 높이거나 대접하여 부르거나 이르는 말인 '씨'는 한글맞춤법에 따라 이름이나 성 뒤에서 띄어 써야 하지만 여기서는 붙여 썼다.

차 례

종장 _ **북위와 다른 왕조 순행의 비교**

부록

서장 _ 역대왕조와 북위의 순행

1. 역대왕조의 순행

순행(巡幸)은 황제(皇帝)가 제국 통치를 위해 각 지방을 돌아다니는 활동이다. 순행의 '행(幸)'은 천자(황제)의 거동이나 행차를 지칭한다. "황제께서 처음으로 감천(甘泉)에 행차하셨다."[1]라는 『사기(史記)』「효문본기(孝文本紀)」 효문제삼년오월조(孝文帝三年五月條)의 구절을 설명한 『사기집해(史記集解)』의 주(注)에서는

> "천자(天子)의 거가(車駕)가 시나가면 백성과 신하는 이를 행운이라 여겼다. 따라서 '행(幸)'이라 한다. 현령(縣令)과 현장(縣長)·삼로(三老)·관속(官屬)을 알현하러 친히 관청에 나갈 때 음악을 연주하며 음식과 비단, 월건(越巾), 칼, 패대(佩帶) 등을 하사했다. 또 백성에게 몇 급의 작(爵) 혹은 전조(田

1 『史記』 卷10 「孝文本紀」 孝文帝三年五月條, 425쪽, "[五月] 帝初幸甘泉." 이하 정사류와 『자치통감(資治通鑑)』은 중화서국(中華書局) 표점교감본(標點校勘本)에 의거한다.

租)의 절반을 하사했다. 따라서 이를 '행운(幸)'이라 한다."[2]

라고 '행(幸)'의 어원을 서술했다. 즉 황제의 순행은 지방을 돌아다니면서 백성을 구휼하거나 시혜를 베풀기 때문에 행운 즉 요행(僥倖)이라고 생각하여 '幸(행)' 자를 사용했다.[3] 또 순행의 동의어로 순수(巡狩) · 순수(巡守) · 순유(巡遊) · 순성(巡省) 등이 있다. 이 가운데 '순수(巡狩)' 역시 자주 사용되었다. 『맹자(孟子)』 양혜왕장구하(梁惠王章句下)에는 안자(晏子)가 제(齊) 경공(景公)에게 대답하는 구절이 있다. 여기에서 순수를

"천자가 제후(諸侯)[의 봉국(封國)을] 돌아다니[면서 시찰하]는 행위를 순수라고 한다. 순수는 지키는 곳을 돌아보며 시찰하는 것이다."[4]

라고 정의했다. 본래 '巡(순)' 자는 갑골문(甲骨文)의 '省(성)' 자에서 유래되었다고 한다. 또 복사(卜辭)의 '省(성)'에는 순시(巡視) · 전렵(田獵) · 정벌(征伐)의 뜻이 있다고 한다. 후에 '省(성)' 자가 '巡(순)'으로 변하고 여기에 '狩(수)' 자를 더하여 '巡狩(순수)'란 단어가 나타났다. 이는 순시 중에 전렵과 무력정벌이 동반되었음을 뜻한다. 후에 순수의 한자 표기가 '巡狩(순수)'에서 '巡守(순수)'로 바뀐 것은 그 성격이 군사 중심에서 정치 위주로 변화되

---

2 『史記』 卷10 「孝文本紀」, 425쪽, "注引集解蔡邕曰: 「天子車駕所至, 民臣以爲僥倖, 故曰幸, 至見令長三老官屬, 親臨軒, 作樂, 賜食帛越巾刀佩帶, 民爵有級數, 或賜田租之半, 故因是謂之幸.」

3 순행 이외에 동음이의어에 속하는 '巡行(순행)'과 '循行(순행)'도 사용된다. '巡行(순행)'은 황제나 관리의 지방 시찰에 사용되며, '循行(순행)'은 황제(皇帝)의 사신 · 사자의 지방 감찰에 주로 사용된다. 반면 황제의 이동만을 표현할 때에는 '幸(행)' 자를 사용한다.

4 『孟子』 卷2上 「梁惠王」下, "天子適諸侯曰巡狩. 巡狩者巡所守也."

었음을 뜻한다.[5]

기록에 따르면 순수(巡狩)의 시원은 요순(堯舜)시대까지 거슬러 올라간다. 우(虞) · 하(夏) 시기에는 천자가 5년에 1회, 주대(周代)에는 12년에 1회 순수했다고 한다.[6] 이러한 순수는 주기의 변화뿐 아니라 내용도 바뀌게 되었다. 즉 선진시대(先秦時代) 처음에는 군주의 행차에서 사냥과 친정(親征)이 주요한 활동이었지만, 국가의 영역이 넓어지면서 그보다는 지배지역의 시찰이 중요한 의미를 가지게 되었다.[7] 반면 정기적인 순수(巡狩)는 전국시대(戰國時代)의 현실과 하(夏) · 상(商) · 주(周) 삼대(三代)의 과거 기억이 결합 혹은 절충된 산물이라는 해석도 있다. 예컨대 순(舜)이 5년에 한 번 천하를 순수(巡守)하고 여러 나라의 제후들이 4년에 한 번 천자를 알현한다는 기록[8]은 전국시대에 백관(百官)과 강력한 군대가 도성에 주둔하는 중앙집권화가 진행될 때 중앙에 정위(定位)하는 지배자의 이미지와 그 이전 경순(經巡)했던 지배자의 기억을 합성해서 만든 기록이라는 것이다.[9]

갑골문(甲骨文)에 따르면 상(商, 혹은 은(殷)이라 함)[10]의 왕들은 인방(人方) 등 '○方(방)'으로 표기되는 주변국들, 즉 제방(諸方)을 정복하기 위해 친정

---

5 김영하, 「新羅時代 巡守의 性格」, 『민족문화연구』 14, 1979, 201-211쪽; 何平立, 『巡狩與封禪-封建政治的文化軌迹-』, 濟南: 齊魯書社, 2003, 9-12쪽.

6 『通典 · 禮典』 卷54 「沿革 · 吉禮」13 「巡狩」, 1499쪽, "唐虞: 天子五載一巡狩." 및 1500쪽, "周制, 十二年一巡狩."

7 何平立, 『巡狩與封禪』, 13-53쪽.

8 『尙書』 「舜典篇」, "五載一巡守, 群后四朝."

9 松井嘉德, 「經巡る王」, 『古代王權の誕生』 I(東アジア篇), 東京: 角川書店, 2002, 252위쪽-253위쪽.

10 탕왕(湯王)이 세우고 주왕(紂王) 때 망한 왕조를 현재 중국에서는 '상(商)'이라고 지칭하는데 비해 일본에서는 '은(殷)'이라 표기한다. 일본의 학문적 영향을 받은 우리나라는 '은(殷)'이라 칭하지만, 최근에는 중국의 표기대로 '상(商)'으로 표기하는 학자도 늘고 있다. 본문에서는 중국의 표기인 '상(商)'을 쓰고 우리에게 익숙한 '은(殷)'을 괄호 안에 병기했다.

(親征)했고 사냥을 위해 여러 지역을 돌아다녔다. 상왕(商王)의 전렵지(田獵地)는 상(은)의 도성 부근이라는 설과 황하(黃河) 북안(北岸), 즉 현재의 하남성(河南省) 심양(沁陽) 일대 혹은 상(은)의 영토 전체에 걸친다는 3가지 주장이 제기되었다. 특이한 점은 상(은)의 왕들이 사냥하는 날이 정해져 있었다는 점이다. 즉 초기에 사냥이 가능했던 날은 십간(十干) 가운데 을(乙)·무(戊)·신(辛) 3일이었으나 후에는 임일(壬日)이 추가되었고, 또 정일(丁日)이 추가되어 사냥 가능한 날이 5일로 늘었다. 이어 기일(己日)과 경일(庚日)도 사냥이 가능한 날로 추가되었다. 어떤 학자는 상(은) 최후 100년 동안 사냥 가능한 날이 십간 가운데 4~6일이었다고 보기도 한다.[11]

1990년대 산서성(山西省) 곡옥현(曲沃縣) 북조촌(北趙村) 진후묘지(晉侯墓地) 8호묘에서 출토된 진후소종(晉侯蘇鐘)의 명문(銘文)은 주왕(周王)과 진후(晉侯)가 숙이(夙夷)를 정벌했던 기록이다. 이 기록에서 주왕의 이동이나 동선을 알 수 있다. 또 진후소종명(晉侯蘇鐘銘)에서는 주왕의 이동을 '휼성(遹省)'이라 기록했다. '휼성'은 다른 금문에는 '휼정(遹正)', '휼(遹)', '성(省)'으로 표기되어 있으며 일반적인 순시뿐 아니라 군사적 활동, 즉 주왕의 친정(親征)의 의미도 포함되어 있다. 주대(周代)의 여러 금문(金文)을 살펴보면 주왕은 도성과 이궁(離宮)이라 불리는 여러 지역, 특히 사방(四國, 사방(四方)이라고도 한다.)[12]에 해당하는 지역까지 순행하고 때로는 각 지역에 설치된 묘(廟)와 궁(宮)의 시설에서 의례(儀禮)를 집행하는 지배자로 군림했다.[13]

기원전 221년 최초로 중국을 통일한 진(秦) 시황제(始皇帝)는 다음 해부터 12년 동안 다섯 차례에 걸쳐 제국 각 지역을 돌아다녔다. 『사기』는 대부

11 松井嘉德, 「經巡る王」, 246위쪽-250아래쪽.

12 사국(四國)이나 사방(四方)은 상(商)[은(殷)]대(代)부터 내려오는 영역의 관념으로 주(周) 주변에 위치한 이적(夷狄)의 방국(邦國)도 포함했다(위의 글, 243위쪽-244아래쪽).

13 위의 글, 241아래쪽-246위쪽.

사진 1 병마용에서 출토된 청동마차

1980년 섬서성(陝西省) 진(秦) 시황제 능의 서쪽에서 출토되었다. 길이 317cm, 높이 106.2cm의 이 마차는 선진 시대부터 제왕이나 왕후, 열후 등이 타고 다니던 안거(安車) 혹은 온량거(轀輬車)이다. 시황제가 순행할 때 타고 다녔던 마차이기도 하다. © 김용찬

분 시황제의 순행 시작과 마지막 월일을 기록하지 않았기 때문에 순행기간의 합계나 평균치를 정확히 계산할 수 없다. 어떤 학자는 대략 통일 이후 1/3 이상의 시간이 순행에 소요되었다고 추정했다. 이민족 통치나 장성(長城) 축조를 목적으로 농서군(隴西郡)과 북지군(北地郡) 일대를 행차한 1차 순행을 제외하면 시황제는 대부분 옛 육국(六國) 지역에 행차했다. 이는 통일제국의 성립을 과시하려는 의도였다. 그뿐만 아니라 태산(泰山)과 각지의 산천 제례(祭禮), 구선(求仙)과 불로장생(不老長生)을 위한 활동 역시 시황제 순행의 주요 목적이었다.[14]

14 鄭夏賢, 「秦始皇의 巡行에 對한 一檢討-封禪과 祭禮 문제를 중심으로-」, 『邊太燮博士華甲紀念史學論叢』, 三英社, 1985, 1115-1139쪽.

다음의 〈지도 1〉은 시황제의 순행 장소를 표시한 것이다.

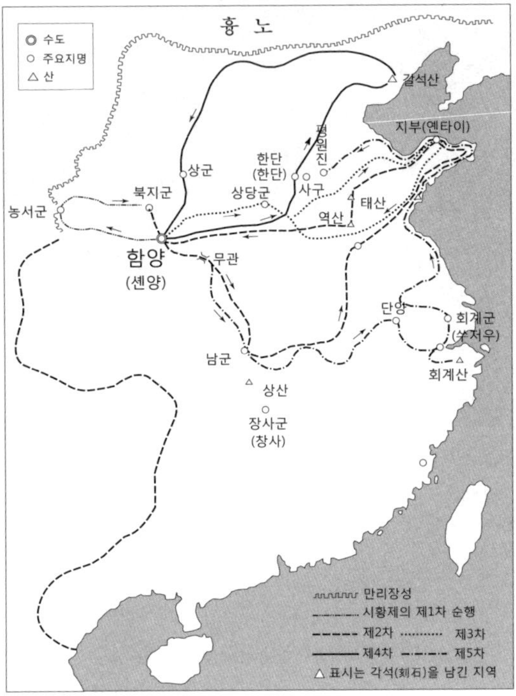

지도 1 시황제 순행도

진 시황제의 1–5차 순행로를 표시하였다. 시황제의 순행 장소는 주로 동쪽의 해안지역에 집중하였다. 이는 시황제의 순행 목적이 불로장생을 위한 의식을 행하는 데 있었기 때문이라고 한다.

시황제의 순행 장소에 대해 한 일본 학자는 시황제가 사망한 사구(沙丘)에 금원(禁苑)이 있었음을 기록한 호북성(湖北省) 운몽현(雲夢縣) 용강(龍岡) 6호묘에서 출토된 죽간 등에 착안하여 사구뿐 아니라 연(燕)의 갈석궁(碣石宮)과 제(齊)의 동관(東觀), 초(楚)의 운몽(雲夢) 이궁(離宮) 혹은 옛 전국시대 왕들의 이궁이 시황제의 순수 거점이 되었다고 추정했다. 즉 도성인 함양(咸陽)과 각지의 이궁 사이에는 치도(馳道)라는 황제의 전용도로가 연결되어 있었다고 한다.[15] 이는 도성과 이궁을 두루 돌아다녔던 서주시대(西周時代) 주왕의 행동과 유사하다고 한다. 즉 시황제가 '순행하는 왕'이라는 선진시대의 전통을 계승했다는 해석도 가능하다.[16]

시황제뿐 아니라 이세황제(二世皇帝)도 즉위한 후 갈석산(碣石山)과 태산·회계(會稽)·요동(遼東) 등을 순행했다. 이세황제의 말에서 알 수 있듯 이세황제의 의도는 시황제처럼 전국순행을 함으로써 진제국(秦帝國)과 황제의 강력함을 과시하여 천하를 복속시키려는 것이었다.[17]

전한(前漢)시대에도 순행이 빈번했다. 한 학자의 통계에 따르면 고조(高祖) 8회, 문제(文帝) 11회, 경제(景帝) 1회, 무제(武帝) 45회, 선제(宣帝) 9회, 원제(元帝) 12회, 성제(成帝) 14회 등 모두 100회의 순행 활동이 있었다.[18] 필자의 계산에 따르면, 친정(親征) 등 행차는 114회, 친정(親征)과 근거리 행차를 제외한 순행은 101회에 달했다.[19] 고조는 즉위 초부터 제국의 안정과 토대 구축을 위해 이성제후왕(異姓諸侯王) 제거에 관심을 쏟았다. 고조는 이를 실행하고 제후왕들의 반란을 평정하기 위해 자주 친정(親征)에 나섰다. 특히 고조가 자주 방문한 지역은 낙양(洛陽)이었다. 이는 고조가 처음에 낙양을 수도로 정했던 인연도 있었지만, 낙양이 천하의 중심인 데다 동쪽의 이성제후왕과 왕래하거나 정벌하려면 반드시 통과해야 하는 교통의

---

15 鶴間和幸, 「秦始皇帝長城傳說とその舞臺-秦碣石宮と孟妻女傳說をつなぐもの-」, 學習院大學, 『東洋文化硏究』 1, 1999, 22-29쪽.

16 松井嘉德, 「經巡る王」, 253아래쪽-254위쪽.

17 『史記』 卷6 「秦始皇本紀」 秦始皇三十七年條, 267쪽, "二世與趙高謀曰: '朕年少, 初卽位, 黔首未集附. 先帝巡行郡縣, 以示彊, 威服海內. 今晏然不巡行, 卽見弱, 毋以臣畜天下.' 春, 二世東行郡縣, 李斯從. 到碣石, 並海, 南至會稽, 而盡刻始皇所立刻石, 石旁著大臣從者名, 以章先帝成功盛德焉: ……."

18 劉俊虎, 「西漢諸帝巡幸與社會政治」, 南京師範大學 碩士學位論文, 2005.4, 4쪽.

19 [부록 2] '秦-唐 순행표(순행1)' 참조.

요지라는 점도 고려되었다.[20] 문제 이후 전한 황제는 옹(雍) · 감천(甘泉) · 분음(汾陰) 등지로 행차하여 오치(五畤) · 태치(泰畤) · 후토(后土) 제사를 지냈다. 이 세 제사를 합하면 모두 52회였다. 이후 성제 건시(建始) 2년(B.C. 31)에 이 세 제사를 없애고 대신 장안(長安)의 근교(南北郊)에서 제사를 지내도록 통합하거나 정리했다. 그리고 다음 해(기원전 30)에 남북교(南北郊)에서 제사를 지냈다. 이후 오치 · 태치 · 후토와 남북교 제사는 폐지와 부활을 반복하다가 왕망(王莽)의 개혁 이후 남북 교사(郊祀)로 확립되어 후한시대(後漢時代)에 정착했다.[21]

시황제에 버금갈 정도로 자주 순행한 황제가 무제였다. 그는 전국을 순행하면서 제사, 구선(求仙), 지방의 순시, 계부(計簿)의 수계(受計), 전조(田租) · 조부(租賦)의 면제, 환과고독에게 곡물과 비단(粟帛) 하사 등의 조치를 취했다.[22]

무제의 순행 장소 가운데 감천궁(甘泉宮)이 주목된다. 무제는 11-12회에 걸쳐 감천(甘泉) 혹은 감천궁에 행차했다. 예컨대 무제가 건원(建元) 3년(기원전 138)에 서역사행(西域使行)을 떠나는 장건(張騫)을 마중하러 나간 곳이 바로 감천이었다. 또 무제는 천한(天漢) 4년(B.C. 97)과 후원(後元) 2년(B.C. 87)에 감천궁에서 제후를 불러 조회(朝會)를 열었고 이를 위해 감천궁에 제후저(諸侯邸)를 두었다. 그리고 태초원년(太初元年, B.C. 104)에 감천궁에서 군국(郡國)의 상계(上計)를 받았으며, 태시(太始) 3년(B.C. 94) 외국객(外國客)을 불러 잔치를 열었다. 게다가 『섬서통지(陝西通志)』에 따르면 무제는

---

20 劉俊虎, 「西漢諸帝巡幸與社會政治」, 4-6쪽.

21 金子修一, 「漢代の郊祀と宗廟と明堂及び封禪」, 『古代中國と皇帝祭祀』, 東京: 汲古書院, 2001, 86-94쪽. 특히 五畤 · 泰畤 · 后土 제사의 수는 90-103쪽 第七表 前漢の郊祀 참조.

22 大櫛敦弘, 「前漢武帝期の行幸」, 『日本秦漢史學會會報』 5, 2004, 123-128쪽.

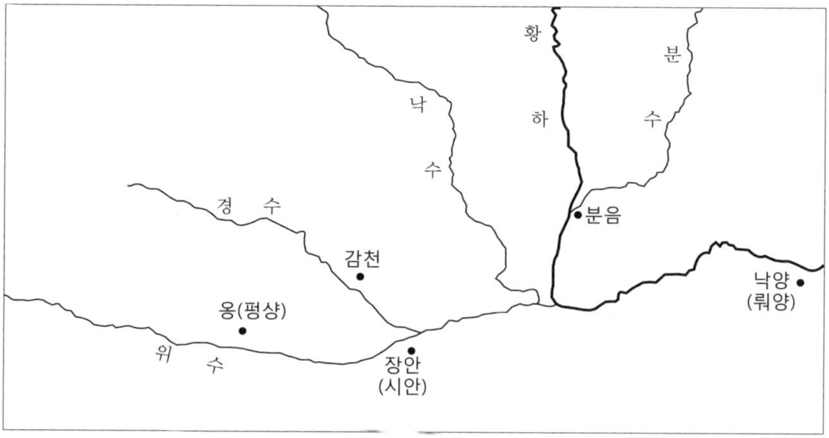

지도 2 옹(雍) · 감천(甘泉) · 분음(汾陰) 위치도

옹과 감천, 분음은 전한의 황제가 제사를 위해 주로 순행하던 지역이었다. 옹에서는 오치(五畤), 감천에서는 태치(泰畤), 하동 분음에서는 후토(后土)를 제사 지냈다.
출전: 金子修一, 「漢代の郊祀と宗廟と明堂及び封禪」, 『古代中國と皇帝祭祀』, 東京: 汲古書院, 2001, 95쪽 第三圖 長安 · 雍 · 甘泉 · 汾陰の位置關係.

피서를 목적으로 매년 오월부터 팔월까지 감천궁에서 머물렀다고 한다. 이처럼 감천궁은 정치와 외교에서 중요한 의식이 거행된 곳이었기 때문에 학자에 따라 전한시대 제2의 도성으로 평가하기도 한다.[23]

후한시대 황제도 순행기간 동안 지방시찰, 제사, 제후왕과의 회견, 전조의 면제, 환과고독과 고년(高年)에게 곡물과 비단 하사 등의 조치를 취했다.[24] 이 가운데 각종 제사가 중요했다. 전한 황제의 무덤이 있는 장안과 태산 등지로의 행차도 참배와 제사가 주요 목적이었다. 그런데 광무제(光武帝)와 후손들은 남양군(南陽郡) 장릉현(章陵縣)과 여남군(汝南郡) 남돈현(南頓縣)에 자주 행차한 점이 눈에 띈다. 예컨대 광무제는 건무(建武) 17년(41)

23 劉俊虎, 「西漢諸帝巡幸與社會政治」, 22쪽.

24 大櫛敦弘, 「後漢時代の行幸」, 高知大學人文學部, 『人文科學研究』 7, 2000, 77-82쪽.

시월에 장릉을 방문하여 옛집에서 제사하고 전려(田廬)를 둘러보았으며 잔치를 베풀고 상으로 물품을 하사했다. 이어서 광무제는 종실(宗室) 일족과 유쾌한 시간을 보냈다.[25] 또 그는 건무 19년(43) 구월에 남양군에 이어 여남군 남돈현의 현사(縣舍)에 행차하여 술잔치를 열고 리인(吏人)에게 하사했으며, 남돈현의 전조를 면제했다.[26] 장릉현(章陵縣)은 용릉향(舂陵鄕)에서 승격되어 대대로 요역을 면제받은 곳이다.[27] 주지하듯이 광무제의 선조는 용릉후(舂陵侯)에 봉해졌으며, 광무제의 아버지 유흠(劉欽)은 남돈현령(南頓縣令)을 역임했다.[28] 따라서 용릉은 광무제 일족의 본적이며, 부친의 부임지였던 남돈현은 자신이 자란 곳이었을 것이다.[29] 이런 연고로 광무제와 그의 직계자손인 황제는 남양군과 장릉현, 여남군 남돈현에 자주 행차하여 조상들에게 제사를 지냈으며, 한편으로는 금의환향의 감격을 맛보았다. 이처럼 자신의 본적이나 고향에 자주 행차하는 모습은 후에 남조(南朝)에서

25 『後漢書』 卷1下 「光武帝紀」 建武十七年條, 68-69쪽, "[十月]甲申, 幸章陵. 脩園廟, 祠舊宅, 觀田廬, 置酒作樂, 賞賜. 時宗室諸母因酣悅, 相與語曰: '文叔少時謹信, 與人不款曲, 唯直柔耳. 今乃能如此!' 帝聞之, 大笑曰: '吾理天下, 亦欲以柔道行之.' …… 十二月, 至自章陵."

26 『後漢書』 卷1下 「光武帝紀」 建武十九年條, 71쪽, "秋九月, 南巡狩. 壬申, 幸南陽, 進幸汝南南頓縣舍, 置酒會, 賜吏人, 復南頓田租歲."

27 『後漢書』 卷1下 「光武帝紀」 建武六年條, 47쪽, "六年春正月丙辰, 改舂陵鄕爲章陵縣. 世世復傜役, 比豐·沛, 無有所豫."

28 『後漢書』 卷1上 「光武帝紀」, 1쪽, "世祖光武皇帝諱秀, 字文叔, 南陽蔡陽人, 高祖九世之孫也, 出自景帝生長沙定王發. 發生舂陵節侯買, [劉]買生鬱林太守外, [劉]外生鉅鹿都尉回, [劉]回生南頓令欽, [劉]欽生光武."

29 『후한서(後漢書)』 「광무제기(光武帝紀)」의 논(論)을 따르면 광무제는 제양현(濟陽縣)의 현사(縣舍)에서 태어났다(『後漢書』 卷1下 「光武帝紀」, 86쪽, "論曰: 皇考南頓君初爲濟陽令, 以建平元年十二月甲子夜生光武於縣舍, 有赤光照室中."). 위의 인용문에서 유흠(劉欽)을 남돈현령(南頓縣令)이라 표기했다. 아마도 이전의 부임지가 제양현(濟陽縣)이었을 것이다. 즉 남돈현(南頓縣)은 광무제가 어린 시절을 보낸 장소인 것으로 생각된다.

도 발견된다. 또 제사 이외에 안제(安帝)에서 영제(靈帝)까지, 상림원(上林苑)·광성원(廣成苑)에서 함곡관(函谷關)에 이르는 지역에서 교렵(校獵)했던 기사가 빈출한다. 다음 〈지도 3〉은 후한시대 주요 순행 장소를 표시한 것이다.

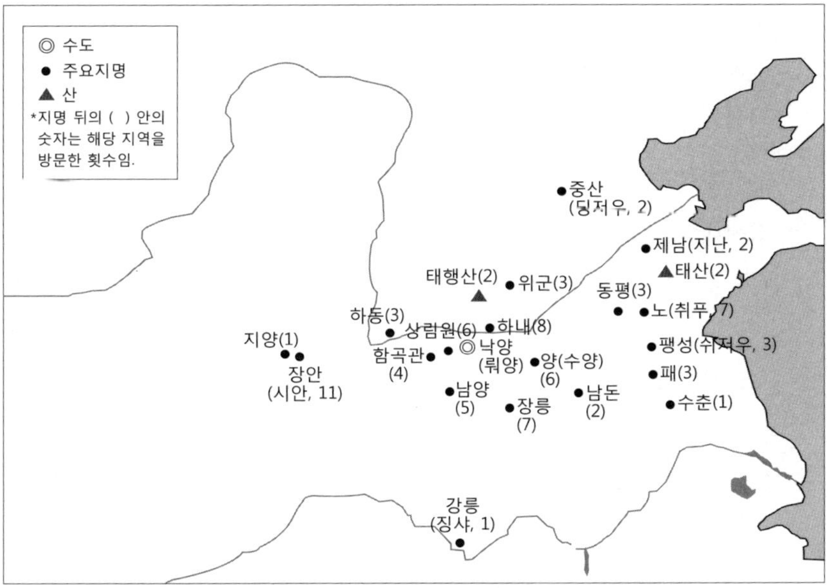

지도 3 후한시대 주요 순행 장소

후한 황제의 순행 장소를 살펴보면 수도 낙양을 중심으로 하여 황하와 회수 일대에 한정되었음을 알 수 있다. 또 후한의 황제는 낙양과 가까운 지역을 많이 왕래하였고, 전한의 수도였던 장안과 후한을 세운 광무제의 고향인 장릉을 자주 순행하였다.

다음으로 조위(曹魏)시대의 순행을 살펴보자. 『진서(晉書)』와 『송서(宋書)』의 「예지(禮志)」는 조위시대의 순행의 양상을 다음과 같이 서술했다.

(가) "옛날 제왕(帝王) 가운데 순수(巡狩)하지 않은 이가 없었다. 위문제(魏文帝)는 천하삼분(天下三分)의 시대를 만나 변방에 전란이 많았기 때문에 황

여(皇輿)가 자주 움직였으며, 전쟁 때문에 편안한 해가 없었다. [순수는] 아마도 당시 상황 때문에 생긴 일이지, 구장(舊章)은 아니었다. 명제(明帝)는 모두 세 차례 동쪽으로 순수했다. 지나가는 곳마다 노인을 존문(存問)했고, 질고(疾苦)가 있는 사람을 구휼하거나 곡식과 비단을 하사했다. 이는 옛날의 순행 풍조였다. 제왕(齊王)[폐제(廢帝) 조방(曹芳)]은 정시원년(正始元年) 낙양현(洛陽縣)을 순시하며 노인과 역전(力田)에게 각각 차등을 두어 하사했다."[30]

(나) "옛날 천자의 순수지례(巡狩之禮)는 방책(方策)을 따랐다. 진(秦)·한(漢)시대에 이르러 순행은 망기(望氣)의 조짐을 누르거나 신선(神仙)의 감응에 부응하기 위한 것이었으며, 번요(煩擾)한 역(役)은 대개 구전(舊典)이 아니었다. 오직 후한의 여러 황제는 고례(古禮)를 따랐다. 위 문제는 삼국 분열의 초창기를 만나 변방에 전란이 많았기 때문에 황여를 자주 움직였으며 거의 편안한 해가 없었다. 아마도 당시의 상황에 따른 것이었으니, 역시 구장(舊章)은 아니었다."[31]

인용문 (가)는 『진서』「예지」의 내용이며, 조위의 문제가 삼국 분립 이후 전란을 평정하기 위해 사방을 전전했음을 서술했지만, 구장(舊章)이 아니라고 했다. 반면 명제와 제왕(폐제) 조방(曹芳)의 순행은 백성의 고초를 묻고 각종 물품을 하사했기 때문에 순행지풍(巡幸之風)이 있었다고 평가했

30 『晉書』 卷21「禮志」下, 652쪽, "古者帝王莫不巡狩, 魏文帝值天下三分, 方隅多事, 皇輿亟動, 役無寧歲, 蓋應時之務, 非舊章也, 明帝凡三東巡狩, 所過存問高年, 恤疾苦, 或賜穀帛, 有古巡幸之風焉, 齊王正始元年, 巡洛陽縣, 賜高年力田各有差."

31 『宋書』 卷15「禮志」2, 379쪽, "古者天子巡狩之禮, 布在方策. 至秦·漢巡幸, 或以厭望氣之祥, 或以希神仙之應, 煩擾之役, 多非舊典. 唯後漢諸帝, 頗有古禮焉. 魏文帝值參分初創, 方隅事多, 皇輿亟動, 略無寧歲. 蓋應時之務, 又非舊章也."

다. 인용문 (나)는 『송서』「예지」의 내용이며 진(秦)과 전한, 조위의 순행은 구전(舊典)과 구장에 해당하지 않고 후한시대의 순행만이 고례에 적합했다고 평가했다.

(가)와 (나)를 보면 구장 · 구전 · 고례가 구체적으로 무엇을 가리키는지 불명확하다. 후한 황제의 순행이 유가(儒家)의 의식과 사상에 충실했음을 지적한 연구를 참조하면,[32] 유가적 의례 혹은 예법, 제도 정도로 해석할 수 있다. 따라서 (가)와 (나)에서 공통으로 조위의 순행이 비정상적임을 지적했다. 1편 1장에서 구체적인 통계수치를 살펴보겠지만, 조위시대 순행의 연평균 횟수와 기간, 추산기간이 후한과 양진남조(兩晉南朝)의 그것보다 많거나 길다. 그리고 후한의 순행 연평균 횟수와 시간은 별 차이가 없지만, 양진남조의 수치와는 확연한 차이를 보인다.[33] 따라서 후자의 시기를 다룬 『진서』와 『송서』에서 조위시기의 순행을 색다른 것으로 보았던 것은 이러한 통계수치에서도 확인된다.

조위시대 순행의 주요 특징은 (가)와 (나)에서 서술한 것처럼 문제의 잦은 오(吳) 친정(親征)과 허창(許昌)의 장기간 체류 기간이다. 『삼국지(三國志)』에 순행기간을 누락한 기사가 있기는 하지만, 필자의 계산에 따르면 문제가 532일, 명제가 709일 동안 허창에 체류했다. 이를 합하면 최소 1,241일 동안 허창에 머물렀을 것으로 추산된다. 조위 전체로 보면 연평균 약 29일에 해당한다.[34] 또 문제와 명제로 한정하면, 문제는 연평균 76일, 명제는

32 大櫛敦弘, 「後漢時代の行幸」, 65-84쪽.

33 이상 종장의 〈표 29〉 '진한(秦漢)-수당(隋唐) 역대왕조의 순행빈도 비교' 및 〈표 30〉 '후한-당 순행기간 비교'; 崔珍烈, 「唐代 皇帝 巡幸의 성격-巡幸 빈도 · 기간 · 장소 · 활동의 통계적 분석을 중심으로-」, 『대동문화연구』 72, 2010, 302쪽 및 306-307쪽.

34 김석우 교수는 조위 순행과 관련하여 조위 문제(文帝)가 낙양에 거주했던 기간은 7년의 재위기간 중 약 2년 8개월에 불과했고 재위기간의 절반 이상을 전쟁터에서 보냈으며, 명제(明帝)는 14년 동안 8년 정도 낙양에 머물렀고 나머지 기간에는 대부분 허창궁

약 51일간 허창에 체류했을 것으로 추산된다. 이처럼 두 황제가 허창에 자주 가고 오랫동안 체류했던 이유는 무엇일까? 허창은 오 정벌을 위한 친정(親征) 때 통과하는 경우가 많은 곳이었다. 또 허창에는 궁실과 함께 별고(別庫)라고 불리는[35] 무고(武庫)가 있었기[36] 때문에 군사적으로 중요했다. 예컨대 『삼국지』 「왕랑전(王朗傳)」에 따르면 문제는 손권(孫權)이 아들 손등(孫登)을 인질로 보내지 않자 허창으로 가서 둔전(屯田)을 일으키고 오를 공격하려 했다. 왕랑은 문제의 친정(親征)을 반대했지만, 문제는 기어이 친정을 감행했다.[37] 이 일화는 허창이 오 정벌의 중요한 군사기지였음을 시사한다.[38]

양진남조시대에는 황제가 권신(權臣)이나 찬탈자에게 끌려갔던 경우를 제외하면 주로 낙양(서진(西晉)의 수도)과 건강(建康, 동진남조(東晉南朝)의 수도) 일대를 돌아다녔다. 특히 동진남조시대에는 남북교 제사와 황제릉 참

(許昌宮)에 있었다고 서술하였다(김석우, 「曹魏時期 中軍과 高平陵 政變」, 『동북아 문화연구』 7, 2004, 31-33쪽). 그러나 문제(文帝)와 명제(明帝)가 낙양 밖에 머물렀던 기간이 길었음을 강조하기 위하여 제시한 수치는 지나치게 과장되었다. 그가 주장하는 추세에는 동의할 수 있어도 문제(文帝)의 낙양 체류기간이 재위기간의 2~3년에 불과했다는 주장에는 동의하기 어렵다. 명제(明帝)에 대한 서술 역시 마찬가지이다.

35 『三國志 · 魏書』 卷9 「桓範傳」, 291쪽, "今詣許昌, 不過中宿, 許昌別庫; …….", 『資治通鑑』 卷75 「魏紀」7 齊王芳嘉平元年條胡註, 2377, "許昌別庫貯兵甲; 洛陽有武庫, 故曰別庫."

36 『資治通鑑』 卷69 「魏紀」1 文帝黃初三年一月庚午條胡註, 2200쪽, "晉志曰: 漢獻帝都許, 魏受禪, 徙都洛陽. 許宮室 · 武庫存焉, 改爲許昌."

37 『三國志 · 魏書』 卷13 王朗傳」, 411-412쪽, "孫權欲遣子[孫]登入侍, 不至. 是時車駕徙許昌, 大興屯田, 欲擧軍東征. [王]朗上疏曰: …… 是時, 帝以成軍遂行, [孫]權子不至, 車駕臨江而還."

38 허창(許昌)의 정치적 · 군사적 · 전략적 중요성은 權家玉, 「試析曹魏時期許昌政治地位的變遷」, 『魏晋南北朝隋唐史資料』 25, 2009, 51-58쪽; 馬寶記, 「曹魏時期許昌政治地位的變遷」, 『許昌學院學報』 28-3, 2009, 17오른쪽-19오른쪽 참조.

배, 현무호(玄武湖)와 기타 지역에서의 군대 사열, 화림원(華林園)의 재판 등 도성인 건강과 가까운 곳에서 각종 의식을 거행했다. 또 양무제(梁武帝)와 진(陳)의 여러 황제가 여러 불교사원에 행차하여 사신(捨身) 혹은 무차대회(無遮大會) 등 불교의식에 참여한 것이 이채롭다. 이러한 것들은 순행이라기보다 궁성 밖으로 나간 행차라고 보는 것이 적합하다. 순행에 가까운 것은 유송(劉宋) 효무제(孝武帝)가 대명(大明) 7년(463) 이삼월, 시월~십이월에 각각 19일과 76일 동안 남예주(南豫州) · 남연주(南兗州) 등 남조의 경기에 해당하는 양주(揚州)와 가까운 지역에 행차한 것[39] 등 소수에 불과하다.

지도 4 유송 효무제 대명(大明) 7년(463) 순행 장소

유송 효무제가 대명 7년(463)에 순행했던 지역은 수도 건강의 남서쪽 지역에 집중되었다. 그리고 행정구역상 경기지역인 양주(揚州)에 국한되었다.

---

39 『宋書』 卷6 「孝武帝紀」 大明七年十月條, 133쪽, "戊申, 車駕巡南豫州."; 『宋書』 卷6 「孝武帝紀」 大明七年十月條, 133-134쪽, "戊申, 車駕巡南豫州. …… 癸丑, 行幸江寧縣訊獄囚. …… 己巳, 車駕校獵於姑孰."

오호십육국시대(五胡十六國時代)에는 주요 사료인 『진서』 재기(載記)의 기록이 간략하여 순행에 대한 기록이 적지만 단편적인 기록에서 오호제국(五胡諸國) 호인군주(胡人君主)의 순행 사실을 확인할 수 있다. 남량(南涼)의 장군 유물륜(鍮勿崙)이 독발리록고(禿髮利鹿孤)에게 독발부(禿跋部) 등 유목민은 정거(定居)하지 말고 자신의 풍습을 유지하며 전법(戰法)을 익히게 하고 진인(晉人: 한인(漢人), 즉 중국인을 지칭)은 성에 거주시켜 농업과 양잠에 전념하게 해야 한다고 건의했다.[40] 유물륜의 말에서 하서회랑(河西回廊) 일대에 살던 유목민은 정주생활을 하지 않고 성 주변에서 목축생활을 했음을 알 수 있다.

또 대개의 호인군주는 적국과 싸우기 위해 직접 친정(親征)한 예가 많았다. 예컨대 후진(後秦)의 요장(姚萇)은 친히 군대를 이끌고 전쟁터로 나가서 도성을 비울 때에 황태자 요흥(姚興)에게 도성과 후방의 일을 맡겼다.[41] 요흥이 즉위한 이후 그의 아들인 황태자 요홍(姚泓)도 요흥이 출정(出征)하거나 순유하는 등 요흥이 도성에 없을 때 궁중의 일을 전담했다.[42] 이처럼 호인군주의 친정(親征)이 빈번하여 황태자 혹은 후계자가 후방인 도성을 방어하거나 정치에 참여할 기회가 늘어났다.[43]

북조(北朝) 여러 나라는 모두 이민족왕조였지만 순행의 특징은 약간 달

40 『晉書』 卷126 「禿髮利鹿孤載記」, 3145쪽, "其將鍮勿崙進曰: '昔我先君肇自幽朔, 被髮左衽, 無冠冕之儀, 遷徙不常, 無城邑之制, 用能中分天下, 威振殊境. 今建大號, 誠順天心. 然寧居樂土, 非貽厥之規; 倉府粟帛, 生敵人之志. 且首兵始號, 事必無成, 陳勝 · 項籍, 前鑒不遠. 宜置晉人於諸城, 勸課農桑, 以供軍國之用, 我則習戰法以誅未賓, 若東西有變, 長算以糜之; 如其敵强於我, 徙而以避其鋒, 不亦善乎!' 利鹿孤然其言."

41 『晉書』 卷117 「姚興載記」上, 2975쪽.

42 『晉書』 卷119 「姚泓載記」, 3007쪽.

43 崔珍烈, 「五胡諸國 · 北朝 후계자의 國政 참여와 그 배경」, 『中國古中世史研究』 21, 2009, 303-317쪽.

랐다. 북위는 다음 절에서 언급하기로 하고 동위(東魏)·북제(北齊)의 순행을 살펴보자. 동위의 사실상의 지배자였던 고환(高歡)·고징(高澄)과 북제 황제[44]는 공식적인 수도인 업(鄴)과 자신이 자주 머물렀던 패부(霸府) 진양(晉陽)을 오가며 통치했다.[45] 일반적으로 북제의 수도는 업으로 알려졌지만, 대부분의 황제가 진양에서 즉위했고, 업 체류기간보다 진양 체류기간이 더 길었다. 이처럼 진양은 사실상 북제의 수도나 다름없었다.[46] 업과 진양의 정치적 중요성에 대해서는 여러 학설이 있지만,[47] 북제 시기 진양의 중요성은 간과할 수 없다.[48]

---

44 회삭진(懷朔鎭) 출신인 고환(高歡)은 이주영(尒朱榮) 사후 이주조(尒朱兆) 등 이주씨(尒朱氏) 세력을 제거하고 정권을 잡았다. 그러나 고환에 대항했던 효무제가 장안으로 도망간 후 효정제(孝靜帝)를 세웠다. 이를 동위라고 하며, 장안으로 도망갔던 세력과 우문태(宇文泰) 등 무천진(武川鎭) 출신 군벌집단이 세운 나라를 서위(西魏)라고 한다. 허수아비 황제를 세우기는 했지만 동위는 고환이, 서위는 우문태가 사실상 지배했다. 그러나 그들의 아들인 고양(高洋[문선제(文宣帝)]과 우문각(宇文覺)[효민제(孝閔帝)] 시기에 정식으로 제위(帝位)에 올라 북제와 북주(北周)를 세웠다.

45 실권이 없었던 동위의 효정제(孝靜帝)는 업 주변에서 사냥하는 데 그쳤다(『魏書』 卷12 「孝靜帝紀」 天平二年十二月壬午條, 299쪽, "車駕狩于鄴東."; 『魏書』 卷12 「孝靜帝紀」 興和三年冬十月癸亥條, 305쪽, "車駕狩于西山."; 『魏書』 卷12 「孝靜帝紀」 武定元年冬十一月甲午條, 306쪽, "車駕狩于西山."; 『魏書』 卷12 「孝靜帝紀」 武定元年春正月記事條, 306쪽, "車駕蒐于邯鄲之西山.").

46 이상 북제의 양도(兩都) 순행은 谷川道雄, 「兩魏齊周時代の霸府と王都」, 唐代史硏究會 編, 『中國都市の歷史的硏究』, 1988, 85-88쪽; 김한규, 「東魏 高氏의 霸府와 晉陽」, 『梨大史苑』 22, 1988, 73-87쪽; 朴漢濟, 「東魏-北齊時代의 胡漢體制의 展開-胡漢 葛藤과 二重構造-」, 서울大學校東洋史學硏究室 編, 『分裂과 統合-中國 中世의 諸相-』, 지식산업사, 1998, 157-169쪽 참조.

47 이 지역에 설치된 상서성(尙書省)을 각각 병성(幷省)과 업성(鄴省)으로 부르며, 양자 모두 북제시대(北齊時代)의 수도였으며, 특히 전자가 더 중시되었다고 한다(嚴耀中, 「北齊政治與尙書幷省」, 『上海師範大學學報(哲社版)』 1990-4, 1990, 38왼쪽-44오른쪽). 혹자는 동위시기 고환 부자의 패부(霸府)였던 병주대행대(幷州大行臺)가 북제 건국 후 [병]성([幷]省)이 설치되면서 배도(陪都)가 되었다고 본다(嚴耕望, 『中國地方行政制度史』 上編 · 卷中 魏晉南北朝地方行政制度 下冊, 臺北: 臺灣商務印書館, 1963, 811쪽).

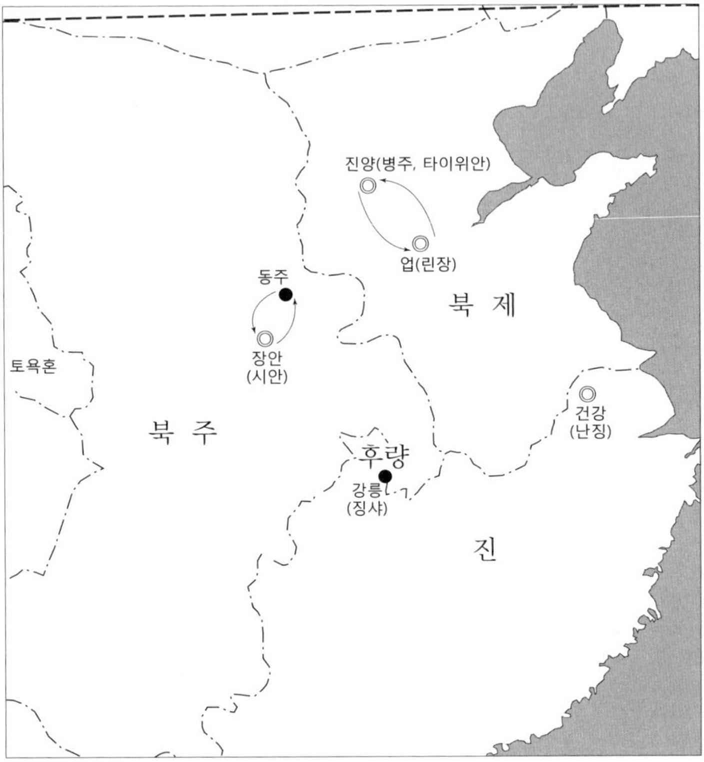

지도 5 동위 · 북제와 서위 · 북주의 양도

북제의 황제들은 진양에 주로 거주하면서 업을 오가는 일종의 '양도 순행'의 패턴을 보였다. 반면 서위의 우문태와 우문호는 동위(북제)를 방어하기 위해 동주에 거주하였고, 황제는 수도 장안에 거주하였다.

동위 · 북제가 업-진양을 오가는 양도(兩都)체제를 유지했던 것처럼 서위(西魏)의 우문태(宇文泰)와 북주(北周)의 우문호(宇文護)는 수도인 장안과 패부인 동주(同州)를 오가며 황제와 다름없는 권력을 행사했다.[49] 다만 북

48 박한제(朴漢濟) 교수는 진양(晉陽)이 중시된 이유를 북제의 대선비주의(大鮮卑主義)와 군사중심주의(軍事中心主義)의 산물이라고 보았다(朴漢濟, 「東魏-北齊時代의 胡漢體制의 展開」, 157-169쪽).

49 谷川道雄, 「兩魏齊周時代の霸府と王都」, 85-88쪽; 辛聖坤, 「北周 宇文護 執政期의 王都

주 무제(武帝)가 우문호를 제거한 후 장안-동주의 양도체제는 사라졌다. 그러나 무제는 네 차례 이상 동주를 왕래했다. 순행의 전체 일정 등을 고려하면 무제의 동주 순행은 북제와의 전쟁과 관련이 있는 것 같다.

무제는 건덕(建德) 6년(577) 북제를 멸망시키고 화북을 통일했다. 그런데 무제가 같은 해인 건덕 6년(577) 유월 갑자일(7. 22)부터 선정원년(宣政元年, 578) 이월 정사일(3. 13)까지 234일 동안 옛 북제 지역을 동순(東巡)했던 사실은 북주의 옛 북제 지역 지배가 확고하지 못했음을 시사한다. 무제는 옛 북제 지역의 민심을 수습하기 위해 산동 제주에게 명령하여 칠월 기축일(8. 17) 자신이 체류하던 낙주(洛州, 낙양)의 행재소로 인재를 천거하여 보내도록 했다.[50] 한편 북제의 재기를 막기 위한 조치를 취했다. 시월에 북제의 마지막 황제 고위(高緯)를 살해하여[51] 구심점을 제거했다. 또 십이월 기미일(578. 1. 14)에 동수양(東壽陽)의 토인(土人)이 반란을 일으켜 병주성(幷州城)을 공격하자 무제는 경신일(1. 15)에 병주로 순행했고, 반란이 평정된 후 병주 군인 4만 호를 관중으로 옮겼다.[52] 이어 무진일(1. 23)에 병주의 궁전과 육부(六府)를 없앴다.[53] 2년에 걸친 무제의 동순 기간 동안 내린 조치를 살펴보면 무제는 옛 북제 백성의 민심을 확보하는 인재등용정책을 취했고, 북주의 지배가 되는 세력을 제거했으며, 군인을 관중으로 보내 산동의 군사력을 약화시켰다. 또 사실상 북제의 수도였던 병주(진양)의 궁전과 육부관(六府官)[54]을 없애 정치적 중심지의 기능을 제거함으로써 변란의 중

와 霸府」, 『中國古中世史硏究』 17, 2007, 227-260쪽.

50 『周書』 卷6 「武帝紀」下 建德六年秋七月條, 103쪽, "丙戌, 行幸洛州. 己丑, 詔山東諸州擧有才者, 上縣六人, 中縣五人, 下縣四人, 赴行在所, 共論治政得失."

51 『周書』 卷6 「武帝紀」下 建德六年冬十月條, 104쪽, "是月, 誅溫國公高緯."

52 『周書』 卷6 「武帝紀」下 建德六年十二月條, 105쪽, "己未, 東壽陽土人反, 率紅五千襲幷州城, 刺史東平公宇文神擧破平之. 庚申, 行幸幷州宮. 移幷州軍人四萬戶於關中."

53 『周書』 卷6 「武帝紀」下 建德六年十二月條, 105쪽, "戊辰, 廢幷州宮及六府."

심지가 될 여지를 없앴다. 요컨대 건덕 6년(577)부터 선정원년(578)까지 진행된 무제의 동순은 북주의 산동 지배를 확립하는 데 기여했다.

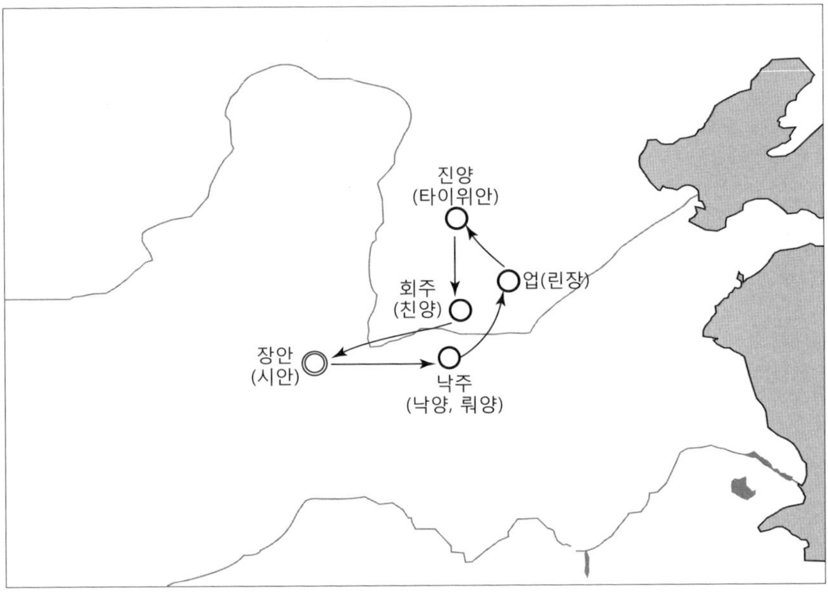

지도 6 북주 무제의 순행 장소(577~578년)

북주 무제가 577~578년에 관동(옛 북제의 영토) 지역으로 순행했던 동선을 표시한 것이다. 무제는 '장안 → 낙주(낙양) → 업 → 진양 → 회주 → 장안'의 순서로 이동하였다.

무제의 뒤를 이어 즉위한 선제(宣帝)는 대상원년(大象元年, 579) 정월 낙양으로 순행했다.[55] 이어 낙양궁(洛陽宮)을 축조하고 상주(相州)의 육부를 낙양으로 옮긴 후 동경육부(東京六府)로 개칭했다.[56] 또 업의 석경(石經)을

54 『資治通鑑』 胡三省注에 따르면 六府, 즉 六府官은 北周에서 설치한 六官의 官府로 추정된다(『資治通鑑』 卷173 「陳紀」7 宣帝太建九年條胡註, 5375쪽, "置六府官, 以代省也. 六府官, 蓋倣長安六官之府, 未必備官也.).")

55 『周書』 卷7 「宣帝紀」 大象元年正月條, 117쪽, "甲辰, 東巡狩. …… 戊午, 行幸洛陽."

낙양으로 옮기게 하고 동경육부가 하양(河陽)·유주(幽州)·상주(相州)·예주(豫州)·박주(亳州)·청주(青州)·서주(徐州) 7개 총관부(總管府)를 지휘·감독하도록 하는 조치를 취했다.[57] 이는 낙양이 산동 지역을 총괄하도록 한 조치였다. 선제가 낙양을 배도(陪都)로써 중시했던 정책은 이후 수양제에게서도 발견되며, 당대에도 이어졌다.[58]

앞에서 북조 각 왕조의 순행 양상을 살펴보았다. 왕조에 상관없이 공통적으로 태상황제(太上皇帝)의 잦은 순행이 나타난다. 즉 젊은 나이에 아들에게 양위하고 태상황제가 된 북위 헌문제(獻文帝), 북제 무성제(武成帝), 북주 선제(宣帝) 등은 황제 시기보다 활발하게 활동했으며, 순행 횟수 또한 재위시기보다 증가했다.[59]

수대(隋代)에는 연평균 순행기간이 169-171일(순행1) 혹은 149-151일(순행2[60])로 추산된다. 연평균 순행 횟수가 2회(순행1) 혹은 1회(순행2)일 정도로 순행빈도가 많고 순행기간이 길었다. 물론 인수궁(仁壽宮)과 낙양, 강도(江都)에 장기 체류했기 때문에 순행기간이 길게 나오는 통계적 착시현상이 있지만 도성 밖에서 장기간 체류했던 것은 다른 왕조와 비교해도 두드러진 특징으로 나타난다.

---

56 『周書』 卷7 「宣帝紀」 大象元年二月條, 118쪽, "於是發山東諸州兵, 增一月功爲四十五日役, 起洛陽宮. 常役四萬人, 以迄于晏駕. 并移相州六府於洛陽, 稱東京六府."

57 『周書』 卷7 「宣帝紀」 大象元年二月條, 119쪽, "辛卯, 詔徙鄴城石經於洛陽. 又詔曰: 「洛陽舊都, 今既修復, 凡是元遷之戶, 竝聽還洛州. 此外諸民欲往者, 亦任其意. 河陽·幽·相·豫·亳·青·徐七總管, 受東京六府處分.」"

58 朴漢濟, 「隋唐代 洛陽의 都城構造와 그 性格-'中世的' 都城構造의 終焉-」, 『中國古中世史硏究』 22, 2009, 363-364쪽.

59 崔珍烈, 「五胡諸國·北朝 후계자의 國政 참여와 그 배경」, 318-323쪽.

60 본서에서 사용하는 '순행1'은 도성(都城) 밖의 행차와 친정(親征)을 모두 포함하는 개념으로 사용한다. 또 '순행2'는 친정(親征)과 도성 인근 행차를 제외한 황제의 이동을 지칭하는 개념으로 사용한다.

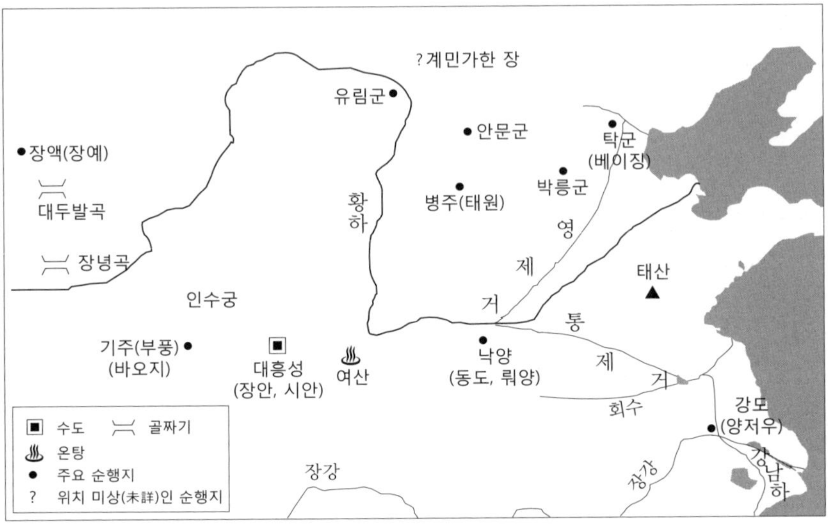

지도 7 수대 순행 지도

수 문제는 낙양과 인수궁을 주로 순행한데 비해 양제는 제국의 여러 지역을 돌아다녔다. 이 가운데 양제는 낙양과 강도에서 오래 체류하였다.

〈지도 7〉에서 순행 장소를 살펴보면 황제에 따라 지역이 달라졌다. 수 문제(隋文帝)는 개황(開皇) 4년(584)과 개황 14년(594) 관중(關中)의 기근을 해결하기 위해 백성을 이끌고 낙양으로 취식(就食)하러 간 것을 제외하면 인수궁에 자주 행차했다. 그리고 인수궁 행차를 위해 수도인 대흥성(大興城, 장안)과 인수궁 사이에 12개의 행궁(行宮)을 만들어[61] 이동 도중 숙박과 휴식에 대비하게 했다. 주지하듯이 수대 인수궁, 즉 당대(唐代)의 구성궁(九成宮)은 수·당 전기 황제의 주요 피서지였다. 그런데 기후사학자에 따르면 수당시대(隋唐時代)는 위진남북조시대의 한랭기가 온난기로 바뀌던 시기였다.[62] 따라서 기온 상승으로 인한 더위를 피하기 위해 수 문제와 당 고

61 『隋書』 卷2 「高祖紀」 開皇十八年十二月條, 44쪽, "是月, 自京師至仁壽宮, 置行宮十有二所."

조 · 태종(太宗) · 고종(高宗), 무주(武周) 무측천(武則天) 등은 봄과 여름에 여러 행궁에서 여러 달 동안 체류했다.[63]

반면 양제(煬帝)는 재위기간 동안 낙양(동도)과 강도 등지에 오래 체류했다. 이 두 지역 이외에도 돌궐(突厥)과 토욕혼(吐谷渾)을 복속시키기 위해 북쪽과 서쪽의 변방으로 행차하기도 했다. 또 고구려(高句麗)를 정벌하기 위해 세 차례의 친정(親征)을 감행했으나 성공하지 못했다. 양제는 말년에 내란 등 복잡한 문제를 피하기 위해 강도로 행차했다. 이는 우문화급(宇文化及) 등 관롱(關隴) 출신 친위부대의 쿠데타와 양제의 암살, 이연(李淵)의 장안 입성, 수 멸망의 직간접적인 원인을 제공했다.[64]

당대에는 338회의 순행빈도(순행1)가 확인된다. 이 가운데 친정(親征) · 몽진(蒙塵) 등을 제외한 순행빈도(순행2)는 159회이며, 주요 순행 장소는 낙양과 구성궁(만년궁), 인지궁(仁智宮), 취미궁(翠微宮), 옥화궁(玉華宮), 합벽궁(合璧宮), 화청궁(華淸宮, 신풍(新豐) 혹은 여산(驪山) 온탕(溫湯)이라고도 한다.)

---

62 竺可楨, 「中國近五千年來氣候變遷的初步硏究」, 『歷史地理學讀本』, 北京: 北京大學出版社, 2006, 16-17쪽; 劉昭民 지음, 박기수 · 차경애 옮김, 『기후의 반역』, 성균관대학교출판부, 2005, 59-62쪽 및 134-146쪽; 吳宏岐, 『西安歷史地理硏究』, 西安: 西安地圖出版社, 2006, 99-104쪽.

63 吳宏岐, 『西安歷史地理硏究』, 105-116쪽. 피서를 위한 행궁 행차는 이미 북주 무제(武帝) 시기부터 나타났다. 북주 무제의 예천궁(醴泉宮)과 운양궁(雲陽宮) 행차가 봄과 여름에 집중된 것으로 보아 피서일 가능성이 높다.

64 수 양제(隋煬帝)의 행차 혹은 순행에 대해서는 丁載勳, 「隋 煬帝(604-617)의 對外政策과 天下 巡行」, 『中國史硏究』 30, 2004, 25-68쪽; 韓樂學, 「隋煬帝出巡考辨」, 『高師函授學刊』 1995-1, 1995, 3왼쪽-7오른쪽; 何平立, 「隋煬帝巡狩政治軍事戰略析論」, 『軍事歷史硏究』 2004-1, 92-98쪽; 張國强, 「隋煬帝巡遊目的新探」, 『南都學壇(哲學社會科學版)』 19, 1999, 28왼쪽-29오른쪽; 石冬梅, 「再論隋煬帝的巡狩」, 『保定師範專科學校學報』 18-3, 2005, 73왼쪽-77왼쪽; 김선민, 「제국 경략에 미친 고대 순행의 유산-황제 · 관료 · 군대의 대규모 집단여행-」, 임성모 외 지음, 『동아시아 역사 속의 여행 2-네트워크, 정체성-』, 산처럼, 2008 참조.

등의 이궁(離宮) 혹은 행궁이다.[65] 구체적인 지명의 위치는 다음의 〈지도 8〉에서 확인할 수 있다.

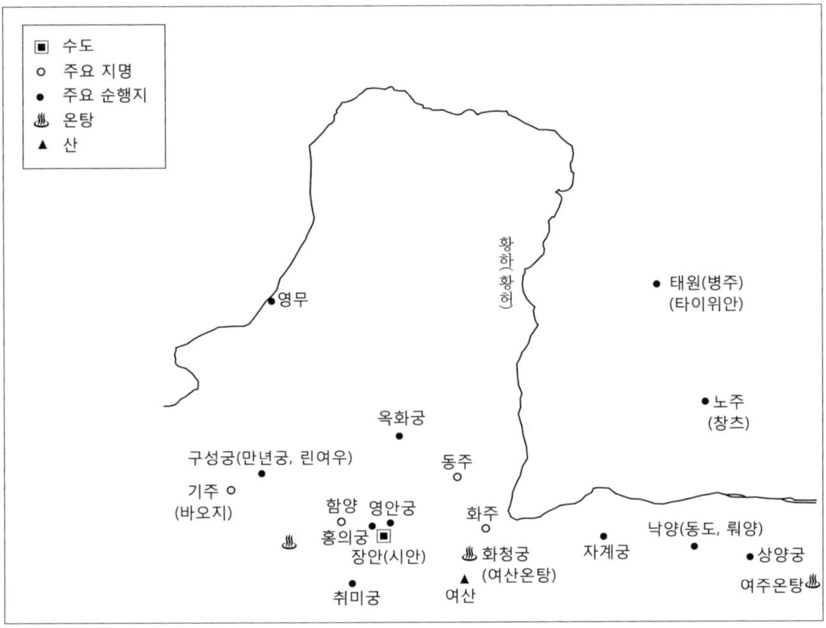

지도 8 당대 주요 순행 장소

당 전기 황제가 주로 순행했던 지역은 장안과 낙양(동도) 일대에 국한되었다. 지도에는 여러 지역이 표기되었지만, 낙양과 구성궁, 화청궁이 주요 순행 장소였다.
출전: 崔珍烈, 「唐代 皇帝 巡幸의 성격－巡幸 빈도 · 기간 · 장소 · 활동의 통계적 분석을 중심으로－」, 『대동문화연구』 72, 2010, 310쪽, 〈지도 1〉 당대 주요 순행 지역.

이 가운데 낙양 순행이 주목된다. 고종부터 현종(玄宗) 개원(開元) 24년(736)까지 80여 년 동안 당 조정은 장안과 낙양을 왕래했다.[66] 당 황제의 낙

65 이궁(離宮)과 행궁의 개념은 祁遠虎, 「離宮 · 行宮辨」, 『西安文理學院學報(社會科學版)』 13-2, 2010, 4왼쪽-8왼쪽.

66 全漢昇, 「唐宋帝國與運河」, 『中國經濟史研究』 上冊, 香港: 新亞研究所, 1975, 283-296

양 순행은 태종 3회, 고종 7회, 현종 5회였다. 당 전기 황제가 자주 낙양에 순행한 이유는 관중의 기근과 조운(漕運)에 편한 낙양의 지리적 이점을 이용한 취식에 있었다.[67] 낙양성 안에 있는 함가창(含嘉倉)에는 5,833,400석의 곡물을 저장할 수 있었다. 또 당 조정은 낙양 주변에 대규모 곡물창고를 세워 곡물의 저장이나 장안으로의 운송에 대비했다.[68] 이처럼 낙양에는 막대한 곡물이 저장되었기 때문에 당 전기 장안과 관중 일대에서는 자연재해와 흉작으로 인하여 여러 차례 곡물 부족을 겪었고 태종 · 고종 · 현종 등은 신하와 백성을 거느리고 낙양에 취식용 순행을 떠났다.[69] 현종은 흉년에 낙양으로 행차해야 하는 번거로움을 없애기 위해 배요경(裴耀卿)의 건의를 받아들여 창고를 확충하고 육운(陸運)과 수운(水運)을 병행함으로써 낙양과 장안 사이의 곡물 운송의 효율을 높였다. 또 관중 백성에게 조세인 용 · 조(庸調)를 곡물로 대신 납부하게 하거나 화적(和糴)을 실시하여 관동(關東)에서 장안으로 수송되는 곡물량을 감축하는 노력도 병행했다. 그뿐만 아니라 관롱의 서북과 서쪽에 주둔하는 군사에게 둔전을 경작하도록 하여 자체 조달에 힘쓰게 하고 황하(黃河) 상류지역을 농토로 개간하여 곡식을 심어 이를 장안과 주변 군대에 공급했다. 여러 정책을 병행한 결과 장안과 관중 일대의 식량이 풍부해져 개원 24년(736) 이후에는 다시 취식하기 위해 낙양으로 행차하는 일이 없었다.[70] 무측천의 경우 경제적 목적 이

쪽.

67 岑仲勉, 『隋唐史』, 石家莊: 河北教育出版社, 2001(初版 2000), 138-143쪽.

68 朴漢濟, 「隋唐代 洛陽의 都城構造와 그 性格」, 362-382쪽 및 412-415쪽.

69 潘鏞, 『隋唐時期的運河和漕運』, 西安: 三秦出版社, 1987, 76-80쪽.

70 全漢昇, 「唐宋帝國與運河」, 300-308쪽; 胡如雷, 「唐代租庸調制的作用及意義」, 『隋唐五代社會經濟史論稿』, 中國社會科學出版社, 1996, 109-111쪽; 潘鏞, 『隋唐時期的運河和漕運』, 80-85쪽; 史念海, 「開皇天寶之間黃河流域及其附近地區農業的發展」, 『唐代歷史地理研究』, 北京: 中國社會科學出版社, 1998, 88-98쪽.

외에 무측천의 정치적 고려와 선호 역시 장기간의 낙양 체류에 일조했다. 고종 영순원년(永淳元年, 682) 낙양으로 행차한 이후 신룡(神龍) 2년(706) 시월 장안으로 환도한 이래 20여 년 동안 낙양에 머물렀다. 무측천이 즉위한 이후 낙양의 공식 명칭은 동도(東都)에서 신도(神都)로 바뀌어 주[이를 무주(武周)라고 함]의 수도가 되었다.[71] 그런데 무측천과 현종의 낙양 순행은 경제적 목적보다 유흥과 향락 때문이라는 주장도 있다.[72]

낙양 이외의 순행 장소는 수대처럼 황제의 개성에 따라 달랐다.[73] 즉 당대에는 피서와 온천욕을 위해 각지로 자주 행차했다. 예컨대 태종과 고종은 피서를 위해 3월부터 10월 사이 각각 5차례와 8차례 구성궁에 머물렀다. 현종은 재위 44년 동안 36회의 겨울을 화청궁에서 보냈다.[74] 이를 위해 각지에 구성궁(만년궁)·인지궁·태화궁(太和宮)·명덕궁(明德宮)·양성궁(襄城宮)·취미궁·옥화궁·합벽궁·자계궁, 삼양궁(三陽宮)·흥태궁(興泰

---

71 朴漢濟, 「隋唐代 洛陽의 都城構造와 그 性格」, 368-370쪽.

72 岑仲勉, 『隋唐史』, 140-141쪽. 이상 낙양 순행은 崔珍烈, 「唐代 皇帝 巡幸의 성격」, 316-317쪽 참조.

73 당 전기(唐前期) 순행의 개략적인 서술은 김호, 「唐 前期 皇帝 行幸의 威儀」, 『中國古中世史硏究』 20, 2008, 446-451쪽 참조. 이 글은 거가(車駕) 행차의 의례에 초점이 맞추어져 있으며 순행의 횟수와 순행 장소에 약간의 오류가 보인다. 예컨대 저자는 의주(宜州)를 영남도(嶺南道, 현재의 廣東省과 廣西省 일대)에 속한 주(州)로 보았으나, 수말(隋末)에 경조부(京兆府)[옹주(雍州)]와 방주(坊州)의 일부 현(縣)을 분할하여 설치했던 주(州)였다. 이후 의주(宜州)는 설치와 폐치(廢置)를 반복했다(『舊唐書』 卷38 「地理志」1 關內道·京師·華原縣條, 1398-1399쪽, "舊宜州, 領華原·宜君·同官·土門四縣. 貞觀十七年, 省宜州及土門縣, 以華原·同官屬雍州. 宜君屬坊州. 垂拱二年, 改華原爲永安縣. 天授二年, 又置宜州, 領永安·同官·富平·美原四縣. 大足元年, 廢宜州, 縣還雍州. 神龍元年, 復爲華原縣."; 『資治通鑑』 卷190 「唐紀」6 高祖武德五年十一月丙申條胡註, 5961쪽, "義寧二年, 以京兆之華原·宜君·同官置宜君郡, 武德元年曰宜州.").

74 陳揚, 「唐代長安政治權力中樞位置的變遷與"三大內"機能的嬗變」, 『西安文理學院學報(社會科學版)』 13-2, 2010, 12오른쪽-13왼쪽.

宮), 화청궁(신풍(여산) 온탕) 등의 이궁 혹은 행궁을 세웠다. 특히 황제가 자주 행차했던 장안-구성궁 교통로와 장안-낙양 교통로에 행궁을 세워 여행의 편의를 꾀했다.[75]

안사(安史)의 난 전후 순행 장소와 범위, 빈도가 근본적으로 달라졌다. 안사의 난 이전에는 취식 · 피서 · 온천욕 · 봉선(封禪) 등의 목적으로 여러 지역을 방문했지만, 안사의 난 이후에는 순행의 빈도가 감소했다.[76] 대신 도성을 버리고 다른 지역으로 피난을 가는 몽진이 빈발했다. 예컨대 광덕원년(廣德元年, 763) 토번(吐蕃)의 침입과 장안 점령 때문에 대종(代宗)이 섬주(陝州)로 피난갔으며, 이후 건중(建中) 4년(783)부터 이태에 걸친 경원군(涇原軍)의 반란으로 덕종(德宗)이 흥원(興元)으로 도망갔고, 광명원년(廣明元年, 880) 황소(黃巢)의 난을 피하기 위해 희종(僖宗)이 촉(蜀, 현재의 사천성을 지칭하며, 구체적으로 성도(成都)임)으로 몽진했다. 이처럼 당 후기 일부 황제는 내우외란(內憂外亂) 때문에 장안을 탈출하여 여러 지역으로 도망갔다. 이를 제외하면 안사의 난 이후 황제는 장안 근교에서 각종 제사를 지내고[77] 태상황(太上皇), 황태후(皇太后), 화번공주(和蕃公主, 화친공주(和親公主)라고도 함)[78]

75 嚴耕望, 「唐代長安洛陽道驛程述」, 『唐史研究叢稿』, 香港: 新亞研究所出版, 1969, 599-606쪽; 介永强, 「關中唐代行宮考」, 『中國歷史地理論叢』 3, 2000, 197-212쪽; 介永强, 「唐代行宮考逸」, 『中國歷史地理論叢』 16-2, 2001, 78-82쪽; 介永强, 「唐代行宮三題」, 『唐都學刊』 17(總第70期), 2001, 21왼쪽-22오른쪽; 吳宏岐, 『西安歷史地理研究』, 105-116쪽; 吳宏岐, 「隋唐行宮制度與宮廷革命」, 『陝西師範大學學報(哲學社會科學版)』 37 3, 2008, 21왼쪽-22오른쪽; 祁遠虎, 「離宮 · 行宮辨」, 7왼쪽.

76 陳揚, 「唐代長安政治權力中樞位置的變遷與"三大內"機能的嬗變」, 13왼쪽.

77 당대(唐代) 각종 제사는 金子修一의 『中國古代皇帝祭祀の研究』(東京: 岩波書店, 2006) 第二章 「唐代における郊祀 · 宗廟の制度」, 第三章 「唐代皇帝祭祀の親祭と有司攝事」, 第七章 「唐代における郊祀 · 宗廟の運用」 참조.

78 화번공주(和蕃公主) 혹은 화친공주(和親公主)는 당(唐)이 주변의 유목국가 혹은 이민족과 화친할 목적으로 이민족 군주와 혼인시키기 위해 보낸 공주를 지칭한다. 백등산(白登山) 포위 이후 전한(前漢)이 흉노(匈奴)와 조약을 체결한 결과 고조의 친딸 노원공주

를 배웅하는 활동을 행했을 뿐이다. 경종(敬宗)과 무종(武宗)처럼 사냥을 즐겼던 일부 황제가 장안 주변의 함양(咸陽)·경양(涇陽)·운양(雲陽) 등지로 사냥하러 나간 예가 보이지만 횟수는 적었다.[79] 이러한 순행 장소의 축소는 안사의 난 이후 장기간 지속된 번진(藩鎭) 할거와 토번의 동진(東進) 등 내우외란으로 인하여 치안이 위태로운 상황에서 경기(京畿) 지역 밖의 먼 곳까지 순행할 수 없었던 정치적·군사적 상황 때문일 것이다.[80]

북송(北宋)시대에는 태조(太祖)부터 진종(眞宗)까지 친정(親征)과 태산봉선 등을 위해 각지로 행차했으나, 그 이후의 황제는 지방으로 순행하지 않았다.[81] 또 당대에는 황제가 수도의 교외(郊外)에서 대규모 군대가 참여하는 군사훈련을 참관했지만, 북송시대에는 도성 안의 숭정전(崇政殿)과 편전(便殿) 등의 전정(殿庭)에서 금군(禁軍)을 불러 훈련했고, 황제는 금군의 각 군영과 교장(教場)을 개별적으로 방문하여 상대적으로 소규모 부대의 훈련을 참관했다. 황제는 주로 집단 무술보다 개인의 활쏘기 등 무예를 겨루는 훈련을 시찰했다. 이러한 북송시대 군사훈련은 당 후반기에 생겨나 북송에 전파된 당송변혁기(唐宋變革期)의 산물이라고 한다. 또 군사훈련

(魯元公主)를 묵돌선우(冒頓單于)의 연지(閼氏, 아내)로 보내기로 했다. 고조는 노원공주 대신 궁녀를 흉노의 묵돌선우(冒頓單于)에게 보냈다. 이후 궁녀나 종실(宗室)의 먼 일족, 심지어 이민족 여성을 공주로 삼아 이민족 군주에게 시집보내는 관례도 생겨났다. 당대(唐代) 화번공주(和蕃公主) 혹은 화친공주(和親公主)에 관한 연구는 堀敏一, 『中國と古代東アジア世界-中華的世界と諸民族-』, 東京: 岩波書店, 1993, 231-242쪽 및 王壽南, 『唐代人物與政治』, 臺北: 文津出版社, 1999, 288-315쪽 참조.

79 崔珍烈, 「唐代 皇帝 巡幸의 성격」, 311-312쪽.

80 반면 진양(陳揚)은 당 후기(唐後期) 재상권(宰相權)의 약화와 황제권(皇帝權)의 강화, 환관(宦官)의 등장뿐 아니라 중앙정부의 재정 부족으로 동도(東都)나 다른 이궁(離宮)에 행차할 경제적 여력이 없었던 것을 당 후기(唐後期) 순행이 거의 없었던 이유로 보았다(陳揚, 「唐代長安政治權力中樞位置的變遷與"三大內"機能的嬗變」, 13왼쪽).

81 久保田和男, 「北宋の皇帝行幸について」, 『宋代社會の空間とコミュニケーション』, 東京: 汲古書院, 2006.

그림 1 명황행촉도(明皇幸蜀圖)

대북(臺北) 고궁박물원(故宮博物院) 소장. 당대 유명 화가인 이사훈(李思訓, 651~716)의 아들 이소도(李昭道)의 작품으로 알려져 있으며, 현재 남아 있는 작품은 송대의 모본(模本)이라고 한다. 756년 안사의 난이 일어나자 현종(玄宗)이 수도 장안을 버리고 촉(蜀, 현재의 사천성(四川省) 일대)으로 몽진하는 모습을 그린 것이다. 파촉 지역의 험난한 지형이 잘 묘사되었다.

시찰뿐 아니라 사냥도 당대에 비해 횟수와 내용이 변했고, 그나마 인종(仁宗) 이후에는 중지되었다.[82] 태종과 진종은 즉위 초 자주 사냥하러 나갔으나, 거란(契丹)과의 전쟁에서 패한 이후 중지했다. 그리고 점차 관심 분야가 '무(武)'에서 '문(文)'으로 바뀌었다. 인종이 경력(慶曆) 6년(1046) 마지막으로 사냥한 이후 사냥에 관한 기사는 보이지 않았다. 오히려 사냥을 하지 않는 점이 덕이 있는 군주의 덕목으로 거론되는 상황에 이르렀다.[83]

정복왕조로 불리는 거란(契丹, 요(遼))과 여진(女眞, 금(金)), 몽골(원(元))의 순행에 공통된 패턴이 있다고 보기도 한다. 한인왕조(漢族王朝)에서는 제사와 구선(求仙) 활동, 태산 봉선 등의 제의 혹은 의례가 순행의 주요 활동이었다.[84] 반면 이민족왕조에서는 거란(요)[85]과 카라키타이(중국에서는 서

---

82 丸橋充拓,「唐宋變革期の軍禮と秩序」,『東洋史研究』64-3, 2005, 49-60쪽.

83 久保田和男,「宋代の「畋獵」をめぐって-文治政治確立の一側面-」, 記念論集刊行會 編,『福井重雅先生古稀 · 退職記念論集 古代東アジアの社會と文化』, 東京: 汲古書院, 2007, 487-504쪽.

84 大櫛敦弘,「前漢武帝期の行幸」, 124-127쪽; 大櫛敦弘,「後漢時代の行幸」, 77-81쪽; 趙世超,「巡守制度試探」,『歷史研究』1995-3, 1995, 3-15쪽; 何平立,『巡狩與封禪』, 1-477쪽; 李俊方,「兩漢皇帝巡幸禮儀的政治屬性」,『理論界』2008-4, 2008, 118왼쪽-121오른쪽.

85 池內宏,「遼代春水考」,『滿鮮史研究』第一冊(中世), 東京: 吉川弘文館, 1976; 傅樂煥,「遼代四時捺鉢考」,『歷史語言研究所集刊』10-2, 1942, 223-347쪽; 이용범,「遼代春遊考」,『中世 滿洲 · 蒙古史의 연구』, 同和出版公社, 1988, 117-155쪽; 白俊瑞 · 李波,「析契丹語的"捺鉢"」,『內蒙古大學學報(人文社會科學版)』1998-4, 1998, 70-74쪽; 黃鳳岐,『契丹史研究』, 赤峰: 內蒙古科學技術出版社, 1999, 81-114쪽; 李錫厚,「論遼朝的政治體制」, 8-14쪽 및「遼中期以後的捺鉢及其與斡魯朵中京的關係」73-85쪽(이상『臨潢集』, 保定: 河北大學出版社, 2001에 수록); 谷文雙,「遼代捺鉢制度研究」,『黑龍江民族叢刊』總第70期(2002-3), 2002, 93왼쪽-98오른쪽; 王新迎,「從遼聖宗前期捺鉢看南京城的職能及地位」,『首都師範大學學報(社會科學版)』, 2004年增刊, 2004, 40왼쪽-45왼쪽; 胡廷榮,「遼中京至廣平甸捺鉢間驛館考略」,『中國邊疆史地研究』14-1, 2004, 52-55쪽; 黃鳳岐,「契丹捺鉢文化探論」,『社會科學輯刊』2004-4(總第129期), 2004, 99왼쪽-103오른쪽; 尤李,「遼金元捺鉢研究評述」,『中國史研究動態』2005-2, 2005, 9-16쪽.

요(西遼)라고 불렀음),[86] 여진(금)[87]의 사시날발(四時捺鉢), 북제[88]와 몽골(원),[89] 청(淸)[90]에서는 사시날발 혹은 양도 순행(兩都巡幸) 등의 계절이동이 순행이란 이름으로 빈번히 행해졌다.

거란(요)의 사시날발이 전형적인 예이다. 『요사(遼史)』「영위지(營衛志)」에는

> "가을과 겨울에는 추위를 피하고 봄과 여름에는 더위를 피하며, 물과 풀을 따라다니고 사냥과 물고기잡이를 하였다. 해마다 늘 일정했다. 사계절마다 각각 행재지소(行在之所)가 있었으며 이를 날발(捺鉢)이라고 했다."[91]

라고 날발을 정의했다. 날발은 행영(行營), 행재(行在), 행장(行帳)으로 번역되며 거란 군주가 출행할 때 머무르던 장소를 지칭하였다.[92]

〈지도 9〉에서 알 수 있듯 거란(요)의 군주는 계절에 따라 주로 봄에는 장춘주(長春州)의 어아락(魚兒濼), 여름에는 영안산(永安山), 가을에는 경주(慶州) 복호림(伏虎林), 겨울에는 영주(永州) 광평정(廣平淀)에서 새와 짐승,

---

86 黃鳳岐, 『契丹史硏究』, 98쪽.

87 傅樂煥, 「遼代四時捺鉢考」, 276-278쪽; 劉浦江, 「春水秋山-金代捺鉢硏究-」, 『松漠之間-遼金契丹女眞史硏究-』, 北京: 中華書局, 2008, 289-328쪽.

88 朴漢濟, 「東魏-北齊時代의 胡漢體制의 展開」, 157-169쪽.

89 金浩東, 「몽골제국 君主들의 兩都巡幸과 遊牧的 習俗」, 『중앙아시아연구』 7, 2002, 1-23쪽.

90 일부 학자는 청(淸) 황제의 승덕(承德, 열하(熱河)라고도 함) 피서산장(避暑山莊) 행차를 거란의 사시날발(四時捺鉢)의 유속(遺俗)으로 파악했다(傅樂煥, 「遼代四時捺鉢考」, 282-283쪽; 黃鳳岐, 『契丹史硏究』, 100쪽).

91 『遼史』 卷32 「營衛志」中 行營 · 序言, 373쪽, "秋冬違寒, 春夏避暑, 隨水草就畋漁, 歲以爲常. 四時各有行在之所, 謂之「捺鉢」."

92 陳高華 · 史衛民, 『元代大都上都硏究』, 北京: 中國人民大學出版社, 2010, 144-145쪽.

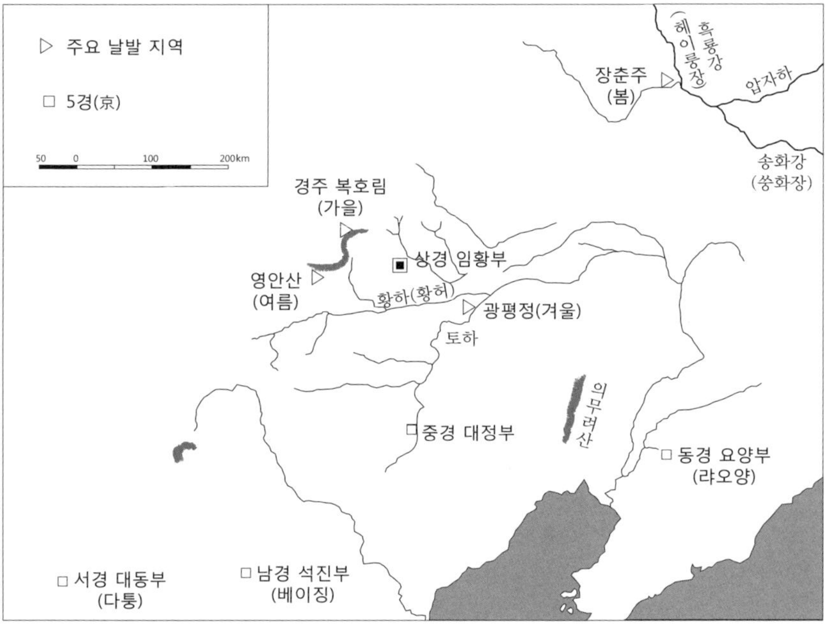

지도 9 거란(요) 사시날발 위치도

거란 황제의 날발 지역은 여름 · 가을 · 겨울에는 수도인 상경 임황부 주변에 집중되었다. 그러나 여름에는 수도에서 먼 흑룡강의 장춘주에 행차한 것이 특이하다.
출전: 傅樂煥, 「遼代四時捺鉢考」, 『歷史語言研究所集刊』 10-2, 1942, 225쪽; 필자 일부 수정.

물고기를 사냥하고 여름과 겨울에는 국정을 논의하며 외국 사신을 접견했다. 여름과 겨울 두 차례의 국정회의가 끝나면 거란 관원 전체와 한인관료(漢人官僚) 일부가 거란(요)의 군주를 수행하여 다른 곳으로 이동하지만, 대부분의 한인관료는 중경(中京)으로 돌아가 한인과 관련된 사무를 처리했다. 따라서 유목민 집단을 관장하는 북면(北面)의 궁장(宮帳) · 부족(部族) · 속국(屬國)에 관한 사무는 거란(요) 군주를 따라다니며 수시로 처리할 수 있었다.[93]

93 傅樂煥, 「遼代四時捺鉢考」, 223-276쪽.

여진(금) 역시 사시날발의 습속이 있었다. 한 학자에 따르면 여진(금)의 날발은 상경(上京, 회령 도읍 시기, 연경, 중도라고도 함) 도읍 전기(해릉왕-세종 시기), 연경 도읍 후기(장종-위소왕 시기), 변경(汴京, 개봉이라고도 함) 천도(遷都) 시기의 네 시기로 나뉘었다. 거란(요)에서는 사시날발 동안 여름과 겨울의 정사를 논의했지만, 여진(금)에서는 사시날발 기간에 정사를 처리하지 않았다. 즉 여진(금)의 사시날발은 유행(遊幸)의 성격이 강하다.[94] 이와 견해를 달리하는 연구에 따르면 춘수(春水)·추산(秋山) 행궁은 내정과 외교의 중요 장소였으며, 심지어 여름에 머무는 행궁에서는 과거시험을 거행하기도 했다. 여진(금)에는 거란(요)처럼 춘날발(春捺鉢)·하날발(夏捺鉢)·추날발(秋捺鉢)·동날발(冬捺鉢)의 구분이 없었지만, 춘수와 추산으로 구분했다. 춘수는 춘렵지수(春獵之水), 추산은 추렵지산(秋獵之山)을 뜻하며 춘수·추산은 봄과 가을의 수렵 지점이라는 뜻으로 바뀌었고 결국 춘렵(春獵)과 추렵(秋獵)을 지칭하게 되었다. 여진(금)의 날발 지역은 군주마다 달랐다. 세종은 봄이면 주로 난주(灤州) 석성현(石城縣)의 장춘궁(長春宮), 여름에는 금련천(金蓮川)에 머물렀고 겨울에 연경으로 돌아왔다.[95] 금의 군주는 금련천을 방문하여 몽골과 타타르 등 북변의 유목 부족을 회유하거나 복종시키는 여러 가지 조치를 취하였다.[96]

〈지도 10〉은 금 세종 시기의 춘수와 추수 지역을 표시한 것이다. 춘수(춘렵) 지역은 주로 수도인 중도(연경) 부근이었고, 추산(추렵) 지역은 중도의 북쪽에 위치한 경명궁으로 고정되었다.

몽골(원)에도 대칸들이 카라코룸 주변의 춘영지(春營地)·하영지(夏營地)·추영지(秋營地)·동영지(冬營地)를 순회하는 사계유행(四季游幸)이 있

94 위의 글, 276-278쪽.

95 劉浦江, 「春水秋山」, 294-296쪽 및 307-311쪽.

96 陳高華·史衛民, 『元代大都上都研究』, 146-147쪽.

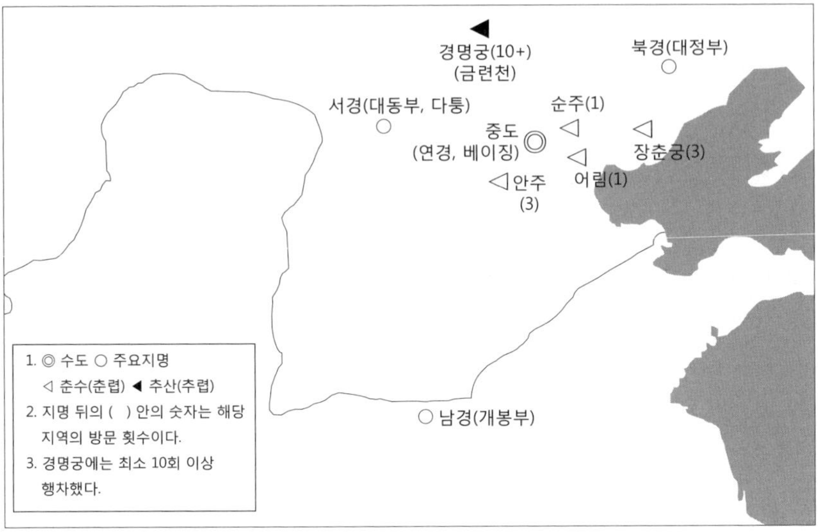

지도 10 금 세종의 순행(날발) 지도

금 세종이 순행(날발)한 지역을 보면 주로 북경 북쪽의 유목 지역이었다. 북경에 수도를 정한 이민족왕조는 공통적으로 이러한 순행 장소를 선호했다. 경명궁과 부근의 금련천은 몽골(원)의 상도였으며, 수도 중도(현재의 베이징)와 경명궁의 왕래는 몽골제국의 양도 순행과 유사하다.

었다. 이는 거란(요)의 사시날발처럼 유목민의 계절이동에서 유래했다. 쿠빌라이가 대도(大都)에 도읍을 정한 이후인 1263년부터 여름·겨울에 대도와 상도(上都)를 오가는 양도 순행이 관행으로 정착했다. 외형적으로 여름·겨울 두 계절 사이에 두 지역만을 이동한 것처럼 보이지만, 실제로는 대도와 상도 사이에 춘영지와 추영지가 존재했으므로 막북(漠北) 시기(쿠빌라이 카안이 대도에 도읍하기 전의 시기를 지칭한다) 사계영지(四季營地)를 이동했던 사계유행과 본질이 같았다.[97]

97 傅樂煥, 「遼代四時捺鉢考」, 278-282쪽; 金浩東, 「몽골제국 君主들의 兩都巡幸과 遊牧的 習俗」, 1-23쪽; 東湖, 「元朝帝王巡幸上都的原因」, 西安: 『中國歷史地理論叢』 1994-3(총 32집), 1994, 251-252쪽; 葉新民, 「兩都巡幸制與上都的宮廷生活」, 『元上都研究』, 呼和浩特: 內蒙古大學出版社, 1998, 37-54쪽; 陳高華·史衛民, 『元代大都上都研究』,

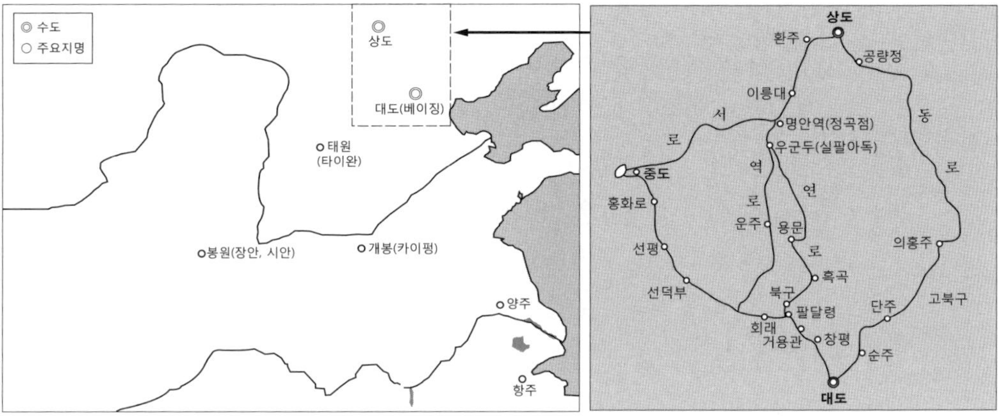

지도 11 원대 양도 순행

대도와 상도를 오가는 교통로를 표시한 것이다. 대도에서 상도로 갈 때는 연로(輦路)를, 상도에서 대도로 올 때는 서로(西路)를 주로 이용하였다. 한 일본 학자는 몽골의 수도는 대도라는 하나의 점이 아니라고 하였다. 몽골 카안이 순행했던 대도와 상도라는 두 지점과 교통로로 이어진 지역 전체, 즉 타원형의 면에 해당한다고 주장하고 이를 수도권이라고 지칭하기도 한다.
출전: 박한제 등, 『유라시아 천년을 가다』, 사계절, 2002, 159쪽.

양도 순행의 개략을 살펴보면, 대도에서 겨울을 보낸 카안은 음력 정월 말이나 이월에 동남쪽에 위치한 유림(柳林)에 갔다가 대도로 돌아왔고 삼월에 상도로 출발했다. 상도에서는 3~4개월 머물며 조회, 연회, 제사, 유렵(遊獵), 궁중가무, 유희(씨름과 장거리 달리기) 등을 행하거나 참관했다. 팔월에 상도를 떠나 차간 노르와 앙기르 노르 등지에서 추렵을 즐긴 후 구월 혹은 시월에 대도로 돌아왔다. 그러나 원대 후반기, 즉 아유르바르와다 카안 이후에는 양도 순행이 형해화하여 사계영지를 이동하는 유목적 습속이 사라졌다.[98]

명대(明代)에는 정덕제(正德帝) 그 이전까지는 순행이 활발하였다. 명을

156-187쪽.

98 金浩東, 「몽골제국 君主들의 兩都巡幸과 遊牧的 習俗」, 1-23쪽.

세운 주원장(홍무제)은 남경이 남쪽으로 치우친 약점을 보완하고 몽골(원)의 양경제(兩京制)와 양도순행의 영향을 받아 1368년 개봉(開封)을 북경(北京)으로 개칭하고 배도(陪都)로 만들려고 하였다. 홍무제는 봄과 가을에 양도를 왕복하겠다고 하였지만, 1368년에 중지되었고 양도체제는 무산되었다. 결국 홍무제 시기에는 남경만이 유일한 수도였다.[99]

조카 건문제(建文帝)를 제거하고 제위(帝位)에 오른 영락제(永樂帝)는 영락원년(1403) 정월에 북평(北平)을 '북경(北京)'으로 승격시키고 이어서 북평부(北平府)를 순천부(順天府)로 고쳤다. 이로써 남경(南京) 응천부(應天府)에 대응하여 북경 순천부가 존재하는 양경체제(兩京體制)가 시작되었고, 이는 북경이 정식으로 수도가 되었던 영락 19년(1421) 이후까지 지속되었다. 어떤 학자는 북경천도(北京遷都) 이전 영락제의 북경 체류를 순행 혹은 순수라고 표기했다. 즉 영락제는 영락 7년(1409) 이월부터 8년(1410) 십일월, 영락 11년(1413) 이월부터 14년(1416) 시월, 영락 15년(1417) 삼월부터 영락 18년(1420) 십이월까지 모두 세 차례의 '북경순행' 동안 북경에서 10여 년 머물렀다.[100] 이 밖에도 영락제는 5회에 걸쳐 몽골 친정(親征)을 감행하기도 했다. 선덕제(宣德帝)도 북쪽 변경을 순시하고 사냥도 즐겼다. 영종(英宗)은 총애하는 왕진(王振)의 꼬임에 빠져 1449년 몽골 친정(親征)에 나섰으나, 토목보(土木堡)에서 에센이 이끄는 오이라트 군대의 공격을 받아 군대는 거의 전멸하고 자신은 에센의 포로가 되는 참패를 당했다(토목보의 변). 한편 각종 기행을 일삼은 정덕제는 선부(宣府) 등 북쪽 변경의 여러 지역을 돌아다녔다. 결국 그는 1521년 강남(江南)에 놀러 갔다가 타고 있던

99 조영헌, 「원 · 명 · 청 시대 首都 북경과 陪都의 변천」, 『歷史學報』 209, 2011, 79-81쪽.

100 新宮學, 「北京遷都-永樂遷都プロジェクトの諸段階-」, 122-225쪽 및 同氏, 「北京巡狩と南京監國」, 288-299쪽(이상 『北京遷都の研究-近世中國の首都移轉-』, 東京: 汲古書院, 2004에 수록).

사진 2 자금성(紫禁城) 전경

향산(香山) 공원에서 본 자금성 전경. 명대 영락제가 남경에서 북경으로 천도하며 세웠다. 명말에 소실되었고 청대에 다시 중건되었다. ⓒ 김용찬

배가 전복되어 물에 빠져 병에 걸려 죽었다. 정덕제 이후의 황제는 북경 자금성(紫禁城)에서 심거(深居)하며 거의 출행하지 않았다.[101]

청(淸)의 수도는 북경이었지만, 최근 다중 수도 체제 혹은 다경제(多京制)를 유지했다는 견해가 우세하다. 즉 북경은 청의 제일 수도, 입관 전(入關前) 수도였던 성경(盛京)은 배도(陪都), 승덕은 여름 수도로 본다.[102] 혹은

101 Chang, Michael G., *A court on horseback: imperial touring & the construction of Qing rule, 1680-1785*, Cambridge, Mass.; London: Harvard University Asia Center: Distributed by Harvard University Press, 2007, 65-70쪽; 조영헌, 「원 · 명 · 청 시대 首都 북경과 陪都의 변천」, 85-86쪽.

102 이블린 S. 로스키 지음, 구범진 옮김, 『최후의 황제들-청 황실의 사회사-』, 까치글방,

이 세 지역이 각각 중국본토, 만주, 몽골 · 티베트 · 위구르를 지배하는 정치적 거점이었다고 이해하기도 한다.[103]

청 황제는 배도인 성경과 승덕으로 자주 순행하였다. 이 가운데 승덕과 배후의 무란(木蘭, Muran) 위장이 주요 순행 장소였다. 청 황제는 주로 여름이면 열하(熱河, 승덕(承德)이라고도 함)에서 더위를 피했다.[104] 따라서 학자에 따라 청대(淸代) 순행에도 계절이동의 성격이 남아 있었다고 보기도 한다. 승덕은 단순한 피서지가 아니라 청대 정치에 영향을 주었기 때문에 제2의 정치 중심지로 보기도 한다.[105]

1780년 조선의 사신단을 따라 북경과 열하를 다녀온 연암(燕巖) 박지원(朴趾源)은 『열하일기』에서 청 황제의 열하 순행 특징을 다음과 같이 기록했다.

"[열하는] 강희황제 시절부터 여름이면 황제가 항상 머물며 더위를 피하는

2010, 40-47쪽(Evelyn S. Rawski, *The Last Emperors: A Social History of Qing Imperial Institutions*, Berkeley: Univerity of California Press, 1998, 17-19쪽); 임계순, 「18세기 淸朝 제2의 政治中心地, 承德 避暑山莊」, 155-186쪽; 李治亭, 「避暑山莊: 淸朝第二個政治中心」, 『人民論壇』 2004-9, 2004.

103 Philippe Forêt, *Mapping Chengde: the Qing Landscape Enterprise*, Honolulu: University of Hawaii Press, 2000, 13-23쪽과 105-115쪽; 이시바시 다카오 지음, 홍성구 옮김, 『대청제국 1616~1799-100만의 만주족은 어떻게 1억의 한족을 지배하였을까?-』, 휴머니스트, 2009, 60-70쪽과 216-228쪽.

104 彭明生, 「承德在康乾盛世中的第二政治中心作用」, 『承德民族師專學報』 20-3, 2000, 28왼쪽-33오른쪽; 彭俊波, 「北巡 · 避署 · 懷柔 · 綏靖及其它-避署山莊文化的現實意義-」, 『承德民族師專學報』 2003-8(第23卷第 3期), 2003, 18왼쪽-20오른쪽; 임계순, 「18世紀 淸朝 제2의 政治中心地, 承德 避暑山莊」, 『明淸史硏究』 21, 2004, 155-186쪽; Chang, Michael G., *A court on horseback: imperial touring & the construction of Qing rule, 1680-1785*, 180-183쪽.

105 주) 100 참조.

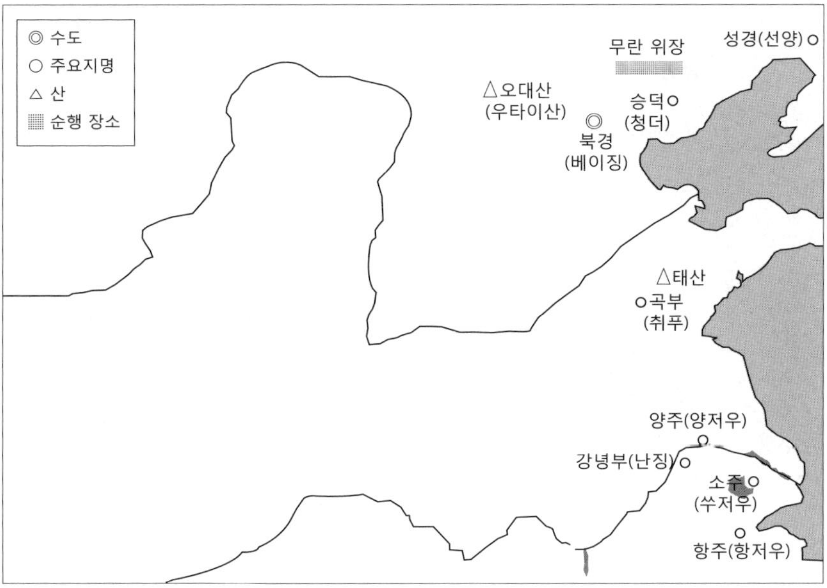

지도 12 청 강희제와 건륭제의 순행 장소

장소가 되었다. 궁전은 채색을 하거나 아로새기지 않고, 이름을 피서산장(避暑山莊)이라 했다. 황제는 여기에 거처하여 책을 보기도 하고 아름다운 정원을 거닐며 천하의 일을 잊고 초탈하여 항상 평민이 된 것 같은 생활을 한다. 그러나 실제로는 여기가 지형적으로 험하고 중요한 곳을 차지하여 몽고의 숨통을 쥘 수 있는 변방 북쪽의 깊숙한 곳이므로, 이름은 비록 피서를 한다고 하지만, 사실은 천자 자신이 나서서 오랑캐를 막으려는 속셈이다. 마치 원나라 때에 풀이 푸르면 수도를 떠나 밖에 있다가 풀이 마르면 다시 수도로 돌아오는 것과 같다."[106]

106 박지원 지음, 김혈조 옮김, 『열하일기』 1(돌베개, 2009), 「머리말(漠北行程錄序)」, 449쪽.

사진 3 열하(승덕) 피서산장의 여정문(麗正門) 편액

내몽고자치구(內蒙古自治區) 승덕시(承德市)에 있는 피서산장에 위치했다. 여정문(麗正門)은 열하 피서산장(避暑山莊)의 정문이다. 이 문의 편액은 만주문자, 몽골문자, 한자(漢字), 위구르문자, 티베트문자 등 5개 언어의 문자로 표기되었다. 청(淸)이 중국인뿐만 아니라 만주인, 몽골인, 위구르인, 티베트인 등을 지배하는 다종족(多種族) 국가임을 상징한다. ⓒ 최진열

위의 기록을 보면 18세기 후반 청을 다녀온 조선 지식인 박지원은 몽골(원)의 사계유행과 청의 열하 순행의 본질을 꿰뚫어 보았다. 특히 청 황제가 열하에 체류한 것이 몽골인 지배와 관련 있다는 주장은 현재의 연구 성과와도 일치한다. 선행연구에 따르면, 역대 황제는 무란 위장 등지에서 몽골인과 자주 회합하며 사냥을 즐겼다. 예컨대 청 강희제(康熙帝)와 건륭제(乾隆帝)는 내몽골 지역을 자주 순행하고 무란 위장 등지에서 만주인(滿洲人) 및 몽골인과 함께 자주 사냥했다.[107] 이는 사냥을 통한 군사훈련이었을 뿐 아니라 만주인 · 몽골인과의 유대 강화, 만주인의 정체성 강화, 초원세계와의 정서적 일체성 형성에 기여했다고 한다.[108]

---

107 何平立, 『巡狩與封禪』, 443-449쪽.

108 송미령, 「淸 康熙帝 東巡의 목적과 의미」, 『明淸史硏究』 24, 2005, 243-250쪽; 同氏,

사진 4 무란(木蘭) 위장

무란 위장에 있는 다층 석탑 위에서 본 무란 위장의 최근 초겨울 풍경이다. ⓒ 정재훈

청 황제 가운데 순행빈도가 많은 황제는 강희제와 건륭제였다. 강희제는 재위 61년 동안 150-160회, 건륭제는 60년 동안 적어도 183회 순행했다.[109] 즉 강희제는 연평균 2.5-2.6회, 건륭제는 최소 3.1회이다. 두 황제는

「康熙帝의 淸 帝國 구상과 滿洲族의 정체성-예수회 선교사들의 기록을 중심으로-」, 『歷史學報』 196, 2007, 142-151쪽; 이시바시 다카오 지음, 홍성구 옮김, 『대청제국 1616~1799』, 64-68쪽; 마크 C. 엘리엇 지음, 이훈 · 김선민 옮김, 『만주족의 청제국』, 푸른역사, 2009, 267-285쪽.

109 청(淸) 강희제와 건륭제의 순행 횟수는 何平立, 『巡狩與封禪』, 449쪽 및 462쪽 참조. Michael Chang은 강희제의 순행 횟수를 1681년부터 1722년까지 128회, 건륭제는 60년 동안 150회 이상이었다고 기록했다(Michael G. Chang, *A court on horseback: imperial touring & the construction of Qing rule, 1680-1785*, 73-74쪽). 이는 본문의 수치

주로 승덕과 인근 무란 위장 일대를 자주 방문했고,[110] 청의 옛 수도인 성경과 티베트불교의 성소인 오대산(五臺山), 태산, 곡부(曲阜)의 공자묘(孔子廟) 등도 방문했다. 이 밖에 두 황제는 각각 여섯 번씩 강남을 방문했다.

강희제의 남순(南巡) 목적은 조운과 운하 · 하천의 수리시설 관리 시찰, 강남의 반청(反淸) 감정 완화, 신사(紳士)와 일반 민심 확보, 관리의 감찰 등이었다. 물론 남순 중에도 군대의 훈련과 열병을 거행함으로써 위세를 드높였다. 또 강희제는 행차하는 지역의 물산과 자원, 지리, 기후, 풍속, 습관, 언어, 방언 등을 유심히 관찰하고 기록에 남겼다. 건륭제의 여섯 차례의 남순 역시 목적은 강남의 신사(紳士)를 농락하고 민생을 돌보기 위한 것이었다. 그러나 두 황제의 남순에는 많은 비용이 들었다. 강희제의 남순에는 1-2만 량의 비용이 소요되었지만, 건륭제의 남순에는 20-30만 량 이상이 들었다. 즉 건륭제는 남순에 강희제가 쓴 비용보다 10배 이상을 지출했다.[111]

가경제(嘉慶帝)는 즉위 전이었던 1780년과 1784년, 아버지 건륭제의 남순을 따라갔다. 그러나 즉위 후, 성경과 오대산에는 행차했지만, 강남 남순은 시도하지 않았다. 또 가경(嘉慶)년간 이후 순행을 반대하는 한인관료의 상소가 점차 증가했다.[112]

한편 청대의 특이한 현상은 일부 황제가 북경성의 서북쪽 교외에 위치

와 차이가 있으나, 연간 순행 횟수는 2-3회로 대략 비슷하다.

110 무란 위장 사냥[木蘭秋獮大典]은 강희년간(康熙年間) 30여 회, 건륭년간(乾隆年間) 40회, 가경년간(嘉慶年間) 11회였다. 이후 점차 감소하여 도광(道光) 4년(1824)에는 무란 위장에 분포한 짐승의 감소와 환경 변화 등의 이유로 사냥을 중지했다. 결국 동치원년(同治元年, 1862) 무란 위장을 농지로 개간할 것을 선포했고 이에 따라 무란 위장은 본래의 용도를 상실했다(何平立, 『巡狩與封禪』, 448-449쪽).

111 위의 책, 449-471쪽.

112 Michael G. Chang, *A court on horseback: imperial touring & the construction of Qing rule*, 1680-1785, 425-428쪽.

한 별궁, 즉 창춘원과 원명원에서 오래 체류한 것이다. 극단적인 예이지만 강희 53년(1714) 강희제가 자금성에서 보낸 시간은 18일이었던 반면 창춘원에서 보낸 기간 131일, 승덕과 그 인근 지역에서 보낸 기간은 139일이었다. 건륭제도 건륭 27년(1762) 1년의 1/3을 자금성에서 머물렀고, 1년의 절반 가량을 별궁과 승덕의 피서산장에서 보냈다. 브누아 신부도 건륭제가 1년에 약 3개월만 북경에 머물렀고 몽골초원에서 보낼 때를 제외한 나머지 기간은 원명원에서 지낸다고 기록하였다.[113] 강희제와 건륭제 같은 일부 황제가 오래 거주했다는 점에서 창춘원과 원명원 같은 북경 교외의 별궁도 북경의 자금성만큼 정치적으로 중요한 장소였음을 알 수 있다.

2. 북위 순행 연구의 현황과 문제제기

북위시대 순행에 관한 전론은 1984년 좌등지수(佐藤智水)가 처음 발표했다. 그는 순행 도중의 활동에 대해 정복을 위한 전면적 침략, 침략과 방어, 가축과 인민의 약탈, 적정 시찰과 적 세력의 위압(威壓), 국내 반란의 진압, 백성 위무, 수렵, 제사와 장례, 유람, 유목, 재판 등 11개 항목으로 나누어 간단하게 설명했다. 황제별 혹은 시기별 순행 장소의 변화와 월별 혹은 계절별 순행 여부 및 순행 장소 등도 간략하게 소개했다. 이 밖에 순행의 성격이 유목적 혹은 호족적(胡族的) 순행에서 정주화 · 농업화로 바뀌는 변화와 서교제천(西郊祭天)을 자세하게 언급했다.[114] 그는 꼼꼼한 행행표(行幸表)를 작성하고 『위서』 본기에 표기된 간지의 잘못을 지적할 정도로 정치하게 연구했다. 그러나 지면의 한계상 북위 순행의 개략을 소개하는 데 그쳤다.

113 이블린 S. 로스키 지음, 구범진 옮김, 『최후의 황제들』, 60-61쪽.

114 佐藤智水, 「北魏皇帝の行幸について」, 『岡山大 · 文 · 紀要』 5(通卷45), 1984, 39-53쪽.

2007년 중국과 한국에서는 북위황제 순행에 대한 논문이 동시에 발표되었다. 홍길(洪吉)은 북위 순행의 성격을 황제별 순행의 활동과 특징으로 서술하고 황제 순행을 중심지의 변화, 유목경제에서 농경으로의 생산방식의 변화, 종족(種族)의 이동, 중화전통의 재조(再造) 등의 관점에서 분석했다. 그에 따르면 도무제(道武帝)부터 태무제(太武帝)까지 음산(陰山) 일대에 행차하다가 문성제(文成帝)와 헌문제 시기 때 점점 음산 일대에서 화북지역으로 바뀌었다. 그러나 풍태후(馮太后) 섭정기와 효문제 친정시기에 중원(中原) 지역으로 완전히 바뀌었다. 정치적 중심지가 음산과 하서(河西) 일대에서 중원으로 바뀌면서 목축과 사냥 위주의 경제는 농경 위주의 경제로 바뀌었다. 그리고 효문제 시기에 실시한 균전제(均田制)와 삼장제(三長制), 신조조제(新租調制)는 목축경제에서 농업경제로의 전환이 완성되었음을 의미한다. 즉 문성제부터 효문제까지 정주(定州)·기주(冀州)·상주 등지로의 빈번한 하북(河北) 순행은 농경의 중요성을 인식했기 때문인 것으로 보았다. 그는 또 고차(高車)·유연(柔然), 오호제국의 피정복민들을 평성(平城)과 경기 일대로 강제이주시킨 것을 비롯한 각 종족(種族)의 강제이주는 순행과 관련된 것임을 서술했다. 또 북위의 이민족 군주는 순행을 통해 중국의 정통성과 예의문화의 전통지위를 계승했음을 표방하려 한 것으로 보았다. 그뿐만 아니라 북위황제는 순행을 통해 천하의 예화(禮化)를 추구했으며, 내부갈등을 조정하고, '지주계급'을 농락하고, 백성을 안무하여 북위 정권을 안정시켰다고 한다.[115] 이 논문의 부록인 순행표(巡幸表)는 『자치통감(資治通鑑)』과 대조하고 『위서』 본기의 부족한 점을 보완하여 완성도를 높인 것이다. 그러나 목축경제에서 농업경제로의 전환, 순행과 여러 종족(種族)의 강제이주 사이에는 직접적인 관계가 적다는

115 洪吉, 「北魏皇帝的巡幸」, 2007屆硏究生碩士學位論文, 華東師範大學, 2007.4, 1-43쪽.

한계가 있다. 홍길은 2008년에 장의화(章義和)와 공동으로 북위 순행에 대한 논문을 발표했다. 이 글에서는 북위황제 순행을 개괄적으로 설명하는 데 그쳤다.[116]

같은 해에 발표된 필자의 박사학위 논문은 순행의 개념과 순행기간, 순행 장소, 활동 등을 중심으로 북위 순행의 특징을 살펴보고 지역 지배, '태자감국(太子監國)', 근시관(近侍官)을 통해 순행의 정치적 영향을 규명하려고 했다. 또 좌등지수와 홍길이 주목하지 못한 순행 횟수와 순행기간 등의 통계적 분석을 시도하여 북위황제 순행의 성격을 규명하려고 했다. 또 「문성제남순비」와 「조비간묘문(弔比干墓文)」의 금석문 자료를 이용하여 앞의 두 연구의 한계인 정사 사료에 치우친 점을 보완했다. 특히 「문성제남순비」의 분석을 통해 순행과 근시관의 관계, 수행관원의 인적 구성과 관제를 고찰했다.[117]

장금룡(張金龍)은 『북위정치사(北魏政治史)』 시리즈에서 황제별 정치활동 항목 가운데 하나로 순행을 언급했다. 이 책들은 책의 분량과 구성상 북위의 거의 모든 분야를 망라하여 개괄했으나, 순행에 대한 전론은 아니다. 태무제와 문성제의 순행 서술에서는 순행 장소와 횟수를 표로 정리했고 순행 장소의 특징과 순행 목적도 자세히 설명했다. 반면 황제에 따라 순행을 언급하지 않거나 간략하게 서술한 점도 있다.[118] 기존의 다른 순행 연구와 달리 황제별 순행 장소를 지도로 그린 점은 참신하다.

이 밖에 순행에 관한 전론은 아니지만, 순행 연구에 시사점을 던져 주

116 章義和 · 洪吉, 「北魏諸帝巡行的歷史意義」, 『文化學刊』 2008-1(總第9期), 2008, 37왼쪽-43오른쪽.

117 崔珍烈, 『北魏皇帝의 巡幸 硏究-'遊牧的 君主'의 통치행위와 그 변천과정을 중심으로-』, 서울大學校 大學院 東洋史學科 文學博士學位論文, 2007.8, 1-211쪽.

118 張金龍, 『北魏政治史』 2, 394-414쪽; 『北魏政治史』 4, 37-101쪽; 『北魏政治史』 5, 132-150쪽; 『北魏政治史』 6, 109-115쪽 및 194-310쪽(이상 蘭州: 甘肅教育出版社, 2008).

는 글도 있다. 예컨대 박한제(朴漢濟) 교수는 북위황제의 친정(親征)과 반사(頒賜)를 통한 재화의 장악과 분배를 통해 권력을 강화하는 유목군주(遊牧君主)의 모습에 주목했고, 이를 유목적 성격과 관련지었다. 즉 그는 북위황제가 '유목적 군사활동'을 통해 친정(親征)→약탈(掠奪)→반사(班賜)의 과정을 거치며 약탈물을 분배하여 군주권을 강화했음을 논증했다. 이 역시 북위황제의 순행(친정)이 유목적 성격을 지녔음을 지적한 것이다.[119] 또 하덕장(何德章)은 순행 장소의 확대 · 축소 문제를 북위와 유연의 세력관계의 변천을 통해 규명하면서 북위와 유연의 군사적 관계를 서술했다. 이에 따르면 유연의 군사력이 강했던 도무제와 명원제(明元帝) 시기의 순행 장소는 평성과 경기 일대에 국한되었지만, 화북을 통일한 태무제가 대대적인 유연 친정(親征)을 감행하여 공세적으로 전환하자 유연의 세력은 북쪽으로 후퇴했고, 순행 장소도 음산 남쪽과 북쪽, 막남(漠南)과 막북으로 확대되었다. 그는 또 『송서』「삭로전(索虜傳)」의 '음산각상(陰山却霜)'의 유래와 순행 문제에 대해 언급했다.[120] 필자는 「문성제남순비」를 분석하여 문성제 순행의 수행관원 중 일원인 근시관의 존재에 주목했다. 북위황제의 측근집단인 근시관은 몽골의 케식(keshiq, 怯薛)처럼 시위(侍衛) · 숙위(宿衛)뿐 아니라 황제 개인의 일상사와 행정, 연락 등의 임무를 맡았던 북위 전기의 권력집단이었다. 중국 역대왕조에서 한인관료는 문서행정을 담당하여 권력의 중심으로 부상했다면, 북위의 근시관은 순행 덕분에 권력의 중심에 있었음을 밝혔다.[121] 이 밖에 북위의 화북 지배과정에서의 순행의 역할을 언

119 朴漢濟, 『中國中世胡漢體制硏究』, 一潮閣, 1988, 150-162쪽.

120 何德章, 「"陰山却霜"之俗解」, 『魏晉南北朝隋唐史資料』 12, 武漢: 武漢出版社, 1993, 107-109쪽.

121 崔珍烈, 「北魏前期 近侍官의 性格-〈文成帝南巡碑〉의 분석을 중심으로-」, 『역사문화연구』 28, 2007, 37-60쪽.

급하거나[122] 낙양천도(洛陽遷都) 전후 효문제의 순행을 분석한 글도 있지만,[123] 순행에 천착한 연구는 아니었다.

앞에서 필자는 북위 순행에 관한 전론 혹은 순행을 언급한 선행연구를 검토했다. 『위서』와 기타 사료에는 순행에 관한 자료가 적기 때문에 선행연구에서는 북위 역대 황제의 순행을 정리한 표와 친정(親征), 사냥 등 빈출했던 관련 분야에 주목할 수밖에 없는 한계가 있었다. 홍길은 황제별 순행의 양상을 서술하는 단편적인 구조에서 벗어나기 위해 황제순행을 중심지의 변화, 유목경제에서 농경으로 바뀐 생산방식의 변화, 종족(種族)의 강제이주, 정통성 확보 등을 순행과 관련지어 설명하려고 했다. 그러나 순행 장소=정치적 중심지라는 도식은 적어도 북제와 당, 몽골(원), 청 등의 양도 순행에 적합할 수 있지만 순행 장소가 고정되지 않아 다양한 북위의 상황에 부합한다고 단정하기 어렵다. 또 태무제부터 헌문제까지 북위황제들은 순행 장소를 음산 · 하서 · 막남 등지에서 하북의 정주 · 기주 · 상주 등으로 다양화했지만, 체류기간이 음산 · 하서 · 막남 등지보다 짧고 정치적 활동도 다양하지 않아서 정치적 중심지가 이동된 것으로 파악하기에는 적합하지 않다. 또 좌등지수도 유목경제에서 농경으로의 경제적 변화를 언급하긴 했지만, 순행과 도무제 시기의 '식중과농(息衆課農)', '계구수전(計口受田)' 등 농경 관련 정책의 직접적인 연관성은 적다. 즉 역대 북위황제의 순행 활동 가운데 권농 조치가 발견되지 않았고, 오히려 목축 지역을 자주 순행했다는 점에서[124] 홍길(洪吉)의 주장은 설득력이 약하다.

---

122 崔珍烈, 「北魏의 支配와 그 性格」, 서울大學校 大學院 東洋史學科 文學碩士學位論文, 2002.8, 9-21쪽 및 「北魏의 地域支配方式과 그 性格-지역을 중심으로-」, 『東洋史學研究』 92, 2005, 120-121 및 126-127쪽.

123 張金龍, 『北魏政治史研究』, 蘭州: 甘肅教育出版社, 1996, 210-219쪽.

124 崔珍烈, 『北魏皇帝의 巡幸 研究』, 71-76쪽.

필자 역시 순행과 지역 지배, '태자감국', 근시관의 관계를 통해 순행이 정치와 제도에 미친 영향에 주목한 것도 기존의 순행 사료의 한계 때문이다. 또 필자가 순행과 관련 있는 정치 · 경제 · 사회적 분야의 누락된 순행 기사를 참조해 역대 황제와 북위 전체의 순행 횟수와 순행기간을 계산하거나 추산하여 통계자료를 만든 것도 자료 부족이라는 기존의 한계를 돌파하려는 시도였다. 그러나 필자는 북위의 순행이 가진 호족적 요소의 발굴에 집착하여 일부 통계나 사례를 객관적으로 다루지 못했다. 예컨대 이민족왕조가 순행을 자주 하고 한인왕조는 그렇지 않다는 도식은 학부 시절 중국고대사와 중세사 강의시간에서 들었던 내용이었지만, 역대왕조의 순행 횟수와 기간을 분석해 보면[125] 이러한 이분법이 반드시 옳다고만 볼 수는 없다.

필자는 북위 순행 연구를 보완하면서 북위 순행의 호족적 요소를 강조하기 위해서라도 다른 왕조의 순행도 면밀히 검토해 북위의 순행과 비교할 필요성을 느꼈다. 물론 필자가 박사논문에서 이를 시도하지 않은 것은 아니지만, 다른 왕조의 통계표 작성과 이를 기반으로 한 순행 횟수 및 순행기간의 산출과 북위의 그것을 비교하면 필자가 의도하지 않더라도 북위 순행의 특징을 상대화할 수 있을 것이다. 또 '유목적 군주'의 통치행위에 주목하는 한편, 순행이 북위의 정치 · 제도 · 사회 · 문화에 어떤 영향을 주었는지 살펴볼 필요성을 느끼게 되었다. 특히 북위의 화북 지배는 '한화' 혹은 중국문화로의 경도(傾倒)로 해석되기도 하지만, 이에 대한 반론도 제기되었기 때문이다. 예컨대 관제 등 중국문물의 수용도 '한화'로 간주할 수 있지만,[126] 도무제의 중국문물 수용은 제실십족(帝室十族)과 빈국제부대

125 崔珍烈, 「唐代 皇帝 巡幸의 성격」, 302쪽, 〈표 2〉 秦漢-隋唐 歷代王朝의 巡幸 횟수 및 306-307쪽, 〈표 4〉 後漢-唐 巡幸期間 비교.

126 張金龍, 『北魏政治史』 2, 268-318쪽.

인(賓國諸部大人) 등 탁발귀족(拓跋貴族)의 반발로 실패했다.[127] 심지어 도무제부터 태무제까지 유목천사(遊牧遷徙)의 구속(舊俗)과 음산 일대의 장기간 순행은 선비인(鮮卑人)의 구속 유지와 한화를 지연시켰다는 주장까지 제기되었다.[128] 이 주장은 북위황제의 잦은 순행이 북위의 정치 · 군사 · 제도 · 문화에 영향을 주었음을 시사한다. 필자 역시 하덕장과 비슷한 생각을 가졌고 이것은 본래 북위 순행을 연구하려는 계기가 되었지만, 박사논문에서는 충분히 다루지 못했다.

3. 연구방법과 서술방향

『위서』 본기를 읽어 보면 황제의 순행 기록이 빈출한다. 그러나 순행기간과 활동을 기술한 단편적인 기록만 존재하는 단점이 있다. 이 책에서는 순행 관련 사료의 빈약함을 보완하기 위해 순행의 빈도와 기간을 통계적으로 분석하고자 한다. 이를 위해 북위시대 순행표를 작성했다([부록 1] '북위시대 순행표' 참조). 그리고 이 순행표를 바탕으로 각각의 순행 기사에서 순행기간을 계산하고 이 수치를 황제별 혹은 북위 전체 순행기간으로 합산하여 북위시대 순행기간에 대한 통계수치를 만들었다. 순행빈도 역시 황제별 혹은 북위 전체시기의 빈도표를 만들어 분석했다. 또한 북위의 순행빈도와 순행기간을 분석하고 의미 있는 결론을 도출하기 위해 다른 왕조의 통계수치와 비교했다. 진대(秦代)부터 당대(唐代)까지 왕조별 황제 순행표도 정리했다([부록 2] '진秦-당 순행표순행1' 참조). 이 표와 그래프를 통해 왕조별 순행빈도와 순행기간을 계산하여 북위를 포함한 순행빈도표와 순

127 何德章,「北魏初年的漢化制度與天賜二年的倒退」,『中國史硏究』, 2001-2, 2001(K22, 2001-6), 17-26쪽.

128 何德章,「"陰山却霜"之俗解」, 106쪽 및 109-110쪽.

행기간표를 작성했고 그래프를 만들었다. 이를 바탕으로 북위와 다른 왕조의 순행빈도와 순행기간을 비교하니 통계적으로 북위황제 순행의 특징을 객관적 · 상대적으로 확인할 수 있었다. 순행 장소 역시 통계적으로 분석하여 장소별 혹은 황제별로 순행빈도를 조사하고 표를 만들었다. 이를 통해 북위황제 순행 장소의 특징과 변화과정을 분석해 보았다.

북위황제 순행의 사료 부족을 돌파하기 위한 두 번째 방법으로 각종 금석문 자료를 분석하는 방법을 택했다. 『수경주(水經注)』 등 여러 사서를 보면 북위황제가 순행 장소에 비석을 남겼음을 알 수 있다. 이 가운데 현재까지 내용을 알 수 있는 비석은 적다. 다행히 1990년대 발견된 「문성제남순비」와 「태무제동순비(太武帝東巡碑)」가 학계에 소개되었다. 또 탁본이 존재하는 「조비간묘문」이라는 자료는 효문제의 화북 지역 순행을 호종(扈從)했던 수행관원에 대한 정보를 담고 있다. 본고에서는 이 세 금석문 가운데 누락이 없고 순행과 관련된 정보를 담고 있는 「문성제남순비」와 「조비간묘문」을 분석하여 당시 문성제와 효문제를 호종한 수행관원의 유형과 인적 구성을 통계적으로 정리하였다. 그리고 이러한 자료를 통해 당시 북위정치에서 분석하고 순행 수행관원의 성격을 규명했다.

마지막으로 순행의 영향을 살펴보기 위해 북위 전기와 북위 후기 생활사를 살펴보고자 한다. 『위서』 본기에서 북위황제가 자주 순행했던 장소는 유목민이 유목 혹은 목축생활을 했던 음산 · 막남 · 하서 등지였다. 북위 전기의 수도 평성이 농경의 북한계선 북쪽에 위치했고, 북위황제와 지배층이 역시 농경의 북한계선 이북 지역을 주로 돌아다녔다면 이들이 중국문화에 영향받았을 가능성은 적다. 선행연구에서는 북위가 후연(後燕)의 하북을 점령한 이후 중국의 제도와 문화의 영향을 받았다고 주장했다. 이는 황제를 포함한 호인지배층(胡人支配層)이 한인(漢人)과 만날 기회가 적었음을 간과한 것이다. 본고에서는 북위 전기 황제와 호인지배층의 언어와 의식주, 풍속에 관한 기록을 정리하여 북위 전기의 지배층이었던 유목민이 자신의 고유한 문화를 여전히 유지했으며, 그 원인의 하나가 순행이었음을 증명하고자 한다. 또 효문제의 낙양천도와 '한화정책(漢化政策)'으로 북위 후기 호인(胡人)이 '한화' 즉 중국문화에 동화되었다고 보는 것이 기존의 통설이지만 본고에서는 효문제의 호어(胡語)금지 조치에 보이는 유예상황에 대한 기록을 근거로 한 북위 후기 묘지명 검색을 통해 호어 사용을 허락받았던 30세 이상 호인의 인적상황을 통계적으로 분석할 것이다. 또 각종 사료에서 북위 후기에도 호어를 사용했던 사람과 출신, 사용 지역을 살펴보고, 북위 후기에도 여전히 호어를 사용할 수 있었던 원인이 호어금지 조치 이후 효문제의 잦은 순행과 친정(親征)에 있었음을 순행 통계를 바탕으로 분석한다. 이처럼 북위 전기와 후기 유목민(호인)의 고유한 문화와 풍습, 언어가 어느 정도 유지되었음을 밝히고 이것이 순행과 관련 있음을 제기함으로써 북위황제 순행이 문화적으로 끼친 영향을 확인할 수 있을 것이다.

이러한 연구방법을 바탕으로 본문에서는 북위황제 순행의 성격과 정치적 · 문화적 영향을 3개의 편(篇)에서 10개의 장(章)으로 나누어 서술하고자 한다.

1편에서는 북위황제 순행의 성격을 순행의 기간과 빈도, 순행 장소, 순행의 내용과 활동, 순행과 종족(種族) · 지역 지배로 나누어 살펴본다. 먼저 1장에서는 『위서』 본기와 「예지」 등에 기록된 순행기사를 정리하여 통계수치와 유형화한 자료를 바탕으로 순행을 시간과 공간이라는 틀로 분석한다. 1절에서는 순행기간과 빈도 등을 통계수치로 정리해 북위황제의 순행이 이민족왕조 혹은 한인왕조의 순행과 어떤 차이가 있는지 살펴본다. 2절에서는 북위황제의 순행 장소를 정리하여 순행 장소가 시기별로 어떻게 달라지는지 검토한다. 또 순행빈도가 많은 지역, 즉 하서 · 막남 · 음산 · 하북 등의 지정학적 위치나 군사적 필요성을 찾아본다. 이어서 2장에서는 서교제천, 사냥, 친정(親征), 경제시찰 등 북위황제가 순행 도중 행한 활동을 살펴봄으로써 북위시대 순행의 양상과 목적을 구체적으로 확인해 본다. 마지막으로 3장에서는 순행의 정치적 영향력과 파급효과를 종족(種族) 혹은 지역 지배라는 주제를 통해 분석해 본다. 북위는 호인이 사는 호지(胡地)와 한인이 사는 한지(漢地)를 함께 지배했다.[129] 사료상으로도 보면 순행하면서 양자에 대해 취한 조치가 다르다. 순행과 지역 지배의 양상을 살펴봄으로써 북위시대 호한정책(胡漢政策)의 특징을 밝힐 수 있다.

2편에서는 순행이 북위정치에 끼친 영향을 다양한 분야에서 살펴본다. 먼저 1장 1절과 2절에서는 북위황제가 순행하면서 장기간 도성을 비울 때 발생하는 문제를 해결하기 위해 태자 혹은 제위계승 후계자에게 도성의 유수(留守)를 맡겼던 현상과 연원도 살펴본다. 또 3절에서는 황제가 친정 혹은 순행 중인 상황에서 생긴 태자의 '정변'을 살펴보면서 순행의 부작용과 북위시대 '태자감국'의 장단점을 환기할 수 있을 것이다. 이어서 2장에서는 북위 전기 황제의 측근인 근시관이 정치적 실세가 된 이유를 순행과 관련지어 설명한다. 순행에 참여한 수행관료와 관료제도의 관계 등을 살펴봄으로써 순행이 북위의 정치 · 제도에 미친 영향도 검토한다. 이어서 3장에서는 효문제의 관제개혁과 함께 관계에서 정치적 영향력을 확대한 한인관료의 순행에 대한 태도를 살펴본다. 즉 순행에 대한 조언과 반대론을 살펴보고 북위시대뿐 아니라 중국의 역대왕조마다 제기된 순행 반대론을 정리하고 양자를 비교함으로써 북위시대 순행의 특징과 한인관료의 순행관(巡幸觀)을 분석한다.

3편에서는 순행의 문화적 영향을 호화(胡化, 호속의 유지)와 한화(한족과

---

129 崔珍烈, 「北魏의 地域支配方式과 그 性格」, 128-129쪽.

의 문화적 동화)라는 관점에서 살펴본다. 먼저 1장과 2장에서는 북위 전기의 생활와 습속 등 생활사와 유목민의 언어 사용을 검토하여 북위 전기에도 호인이 자신의 언어와 문화를 여전히 유지했는가 하는 문제를 검토한다. 이어서 3장에서는 이러한 현상이 나타난 배경을 기후와 지리적 위치, 순행 등의 분야로 나누어 검토한 후 순행이 북위 전기 지배자인 유목민이 중국문화의 영향을 덜 받으며 풍속과 생활을 유지하는 데 끼친 원인을 분석해 본다. 마지막으로 4장 1절에서는 효문제의 낙양천도와 '한화정책'의 일환인 호어금지 정책에도 불구하고 선무제(宣武帝) 이후에도 호어를 사용했던 호인과 한인이 존재했던 사실을 밝힌다. 2절에서는 호어 사용이 가능했던 이유를 효문제의 낙양천도 이후의 순행 및 친정(親征)과 관련지어 검토한다.

마지막으로 종장(終章)에서는 북위황제 순행의 성격을 정리하면서 다른 시대 순행과 비교함으로써 이를 객관화 혹은 상대화하였다. 이를 통해 북위황제 순행이 유목민이 세웠던 이민족왕조의 순행과 공통점이 많음을 발견하고 한인왕조의 순행과는 다르다는 것을 확인할 수 있을 것이다.

제 1 편

북위황제 순행 개요

제 1 장 _ 통계와 추세로 본 순행

1. 순행의 빈도와 기간

선행연구에서 북위황제(北魏皇帝)마다 변했던 순행시기와 계절, 장소의 추세를 지적했다. 이에 따르면 북위황제의 순행 장소는 효문제 시기 큰 변화를 보였다. 순행시기에 관해서는 하북 순행이 주로 11~12월, 1~3월 등 추운 시기에 집중되었고, 운중(雲中)·음산·막북(漠南)·하서 순행은 사월 후반-유월에 많았다고 지적되었다.[1] 순행기간과 빈도의 통계적 분석이 중요함에도, 선행연구에서 다뤄지지 않았던 이유는 누락된 순행기사가 많아 통계수치의 산출에 부적합했기 때문인 것 같다. 또 연구자의 주관에 따라 순행기사를 앞뒤 어느 쪽에 연결시키느냐에 따라 순행의 횟수와 기간에 차이가 생기기도 하기 때문이다.[2] 이처럼 북위시대 순행기록의 누락과 분

1 佐藤智水, 「北魏皇帝の行幸について」, 42위쪽-42아래쪽.

2 북위(北魏) 순행표(巡幸表)는 필자 이외에도 좌등지수와 홍길이 작성한 표가 있다(佐藤智水, 「北魏皇帝の行幸について」, 北魏皇帝行幸表, 48-52쪽; 洪吉, 「北魏皇帝的巡幸」, 附錄一 北魏皇帝巡幸表, 44-77쪽). 본문에서 말한 여러 요인 때문에 표에 약간의 차이가 있다.

석상 오류가 있다고 하더라도 기존의 순행기사 자료를 통하면 순행기간과 빈도에 대한 대체적인 통계적 추세를 발견할 수 있다.

필자는 순행의 기간과 빈도, 장소를 통계적으로 분석하기 위해 북위시대 순행표를 만들었다([부록 1] '북위시대 순행표' 참조). 『위서』 본기에서는 북위황제가 도성을 떠난 행위를 '幸(행)'·'行幸(행행)'·'巡(순)'·'巡狩(순수)'·'狩(수)' 등의 한자로 표기했다. 『위서』는 특히 연대와 날짜표기가 소홀히 되어 있으며 이는 『위서』 본기의 순행기사 역시 마찬가지이다. 순행기사들을 살펴보면 도성을 떠나거나 돌아온 날짜, 환궁한 날짜를 전혀 표기하지 않은 예가 흔하다. 이런 기사는 확인 가능한 날짜만 표기했을 뿐, 정확한 순행기간은 알 수 없다. 또 도성인 평성 주변 지역, 즉 백등산(白登山) · 방산(方山) · 무주산(武周山) · 금릉(金陵, 운중금릉(雲中金陵)이라고도 함) 등에 행차한 기록 뒤에도 환궁기록이 없다. 이는 상당히 애매하지만, 이곳들이 평성과 가깝고, 다른 하루 일정의 행차에도 환궁기사가 없다는 점을 고려하여 일단 하루 일정의 순행으로 파악했다. 따라서 이러한 기사의 순행기간은 최소 값임을 미리 밝히고자 한다. 본서에서 순행기간은 황제가 특정 지역으로 행차한 후 도성 혹은 궁성으로 돌아오기까지의 기간으로 본다. 그리고 기타 난에는 순행 중 활동 가운데 중요한 내용만 간략하게 기록했다.

1) 순행빈도

북위시대 순행의 특징은 순행의 횟수와 순행일수라는 통계수치를 통해 살펴볼 수 있다. 다음 〈표 1〉은 북위시대 순행의 횟수를 분류하여 통계로 작성한 것이다.

〈표 1〉에서 주의할 점을 살펴보자. 〈표 1〉은 순행 횟수를 두 개의 경우로 나누어 집계했다. 먼저 하루 일정의 단거리 순행과 친정(親征)을 순행에 포함해야 한다는 견해에 따라 황제의 이동을 모두 순행으로 간주하는 '순행

표 1 북위황제 순행빈도

황제명	재위 년수	순행1				순행2	
		순행	친정	총횟수	연평균 횟수	총횟수	연평균 횟수
도무제(道武帝)[1)]	13 12	9 18	17 2	26 20	2 1.67	9 10	0.69 0.83
명원제(明元帝)	15	64	4	68	4.53	31	2.07
태무제(太武帝)[2)]	18 12	32 19	9 8	41 27	2.27 2.25	31 20	1.72 1.67
문성제(文成帝)	14	27	1	28	2	25	1.79
헌문제(獻文帝)[3)]	7 6	7 5	1 2	8 7	1.14 1.17	3 5	0.43 0.83
효문제(孝文帝)	29	86	3	89	3.07	34	1.17
선무제(宣武帝)	17	13		13	0.76	2	0.12
효명제(孝明帝)	14	6		6	0.43	0	
효장제(孝莊帝)	3	4		4	1.33	1	0.33
전폐제(前廢帝)	1	-	-	0	-	0	-
후폐제(後廢帝)	2	2		2	1	1	0.5
효무제(孝武帝)	3	10		10	3.33	2	
총계	**149**	**302**	**47**	**349**	**2.34**	**174**	**1.17**

비고: 1. 이 표의 통계는 [부록 1] '북위시대 순행표'에 의거하여 산출했다.
2. '협의의 순행'은 하루 일정의 단거리 순행과 친정(親征)을 제외한 순행을 뜻한다.
3. 주기
1) 도무제는 대왕(代王)으로 즉위한 377년부터 후연의 중산성(中山城) 점령까지의 기간[천흥원년(天興元年, 398)]과 천흥원년 2월 이후부터 피살될 때까지 두 시기로 나누어 계산했다.
2) 태무제 시기는 북량(北涼) 멸망(439년) 이전과 화북통일 이후(440년)로 나누어 계산했다.
3) 헌문제는 재위 중 시기와 태상황제(太上皇帝)로 활동하던 시기로 나누어 계산했다.

1'이다(〈표 1〉의 왼쪽 부분).[3] 이 경우 주의할 점이 있다. 부록 1에서는 명원제의 순행 총횟수를 31회로 볼 수 있지만, 『위서』「예지」에서 명원제가 제사를 위해 매해 무주산·차륜산(車輪山), 백등산 등지에 순행한 기록을 보면 그 횟수

는 대폭 증가한다.[4] 다음으로 단거리 순행과 친정(親征)을 제외한 황제의 행차를 순행으로 봐야 한다는 견해에 따라 이를 집계한 협의의 순행, 즉 '순행2'이다(〈표 1〉의 오른쪽 부분).[5] '협의의 순행'의 통계수치는 순행을 엄격히 정의했다는 특성상 북위황제 순행 횟수의 최소 값으로 볼 수 있다.

다음으로 〈표 1〉에서는 도무제 · 태무제 · 헌문제의 '순행1'과 '순행2' 횟수를 둘로 나누어 집계했다.[6] 새외(塞外)시대와 평성시대(平城時代) 도무

---

3 이하 본문에서 '순행1'은 광의의 순행, 즉 친정(親征)과 하루 일정의 단기간 순행을 포함한 개념으로 사용한다.

4 예컨대 명원제는 영흥(永興) 3년(411) 무주산(武周山)과 차륜산(車輪山)에서 해마다 친히 제사를 지냈다. 그러나 구체적인 시기는 정하지 않았다(『魏書』 卷108 「禮志」1, 2736쪽, "太宗永興三年(411)三月, 帝禱于武周車輪二山. 初淸河王紹有寵於太祖, 性凶悍, 帝每以義責之, 弗從. 帝懼其變, 乃於山上祈福於天地神祇. 及卽位壇兆, 後因以爲常祀, 歲一祭, 牲用牛, 帝皆親之, 無常日.") 명원제는 다음 해인 영홍 4년(412) 백등산(白登山)에 태조묘(太祖廟)를 세우고 해마다 한 차례 제사를 친히 지냈다. 역시 제사의 월일(月日)은 일정하지 않았다(『魏書』 卷108 「禮志」1, 2736쪽, "明年(永興四年), 立太祖廟于白登山. 歲一祭, 具太牢, 帝親之, 亦無常月."). 신서원년(神瑞元年, 414), 명원제는 도무제가 유행(遊行)하던 백등산의 서쪽에 소성(昭成) · 헌명(獻明) · 태조묘를 세우고 매년 구월과 시월 사이 친히 제사를 지냈다(『魏書』 卷108 「禮志」1, 2736-2737쪽, "後二年, 於白登西, 太祖舊遊之處, 立昭成 · 獻明 · 太祖廟, 常以九月 · 十月之交, 帝親祭. 牲用馬 · 牛 · 羊, 及親行貙劉之禮. 別置天神登二十三於廟左右, 其神大者以馬, 小者以羊. 華陰公主, 帝姊也, 元紹之爲逆, 有保護功, 故別立其廟於太祖廟垣後, 因祭薦焉."). 이 제사는 영홍 4년의 제사와 장소가 같고, 태조묘 이외에 소성 · 헌명 2묘가 추가된 것으로 보이기 때문에, 영홍 4년의 제사에서 제사대상이 확대되고 날짜가 상대적으로 고정된 것으로 볼 수 있다. 바꿔 말하면, 명원제는 영홍 3년 이후 해마다 무주산 · 차륜산에 순행하고, 영홍 4년 이후 백등산에 순행하여 친히 제사를 지냈음을 알 수 있다. 명원제가 죽을 때까지 이를 계속했다고 가정하면 순행 횟수가 각각 13회와 12회 추가된다. 이 밖에 명원제가 태상(泰常) 4년(419) 백등묘(白登廟)에서 가을제사인 '상(嘗)'을 지냈고(『魏書』 卷108 「禮志」1, 2737쪽, "明年八月, 帝嘗於白登廟, 將薦熟, 有神異焉."), 태상 6년(421) 구월 교산(橋山)에 순행했던 기록(『魏書』 卷108 「禮志」1, 2737쪽, "後二年九月, 幸橋山, 遣有司祀黃帝 · 唐堯廟.")을 추가하면 순행 횟수는 2회 늘어난다.

5 이하 본문에서는 친정(親征)과 몽진, 하루 일정의 단거리 이동 등을 제외한 순행, 즉 '협의의 순행'을 '순행2'로 표기한다.

제의 순행 횟수는 각각 26회와 20회이며, 연평균 횟수도 각각 2회와 1.67회이므로 두 수치는 큰 차이가 없다(이상 '순행1'의 수치). 즉 통계수치를 통해 도무제는 정주지역을 점령한 이후에도 이전의 시기처럼 활발하게 이동했음을 알 수 있다. 십익규(什翼珪), 즉 도무제 시기 물과 풀을 따라다니는 생활을 했다고 기술한 『남제서(南齊書)』「위로전(魏虜傳)」의 기록[7]의 신빙성은 통계수치를 통해 확인된다. 즉 도무제가 하북을 점령한 이후에도 유목적 이동의 습속이 계속되었음을 시사한다.

태무제의 두 시기를 비교하면 화북통일 이후에도 순행의 횟수는 급격히 감소하지 않았음을 알 수 있다. '순행1'의 경우 태무제 시기 화북통일 이전과 이후의 연평균 횟수는 각각 2.27회와 2.25회이며, '순행2'의 경우에도 전자와 후자는 각각 1.72회와 1.67회이다. '순행1'과 '순행2'의 총횟수는 모두 화북통일 이전 시기가 많지만, 이는 화북통일 이전 태무제의 재위기간이 18년, 화북통일 이후 12년이었기 때문이다. 따라서 비교수치로는 연평균 순행 횟수가 적합하다. 태무제는 화북통일 이후 광대한 정주지역

6 도무제 · 태무제 · 헌문제의 순행을 두 시기로 나눈 것은 이들의 재위 동안 국가의 성격에 변화가 발생할 사건이 발생했거나(도무제와 태무제) 순행 횟수의 변화가 발생할 것으로 예상되는 정치적 사건(헌문제의 퇴위)이 발생했기 때문이다. 즉 도무제 재위시기는 평성 · 성락(盛樂) 일대와 음산 남북에서 활동하며 대왕(代王) · 위왕(魏王)을 자칭하던 '탁발부(拓跋部) 부족연합체' 시기와 후연을 격파하고 수도 중산성과 하북을 점령한 이후의 시기로 구분할 수 있다. 후자의 시기는 새외(塞外)의 유목국가에서 중원을 지배한 왕조로 바뀌는 시기이며, 하북을 점령하면서 순행의 성격에도 변화가 있을 수도 있는 시기이다. 태무제 시기는 하(夏) · 북량 · 북연(北燕) 등 오호제국과 병립한 시기와 이들을 멸하고 화북을 통일한 시기이다. 화북을 통일하기 이전과 이후의 국가 혹은 순행에 변화가 발생했다고 가정할 수 있는 시기이다. 마지막으로 헌문제는 황제로 재위했을 때와 퇴위 후 태상황제(太上皇帝)로 있던 시기로 나눌 수 있다. 퇴위한 황제는 은둔하는 것이 일반적이지만, 헌문제는 태상황제가 된 이후에도 활발하게 순행했으며 심지어 친정(親征)을 감행하기도 했다.

7 『南齊書』 卷57 「魏虜傳」, 984쪽.

을 지배하면서 순행의 횟수나 성격에 변화를 주었을 것으로 가정할 수 있지만, 일단 통계수치로는 이러한 가정에 동의하기 어렵다. 헌문제 역시 재위시기보다 태상황제(太上皇帝) 시기의 연평균 순행 횟수가 많다. 이는 퇴위가 순행에 영향을 주지 않았음을 시사한다.

먼저 역대 북위황제가 순행한 총횟수를 살펴보기로 하자. '순행1'에서는 효문제의 순행 횟수가 가장 많고, 명원제와 태무제가 그 다음이다. 반면 전폐제(前廢帝)와 후폐제(後廢帝)의 행차 횟수는 1-2회에 불과하여 거의 없다고 해도 과언이 아니다. '순행2'의 경우 역시 효문제 · 명원제 · 태무제의 순행 횟수가 많다. 그리고 효명제(孝明帝)와 전폐제의 순행 횟수(순행2)는 없으며, 효장제(孝莊帝)와 후폐제는 1회에 불과하다. 〈그래프 1〉은 역대 북위황제별 순행 횟수의 변화추이를 살펴보기 위해 만들었다.

〈그래프 1〉을 보면 '순행1'과 '순행2' 모두 명원제와 태무제 시기의 순행 횟수가 증가하다가 문성제 · 헌문제 시기 상대적으로 격감하며, 다시 효문제 시기 순행 횟수가 급격히 증가하다가 선무제 이후 급감함을 알 수 있다. 통계수치만을 놓고 보면, 낙양천도 이후 즉위한(효문제는 낙양천도 이전 즉위) 선무제 이후의 황제는 거의 순행하지 않았음을 알 수 있다. 다만 북위 말 효무제 시기에는 '순행2' 횟수가 갑자기 증가한다.

통계수치로 확인되지 않는 부분에서는 순행 장소나 활동을 살펴보았다. 실제 효무제가 순행한 지역은 대부분 낙양과 근거리였다. 이 때문에 '순행1'과 '순행2'의 횟수가 각각 10회와 2회로 현격한 차이를 보인다. 한화정책을 추진한 효문제는 북위황제 가운데 가장 많은 순행 횟수를 기록했으나, 도무제-문성제 시기 자주 순행하던 운중 · 음산 · 막남 · 하서 지역의 순행 횟수는 극히 적고, 낙양천도 이전까지 무주산 석굴사(石窟寺, 4회), 방산과 영천지(靈泉池, 10여 회), 곽산(崞山, 5회), 영고릉(永固陵, 10회) 등 평성 근교의 기내(畿內) 지방의 순행 횟수가 많다.[8] 따라서 순행 횟수만의 통계로

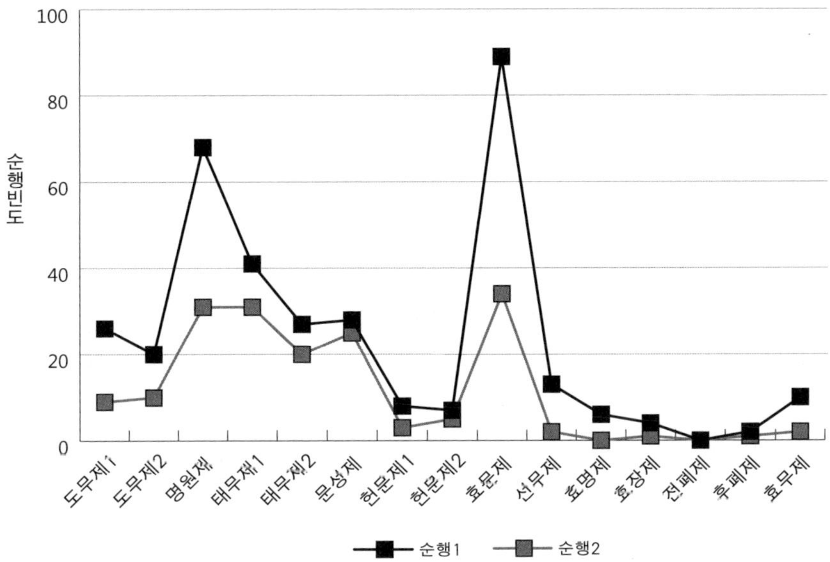

그래프 1 북위황제의 순행빈도

출전: 〈표 1〉 '북위황제 순행빈도'

북위황제 순행의 성격을 단언하기에는 어려움이 있으며, 다른 통계자료나 순행 중의 활동도 살펴봐야 한다. 비록 이러한 통계수치의 결함이 있다 하더라도 효문제 이전 황제의 순행이 빈번했던 추이는 확인할 수 있다.

다음으로 역대 북위황제의 연평균 순행 횟수를 살펴보자. 위의 〈그래프 2〉는 〈표 1〉의 자료를 연평균 순행 횟수의 추이를 살펴보기 위해 정리한 것이다.

〈그래프 2〉를 볼 때의 유의사항은 〈그래프 1〉과 같다. '순행1'의 경우 명원제 · 태무제 · 문성제 · 효문제가 연평균 2회 이상 순행했고, 도무제 역시 연평균 2회에 근접했다. 반면 '순행2'의 경우 연평균 순행 횟수가 많은 황제조차 2회를 넘지 않았다. '순행1' 통계에서 돌출된 수치를 보였던(3.24

8 佐藤智水, 「北魏皇帝の行幸について」, 41아래쪽.

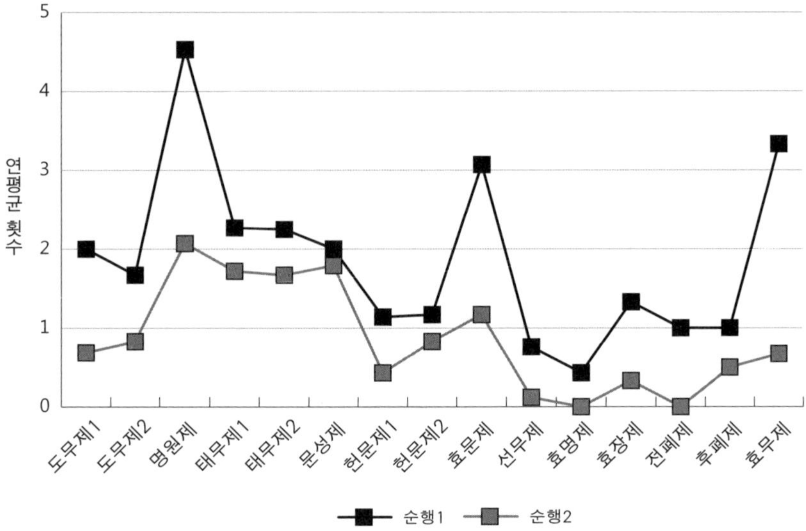

그래프 2 북위황제 순행의 연평균 횟수

출전: 〈표 1〉 '북위황제 순행빈도'

회) 효무제의 연평균 순행 횟수가 '순행2'에서는 평균 정도에 불과했다. 이처럼 '순행1'에서 효무제의 연평균 횟수가 두드러진 이유는 재위기간이 3년에 불과했고, 단거리 순행이 다수 포함되었기 때문이다. 어쨌든 〈그래프 2〉에서도 도무제 · 명원제 · 태무제 · 문성제 · 헌문제 · 효문제가 순행을 자주 했음을 알 수 있다. 반면 낙양천도 이후 즉위한 선무제 이후 황제의 연평균 순행 횟수가 적었음을 확인할 수 있다.

2) 순행기간

순행기간의 통계적 분석은 순행의 성격을 밝히는 데 기본적으로 필요한 작업이며, 이는 북위시대에도 적용된다. 다음 〈표 2〉와 〈그래프 3〉은 북위황제의 순행기간을 통계수치로 정리한 것이다.

표 2 북위황제 순행기간(순행1)

황제명	재위년수	일정이 명확한 순행기간					기간이 불분명한 순행	순행 총횟수 (c)	총 추산일수 (d)	연간 추산 일수
		단거리 행차	장거리 행차	총 일수(a)	총 횟수(b)	연평균 일수	총 횟수			
도무제[1)]	13	0	137	137	2	11	24	26	1,781	137
	12	8	313	321	15	27	5	20	428	36
	24	8	450	458	17	20	29	46	1,240	52
명원제	15	6	1,679	1,685	61	113	7	68	1,879	126
태무제[2)]	18	1	1,915	1,916	21	107	20	41	3,741	208
	12	2	1,874	1,876	20	157	7	27	2,533	212
	30	3	3,789	3,792	41	127	27	68	6,289	210
문성제	14	1	1,001	1,001	25	72	3	28	1,080	78
헌문제[3)]	7	3	55	58	7	11	1	8	67	10
	6	0	223	223	3	38	4	7	520	87
효문제	29	46	1,606	1,652	83	57	6	89	1,772	62
선무제	17	10	46	56	11	4	2	13	67	4
효명제	14	6	0	6	6	0.4	0	6	6	0.4
효장제	3	1	93	94	4	32	0	4	94	32
전폐제	1	0	0	0	0	0	0	0	0	0
후폐제	2	0	0	0	0	0	2	2	?	?
효무제	3	7	45	52	10	18	0	10	52	18
총계	**149**	**91**	**8,985**	**9,076**	**268**	**61**	**81**	**302**	**10,228**	**79**

비고: 1. 이 표의 통계는 [부록 1] '북위시대 순행표'에 의거했다.

2. 숫자 뒤의 단위는 일(日)이다.

3. 단거리 순행은 하루 일정의 순행을 뜻한다.

4. 추산일수 합계와 연간 추산일수의 산출방법은 아래와 같다.

(1) 추산일수(d) = [순행 총횟수(c)/순행기간이 명확한 순행 총횟수(b)] 순행 총일수(a)

(2) 연간추산일수 = 추산일수(d)/재위년수

(3) 유의사항

1) 연평균 일수와 추산일수에서 소수점 이하는 올림 처리했다.

2) ?는 추산할 수 없는 경우를 뜻한다.

5. 주기

1) 도무제는 대왕으로 즉위하던 377년부터 후연의 중산성을 점령할 때까지의 기간[천흥원년(398)]과 천흥원년(398) 이월 이후부터 피살될 때까지 두 시기로 나누어 계산했다. 점선 아래의 수치는 재위년간 전체의 통계수치이다.

2) 태무제 시기는 북량 멸망(439년) 이전과 화북통일 이후(440년)로 나누어 계산했다. 점선 아래의 수치는 재위년간 전체의 통계수치이다.

3) 헌문제는 재위 중 시기와 태상황제로 활동하던 시기로 나누어 계산했다.

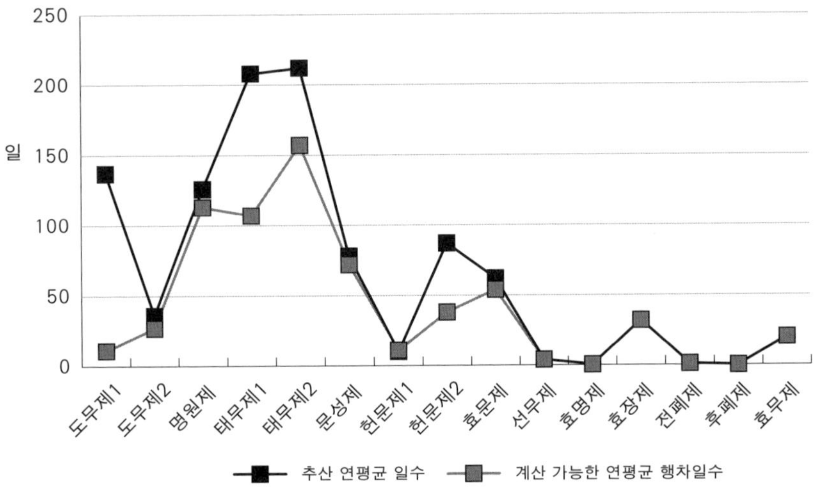

그래프 3 북위황제 순행의 연평균 일수(순행1)

비고: 기타 유의사항은 〈표 2〉와 같다.
출전: 〈표 2〉 '북위황제 순행기간(순행1)'

〈표 2〉에서도 도무제 · 태무제 · 헌문제를 두 개의 시기로 나누었다. 도무제를 두 시기로 나눈 것은 유목국가 시기와 하북을 점령한 이후 순행기간의 변화를 파악하기 위함이며, 실제 양자의 수치에는 차이가 있다. 태무제는 화북통일 이전과 이후의 시기로 나누어 보았지만, 양자의 차이는 크지 않다. 이는 태무제가 화북통일과 상관없이 일관된 순행양태를 가졌음

을 뜻한다. 헌문제는 재위시기보다 태상황제 시절 오랜 기간 순행했다. 이는 퇴위 후 활발하게 활동했음을 보여 준다.

〈표 2〉는 단거리 순행과 친정(親征)이 포함된 광의의 순행, 즉 '순행1'의 수치이며, 통계수치가 불완전함에 주의해야 한다. 『위서』의 서기(序紀)와 본기에는 구체적인 순행 일정이 기록되지 않은 기사가 많다. 서기시대에는 순행한 해만 기록한 경우가 많고, 북위시대에는 간단히 월(月)만 기록했으며, 순행 후 귀환기록이 누락된 기사도 있다. 따라서 〈표 2〉의 '일정(日程)이 명확한 순행기간'난의 통계수치는 누락된 순행일수를 감안해서 봐야 하며, 실제 수치는 이것보다 더 크다는 것을 염두하자. 이러한 통계적 한계를 보완하기 위해 비례식을 이용하여 추산일수를 구해 보기로 한다. 〈표 2〉의 오른쪽에 있는 총(總)추산일수와 연간 추산일수는 이러한 비례식으로 산술추정한 수치이다.

〈표 2〉를 보면 '순행1'의 연평균 추산일수가 50일을 넘는 황제는 도무제(398년 이전) · 명원제 · 태무제 · 문성제 · 헌문제(태상황제 시기) · 효문제이고, 100일이 넘는 황제는 도무제(398년 이전) · 명원제 · 태무제이다. 심지어 태무제는 200일 이상 순행했을 것으로 추산된다. 순행빈도(순행1)가 가장 많았던 효문제의 순행기간(순행1)이 짧았던 이유는 효문제가 낙양천도 이전에는 주로 하루 일정의 단거리순행을 하거나 도성과 가까운 곳에 행차했기 때문이다.

〈그래프 3〉에서 전체 기간을 알 수 있는 순행의 연평균 일수는 도무제 이후 태무제 시기까지 증가세를 보이다가 문성제 · 헌문제 재위시기에는 감소세를 보인다.[9] 이후 태상황제 헌문제 시기와 효문제 시기 증가세를 보

---

9 도무제의 연평균 순행기간이 짧은 것은 의외라고 생각할 수 있다. '기간이 불분명한 순행' 난을 보면 398년 이전에는 순행기간이 1개월 이상인데 누락된 횟수는 13회이다. 본문에서 언급한 것처럼 398년 이전에는 순행 일정이나 장소를 구체적으로 기록하지 않았

이다가 선무제 이후 시기에는 거의 없다고 말할 수 있다. 연평균 추산일수는 하북점령 이후 도무제 재위시기에 다소 감소했고 명원제 시기 증가하여 태무제 시기 때 정점에 달했다가 다시 헌문제 재위시기까지 감소하여 다시 헌문제의 태상황제 시기부터 효문제 시기까지 증가한다. 그리고 이러한 추세는 〈그래프 1〉과 〈그래프 2〉의 추세와도 비슷하다. 즉 '순행1'의 빈도와 기간이 대체로 비례한다. 이는 황제가 오랜 기간 동안 도성 밖에 체류했음을 의미한다.

〈표 2〉와 〈그래프 3〉에서 알 수 있듯, 1년 동안 순행에 가장 많은 시간을 보낸 황제는 태무제였다. 즉 일정이 명확한 기간만의 연평균 순행기간(순행1)은 약 120일이고, 이를 바탕으로 추산한 연평균 추산일수는 약 210일이다. 전자와 후자의 수치는 각각 4.3개월과 7개월이므로, 약 1년의 1/3~1/2을 도성 밖에서 보냈음을 알 수 있다. 이처럼 태무제의 순행은 장기적인 이동인 경우가 많았다. 명원제도 연평균 113일 혹은 연평균 추산일수 126일을 평성 밖에서 보냈다. 이는 3.8개월 혹은 4.2개월로 약 1년의 1/3에 해당한다. 이 밖에 문성제와 효문제의 연평균 순행기간(순행1)이 각각 72일과 54일이다. 헌문제는 재위 중 연평균 순행기간(순행1)이 11일에 불과했지만, 태상황제로 섭정했던 기간에는 38일이었다. 효문제 시기까지 역대 북위황제는 적어도 1개월 이상, 많으면 약 120~160일을 거의 도성 밖에서 보냈다. 후술하겠지만 이처럼 장기적인 순행과 도성의 부재는 다른 한인왕조 특히 동시대 남조에서 거의 찾아볼 수 없는 현상이다.

〈표 2〉에서 도무제와 태무제 시기를 주목할 필요가 있다. 먼저 도무제

기 때문에 연평균 순행기간이 짧은 것처럼 보이지만, 『위서』「태조기(太祖紀)」 순행기록을 살펴보면 398년 이전의 탁발부(拓跋部)는 유목국가의 성격을 지녔으며 '천사(遷徙)를 업(業)으로 삼았던' 행동이 잘 나타나 있다. 따라서 본문의 수치는 이러한 누락을 고려해야 한다.

시기이다. 도무제 시기를 둘로 나눈 것은 정주농업지역인 하북을 점령하기 이전의 유목국가 '탁발부(拓跋部) 부족연합체'가 하북 점령 이후 '북위'로 바뀌면서 순행기간(순행1)에 변화가 있는가를 살펴보기 위해서이다. 즉 이를 통해 정주농업지역을 지배하게 된 후 이를 통치하기 위해 정주화할 필요성이 있다고 볼 수 있기 때문이다. 그러나 도무제의 경우 오히려 하북을 점령한 후 연평균 순행기간이 증가했다. 물론 기간이 불분명한 횟수를 포함한 연간 추산일수는 전자의 시기에 많기는 하다. 그러나 순행빈도(순행1)는 양자 간에 큰 차이를 보이지 않기 때문에 하북점령 이후 유목적 이동의 성격을 지녔던 순행에 근본적인 변화가 있었다고 보기는 어렵다.

다음으로 태무제 시기이다. 태무제 시기를 둘로 나눈 것은 북위의 화북통일 이후 순행기간의 변화가 있는가를 살펴보기 위해서였다. 일정(日程)이 명확한 순행기간만을 대상으로 연평균 순행기간(순행1)을 계산하면 화북통일(440년) 이후의 순행기간(순행1)이 더 길다. 일정이 불확실한 순행까지 포함한 '순행1'의 연평균 추산일수를 살펴보면 모두 192일로 동일하다. 이는 북위가 화북통일한 이후 호족국가(胡族國家)에서 '한화'를 지향한 중원왕조로 변화되기를 지향했을 것이라는 가정이 적어도 순행에 관한 한 적용되지 못했음을 보여 준다. 즉, 북위는 화북통일 이후 유목적 이동의 성격이 강한 순행을 중지하고 화북통치에 전념한 것이 아니었다. 오히려 자신의 일상생활패턴을 변화시키지 않았고 계속 유지했다. 〈그래프 3〉의 추세를 보면 연평균 순행기간(순행1)과 연평균 순행 추산일수(순행1)에 영향을 준 것은 낙양천도였던 것처럼 보인다.

혹자는 〈표 2〉와 〈그래프 3〉의 통계수치에 친정(親征)이 포함되었기 때문에 수치가 왜곡되었다고 비판할 수 있다. 친정(親征)은 전쟁이 장기화하느냐 혹은 단기간에 끝나느냐에 따라 기간이 고무줄처럼 늘어나거나 줄어들 수 있기 때문이다. 또 친정(親征)과 순행을 구분해야 한다는 주장으로 반론을 펼 수 있다. 따라서 앞에서 확인한 추세가 신뢰를 얻으려면 하루 일정의 단기간 순행과 친정(親征)을 제외한 연평균 순행기간(순행2) 그리고 연평균 추산일수도 살펴볼 필요가 있다. 〈표 3〉은 이러한 조건에 맞춰 정리한 통계표이다.

표 3 북위황제 순행기간(순행2)

황제명	재위 년수	일정이 명확한 순행기간			기간 불명인 순행 횟수	순행 총횟수 (c)	추산 일수 (d)	연간 추산 일수
		순행일수 (a)	연평균 일수	총횟수 (b)				
도무제[1]	13	0	0	0	9	9	0	?
	12	263	22	5	5	10	526	44
	24	263	11	5	14	19	1,000	42
명원제	15	1,297	87	24	7	31	1,676	112
태무제[2]	18	1,288	72	16	16	31	2,496	139
	12	980	82	12	7	20	1,634	137
	30	2,268	76	28	23	51	4,131	138
문성제	14	1,000	72	20	5	25	1,250	90
헌문제[3]	7	48	6.9	1	2	3	144	21
	6	223	38	3	2	5	372	62
효문제	29	899	31	32	2	34	956	33
선무제	17	46	28	1	1	2	92	5.5
효명제	14	0	0	0	0	0	?	?
효장제	3	4	1.3	1	0	1	4	1.3
전폐제	1	0	0	0	0	0	0	0
후폐제	2	0	0	0	1	1	?	?
효무제	3	26	8.7	2	0	2	26	8.7
총계	**149**	**6,074**	**41**	**117**	**57**	**174**	**9,034**	**61**

비고: 1. 이 표의 통계는 [부록 1] 북위시대 순행표에 의거했다.
2. 숫자 뒤의 단위는 일(日)이다.
3. 단거리 순행은 하루 일정의 순행을 뜻한다.
4. 추산일수 합계와 연간 추산일수의 산출방법은 아래와 같다.
(1) 추산일수(d) = [순행 총횟수(c)/순행기간이 명확한 순행 총횟수(b)] 순행 총일수(a)

(2) 연간 추산일수 = 추산일수(d)/재위년수

(3) 유의사항

1) 추산일수에서 소수점 이하는 올림 처리했다. 단 연간 추산일수가 한 자리일 경우 소수점 첫째 자리까지 표시했다.

2) ( )안은 기간이 불명확한 경우가 없어 확정적인 수치이다.

3) ?는 추산할 수 없는 경우를 뜻한다.

5. 주기

1) 도무제는 대왕으로 즉위했던 377년부터 후연의 중산성을 점령할 때까지의 기간[천흥원년(398)]과 천흥원년(398) 이월 이후부터 피살될 때까지 두 시기로 나누어 계산했다. 점선 아래 수치는 재위년간 전체의 통계수치이다.

2) 태무제 시기는 북량 멸망(439년) 이전과 화북통일 이후(440년)로 나누어 계산했고, 점선 아래 수치는 재위년간 전체의 통계수치이다.

3) 헌문제는 재위 중의 시기와 태상황제로 활동하던 시기로 나누어 계산했다.

우선 〈표 3〉에서도 도무제 · 태무제 · 헌문제 시기를 각각 두 시기로 나누었다. 그런데 도무제는 새외의 유목국가 시기 때 순행기간보다 하북 지방을 점령한 이후의 순행기간이 더 길다. 이는 전자의 시기에는 '협의의 순행'이 거의 기록되지 않았고 친정(親征)이 대부분이었기 때문에 발생한 오류이다. 또 태무제 시기를 보면 화북통일 이전 연평균 순행기간과 연평균 추산일수는 각각 약 72일과 139일인데 비해 화북통일 이후에는 각각 82일과 137일이다. 양자의 수치에는 거의 차이가 없다. 이 또한 화북통일이 순행기간에 영향을 주지 못했음을 뜻한다. 반면 헌문제는 태상황제가 된 이후 장기간 순행했다.

대체로 〈표 3〉의 연평균 기간과 연간 추산일수는 〈표 2〉의 수치보다 훨씬 적다. 이는 '순행1' 속에 친정(親征)이 포함되어 부풀려진 수치가 제거되었기 때문이다. 그리고 주로 하루 일정의 화림원 · 화림도정 등을 행차한 효명제-후폐제의 순행기간과 연평균 일수는 0일이다. 화림원과 화림도정은 낙양성 안에 있기 때문에 이곳에 행차한 것을 순행으로 보기 어렵다. '일정이 명확한 순행'의 경우 순행기간이 가장 긴 명원제와 태무제의 순행기간은 3개월을 넘지 않았다. 반면 연평균 추산일수는 각각 112일과 138일(두 시기 합산)로, 3~4개월이다. '순행2'가 '순행1'보다 기간은 짧지만, 특히 명원제-문성제 시기의 연평균 횟수가 2~3개월, 연평균 추산기간은 3~4개월에 달하므로, 이 시기에는 순행으로 인해 장기간 체류하는 기간이 길었던 추세라고 인정할 수 있다. 또 한 학자의 계산에 따르면 낙양천도 이후 효문제가 낙양에 있던 기간은 약 6년 8개월 가운데 2년 29일이다.[10] 이는 연평균 109일 동안만 낙양에 있었고 나머지 256일 동안에는 다른 지방으로 돌아다녔음을 뜻한다. 그러나 '순행2'에는 친정(親征)이 제외되었으므로 〈표 2〉의 수치와 체감수치는 다르다. 이는 통계의 한계로 볼 수 있다.

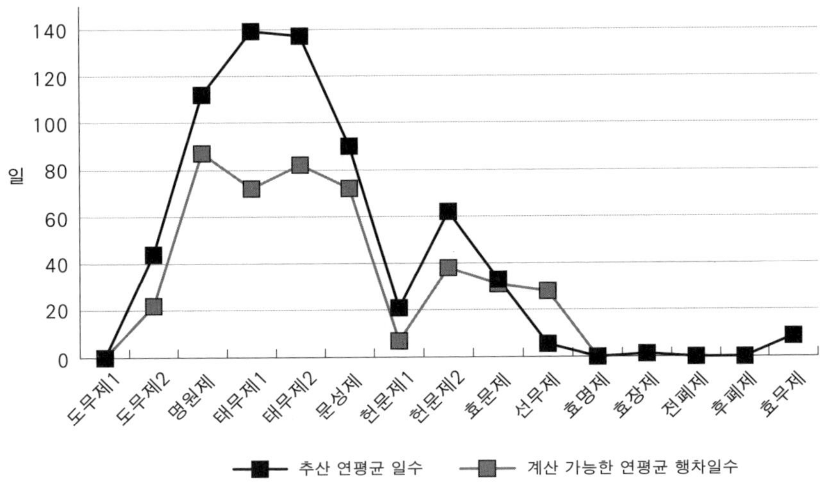

그래프 4 북위황제의 연평균 순행기간(순행2)

출전: 〈표 3〉 '북위황제 순행기간(순행2)'

〈그래프 4〉는 〈그래프 3〉과 다른 추세를 보인다. 일정이 명확한 순행

10 張金龍, 『北魏政治史研究』, 210-213쪽.

의 연평균 일수를 보면, 명원제 시기의 순행기간이 가장 길고 소폭 감소하다가 헌문제 시기에 대폭 감소한다. 그리고 다시 태상황제 헌문제와 효문제 · 선무제 시기에 비슷한 수치를 보이지만, 효명제 이후에는 순행일수가 거의 없다. 그러나 연평균 추산일수를 살펴보면, 도무제 시기부터 급격히 증가하다가 태무제 시기 정점에 도달하며 이후 헌문제 재위시기 때 급감하고 이후 태상황제 헌문제 시기에 정점에 도달한 후 효문제와 선무제 시기에 감소한다.

2. 순행 공간

1) 순행 장소의 통계적 추이

앞글에서 순행 횟수와 순행기간을 분석한 결과 북위황제는 자주 혹은 장기간 도성 이외의 지역에서 체류했다. 효문제처럼 평성 일대의 가까운 곳을 자주 순행했을 경우 순행 횟수는 많지만 순행기간은 길지 않은 경우도 존재한다. 따라서 순행 횟수와 순행기간만으로 북위황제 순행의 특징을 단정하는 것은 위험하며, 순행 장소도 같이 고려해야 한다.

북위황제의 순행 장소가 시대에 따라 어떻게 달라지는지를 확인해 볼 필요가 있다. 이를 위해 먼저 황제별 순행 장소를 정리한다.

표 4 북위 역대 순행지 일람표

황제	친정(親征)을 제외한 단거리 · 장거리 순행
도무제[11]	牛川(3), 盛樂(2), 陵石, 寧川, 濡源, 赤城, 紐垤川(2), 漠南 河東,[12] 河南宮(2),[13] 鹽池
	白登山, 西郊(2), 平城, 南郊, 鹿苑, 北郊, 東郊, 涿鹿, 馬邑, 灅源, 豺山(宮)(7), 參合(陂)(4), 代谷, 南平城, 西宮, 屋孤山, 代園山, 定襄 角史山, 馬城, 青牛山, 武要北原, 石漠(2), 漠南鹽池, 漠中 天鹽池, 吐鹽池, 長川(2), 長陂, 蟠羊山, 濡源, 於延水, 寧川

<table>
<tr><td>명원제</td><td>盛樂 金陵(2), 武周山(14), 車輪山(14), 虎圈, 石會山, 去畿陂(2), 濡源(3), 西宮(3), 白登山(17), 東郊, 高柳川(2), 雲中 舊宮, 五原(2), 骨羅山, 薄山), 定襄 大落城, 善無川, 豺山宮, 繁畤, 參合陂(2), 大寧, 四岬山, 頹牛山, 赤城, 上谷, 涿鹿, 廣寧(2), 歷山, 沮洳城, 白鹿陂, 牛川, 釜山, 雲中(3), 大漠, 西山, 大寧 長川, 犢渚(2), 東廟, 雁門, 灅水, 辱孤山, 君子津, 薛林山, 屋竇城(2), 翳犢山, 馮滷池, 雲中 大室, 公陽, 蟠羊山(2), 柞山, 橋山(2), 代, 灅南宮, 幽州, 三會屋侯泉, 馬邑, 灅源</td></tr>
<tr><td rowspan="2">태무제[14]</td><td>雲中 金陵, 大寧, 東郊, 雲中舊宮, 五原, 陰山, 和兜山, 長川(2), 幽州(2), 中山(定州)(3), 河西(9), 廣寧(2), 牛川, 柞山, 南宮(3), 雲中(6), 漠南, 山北, 陰山之北, 女水, 棝陽(2), 新城宮, 冀州, 廣川 鄴, 上谷, 代</td></tr>
<tr><td>北部, 陰山, 山北, 溫泉, 崞山, 河西(3), 陰山之北(3), 中山(定州)(3), 恒山之陽, 西郊(2), 廬?, 那南池, 馬邑, 崞川, 漠南, 上黨, 泫氏, 吐京, 西郊</td></tr>
<tr><td>문성제</td><td>崞山(3), 陰山(5), 南郊, 冀州(信都)(5), 中山(定州)(5), 靈丘, 溫泉宮, 犢侻山, 河西(6), 松山(2), 陰山之北, 廣寧 溫泉宮, 遼西 黃山宮, 碣石山, 廣川, 雲中, 橋山, 遼西, 恒岳, 廣寧 鳴鷄山, 鄴, 山北, 旋鴻池, 樓煩宮, 西苑</td></tr>
<tr><td rowspan="2">헌문제[15]</td><td>那南池, 西山, 崞山(2), 繁畤, 冷泉, 鹿野苑, 石窟寺, 河西, 陰山</td></tr>
<tr><td>陰山(2), 河西, 懷州, 北郊(2)</td></tr>
<tr><td>효문제</td><td>河西, 武周山(2), 車輪山, 永寧寺(3), 建明佛寺, 白登山(2), 崞山(5), 代 溫泉(2), 北苑, 鹿野苑), 方山(15), 火山(2), 虎圈(2), 中山(定州)(2), 信都(冀州), 唐水之陽, 南郊, 肆州(2), 雲水之陽, 武周山 石窟寺(3), 神淵池), 旋鴻池(2), 方山 石窟寺, 靈泉池(10), 魚池, 靑原岡, 彌澤, 牛頭山, 西郊(2), 南郊(2), 圓丘(2), 永固陵(10), 京邑(3), 平城동쪽 行宮, 東郊(2), 北部曹, 都南, 永興園, 幷州(2), 洛陽(2), 金墉城, 河南城, 豫州, 石濟(2), 滑臺(2), 鄴(4), 洛陽西宮(2), 河陰, 句注陘南, 金陵(2), 朔州, 陰山, 閱武臺, 懷朔鎭, 武川鎭, 撫冥鎭, 柔玄鎭, 平城(宮)(2), 中山 唐湖, 懸瓠(2), 下邳, 彭城(徐州), 小沛, 瑕丘(兗州), 魯城, 碻磝(濟州), 委粟山, 華林(都亭)(6), 河陰 方澤, 嵩高, 小平津, 雲中, 離石, 龍門, 蒲坂, 長安, 湖陽, 比陽</td></tr>
</table>

11 도무제는 대왕에 즉위한 377년부터 후연의 중산성 점령까지의 기간[천흥원년(398)]과 천흥원년(398) 이월 이후부터 피살될 때까지의 두 시기로 나누었다.

12 북위 평성시대 '하동(河東)'은 오르도스와 산서성(山西省)의 경계가 되었던 곳이며 남북으로 흐르는 황하의 동쪽을 지칭했다. 대개 운중 · 평성 등지이다.

13 하남(河南)은 오르도스 지방에서 동서로 흐르는 황하의 남쪽을 뜻한다. 즉 오르도스 북부지방을 지칭하므로 하남궁은 오르도스에 있던 궁이다.

14 태무제 시기는 북량 멸망(439년) 이전과 화북통일 이후(440년)로 나누었다.

15 헌문제는 재위 중의 시기와 태상황제로 활동하던 시기로 나누었다.

선무제	長陵(5), 魯陽, 北邙山, 伊水之陽, 鄴, 河南城 離宮, 伊闕, 華林都亭
효명제	景陵(2), 苑囿, 圓丘, 南石窟寺
효장제	北邙山 북쪽, 華林園, 河陽
전폐제	華林都亭
후폐제	鄴, 河陽, 邙山
효무제	東郭之外, 乾脯山, 華林園, 華林都亭(4), 都水, 洛汭, 瀍澗, 北原, 山陵, 河梁, 嵩陽, 溫湯, 鴻池陂, 嵩高(2?)

비고: 1. 이 표의 통계는 [부록 1] '북위 시대 순행표'에 의거했다.
2. 단거리 순행은 하루 일정의 순행을 뜻한다.
3. 지명 뒤의 ( )는 순행한 횟수이다. 1회인 경우 숫자를 표시하지 않았다.

〈표 4〉는 역대 황제별 순행 장소 가운데 친정(親征)을 제외하고 정리한 것이다. 앞에서는 친정(親征)과 단기간 순행이 포함된 '순행1'과 이를 제외한 '순행2'로 나누었다. 반면 이 글에서는 다른 나라를 침략하는 친정(親征)은 제외했다. 순행 장소의 규칙성을 찾는 데 도움이 되기 때문이다. 그리고 '순행2'의 예를 굳이 제시하지 않은 것은 앞의 표에서 서술하기를 하루 일정의 단거리 순행은 대개 경기지역이라 했고, 이는 대체적인 순행 장소의 범위에서 벗어나지 않기 때문이다. 〈표 4〉를 보면 황제마다 자주 순행했던 지역이 다르다. 이는 이미 선행연구에서 지적되었으므로 더 이상 언급하지 않겠다.[16] 〈표 4〉가 구체적인 특정지역에 행차한 빈도 파악에는 유리하지만 제시된 지명의 위치를 알지 못하면 자료 분석이 쉽지 않기 때문이다. 이러한 자료의 한계를 보완하기 위해 위의 지명을 권역별로 묶어 보았다. 지명의 비정은 주로 중국 학자의 평성 일대 지명 고증에 관한 연구[17]와 『자치통감』 호삼성(胡三省)의 주석(註釋)에 근거했으며, 지명 관계상 인

16 佐藤智水, 「北魏皇帝の行幸について」, 41아래쪽-42위쪽.

17 力高才 · 殷憲, 「北魏平城京畿地名考釋」上, 『北朝硏究』 1989-1, 1989, 105-114쪽; 力高才 · 殷憲 · 高平, 「北魏平城京畿地名考釋」下, 『北朝硏究』 3, 1990, 111-120쪽.

용출처를 일일이 주기(註記)하지는 않았다. 다만 〈표 5〉의 '주) 18-25'에서 권역에 속하는 개별 지명을 나열했다.

표 5 북위 역대 황제의 광역별 순행 장소

황제	경기(평성)[18]	하서[19]	음산[20]	새외[21]	막남[22]	하북[23]	경기(낙양)[24]	황하 이남[25]	기타 지역
도무제	8(8)	3		1	1				3
	33(24)			5	1				6
명원제	106(72)			11					2
태무제	21(17)	10	2	5	1	2			2
	9(6)	3	8	2	1	4			4
문성제	13(10)	7	6			13			7
헌문제	6(3)	1	1						2
	2(0)	1	2			1			0
효문제	90(58)	1	1	5		9	12	17	11
선무제						1	10	1	
효명제							5		
효장제							3		
전폐제							1		
후폐제						1	2		
효무제							14(6)	1-2	2
합계	**288(198)**	**26**	**20**	**29**	**4**	**31**	**47(6)**	**19–20**	**39**

비고: 경기(평성)와 경기(낙양)의 ( ) 안 수치는 '순행2'에 해당한다. 다른 지역은 '순행1'의 수치와 '순행2'의 수치가 일치한다.

출전: 〈표 4〉 '북위의 역대 순행지 일람표'

18 북위 전기 '경기[=평성]'에 속하는 지명은 牛川, 盛樂, 寧川, 赤城, 河東, 白登山, 西郊, 平城, 南郊, 鹿苑, 北郊, 東郊, 涿鹿, 馬邑, 灅源, 豺山(宮), 參合(陂), 代谷, 南平城, 西宮, 定襄 角史山, 馬城, 青牛山, 蟠羊山, 於延水, 盛樂 金陵, 武周山, 車輪山, 虎圈, 石會山, 去畿陂, 高柳川, 雲中舊宮, 薄山, 定襄 大落城, 善無川, 繁峙, 大寧, 四岬山, 上谷, 廣寧, 歷山, 白鹿陂, 雲中, 西山, 大寧 長川, 犢渚, 東廟, 雁門, 君子津, 薛林山, 屋竇城, 翳犢山, 雲中大室, 柞山, 橋山, 代, 灅南宮, 大寧, 南宮, 山北, 椈陽, 溫泉, 崞山, 馬邑, 崞川, 靈丘, 溫泉宮, 廣寧 溫泉宮, 旋鴻池, 廣寧 鳴鷄山, 西苑, 繁峙, 鹿野苑, 石窟寺, 永寧寺, 建明佛寺, 代 溫泉, 北苑, 鹿野苑, 方山, 火山, 武周山 石窟寺, 神淵池, 方山 石窟寺, 靈泉池, 魚池, 青原岡, 彌澤, 牛頭山, 圓丘, 永固陵, 京邑, 平城동쪽 行宮, 北部曹, 都南, 永興園이다.

〈표 5〉에서는 북위황제의 순행 장소를 북위 전기의 경기, 하서(오르도스), 음산, 음산북부(사료 용어로는 음산지북(陰山之北)임), 새외, 막남, 하북, 황하 이남, 북위 후기의 경기, 기타 지역으로 묶어 보았다. 그리고 북위 전기와 후기의 경기지역 난의 숫자 뒤에 붙인 ( )는 '순행2'의 경우에 해당하는 수치이다. 즉 〈표 5〉에서는 '순행1'과 '순행2'를 동시에 정리했으며 양자의 차이라면 경기지역 지명 횟수만 다르다는 점이다.

〈표 5〉에서 두드러진 경향은 북위 전기와 후기 경기(각각 평성과 낙양)[26] 일대로의 순행이 많다는 점이다. 특히 명원제와 효문제가 순행한 경기의 지명 횟수가 많다(각각 106회와 90회). 『위서』「예지」에 따르면 명원제는 영흥 3년(411) 이후 무주산과 차륜산, 영흥(永興) 4년(412)부터 백등산의 태조

19 '하서'에 속하는 지명은 河西, 河南宮, 鹽池이다.

20 '음산'에 속하는 지명은 陰山과 陰山之北이다.

21 '새외'에 속하는 지명은 五原, 骨羅山, 武要北原, 長川, 長陂, 濡源, 頹牛山, 沮洳城, 釜山, 辱孤山, 馮滷池, 和兜山, 女水, 閱武臺, 懷朔鎮, 武川鎮, 撫冥鎮, 柔玄鎮(이 圈域 가운데 '塞外'는 애매한 지역이다. '塞外'에 속하는 지명은 漠南과 陰山 사이에 있으면서 北魏前期 京畿의 경계선 혹은 경계선과 가까운 위치에 분포했다. 이 지역을 漠南에 넣을 수도 있지만, 陰山 · 漠南 · 京畿 어느 쪽에도 포함시키기 어려워 따로 독립시켰다)이다.

22 '막남'에 속하는 지명은 漠南과 漠南鹽池이다.

23 '하북'에 속하는 지명은 定州(中山), 新城宮, 冀州(信都), 廣川, 鄴, 恒山之陽, 恒岳, 懷州, 唐水之陽, 中山 唐湖이다.

24 북위 후기 '경기[=경기(낙양)]'에 속하는 지명은 洛陽, 金墉城, 河南城, 洛陽西宮, 河陰, 華林(都亭), 河陰方澤, 嵩高, 小平津, 長陵, 北邙山, 伊水之陽, 河南城 離宮, 伊闕, 景陵, 苑囿, 圓丘, 南石窟寺, 河陽, 東郭之外, 乾脯山, 華林園, 都水, 洛汭, 瀍澗, 北苑, 山陵, 嵩陽, 溫湯.

25 '황하 이남'에 속하는 지명은 豫州, 石濟, 滑臺, 懸瓠, 下邳, 彭城(徐州), 小沛, 瑕丘(兗州), 魯城, 碻磝(濟州), 魯陽이다.

26 북위 전기의 경기는 효문제 낙양천도 이후 朔州(西部) · 恒州(中部) · 燕州(東部)의 3개 주로 분할되었다. 현재의 지명으로 內蒙古自治區 남부와 山西省 북부 · 河北省 북서부 일대를 포함한다. 譚其驤 主編의 『中國歷史地圖集』은 낙양천도 이후의 지명으로 표기되어 朔州 · 恒州와 燕州가 다른 쪽에 배열되었다(譚其驤 主編, 『中國歷史地圖集』 第四冊 東晉十六國 · 南北朝時期, 北京: 地圖出版社, 1982, 50쪽 및 52쪽 참조).

묘(太祖廟), 선서원년(神瑞元年, 414) 이후 백등산 서쪽의 소성(昭成) · 헌명(獻明) · 태조묘에서 각각 해마다 제사를 지냈다.[27] 이러한 제사 기록을 빼면 행차한 경기지역 지명은 반 정도로 감소한다. 효문제 역시 풍태후와 함께 행차한 각종 절과 온천 · 원유(苑囿), 영고릉을 제외하면 역시 그 수는 크게 감소한다. 어쨌든 순행 장소에 경기지방의 지명이 대거 포함되었다. 이 가운데 일부 순행은 지역시찰 등을 목적으로 한 순행의 의의에서 거리가 멀 수도 있다. 그러나 경기 일대의 지명에서는 짧은 기간 동안 체류한 데 반해 하서 · 음산 · 막남 등지의 순행은 몇 달에 걸친 장기간 여정이었다는 점에서 빈출 횟수만으로 순행 장소의 경중을 가릴 수는 없다. 이러한 통계적 한계가 있기 때문에 〈표 5〉에 나오는 지명의 숫자는 북위황제의 순행 장소 변화 추이를 살펴보는 데 의미가 있는 정도이다.

〈표 5〉에서는 역대 북위황제의 순행 장소 변화를 대략적으로 살펴볼 수 있다. 먼저 도무제와 명원제 시기에는 주로 경기와 새외 지역을 순행했다. 물론 도무제는 하서와 막남도 순행했지만 일시적인 현상이었고 횟수도 적다. 그런데 '새외'로 표시된 지역들, 즉 오원(五原), 골라산(骨羅山), 무요북원(武要北原), 장천(長川), 장피(長陂), 유원(濡源), 퇴우산(頹牛山), 저여성(沮洳城), 부산(釜山), 욕고산(辱孤山), 풍로지(馮滷池)는 대개 경기지역의 경계선 바로 북쪽지역이거나 인근지역이었음이 주목된다(〈지도 13〉 참조).

도무제 당시 경기지역은 지형상 동부와 남부의 군현지역(대개 농경지역)과 팔부대부(八部大夫) · 영민추장(領民酋長) · 호군(護軍)이 통치하는 서부와 북부지역(대개 유목지역)으로 구분된다.[28] 그리고 사주(司州)는 천흥(天興)

---

27 『魏書』 卷108 「禮志」1, 2736 및 2736-2737쪽.

28 嚴耕望, 『中國地方行政制度史』 上編 · 卷中 · 下冊, 420-422쪽; 堀敏一, 「北魏における均田制の成立」, 『均田制の研究』, 東京: 岩波書店, 1975, 110쪽; 朴漢濟, 「遊牧國家와 城郭-坊墻制의 出現과 그 背景-」, 『歷史學報』 200, 2008, 462-473쪽; 崔珍烈, 「북위의 華

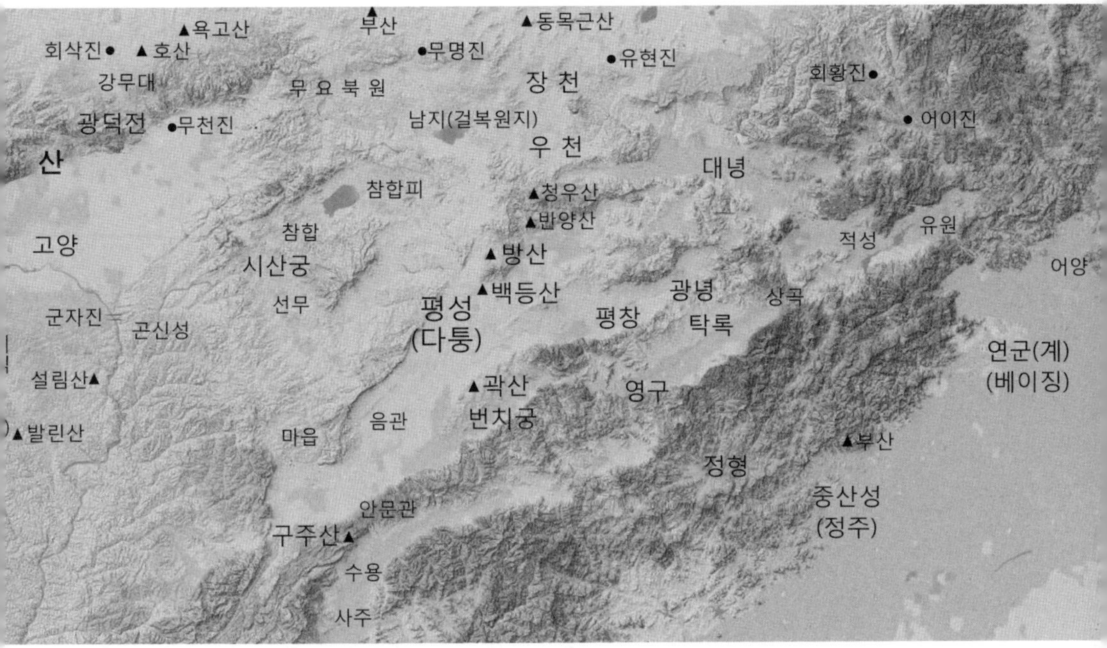

지도 13 북위 전기 경기와 주요 순행지명

북위 전기 순행했던 주요 지점을 지형도에 표시하였다.
출처: 구글맵스(http://maps.google.co.kr)

년간 설치되어 동부와 남부의 군현(郡縣)지역을 통할했다. 이후 사주는 어느 때인가 없앴다가 효문제 시기 다시 설치되었다.[29] 사주의 연혁을 살펴보면, 북위 전기에는 대부분 경기 전체를 통할하는 행정구역이 존재하지 않았다. 경기의 서부 · 북부가 호인이 주로 거주하는 비군현 편제(非郡縣編制) 지역이었다면 당시 경기의 서부와 북부의 경계선은 사실상 무의미했을 것이다. 그러므로 앞에서 언급한 지명은 생활권 · 문화권에서 경기 서

北支配와 그 性格」, 5쪽.

29 嚴耕望, 『中國地方行政制度史』 上編 · 卷中 · 下冊, 422-425쪽.

부 · 북부와 동일한 권역이었다고 볼 수 있다. 다만 〈표 5〉의 권역 구분은 북위 후기의 행정구역을 중심으로 한 것이기 때문에 북위 전기의 사정과 다를 수 있다. 요컨대 경기와 가까운 '새외' 지역을 경기와 묶을 수 있다면, 도무제와 명원제는 주로 경기와 경기 인근의 '새외', 즉 광의의 경기지역을 주로 순행했음을 알 수 있다.

다음으로 태무제 · 문성제 시기에는 순행 장소가 경기와 새외에서 음산(음산지북 포함), 하서, 하북으로 확대되었다. 그러나 효문제 시기에는 하서와 음산 대신 하북과 황하 이남 지역에 순행한 횟수가 많다. 마지막으로, 선무제 이후의 순행 장소가 두 차례의 예외를 제외하고(기타의 두 지역은 위치 미상) 북위 후기 수도인 낙양과 경기지역으로 한정된다.

이처럼 순행 장소의 시기별 변화가 확인된다. 황제별 변화보다 시기별 순행 장소의 변화를 살펴보면 순행 장소의 시기 구분이 가능하다. 다음 항에서 순행 장소에 따른 시기 구분을 살펴보자.

2) 순행 장소의 변화로 본 순행의 시기 구분

앞에서 순행지명을 북위 전기의 경기, 하서(오르도스), 음산, 음산북부, 새외, 막남, 하북, 황하 이남, 북위 후기의 경기 등의 권역으로 묶어서 권역에 속하는 지명의 횟수를 살펴보았다. 그 결과 시대에 따라 순행 장소가 점차로 경기에서 다른 지역으로 확대되는 양상을 발견할 수 있다. 부록의 북위시대 순행표와 기존의 연구성과를 종합하면 북위시대 순행은 다섯 시기로 구분할 수 있다.

첫째 시기(398~427)는 하북을 점령한 도무제 천흥원년(398)부터 하(夏)를 멸망시킨 태무제 시광(始光) 4년(427)까지의 기간이다. 이 시기의 북위 황제는 주로 북위 전기 경기지역을 순행했으며, 극소수는 경기북쪽을 순행하기도 했다(〈지도 14〉의 가운데 사각형 부분).

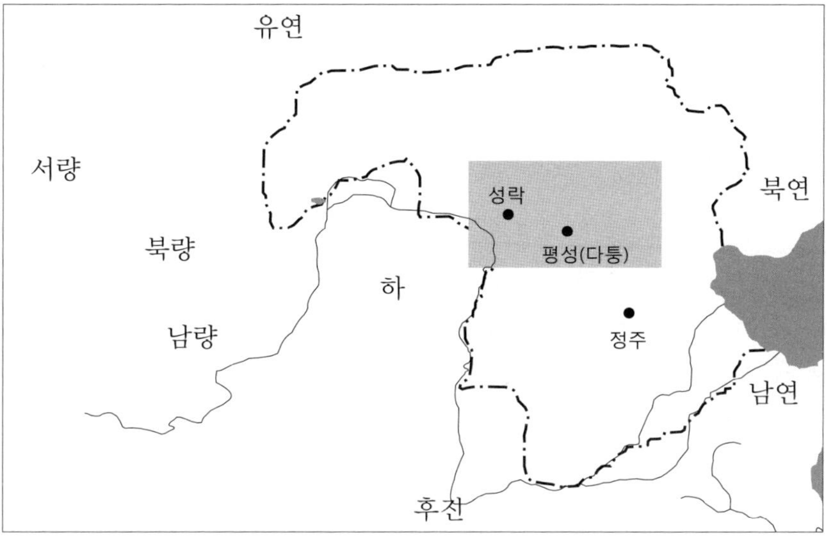

지도 14 첫째 시기(398~427) — 북위황제의 순행 장소

태무제의 화북통일 이전 북위의 영토와 북위황제의 순행 장소 범위를 표시하였다. 주로 수도를 중심으로 한 경기 지방을 순행하였음을 알 수 있다.

첫째 시기 도무제와 명원제는 경기지역 가운데 선무(善無)의 서북에 위치한 시산궁(豺山宮)에 자주 순행했다.[30] 시산궁과 평성을 단순 왕복한 순행만 8회이며, 시산궁에서 출발해 다른 지역을 거쳐 귀환한 순행이 3회, 중간에 시산(豺山)을 통과한 순행이 1회이다.[31] 즉 도무제와 명원제는 시산궁 혹은 시산을 모두 14회 행차했다. 또 운중 각지로 7회, 참합(參合)·참합피(參合陂)로 4회, 장천과 유원, 백등(白登)·백등산, 반양산(蟠羊山), 운중 금릉으로 각각 3회, 탁록(涿鹿), 거기피(去畿陂), 유원(灅源), 유주, 고류(高柳)·고류천(高柳川), 마읍(馬邑), 대녕(大寧)으로 각각 2회 순행했다. 『위서』에는 도

30 佐藤智水, 「北魏皇帝の行幸について」, 41아래쪽.

31 이상 [부록 1] '북위시대 순행표' 참조.

무제와 명원제가 시산 혹은 시산궁으로 자주 순행한 이유를 명시하지 않았다. 그러나 도무제 천흥 6년(403)과 천사(天賜) 3년(406) 시산[궁]에서 각각 주변의 계령(罽嶺) · 참합 · 대곡(代谷), 옥고산(屋孤山)까지 교렵했던 기록을 보면[32] 시산[궁] 일대가 북위황제의 사냥터로 애용되었음을 알 수 있다. 단순히 시산궁과 평성을 왕복했다는 기록을 보아 사냥이 순행의 목적이었음을 추측할 수 있다.

둘째 시기(428~476)는 하를 멸한 이후인 태무제 신가원년(神䴥元年, 428)부터 태상황제 헌문제가 사망한 승명원년(承明元年, 476)까지이다. 이 시기 순행 장소는 경기에서 하서(오르도스), 음산, 막북, 하북으로 확대되었다(순행지는 〈지도 15〉의 밑줄 친 지명).

지도 15 둘째 시기 — 북위황제의 순행 장소

화북통일 이후 태무제부터 헌문제까지 북위황제가 순행한 지역이다. 하북의 3주를 제외하면 음산과 하서는 정확한 지점을 알 수 없어 지명에 밑줄을 그어 표시하였다.

둘째 시기에 순행 장소가 확대된 것은 북위 태무제의 정복전쟁 또는 영토 확장과 관련 있다. 태무제는 시광 3년(426)부터 북위의 숙적 하를 파상적으로 공격했으며, 다음 해인 시광 4년(427) 하의 수도 통만성을 점령했다. 신가 4년(431), 하의 잔여 세력을 이끌던 혁련창(赫連昌)이 토욕혼에게 사로잡혀 북위에 넘겨짐으로써 하는 망했다. 이후 북위는 태연(太延) 2년(436) 북연(北燕)을, 태연 5년(439) 북량(北涼)을 멸하고 화북을 통일했다. 또 시광 원년(424)부터 신가 2년(429)까지 태무제가 유연에 공세를 취하면서 음산 남록과 북록 지역이 북위의 세력범위에 들어오게 되었다. 이후 음산 이북에 장기 거주하며 유연을 견제했다.[33] 이처럼 둘째 시기(428~476) 북위 황제의 순행 장소가 경기지역에서 음산 · 막남 · 하서 · 하북으로 확대되었던 계기는 강적 하의 멸망과 유연에 대한 대대적인 공세였다.

셋째 시기(476~493)는 승명원년(476)부터 효문제가 남벌을 감행했던 태화(太和) 17년(493)까지이다. 이 시기는 풍태후의 섭정기와 효문제 자신의 친정(親政) 시기 일부에 해당하고, 순행 장소는 평성 주변으로 첫째 시기보다도 그 범위가 축소되었다(〈지도 17〉의 III 부분). 효문제 시기에는 태무제-문성제 시기 자주 순행하던 운중 · 음산 · 막남 · 하서 순행의 횟수가 매우 적었고, 낙양천도 이전까지 무주산 석굴사(4회), 방산과 영천지(10여회), 곽산(5회), 영고릉(10회) 등 평성 인근의 기내 지방을 순행했으며, 이는 유람과 장례 · 제사가 주목적이었다.[34]

넷째 시기(493~499)는 남벌(南伐)을 시도하다가 결국 낙양천도를 결정했던 대화 17년(493)부터 효문제가 죽던 태화 23년(499)까지의 시기이다

32 『魏書』 卷2 「太祖紀」 天興六年(403)戊子條, 41쪽, "車駕北巡, 築離宮于豺山, 縱士校獵, 東北踰罽嶺, 出參合 · 代谷."; 『魏書』 卷2 「太祖紀」 天賜三年(406)春正月甲申條, 42쪽, "車駕北巡, 幸豺山宮. 校獵, 至屋孤山."

33 何德章, 「"陰山却霜"之俗解」, 107-109쪽.

34 佐藤智水, 「北魏皇帝の行幸について」, 41아래쪽; 張金龍, 『北魏政治史』 6, 109-115쪽.

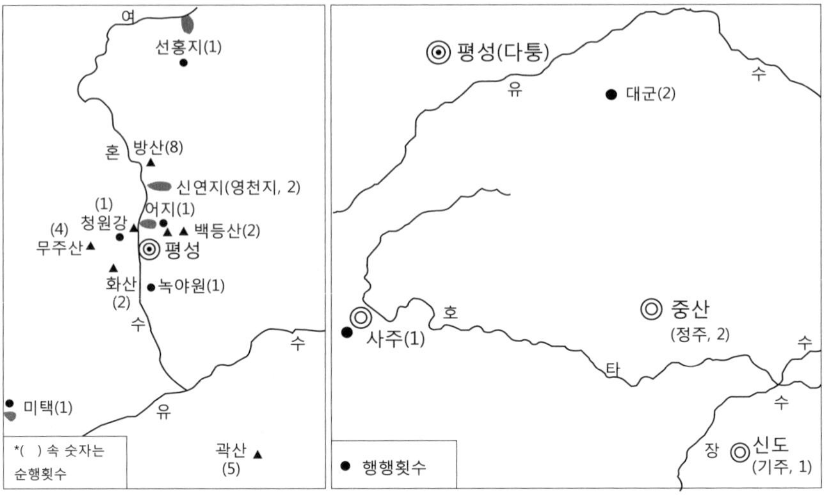

지도 16 셋째 시기(476–493) — 효문제 친정 이전의 순행 장소

효문제의 친정(親政) 이전 순행 장소는 주로 평성 교외지역이었다. 〈지도 16〉의 왼쪽 지도를 보면 효문제가 가장 많이 방문한 지역은 방산과 곽산이었다. 전자는 풍태후의 무덤이 위치한 곳이었다.
출전: 張金龍,『北魏政治史』6, 112쪽 太和前期 孝文帝 · 文明太后

(〈지도 16〉의 ●이 효문제의 순행 장소임). 효문제는 낙양천도 전후 친정(親征)과 병행하여 전국을 순행했으며, 명원제와 태무제가 전쟁 독려와 친정(親征)을 위해 각각 한 번씩 다녀갔던 하남과 회북(淮北) 지역으로까지 순행의 범위를 넓혔다. 즉, 이 시기 효문제는 남제를 친정(親征)하는 틈틈이 사주(肆州)·병주(幷州)·회주(懷州)·낙주(洛州)·상주·연주(兗州)·예주·기주·정주·영주(郢州)·서주·제주(濟州)·분주(汾州)·옹주(雍州) 등 14주(州)와 회삭(懷朔)·무천(武川)·무명(撫冥)·유현(柔玄) 4진(鎭)을 순행했다. 효문제는 북위 전국을 순행하며 낙양천도를 위한 정지작업, 북위의 선조와 유가의 성인(聖人)·산천(山川) 제사, 지방 세력과 일반민의 신뢰와 지지 획득을 위한 위무·사작(賜爵)·인재등용·요역면제 조치 등을 시행했다.[35]

35 張金龍,『北魏政治史研究』, 210-219쪽; 崔珍烈,「北魏의 華北支配와 그 性格」, 19쪽; 崔

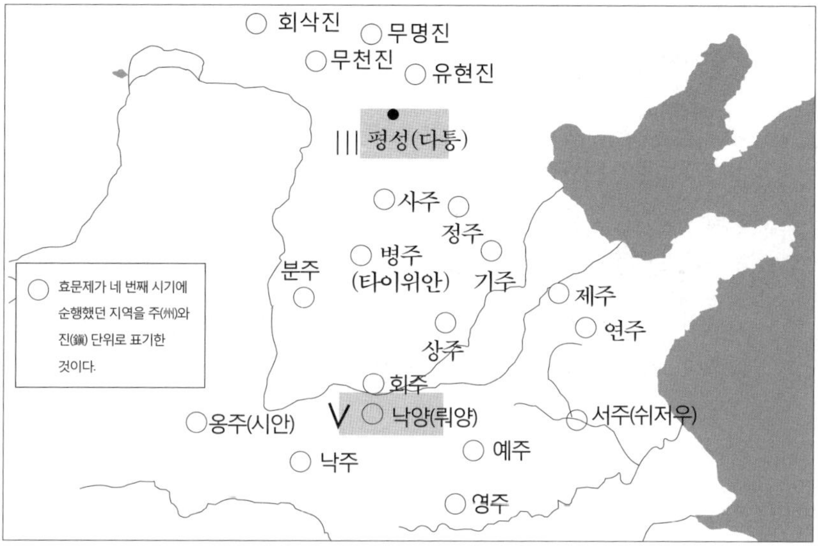

지도 17 넷째~다섯째 시기 북위황제 순행 장소

네 번째 시기와 다섯 번째 시기의 순행 장소를 표기하였다. 특히 효문제의 네 번째 시기 순행 장소를 비교하기 위해 세 번째 순행 지역도 아울러 표기하였다. 효문제가 넷째 시기(493~499)에 순행했던 지역은 셋째 시기보다 훨씬 넓었고 북위의 동부지역 대부분이 포함되었다. 반면 관롱지역은 옹주만이 순행했던 지역이었다.

다섯째 시기(499~534)는 효문제 사후부터 북위 말까지의 기간이다. 선무제의 업 순행과 효장제의 하내(河內) 몽진,[36] 효무제의 서천(西遷)[37]을 제외하면 순행 장소는 낙양 인근지역으로 국한되었다(〈지도 17〉의 V부분). 북

珍烈,「北魏의 地城支配方式과 그 性格」, 126-127쪽.

36 이주영이 호태후(胡太后)를 제거하고 효장제를 옹립했다. 이때 이주영이 주도한 조정대신 노살(하음(河陰)의 변)에 빈발하여 양(梁)으로 도망간 북해왕(北海王) 원호(元顥)가 양군(梁軍)을 이끌고 낙양을 점령했다. 이때 효장제는 이를 피해 황하(黃河) 이북의 하내로 피했고, 후에 이주영의 도움으로 낙양을 수복했다.

37 효무제의 서천(西遷)은 효무제가 당시 실력자 고환을 제거하려다가 계획이 탄로나자 관중(關中)에 있던 우문태에게 달아난 사건이다. 이 사건을 분기점으로 북위(北魏)는 동위와 서위(西魏)로 분열되었다.

위황제의 순행 횟수가 줄어들고 순행 장소가 수도에 국한된 현상을 외형적으로 북위황제의 정주 또는 유목문화가 농경으로 바뀐 것으로 해석하는 학자도 있다.[38]

이상 순행 장소의 확대와 축소, 즉 순행 장소의 변화라는 요소에 준하여 순행의 시기를 구분해 보았다. 1장에서 살펴본 순행빈도와 기간, 공간을 통해 순행의 양상을 확인할 수 있었다. 그러나 통계수치만으로는 북위황제 순행의 전모를 파악할 수 없는 한계가 있다. 이를 보완하기 위해 순행의 구체적인 활동을 다음 장에서 살펴본다.

---

38 佐藤智水, 「北魏皇帝の行幸について」, 45위쪽-46아래쪽; 洪吉, 「北魏皇帝的巡幸」, 30-31쪽과 33-35쪽.

제 2 장 _ 순행의 활동과 내용

1. 순행 활동의 통계적 분석

본 장에서는 북위황제의 순행 활동에 대해 살펴보고자 한다. 1절에서는 『위서』 본기를 중심으로 순행기사에 대해 항목별 빈도를 조사하여 통계적으로 북위황제가 순행 도중 어떤 활동을 했는지 살펴보고자 한다. 2절에서는 순행 활동 가운데 한인왕조와 다른 유목민 혹은 이민족왕조의 특징이 강한 서교제천, 친정(親征), 사냥, 생산의 독과(督課) 등을 살펴보고자 한다.

북위황제들이 순행 중에 어떤 활동을 했는지 통계적 분석을 통해 전체적으로 조감해 보자. 아래 표는 북위황제들이 순행 도중 활동한 내용을 항목별로 정리한 것이다.

〈표 6〉을 보면 북위황제의 순행 도중 활동 가운데 가장 많은 빈도를 차지한 것은 사냥(73회, 13.1%)이었다. 이어서 친정(親征)이 58회(10.4%), 한인 관련 제사가 51회(9.1%), 호인 관련 제사가 49회(8.8%), 각종 군사훈련과 사열(강무)이 34회(6.1%), 백성에게 각종 물자 하사가 28회(5%)였다. 기타 항목은 대개 5% 미만이었다.

표 6 북위황제의 순행 중 활동 통계

활동 항목		도무제	명원제	태무제	문성제	헌문제	효문제	선무제	효명제	효장제	전폐제	효무제	합계	
사 냥		7	22	19	12	7		2		1		3	73(13.1%)[1]	
친정(親征)	친정(親征)	23	3	24	1	3	4						58(10.4%)[2]	
	천사(遷徙)	2	1	10									13(2.3%)	
강무(講武)		6	2	14	2	2	6	1				1	34(6.1%)	
제사	호인 제사	5	38	4			2						49	101 (18.1%)
	한인 제사	5	9	5	5		21	4	2			1	52	
지배층 대책	신하 반사(班賜)	8	8	23	2		2						43	71 (12.7%)
	연회	5	8	6	2		5					2	28	
	소계	13	16	29	4		7					2	71	
민심(民心) 수람 대책	존문(存問)	2	4	5	2	1	9						23	119 (21.2%)
	조세나 요역 면제	1	8	4	1		7						21	
	사작(賜爵)	1	1	1	1		14						18	
	사면 · 감면 · 재판		1	4			9						14	
	백성 하사	1	3	4		1	19						28	
	관직 사여						15						15	
	소계	5	17	18	4	2	73						119	
각종 시찰		5	9	4	3		1						22(3.9%)	
비석 세움		2	1	2	2	1	1	1					10(1.8%)	
토목건축		6	4	5	1		5						21(3.8%)	
능 참배			1	1			9	4					15(2.7%)	
기 타		3	1	9	2		2	1	1	2		1	22(3.9%)	
합 계		**82**	**124**	**144**	**36**	**15**	**131**	**13**	**3**	**3**	**0**	**8**	**559**	

출전: 崔珍烈,「北魏 皇帝 巡幸의 統計的 性格-巡幸頻度 · 巡幸期間 · 순행활동의 통계적 분석을 중심으로-」,『中國古中世史硏究』26, 2011, 134쪽.

〈표 6〉을 바탕으로 순행 활동의 항목을 그래프로 그려 보면 다음과 같다.

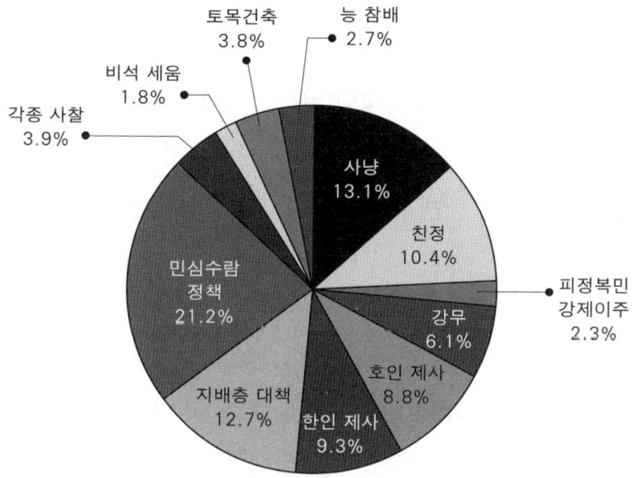

그래프 5 북위황제의 순행 활동 비중

〈그래프 5〉에서 지배층 대책과 민심 수람 정책에 속하는 항목을 통합하면 민심 수람 정책이 21.2%, 지배층 대책이 12.7%로 사냥과 친정(親征)보다 비율이 높았다. 또 호인과 한인에 대한 제사도 정복자인 호인과 피정복민인 한인들에 대한 민심 확보 정책으로 본다면 〈그래프 5〉에서 북위황제는 순행 중에 민심 수람 정책과 지배층 포섭 정책에 주의를 기울였음을 확인할 수 있다. 그 다음으로 친정(親征), 천사(遷徙, 피정복민 강제이주), 강무(군사훈련)를 포함한 각종 군사활동이 18.8%로 비중이 높았다. 이어

1 黎虎, 「北魏前期的狩獵經濟」, 『魏晋南北朝史論』, 北京: 學苑出版社, 1999, 137쪽의 표; 崔珍烈, 『북위황제의 巡幸 硏究』, 65-66쪽에서 일부 수정.

2 朴漢濟, 『中國中世胡漢體制硏究』, 140-182쪽.

서 단일 항목의 비중이 가장 컸던 사냥이 13.1%였다. 대체적으로 북위황제는 순행 도중 정치와 군사 문제에 관심을 가졌음을 통계적으로 확인할 수 있다.

다음에서는 통합 항목과 단일 항목의 비중이 큰 순서에 따라 순행 활동을 살펴보도록 하겠다.

먼저 백성의 민심수람과 관련된 정책이었다. 민심수람 정책에 해당하는 항목은 고년(高年) 등의 존문(存問)과 조세 · 요역 면제, 사작(賜爵), 관직 제수, 각종 하사(下賜), 사면 · 감면 · 재판 등이었다(119회, 21.2%). 이 민심수람 대책을 황제별로 살펴보면 명원제 · 태무제 · 효문제 시기에 빈발하였다. 한 연구에 따르면 명원제와 태무제의 민심수람 대책은 경기와 하북 지배, 효문제 시기의 민심수람 정책은 화북(華北) 지배와 관련 있다.[3]

앞의 표에서는 서술하지 못하였지만, 한 연구에 따르면, 민심수람을 위한 조치는 시대에 따라 변화하였다. 명원제부터 문성제까지 주로 하북 지방을 순행하며 백성의 질고(疾苦) 등을 묻고 필요한 경우 순행 장소의 조세(租稅)나 요역을 면제시켜 주었다. 효문제 시기에는 조세나 요역을 면제하는 대신 속백(粟帛), 궁녀(宮女), 관작(官爵)을 하사하고 인재를 등용하는 조치를 취하였다. 특히 낙양천도 전후인 태화 17년(493)부터 19년(495) 사이 화북 각지를 순행하면서 노인과 각종 노약자들에게 곡식과 비단과 관작을 하사하고 인재를 등용하는 조치를 취했으며, 삭주(朔州)와 육진(六鎭)지역을 제외하면 내용은 거의 같다. 북위황제의 하북, 혹은 화북 순행과 민심수람 조치는 북위황제의 덕(德)과 권위를 백성에게 각인시키는 효과가 있었을 것이다. 또 필자의 지적처럼 북위가 하북, 혹은 화북을 완전히 지배하게 되었음을 과시하는 정치적 상징성도 지녔을 것이다.[4] 그런데 이러한 민

---

3 崔珍烈, 「北魏의 地域支配方式과 그 性格」, 120-121쪽 및 126-127쪽.

심수람 조치는 북위에서만 취해졌던 것은 아니다. 최근 발표된 전한(前漢) 무제(武帝) 시기 순행에 대한 연구에 따르면 전한 무제 역시 순행한 지역에 조세 감면, 각종 노약자들에게 재물 하사, 형벌의 사면, 전(錢)의 하사 등의 조치를 취하였다.[5]

다음으로 호인·한인과 관련된 제사를 합하면 101회(18.1%)였다. 호인에 대한 제사(8%)는 서교제천과 황제가 직접 참여한 호인 관련 제사를 포함한 것이다. 호인의 제천의식(祭天儀式)은 호인의 단합과 결속을 강화하는 역할을 하였다.[6] 서교제천은 2장 2절 1항에서 자세히 살펴본다.

한인 관련 제사는 한인 백성의 지지를 이끌어 내는 데 기여하였다.[7] 북위황제는 순행 도중 직접 한인이 숭앙하던 명산대천(名山大川)에 제사를 지내거나 사신을 보내 대신 제사를 지내도록 하였다. 후자 가운데 사자(使者)를 파견하여 제사를 지내게 하는 모습을 황제가 멀리서 바라보는 행위를 '망사(望祀)'라 한다. 북위시대에는 명원제가 태상(泰常) 4년(419) 안문관(雁門關)을 지나다가 항악(恒岳)을 망사(望祀)한 예와 문성제가 화평원년(和平元年, 460) 요서(遼西)에 순행하면서 의무려산(醫無閭山)을 망사(望祀)했던 예가 보인다.[8] 북위황제가 사신을 보내 제사 지내거나 망사(望祀)했던 대상은 황제(黃帝) · 제요(帝堯) · 제순(帝舜) · 하우(夏禹) 등 전설상의 제왕(帝王)과 항악(恒岳) · 화악(華岳) · 숭고(嵩高) · 태산 · 의무려산(醫無閭山), 황하(黃河) · 제수(濟水) 등 주요 산천, 주문왕(周文王)과 무왕(武王), 한고조묘(漢高祖

---

4 崔珍烈, 「北魏의 華北支配와 그 性格」, 5-19쪽; 崔珍烈, 「北魏의 地域支配方式과 그 性格」, 126 127; 崔珍烈, 『北魏皇帝의 巡幸 硏究』, 52 53쪽.

5 大櫛敦弘, 「後漢時代の行幸」, 82쪽; 同氏, 「前漢武帝期の行幸」, 127-128쪽.

6 崔珍烈, 『北魏皇帝의 巡幸 硏究』, 55-59쪽.

7 崔珍烈, 『北魏皇帝의 巡幸 硏究』, 53-55쪽.

8 『魏書』 卷108之1 「禮志」 一, 2737쪽, "辛未, 幸代, 至雁門關, 望祀恒岳."; 上同, 2739쪽, "和平元年正月, 帝東巡. 歷橋山, 祀黃帝; 幸遼西, 望祀醫無閭山."

廟)와 한(漢) 황제의 제릉(諸陵) 등 역대 제왕(帝王), 공자(孔子)와 비간(比干) 등 성인이나 현인(賢人)이다. 이들은 한인이 존경하거나 숭배하던 대상이었으므로, 북위황제가 한지 순행 도중 위의 대상에게 제사 지냄으로써 한인 백성의 지지를 이끌어 내고, 한인으로 하여금 북위황제가 정복자인 호족군주(胡族君主)가 아니라 자신의 전통을 지키는 중화군주(中華君主)로 인식하도록 하는 정치적 효과를 얻었을 것이다.[9]

단일 항목으로 비중이 가장 큰 사냥에 대해 살펴보자. 명원제(22회), 태무제(19회), 문성제(12회)의 사냥빈도가 많았다. 도무제까지 포함한 북위 전기에는 음산, 하서(오르도스), 막남(漠南) 등 유목민의 거주지를 자주 순행하였으므로 사냥의 기회가 많았을 것이다. 사냥은 2장 2절에서 자세히 살펴본다.

이어서 호인지배층(胡人支配層)과 관리에 대한 반사와 연회를 지배층 대책으로 볼 수 있는데 이는 71회(12.7%)에 달했다. 한 학자에 따르면, 반사 행위는 주로 북위황제의 친정(親征) 이후에 벌어지는 예가 많았다. 즉 북위황제는 '유목적(遊牧的) 군사활동(軍事活動)'을 통해 '친정(親征)→약탈→반사'의 과정을 거치며 약탈물을 분배하여 군주권을 강화하였다.[10] 〈표 6〉을 보면 도무제 · 명원제 · 태무제 시기에 반사의 횟수가 많았고, 여기에 연회를 포함하면 명원제와 태무제 시기의 빈도가 많았다. 이는 북위 초기와 전기에 호인지배층(胡人支配層)의 지지를 얻어 내어 권력을 강화하려는 시도로 볼 수 있을 것이다.[11]

---

9 崔珍烈, 『北魏皇帝의 巡幸 硏究』, 53-55쪽.

10 朴漢濟, 『中國中世胡漢體制硏究』, 150-162쪽.

11 북위 전기 호인 지배와 관련된 연구는 崔珍烈, 「北魏의 種族政策-'부족해산'의 실상과 對'部落首領' 정책을 중심으로-」, 『魏晉隋唐史硏究』(『中國古中世史硏究』로 변경) 10집, 2003 참조.

친정(親征)의 경우 친정(親征)과 피정복민의 천사(遷徙)를 묶었지만,[12] 대개 친정(親征) 때 상대방을 생포한 후 천사(遷徙)하였기 때문에 양자의 항목을 합산하지는 않았다. 이는 10.4%로 사냥에 이어 다섯 번째로 많았다. 한 연구에 따르면 북위황제는 평균적으로 1년에 0.5회, 즉 2년에 1회 친정(親征)하였다. 일단 통계적으로 보면, 북위 호족군주의 친정(親征)은 거의 친정(親征)을 하지 않는 한인왕조 황제의 행위와 다르며 유목민 고유의 정치·군사적 유속(遺俗)으로 볼 수 있다.[13] 친정(親征)에 대한 자세한 내용은 2장 2절 2항에서 서술하겠다.

〈표 6〉에서 빈도는 낮지만 순행 도중 고기잡이, 염지(鹽池), 석경(石經) 등을 시찰한 부분(22회, 3.9%)도 눈에 띤다. 특히 이는 태무제·명원제·태무제 등 초기의 세 황제 시기에 집중하였다. 이 항목은 2장 4절 생산(生産)의 독과(督課)에서 자세히 살펴보겠다. 다음으로 순행 중 제단(祭壇)과 마사대(馬射臺), 행전(行殿), 도로 등 다양한 토목 건축에 동원한 예가 보인다. 이는 순행 도중 활발한 활동을 보인 증거이기도 하다.

마지막으로 도무제부터 선무제까지 역대 황제들은 순행 장소에 비석을 세웠다(10회, 1.8%). 북위황제가 순행이나 활쏘기 이후 비석을 세웠다는 기록은 『수경주(水經注)』와 조명성(趙明誠)의 『금석록(金石錄)』에 보인다. 전자에는 「후위헌문제남순비(後魏獻文帝南巡碑)」, 「후위어사비(後魏御射碑)」(즉 「문성제남순비」),[14] 「태무황제동순지비(太武皇帝東巡之碑)」, 「강무비(講武碑)」, 「조비간문비(弔比干文碑)」, 후자에는 효문제 태화 21년에 세운 「후위북순비(後魏北巡碑)」와 선무제 경명(景明) 3년에 세운 「후위어사비(後魏御射

12 순행과 종족(種族) 천사(遷徙)에 주목한 연구로는 洪吉, 「北魏皇帝的巡幸」 참조.

13 崔珍烈, 『北魏皇帝의 巡幸 研究』, 59-60쪽.

14 「문성제남순비」에 대한 구체적인 분석은 2편 2장 1절 「문성제남순비」 수행관원(隨行官員)과 근시관 참조.

碑)」 등이다.[15] 문성제[16]와 선무제[17]가 활쏘기를 기념하여 비석을 세운 풍조가 몽골시대에도 존재했음이 확인되는 것으로 보아[18] 유목민의 풍습으로 볼 수 있다.[19]

이상 북위황제의 순행 활동을 통계적으로 살펴보았다. 다음의 2절에서는 이 가운데 중요한 항목들을 살펴보자.

2. 순행 활동과 내용

1) 서교제천

북위황제가 한지 순행 도중 한인의 숭배대상에 제사를 지내면서 한인 백성의 지지를 이끌어 냈던 것처럼,[20] 호인의 제천의식을 수용해 호인의 단합과 결속을 공고히 했다. 서교제천이 대표적인 예이다.

북위의 제사 가운데서는 제천(사월제천(四月祭天) 혹은 서교제천)이 가장 중요했다. 중국의 천자처럼 자신이 하늘의 아들이라는 '천자' 관념을 흉노(匈奴) · 돌궐 · 거란 · 몽골 등 유목국가의 유목군주 역시 공통적으로 갖고

15 山西省考古研究所 · 靈丘縣文物局, 「山西靈丘北魏文成帝《南巡碑》」, 『文物』 1997-12, 1997, 78왼쪽-78오른쪽.

16 山西省考古研究所 · 靈丘縣文物局, 「山西靈丘北魏文成帝《南巡碑》」, 72오른쪽, "[刃]興安二年, 嘗[拉射]于此山. 復□安南將軍南鄭公毛□[仁] · 寧南前將軍魯陽侯韓道仁 · 內[阿]□宗[等數]百人, 皆出山數丈, 然□而射之, ……"

17 『魏書』 卷8 世宗紀 景明三年條, 194-195, "九月正史, 車駕行幸鄴. …… 戊寅, 閱武於鄴南. 帝親射, 遠及一里五十步, 羣臣勒銘於射所."

18 칭기즈칸 일족인 몽골인이 활쏘기를 하며 이를 기념하기 위해 새긴 비석이 남아 있다(Cleaves, Franscis Woodman., "The Sino-mongolian Inscription of 1338: In Memory of Jig mtei", *Harvard Journal of Asiatic Studies* 14-1~2, 1951, 53 및 67).

19 崔珍烈, 『北魏皇帝의 巡幸 研究』, 79-80쪽.

20 위와 같음, 53-55쪽.

있었다. 따라서 유목군주는 각 부(部)의 조상신 제사는 막을 수 없었겠지만, 하늘에 대한 제사는 독점해야 했다.[21] '서기시대(序紀時代)' 신원황제(神元皇帝) 역미(力微) 시절 사월제천 기사를 보면 탁발부 혹은 북위도 마찬가지였음을 확인할 수 있다. 역미가 주관한 사월제천에 백부대인(白部大人)을 제외한 제부(諸部)의 군장(君長)이 모두 참여했을 때, 역미는 백부대인이 제천(祭天)에 참여하지 않았다는 죄명으로 살해했다.[22] 여기에서 제천은 '탁발부 부족연합체'에 속한 제부가 강제적으로 참여해야 하는 행사를 뜻하며 제사의 주재자는 탁발부의 군주였음을 알 수 있다. 이처럼 제천에 탁발부 혹은 북위에 복속된 집단이 참여해야 했던 것은 북위 건국 이후인 도무제 천사 2년(405) 사월 제천행사 기록에서 확인된다.

(가) "천사 2년(405) 하사월(夏四月)에 다시 서교(西郊)에서 천(天)에 제사를 지내게 되었다. 방단(方壇) 하나를 만들고 목주(木主) 7개를 그 위에 두었다. 동쪽에는 2개의 계단을 만들[었]지만 크기가 같지 않았다. 주위의 담에는 4개의 문이 있고, 문은 각각 방위와 일치하는 색깔에 따라 이름을 붙였다. 제사에 쓰는 희생으로 백독(白犢)·황구(黃駒)·백양(白羊)을 각각 한 마리씩 사용했다. 제일(祭日)에는 황제가 대가(大駕)를 몰고 백관(百官)과 빈국(賓國)·제부대인(諸部大人)은 차례대로 뒤따라 교소(郊所)에 갔다. 황제는 청문(靑門) 안에서 가까운 남단(南壇)의 서쪽에 서고, 내조신(內朝臣)은 모두 황제의 북쪽에 자리 잡았다. 외조신(外朝臣)과 대인(大人)은 모두 청문(靑門)의 밖에 자리 잡고, 황후는 육궁(六宮)을 이끌고 흑문(黑門)으로 들어가서

---

21 金浩東, 「北아시아 遊牧國家의 君主權」, 東洋史學會 編, 『東亞史上의 王權』, 한울, 1993, 167-184쪽.

22 『魏書』 卷1 「序紀」 神元帝條, 3쪽, "三十九年, 遷於定襄之盛樂. 夏四月, 祭天, 諸部君長皆來助祭, 唯白部大人觀望不至, 於是徵而戮之, 遠近肅然, 莫不震懾."

청문 안과 가까운 북쪽에 늘어서 서쪽을 바라보았다. 늠희령(廩犧令)은 희생을 받들고 단(壇) 앞에 늘어섰다. 여무(女巫)는 고(鼓)를 들고 계단의 동쪽에 서서 서쪽을 바라보았다. 황제의 10족 자제(十族子弟) 7인을 뽑아 집주(執酒)로 삼아 무(巫)의 남쪽에 있게 한 후, 서쪽을 바라보고 북쪽으로 가도록 했다. 여무는 단에 올라 고를 흔들었다. 황제는 절하고, 황후는 손이 땅에 닿도록 머리 숙여 공손히 절했으며 백관(百官)은 안팎으로 절했다. 제사가 끝난 후 다시 절했다. 절을 다한 후 희생을 죽였다. 집주 7인은 서쪽을 향하여 술을 천신주(天神主)에게 끼얹고 다시 재배(再拜)하였다. 이 과정을 일곱 번 [반복했다]. 예(禮)가 끝난 후 돌아갔다. 이후 해마다 한 차례 제사를 지냈다."[23]

(나-①) "성(城)의 서쪽에는 사천단(祠天壇)이 있었으며 49개의 목인(木人)을 세웠다. [목인의] 길이는 1장(丈) 정도였고, 백책(白幘)·연군(練裙)·마미피(馬尾被)를 두르고 있었다. 단 위에 서서 늘 사월 사일에 소와 말을 죽여 제사를 지냈다. 이때 변단(邊壇)에서 말을 타고 달리며 연주하고 재주 부리는 것을 즐거움으로 삼았다."[24]

---

23 『魏書』 卷108 「禮志」1, 2736쪽, "天賜二年(405)夏四月, 復祀天于西郊, 爲方壇一, 置木主七於上. 東爲二陛, 無等; 周垣四門, 門各依其方色爲名. 牲用白犢·黃駒·白羊各一. 祭之日, 帝御大駕, 百官及賓國諸部大人畢從至郊所. 帝立青門內近南壇西, 內朝臣皆位於帝北, 外朝臣及大人咸位於青門之外, 后率六宮從黑門入, 列於青門內近北, 並西面. 廩犧令掌牲, 陳於壇前. 女巫執鼓, 立於陛之東, 西面. 選帝之十族子弟七人執酒, 在巫南, 西面北上. 女巫升壇, 搖鼓. 帝拜, 后肅拜, 百官內外盡拜. 祀訖, 復拜. 拜訖, 乃殺牲. 執酒七人西向, 以酒灑天神主, 復拜, 如此者七. 禮畢而返. 自是之後, 歲一祭."

24 『南齊書』 卷57 「魏虜傳」, 985쪽, "城西有祠天壇, 立四十九木人, 長丈許, 白幘·練裙·馬尾被, 立壇上, 常以四月四日殺牛馬祭祀, 盛陳鹵簿, 邊壇奔馳奏伎爲樂."

(나-②) "황제[남제 무제]는 영명(永明) 10년(492) 사도참군(司徒參軍) 소침(蕭琛)과 범운(范雲)을 북사(北使)로 파견했다. 북위 [수도 평성]의 서교(西郊)는 곧 이전에 하늘에 제사를 지내던 단이 있는 곳이다. 탁발굉[효문제]과 공경(公卿)은 20여 기(騎)를 따라 융복(戎服)을 입고 단을 돌았다. 탁발굉이 한 바퀴 돌면, 공경들은 7바퀴 돌았다. 이를 탑단(蹋壇)이라 한다. 다음 날 다시 융복(戎服)을 입고 단에 올라 하늘에 제사를 지냈다. 탁발굉이 또 3바퀴 돌면 공경들은 7바퀴 돌았다. 이를 요천(繞天)이라 한다. 서로 줄로 섞어서 묶고, 나뭇가지를 묶어 문설주를 만들었으며, 푸른 비단으로 덮었다. 만들어진 모양이 평평하고 둥글며, 아래에는 100인이 앉을 수 있었다. 이를 산(繖) 혹은 백자장(百子帳)이라고도 한다. 이 아래에서 잔치를 열고 쉬었다. 사묘(祠廟)와 포정명당(布政明堂)에 이르러 조정인사를 모두 불러들여 이를 구경하도록 했다."[25]

(가)는 『위서』「예지」의 기록으로 도무제 시기 제천의 모습을, (나-①)과 (나-②)는 『남제서』「위로전」의 기사로 효문제 시기의 제천 모습을 묘사했다. (가)와 (나)를 비교하면 제천 의례가 서로 다른 것 같은 느낌이 든다. 이것이 관점의 차이인지 시대 변화에 따른 차이인지 확실하지 않다.[26]

(가)의 제천과 한인왕조의 남교제천(南郊祭天)을 비교하면, 사월의 서

25 『南齊書』卷57「魏虜傳」, 991쪽, "[永明]十年, 上遣司徒參軍蕭琛·范雲北使. [拓跋]宏西郊, 卽前祠天壇處也. [拓跋]宏與僞公卿從二十餘騎戎服繞壇, [拓跋]宏一周, 公卿七匝, 謂之蹋壇. 明日, 復戎服登壇祠天, [拓跋]宏又繞三匝, 公卿七匝, 謂之繞天. 以繩相交絡, 紐木枝棖, 覆以青繒, 形制平圓, 下容百人坐, 謂之爲'繖', 一云'百子帳'也. 於此下宴息. 次祠廟及布政明堂, 皆引朝廷使人觀視."

26 금정수주(今井秀周)는 양자의 차이를 탁발부의 이동에 따른 서교제천의 변화로 설명했다(今井秀周,「北魏における西郊について-鮮卑拓跋部の祭天形態か語るもの-」,『東海女子短期大學紀要』25, 1999, 1아래쪽-15위쪽).

교제천, 호천신(胡天神)의 제사, 방단과 목주 7개의 설치, 황후와 후궁, 여무의 제사 참여,[27] 종실[십족] 일족의 제사 주관, 서향조배(西向朝拜) 등은 탁발부, 즉 북위의 특징이라고 한다.[28] (나-②)에 보이는 탑단(蹋壇)과 요천(繞天) 또한 탁발부 혹은 북위의 독특한 특징이라고 한다.[29] 특히 탑단은 『한서』 「흉노전(匈奴傳)」에서 보이는 선비의 풍습인 대림(蹛林)과 유사하며, 돌과 나무로 제단(oboo)을 만들고, 그 주위를 돌며 제사를 지내는 북아시아의 제전과 비슷하다는 지적이 있다.[30] 이처럼 탁발부의 제천의 연원은 양한시대 선비(鮮卑)로 소급할 수 있으며, 시기상으로는 흉노의 제천과 유사하다고 한다. 또, 탁발부의 제천은 정월, 사월(맹하(孟夏)), 칠월(맹추(孟秋))

27 위진시대(魏晉時代)의 전통 의식에는 황후(皇后)가 제사에 참여할 수 없었으나 북위시대에는 황후와 육궁(六宮)이 제사에 참여하였다. 북제와 북주의 황후(皇后)도 종묘제례에 참여하여 아헌(亞獻)하였다. 이는 북위 황후의 제례 참여와 유사하다. 주일량(周一良)은 북제와 북주의 황후가 제사에 참여한 것은 이민족의 남녀평등에서 유래한다고 하며, 유가사상(儒家思想)이 지배하는 사회와 다르다고 보았다(周一良, 「皇后預祭宗廟」, 『周一良集』 第貳卷 魏晉南北朝史札記, 瀋陽: 遼寧教育出版社, 1998, 679). 한편 이를 북방 유목민의 모권주의(母權主義)의 유산으로 해석하기도 한다. 또 여무(女巫)의 제사 참여는 『위서』 「예지(禮志)」와 『태평어람(太平御覽)』 권734에서 인용한 『삼국전략(三國典略)』에서도 확인되는 등 초원 유목민 사이에서 확인되는 보편적인 현상이다. 여성 샤먼인 여무의 존재를 통해 유목민 사이에서는 여무의 제사 참여가 흔하였음을 발견할 수 있다(呂一飛, 『胡族習俗與隋唐風韻-魏晉北朝北方少數民族社會風俗及其對隋唐的影向』, 北京: 書目文獻出版社, 1994, 203-204쪽; 李書吉, 「北朝禮制法系硏究」, 北京: 人民出版社, 2002, 51쪽; 逯耀東, 「北魏前期的文化與政治形態」, 「從平城到洛陽-拓跋魏文化轉變的歷程-」, 中華書局, 2006, 63-64쪽; 今井秀周, 「北魏における西郊について」, 6위쪽-6아래쪽).

28 呂一飛, 『胡族習俗與隋唐風韻』, 202-203쪽; 康樂, 『從西郊到南郊-國家祭典與北魏政治-』, 臺北: 稻鄉出版社, 1995, 167-168쪽; 楊永俊, 「論北魏的西郊祭天制度」, 杭州: 『浙江學刊』 2002-3, 2002(K22, 2002-5), 29-33쪽; 逯耀東, 「北魏前期的文化與政治形態」, 64-65쪽; 今井秀周, 「北魏における西郊について」, 6위쪽.

29 呂一飛, 『胡族習俗與隋唐風韻』, 204쪽; 楊永俊, 「論北魏的西郊祭天制度」, 29-33쪽.

30 江上波夫, 「匈奴の祭祀」, 『ユウラシア古代北方文化: 匈奴文化論攷』, 東京: 山川出版社, 1950, 230-232쪽; 康樂, 『從西郊到南郊』, 169쪽.

에, 흉노의 제천은 정월, 오월, 팔월 혹은 구월에 개최되었다. 그런데 그 시기가 봄 · 여름 · 가을이고 개최 시기에 1개월의 차이가 있지만, 이는 양자가 거주하던 지역의 위도 차이 때문이라고 한다.[31] 그뿐만 아니라 (나-②)를 참고하면 제천행사 때 융복, 즉 고습(袴褶)을 입고 단에 올라 제사를 지냈다고 한다. 이는 한진(漢晉) 이래의 한인왕조에서는 찾아볼 수 없다.[32] 또 (나-①)에서 볼 수 있듯 제의가 끝나고 변단에서 기마 경주를 벌이고 음악을 연주하는 등 각종 오락을 행하는 것은 흉노 등 다른 유목민의 제전에서도 흔히 보이는 현상이다.[33]

기존의 학설을 종합하면, 탁발부 혹은 북위가 사월 서교에서 지내는 제천의식을 서교제천이라 부른다. 이는 흉노 등 북아시아 유목민의 풍습과 유사하며, 한인왕조의 남교제천과는 다르다.

(가)에서는 백관과 빈국 · 제부대인의 참여가 주목된다. 빈국은 북위 주변의 국가로 생각되며, 제부대인은 아마도 북위에 복속한 여러 유목민 집단[부족]의 수령일 것이다. 이는 소위 등국 초(登國初) 부족해산되었다는 기존의 학설에 대해 그 이후 북위에 복속한 제부(諸部)나 제성(諸姓)이 있었음을 지적한 필자의 논증[34]과 일치한다. 빈국, 특히 제부대인이 북위의 서교제천에 참여한 모습은 역미 시기의 상황과 일치한다. 즉, 서기시대의 사월제천, 즉 북위시대의 서교제천은 유목군주의 권력을 정당화하고 복속집단의 참석을 유도하여 지배권을 강화하는 기능이 있었음을 알 수 있다. 이밖에 명원제 태상 4년(419) 사월, 동묘에서 제사 지낼 때 수백의 국(國)에서

31 楊永俊, 「論北魏的西郊祭天制度」, 28-29쪽.

32 呂一飛, 『胡族習俗與隋唐風韻』, 204쪽.

33 今井秀周, 「北魏における西郊について」, 7위쪽.

34 崔珍烈 「북위의 種族政策-'부족해산'의 실상과 對'部落首領'정책을 중심으로-」, 『魏晉隋唐史研究』10, 2003, 34-41쪽.

제사에 참여한 기록이 있다.[35] 동묘의 제사를 제천이라고 단정할 수는 없지만,[36] 이 제사에도 제사를 도왔던 원번의 군주(遠藩助祭者)[37] 혹은 직분을 다하기 위해 와서 제사를 지냈던 번복의 군주(蕃服之君以其職來祭者)[38]가 참여했던 것이 주목된다. 북위의 제의에 주변국 혹은 북위의 복속집단이 참여한 것 역시 이들이 북위황제의 권위를 인정하고 복종했음을 상징하는 정치적 의미로 확인할 수 있다.

또 (가)에서는 십족 자제(十族子弟) 7인이 집주가 되어 제사를 주관한다고 했다. '십족'은 탁발씨(拓跋氏)와 동족으로 간주되어 탁발씨와 통혼하지 않았던 흘골씨(紇骨氏)·발발씨(拔拔氏)·을전씨(乙旃氏) 등 9성(姓)과 탁발씨[소위 '제실십성帝室十姓']를 통칭한다. 『위서』「관씨지」에 따르면, 태화년간 이전 십족이 아니면 국가의 상장사례(喪葬祠禮)에 참여하지 못했다.[39] 따라서 황제와 십성자제 7인이 여무(女巫)와 함께 제사를 주도하는 광경은 탁발씨를 정점으로 한 '제실십성'의 지위가 우월하였음을 보여 주는 한편 이들의 특권이었음을 상징한다. 이 밖에 (가)를 통해 빈국과 제부대인, 육궁의 후비(后妃) 이외에 내조신과 외조신이 제천에 참석했음을 알 수 있다.

---

35 『魏書』 卷3 「太宗紀」 泰常四年(419)夏四月庚辰條, 59쪽, "車駕有事於東廟, 遠藩助祭者數百國."; 『魏書』 卷105 「天象志」3, 2398쪽, "明年四月, 帝有事于東廟, 蕃服之君以其職來祭者, 蓋數百國也."

36 이 동묘(東廟) 제사를 탁발인(拓跋人)의 추제(秋祭), 즉 가을 제천으로 보는 견해가 있다. 즉 신서원년(神瑞元年, 414) 구월과 시월 사이 백등산(白登山)에서 명원제가 친히 지낸 제사를 기록한 『위서』「예지」의 기사에서(『魏書』 卷108 「禮志」1, 2736-2737쪽), 백등산의 위치가 평성의 동쪽임에 착안하여 동묘와 방향이 일치하고 491년과 492년의 음산(淫祀) 폐지에서 백등산의 제사가 포함되지 않았음을 근거로 제시한다(康樂, 『從西郊到南郊』, 169-170쪽, 및 170쪽의 주) 7 참조).

37 『魏書』 卷3 「太宗紀」 泰常四年(419)夏四月庚辰條, 59쪽.

38 『魏書』 卷105 「天象志」3, 2398쪽.

39 『魏書』 卷113 「官氏志」, 3006쪽, "凡與帝室爲十姓, 百世不通婚. 太和以前, 國之喪葬祠禮, 非十族不得與也."

(나-②)를 통해서도 효문제와 공경, 그리고 20여 기만이 탑단과 요천 등 제천행사에 직접 참여했고, 조정의 다른 관리는 참여할 수 없었음을 알 수 있다. (가)와 (나-②)를 종합하면, 서교제천에 참여하는 사람은 황실과 일부 관리에 제한되었던 것 같다. 이는 서교제천이 황실과 소수 지배층의 독점물이며, 이들의 결속력 강화에 이바지했음을 시사한다.

사월의 서교제천만큼 주목받지 못하지만, 가을의 제례도 중요한 기능이 있었다. 『한서』「흉노전」과 여기의 장회태자주(章懷太子注)에 인용된 안사고(顔師古)의 글에 따르면 선비에는 흉노의 대림과 유사한 추천지제(秋天之祭)가 있었다.[40] 이는 「서기시대」 즉 '탁발부 부족연합체' 단계에서도 발견된다. 『위서』「서기」 소성제오년조(昭成帝五年條)에는

> "[소성제]오년 하오월(夏五月)에 참합피에 행차했다. 추칠월(秋七月) 칠일에 제부(諸部)의 집합이 완료되자 단랄(壇埒)을 설치하고 강무와 치사(馳射)를 실시했다. 이를 상례(常例)로 삼았다. 팔월에 운중으로 돌아왔다."[41]

라고 했다. 이는 (나-①)의 뒷부분과 유사하다. 따라서 이 기사 앞에 제천의 기록이 생략되었다고 보면 서교제천과 같은 제천행사가 추칠월에도 있었을 것이다. 실제 『자치통감』「진기(晉紀)」 안제융안이년(安帝隆安二年, 398)조에는

---

40 『漢書』 卷94上 「匈奴傳」上, 3752쪽, "秋, 馬肥, 大會蹛林, 課校人畜計."; 『漢書』 卷94上 「匈奴傳」上 章懷太子注, 3752쪽, "師古曰: 「蹛者, 繞林木而祭也. 鮮卑之俗, 自古相傳, 秋天之祭, 無林木者尙豎柳枝, 衆騎馳遶三周乃止. 此其遺法. 計者, 人畜之數」" 匈奴의 '八月龍祠'는 鮮卑의 秋祭와 契丹의 春秋 祭山儀, 몽골의 春秋 祭禮, 滿洲人들의 祭大神儀 등에서 공통적으로 발견된다(江上波夫, 「匈奴の祭祀」, 237-240쪽).

41 『魏書』 卷1 「序紀」 昭成帝五年條, 12쪽, "五年夏五月, 幸參合陂. 秋七月七日, 諸部畢集, 設壇埒, 講武馳射, 因以爲常. 八月, 還雲中."

"[북]위의 구속(舊俗)에는 맹하에 하늘과 동묘에 제사하고, 계하(季夏)에는 무리를 이끌고 음산에서 서리를 물리치며, 맹추에는 서교에서 하늘에 제사를 지냈다. 이때(398년)에 이르러 처음으로 옛 제도를 따르고 모방하여 교묘(郊廟) · 조향(朝饗) · 예악(禮樂)을 제정했다. 그러나 맹하의 사천(祀天)은 [북위황제가] 직접 지냈으며 나머지는 대개 유사(有司)가 황제를 대신하여 제사를 지냈다."[42]

라고 하여 동진(東晉) 안제 융안 2년(398), 즉 천흥원년(398) 이전에는 맹추, 즉 추칠월에 서교제천행사가 있었음을 기록했다. 그러나 천흥원년 이후 사월의 제천, 즉 서교제천만 황제가 직접 주관하고 나머지 제사는 관리가 대신 지내는 방식으로 바뀌었다. 즉 가을 제천의 중요성이 떨어졌음을 의미한다. 그러나『위서』「악지(樂志)」에는 천흥원년(398)의 제사에 대해

"또 구례(舊禮)가 있었다: 맹추[초가을, 음력 칠월]에는 서교에서 하늘에 제사를 지내고 조내(兆內)의 단(壇) 서쪽에는 금석(金石)을 갖추어 늘어 놓았으며, 음악을 갖추었다. 황제가 조내에 들어가 예(禮)를 행하면 모두 음악을 연주하고 팔일지무(八佾之舞)를 추었다. 맹하[초여름, 음력 사월]에는 동묘에서 제사가 있었으며, 음악은 대략 서교제천과 같았다."[43]

라고 했다. 제천은 아니었지만 음악의 비중으로 보아 사월의 서교제천과

42 『資治通鑑』卷110「晉紀」32 安帝隆安二年條, 3484쪽, "魏之舊俗, 孟夏祀天及東廟, 季夏帥衆卻霜於陰山, 孟秋祀天於西郊. 至是, 始依倣古制, 定郊廟朝饗禮樂, 然惟孟夏祀天親行, 其餘多有司攝事."

43 『魏書』卷109「樂志」, 2827쪽, "又舊禮: 孟秋祀天西郊, 兆內壇西, 備列金石, 樂具, 皇帝入兆內行禮, 咸奏舞八佾之舞; 孟夏有事于東廟, 用樂略與西郊同."

동일하게 대우했음을 알 수 있다. 제천행사를 지냈는지 알 수 없으나, 태무제가 시광 3년(426) 추칠월에 장천에 마사대(馬射臺)를 쌓고 대(臺) 위에 올라 왕공(王公)과 제국군장(諸國君長)의 말타기와 활쏘기를 구경했다는 기록이 있다. 그리고 명중한 자에게는 금과 비단, 솜(金錦繒絮)을 차등을 두어 하사했다. 이어 팔월에는 환궁했다.[44] 이 기사는 칠월에 말타기와 활쏘기를 시행하고 팔월에 마치고 돌아갔다는 공통점이 있다. 다음 해에도 하의 수도 통만성을 함락하고 돌아오며 조령(祚嶺)에 단을 쌓고 희마(戲馬)와 말타기와 활쏘기를 거행하여 과녁을 맞힌 자에게 금과 비단, 솜을 차등 있게 하사했다. 이어 팔월 임자일(9. 17)에 도성으로 돌아왔다.[45] 이 기사 역시 추칠월에 치사를 행했다는 점에서 전년의 기사와 일치한다. 그러나 북위시대에는 가을, 특히 추칠월에 하늘에 제사 지냈다는 명확한 기록이 없다는 것이 일반적인 견해이다.[46]

그러나 최근 발표된 평성 북쪽에 위치한 녹원(鹿苑)의 기능에 주목한 연구에 따르면 북위에 가을 제천이 있었다고 한다. 녹원의 서쪽에는 서산(西山)의 종교 공간이, 동쪽에는 백등산의 종묘(宗廟)와 천신묘(天神廟)가 있었다. 이 가운데 백등산에 위치한 종묘는 궁중의 종묘와 동격이거나 그 이상이었고, 매년 구월 말과 시월 초 사이 이곳에서 황제가 직접 제사를 지냈다.[47] 그뿐만 아니라 북위 황제는 음산과 하서(오르도스)를 순행하고 팔월

44 『魏書』 卷4上 「世祖紀」 始光三年(426)條, 71쪽, "秋七月, 築馬射臺于長川, 帝親登臺觀走馬; 王公諸國君長馳射, 中者賜金錦繒絮各有差. 八月, 車駕還宮."

45 『魏書』 卷4上 「世祖紀」 始光四年(427)條, 73쪽, "秋七月己卯, 築壇於祚嶺, 戲馬馳射, 賜射中者金錦繒絮各有差. 蠕蠕寇雲中, 聞破赫連昌, 懼而還走. 八月壬子, 車駕至自西伐, 飲至策勳, 告於宗廟, 班軍實以賜留臺百僚, 各有差."

46 今井秀周, 「北魏における西郊について」, 1아래쪽-3위쪽.

47 佐川英治, 「遊牧と農耕の間-北魏平城の鹿苑の機能とその変遷-」, 『岡山大學文學部紀要』 47, 2007, 55위쪽.

말이나 구월 초 평성으로 돌아온 후 각지에서 기른 가축을 녹원에 모아 놓고 백등산에 올라 가축의 수를 세어봄으로써 가축의 번식과 수렵의 성과를 확인했다. 그리고 조상신과 천신(天神)에게 감사하고 가축이 무사히 겨울을 넘기도록 기원하는 제사를 지냈다는 것이다.[48] 시기가 다르긴 하지만 '서기시대'에 추칠월 제천행사가 있었던 것으로 보아 북위시대에도 가을의 제천행사가 있었다고 볼 수 있다.

2) 친정(親征)

순행활동 가운데 친정(親征)이 두드러진다. 선행연구에 따르면 '서기시대' 뿐 아니라 북위시대에도 '친정→약탈→반사'의 공식으로 친정이 지속되었다. 이 공식에서 약탈물을 부하에게 분배하여 자신의 권력을 강화했던 유목군주상을 확인할 수 있다. 또 '친정→약탈→반사'의 패턴은 시대가 내려올수록 변화를 보이기도 하며, 후세에는 반사가 진휼(賑恤)로 바뀌기도 했다. 또 황제별 친정 횟수를 살펴보면, 도무제 24회, 명원제 3회(독군(督軍) 포함 5회), 태무제 24회, 문성제 1회(독군 포함 2회), 헌문제 1회(태상황제 시기 포함 3회), 효문제 4회이다. 도무제부터 효문제까지 북위황제는 58회 친정했으며, 군대 독려[독군]를 목적으로 방문한 3회를 포함하면 총 61차례 전쟁에 참여했다.[49] 다음 표는 황제별 친정 횟수와 빈도를 계산한 것이다.

〈표 7〉을 보면 북위황제는 평균적으로 1년에 0.5회, 즉 2년에 1회 꼴로 친정했다. 특히 도무제는 거의 1년에 1회 꼴로 친정했다. 특히 대왕(代王) 즉위 후부터 하북을 점령하기 이전까지의 시기(386년 1월~398년 2월)에는

48 佐川英治, 위의 글, 58위쪽-59아래쪽.
49 朴漢濟, 『中國中世胡漢體制硏究』, 140-182쪽.

표 7 북위황제별 친정(親征) 횟수와 빈도

황제	기간	재위기간 (a)	친정(親征) 횟수(b)	전쟁 횟수 (c)	빈도수 (b/a)	친정비율 (b/c)
도무제	386. 1 ~ 398. 2[1)]	12년 1개월	21회	27회	1.74 회/년	77.8 %
	398. 2 ~ 409. 10[2)]	11년 8개월	2회	15회	0.17 회/년	13.3 %
	386. 1 ~ 409. 10[3)]	23년 9개월	23회	42회	0.96 회/년	54.8 %
명원제	409. 10 ~ 423. 11	14년 1개월	3회	14회	0.21 회/년	21.4 %
태무제	423. 11 ~ 452. 3	28년 4개월	24회	33회	0.85 회/년	72.7 %
문성제	452. 10 ~ 465. 5	12년 7개월	1회	6회	0.08 회/년	16.7 %
헌문제	465. 5 ~ 471. 8[4)]	6년 3개월	1회	6회	0.16 회/년	16.7 %
	471. 8 ~ 476. 6[5)]	4년 10개월	2회	7회	0.41 회/년	28.6 %
	465. 5 ~ 476. 6[6)]	11년 1개월	3회	13회	0.27 회/년	23.1 %
효문제	476. 6 ~ 499. 4[7)]	22년 10개월	4회	9회	0.18 회/년	44.4 %
	471. 8 ~ 499. 4[8)]	27년 8개월	4회	16회	0.14 회/년	25 %
합계	**386. 1 ~ 499. 4**	**113년 3개월**	**58회**	**124회**	**0.51 회/년**	**46.8 %**

비고: 1. 북위황제별 친정 횟수와 전쟁 횟수는 朴漢濟, 『中國中世胡漢體制硏究』(一潮閣, 1988), 159-161 및 245-251을 참조하여 필자가 통계에 맞게 변형했다.

2. 주기

(1) 도무제: 1)은 하북점령 이전 시기(대국(代國) · 위왕(魏王)), 2)는 하북점령 시기(북위), 3)은 도무제 전체 시기이다.

(2) 헌문제: 4)는 재위시기, 5)는 태상황제 시기, 6)은 4)와 5)를 합한 시기이다.

(3) 효문제: 7)은 헌문제의 태상황제 시기를 제외한 나머지 재위시기, 8)은 전체 재위시기이다.

1년에 1.74회 친정했다. 그다음으로 태무제는 1년에 0.85회 친정하여 역시 거의 1년에 1회 꼴로 친정했다. 이 두 황제는 거의 1년에 1회 꼴로 친정한 셈이다. 이외 황제의 친정 횟수는 1년에 0.08-0.27회 꼴로 적다. 이 같은 통계수치는 도무제와 태무제 시기 전쟁이 빈번했으며, 황제가 직접 친정할 기회도 많았음을 시사한다.

혹자는 최고 1년에 1회 친정은 적은 수치라고 반문할 수 있다. 그렇다면 오히려 단순한 친정 횟수나 빈도가 아니라 전체 전쟁 횟수 가운데 차지하는 친정의 비율을 살펴보는 것을 통해 친정의 통계적 의미를 나타낼 수 있을 것이다. 〈표 7〉에서 볼 수 있듯 문성제의 친정(親征) 비율이 16.7%로 전체에서 가장 낮고, 태무제의 친정 비율이 72.7%로 가장 높다. 그러나 하북 점령 이전까지 도무제는 전체 전쟁의 77.8%에 직접 참여했다. 그리고 도무제부터 효문제까지 북위황제가 직접 전쟁에 참여한 평균비율은 전체의 46.8%였다. 물론 한인왕조에서도 황제의 친정이 간혹 있었지만, 이는 군벌에서 통일제국의 황제로 변모하는 기간 동안 창업군주나 2대 황제에게 나타난 현상이었다. 즉 통일 이후 위급한 상황이 아니면 한인황제는 거의 친정하지 않았다.[50] 이에 비하여 북위황제는 초대 황제나 2대 황제는 물론 효문제에 이르는 모든 황제가 친정했으며, 이들이 전체 전쟁 가운데 참전한 비중은 최소 16.7%에서 최고 72.7%이며 평균 46.8%이다. 일단 통계적 수치, 즉 친정의 횟수와 전체 전쟁 중 차지하는 친정의 비중을 보면, 북위 호족군주(胡族君主)의 친정 참여는 한인왕조 황제와 다른 양상을 보인다.

북위황제의 잦은 친정 자체가 한인왕조에서 찾아볼 수 없는 현상이라고 해서 이에 대해 '호족적인 현상'이라고 주장한다면, 논리적으로 단순하다고 비판하는 것도 가능하다. 따라서 친정 당시 황제의 활동을 살펴볼 필요가 있다. 실제 북위황제가 직접 전쟁에 참여한 예도 발견된다. 다음에서 구체적으로 살펴보자.

먼저 도무제의 예를 살펴보자. 도무제는 등국 6년(391) 유연 원정에 나섰다. 유연이 정면으로 맞서지 않고 도망가자 북위군은 6백 리나 추격했다. 여러 장군이 "적은 멀리 달아났고 양식도 거의 떨어졌기 때문에 회군하자."고 했지만, 도무제는 부마(副馬, 여분의 말)를 식량으로 삼으면 사흘 동안 먹을 수 있고 그 사이 유연을 격파할 수 있다고 말했다. 도무제는 결국

---

50 周良霄, 「皇帝與皇權」, 上海: 上海古籍出版社, 1999, 101-102쪽.

대적(大磧) 남상산(南牀山)에서 유연을 격파하고 그 반부(半部)를 사로잡았다. 도무제는 유연이 가축을 몰고 도망갔기 때문에 물이 있는 곳에서 머물 것을 예측하여 그 위치가 현재 위치에서 경기(輕騎)로 사흘 안에 도달할 수 있는 곳이라고 계산했고 바로 적중했다. 이후 장손숭(長孫嵩)과 장손비(長孫肥)가 도망가는 유연의 남은 무리를 사로잡아 부중(部衆)을 운중으로 천사(遷徙)하는 전과를 올렸다.[51] 이처럼 도무제는 유연 친정(親征)에서도 명석한 판단과 전략으로 경기를 동원해 유연을 습격했고 승리할 수 있었다. 같은 해 막남 · 대북(代北) 일대의 패권을 두고 자웅을 겨루었던 유위진부(劉衛辰部)와의 전쟁에서도 도무제의 뛰어난 전략을 살펴볼 수 있다. 등국 6년(391) 유위진(劉衛辰)은 아들 직력제(直力鞮)를 보내 북위의 남부(南部)를 공략했다. 이때 직력제가 이끄는 8~9만 명이 출정한 도무제의 5~6천 명을 포위했다. 도무제는 수레로 방영(方營)을 만들고, 이를 방패 삼아 싸우면서 전진하여 철기산(鐵歧山)에서 직력제의 군대를 격파했다. 적에게 포위된 상황에서 거의 1/10에 불과한 군대로 싸워 승리한 것은 수레로 방영을 만들었던 도무제의 뛰어난 군사적 전략 때문이라고 할 수 있다. 도무제는 승세를 이어 오원 금진(金津)에서 황하를 건너 유위진부를 습격했고, 허를 찔린 유위진은 수도 열발성(悅跋城)을 버리고 도망가다 부하에게 살해됐고

51 『資治通鑑』 卷107 「晉紀」 孝武帝太元十六年(391)條, 3401쪽, "及魏王珪卽位, 攻擊高車等, 諸部率皆服從, 獨柔然不事魏. 戊戌, [拓跋]珪引兵擊之, 柔然擧部遁走, [拓跋]珪追奔六百里. 諸將因張袞言於[拓跋]珪曰: '賊遠糧盡, 不如早還.' [拓跋]珪問諸將, '若殺副馬, 爲三日食, 足乎?' 皆曰: '足.' 乃復倍道追之, 及於大磧南牀山下, 大破之, 虜其半部, 匹候跋及別部帥屋擊各收餘衆遁走. [拓跋]珪遣長孫嵩 · 長孫肥追之. [拓跋]珪謂將佐曰: '卿曹知吾前問三日糧意乎?' 曰: '不知也.' [拓跋]珪曰: '柔然驅畜産奔走數日, 至水必留; 我以輕騎追之, 計其道里, 不過三日及之矣.' 皆曰: '非所及也.' [長孫]嵩追斬屋擊於平望川. [長孫]肥追匹候跋至涿邪山, 匹候跋擧衆降, 獲縕紇提之子曷多汗·兄子社崙·斛律等宗黨數百人. 縕紇提將奔劉衛辰, [拓跋]珪追及之, 縕紇提亦降, [拓跋]珪悉徙其部衆於雲中."

유위진부는 망했다.[52] 대대로 숙적 관계에 있었던 유위진부를 멸망시킬 수 있었던 것은 예기치 않은 상황에서 기습 작전을 펼친 도무제의 전략 때문이었다. 등국 6년 유연과 유위진부 친정(親征)에서 확인할 수 있듯, 도무제는 적의 허를 찌르는 전략과 기지를 발휘하여 승리했다.

도무제가 주로 뛰어난 계략으로 친정(親征)을 승리로 이끌었던 데 반해, 태무제는 다소 무모하리만큼 직접 나서서 싸우는 것을 좋아하여 죽을 뻔한 적도 많았다. 북위에 침입한 유연을 격퇴하려 했던 시광원년(424)의 전쟁이 대표적인 예이다. 명원제가 423년 사망하고 태무제가 16세에 즉위하자 유연은 이를 기회로 보고 북위침략을 계획했고 다음 해인 시광원년(424)에 운중을 공격했다. 태무제는 군대를 이끌고 2박 3일 동안 강행군하여 운중으로 진격했다. 그러나 태무제의 군대는 유연의 카간[可汗] 대단(大檀)의 군사에 50여 겹으로 포위되었다. 이때 태무제가 태연하게 행동하자 군심(軍心)은 안정되었고, 북위군사가 지휘자인 유연 카간의 조카 어척근(於陟斤)을 활로 쏴 죽여 유연 군대에 동요가 일어나자, 태무제는 카간 대단이 두려워하는 틈을 이용해 포위를 뚫고 돌아올 수 있었다.[53] 또, 태무제는 시광 3년(426) 혁련발발(赫連勃勃)의 후계자 자리를 두고 계승분쟁이 발생하자 경무장 기병 1만 8천 명을 이끌고 하를 급습했다. 혁련창이 몸소 출전하자 태무제도 말을 달려 싸웠으며, 결국 혁련창은 패주하고 성 안으로 달아났다.[54] 다음 해인 시광 4년(427) 태무제는 통만성을 점령했다. 이때 그

52 『魏書』 卷95 「鐵弗劉虎傳附衛辰傳」, 2055쪽.

53 『魏書』 卷103 「蠕蠕傳」, 2292쪽, "及太宗崩, 世祖卽位, 大檀聞而大喜, 始光元年秋, 乃寇雲中. 世祖親討之, 三日二夜至雲中. 大檀騎圍世祖五十餘重, 騎逼馬首, 相次如堵焉. 士卒大懼, 世祖顏色自若, 衆情乃安. 先是, 大檀弟大那與社崙爭國, 敗而來奔. 大檀以大那子於陟斤爲部帥, 軍士射於陟斤殺之, 大檀恐, 乃還."

54 『魏書』 卷95 「鐵弗劉虎傳附昌傳」, 2057쪽, "[赫連]昌, 字還國, 一名折, [赫連]屈孑之第三子也. 卽僭位, 改年永光. 世祖聞屈孑死, 諸子相攻, 關中大亂, 於是西伐. 乃以輕騎一萬

는 보병을 기다리는 신하의 간언을 뿌리치고 경무장 기병 3만 명을 이끌고 통만성으로 진군했다.[55] 통만성을 지키던 혁련창은 투항한 적군에게 북위의 군량이 거의 바닥났고 아직 보병이 도착하지 않았다는 정보를 입수하고 북위의 군대가 물러나는 듯한 움직임을 보이자 직접 앞장서서 공격했다. 이 전쟁에서 태무제는 말에서 떨어졌고 적이 가까이 다가와서 위험한 상황에 처하게 되었지만, 재빨리 말에 올라 하의 상서(尙書) 곡려(斛黎)를 죽이고 적의 기병 10여 명을 죽였다. 뿐만 아니라 태무제는 날아온 화살(流矢)에 손바닥을 맞았으나 아랑곳하지 않고 용기를 내 적을 몰아붙였다. 이에 혁련창의 군대가 패배했으며, 혁련창은 급한 나머지 통만성 안으로 들어가지 못하고 상규(上邽)로 도망갔다. 이에 북위군은 통만성을 쉽게 점령할 수 있었다.[56] 여기서도 태무제는 죽을 뻔했으나 용맹과 무용을 발휘하

八千濟河襲[赫連]昌. 時冬至之日, [赫連]昌方宴饗, 王師奄到, 上下驚擾. 車駕次於黑水, 去城三十餘里, [赫連]昌乃出戰. 世祖馳往擊之, [赫連]昌退走入城, 未及閉門, 軍士乘勝入其西宮, 焚其西門. 夜宿城北. 明日, 分軍四出, 略居民, 殺獲數萬, 生口牛馬十數萬, 徙萬餘家而還."

55 위와 같음, 2058쪽, "後[赫連]昌遣弟[赫連]定與司空奚斤相持於長安, 世祖乘虛西伐, 濟君子津, 輕騎三萬, 倍道兼行. 羣臣咸諫曰: '統萬城堅, 非十日可拔, 今輕軍討之, 進不可克, 退無所資, 不若步軍攻具, 一時俱往.' 世祖曰: '夫用兵之術, 攻城最下, 不得已而用之. 如其攻具一時俱往, 賊必懼而堅守, 若攻不時拔, 則食盡兵疲, 外無所掠, 非上策也. 朕以輕騎至其城下, 彼先聞有步軍而徒見騎至, 必當心閑, 朕且羸師以誘之, 若得一戰, 擒之必矣. 所以然者, 軍士去家二千里, 復有黃河之難, 所謂置之死地而後生也. 以是決戰則有餘, 攻城則不足.' 遂行. 次于黑水, 分軍伏於深谷, 而以少衆至其城下."

56 위와 같음, 2058-2059쪽, "[赫連]昌將狄子玉來降, 說: '[赫連]昌使人追其弟[赫連]定, [赫連]定曰: 『城旣堅峻, 未可攻拔, 待擒斤等, 然後徐往, 內外擊之, 何有不濟.』 [赫連]昌以爲然.' 世祖惡之, 退軍城北, 示[赫連]昌以弱. 遣永昌王健及娥淸等分騎五千, 西掠居民. 會軍士負罪, 亡入[赫連]昌城, 言官軍糧盡, 士卒食菜, 輜重在後, 步兵未至, 擊之爲便. [赫連]昌信其言, 引衆出城, 步騎三萬. 司徒長孫翰等言: '[赫連]昌步陳難陷, 宜避其鋒, 且待步兵, 一時奮擊.' 世祖曰: '不然. 遠來求賊, 恐其不出, 今避而不擊, 彼奮我弱, 非計也.' 遂收軍僞北, 引而疲之. [赫連]昌以爲退, 鼓譟而前, 舒陳爲翼. 行五六里, 世祖衝之, 賊陳不動, 稍復

여 전화위복으로 만들었다. 연화(延和) 3년(434) 산호(山胡) 백룡(白龍)을 토벌할 때도 수십 기만을 이끌고 산에 올랐다가 산호의 복병을 만나 죽을 뻔했으나 진건(陳建)의 분전으로 살아났다.[57]

여기까지 태무제가 군대의 선두에 서서 직접 싸우다가 위험에 처한 상황들을 살펴보았다. 죽을 고비를 넘긴 후에도 여전히 선두에서 싸우다 같은 상황에 부딪히는 태무제의 행동은 다소 무모하고 경솔하게 보인다. 태무제가 유연에게 50겹으로 포위당했던 시광원년(424) 당시 그의 나이는 17세였으며, 하를 정벌하던 시광 4년(427)에는 20세였고, 산호 백룡을 토벌할 때도 27세에 불과했다. 즉 젊고 혈기 왕성한 나이였기 때문에 무모하게 진두에서 직접 싸울 수 있었을 것이다. 이와 함께 친정(親征)에 대한 관념이 일반적이지 않았음을 지적할 수 있다. 일반적으로 한인황제는 친정(親征)하더라도 대개 중군(中軍)이나 군대의 후방에서 총사령관의 보고를 받으면서 군대를 지휘했다. 그러나 앞에서 살펴본 것처럼 북위 태무제와 하의 혁련창은 모두 앞장서서 적군과 싸웠다. 유목민의 일반적인 전쟁방식이었을 것이다. 유목군주가 잡다한 부족 집단을 통합하기 위해서는 군

前行. 會有風起, 方術宦者趙倪勸世祖更待後日, 崔浩叱之. 世祖乃分騎爲左右以掎之. 世祖墜馬, 賊已逼接, 世祖騰馬, 刺殺其尙書斛黎, 又殺騎賊十餘人, 流矢中掌, 奮擊不輟. [赫連]昌軍大潰, 不及入城, 奔於上邽, 遂克其城." 『북사』와 『위서』 「노로원전(盧魯元傳)」에 따르면 이날 태무제는 적군을 추격하여 통만성(統萬城)의 성문 안으로 진격했으나, 태무제의 목숨이 위태로운 상황에 처하자 노로원(盧魯元)의 도움으로 살아났다(『北史』 卷25 「盧魯元傳」, 915쪽, "從征赫連昌, 太武親追擊, 入其城門, [盧]魯元隨帝出入. 是日微[盧]魯元, 幾至危殆."; 『魏書』 卷34補 「盧魯元傳」, 801쪽). 『위서』 열전 중 일부는 누락되어 『북사』를 기초로 복원했다. 본서에서는 해당 부분을 인용할 때 『위서』와 원본에 해당하는 『북사』도 함께 인용하였다.

57 『北史』 卷25 「陳建」, 916쪽, "陳建, 代人也. 以善騎射擢爲三郎, 遷下大夫 · 內行長. 太武討山胡白龍, 輕之, 單將騎數十, 每自登山. 白龍伏壯士, 出不意, 帝墜馬, 幾至不測. [陳]建以身捍賊, 奮擊, 殺數人, 被十餘瘡. 帝壯之, 賜別戶二十."; 『魏書』 卷34補 「陳建傳」, 802쪽.

주 개인의 카리스마가 요구됨은 주지의 사실이다. 카리스마는 유목민 집단을 복종시킬 수 있는 개인의 능력이다. 이 가운데 용맹과 무용은 다른 사람을 압도할 수 있는 기본적인 능력일 것이다. 즉 유목군주는 평소에도 무예에 능해야 하지만 유사시에는 무기를 들고 군대의 선두에서 용맹하게 싸우는 무용을 발휘하고 전쟁을 승리로 이끄는 능력을 지녀야 집단의 존경과 복종을 이끌어 낼 수 있었을 것이다. 태무제가 최전선에서 직접 싸우다 죽을 뻔한 고비를 수차례 넘기고도 같은 행위를 되풀이했던 배경에는 유목군주에게 요구되는 용맹함과 무용을 입증할 필요가 있었기 때문일 것이다.

앞에서 살펴본 것처럼 도무제와 태무제는 친정(親征) 중 뛰어난 전략을 발휘하여 전쟁에서 승리하거나 직접 무기를 들고 선두에서 싸우는 등 혁혁한 무공을 세웠다. 이러한 무공은 북위황제의 정치적 입지를 굳히는 데 큰 기여를 했을 것이다. 도무제와 태무제를 제외한 다른 황제의 무공이나 모험담은 『위서』에 기록되지 않았다. 단순 누락인지 원래 기록되지 않았는지 확실치 않다. 다만 황흥(皇興) 4년(470) 헌문제의 유연 원정에 종군했던 유니(劉尼)가 헌문제의 훈계에도 불구하고 밤에 술에 취해 병진(兵陣) 관리를 허술하게 해 적발되었던 사례가 있어 주목된다.[58] 헌문제는 군사에게 친히 군대에서 지켜야 할 수칙을 선포하고 군대의 병진 관리를 직간접적으로 단속하고 감독하는 등 몸소 군사에 관한 사항을 챙겼다. 이를 통해 헌문제는 이렇게 세세한 문제까지 점검하며 군대의 총사령관 역할을 실질적으로 수행했음을 알 수 있다. 그러므로 도무제와 태무제 이외의 북위황제가 뛰어난 전략이나 무공(武功)을 세운 기록이 없다고 해서 군사에 문외한

58 『魏書』 卷30 「劉尼傳」, 722쪽, "皇興四年, 車駕北征, 帝親誓衆, 而尼昏醉, 兵陳不整. 顯祖以其功重, 特恕之, 免官而已."

이었거나 무관심한 것은 아니었을 것이다.

앞에서 살펴본 도무제 · 태무제 · 헌문제의 사례를 종합하면 북위황제는 자신이 총사령관으로서 군대를 지휘하고 작전을 세웠으며 심지어 전쟁에 참여할 때 최전방에 앞장섰다. 혹자는 중국을 제외한 다른 지역, 특히 유럽과 중동, 인도 등의 국가에서도 군주가 직접 전쟁터에 나가서 싸우는 전사왕(戰士王, warrior-king)의 모습을 지니기 때문에 앞에서 서술한 북위황제의 친정(親征)이 전적으로 유목군주의 모습은 아니라고 비판할 수 있다. 시야를 세계사로 넓혀 볼 때 군주가 친정에 참여하지 않고, 특히 친정에 나서더라도 후방에 머무를 뿐 직접 무기를 들고 싸우지 않는 모습은 중국 · 한국 · 일본 등 몇 몇 국가에 한정되는 것도 사실이다. 그러나 필자는 북위황제의 친정 양상이 비중국적 혹은 비한족적이라고 해서 호족적인 성격을 지녔다고 주장하지 않는다. 오히려 유목민 혹은 반유목 · 반수렵채취민(만주의 여러 종족) 사회의 전쟁에서 군주 혹은 집단의 수장이 군대의 전면에서 무용을 과시하며 전쟁하던 방식이 북위 건국 이후의 황제에게서도 보인다는 점을 통해 북위황제가 유목민의 전쟁습관을 그대로 유지했음을 지적할 뿐이다. 이런 점에서 북위황제의 친정(親征)에 대해 고유한 전쟁 풍습을 잃지 않았다고 하는 편이 옳은 표현일 것이다.

3) 사냥

『위서』 본기에 나온 북위황제의 순행기록에는 사냥과 관련된 기록이 빈출하며, 특히 도무제부터 태무제 시기에는 사냥이 순행의 주요 목적처럼 보이는 기사가 매우 많다. 북위황제의 사냥문제에 대해서는 선행연구가 이미 있다.[59] 이를 다음에서 표와 함께 간단히 소개한다.

---

59 黎虎,「北魏前期的狩獵經濟」, 132-166쪽; 劉美雲 · 魏海清「狩獵習俗對北魏前期政權

표 8 역대 북위황제의 사냥 횟수와 지역

황제	재위년수	사냥 횟수	사냥 지역
도무제	24	7	시산(豺山, 2), 하동(河東), 정양(定襄)의 호산(虎山), 우천(牛川), 옥고산(屋孤山), 백등산(白登山)
명원제	15	22	서산(西山, 2), 독저(瀆渚, 2), 호권(虎圈), 석회산(石會山), 골라산(骨羅山), 선무천(善無川), 사갑산(四岬山), 퇴우산(頹牛山), 개륜산(榿侖山), 우천(牛川), 대막(大漠), 욕고산(辱孤山), 설림산(薛林山), 석로지(潟滷池), 작산(柞山), 운중(雲中), 동원(東苑), 업남(鄴南) 한릉산(韓陵山), 백등산(白登山) 동북(東北), 유남(灅南)
태무제	30	19	하서(河西, 7), 음산(陰山), 우천(牛川), 하동(河東), 남산(南山), 막남(漠南), 고양(稒陽) 광천(廣川), 기산지양(岐山之陽), 양천(梁川), 산북(山北), 시산(豺山), 곽산(崞山)
문성제	14	11	하서(河西, 2), 곽산(崞山, 2), 송산(松山, 2), 독예산(犢倪山), 음산지북(陰山之北), 광천(廣川), 서원(西苑), 원내(苑內)
헌문제	7	6	곽산(崞山, 2), 나남지(那男池), 서산(西山), 냉천(冷泉), 방산(方山)
효문제	29	0	
선무제	17	2	망산(邙山), 업(鄴) 일대(?)
효명제	14	0	
효장제	3	1	
동해왕	2	0	
절민제	2	0	
안정왕	2	0	
효무제	14	3	

비고: ( )안은 2회 이상인 경우 횟수를 뜻한다.

출전: 崔珍烈, 『북위황제의 巡幸 硏究-'遊牧的 君主'의 통치행위와 그 변천과정을 중심으로』, 서울大學校 大學院 東洋史學科 文學博士學位論文, 2007. 8, 65-66쪽

〈표 8〉은 북위황제의 순행과 사냥의 관계, 특징을 살펴보는 데 적당하

的影響」, 殷憲 主編, 『北朝史硏究』, 北京: 商務印書館, 2004, 423-427쪽.

다. 먼저 사냥의 횟수를 보자. 〈표 8〉에 따르면 도무제부터 헌문제까지 다섯 황제는 85년간 65회 사냥했으니 1년 3~4개월에 한 번 꼴로 사냥을 나갔던 셈이다. 명원제는 재위 15년 동안 22회 사냥을 나갔으므로 1년 평균 1.46회를 기록했다. 문성제와 헌문제도 거의 1년에 한 번 꼴로 사냥했다. 명원제가 태상 4년(419)과 5년에 걸쳐 2개월, 태상 6년(421)에 3개월, 태무제가 신가원년(428)에 2개월 동안 사냥했던 예처럼 사냥기간이 수개월에 걸친 예도 많다. 다음으로 자주 가는 사냥지를 살펴보면 하서가 11회로 가장 많고, 곽산 5회, 시산 4회, 우천(牛川)과 독저(瀆渚) 3회, 욕고산 · 광천(廣川) · 작산(柞山) · 송산(松山) · 백등산 · 서산 · 산북(山北) 2회이다. 이 가운데 하서는 태무제가 목축에 적합한 하서(오르도스) 지방에 웅거한 하를 멸하고 이 지역을 정복한 후 대규모 목장을 만들었던 곳이다.[60] 북위황제, 특히 태무제의 사냥지로 하서가 선호된 것은 목축 관리 등을 이유로 이곳에 자주 순행했기 때문일 것이다.[61] 또 하서를 제외한 대부분은 평성 주위의 지역, 소위 경기지역이었다. 따라서 북위황제는 경기 일대를 순행하면서 사냥했음을 알 수 있다.[62]

앞에서 언급한 사냥지 외에도 평성 일대에는 평성의 녹원 · 야마원(野馬苑) · 호권(虎圈) · 유남궁원유(㶟南宮苑囿) · 북원(北苑) · 서원(西苑) · 동원(東苑), 산북원(山北苑) 등의 원유가 있었다.[63] 명원제가 영흥 4년(412) 호권에서 직접 호랑이를 활로 쐈던 기사,[64] 문성제가 화평 4년(463) 친히 호

---

60 『魏書』 卷113 「食貨志」, 2857쪽.

61 佐藤智水, 「北魏皇帝の行幸について」, 43아래쪽-44아래쪽.

62 黎虎, 「北魏前期的狩獵經濟」, 136-142쪽.

63 위와 같음, 150-153쪽.

64 『魏書』 卷3 「太宗紀」 永興四年(412)春二月癸未條, 51쪽, "登虎圈射虎; 賜南平公長孫嵩等布帛各有差."

랑이 세 마리를 쏜 기사,[65] 문성제 시기 숙석(宿石)이 원내(苑內) 유렵에 참가했다가 말이 넘어지는 바람에 다쳤다는 『위서』「숙석전」의 기록[66] 등을 보면, 북위황제와 신하는 각종 원유에서 사냥을 했던 것 같다. 원유 이외에 엽령(獵嶺)도 북위시대 사냥과 관련된 지명이다. 『자치통감』의 호삼성주(胡三省注)에 따르면, 엽령은 하옥산(夏屋山) 동북에 있으며, 이 이름은 북위가 평성에 도읍을 정한 이후 이곳에서 일상적으로 사냥했다고 해서 붙여졌다고 한다.[67]

『위서』 본기의 순행기록 중에는 사냥했다는 기록은 없어도 사냥한 것으로 추측되는 기사들이 보인다. 예컨대, 도무제는 천사원년 십이월 무진일(405. 1. 31) 시산궁을 방문했으며,[68] 천사 3년(406) 사월 경신일(5. 29) 시산과 정양(定襄) 각사산(角史山)에,[69] 팔월 갑진일(甲辰, 9. 4) 시산궁과 청우산(靑牛山)을[70] 방문한 기록이 보인다. 앞에서 살펴본 것처럼 시산은 모두 4회 사냥했던 지역이므로, 도무제가 시산이나 시산궁에 행차한 이유는 사냥 때문이었을 것이다. 또 천사 3년 사월 시산과 정양 각사산, 팔월 시산궁과 청우산에 단지 방문했다는 기록만 있지만, 이때 사냥했을 가능성도 있다. 또 명원제가 태상 8년(423) 참합피에 이르러 반양산에서 유(遊)했다는

65 『魏書』 卷5 「高宗紀」 和平四年(463)夏四月癸亥條, 121쪽, "上幸西苑, 親射虎三頭."

66 『魏書』 卷30 「宿石傳」, 724쪽, "遷內行令. 從幸苑內, 遊獵, [宿]石於高宗前走馬, 道峻, 馬倒殞絶, 久之乃蘇. 由是御馬得制."

67 『資治通鑑』 卷108 「晉紀」 孝武帝太元二十一年(396)條, 3426쪽, "三月, 庚了, 燕主[慕容]垂留范陽王[慕容]德守中山, 引兵密發, 踰靑嶺, 經天門, 鑿山通道, 出魏不意, 直指雲中. 魏陳留公[拓跋]虔帥部落三萬家鎭平城; [慕容]垂至獵嶺(胡注: 獵嶺 在夏屋山東北 魏都平城常獵於此.), 以遼西王[慕容]農 · 高陽王[慕容]隆爲前鋒以襲之."

68 『魏書』 卷2 「太祖紀」 天賜元年(404)十有二月戊辰條, 42쪽, "車駕幸豺山宮."

69 『魏書』 卷2 「太祖紀」 天賜三年(406)夏四月條, 42쪽, "夏四月庚申, 復幸豺山宮. …… 遂登定襄角史山, 又幸馬城."

70 『魏書』 卷2 「太祖紀」 天賜三年(406)八月甲辰條, 43쪽, "行幸豺山宮, 遂至靑牛山."

기록이 『위서』「태종기」에 보인다.[71] '유(遊)'를 유렵으로 볼 수 있다면, 이 기사 역시 명원제가 순행 중 사냥한 기록으로 볼 수 있다.

앞에서 북위황제의 순행 중 사냥기록을 검토하며, 특히 사냥 횟수와 기간, 장소 등을 살펴보았다. 순행 장소만 기록된 『위서』의 순행기사를 사냥기록이 누락된 것으로 보고 이를 포함한다면, 순행 중 사냥 횟수는 더욱 늘어날 것이다. 이처럼 『위서』에 명시되거나 누락되었을 것으로 추정되는 사냥기록을 통해 북위황제가 이전의 유목민 혹은 수렵채취민의 습속을 여전히 유지했음을 잘 알 수 있다. 본래 유목민은 목축만으로 생계를 유지할 수 없으므로 각종 들짐승을 사냥하여 식량과 모피를 얻었고, 부분적으로는 어로에 종사하여 식량 부족을 보충해야 했다.[72]

사냥의 중요성은 최근 대동시(大同市) 일대에서 발견된 고고유물과 유적을 통해 확인된다. 북위 평성시대 여러 무덤에서 사냥하는 그림이 출토되었다. 예컨대 1988년 발굴된 대동시 남쪽 교외의 북위묘(北魏墓)에 남아 있는 관판화(棺板畵)에는 산림 사이에서 선비의 옷을 입은 용사가 건장한 준마를 타고 위렵(圍獵)하는 모습이 있다. 즉 맹호(猛虎)가 긴 창에 찔려 있고 그 옆에는 백양(白羊)이 화살에 명중된 그림이다.[73] 이어서 1993년 내몽고자치구(內蒙古自治區) 화림격이현(和林格爾縣) 수수양촌(楡樹梁村)에서 발견된 북위전실벽화묘(北魏磚室壁畵墓)의 마수도(馬狩圖)는 선비귀족이 야생

71 『魏書』 卷3 「太宗紀」 泰常八年(423)五月丙辰條, 63쪽, "北巡, 至於參合陂, 遊于蟠羊山."

72 블라디미르초프 지음, 주채혁 옮김, 『몽골 사회 제도사』, 대한교과서주식회사, 1993, 51쪽 및 53쪽; 61쪽; 黎虎, 「北魏前期的狩獵經濟」, 154-157쪽, 張敏, 「北魏前期農牧關係的演變」, 『許昌學院學報』 24-4, 2005, 38오른쪽-39왼쪽.

73 日本高崎市教育委員會, 『中國山西北朝文物展圖錄』, 荒瀨印刷株式會社, 1990, 32쪽; 蘇哲, 『魏晉南北朝壁畵墓の世界-繪に描かれた群雄割據と民族移動の時代-』, 白帝社, 2007, 70-71쪽.

마(野馬)를 사냥하는 모습을 담았다.[74] 또 2002년 8월 대동시고고연구소(大同市考古硏究所)에서 발굴한 영빈대도(迎賓大道) M16 전실벽화묘(磚室壁畵墓)에는 진묘무사(鎭墓武士) · 연음(宴飮) · 거마 · 산림 · 수렵의 내용이 담긴 채회벽화(彩繪壁畵)가 있었다.[75] 그뿐만 아니라 지가보(智家堡) M2 석화(石畵)에서도 출행도(出行圖)와 함께 수렵도(狩獵圖)가 발견되었다.[76] 무덤의 풍속 벽화는 묘주의 생전 일상생활을 그린 것으로 보는 것이 일반적이므로, 수렵도를 통해 북위 전기 호인에게는 여전히 사냥 습속이 있었음을 확인할 수 있다. 고고학 발굴성과와 문헌을 종합하면 사냥은 북위의 호인에게 중요한 생산수단이었다.

순행 중의 북위황제는 사냥을 참관한 구경꾼만은 아니었다. 『위서』「영징지」에 따르면, 도무제는 등국 6년(391) 뿔이 하나인 사슴을 친히 잡았다.[77] 명원제가 친히 사냥했던 기록은 다른 황제에 비해 많다. 예컨대 명원제는 즉위 전 유남(灅南)에서 사냥할 때 얼음이 깨져 말이 물에 빠져 그 자신도 죽을 뻔했으나 왕락아(王洛兒)가 구해 줘 살아났다.[78] 또 명원제는 영

---

74 蘇哲,『魏晉南北朝壁畫墓の世界』, 75-77쪽.

75 劉俊喜 · 高峰,「大同智家堡北魏墓棺板畵」,『文物』 2004-12, 2004, 46왼쪽-46오른쪽.

76 吳松巖,「盛樂 · 平城地區北魏鮮卑 · 漢人墓葬比較分析」,『北方文物』 2008-4, 2008, 27오른쪽.

77 『魏書』 卷112下「靈徵志」下, 2931쪽, "太祖登國六年十二月, 上獵, 親獲鹿一角. 召問羣臣, 皆曰:「鹿當二角, 今一, 是諸國將幷之應也.」" 이 밖에 도무제가 친히 사냥했는지는 불분명하지만, 백등산(白登山)에서 사냥할 때 우율제(于栗磾)에게 맨손으로 곰을 잡게 했던 기록이 있다(『魏書』 卷31「于栗磾傳」, 735쪽, "太祖田於白登山, 見熊將數子, 顧謂[于]栗磾曰: '卿勇幹如此, 寧能搏之乎?' 對曰: '天地之性 人爲貴. 若搏之不勝, 豈不虛斃一壯士. 自可驅致御前, 坐而制之.' 尋皆擒獲. 太祖顧而謝之."). 정황상 도무제도 직접 사냥했을 것이다.

78 『北史』 卷25「王洛兒傳」, 913쪽, "王洛兒, 京兆人也. 明元在東宮, 以善騎射給事帳下, 謹愿未嘗有過. 明元嘗獵于灅南南, 冰陷沒馬. 洛兒投水奉帝出, 殆將凍死. 帝解衣賜之, 自是恩寵日隆."; 『魏書』 卷34補「王洛兒傳」, 799쪽.

흥 4년(412) 호권에서 호랑이를 직접 쐈고[79] 신서 2년(415) 활을 쏘아 흰곰을 잡았다.[80] 이어서 태상 5년(421) 석로지(潟滷池)에서 새 사냥을 했고[81] 태상 6년(421)에는 작산에 순행하여 몸소 호랑이를 쏴서 사로잡았다.[82] 태무제가 곽산에서 사냥할 때 호랑이가 돌출하여 위험에 처하자, 사위감(司衛監) 목의(穆顗)가 맨손으로 호랑이를 때려잡은[83] 기록도 있다. 여기에서도 태무제가 직접 사냥에 참여했기 때문에 갑자기 돌출한 호랑이를 만난 것으로 추측할 수 있다. 문성제는 화평 4년(463) 서원에서 호랑이 세 마리를 쏘았다.[84] 또 문성제의 수렵에 따라가 호랑이를 쏘려고 하는 문성제를 만류했던 숙석의 예에서도 문성제가 직접 사냥을 즐겼음을 알 수 있다.[85] 헌문제는 황흥 2년(468) 서산에서 몸소 호랑이와 표범을 사냥했다. 이때 그의 나이 15세였다.[86] 『위서』「고조기」에 효문제가 순행하며 사냥했다는 기록은 보이지 않으나, 마지막 부분에 효문제는 활쏘기에 능했고 사냥을 즐겼지만 15세 때 살생을 하지 않게 되면서 사렵(射獵)을 관두었다는 기록[87]이

79 『魏書』 卷3 「太宗紀」 永興四年(412)春二月癸未條, 51쪽, "登虎圈射虎; 賜南平公長孫嵩等布帛各有差."

80 『魏書』 卷3 「太宗紀」 神瑞二年(415)六月條, 55쪽, "射白熊於頹牛山, 獲之."

81 『魏書』 卷35 「崔浩傳」, 812쪽, "時太宗幸東南潟滷池射鳥, 聞之, 驛召[崔]浩, 謂之曰: 「往年卿言彗星之占驗矣, 朕於今日始信天道.」"

82 『魏書』 卷3 「太宗紀」 泰常六年(421)秋七月條, 61쪽, "西巡, 獵于柞山, 親射虎, 獲之, 遂至于河."

83 『魏書』 卷27 「穆崇傳附壽傳」, 675쪽, "曾從世祖田於崞山, 有虎突出, 顗搏而獲之. 世祖歎曰: 「詩所謂『有力如虎』, 顗乃過之.」"

84 『魏書』 卷5 「高宗紀」 和平四年(463)夏四月癸亥條, 121쪽, "上幸西苑, 親射虎三頭."

85 『魏書』 卷30 「宿石傳」, 724쪽, "嘗從獵, 高宗親欲射虎. [宿]石叩馬而諫, 引高宗至高原上. 後虎騰躍殺人. 詔曰: '[宿]石爲忠臣, 馬鞚切諫, 免虎之害. 後有犯罪, 宥而勿坐.' 賜駿馬一匹. 尙上谷公主, 拜駙馬都尉."

86 『魏書』 卷6 「顯祖紀」 皇興二年(468)春二月癸未條, 128쪽, "田于西山, 親射虎豹."

87 『魏書』 卷7下 「高祖紀」下, 187쪽, "又少而善射, 有膂力. 年十餘歲, 能以指彈碎羊髆骨. 及

있다. 바꿔 말하면 효문제는 15세까지 사냥했음을 알 수 있다. 이처럼 도무제부터 효문제까지 역대 황제가 몸소 사냥했음을 확인할 수 있다.[88] 낙양천도 이후 즉위한 선무제 · 효장제 · 효무제도 직접 사냥을 즐겼고 낙양 인근지역으로 사냥 다녔음을 확인할 수 있다.[89]

흥미로운 점은 『위서』 본기에서 북위황제가 호랑이 · 표범 · 곰 등 맹수를 사냥했다고 기록한 것이다. 문성제가 호랑이 세 마리를 잡은 기록과 헌문제가 15세에 호랑이와 표범을 사냥한 기록도 여기에서 확인된다. 이처

射禽獸, 莫不隨所志斃之. 至年十五, 便不復殺生, 射獵之事悉止."

88 최근 북위(北魏)의 수도 평성으로 추정되는 조장성(操場城) 발굴 도중 사슴뿔과 호랑이 뼈 등 다량의 동물 뼈가 발견되었다. 동물 뼈가 발견된 곳은 조장성 동가(東街) 대동사중(大同四中) 동남쪽 시립 체육학교 부근인데, 이곳이 북위의 궁전 혹은 그 부근으로 추정되므로, 궁중에서 버린 것으로 추정된다. 뼈의 대부분은 돼지와 소, 양이며, 호랑이의 이빨로 추정되는 날카로운 이빨도 보인다. 이는 북위의 군주와 신하가 사슴 고기와 호랑이 고기 등을 먹고 녹용(鹿茸)과 호골(虎骨)을 약으로 사용했음을 시사한다(殷憲, 「大同北魏宮城調查札記」, 『大同職業技術學院學報』 17-1, 2003, 27왼쪽-27오른쪽). 이를 통해 본문에서 살펴본 것처럼 북위의 여러 황제가 호랑이 등 맹수를 사냥한 것에는 놀이뿐 아니라 식용의 목적도 있었음을 확인할 수 있다.

89 선무제가 북망(北邙)으로 사냥 갔던 기회를 노려 함양왕(咸陽王) 원희(元禧)가 모반을 계획했던 기사를 보면(『資治通鑑』 卷144 「齊紀」 和帝中興元年(501)夏四月條, 4487쪽, "會帝出獵北邙, [元]禧與其黨會城西小宅, 欲發兵襲帝, 使長子[元]通竊入河內擧兵相應. 乞伏馬居說[元]禧, 「還入洛城, 勒兵閉門, 天子必北走桑乾, 殿下可斷河橋, 爲河南天子.」") 선무제 역시 사냥을 즐겼음을 알 수 있다. 『북제서(北齊書)』 「폭현전(暴顯傳)」에서는 폭현(暴顯)이 기사(騎射)에 능해 효장제를 따라 출렵(出獵)했던 일을 기록했다(『北齊書』 卷41 「暴顯傳」, 535쪽, "[暴]顯少經軍旅, 善於騎射, 曾從魏孝莊帝出獵, 一日之中手獲禽獸七十三."). 이는 『위서』 본기에는 보이지 않지만 효장제가 평소 사냥했음을 보여 준다. 또 효무제(『위서』 본기에는 '출제(出帝)'로 기록)도 북원(北苑) · 숭양(嵩陽) · 홍지피(洪池陂)에서 사냥했음이 『위서』 본기에 기록되어 있다(『魏書』 卷11 「出帝紀」 永熙元年(532)九月己酉條, 285쪽, "復田于北原."; 『魏書』 卷11 「出帝紀」 永熙二年(533)十二月丁巳條, 289쪽, "車駕狩於嵩陽." 및 永熙三年(534)二月辛巳條, 289쪽, "幸洪池陂 遂遊田."). 이러한 예를 보면 황제는 낙양천도 이후에도 이전의 황제처럼 사냥을 즐겼다고 할 수 있다.

럼 북위황제는 사냥에 몸소 참여한 것은 물론 맹수를 쏘아 신하에게 자신의 용맹을 과시했다.

이처럼 순행의 주요 목적을 사냥이라고 과장해도 좋을 만큼 북위황제의 사냥기사는 빈출했다. 일반 유목민에게 사냥은 부족한 식량을 획득하기 위한 경제적 목적이 강했겠지만, 유목민을 지배했던 북위황제와 지배층에게는 유희의 성격이 강했을 것이다. 게다가 사냥은 군사훈련을 겸하는 경우가 많았다.[90] 특히 친정(親征) 이전에 실시하는 군사훈련의 성격도 지녔다. 예컨대 태무제가 신가 3년(430) 팔월 남궁(南宮)에 행차하여 남산(南山)에서 사냥한 기사와 무인일(9. 28)에 장손도생(長孫道生)을 하상(河上)에 주둔시킨 조치, 그리고 구월 갑진일(10. 30) 통만을 방문하여 평량을 정벌했던 기사를 연결해 보면,[91] 군사훈련용 수렵이었음을 알 수 있다. 태무제의 현호(懸瓠) 친정(親征) 이전인 태평진군(太平眞君) 11년(450) 이월 갑오일(3. 2) 양천(梁川)에서 사냥한 것도[92] 전후 맥락상 군사훈련으로 해석할 수 있다. 같은 해 팔월 계해일(9. 27) 하서로 순행하여 사냥한 후 계미일(10. 17) 서교에서 사열과 군사훈련을 하고, 구월에 유송을 남벌했던 일정을 보면,[93] 하서에 순행하여 사냥했던 목적이 남벌용 군사훈련에 있다고 추정할 수 있다. 이처럼 북위황제는 친정(親征)하기 전에 사냥을 통해 전술을 익히고[94] 식량을 확보함으로서[95] 사실상 군사훈련을 실시했음을 알 수 있다. 이

---

90 張敏, 「北魏前期農牧關係的演變」, 38오른쪽.

91 『魏書』 卷4上 「世祖紀」 神䴥三年(430)條, 76쪽, "[八月]甲戌, 行幸南宮, 獵于南山. 戊寅, 詔征西大將軍長孫道生屯于河上. [九月] …… 甲辰, 行幸統萬, 遂征平涼."

92 『魏書』 卷4上 「世祖紀」 太平眞君十一年(450)二月甲午條, 104쪽, "二月甲午, 大蒐於梁川. …… 車駕遂征懸瓠, 益遣使者安慰境外之民, 其不服者誅之"

93 『魏書』 卷4上 「世祖紀」 太平眞君十一年(450)條, 104쪽, "八月癸亥, 田於河西. 癸未, 治兵於西郊. 九月辛卯, 輿駕南伐."

94 본문에서 인용한 문성제 화평 4년(463) 팔월 병인일(丙寅日) 조서(詔書)에서 '합위지의

또한 대개의 유목국가에서 볼 수 있는 현상이다.[96]

마지막으로 주목할 점은 북위황제가 사냥 후 사냥물을 하사한 사실이다. 『위서』 본기의 사냥물 하사기록을 보면 '순행→사냥→사냥물 하사와 연회'의 도식으로 유형화할 수 있다. 명원제가 영흥 4년(412) 칠월 기묘일(9. 2) 석회산(石會山)에서 대규모 사냥을 한 후, 팔월 임자일(10. 5) 서궁 판전(板殿)에서 군신장리(群臣將吏)에게 대연회를 열어 주며 사냥물을 하사했던 기록이[97] 전형적인 예이다. 또 명원제가 태상 4년 십이월 계해일(420. 1. 8) 운중에 순행하여 욕고산에서 야생마를 포획하고, 하서(오르도스)의 설림산(薛林山)에서 사냥하여 사로잡은 사냥감(禽獸)을[98] 다음 해 정월 병술일(1. 31) 옥두성(屋竇城)에 이르러 개최한 잔치에서 장사(將士)에게 하사했던 기록도[99] 이러한 유형에 속한다. 이처럼 '순행→사냥→연회 혹은 하사'는 혹자가 '유목적 군사활동'으로 명명한 '친정→약탈→반사'의 과정과[100] 유사하다. 사냥과 약탈의 공통점을 자연과 인간에게 무엇을 빼앗는 행위로

(合圍之義)', '전위장교(典圍將校)'라는 용어가 보인다. 여기서, 당시에는 사냥할 때 짐승들을 포위하여 살상하거나 포획하는 방법을 사용했음을 추측할 수 있다.

95 史衛, 「北魏平城政權動態的財政平衡」, 『青海師範大學學報(哲學社會科學版)』 2004-3(總第104期), 2004, 52오른쪽-53왼쪽.

96 예컨대 거란에서도 전쟁 전 식량 획득을 위한 사냥을 자주 실시했다(張國慶, 「遼代契丹貴族漁獵活動考述」, 瀋陽: 『社會科學輯刊』, 1993-3(K23 復印報刊資料 宋遼金元史 1993-4), 1993, 49-54쪽).

97 『魏書』 卷3 「太宗紀」 永興四年(412)條, 52쪽, "[秋七月]己卯, 大獮于石會山, …… 八月庚戌, 車駕還宮. 壬子, 幸西宮, 臨板殿, 大饗群臣將吏, 以田獵所獲賜之, 命民大酺三日. 乙卯, 賜王公以下至宿衛將士布帛各有差."

98 『魏書』 卷3 「太宗紀」 泰常四年(419)冬十有二月癸亥條, 60쪽, "西巡, 至雲中, 踰白道, 北獵野馬於辱孤山. 至于黃河, 從君子津西渡, 大狩於薛林山."

99 『魏書』 卷3 「太宗紀」 泰常五年(420)春正月丙戌朔條, 60쪽, "自薛林東還, 至于屋竇城, 饗勞將士 大酺二日, 班禽獸以賜之."

100 朴漢濟, 『中國中世胡漢體制研究』, 150-162쪽.

본다면 양자의 행위는 본질적으로 비슷하며 유목군주의 재화분배를 연상시킨다. 즉 약탈이나 공납을 통해 재화를 획득한 유목군주가 이를 유목민 집단에 분배함으로써 충성심을 확보하고 권력을 공고히 했던 현상과 유사하다.[101] 바꿔 말하면, '순행→사냥→연회 혹은 하사'의 과정을 통해 북위 황제가 유목군주의 재화 독점과 분배 관행을 그대로 이어받은 것으로 이해할 수 있다. 즉 북위황제는 사냥과 사냥감 분배를 통해 참가자의 결속력과 충성심을 강화한 것으로 볼 수 있다.

4) 생산의 독과

(1) 목축의 시찰

앞의 북위황제의 순행에서 사냥기사의 빈출을 지적했다. 이처럼 북위 전기 황제에게는 유목적 습속이 있었다. 이는 일반 호인도 마찬가지였으며, 각지에서 목축을 영위했다. 목축의 중요성은 북위 전기 관명(官名) 가운데 목축과 관련된 관명이 다양하게 존재했던 점에서도 확인된다. 북위에서는 전통적으로 황제의 거마와 가축을 관장한 태복경(太僕卿)과 태복소경(太僕少卿)이라는 중국 고유의 관직 외에도 가부상서(駕部尙書), 목조상서(牧曹尙書), 도목급사중(都牧給事中)·가부급사중(駕部給事中), 용목조주사중산(龍牧曹奏事中散), 목관중랑장(牧官中郎將), 가부교위(駕部校尉), 타우도위(駝牛都尉), 좌목령(左牧令), 전마령(典馬令)·도목령(都牧令)·도목주(都牧主) 등의 관직이 있었고, 이들은 목축을 관장했다.[102] 또 근시관인 내행장(內行長)과 내시장(內侍長) 역시 목축 업무에 종사했다.[103] 그러나 다만 순행 중 사냥을

---

101 金浩東, 「北아시아 遊牧國家의 君主權」, 137-152쪽.

102 朱大渭, 「北魏的國營畜牧業經濟」, 『六朝史論』, 中華書局, 1998, 349-450쪽.

103 崔珍烈, 「北魏의 種族政策」, 67-68쪽.

했다는 기사는 빈출하지만 목축과 관련된 기사는 적다. 『위서』 본기에 있는 목축과 관련된 기사는 대개 녹원 등 원유와 목장이나 목지(牧地)의 조성에 관한 기록이다. 이를 구체적으로 살펴보자.

도무제는 천흥 2년(399) 고차원정(高車遠征)에 나서 고차 잡종(雜種) 30여 부(部)를 격파했고, 위왕(衛王) 탁발의(拓跋儀)는 7부를 격파했다. 도무제는 회군하며 우천 남쪽에서 대규모 사냥을 벌인 뒤 고차 기병에게 포획한 짐승으로 주변 700여 리를 에워싸게 한 다음 그 짐승을 몰고 평성으로 돌아왔다. 그리고 고차인을 동원하여 남쪽으로 대음(臺陰), 북쪽으로 장성(長城), 동쪽으로 백등, 서쪽으로 서산 안의 지역에 녹원을 만들었다.[104] 최근 이 녹원의 위치와 기능에 관한 연구가 발표되었다.

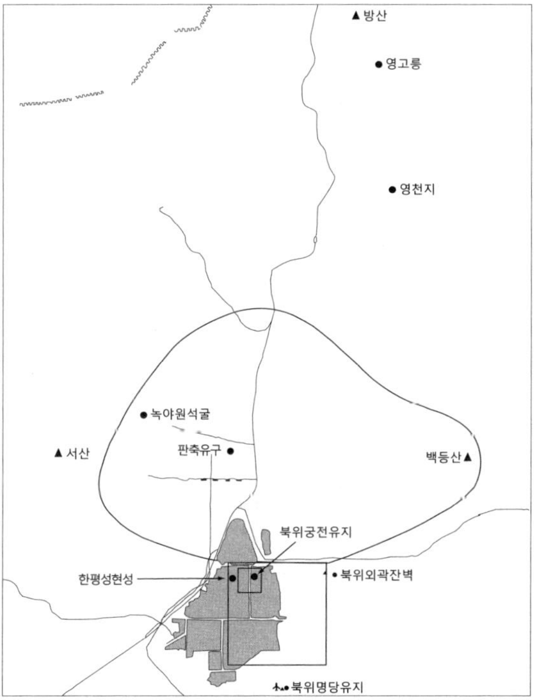

지도 18 북위 녹원 추정도

좌천영치(佐川英治)가 추정한 녹원은 북위 궁전의 북쪽에 위치하였다. 이는 북위 낙양의 궁전이 성의 북쪽에 위치하였고, 그 배후에 넓은 후원이 있었다는 박한제(朴漢濟) 교수의 수상이 옳음을 입증하는 증거가 된다. 즉 평성과 낙양의 도시 구조는 서로 영향을 주고받았음을 보여 준다. 이는 곧 북위 후기 수도인 낙양이 호족적인 도시 구조와 배치를 지녔다는 뜻이다.

출전: 佐川英治, 「遊牧と農耕の間─北魏平城の鹿苑の機能とその変遷─」, 『岡山大學文學部紀要』 47, 2007, 51쪽.

〈지도 18〉의 둥근 실선 안의 부분이 현재 녹원으로 추정되는 지역이다. 현재의 지명으로는 산서성 대동시 조장성(操場城) 북쪽에 위치하며 서쪽으로 뇌공산(雷公山) 동쪽 기슭에 이르고 동쪽으로 마포산(馬鋪山)을 포함하며 북쪽으로 장성에 이르는 지역이라고 한다. 녹원은 종교의 공간이기도 하지만 북위황제와 신하의 사냥 장소였을 뿐만 아니라 가축의 가을 방목지와 겨울 방목지의 기능도 담당했다.[105] 즉 녹원은 평성의 북쪽, 즉 도성과 가장 가까운 곳에 위치한 목장이었다.

명원제는 태상 4년 십이월 계해일(420. 1. 8) 운중에 순행하여 욕고산에서 야생마를 포획했다. 이어서 오르도스의 설림산에서 사냥했고,[106] 다음해 정월 갑술일(420. 1. 19)에 옥두성에서 장사들에게 잔치를 열어 주고 이 사냥감을 하사한 후 기해일(2. 13)에 환궁했다.[107] 이때 태상 5년(420) 옥두

---

104 『魏書』 卷2 「太祖紀」 天興二年(399)二月條, 34쪽, "二月丁亥朔, 諸軍同會, 破高車雜種三十餘部, 獲七萬餘口, 馬三十餘萬匹, 牛羊百四十餘萬. 驃騎大將軍,衛王儀督三萬騎別從西北絶漠千餘里, 破其遺迸七部, 獲二萬餘口, 馬五萬餘匹, 牛羊二十餘萬頭, 高車二十餘萬乘, 幷服玩諸物. 還次牛川及薄山, 並刻石記功, 班賜從臣各有差. 庚戌, 征虜將軍庾岳破張超於勃海. 超走平原, 爲其黨所殺. 以所獲高車衆起鹿苑, 南因臺陰, 北距長城, 東包白登, 屬之西山, 廣輪數十里, 鑿渠引武川水注之苑中, 疏爲三溝, 分流宮城內外. 又穿鴻雁池."; 『魏書』 卷103 「高車傳」, 2308쪽, "後徙於鹿渾海西北百餘里, 部落强大, 常與蠕蠕爲敵, 亦每侵盜于國家. 太祖親襲之, 大破其諸部. 後太祖復度弱洛水, 西行至鹿渾海, 停駕簡輕騎, 西北行百餘里, 襲破之, 虜獲生口馬牛羊二十餘萬. 復討其餘種於狼山, 大破之. 車駕巡幸, 分命諸將爲東西二道, 太祖親勒六軍從中道, 自駮髯水西北, 徇略其部, 諸軍同時雲合, 破其雜種三十餘落. 衛王儀別督將從西北絶漠千餘里, 復破其遺迸七部. 於是高車大懼, 諸部震駭. 太祖自牛川南引, 大校獵, 以高車衛圍, 騎徒遮列, 周七百餘里, 聚雜獸於其中. 因驅至平城, 卽以高車衆起鹿苑, 南因臺陰, 北距長城, 東包白登, 屬之西山."

105 佐川英治, 「遊牧と農耕の間」, 50위쪽-65아래쪽.

106 『魏書』 卷3 「太宗紀」 泰常四年(419)冬十有二月癸亥條, 60쪽, "西巡, 至雲中, 踰白道, 北獵野馬於辱孤山. 至于黃河, 從君子津西渡, 大狩於薛林山."

107 『魏書』 卷3 「太宗紀」 泰常五年(420)春正月丙戌朔條, 60쪽, "自薛林東還, 至于屋竇城, 饗勞將士, 大酺二日, 班禽獸以賜之. 己亥, 車駕還宮."

성에서 하사한 금수 속에는 설림산에서 포획한 사냥물 이외에 전년도 욕고산에서 포획한 야생마도 포함되었을 것이다. 이 야생마 가운데 명원제의 몫도 있었을 것이며, 명원제는 이를 끌고 환궁했을 것이다. 이 야생마의 무리는 각종 전쟁에서 약탈한 가축을 기르던 국영목장인 기내목장(畿內牧場)이나[108] 각종 원유[109]에서 사육되었을 것이다.

태무제 시기에는 야마원과 소위 '막남목장(漠南牧場)'이라 불리는 유연·고차인의 거주지를 조성했다. 태무제는 태연 2년(426) 십일월 기유일(11.25) 고양(棝楊)으로 가서 야생마를 운중으로 몰아 야마원을 설치했다.[110] 야생마를 포획한 점은 명원제 태상 4~5년의 일과 비슷하다. 하지만, 태무제는 명원제와 달리 야생마를 사육하는 목장(부지)을 만들었다. 또 태무제는 신가 2년(429) 유연을 친정(親征)하여 유연과 고차를 격파하고 유연 30만여 명과 고차 수십만 명을 사로잡았다.[111] 그리고 이들을 막남, 구체적으

108 朱大渭, 「北魏的國營畜牧業經濟」, 341쪽.

109 평성 일대에는 평성녹원(平城鹿苑)·야마원(野馬苑)·호권(虎圈)·유남궁원유(㶟南宮苑囿)·북원·서원·동원(東苑), 산북원(山北苑) 등 원유(苑囿)가 있었다(黎虎, 「北魏前期的狩獵經濟」, 150-153쪽).

110 『魏書』 卷4上 「世祖紀」上 太延二年(426)條, 87쪽, "[冬十一月己酉]行幸棝楊, 驅野馬於雲中, 置野馬苑. 閏月壬子, 車駕還宮."

111 『魏書』 卷4上 「世祖紀」上 神䴥二年(429)條, 75쪽, "[夏四月]庚寅, 車駕北伐, 以太尉·北平王長孫嵩, 衛尉·廣陵公樓伏連留守京師, 從東道與長孫翰等期會於賊庭. 五月丁未, 次于沙漠, 舍輜重, 輕騎兼馬, 至栗水, 蠕蠕震怖, 焚燒廬舍, 絶跡西走. 事具蠕蠕傳. 八月, 帝以東部高車屯巳尼陂, 詔左僕射安原率騎萬餘討之. 事具蠕蠕傳."; 『魏書』 卷103 「蠕蠕傳」, 2293쪽, "[神䴥]二年四月, 世祖練兵于南郊, 將襲大檀. 公卿大臣皆不願行, 術士張淵·徐辯以天文說止世祖, 世祖從崔浩計而行. 會江南使還, 稱劉義隆欲犯河南, 謂行人曰: '汝疾還告魏主, 歸我河南地, 卽當罷兵, 不然盡我將士之力.' 世祖聞而大笑, 告公卿曰: '龜鼈小竪, 自救不暇, 何能爲也. 就使能來,, 若不先滅蠕蠕 便是坐待寇至, 腹背受敵, 非上策也. 吾行決矣.' 於是車駕出東道向黑山, 平陽王長孫翰從西道向大娥山, 同會賊庭. 五月, 次于沙漠南, 舍輜重輕襲之, 至栗水, 大檀衆西奔. 弟匹黎先典東落, 將赴大檀, 遇翰軍 翰縱騎擊之, 殺其大人數百. 大檀聞之震怖, 將其族黨, 焚燒廬舍, 絶跡西走, 莫知所至. 於是國落

로 동쪽의 유원에서 서쪽의 오원과 음산에 이르는 3천 리에 분산 거주케 하고 장손한(長孫翰) · 안원(安原) · 유결(劉潔) · 고필(古弼) 등을 보내 진무(鎭撫)케 했다.[112] 이를 '막남목장'이라고도 한다.[113] 당시 상황을 보면 목장이라기보다는 목지로 칭하는 것이 적합할 것이다.

앞에서 살펴본 것처럼 도무제와 태무제 시기는 친정(親征) 혹은 순행 중 포획한 짐승으로 녹원이나 야마원 같은 원유를 만들거나 생포한 유연인과 고차인을 막남의 목지에 거주시켜 목축에 종사케 했다. 명원제의 경우, 구체적인 기록은 없지만, 포획한 야생마를 평성 일대의 목지나 원유에서 양육케 했을 것이다. 이러한 사례는 북위황제의 목축에 대한 관심 정도를 보여 준다. 북위황제가 순행 도중 목장이나 목지 조성에 직접 관여하고 목축생산을 독려한 행위는 '정복군주의 자원확보책과 생산의 전 과정을 독려하는 독과제(督課制)'[114]와 본질적인 유사성을 보여 준다. 그러나 목장 혹은 목지 조성 이외에 북위황제의 목축생산 시찰 등 구체적인 예가 발견되어야 독과제와의 유사성을 입증할 수 있을 것이다. 『위서』에서는 황제가 목축생산을 독려했다는 기록을 찾기 어렵다. 그렇다고 해서 북위황제가

四散, 竄伏山谷, 畜産布野, 無人收視. 世祖緣栗水西行, 過漢將竇憲故壘. 六月, 車駕次於免園水, 去平城三千七百里. 分軍搜討, 東至瀚海, 西接張掖水, 北渡燕然山, 東西五千餘里, 南北三千里. 高車諸部殺大檀種類, 前後歸降三十餘萬, 俘獲首虜及戎馬百餘萬匹. 八月, 世祖聞東部高車屯巳尼陂, 人畜甚衆, 去官軍千餘里. 遂遣左僕射安原等往討之. 暨巳尼陂, 高車諸部望軍降者數十萬"

112 『魏書』 卷4上 「世祖紀」上 神䴥二年(429)冬十月條, 75쪽, "振旅凱旋于京師, 告於宗廟. 列置新民於漠南, 東至濡源, 西暨五原 · 陰山, 竟三千里. 詔司徒平陽王長孫翰 · 尙書令劉潔, 左僕射安原 · 侍中古弼鎭撫之."

113 朱大渭, 「北魏的國營畜牧業經濟」, 344-345쪽.

114 朴漢濟, 「北魏 均田制 成立의 前提-征服君主의 資源確保策과 督課制-」, 『東亞文化』 37, 1999, 37-72쪽; 同氏, 「胡族의 中原統治構造와 北魏 均田制」, 『魏晉隋唐史硏究』 8, 2001, 1-26쪽; 同氏, 「북위의 對民政策과 均田制」, 『東亞文化』 39, 2001, 145-189쪽.

목축생산에 관심이 없었던 것은 아니다. 먼저 순행과 목축생산 독려의 관련성을 입증할 수 있는 북위 전기의 목장이나 목지의 분포를 살펴보자.

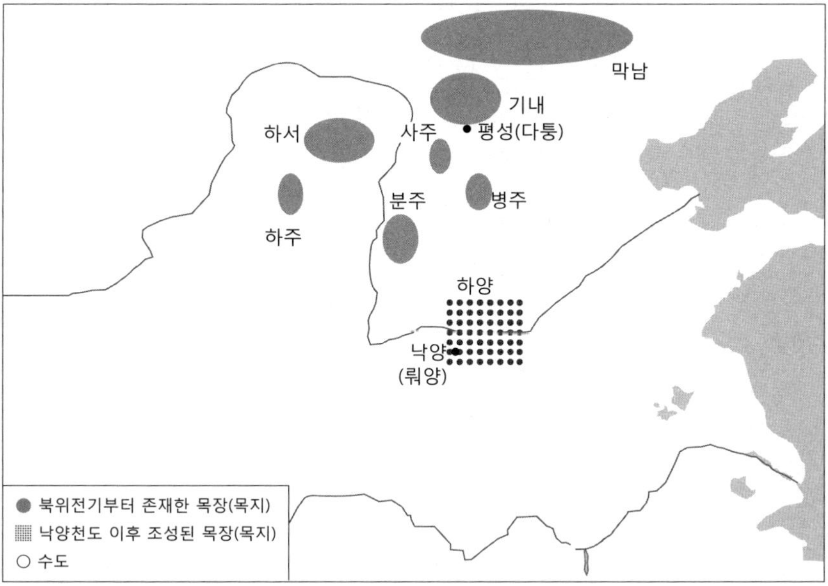

지도 19 주요 목장(목지) 분포도

선행연구를 바탕으로 북위시대 주요 목장(목지)을 표시하였다. 일반적으로 목장은 가축들의 도망을 막는 울타리와 가축을 가둘 장소가 있는 곳이라고 연상하지만, 유목민은 울타리와 축사가 없는 초원에서 가축을 사육하였다. 그래서 목장보다 목지라는 표현이 옳다. 지도를 보면 북위시대 주요 목지는 북위의 북쪽 변방 지역에 집중적으로 분포하였다. 이는 종족(種族) 분포, 혹은 농업과 목축의 경계선과 어느 정도 일치한다.

〈지도 19〉에서 살펴본 것처럼 북위 전기 목장(목지)은 평성을 중심으로 북쪽 지역에 집중적으로 분포하였다. 북위 전기 대표적인 목장 혹은 목지는 기내목장 · 막남목장 · 하서목장(河西牧場)의 3대 목장이다.[115] 이 밖에 경기 일대와 병주 · 사주 · 분주 · 하주(夏州) 등지에도 소규모 목장 혹은 목

115 朱大渭, 「北魏的國營畜牧業經濟」, 342쪽.

지가 있어 각종 짐승을 길렀다.[116] 각지의 목장 혹은 목지 가운데 소위 기내목장·막남목장·하서목장과 평성 인근의 각종 원유는 북위황제가 자주 순행하는 곳이었다. 특히 북위황제의 순행 장소는 대체로 경기지역 일대였으므로, 황제는 이 지역을 순행하면서 목축생산의 상황을 시찰하고 생산을 독려했을 것이다. 이는 목축을 담당하는 근시관의 존재와 목장 혹은 목지와 순행 장소가 대체로 일치했던 현상에서 확인할 수 있다.

먼저 전자를 살펴보자. 몽골시대 케식(keshiq, 한자어로 겁설(怯薛)이라고 한다)과 유사한 북위황제 측근, 근시관인 내행장·내시장은 본연의 임무인 황제의 시종(侍從)과 보필뿐 아니라 목축 관련 업무에도 간여했다.[117] 도무제 초기 내시장이었던 유화진(庾和辰)이 가축을 관리하던 중 공사(公私)의 가축을 따로 구별하고 관리해 도무제의 원한을 초래했던 예를 보면,[118] 내시장은 황제를 시종하는 동시에 목축과 관련된 일을 처리했음을 알 수 있다. 즉 유화진이 관리했던 공사(公私)의 가축에는 국가나 북위황제와 신하 혹은 일반민의 가축이 포함됐던 것으로 보인다. 도무제는 공사의 가축을 구별하지 않고 길러, 황제의 권위를 빌려 남의 가축을 자기 몫이라고 우기려고 했다. 그러나 유화진이 공사(公私)의 가축을 구별하여 관리하자 황제는 뜻을 이루지 못해 유화진을 원망했던 것이다. 이 예에서 황제 측근인 근시관이 황제 등의 목축에 간여했음을 알 수 있다. 내행장과 내시장 등 근시관은 순행하는 황제를 따라다녀야 했기 때문에 이들은 순행 중 목축과 관련된 업무를 처리했다. 그리고 이들에게 업무보고를 받는 북위황제 역시 목축에 관한 정보를 획득하였을 것이다. 또 이들의 목축 관련 사무 처리에

---

116 黎虎,「北魏前期的狩獵經濟」, 150-153쪽.

117 崔珍烈,「北魏의 種族政策」, 67-69쪽.

118 『魏書』 卷28「庾業延傳」, 684쪽, "其父及兄[庾]和辰, 世典畜牧. …… 以[庾]和辰爲內侍長. [庾]和辰分別公私舊畜, 頗不會旨, 太祖由是恨之."

는 실제 목장과 목지를 둘러보는 것이 필요했으므로 순행 중 목장과 목지 시찰을 했을 가능성이 충분하다.

다음으로 북위황제가 자주 순행했던 지역도 각지의 목장이나 목지가 소재했던 지역과 대체로 일치한다. 『위서』에 원유를 제외한 기내목장 · 막남목장 · 하서목장의 3대 목장과 경기 일대, 병주 · 사주 · 분주 · 하주 등지의 소규모 목장이나 목지의 위치를 대부분 명확하게 기록하지 않았다. 그러나 북위황제는 평성 인근 경기지역과 하서, 막남을 자주 순행했으므로, 이 지역에서 순행할 때 각 부족이나 국영목장 혹은 목지의 목축생산 상황을 살펴보고 감독했을 것이다. 최근 한 일본 학자는 태무제 · 문성제 시기 음산 · 하서 지역이 유목 혹은 목축에 적합한 기후와 자연환경 속에 있었음에 주목하고 북위황제의 음산 · 하서 순행과 목축 시찰의 관련성에 주목했다.[119]

이 가운데 하서목장에 주목해 보자. 『위서』 본기의 순행기사를 살펴보면, 태무제가 하(夏)를 멸한 후 그의 하서 지역 순행이 눈에 띄게 증가했다. 태무제는 13회, 문성제는 6회, 헌문제는 2회(태상황제 시기 1회 포함), 효문제는 1회 하서 지역으로 순행했다. 앞에서 살펴본 것처럼 역대 북위황제가 하서에서 모두 11회 사냥한 기록이 『위서』 본기에서 산견되기 때문에 하서 지역은 북위황제의 사냥터로 인식되기 쉽다. 그러나 하서 지역은 북위의 주요 목장 가운데 하나이기도 했다. 『위서』 「식화지(食貨志)」의 관련 부분을 살펴보자.

> "세조(世祖)[태무제]는 통만과 진롱(秦隴)을 평정한 후, 하서의 물과 풀이 좋아 이를 목지로 삼았다. 축산이 점차 증가하여 말은 200만여 필에 이르렀

119 佐川英治, 「遊牧と農耕の間」, 58위쪽-59아래쪽.

고, 낙타는 그 절반에 이르렀으며, 소와 양은 셀 수 없을 [정도로 많았다]. 고조[효문제]가 즉위한 후 다시 하양(河陽)에 목장을 만들고 늘 융마(戎馬) 10만 필을 두어 경사(京師)의 군경 비용(軍警之備)으로 삼았다. 매해 [말을] 하서에서 병주로 옮겨 기르고, 점차 남쪽으로 옮겨 수토(水土)에 익숙하게 하여 죽거나 상하지 않도록 하고자 했다. 하서의 목장은 더욱 번성했다. [효명제] 정광(正光)[년간] 이후 천하의 상란을 틈 타 드디어 군구(羣寇)는 [하서목장의 가축을] 도략(盜掠)했다."[120]

위의 인용문에서 알 수 있듯, 하서 지역에서 나는 수초(水草)는 가축의 먹이로 쓰기에 좋아 이곳은 목지로 이용되었다. 지금의 오르도스 지방인 하서 지역[121]에 대규모 목지가 조성되고 200만여 필의 말과 100만여 필의 낙타, 무수히 많은 소와 양이 사육되었다. 위의 『위서』 본기에서는 하서 목지에 대한 시찰기록은 없고 사냥기사만 나오기 때문에 하서가 사냥터였으리라는 인상을 준다. 그러나 북위황제가 2~3개월에 걸쳐 하서에 장기 체류하는 동안 사냥의 기록도 나오지 않은 것을 보면 사냥 이외 다른 목적이 있었음을 알 수 있다. 사료에는 일상적인 일보다는 특수한 일이 기록되는 관행을 미루어 보면, 당시 북위황제가 목축활동을 시찰하고 독려하는 행위는 유목민의 일상적인 활동이었다고 상정(想定)할 수 있다. 마찬가지로 하서 이외에 기내목장이 있던 경기 일대와 운중 · 음산 · 막남 등 순행이 빈출했던 지역에서도 북위황제가 일상적으로 목축생산을 시찰하고 독려

120 『魏書』 卷113 「食貨志」, 2857쪽, "世祖之平統萬, 定秦隴, 以河西水草善, 乃以爲牧地. 畜產滋息, 馬至二百餘萬匹, 橐駝將半之, 牛羊則無數. 高祖即位之後, 復以河陽爲牧場, 恒置戎馬十萬匹, 以擬京師軍警之備. 每歲自河西徙牧於幷州, 以漸南轉, 欲其習水土而無死傷也, 而河西之牧彌滋矣. 正光以後, 天下喪亂, 遂爲羣寇所盜掠焉."

121 북위시대(北魏時代) 하서의 위치 고증에 관한 자세한 내용은 3장 1절을 참조하라.

했을 것이다.[122]

최근 발표된 연구에 따르면 북위황제는 음산과 하서를 순행한 후 팔월 말과 구월 초에 동부고차(東部高車) 등이 바친 가축을 몰고 평성으로 돌아와 이를 녹원에 모았다고 한다. 물론 녹원에는 황제 일행이 데려온 가축 이외에도 각지의 유목과 목축 지역에서 기른 가축도 데려왔다. 이후 황제는 백등산에 올라 가축의 수를 헤아리며 그해 가축의 번식과 수렵의 성과를 확인했다고 한다. 그리고 조상신과 천신에게 감사드리고 가축이 무사히 겨울을 나도록 기원하는 제사를 지냈다고 한다. 이는 선비의 추제(秋祭)를 연상시키는 것으로, 흉노의 팔월 용사(八月龍祠)와 거란의 춘추(春秋) 제산의(祭山儀), 몽골의 춘추(春秋) 제례, 만주인(滿洲人)의 제대신의(祭大神儀) 등 아시아 유목민이나 수렵채취민에게서 공통적으로 발견되는 제례이다.[123] 또 십익건(什翼犍, 소성제)의 부하인 연봉(燕鳳)이 전진(前秦)의 군주 부견(苻堅)에게 한 말 가운데

> "운중천(雲中川)은 [동서로] 동산(東山)에서 서하(西河)에 이르는 2백 리이며, [남북으로] 북산에서 남산에 이르는 1백여 리입니다. 매년 맹추마다 늘 말들을 대거 모아 놓으니 대략 [운중]천을 채울 정도로 많습니다."[124]

라고 했다. 위의 인용문에서 서술된 십익건 시기 운중에서 초가을이면 유

---

122 좌등지수(佐藤智水) 역시 구체적인 증거를 제시하지 않았지만, 도무제부터 문성제까지 운중(雲中)·음산·막남(漠南)·하서 등지로 이동한 것은 목축생활과 관련 있음을 지적했다(佐藤智水, 「北魏皇帝の行幸について」, 342아래쪽). 최근 좌천영치(佐川英治)도 이와 동일한 견해를 제시했다(佐川英治, 「遊牧と農耕の間」, 58위쪽-59아래쪽).

123 江上波夫, 「匈奴の祭祀」, 237-240쪽.

124 『魏書』 卷24 「燕鳳傳」, 610쪽, "[燕]鳳曰: 「雲中川自東山至西河二百里, 北山至南山百有餘里, 每歲孟秋, 馬常大集, 略爲滿川. ……」"

목민의 말을 모아 놓던 광경은 북위황제가 백등산 위에 올라가서 말의 수를 점검하는 모습과 비슷하다. 즉 후자는 '서기시대'부터 지속된 행사인 것이다.[125] 이는 북위황제의 순행이 목축 시찰과 관계 있다는 필자의 주장과 일치한다.

(2) 소금생산지 시찰

북위황제의 염지 순행 기사는 적은 편이다. 도무제가 등국 9년(394) 염지에 순행했다는 짧은 기사가 있다.[126] 황시원년(皇始元年, 396) 도무제는 춘정월 정양의 호산(虎山)에서 대규모로 사냥한 후 선무북피(善無北陂)로 순행했다.[127] 북위 전기 경기 지명고증에 관한 연구에 따르면, 선무북피는 선무북택(善無北澤) 혹은 염택(鹽澤)이라고도 하며, 지금의 내몽고자치구(內蒙古自治區) 양성(涼城) 동북의 대해(岱海)이다. 『한서』「지리지(地理志)」에 보이는 안문군(雁門郡) 옥양현(沃陽縣) 동북의 염택이 곧 선무북피였다.[128] 한대의 소금생산지였던 선무북피는 북위시대에도 여전히 소금이 생산되었을 것이다. 또 도무제는 천사 3년(406) 구월 막남의 염지를 방문하고, 막중(漠中)의 천염지(天鹽池)를 구경했으며(원문은 '觀'), 사막을 넘어 북쪽의 토염지(吐鹽池)에 갔다.[129] 이 일정에서 막중의 천염지를 '觀(관)'했다는 표현의 의미가 애매하지만, 소금생산 과정을 시찰했다는 뜻으로 해석하는 것이 문맥상 자연스럽다. 그리고 『위서』 본기에는 누락되었지만, 『자치통감』 卷119

125 佐川英治, 「遊牧と農耕の間」, 58위쪽-59아래쪽.

126 『魏書』 卷2 「太祖紀」 登國九年條, 26쪽, "夏五月, 幸鹽池. 六月, 還幸河南宮."

127 『魏書』 卷2 「太祖紀」 皇始元年(396)春正月條, 27쪽, "大蒐于定襄之虎山, 因東幸善無北陂."

128 力高才 · 殷憲, 「北魏平城京畿地名考釋」上, 109쪽.

129 『魏書』 卷2 「太祖紀」 天賜三年(406)條, 43쪽, "九月甲戌朔, 幸漠南鹽池. 壬午, 至漠中, 觀天鹽池; 度漠, 北之吐鹽池."

「송기」 무제영초원년유월조에 따르면 명원제는 태상 5년(420) 예독산(翳犢山)을 거쳐 풍로지에 이르러 유유(劉裕, 유송 무제)의 선양(禪讓) 소식을 들었다고 한다. 호삼성은 풍로지가 오원 염지라고 고증했다.[130]

이상의 예에서 살펴보듯, 북위황제의 각지 염지 순행은 4회이며, 도무제와 명원제 시기에 한정되었다. 이 시기의 북위황제는 왜 소금생산을 시찰했을까? 소금은 인간의 생활에 없어서는 안 되는 필수품으로 유목민에게도 중요했다. 이를 『위서』나 남조계(南朝系) 사서의 기록에서 살펴보자.

(다) "위주(魏主)는 또 전(氈) · 구종염(九種鹽) · 호시(胡豉)를 보냈다. [이효백(李孝伯)이] "이 소금들은 각각의 쓰임이 있다. 백염(白鹽)은 위주가 먹는다. 흑염(黑鹽)은 배와 창자에 가스가 가득 차서 팽창하는 병을 치료한다. 깎아서 6수(銖) 분량의 소금을 술에 타서 복용한다. 호염(胡鹽)은 안질[目痛]을 치료한다. 유염(柔鹽)은 먹을 수 없고 말 등의 상처를 치료한다. 적염(赤鹽) · 박염(駮鹽) · 취염(臭鹽) · 마치염(馬齒鹽) 4종은 모두 먹기에 적합하지 않다(…… 하략 ……)."라고 [유송의 관리]에게 말했다."[131]

(라) "세조[태무제]는 또 강하왕(江夏王) 유의공(劉義恭)과 무릉왕(武陵王) 유준(劉駿, 훗날의 유송 효무제) 등에게 각각 전(氈) 1령(領)과 소금 9종, 호시(胡豉)를 보냈다. 이효백(李孝伯)은 "후조(後詔)에 따르면 '이 소금들은 각각 쓸모가 있다. 백염은 먹는 소금으로 주상께서 몸소 드신다. 흑염은 배와 창자

130 『資治通鑑』 卷119 「宋紀」1 武帝永初元年(420)六月條, 3736쪽, "魏主如翳犢山, 遂至馮滷池(胡注: 據北史 翳犢山在平城之西 五原之東. 馮滷池卽五原鹽池 唐屬鹽州界.) 聞上受禪, 驛召崔浩告之曰:「卿往年之言驗矣, 朕於今日始信天道.」"

131 『宋書』 卷46 「張邵傳傳附暢傳」, 1398쪽, "魏主又遣送氈及九種鹽幷胡豉, 云:「此諸鹽, 各有宜. 白鹽是魏主所食. 黑者療腹脹氣滿, 刮取六銖, 以酒服之. 胡鹽療目痛. 柔鹽不用食, 療馬脊創. 赤鹽 · 駮鹽 · 臭鹽 · 馬齒鹽四種, 並不中食. ……」"

에 가스가 가득 차 팽창하는 병을 치료하며, 끝 부분의 6수 분량의 소금을 술에 타서 복용한다. 호염은 안질[목통]을 치료한다. 융염(戎鹽)은 각종 상처를 치료하는 데 사용된다. 적염 · 박염 · 취염 · 마치염 4종은 모두 먹는 소금이 아니다.'라고 한다(후략)."라고 [유송의 관리]에게 말했다."[132]

(다)는 『송서』「장소전부창전(張邵傳附暢傳)」, (라)는 『위서』「이효백전(李孝伯傳)」의 기록으로 태무제가 강하왕 유의공과 무릉왕 유준에게 준 선물 가운데 구종염의 용도를 설명한 부분이며, 내용상 약간 차이가 있다. 태무제가 먹는다는 백염이 일반적인 소금인지, 별도의 용도가 있는 소금인지 (다)와 (라)의 내용으로는 파악할 수 없다. 반면 흑염은 복부의 팽창, 호염은 안질을 치료하는 데 사용되었다고 기록했다. (다)에만 보이는 유염은 말 등의 상처를 치료하는 데 썼다. (라)의 융염은 유염과 동일한 것으로 보이며, 각종 상처를 치료하는 데 사용했다. 태상 2년 명원제가 최호(崔浩)에게 술과 함께 수정융염(水晶戎鹽) 1량을 하사했다는 기록을[133] 통해 융염이 널리 사용되었음을 추정할 수 있다. 적염 · 박염(駮鹽=駁鹽) · 취염 · 마치염은 먹을 수 없는 소금이다. 말 등의 상처 치료에 사용된 유염과 한자의 뜻으로 보아 말의 치통 치료에 사용했을 것으로 추측되는 마치염은 일상생활에서 말을 주로 사용하는 유목민에게 필수적이다. 흑염과 호염은 사람의 병을 치료하는 데 사용된다. 이처럼 소금은 질병 치료의 역할을 담당했기 때문에 도무제와 명원제가 소금생산에 관심을 가졌을 것이다.

---

132 『魏書』 卷53 「李孝伯傳」, 1170쪽, "世祖又遣賜[劉]義恭 · [劉]駿等氈各一領, 鹽各九種, 并胡豉. [李]孝伯曰: 「有後詔: 『凡此諸鹽, 各有所宜. 白鹽食鹽, 主上自食; 黑鹽治腹脹氣滿, 末之六銖, 以酒而服; 胡鹽治目痛; 戎鹽治諸瘡; 赤鹽 · 駮鹽 · 臭鹽 · 馬齒鹽四種, 並非食鹽. ……』」"

133 『魏書』 卷35 「崔浩傳」, 811쪽, "太宗大悅, 語至中夜, 賜[崔]浩御縹醪酒十觚, 水晶戎鹽一兩."

(3) 고기잡이 참관

드물기는 하지만, 『위서』 본기에서 '觀漁(관어)'라고 하여 북위황제가 순행 도중 고기잡이를 구경했다는 기사를 볼 수 있다. 다음 〈표 9〉는 북위황제의 고기잡이 시찰기록을 모은 것이다.

표 9 북위황제의 순행 중 고기잡이 시찰

황제	시 간	장 소	출 전
도무제	천사 5년(408) 정월	어연수(於延水)	『魏書』 卷2 太祖紀 天賜五年春正月條, 43쪽
명원제	영흥 4년(412) 칠월	거기피	『魏書』 卷3 太宗紀 永興四年秋七月條, 52쪽
	신서 2년(415) 유월	거기피	『魏書』 卷3 太宗紀 神瑞二年六月戊午條, 55쪽
	태상 4년(419) 오월	유수(灅水)	『魏書』 卷3 太宗紀 神瑞四年五月庚寅朔條, 59쪽
문성제	화평 3년(462) 이월	선홍지(旋鴻池)	『魏書』 卷5 高宗紀 和平三年二月二月癸酉條, 120쪽

〈표 9〉를 보면 고기잡이 시찰은 모두 5회 있었으며, 그중 명원제 시기가 3회로 가장 빈번했음을 알 수 있다. 시찰 장소의 경우 거기피가 2회 등장하지만, 전체 횟수가 적기 때문에 통계적인 의미는 없다.

〈표 9〉 외에도 고기잡이 시찰을 나갔을 것으로 추정되는 기록이 있다. 예컨대 태화 9년 효문제가 어지(魚池)에 순행한 기사가 있다.[134] 고기잡이를 참관했다는 기록은 없으니, 정황상 고기잡이의 시찰로 볼 수 있다. 이밖에 북위황제가 참합피나 장피(長陂) 등 피지(陂池)에 행차했으나 구체적인 행위가 기록되지 않은 기사도 고기잡이의 시찰로 해석할 수 있다. 예컨대 도

134 『魏書』 卷7上 「高祖紀」, 太和九年(485)秋七月條, 155쪽, "戊子, 幸魚池, 登靑原岡. 甲午, 還宮."

무제는 천사 3년(406) 장천 인근의 장피를 임관(臨觀)했다.[135] '臨觀(임관)'의 의미가 명확하진 않지만 '觀(관)' 자로 보아 뒤에 '漁(어)' 자가 생략되었을 가능성도 있다. 이 경우 장피에서 고기잡이를 시찰했다고 해석할 수 있다. 명원제는 태상 8년(423) 참합피에 이르러 반양산에서 유(遊)했다는 기사가 있다.[136] 참합피는 경기 일대의 큰 저수지였기 때문에 명원제도 참합피에서 고기잡이를 구경했을 것이다.

거란(요)과 여진(금)에서도 군주가 고기잡이를 구경하거나 직접 물고기를 잡았다는 기록이 있다. 예컨대 거란(요)의 경우 태조 야율아보기(耶律阿保機) 2회, 태종 1회, 목종(穆宗) 1회, 성종(聖宗) 11회, 흥종(興宗) 2회 등 모두 17회에 걸쳐 군주가 고기잡이를 구경했다.[137] 여진(금)의 '소요순(小堯舜)'이라 불린 세종(世宗)도 대정(大定) 24년(1184) 만주의 혼동강(混同江)에

135 『魏書』 卷2 「太祖紀」 天賜三年(406)九月條, 43쪽, "癸巳, 南還長川. 丙申, 臨觀長陂."

136 『魏書』 卷3 「太宗紀」 泰常八年(423)五月丙辰條, 63쪽.

137 『遼史』 卷68 「遊幸表」 太祖七年七月條, 1036-1037쪽, "次烏林河觀漁."; 『遼史』 卷68 「遊幸表」 太祖天贊三年九月條, 1039-1040쪽, "幸回鶻城. 獵于西河石堰, 得白兎. 觀漁烏魯古河."; 『遼史』 卷3 「太宗紀」上 天顯四年十一月條, 31쪽, "甲申, 觀漁三叉口."; 『遼史』 卷6 「穆宗紀」上 應曆三年三月條, 71쪽, "庚子, 觀漁於神德湖."; 『遼史』 卷10 「聖宗紀」1 統和元年條, 112쪽, "十一月壬子朔, 觀漁撻馬濼."; 『遼史』 卷10 「聖宗紀」1 統和元年十二月條, 112쪽, "甲午, 東幸. 己亥, 皇太后觀漁于玉盆灣. 辛丑, 觀漁于濬淵."; 『遼史』 卷11 「聖宗紀」2 統和四年條, 119쪽, "四年春正月甲戌, 觀漁土河."; 『遼史』 卷68 「遊幸表」 聖宗統和四年二月條, 1051쪽, "觀漁于新灣."; 『遼史』 卷14 「聖宗紀」 5 統和十九年十一月條, 157쪽, "己卯, 觀漁儒門濼."; 『遼史』 卷14 「聖宗紀」 5 統和二十三年十一月條, 162쪽, "辛亥, 觀漁桑乾河."; 『遼史』 卷68 「遊幸表」 聖宗開泰三年二月條, 1058쪽, "觀漁于鑊泥濼."; 『遼史』 卷68 「遊幸表」 聖宗開泰三年三月條, 1058쪽, "觀漁于三樹濼."; 『遼史』 卷68 「遊幸表」 聖宗開泰六年四月條, 1058-1059쪽, "獵于狼林東. 觀漁于蓮花濼. 獵于羖羊堝."; 『遼史』 卷68 「遊幸表」 聖宗開泰九年十月條, 1060쪽, "觀漁于沙濼."; 『遼史』 卷68 「遊幸表」 聖宗太平三年正月條, 1061쪽, "觀漁于鴨淥江."; 『遼史』 卷18 「興宗紀」1 興宗重熙八年春正月條, 221쪽, "丙申, 如混同江觀漁."; 『遼史』 卷68 「遊幸表」 興宗重熙九年十月條, 1065쪽, "觀漁于混同江."

서 고기잡이를 구경했다.[138] 또 거란(요)의 성종과 흥종은 각각 배득술로락(排得述魯濼)과 적항락(赤項濼)에서 직접 물고기를 잡았다.[139] 여진(금) 희종(僖宗)도 만주의 혼동강에서 물고기를 잡았다.[140] 특히 거란(요)에서 군주가 고기잡이를 구경하거나 직접 물고기를 잡았던 기록이 자주 보이는 것으로 보아 고기잡이는 사냥과 함께 군주의 일상적인 생산활동 혹은 오락이었던 것 같다. 따라서 유목민이 물고기를 잡은 것은 결코 이상한 현상이 아니었다.

어쨌든 이러한 일회성 고기잡이 시찰 이외에도 북위에서 고기잡이가 일상적으로 행해졌음을 시사하는 기록이 있다. 도무제는 천흥 3년(400) 평성 남쪽의 물길을 성 안으로 끌어들여 동서어지(東西魚池)를 만들었다.[141] 또 명원제는 영흥 5년 북원에 어지를 만들었다.[142] 이 두 어지는 평성 혹은 종묘와 가까운 곳에 위치하기 때문에 종묘 제사에 바치는 희생에 사용할 물고기를 양식하거나 잡는 데 사용했다는 견해도 있다.[143] 실제 도무제는 천흥 4년(401) 몸소 물고기를 잡아 침묘에 바쳤다.[144] 이는 월령에서 규정한 황제의 월별행사를 따른 것처럼 보이므로, 종묘 제사에 사용하는 물고기

---

138 『金史』 卷8 「世宗紀」下 大定二十四年四月條, 187쪽, "庚申, 次廣寧府. 丙寅, 次東京. …… 乙酉, 觀漁于混同江."

139 『遼史』 卷68 「遊幸表」 聖宗統和三十年開泰元年四月條, 1057쪽, "捕魚于排得述魯濼."; 『遼史』 卷68 「遊幸表」 興宗重熙五年五月條, 1064쪽, "釣魚于赤項濼. 次五鶻部, 弋獵飲酒."

140 『金史』 卷70 石土門傳附思敬撒改傳, 1625쪽, "熙宗捕魚混同江, 網索絶, 曹國王宗敏乘醉, 鞭馬入江, 手引繫網大繩, 沉於水中."

141 『魏書』 卷2 「太祖紀」 天興三年(400)三月條, 36쪽, "是月(三月, 필자주), 穿城南渠通於城內, 作東西魚池."

142 『魏書』 卷3 「太宗紀」 永興五年(413)二月條, 52쪽, "癸丑, 穿魚池於北苑."

143 佐川英治, 「遊牧と農耕の間」, 63위쪽.

144 『魏書』 卷2 「太祖紀」 天興四年(401)條, 38쪽, "三月, 帝親漁, 薦于寢廟."

를 잡는 것을 굳이 호속이라고 단정할 필요는 없고 중국 전통 제의로 해석할 수도 있다.

여기서 목축과 사냥 위주였던 유목민의 경제생활에서 고기잡이가 어떤 의미를 지녔기에 북위황제가 고기잡이 참관을 위해 행차했으며, 각종 어지를 만들었는지 하는 의문이 생길 것이다. 일반적으로 유목민은 짐승의 고기를 주로 섭취하고 물고기는 잘 먹지 않았을 것 같다는 선입견 때문이다.

북위황제가 어로에 관심을 가진 첫 번째 이유는 유목경제의 취약성과 관련 있으며, 목축이나 사냥만으로는 충분하지 않은 식량을 고기잡이를 통해 해결했을 가능성이다. 직접적인 예를 『위서』에서 찾아보기 어렵지만, 다른 유목민의 사례를 통해 이를 유추할 수 있다. 『삼국지(三國志) · 위서』 「동이(東夷) · 선비전(鮮卑傳)」에서 인용한 『위서』의 기록[145]을 검토해 보자.

"선비의 무리가 나날이 많아져서 농경과 목축, 사냥으로 족히 식량을 조달하지 못하는 상황에 이르렀다. 후에 단석괴(檀石槐)는 순시하며 돌아다니다가 오후진수(烏侯秦水) 가에 이르렀다. 오후진수는 너비가 수백 리에 이르고 물이 깨끗하고 맑았으나 흐르지 않았고, 물속에 물고기가 있었으나 능히 잡지 못했나. 난석괴는 한인(汗人)들이 물고기를 그물로 잡는 데 능하다는 정보를 이전에 들었다. 이때 단석괴는 동쪽으로 한국(汗國)을 공격하여 천여 가(家)를 생포하여 오후진수의 물가로 옮겨 두고 한인에게 물고기

145 서진시대(西晉時代) 진수(陳壽)가 쓴 『삼국지』에는 원문 이외에 유송 시대 배송지(裴松之)가 첨가한 사료들이 있다. 이를 배송지주(裴松之注)라고 하며 진수가 누락한 사료들을 보충했으므로 『삼국지』 원문만큼 사료적 가치가 있다. 본문에서 두 번째로 나오는 『위서』는 배송지가 참고한 『위서』이며, 조위의 역사를 기록한 책이다.

를 잡도록 명하여 양식을 조달하게 했다. 오늘날에 이르러서도 오후진수의 물가에는 한인(汗人) 수백 호가 여전히 남아 있었다."[146]

위의 인용문에서 알 수 있듯 선비의 단석괴는 인구가 증가하자 식량 부족으로 골머리를 앓았다. 한 일본 학자는 단석괴 시대 선비 인구가 증가한 요인을 선비에 투항한 한인의 증가 때문이라고 보았다.[147] 단석괴는 농경·목축·사냥 등의 방법만으로 식량 조달이 안 되자 물고기를 잡아 보충하고자 했다. 이 기록을 보면 선비인은 농경과 목축, 사냥을 통해 먹거리를 확보했지만, 식량이 부족하여 불가피한 경우 물고기를 잡아 식량으로 사용했음을 알 수 있다.

이는 다른 유목민의 예에서도 확인된다. 거란인에게도 어렵(漁獵)은 건국 전부터 음식재료를 확보하기 위한 주요 경제활동이었고, 행군 중 식량을 보충하는 수단이었다.[148] 11~13세기의 몽골인은 유목으로만 생계를 유지할 수 없었기 때문에 각종 들짐승을 사냥했고 부분적으로는 어로에 종사하며 식량 부족을 보충했다.[149] 선비·거란·몽골의 예를 통해 유목민 혹은 수렵채취민이 물고기를 잡아 목축과 사냥만으로 확보되지 않는 식량을 확보하려 했음을 알 수 있다. 따라서 북위황제가 고기잡이를 참관한 것도 유사시에 대비한 식량 확보를 독려하는 의도가 있다고 추측할 수 있다.

북위황제가 고기잡이 시찰에 신경 쓴 두 번째 이유는 첫 번째 이유의

146 『三國志·魏書』 卷30 「東夷·鮮卑傳」 注引『魏書』, 838쪽, "鮮卑衆日多, 田畜射獵, 不足給食. 後檀石槐乃案行烏侯秦水, 廣袤數百里, 停不流, 中有魚而不能得. 聞汗人善捕魚, 於是檀石槐東擊汗國, 得千餘家, 徙置烏侯秦水上, 使捕魚以助糧. 至于今, 烏侯秦水上有汗人數百戶."; 『後漢書』 卷90 烏桓鮮卑列傳, 2994쪽.

147 護雅夫, 『古代トルコ民族史研究』 III, 東京: 山川出版社, 1997, 35-36쪽.

148 張國慶, 「遼代契丹貴族漁獵活動考述」, 49-54쪽.

149 블라디미르초프 지음, 주채혁 옮김, 『몽골 사회 제도사』, 51쪽; 53쪽; 61쪽.

연장선상에 있다. 즉, 실재 평성과 그 인근지역에서 자연재해가 발생했을 때의 비상식량 혹은 대체식량인 물고기를 획득하기 위한 노력으로 볼 수 있다. 명원제가 영흥 4년(412) 칠월과 신서 2년(415) 유월 거기피를 방문하여 고기잡이를 참관하고,[150] 영흥 5년(413) 이월 북원에 어지를 만들었던[151] 이유는 다음 인용문 (마)와 (바)에서 알 수 있듯 영흥년간과 신서 2년 한발과 수해로 흉년이 발생했던 사실과 관련 있을 것 같다.

(마) "태종[명원제] 영흥(409~414)년간에 수해와 가뭄이 자주 있었다. 조서(詔書)를 내려 황제를 모시지 않거나 수공업에 종사하지 않는 궁인(宮人)을 가려 뽑아 궁중 밖으로 내보내 환민(鰥民)에게 하사했다. 신서 2년(415)에도 작황이 좋지 않아 경기의 안에는 길에 굶어 죽은 시체가 널려 있었다. 명원제는 기근 때문에 업으로 천도하려 했으나, 박사(博士) 최호의 계책을 듣고 이에 [천도 논의를] 중지했다. 이때 더욱 빈한한 자를 가려 뽑아 산동(山東)에 취식(就食)케 했다. …… (중략) …… 이후 백성이 모두 힘써 일했기 때문에 자주 풍년이 들었고, 점차 가축이 불어났다."[152]

(바) "조서를 내려 '백성이 족(足)하면, 군주는 남음이 있고, 백성이 부유하면서 나라가 가난하다는 말은 있었던 적이 없다는 옛사람의 말이 있다. 근래에 자주 서리와 가뭄을 만나 곡식이 익지 않아 백성 가운데 추위와 굶주림 때문에 능히 자존(自存)할 수 없는 자가 매우 많으니, 포백(布帛)과 창곡

150 『魏書』 卷3 「太宗紀」 永興四年(412)秋七月條, 52쪽, "戊子, 臨去畿陂觀漁."; 『魏書』 卷3 「太宗紀」 神瑞二年(415)六月戊午條, 55, "幸去畿陂, 觀漁."

151 『魏書』 卷3 「太宗紀」 永興五年(413)二月條, 52쪽, "癸丑, 穿魚池於北苑."

152 『魏書』 卷110 「食貨志」, 2850쪽, "太宗永興中, 頻有水旱, 詔簡宮人非所當御及非執作伎巧, 自餘出賜鰥民. 神瑞二年, 又不熟, 京畿之內, 路有行饉. 帝以飢將遷都於鄴, 用博士崔浩計乃止. 於是分簡尤貧者就食山東. …… 自是民皆力勤, 故歲數豐穰, 畜牧滋息."

(倉穀)을 방출하여 빈궁한 자를 구휼하라.'라고 명령했다."[153]

(마)는 『위서』 「식화지」의 기록이며, 영흥년간과 신서 2년의 흉작으로 인해 경기에 기근이 발생해 고생하는 사람이 많았다고 한다. 심지어 명원제가 업으로 천도를 고려할 정도로 상황이 나빴다. (바)는 신서 2년(415) 흉년이 들자 물자를 방출하여 구휼하도록 한 조치를 보여 주는 것으로, 인용문 (마)의 상황과 일치한다. 여기에서 명원제의 고기잡이 시찰 시기와 (마)와 (바)에서 언급된 흉년 시기가 일치하기 때문에 명원제의 고기잡이 참관이 흉년의 비상식량이나 대체식량을 마련하기 위한 조치였을 개연성은 충분하다.

효문제의 어지 방문기사도 비슷한 양상을 보인다. 효문제는 태화 9년(485) 칠월 평성북원으로 추정되는 어지[154]를 방문했다.[155] 이 해에도 수도 평성과 13개 주진(州鎭)이 농작물 피해를 입었다.[156] 여기서도 어지 방문시기와 흉년이 일치하므로 비상식량인 고기잡이의 상황을 확인하기 위해 어지에 행차했을 것이다. 이처럼 북위황제의 고기잡이 시찰의 두 번째 이유에 대해 흉년의 비상식량 확보라고 추측했다. 여기서 최호가 물고기를 언급하지 않은 것은 흉년의 비상식량에서 차지하는 물고기의 비중이 유제품

153 『魏書』 卷3 「太宗紀」 神瑞二年(415)冬十月丙寅條, 56쪽, "詔曰: 「古人有言, 百姓足則君有餘, 未有民富而國貧者也. 頃者以來, 頻遇霜旱, 年穀不登, 百姓飢寒不能自存者甚衆, 其出布帛倉穀以賑貧窮.」"

154 『자치통감』의 주석자인 호삼성은 이 어지(魚池)를 명원제가 만든 평성북원(平城北苑)으로 보았다(『資治通鑑』 卷136 「齊紀」 武帝永明三年(485)秋七月條, 4268쪽, "戊子, 魏主如魚池(胡注: 魏太宗永登五年, 穿魚池於平城北苑.), 登靑原岡; 甲午, 還宮.")

155 『魏書』 卷7上 「高祖紀」, 太和九年(485)秋七月條, 155쪽, "戊子, 幸魚池, 登靑原岡. 甲午, 還宮."

156 『魏書』 卷7上 「高祖紀」, 太和九年條, 156쪽, "是年, 京師及州鎭十三水旱傷稼."

(乳酪) 및 채소와 과일(菜果)의 그것보다 적었기 때문일 것이다.

앞에서 필자는 북위황제의 고기잡이 시찰과 어지 순행의 목적이 목축과 사냥으로 부족한 식량을 확보하려는 목적, 특히 흉년 시 비상식량을 확보하기 위해 이를 독려하려는 것이었음을 추론했다. 앞에서 언급한 것처럼, 정복군주는 자원확보책으로써 생산의 전 과정을 독려하고 할당생산을 지향하는 독과제를 실시했다.[157] 이는 식량확보를 독려하기 위해 직접 생산지를 순행하는 북위황제의 노력과 유사하다. 바꿔 말하면, 북위황제는 경제적 자원을 확보하기 위해 직접 생산을 독려했으며, 고기잡이 순행은 이러한 노력의 대표적인 예인 것이다. 사서에는 어떤 사람이 어연수와 거기피에서 고기잡이를 했는지 기록되어 있지 않지만, 천흥 3년(400) 만든 동서어지와 영흥 5년 북원에 만든 어지는 물고기의 사육과 포획을 목적으로 만든 것이므로 고기잡이에 종사했던 전문인력이나 집단이 있었을 것이다.

157 朴漢濟, 「北魏 均田制 成立의 前提」, 37-72쪽; 同氏, 「胡族의 中原統治構造와 北魏 均田制」, 1-26쪽; 同氏, 「북위의 對民政策과 均田制」, 145-189쪽.

제 3 장 _ 순행과 종족(種族) · 지역 지배

1. 순행과 호인 통치

1편 1장에서 살펴본 것처럼 순행의 시기 구분은 북위의 지역 지배와도 밀접한 관계가 있었다. 본 장에서는 이 점에 착안하여 순행과 지역 지배의 관계를 살펴보고자 한다. 그런데 북위의 영토는 호인과 한인 거주지 양자를 모두 포함했다. 그리고 양자를 지배하는 방식이 달랐기 때문에 본장에서도 구별하여 서술하고자 한다. 즉 1절에서는 북위황제의 순행이 호인 거주지였던 북위 전기 경기의 서부와 북부, 막남, 음산, 하서 등을 지배하는 데 어떤 작용을 했는지 살펴본다. 2절에서는 한인이 거주했던 화북지방을 대상으로 순행과 지역 지배의 관계를 고찰해 본다.

1) 호지 순행과 통치활동

북위황제의 순행 장소 가운데 북위 전기 경기의 북부와 서부, 하서 · 음산 · 막남 지역은 주로 유목민이 목축하며 살았던 곳이다.[1] 『위서』 본기의 순행기사를 보면 북위황제는 이 지역을 순행하면서 사냥을 즐긴 한편, 유목민 부락(部落)을 방문하기도 했다. 예컨대, 명원제는 영흥 4년(412) 북부(北部)의 제락(諸落)을 순행하며 비단을 하사했고,[2] 다음 해에는 대실(大室) 서남의 여러 부락을 순행하여 거수(渠帥)에게 비단을 하사했다.[3] 태무제도 태평진군원년(440) 오월 북부(北部)를 방문했다.[4] 명원제가 순행했던 호지의 정확한 위치를 알 수 없지만 아직 '부족해산'되지 않은 호인이 다수 존재했음을 알 수 있으며, 이는 '부족해산'이 일부 호인에 한정되었다는 필자의 주장을 뒷받침하는 것 같다.[5] 영흥 4년과 5년의 기사에서 알 수 있듯 북위황제는 생산과 수취를 독점했던 비단을 호인에게 분배함으로써 이들을 경제적으로 통제하고 충성심이 유지되도록 했다.[6]

그런데 영흥 5년 순행기사에서 언급된 '거수'의 존재에 대해 주목해 보자. 거수는 유목민을 통솔했던 부락 수령(部落首領)이다. 명원제는 비단 하사를 통해 경제적 이익을 나눔으로써 거수들의 환심을 사고 충성심을 이끌어 낼 필요가 있었을 것이다. 태상 6년(421) 시월부터 다음 해 이월까지 대(代) · 운중 · 옥두성 등을 방문한 명원제는 태상 7년(422) 정월 옥두성에서 순행을 수행한 사람에게 3일 동안 잔치를 베풀어 주었으며, 번거수(蕃渠帥)에게 비단을 하사했다.[7]

이처럼 순행 도중 부락 수령이나 일반 호인을 만나 비단 등을 하사하거

---

1 崔珍烈, 「北魏의 華北支配와 그 性格」, 6쪽 〈지도 2〉 참조.

2 『魏書』 卷3 「太宗紀」 永興四年秋七月庚寅條, 52쪽, "西巡, 幸北部諸落, 賜以繒帛."

3 『魏書』 卷3 「太宗紀」 永興五年秋七月丙戌條, 53쪽, "車駕自大室西南巡諸部落, 賜其渠帥繒帛各有差."

4 『魏書』 卷4上 「世祖紀」下 太平眞君元年(440)五月條, 93쪽, "辛卯, 行幸北部. …… 丙辰, 車駕還宮."

5 崔珍烈, 「北魏의 種族政策」, 34-59쪽.

6 崔珍烈, 「北魏의 華北支配와 그 性格」, 7쪽.

7 『魏書』 卷3 「太宗紀」 泰常七年春正月甲辰朔條, 61쪽, "自雲中西行, 幸屋竇城, 賜從者大酺三, 蕃渠帥繒帛各有差."

나 잔치를 열어 주었던 조치는 어느 정도 유목민의 복속을 이끌어 내는 역할을 했던 것 같다.[8] 문성제가 화평 5년(464) 하서에 순행하여 5부 고차(五部高車)의 제천을 친히 지켜보자 고차인(高車人)이 좋아했다는 일화가 대표적인 예이다. 당시 5부는 함께 모여 제천행사를 거행했고, 이 행사는 참석자가 수만 명에 달하여 가장 성대했다고 한다.[9] 사료에는 문성제가 제천행사를 지켜보았다고만 기록되어 있다. 그러나 문성제는 그들과 어울려 제천과 그 이후 벌어진 잔치에 참석했고, 이는 북위의 주체인 선비인과 고차인의 결속을 다지는 촉매 역할을 했을 것이다.

선행연구에 따르면 북위뿐 아니라 거란(遼) · 몽골(元) · 청(淸) 등 이민족왕조에서 사냥은 지배와 복속을 확인하는 정치적 의미가 있었음을 확인할 수 있다.[10] 또 수양제는 대업(大業) 3년(607) 유림(楡林)에서 돌궐의 계민가한(啓民可汗)과 서역(西域) · 동이 군장의 조공을 받고 함께 사냥했다. 지

---

8 태무제가 순행 중 막 복속한 고차의 거수 수백 명을 불러 주연을 베풀어 주었던 자리에서 최호(崔浩)의 공적을 치하했던 일화(『魏書』 卷33 「崔浩傳」, 819쪽, "又召新降高車渠帥數百人, 賜酒食於前. 世祖指[崔]浩以示之, 曰: 「汝曹視此人, 尫纖懦弱, 手不能彎弓持矛, 其胸中所懷, 乃踰於甲兵. 朕始時雖有征討之意, 而慮不自決, 前後克捷, 皆此人導吾令至此也.」")에서 북위황제는 새로 정복한 유목민을 위무하기 위해 순행 중 유목민 수령에게 연회를 베풀어 줌으로써 그들의 복종을 이끌어 내려 했다. 즉 연회는 복종을 이끌어 내기 위한 통치행위였다.

9 『魏書』 卷103 「高車傳」, 2309쪽, "高宗時, 五部高車合聚祭天, 衆至數萬. 大會, 走馬殺牲, 遊遶歌吟忻忻, 其俗稱自前世以來無盛於此. 會車駕臨幸, 莫不忻悅." 『資治通鑑』은 이때의 일이 대명(大明) 8년, 즉 화평(和平) 5년(464) 칠월 임인일의 일로 보았다(『資治通鑑』 卷129 「宋紀」 孝武帝大明八年(464)秋七月條, 4068쪽, "壬寅 魏主如河西. 高車五部相聚祭天, 衆至數萬. 魏主親往臨視之, 高車大喜."). 『위서』 본기는 단순히 하서로 순행 갔다고만 기록했다(『魏書』 卷4 「高宗紀」 和平五年(464)條, 122쪽, "[秋七月]壬寅, 行幸河西. 九月辛丑, 車駕還宮.").

10 박원길, 『몽골의 문화와 자연지리』, 민속원, 1999, 97-102쪽; 黃鳳岐, 『契丹史硏究』, 116-117쪽; 周良霄, 「皇帝與皇權」, 100쪽; 송미령, 「康熙帝의 淸 帝國 구상과 滿洲族의 정체성」, 142-151쪽; 마크 C. 엘리엇 지음, 이훈 · 김선민 옮김, 『만주족의 청제국』, 276-285쪽.

배층뿐 아니라 사이(四夷)의 백성까지 참여하는 집단 사냥이었다.[11] 『수서(隋書)』「예의지(禮儀志)」의 기록을 보면 수양제는 집단 사냥을 양자간의 우의를 다지고 주변 이민족의 복속을 확인하는 절차로 생각했음을 확인할 수 있다. 이는 북위에도 적용될 수 있을 것이다. 바꿔 말하면, 북위황제가 고차인 등 피정복민과 함께 집단적으로 사냥한 행위를 양자 간의 주종관계를 확인한 것으로 해석할 수 있다.

북위황제는 순행 중 호인에게 비단 등을 하사하거나 함께 사냥하면서 이들과의 결속을 다지기도 했지만, 늘 유화책만 쓴 것은 아니었다. 필요에 따라 호인을 진압하는 정책도 사용했다. 예컨대 태무제는 연화 3년(434) 칠월 임오일(9. 10)에 미직현(美稷縣)과 습성현(隰城縣)을 방문한 후 서하군(西河郡)에서 산호 백룡을 토벌하도록 제군(諸軍)에 명령했고 구월 무자일(11. 15)에 백룡 등을 죽이고 산호를 평정했다.[12] 적진을 살피다가 적의 복병을 만나 죽을 뻔했던 일화를 기록한 『위서』「진건전(陳建傳)」[13]에 따르면, 태무제는 단순히 후방에 있었던 것이 아니라 직접 전방에서 군대를 지휘했음을 알 수 있다. 『위서』「세조기(世祖紀)」의 기사를 보면 태무제는 서하군의 치소(治所)인 습성현을 순행하다가 산호의 반란에 직면하여 산호를 토벌했을 가능성과 산호에 대한 내부정보를 사전에 입수하고 반란을 일으킬 가능성이 있자 토벌 목적으로 직접 서하군으로 향했을 것이다. 『위서』「세조기」에서는 동기를 알 수 있는 기록은 제시하지 않았지만, 결과를 놓고 보면 후자일 가능성이 크다. 또 태무제는 태평진군 6년(445) 정월 신해일(2. 13) 정주에 행차한 후 이월 상당군(上黨郡)에 행차하여 현씨현(泫氏縣)에서

11 『隋書』 卷8「禮儀志」3, 167-168쪽.

12 『魏書』 卷4上「世祖紀」 延和三年(434)條, 84쪽, “[秋七月]壬午, 行幸美稷, 遂至隰城. 命諸軍討山胡白龍于西河. 九月戊子, 克之, 斬白龍及其將帥, 屠其城.”

13 『北史』 卷25「陳建」, 916쪽; 『魏書』 卷34補「陳建傳」, 802쪽.

연리수(連理樹)를 구경했다.[14] 그리고 토경(吐京)에 이르러 반호(叛胡)를 토벌한 후 이들을 강제로 이주시켰으며, 삼월 경신일(4. 23)에 환궁했다.[15] 그리고 태평진군 6년(445) 34일간의 하북 순행 전체 일정을 살펴보면 토경의 반호 토벌은 순행 도중 발생한 돌발사건이라는 느낌이 강하다.

효문제는 태화 21년(497) 정월 을사일(3. 6)부터 유월 경신일(7. 19)까지 136일 동안 태원(太原) · 평성 · 영고릉 · 운중 금릉 · 이석(離石) · 포판(蒲坂) · 장안 일대를 방문했다. 이 일정 중에 효문제가 삼월 신묘일(4. 21) 금릉을 배알하고 을미일(4. 25)에 남순하여 기유일(5. 9) 이석에 이르렀을 때 반호가 자수하여 자신의 죄를 인정하자 이들을 사면했다. 이후 효문제는 분주의 노인에게 관작(官爵)을 하사하는 조치를 취한 뒤 평양(平陽)으로 향했다.[16] 태화 21년 효문제의 전체 순행여정을 살펴보면 이석으로 행차한 것은 효문제가 태원에서 장안으로 가는 도중 발생한 것이며, 처음부터 반호 토벌을 계획한 것이 아니었다. 태원에서 이석호(離石胡)의 동향을 전해 들은 효문제는 분수(汾水) 중 · 하류의 평양으로 바로 가지 않고 분수(汾水) 서

---

14 연리수(連理樹)는 연리목(連理木)이라고도 하며 흰 사슴 · 황룡(黃龍) · 감로(甘露) · 알곡과 함께 5가지 상서(祥瑞)에 속한다. 또 천자의 선정(善政)을 상징하고 황권의 정당성을 승인하는 부명(符命)으로 활용되었다. 북위 · 동위 · 북제시대 연리수의 출현 기사는 『위서』와 『북사(北史)』에 빈출한다(강희정, 「南北朝時代 佛教美術의 漢族 傳統」, 『美術史學研究』 238 · 239, 2003, 35-56쪽; 同氏, 「龍樹, 龍華樹, 連理木」, 『中國史研究』 35, 2005, 110쪽).

15 『魏書』 卷4下 「世祖紀」下 太平眞君六年條, 98쪽, "[太平眞君]六年春正月辛亥, 車駕行幸定州, 引見長老, 存問之. 詔兼員外散騎常侍宋愔使劉義隆. 二月, 遂西幸上黨, 觀連理樹於泫氏. 西至吐京, 討徙叛胡 出配郡縣. 三月庚申, 車駕還宮."

16 『魏書』 卷7下 「高祖紀」下 太和二十一年(497)條, 181쪽, "[春正月]乙巳, 車駕北巡. 二月壬戌, 次於太原. 親見高年, 問所不便. 乙丑, 詔并州士人年六十已上, 假以郡守. 先是, 定州民王金鈎訛言惑衆, 自稱應王. 丙寅, 州郡捕斬之. 癸酉, 車駕至平城. 甲戌, 謁永固陵. 癸未, 行幸雲中. 三月庚寅, 車駕至自雲中. 辛卯, 謁金陵. 乙未, 車駕南巡. 己酉, 次離石. 叛胡歸罪, 宥之. 甲寅, 詔汾州民百年以上假縣令, 九十以上賜爵三級, 八十以上賜爵二級, 七十以上賜爵一級. 丙辰, 車駕次平陽, 遣使者以太牢祭唐堯."

쪽의 이석호를 방문했다. 이때 반란을 일으킨 이석의 호인은 효문제에게 항복하여 사죄했고 효문제는 이를 받아들였다.

이상의 세 사례 가운데 태평진군 6년의 태무제 하북 순행과 태화 21년의 효문제 순행 시 북위황제는 순행 도중 반란을 일으킨 호인을 토벌 혹은 안무(安撫)했다. 이처럼 북위황제는 순행 도중 각종 호인의 반란을 진압하거나 진압하기 위해 친정(親征)했다.

연화 3년, 태평진군 6년, 태화 21년 순행에서 태무제와 효문제가 친히 반란 토벌 혹은 안무(安撫)에 나선 것과 달리 태평진군 6년(445) 구월에 발생한 개오(蓋吳)의 난 당시 태무제는 친정(親征)과 후방의 독군(督軍)을 병행했다. 태무제는 개오의 난을 진압하기에 앞서 분곡(汾曲)에서 관마(官馬) 수천 필을 훔쳐 개오의 봉기에 호응한 설영종(薛永宗)[17]을 토벌하기 위해 동옹주(東雍州, 현재 산서성 서남부)로 행차, 설영종의 난을 진압한 후 분음(汾陰)을 거쳐 장안에 이르렀다.[18] 행성(杏城)에 거주하던 노수호(盧水胡) 개오의 봉기에는 한인 · 도각(屠各) · 저(氐) · 강(羌) 등 관롱의 '이 · 한(夷漢)' 각 종족(種族)이 참여했으며, 서쪽으로 금성(金城) · 천수(天水) · 약양(略陽), 동쪽으로 하동, 남쪽으로 장안 등지에 이를 정도로 큰 대규모 반란이었다.[19] 게다가 개오의 배후에는 유송이 있었다. 북위와 유송의 대치는 태무제가 관

---

17 『魏書』 卷4下 「世祖紀」下 太平眞君六年(445)十一月條, 99-100쪽, "河東蜀薛永宗聚黨盜官馬數千匹, 驅三千餘人入汾曲, 西通蓋吳, 受其位號. 秦州刺史 · 金城公周鹿觀率衆討之, 不克而還. 庚午, 詔殿中尙書 · 扶風公元處眞, 尙書 · 平陽公慕容嵩二萬騎討薛永宗."; 『魏書』 卷42 薛辯傳附初古拔傳, 942, "眞君中, 蓋吳擾動關右, 薛永宗屯據河側, 世祖親討之."

18 『魏書』 卷4下 「世祖紀」下 太平眞君七年(446)條, 100쪽, "[太平眞君]七年春正月戊辰, 車駕次東雍州. 庚午, 圍薛永宗營壘. 永宗出戰, 大敗, 六軍乘之, 永宗衆潰. 永宗男女無少長赴汾水死. 辛未, 車駕南幸汾陰. 庚辰, 帝臨戲水. 蓋吳退走北地. 二月丙戌, 幸長安, 存問父老."

19 白翠琴, 『魏晋南北朝民族史』, 成都: 四川民族出版社, 1996, 217쪽.

롱지역의 지배권을 두고 다투던 구지저(仇池氐) 양문덕(楊文德)을 토벌하고 유송의 영향력을 완전히 차단하던 448년까지 지속되었다.[20] 개오의 난 전후 관롱지역의 상황을 살펴보면 태무제가 관롱까지 친히 친정한 것은 사태의 심각성을 깨달았기 때문이다. 태무제는 설영종의 난을 토벌할 때와는 달리 장안과 진창(陳倉) 등에 행차하여 토벌군을 응원했다.[21]

앞에서 순행 도중 호인을 진압하는 조치의 두 가지 유형, 즉 ① 반호(叛胡) 토벌 혹은 안무, ② 친정(親征)과 독군의 병행을 살펴보았다. 이 밖에 후방에서 독군한 예도 보인다. 예컨대 명원제는 순행 중 발나산(跋那山)에 있는 월근부(越勤部)를 토벌하기로 결정한 뒤 해근(奚斤) 등을 파견했고 자신은 이를 후방에서 지원했다. 명원제는 월근부의 사람과 가축을 평성 동북쪽의 백등산에 모아 놓고 숫자를 파악해 이들의 일부는 순행과 정벌에 참여한 장사(將士)에게 나눠 주었고, 일부는 대녕으로 이주시킨 뒤 농기구와 땅을 지급하여 농경생활에 종사케 했다.[22] 유목 혹은 목축생활을 했을 월근

20 勝畑冬實, 「北魏の郊甸と'畿上塞圍'-胡族政權による長城建築の意義-」, 『東方學』 90, 1995, 40위쪽-41아래쪽.

21 이하 개오(蓋吳)의 난의 일정은 『魏書』 卷4下 「世祖紀」 太平眞君六年 · 七年條(99-101쪽) 참조. 개오의 봉기는 태평진국 6년(445) 구월 발생했으나 이때 태무제는 음산을 순행 중이었다. 같은 해 시월 장안진부장(長安鎭副將) 원흘(元紇)이 반란을 토벌하다 살해당하고 진주(秦州) 일대를 개오 일당에게 빼앗기자 사태의 심각성을 깨달은 태무제는 십일월 신미일(12. 30) 환궁한 후 군대를 정돈하여 십일월 계미일(445. 1. 11) 토벌에 나섰다. 태평진군 7년(446) 장안 · 옹성(雍城) 일내를 순행한 태무제는 이윤진(李潤鎭) 강(羌)의 반란을 진압하고 나머지 토벌은 영창왕(永昌王) 인(仁)과 고량왕(高涼王) 나(那)에게 토벌을 맡기고 사월 갑신일(445. 5. 12) 평성으로 돌아왔다.

22 『魏書』 卷3 「太宗紀」 永興五年(413)條, 53쪽, "[夏四月]乙卯, 車駕西巡, 詔前軍奚斤等先行, 討越勤部於跋那山. …… 六月, 西幸五原, 校獵于骨羅山, 獲獸十萬. …… 秋七月己巳, 還幸薄山. 帝登觀太祖遊幸刻石頌德之處, 乃於其旁起石壇而薦饗焉. 賜從者大酺於山下. 奚斤等破越勤倍泥部落於跋那山西, 獲馬五萬匹, 牛二十萬頭, 徙二萬餘家於大寧, 計口受田. 八月癸卯, 車駕還宮. …… 甲寅, 帝臨白登, 觀降民, 數軍實. 辛未, 賜征還將士牛 ·

부에게 강제로 생소한 농경생활에 종사하게 한 조치는 사실상 징벌로 볼 수 있을 것이다. 게다가 계구수전(計口受田)은 '구(口)', 즉 개개인을 파악하여 수전(授田)하는 방식이므로 계구수전의 대상이 된 호인은 유목민 부락이 분해되자 원자화되어 생소한 '편호제민(編戶齊民)'으로 전락되었을 것이다.[23] 따라서 명원제의 월근부 토벌과 대녕으로의 강제이주, 계구수전은 호인을 다루는 가혹한 '채찍'으로 기능했음을 알 수 있다.

요컨대 북위황제는 호지 순행 중 당근과 채찍을 골고루 사용하며 호인을 위무하거나 진압했다. 북위 말 육진(六鎭)의 난의 발발 초기 제대로 대응하지 못하여 사실상 멸망의 위기에 처했던 점과 비교할 때 북위황제는 호지 순행을 통해 북위를 전복할 수 있는 잠재력 있는 호인을 안무(安撫)하거나 제거하는 데 힘썼다. 사서에는 구체적인 활동이 기록되지 않았지만, 호지인 하서 · 음산 · 막남 등지로의 순행이 잦았던 배경에는 호인을 순찰하는 한편 그들을 북위의 지배 하에 두려는 목적이 있었다고 추측할 수 있다. 다음 항에서는 호지 가운데 순행과 하서 지배의 관계를 살펴본다.

2) 하서 순행과 호인 통치

『위서』에 보이는 하서는 평성과 성락(盛樂)을 기준으로 하여 황하의 서쪽이란 뜻이며, 지금의 오르도스 지역을 지칭한다.[24] 그런데 원하(源賀)가 하

馬 · 奴婢各有差. 置新民於大寧川, 給農器, 計口受田." 월근부(越勤部) 이외에도 욱원[견]씨(郁原[甄]氏) 역시 탁록(涿鹿)의 북쪽으로 천사(遷徙)되었다. 이들이 이주된 평원군(平源郡)은 북위 초 농업 · 군현(郡縣) 편제 지역에 속했던 곳이므로 월근부처럼 역시 강제로 농업에 종사했을 가능성이 많다. 이 밖에도 모용연(慕容燕)에 속했던 갈촉혼(渴燭渾) 등 3부(部) · 씨(氏)도 중산성 함락 이후 평성으로 사민된 도하(徒何)에 포함된다면, 이들은 『위서』 「식화지」의 기사대로 계구수전(計口受田)의 대상이 되었을 것이다(崔珍烈, 「北魏의 種族政策」, 42-43쪽).

23 崔珍烈, 「北魏의 種族政策」, 42-43쪽.

서칙륵(河西敕勒)의 반란을 진압할 때, 이들을 포한(枹罕, 현재 감숙성(甘肅省) 남부)까지 추격했고 다시 통만(統萬)·고평(高平)·상규 3진의 칙륵(敕勒)을 금성(현재 감숙성(甘肅省) 남부)까지 추격했던 기사를 보면,[25] 통만·고평·상규 3진도 하서 지역에 속했던 것 같다.[26] 또 태평진군 9년(448) 박골률진장(薄骨律鎭將)이었던 조옹(刁雍)의 상표(上表)에 '신(臣)의 진(鎭, 박골률진을 지칭)이 다스리는 하서("臣鎭所綰河西")'라는 구절이 있다.[27] 이는 당시에는 박골률진도 하서의 범주에 속했음을 시사한다. 다음 지도에서 당시 하서 즉 오르도스 일대의 주요 주(州)·진(鎭)을 표시했다.

효문제 연흥 3년(473) 장손관(長孫觀)은 토욕혼습인(吐谷渾拾寅)을 토벌할 때 하서 7진의 군대를 지휘했다.[28] 여기에서 일컫는 하서 7진은 토

---

24 『위서』에 언급된 하서는 평성의 서쪽인 오르도스 지역과 하서회랑을 모두 뜻하기 때문에 하서의 위치를 단정할 수 없다는 견해가 있다(康樂, 『從西郊到南郊』, 부록 「北魏的"河西"」, 283-288쪽). 그러나 북위시대 오르도스 지방을 하서로 보는 견해가 유력하다. 오르도스를 하서로 보는 견해는 前田正名, 『平城の歷史地理學的硏究』, 東京: 風間書房, 1979, 297쪽 및 321-322쪽의 주 30; 李并成, 「〈魏書·食貨志〉"河西"地望考辨」, 李并成·李春元, 『瓜沙史地硏究』, 甘肅文化出版社, 1996, 74-84쪽(侯甬堅, 「北魏時期鄂爾多斯高原的自然-人文景觀」, 『歷史地理學探索』, 中國社會科學出版社, 2004, 432쪽에서 재인용) 참조. 왕천순(王天順)은 북위시대 오르도스 지방(현재는 하투(河套)라 불림)을 하서로 명명하지는 않았지만, 서술 지역의 특징을 살펴보면 하서 지역임을 알 수 있다(王天順, 『河套史』, 北京: 人民出版社, 2006, 231-235쪽).

25 『魏書』 卷41 「源賀傳」, 921-922쪽, "是歲, 河西敕勒叛, 遣[源]賀率衆討之, 降二千餘落, 倍道兼行, 追賊黨郁朱于等至枹罕, 大破之, 斬首五千餘級, 虜男女萬餘口·雜畜三萬餘頭. 復追統萬·高平·上邽三鎭叛敕勒至于金城 斬首三千級." 문맥상 '통만·고평·상규 삼진(三鎭) 반칙륵(叛敕勒)'에 하서칙륵(河西敕勒)이 포함된다.

26 통만진(統萬鎭, 하주(夏州)라고 개칭)은 본래 하(夏)의 수도 통만을 점령한 후 세운 신(鎭)이며, 하서의 중앙부에 있다. 따라서 통만진이 하서에 속하므로, 고평진(高平鎭)과 상규진(上邽鎭)도 하서에 포함된다고 볼 수 있다.

27 『魏書』 卷38 「刁雍傳傳」, 868-869쪽, "九年, [刁]雍表曰 「…… 臣鎭所綰河西, 爰在邊表, 常懼不虞. ……」"

28 『魏書』 卷7上 「高祖紀」下 延興三年(473)條, 139쪽, "夏四月戊申, 詔假司空·上黨王長

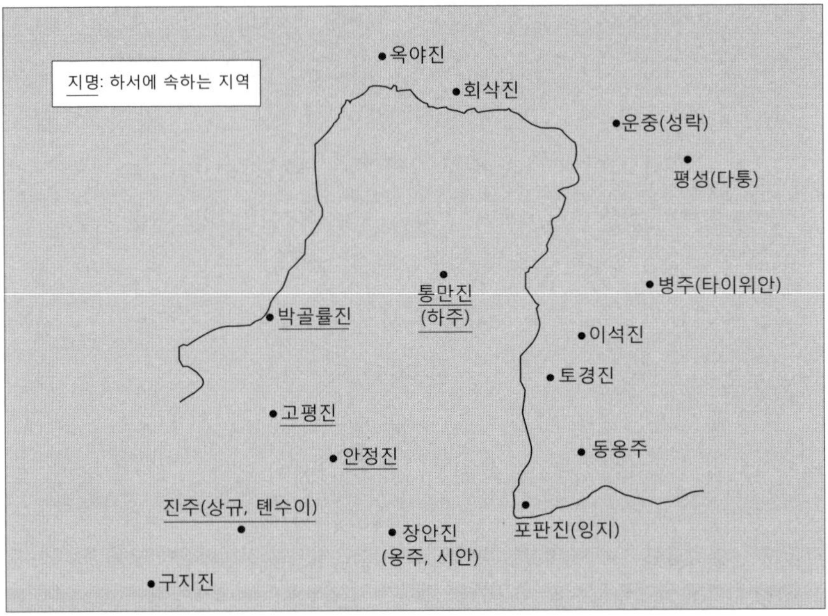

지도 20 북위 하서 지도

『위서』「원하전(源賀傳)」과 「조옹전(刁雍傳)」에서 하서로 표시된 지역을 표시하였다. 황하가 북쪽으로 흐르다가 다시 동쪽으로 흐르고 꺾어져서 남쪽으로 흘러가는 'ㄇ' 모양의 안쪽 지역에 해당한다. 이곳에는 통만 · 박골률 · 고평 · 안정 등 진이 설치되었다.

욕혼과의 지리적 분포로 보아 앞에서 거론한 통만 · 고평 · 상규 · 박골률 4진을 포함하는 것 같다. 이 가운데 상규진(上邽鎭)은 진주(秦州)의 치소이며, 또 일부 지역은 관롱지역과 중복된다. 바꿔 말하면 북위시대 하서는 오르도스를 중심으로 하되 관롱지역의 일부도 포함하는 개념이다. 용례에 따라 지리적 범위는 달라지곤 한다. 이처럼 하서와 관롱지역의 경계선이 애매하다는 사실은 두 지역의 관계가 밀접하다는 뜻이다. 태무제 때부터 구지진장(仇池鎭將)을 역임했던 피표자(皮豹子)의 상표에서 양자의 군사적

孫觀等討吐谷渾拾寅.";『魏書』卷25「長孫道生傳附觀傳」, 646쪽, "以征西大將軍 · 假司空 · 督河西七鎭諸軍, 討吐谷渾."

교류를 살펴볼 수 있다.

"피표자는 표를 올려 '…… (전략) …… 신이 거느리는 무리는 본래 많지 않습니다. 그래서 민병(民兵)을 기다리고 오로지 요새의 확고함을 믿을 뿐입니다. 통만 · 안정(安定) 2진의 무리는 구지진(仇池鎭)에 파견된 지 3~4년이 지났고, 장안에서 온 병사는 주둔기간이 기월(期月)을 넘겼지만 이들을 대신해 주둔할 병사는 아직 도착하지 않았습니다. 이들의 의복과 식량이 모두 다하고, 얼굴과 몸이 거칠고 파리하여 막다른 지경에 이르니 집 생각이 절실하여 도망이 끊이질 않았습니다. 그런데 적의 침입을 당해도 공전(攻戰)에 임하지 않습니다. …… (중략) …… 원컨대 고평[진의] 돌기(突騎) 2천 명과 군량 1개월 분을 보내시어 속히 구지진으로 오게 하시옵소서. 그러면 장차 가히 역민(逆民)을 억누르고 적로(賊虜)에 대처할 수 있습니다. 그러면서 장안[29] · 상규 · 안정[진의] 수병(戍兵)이 신의 진(구지진)에 이르기를 기다리면 가히 구지진의 안전을 도모할 수 있습니다. 식량은 백성의 생명입니다. 비록 금성탕지라고 해도 군량이 없으면 지킬 수 없습니다. 구지진에는 본래 모아 둔 식량이 없습니다. 올해 식량을 얻지 못하면 만약 고평 [돌]기가 온다고 해도 가히 신의 진을 구원할 수 있을지 알 수 없습니다. 청컨대 진주 백성을 보내어 기산(祁山)에 도착하게 하십시오. 신이 몸소 나아가 맞아들이겠습니다."라고 청했다. 이에 태무제는 조서를 내려 고평진장(高平鎭將) 구막우(苟莫于)에게 돌기(突騎) 2천 명을 거느리고 구지진으로 가게 하니 이에 소도성(蕭道成) 등은 물러갔다.[30] (밑줄 친 부분의 강조는 필자)

---

29 원문은 '長□'인데 교감기(校勘記)에 따르면 누락된 글자는 '安'이다. 본문에서는 교감기의 고증을 바탕으로 '장안'으로 번역하였다.

30 『魏書』 卷51 「皮豹子傳」, 1131-1132쪽, "[皮]豹子表曰 '…… 臣所領之衆, 本自不多, 唯仰民兵, 專恃防固. 其統萬 · 安定二鎭之衆, 從戎以來, 經三四歲, 長安之兵, 役過期月, 未

피표자의 상표는 453년 이후의 것으로 추정된다. 위의 인용문을 통해 우선 구지진에 통만 · 안정 · 장안진의 병사가 있었으며 이들에게는 '기월(期月)' 즉 만 1년의 수역(戍役) 임기가 있었음을 알 수 있다. 그리고 장안 · 상규 · 안정진의 수병(戍兵)이 구지진으로 파견 나오기로 예정되어 있었다. 즉 구지진에는 적어도 통만 · 안정 · 장안 · 상규 4진의 병사나 수병이 정기적으로 파견되었음을 알 수 있다. 혹자는 후자를 임기 1년의 수병으로 지칭하며 통만과 안정 2진의 병사를 장안에서 온 병사와 구별하고 있으나,[31] 구지진에 올 예정인 수병은 장안 · 상규 · 안정진 출신으로서 양자에 장안진(長安鎭)과 안정진(安定鎭)이 겹치므로 통만진(統萬鎭)과 안정진의 군사를 수병이 아니라고 단정할 수는 없다. 이 사료는 관롱지역에 수병이 징집되어 지정된 목적지로 배치되는 징발 · 배분 시스템이 존재했음을 잘 보여 준다. 그다음 피표자는 고평진의 정예기병인 돌기를 요청했고 실제로 이들은 구지진으로 출병했다. 이를 통해 유사시 근처의 진에서 구원병을 청하여 방어에 임하는 체제가 마련되어 있었음을 알 수 있다.

요컨대 구지진(현재 감숙성 남부)에는 통만 · 안정 · 장안 · 상규 · 고평 5진의 군인이 복무했다. 이 가운데 통만진은 하서의 대표적인 지역이고, 안정진(현재 섬서성(陝西省) 중서부 경천현(涇川縣) 일대)과 고평진(현재 영하회족자치구(寧夏回族自治區)에 해당)도 하서에 포함된다. 하서 지역이었던 통만진 · 고평진 · 안징진은 관롱지역에도 속했던 곳으로 당시 남조와의 국경지대인

有代期, 衣糧俱盡, 形顏枯悴, 窘切戀家, 逃亡不已, 旣臨寇難, 不任攻戰. …… 願遣高平突騎二千, 賚糧一月, 速赴仇池. 且可抑折逆民, 支對賊虜. 須長□ · 上邽 · 安定戍兵至, 可得自全. 糧者, 民之命也, 雖有金城湯池, 無糧不守. 仇池本無儲積, 今歲不收, 苦高平騎至, 不知云何以得供援. 請遣秦州之民, 送軍祁山 臣隨迎致.' 詔高平鎭將苟莫于率突騎二千以赴之, [蕭]道成等乃退."

31 佐川英治, 「北魏の編戶制と徵兵制度」, 『東洋文庫和文紀要 東洋學報』 81-1, 1999, 8-9쪽.

구지진에 군대를 파견했던 점은 하서와 관롱이 군사적으로 서로 밀접한 관계에 있었음을 시사하여 준다.

이보다 약 6년 앞선 태평진군 7년(447년) 조옹의 상표에 따르면, 태무제는 고평 · 안정 · 통만 · 박골률 4진에 수레 5천 승(乘)을 동원하여 모두 50만 석의 둔곡(屯穀)을 옥야진(沃野鎭)으로 운송할 것을 명령했으나 비용과 시간이 많이 들자 조옹은 배 200척을 이용하여 박골률진에서 옥야진과 가까운 곳까지 운송하는 것을 대안으로 제시했다.[32] 여기서 하서에 속하는 고평 · 안정 · 통만 · 박골률 4진은 옥야진에 속하는 새외 · 막남에 곡물을 제공하는 역할을 맡았음을 알 수 있다.

위의 두 기사에서 알 수 있듯 하서는 관롱 그리고 새외 · 막남 지역과 군사적 · 경제적으로도 밀접하여 인적 · 물적 교류가 행해졌던 지역이었다. 바꿔 말하면 이 지역은 위의 두 지역을 통치하기 위해 장악해야 할 지정학적 요충지였다. 또 하서는 여러 종족(種族)의 잡거지역이었다. 한 연구에 따르면 4~5세기 하서 지역에는 삼교오부선비(三交五部鮮卑) 등 여러 선비, 삭방오환(朔方烏桓), 흉노 계통인 도각(屠各), 남흉노(南匈奴)의 후예인 철불부(鐵弗部) 세력(후세에 혁련씨(赫連氏)로 개칭함), 조룡(曹龍), 쿠차[龜玆] 출신의 제호(諸胡), 저(氐) · 강(羌)과 하서칙륵, 즉 하서에 안치된 칙륵 제부(敕勒諸部) 등 각종 호인이 거주했다.[33] 이는 하서 지역의 통치를 위해서는 잡다한 호인의 이해관계와 반목을 조정할 필요가 있었음을 뜻한다. 따라

32 『魏書』 卷38 「刁雍傳」, 868쪽, "[太平眞君]七年, [刁]雍表曰: '奉詔高平 · 安定 · 統萬及臣所守四鎭, 出車五千乘, 運屯穀五十萬斛付沃野鎭, 以供軍糧. 今求於牽屯山河水之次, 造船二百艘, 二船爲一舫, 一船勝穀二千斛, 一舫十人, 計須千人. 臣鎭內之兵, 率皆習水. 一運二十萬斛. 方舟順流, 五日而至, 自沃野牽上, 十日還到, 合六十日得一返. 從三月至九月三返, 運送六十萬斛, 計用人功, 輕於車運十倍有餘, 不費牛力, 又不廢田.」"

33 白翠琴, 『魏晉南北朝民族史』, 363-364쪽; 前田正名, 『平城の歷史地理學的硏究』, 300-308쪽.

서 북위황제가 하서 지역을 자주 방문했던 것은 하서 지역의 전략적 중요성도 있었지만 통치하기 어려운 지역이었기 때문이기도 하다.

물론 호인이 잡거한 지역이란 이유만으로 하서가 다스리기 어려운 지역이라고 간주할 수 없다는 반론도 가능하다. 따라서 하서의 중요성을 다른 각도에서 살펴볼 필요가 있다. 마침 탁발부와 자웅을 겨루었던 철불부(훗날 하(夏)를 세움)가 주목된다. 본래 하서, 즉 오르도스에는 유호(劉虎)부터 유위진까지 철불부가 웅거하며 탁발부의 대국(代國)과 오르도스·산서(山西)의 황토고원의 패권을 두고 겨루었다.[34] 두 세력 사이의 패권 겨루기는 결국 등국 6년(391) 도무제가 유위진의 아들 직력제가 지휘하는 군대를 격파하고, 승세를 이어 오원 금진에서 황하를 건너 유위진부를 습격해 유위진의 수도 열발성을 점령함으로써 함께 북위의 승리로 끝났다. 『위서』「태조기」에 따르면, 도무제는 황하 이남, 즉 오르도스의 제부(諸部)를 평정했으며, 보물과 명마 30만여 필, 소와 양 400만여 두 등의 가축을 전리품으로 획득하고 이를 대신에게 하사했다. 그리고 유위진의 자제와 종당(子弟宗黨) 5천여 명을 나이에 상관없이 모두 죽였다.[35] 이후 오르도스 지방은 북

---

34 朴漢濟, 「五胡赫連夏國의 도시 統萬城의 選址와 그 구조--胡族國家의 都城經營方式-」, 『東洋史學硏究』 69, 2000, 77-83쪽.

35 『魏書』 卷2 「太祖紀」 登國六年(391)條, 24쪽, "十有一月戊辰, 還幸紐垤川. 戊寅, [劉]衛辰遣子直力鞮寇南部. 己卯, 車駕出討. 壬午 大破[劉]直力鞮軍於鐵歧山南, 獲其器械輜重, 牛羊二十餘萬. 戊子, 自五原金津南渡河. 辛卯, 次其所居悅跋城, [劉]衛辰父子奔遁. 壬辰, 詔諸將追之, 擒[劉]直力鞮. 十有二月, 獲[劉]衛辰尸, 斬以徇, 遂滅之. …… 收[劉]衛辰子弟宗黨無少長五千餘人, 盡殺之."; 『魏書』 卷95 「鐵弗劉虎傳附衛辰傳」, 2055쪽, "登國中, [劉]衛辰遣子直力鞮寇南部, 其衆八九萬, 太祖軍五六千人, 爲其所圍. 太祖乃以車爲方營, 並戰並前, 大破之於鐵岐山南, [劉]直力鞮單騎而走, 獲牛羊二十餘萬. 乘勝追之, 自五原金津南渡, 逕入其國, 居民駭亂, 部落奔潰, 遂至衛辰所居悅跋城. [劉]衛辰父子驚遁, 乃分遣諸將輕騎追之. 陳留公元虔南至白鹽池, 虜[劉]衛辰家屬; 將軍伊謂至木根山, 擒直力鞮, 盡并其衆. [劉]衛辰單騎遁走, 爲其部下所殺, 傳首行宮, 獲馬牛羊四百餘萬頭."

위의 지배 하에 놓였을 것 같지만, 실제 상황은 달랐다. 도무제의 도륙에서 가까스로 살아남은 혁련발발이 질간아리(叱干阿利)의 도움을 받아 목숨을 구한 후 몰혁우(沒奕于)와 설간부(薛干部) 등을 병합하며 세력을 확장했고, 다시 오르도스 지방을 지배하게 되었다. 혁련발발은 이어 후진(後秦)의 영토를 잠식했고, 결국 후진을 멸망시켰던 동진에게 관중을 빼앗아 관중과 오르도스를 지배하게 됨으로써 북위와 화북의 동서를 분할해 통치했던 것이다.[36] 재기에 성공하여 오르도스 지방을 다시 지배했던 혁련발발을 상기하면, 등국 6년(391) 열발성을 점령한 이후 황하 이남의 여러 유목민 부족이 북위의 지배 하에 들어왔다고 한 『위서』「태조기」의 기사는 일시적이었음을 알 수 있다. 즉 북위는 유위진부의 사람과 가축, 보물 등 전리품을 획득했음에도, 하서, 즉 오르도스 지방을 계속 지배하지 못하고 혁련발발에게 빼앗겼던 것이다.

비록 혁련발발에게 오르도스 지방의 대부분을 빼앗기긴 했지만 북위는 황하 만곡부의 북부 일부를 여전히 지배했다(이하 '협의의 하서'로 지칭).[37] 그러나 이 '협의의 하서' 지역은 명원제 태상 2년(417) 이후 혁련발발의 공격을 받기도 했으며,[38] 명원제 시기에는 하서호(河西胡) 장외(張外) 등이 반란을 일으키기도 했다.[39] 또 신서 2년(415) 하서기호(河西飢胡) 유호가 상당

36 이하 혁련발발 치하 하(夏)의 발전과정은 朴漢濟, 「五胡赫連夏國의 도시 統萬城의 選址와 그 구조」, 81-85쪽 참조.

37 〈지도 13〉 혹은 〈지도 25〉의 북위 전기 경기지역을 보면 황하 만곡부의 동북부 일부가 북위의 경기에 포함되어 있다. 곽말약(郭沫若)이 주편(主編)한 『中國史稿地圖集』에 그려진 하(夏)의 영역을 보면 황하 만곡부의 북쪽 일부가 하(夏)의 영토에서 제외되어 있다(郭沫若 主編, 「中國史稿地圖集』上冊, 中國地圖出版社, 1996, 62쪽).

38 『魏書』 卷30 「丘堆傳」, 719쪽, "赫連屈孑遣三千騎寇河西, [丘]堆自幷州與游擊將軍王洛生擊走之." 「구퇴전(丘堆傳)」 전후 구절을 살펴보면 이는 태상 2년(417) 이후의 일이다. 『위서』에서는 혁련발발을 '혁련굴개(赫連屈丐)'라 낮춰 불렀다.

39 『魏書』 卷28 「劉潔傳」, 686-687쪽, "河西胡張外 · 建興王紹等聚黨爲逆, [劉]潔與永安侯

군(현재 산서성 동남부 장치시(長治市) 일대)에서 반란을 일으켜 남쪽의 하내군(河內郡, 현재 하남성 황하 이북지역)까지 공격했던 일도 있었다.[40] 하서호가 상당군으로 이동한 것은 북위가 '협의의 하서' 지역을 제대로 통제하거나 장악하지 못했기 때문일 것이다. 북위의 하서 지배가 본격적인 궤도에 오른 것은 시광 4년(427) 태무제가 하의 도성 통만성을 점령하고, 평량으로 달아나 저항하던 혁련정(赫連定)이 신가 4년(431) 토욕혼에게 사로잡힌[41] 다음 해 토욕혼이 혁련정을 북위에 넘겨준[42] 다음, 즉 하가 망한 뒤라고 볼 수 있다. 이 기간 태무제는 신가원년(428) 사월과 십일월, 신가 2년(429) 십일월, 신가 4년(431) 칠월 모두 네 차례 하서를 방문하여 주로 사냥했다고 기록되어 있다.[43] 그러나 당시 상황을 보면 하의 잔여세력인 혁련정을 견제하려는 의도가 강했던 것 같다. 이와 아울러 하서 순행은 북량 · 토욕혼 등 주변국에게 북위의 무력시위를 보여 주는 역할도 수행했다. 신가 4년(431) 칠월 하서 순행 때 북량의 저거몽손(沮渠蒙遜)은 아들 저거안주(沮渠安周)를 하서에 보내 황제를 입시(入侍)토록 했고, 토욕혼모괴(吐谷渾慕瓚)는 사신을 북위로 파견해 혁련정을 북위로 압송할 것을 청했다. 북량과 토욕혼이 북

魏勤率衆三千人 屯于西河以鎭撫之."

40 『魏書』 卷33 「公孫表傳」, 783쪽, "河西飢胡劉虎聚結流民, 反於上黨, 南寇河內. 詔表討虎, 又令表與姚興洛陽戍將結期, 使備河南岸, 然後進軍討之. 時胡內自疑阻, 更相殺害, 表以其有解散之勢, 遂不與戍將相聞, 率衆討之. 法令不整, 爲胡所敗, 軍人大被傷殺."

41 『魏書』 卷4上 「世祖紀」上 神䴥四年(431)六月條, 78쪽, "赫連定北襲沮渠蒙遜, 爲吐谷渾慕瓚所執."

42 『魏書』 卷4上 「世祖紀」上 延和元年(432)三月壬申條, 80쪽, "西秦王吐谷渾慕瓚, 送赫連定於京師."

43 『魏書』 卷4上 「世祖紀」上 神䴥元年(428)夏四月條, 74쪽, "壬子, 西巡. 戊午, 田于河西."; 左同, 神䴥元年(428)夏十一月條, 74쪽, "行幸河西, 大校獵. 十有二月甲申, 車駕還宮."; 위와 같음, 神䴥二年(429)夏十一月條, 74쪽, "西巡狩, 田于河西, 至祚山而還."; 위와 같음, 神䴥四年(431)條, 79쪽, "秋七月己酉, 行幸河西, 起承華宮. 八月乙酉, 沮渠蒙遜遣子安周入侍. 吐谷渾慕瓚遣使奉表, 請送赫連定. 己丑, 以[吐谷渾]慕瓚爲大將 · 西秦王."

위에 아들이나 사신을 파견하는 등 저자세를 보였던 것은 이 두 나라가 태무제의 하서 순행에 위협을 느꼈기 때문일 것이다.[44]

이처럼 하서, 즉 오르도스를 지배했던 하 세력의 소멸 후 북위의 하서 지배는 외형상 공고해졌다고 볼 수 있다. 그러나 연화 3년(434) 태무제가 하서를 방문할 때 하의 옛 군주였던 혁련창이 탈출하다 하서후장(河西候將)에게 살해당한 사건을 보면,[45] 달리 생각할 수 있다. 태무제에게 융숭한 대접을 받던 혁련창이 탈출하려고 했던 이유는 망국한 하를 다시 재건할 마음을 가졌기 때문이다. 그의 아버지 혁련발발도 단신으로 도망쳐 결국 재기에 성공했던 경험이 있다. 혁련창이 재기할 수 있다고 판단했다면, 혁련창이 탈출한 뒤 그의 휘하에 모일 세력이 있었어야 할 것이다. 혁련창이 유연으로 도망갈 생각을 하지 않았다면, 하서에서 재기를 도모하려 했을 것이다.

실제로 하서 지역에서는 반란이 간헐적으로 일어났다. 태평진군 8년 토경호(吐京胡)의 반란 때 분수와 황하 사이에 거주하던 산호 조복혼(曹僕渾) 등이 황하를 건너 하서로 진입하여 삭방제호(朔方諸胡)를 회유했다. 얼마 후 안정진에서 군대를 이끌고 온 고량왕(高涼王) 원나(元那)가 원제(元提) 등과 연합하여 조복혼을 참한 끝에 반란이 진정되었다.[46] 이외에도 『위서』

---

44 하서, 즉 오르도스 지역은 북량의 영토인 하서회랑(河西回廊) 지역과 토욕혼의 영토인 청해(青海)와 거리상으로 가까웠다. 따라서 태무제의 하서순행(河西巡幸)이 이들에게 무력시위처럼 느껴졌을 가능성도 있다.

45 『魏書』 卷4上 「世祖紀」上 延和三年(434)條, 83쪽, "二月甲寅, 行幸河西. 閏月甲戌, 秦王赫連昌叛走. 丙子, 河西候將格殺之. 驗其謀反, 群弟皆伏誅. 己卯, 車駕還宮."

46 『魏書』 卷4下 「世祖紀」下 太平眞君八年(447)條, 101쪽, "春正月, 吐京胡阻險爲盜. 詔征東將軍武昌王提·征南將軍淮南王他討之, 不下. 山胡曹僕渾等渡河西, 保山以自固, 招引朔方諸胡. 提等引軍討[曹]僕渾. 二月己卯, 高涼王那等自安定討平朔方胡, 因與提等合軍, 共攻[曹]僕渾, 斬之, 其衆赴險死者以萬數."

본기에는 없지만 열전에서 하서 지역에서 발생한 반란의 예를 살펴볼 수 있다. 『위서』「이홍지전(李洪之傳)」에 따르면 하서의 강호(羌胡)가 부락을 거느리고 반란을 일으키자 헌문제는 친정(親征)하면서 이홍지(李洪之)를 먼저 보내 토벌하게 했다.[47] 원하 역시 헌문제 시기에 하서칙륵이 반란을 일으키자 포한(枹罕)과 금성(모두 현재 감숙성 남부)까지 추격하여 반란을 진압했다.[48] 또 연흥 2년(472)에는 하서의 비야두(費也頭)가 반란을 일으키자 박골률진장이 이를 격파했던 일도 있었다.[49]

정리하면 관롱지역과 새외·막남의 가운데 위치한 하서 지역은 이들 지역과 인적·물적 교류가 활발했으며, 관롱지역과 새외·막남을 지배하려면 반드시 장악해야 하는 지역이었다. 그러나 이 지역은 북위 탁발부의 숙적 철불부와 그 후예인 혁련씨의 지배를 받았던 곳으로, 북위에 대한 적대적인 성향이 강했다. 따라서 북위는 군사적 성격이 강한 진을 설치하고 소수민족을 군정(軍政) 통치하는 방식[50]만으로는 하서 지역을 지배할 수 없었다. 즉 '채찍'뿐 아니라 '당근'도 필요했다. 따라서 북위황제는 하서에 순행할 때 하서 제호(諸胡)를 위무하면서 이 지역 호인을 장악·지배하려 했다. 현존 기록에 따르면 북위황제가 하서를 방문하여 주로 했던 활동은 사냥이었다. 앞에서 살펴본 것처럼 사냥에는 호인 지배층과 피정복자 사이

---

47 『魏書』 卷89「酷吏·李洪之傳」, 1919쪽, "河西羌胡領部落反叛, 顯祖親征, 命[李]洪之與侍中·東郡王陸定總統諸軍. 輿駕至并州, 詔[李]洪之爲河西都將討山胡. 皆保險拒戰. [李]洪之築壘於石樓南白鷄原以對之. 諸將悉欲進攻, [李]洪之乃開以大信, 聽其復業, 胡人遂降."

48 『魏書』 卷41「源賀傳」, 921-922쪽.

49 『魏書』 卷7上「高祖紀」上 延興二年(472)八月辛酉條, 137쪽, "河西費也頭反, 薄骨律鎭將擊走之."

50 周一良, 「北朝的民族問題與民族政策」, 『周一良集』 第壹卷 魏晋南北朝史論, 瀋陽: 遼寧教育出版社, 1998, 173-221쪽.

의 주종관계와 결속력을 강화하는 정치적 기능이 있었으므로 단순한 오락이 아니라 중요한 정치적 행위였을 것이다.

이 밖에 문성제가 고차의 제천행사에 참가했던 예가 있어 주목된다. 고차인의 제천행사[51]는 다른 호인이 누리지 못한 특권이었다. 『위서』를 보면 여러 집단이 지내는 제천에는 5부 고차의 제천 외에 두 가지가 있다. 첫째, '서기시대' 신원황제 역미 시기의 사월제천 기사이다. 이때 백부대인을 제외한 여러 부족의 군장이 모두 참여했다. 역미는 백부대인이 제천에 참여하지 않았다는 죄를 물어 백부대인을 살해했다.[52] 이 제천은 '탁발부 부족연합체'에 속한 여러 부족이 강제적으로 참여해야 하는 행사였으며 제사의 주재자는 탁발부의 군주였다. 도무제 이후 북위황제는 평성의 서쪽에서 제천행사를 주관했다.[53] 여기서 제천의 의미에 주목해 보자. 흉노·돌궐·거란·몽골 등 유목국가의 유목군주 역시 중국의 천자처럼 자신이 하늘의 아들인 '천자'라고 주장하였다. 따라서 유목군주는 각 부의 조상신 제사는 막을 수 없었겠지만, 하늘에 대한 제사는 독점해야 했다.[54] 유목군주가 독점하는 제천은 자신의 권위와 신성함을 강조하는 자리였기 때문에 탁발부에 예속된 백부대인의 불참은 응징의 대상이 되었던 것이다. 그런데 고차의 5개 부가 따로 제천행사를 개최했다는 것은 북위황제가 제천 독점권을 포기했다는 것으로 해석될 수 있다. 이는 고차들의 정신적 혹은 정치적 자립성을 인정해 준 것으로 파악해야 할 것이다. 필자는 고차인이 부족해산의 예외였다는 사실 해석에만 미물렀던 기존의 학설과는 달리 '칙

51 『魏書』 卷103 「高車傳」, 2309쪽; 『資治通鑑』 卷129 「宋紀」 孝武帝大明八年(464)秋七月條, 4068쪽.

52 『魏書』 卷1 「序紀」 神元帝條, 3쪽, "三十九年, 遷於定襄之盛樂. 夏四月, 祭天, 諸部君長皆來助祭, 唯白部大人觀望不至, 於是徵而戮之, 遠近肅然, 莫不震慴."

53 康樂, 『從西郊到南郊』, 165-173쪽.

54 金浩東, 「北아시아 遊牧國家의 君主權」, 167-184쪽.

륵부인(敕勒部人)'과 '고차부인(高車部人)'처럼 고차인의 독립된 호적과 고차우림낭장(高車羽林郎將) 등 고차인에게만 주어지는 관직이 존재했음을 지적하며, 고차가 북위에 상대적인 독립성을 지닌 반(半)자립적 집단으로 파악했다. 북위가 다른 호인과 달리 고차의 독립성을 상대적으로 인정해 준 이유는 고차인이 단합하여 강고한 정치집단을 만들 능력이 부족했기 때문이었다.[55] 이처럼 반자립적인 집단인 고차인의 주요 거주지 중의 하나가 바로 하서였다. 그렇다면 문성제의 제천행사 참여는 고차인의 민심을 얻고 북위의 주체인 선비인과 고차인의 결속을 다지는 정치적 기능을 발휘했을 것이다. 즉 하서 순행에서 하서의 주요 거주자인 칙륵(고차)인을 회유하여 지배 하에 둘 때 북위의 하서 지배가 보다 용이했기 때문이다.

북위황제는 태무제-헌문제 시기 하서 지역을 모두 22회 방문했다.[56] 이 가운데 하서 체류기간을 알 수 있는 순행은 20회이다. 하서에 체류한 전체 기간이 1,121일이니, 연평균 약 56~57일간 하서에 머무른 셈이다. 평성과 하서를 오가는 기간까지 포함하면 83~84일이 하서 순행에 소요되었다. 즉 이 시기 북위황제는 2~3개월 동안 하서에 체류했다. 이처럼 장기간 체류는 하서에 거주하는 고차 등 다양한 호인을 위무하고 복종시키기에 충분했을 것이다. 그리고 황제와 수행관원, 일반 병사와 가족이 수행했을 정도로 순행 수행집단의 규모가 컸음도 짐작할 수 있다.[57] 이러한 대규모 집단이 하시에 장기 체류하면 하서에 사는 호인은 위압감을 느끼게 되므로 자연히 반란의 의도가 분쇄되는 효과를 가져왔을 것이다. 따라서 북위황제

55 崔珍烈, 「북위의 種族政策」, 70-74쪽.

56 [부록 1] '北魏時代 巡幸表' 참조.

57 비록 친정(親征)의 예이기는 하지만, 『남제서』 「위로전」에 따르면 태화 19년(495) 효문제의 친정(親征)을 따른 군대가 30만여 명이었다(『南齊書』 卷57 「魏虜傳」, 994쪽, "牛車及驢駱駝載軍資妓女, 三十許萬人.").

의 하서 장기 체류는 그 자체로써 하서 지역 지배에 심리적인 영향을 미쳤다고 유추할 수 있다. 앞에서 언급한 몇 건의 반란기록을 제외하면 북위황제가 순행했던 태무제-헌문제 시기의 하서 지역은 평온했다. 이는 호인의 위무를 지향했던 북위황제의 하서 순행이 성공적이었음을 뜻한다.

2. 순행과 화북 지배

1편 1장, 특히 순행의 시기 구분에서 살펴본 것처럼 북위황제의 주요 순행 장소는 음산 · 하서 · 막남 등 호인 거주지였다. 비록 명원제 시기 유주를 순행하긴 했지만, 태무제 시기 비로소 본격적인 화북 순행이 시작되었다. 그러나 화북 순행은 효문제 시기를 경계로 하여 순행 장소의 변화를 보인다. 즉 태무제-헌문제 시기 북위황제는 주로 하북을 순행했지만, 황하 이남을 포함한 화북 지방 전체 지역은 효문제 치세 후반기에야 처음으로 순행했다. 따라서 북위황제의 한지 순행(漢地巡幸)이 지역 지배에 영향을 주게 된 것은 태무제-헌문제 시기 하북 순행과 효문제의 전국순행이다. 본절에서는 양자의 순행으로 나누어 살펴본다. 다만 하북 순행은 시기상 헌문제까지 지속되지만, 지역 지배에 영향을 미친 시기는 문성제 시기까지이므로 태무제와 문성제 시기를 중심으로 고찰한다.

1) 단계적 하북 지배와 태무 · 문성조(朝) 하북 순행

북위황제의 하북 순행은 하북을 점령한 후 바로 시도된 것이 아니었다. 도무제가 하북을 순행하긴 했다. 황시 2년(397) 중산성을 점령한 다음 해인 천흥원년(398) 정월 경자일(2. 9) 도무제는 중산에서 상산군(常山郡)의 진정현(眞定縣)과 조군(趙郡)의 고읍현(高邑縣)을 거쳐 업에 도착하여 백성을 위무하는 조치를 취했다. 『위서』 본기에는 도무제가 업을 둘러보면서 업에 정도(定都)하겠다고 한 것으로 기술되었지만,[58] 업에 행대(行臺)를 설치하고 중산으로 돌아갔다.[59] 그리고 정월 신유일(3. 2) 도무제는 중산을 출발하여 망도요산(望都堯山)으로 향했으며, 이때 산동(山東), 즉 하북 6주의 민 · 리(民吏)와 도하(徒何) · 고구려 · 잡이(雜夷) 36만 명을 평성 일대로 강제이주케 했다.[60] 이월에는 평성의 남쪽인 번치궁(繁畤宮)에 도착했으며[61] 칠월

58 『위서』「태조기(太祖紀)」에서는 '將有定都之意(장유정도지의)'라 하여 도무제가 업을 수도로 삼을 뜻이 있었다고 기록했다. 하지만 이는 도무제의 직접화법이 아니었고 열전 등에서도 이와 관련된 내용이 확인되지 않는다. 업에 정도(定都)하는 데 관심 있었던 도무제는 오히려 죽을 때까지 하북을 다시 순행하지 않았기 때문에 당연히 업을 순행하지도, 정도(定都)하지도 않았다. 신서(神瑞) 2년(415) 기근으로 명원제가 업 천도를 신중히 검토했을 때, 최호(崔浩)가 반대주장을 관철시킨 예를 보면(『魏書』 卷35「崔浩傳」, 808쪽) 이후 업이 수도로 고려된 적은 있지만 실현되지는 않았다. 이러한 상황을 고려하면 '將有定都之意(장유정도지의)'라는 구절은 이해되지 않는다. 필자는 이 구절이 도무제의 실제 의중이라기보다 북위가 동위와 서위로 분열된 후 동위의 정통성을 강조하기 위해 위수(魏收) 혹은 고환정권(高歡政權)에서 삽입했을 것으로 생각한다. 고환을 피해 장안으로 도망간 원수(元脩)를 『위서』에서 출제(出帝)로 기록한 반면 『북사』에서 효무제로 기록한 사실에서 알 수 있듯 『위서』의 체례(體禮), 특히 본기의 구성과 북위 말 황제의 시호(謚號)는 전적으로 동위 · 북제의 입장에서 만들어진 것이다. 북위의 마지막 황제 효무제(혹은 출제)가 장안으로 도망친 상황에서 동위 · 북제를 세운 고환집단(高歡集團)이 정통성을 주장할 수 있는 명분은 속인주의(屬人主義, 효무제의 향방)가 아니라 동위 · 북제가 북위의 주요 영토를 계승했다는 속지주의(屬地主義)에 있었다. 따라서 동위 · 북제의 수도 업이 북위를 세운 도무제가 수도로 낙점했다는 "將有定都之意(장유정도지의)"라는 구절을 삽입하면 동위가 북위를 정신적으로 계승했다는 명분을 제공할 수 있었을 것이다.

59 『魏書』 卷2「太祖紀」 天興元年春正月條, 31쪽, "天興元年春正月, 慕容德走保滑臺, [元]儀克鄴, 收其倉庫. 詔賞將士各有差. [元]儀追[慕容]德至於河, 不及而還. 庚子, 車駕自中山行幸常山之眞定, 次趙郡之高邑, 遂幸于鄴. 民有老不能自存者, 詔郡縣賑恤之. 帝至鄴, 巡登臺榭, 遍覽宮城, 將有定都之意. 置行臺, 以龍驤將軍日南公和跋爲尙書, 與左丞賈彝率郎吏及兵五千人鎭鄴. 車駕自鄴還中山, 所過存問百姓. 詔大軍所經州郡, 復貲租一年, 除山東民租賦之半."

60 『魏書』 卷2「太祖紀」 天興元年春正月條, 31-32쪽, "辛酉, 車駕發自中山, 至于望都堯山. …… 車駕次于恒山之陽."

에는 평성으로 천도했다.[62] 하북에서 돌아온 일정 기록은 불명확하지만, 대략 중산을 떠난 정월 경자일(2. 9)부터 망도로 향한 신유일(3. 2)까지를 도무제가 하북을 순행한 기간으로 봐도 좋을 것이다. 그렇다면 도무제가 천흥 원년(398) 하북에 머무른 기간은 22일에 불과하다. 이처럼 도무제가 하북을 점령한 후 바로 평성 일대로 돌아가, 다시 하북으로 순행하지 않았던 이유는 무엇일까? 이에 대한 해답을 찾기 위해 당시 북위가 처한 대외적 상황과 대내적 상황을 살펴볼 필요가 있다.

먼저 도무제와 명원제 시기 북위의 대외적 상황은 이 시기에 행한 순행 장소와 밀접한 관계가 있다. 앞에서 순행 장소에 따른 시기 구분을 통해 살펴본 것처럼 이 시기 북위황제는 북위 전기 경기지역을 주로 순행했으며, 극소수는 경기 북쪽을 순행하기도 했다.[63] 하 · 유연과의 대립시기 북위 황제의 순행이 경기지역으로 국한된 이유는 무엇일까? 이는 북위가 도무제 · 명원제 시기에 북쪽의 유연, 서쪽의 하, 동쪽의 북연, 남쪽의 유송 등 적대적인 강대국 사이에 포위되어 있었기 때문일 것이다. 신서 2년(415)의 기근으로 인하여 명원제가 업으로 천도할 것을 신중히 고려했을 때, 최호는 몇 가지 이유를 들어 반대했다. 그 가운데

> "[국가의 각종 나쁜] 사정이 드러나게 되면 백성은 국가의 무능함을 알게 됩니다. 그리고 사방[의 국가]에서 이를 듣고 [우리를] 경모(輕侮)하는 마음을 품게 되어 굴개(屈丐)[혁련발발을 지칭]와 연연(蠕蠕)[유연의 비칭]이 반드시 드리내 놓고 처들어오면 운중과 평성은 곧 위태하게 됩니다. 또 항대(恒代)의

---

61 『魏書』 卷2 「太祖紀」 天興元年春二月條, 32쪽, "二月, 車駕自中山幸繁畤宮, 更選屯衛."

62 『魏書』 卷2 「太祖紀」 天興元年秋七月條, 32쪽, "秋七月, 遷都平城, 始營宮室, 建宗廟, 立社稷."

63 何德章, 「"陰山却霜"之俗解」, 105쪽.

천리지험(千里之險)이 가로막아 비록 구원하고자 해도 항대까지 가기가 매우 어려우니 이렇게 되면 명(名)과 실(實)을 모두 잃게 됩니다."[64]

라고 주장했다. 즉 업으로 천도하면, 한인이 지배민족인 호인의 인구수가 적은 것을 알고 북위를 경시할 것이며, 유연과 하(夏)는 이를 얕잡아 보아 운중과 평성을 공격하게 될 것이니, 그 결과 두 지역을 지키기 어렵다는 것이다. 이는 평성과 운중 등 북위 전기 경기지역은 북쪽의 유연과 서쪽의 하 사이의 세력균형에 중요한 지정학적 요충지였음을 보여 준다. 즉, 북위황제가 평성 일대에서 벗어나게 되면 그 힘의 공백을 틈 타 유연이나 하가 공격할 가능성이 있었던 것이다. 따라서 북위황제는 경기 일대를 순행하면서 유연과 하를 견제하고 가끔씩 이들에게 보여 주려고 무력시위를 했던 것이다. 기존의 연구에 따르면 음산 일대에 있던 선비 제부(鮮卑諸部)가 평성 주변으로 옮긴 이유는 유연의 위협 때문이었다고 한다.[65] 바꿔 말하면 유연의 위협 때문에 경기의 북쪽 경계 바깥지역부터 음산 지역까지는 순행하지 못했음을 뜻한다.[66] 실제로 앞에서 살펴본 것처럼 398년 이전 도무제의 주요 활동지역과 순행지는 막남과 음산 남록 · 북록, 북위 전기 경기

64 『魏書』 卷35 「崔浩傳」, 808쪽, "…… 情見事露, 則百姓意沮. 四方聞之, 有輕侮之意, 屈丐蠕蠕必提挈而來, 雲中 · 平城則有危殆之慮, 阻隔恒代千里之險, 雖欲救援, 赴之甚難, 如此則聲實俱損矣."

65 何德章, 「"陰山却霜"之俗解」, 103쪽.

66 주위주(周偉洲)는 유연을 건국 · 홍성 · 쇠망 등 세 시기로 구분했다. 이 가운데 유연의 홍성 시기는 429년 북위의 막북 공격을 기점으로 하여 두 시기로 세분된다(周偉洲, 『敕勒與柔然』, 桂林 : 廣西師範大學出版社, 2006, 93쪽). 이 가운데 유연 홍성 시기의 첫째 시기(402~429)가 북위황제 순행의 첫째 시기와 대략 일치한다. 즉 북위황제 순행의 첫째 · 둘째 순행은 유연과의 세력관계에 따라 결정되었다고 볼 수 있다. 실제로 첫째 시기 북위황제의 순행범위가 경기지역으로 축소되었을 뿐 아니라 장성을 쌓아 유연의 공격에 대비하는 방어조치를 취했다(周偉洲, 위의 책, 96쪽).

의 북부였다. 반면 398년 이후에는 순행지와 활동범위가 상당히 남쪽으로 후퇴하여 경기지역으로 축소되었다. 따라서 이 시기에는 숙적 유연과 하 등의 위협과 유연-북연-유송-하의 환상적(環狀的) 포위망 때문에 북위황제의 순행지와 활동범위가 축소되었을 것이다. 따라서 도무제가 더 이상 하북 순행을 하지 못했던 것은 당시 긴박했던 북위의 대외정세와 밀접한 관계가 있음을 알 수 있다.

다음으로 대내적 상황, 특히 하북지역의 상황을 살펴보자. 397년 후연의 수도 중산을 점령한 북위는 천흥원년(398) 북위의 옛 후연지역을 지배하고 산동의 방어와 치안유지를 위해 중산 · 업 · 합구(合口, 발해군(勃海郡)에 위치)에 행대 또는 군진(軍鎭)을 설치하고 하북 지배의 거점으로 삼았다. 또 평성과 중산을 잇는 직도(直道)를 건설하여 평성과 하북의 교통을 원활히 하려 했다. 이어서 천흥원년(398) 정월과 십이월 각각 산동 6주 민리(民吏) · 도하(徒何) · 고구려 · 잡이 36만, 백공기교(百工伎巧) 10만여 구와 6주 22군 수재(守宰) · 호걸 · 이민(吏民) 2천 가(家)를 강제로 이주시켜 하북의 토착세력 약화와 평성지역의 충실을 도모했다. 그러나 북위의 옛 후연지역 통치는 처음부터 저항에 직면했다. 윤국(尹國)의 반란과 광천태수(廣川太守) 하로(賀盧)의 기주자사(冀州刺史) 왕보(王輔) 살해, 양평(陽平) · 돈구(頓丘) 등 제군(諸郡) 노략질과 남연(南燕) 모용덕(慕容德)에의 투항, 박릉(博陵) · 발해(勃海) · 장무(章武)의 '군도(羣盜)'의 반란, 후연의 중산태수(中山太守) 구유(仇儒)의 소요 등이 발생했던 까닭이다.[67] 따라서 북위의 옛 후연

67 『魏書』 卷2 「太祖紀」 天興元年春正月條, 31-32쪽, "乃置行臺, 以龍驤將軍日南公和跋爲尙書 與左丞賈彝率郎吏及兵五千人鎭鄴. …… 東駕將北還, 發卒萬人治直道, 自望都鐵關鑿恒嶺至代五百餘里. 帝慮還後山東有變, 乃置行臺於中山, 詔左丞相 · 守尙書令衛王儀鎭中山, 撫軍大將軍 · 略陽公元遵鎭勃海之合口. 右軍將軍尹國先督租于冀州, 聞帝將還, 謀反, 欲襲信都, 安南將軍長孫嵩執送, 斬之. 辛酉, 車駕發自中山, 至于望都堯山. 徙山東六州民吏及徒何 · 高麗雜夷三十六萬, 百工伎巧十萬餘口, 以充京師. 車駕次于恒山

지역 지배는 용이하지 않았다. 무엇보다 범양노씨(范陽盧氏) 종족(宗族) 수천여 가(家)를 지휘한 노부(盧溥)의 봉기(398~403)는 용성(龍城)으로 쫓겨난 후연의 잔여세력과 관련되었던 점에서 한인호족(漢人豪族)의 북위에 적대적인 성향을 보여준 대표적인 사례라고 할 수 있다.[68] 북위에 적대적인 하북 호족의 성향은 하북 점령과정에서 북위의 약탈과 파괴가 심했기 때문에 형성된 것이기도 하지만, 하북 호족과 모용씨(慕容氏) 정권의 밀착 때문이기도 하다. 모용씨가 세운 전연(前燕)과 후연은 한인호족을 매개로 하여 관동 지역을 지배했고 한인호족을 관료층으로 포섭했다. 그래서 한인호족은 전진의 부견이 비수전(淝水戰)에서 패배한 이후 모용수(慕容垂)가 짧은 시간 동안 후연을 세울 수 있도록 모용씨 정권에 적극 참여할 정도로 호의적이었다.[69] 이렇듯 모용씨를 지지했던 하북 호족은 북위의 중산성 점령 이후 자신의 이해를 충분히 보장받지 못하는 한 북위에 호의적일 수 없었을 것이다.[70]

이처럼 북위에 적대적인 세력은 해소되지 않고 아직 하북 지배도 불안정한 상황이었기 때문에 도무제는 더 이상 하북을 방문하려 하지 않았을 것이다. 혹자는 하북의 치안이 불안정했기 때문에 무력과시를 위해 순행할 필요가 있었다고 주장할 수 있다. 이 역시 피정복민을 심리적으로 복종시키는 데 필요한 조치였겠지만, 도무제는 그렇게 하지 않았다. 따라서 북위로서는 하북지역의 안정이 중요한 과제였으며, 이를 위해 적대적인 한

之陽. 博陵·勃海·章武羣盜並起, 略陽公元遵等討平之. 廣川太守賀盧殺冀州刺史王輔, 驅勒守兵, 抄掠陽平·頓丘諸郡, 遂南渡河, 奔慕容德."

68 陳爽, 『世家大族與北朝政治』, 北京: 中國社會科學出版社, 1998, 81-90쪽.

69 小林聡, 「慕容政權の支配構造の特質-政治過程の檢討と支配層の分析を通して-」, 『九州大學東洋史論集』 16, 1988, 45-49쪽.

70 崔珍烈, 「北魏의 華北支配와 그 性格」, 9-10쪽; 崔珍烈, 「北魏의 地域支配方式과 그 性格」, 119쪽.

인호족을 우군으로 끌어들일 필요가 있었다. 북위는 한인호족을 매개로 한 지역 지배라는 회유책을 통해 이 난관을 극복하려 했다. 명원제 영흥 5년(413) 이후 실시되었다고 하는 종주독호제(宗主督護制)가 북위와 지방호족의 갈등을 완화하고 지방호족의 북위정권 편입에 기여함으로써 하북지역은 점차 안정을 되찾게 되었다.[71] 종주독호제 이외에 한인호족의 본적지 임용도 이들을 북위 지배체제에 포섭하는 방법의 하나였다.[72] 원칙적으로 한대 이래 지방관의 본적지 회피제도가 시행되어 왔지만,[73] 북위 전기에는 아직 북위가 하북지역을 직접 지배할 여건이 되지 않았으므로 간접 지배에 만족할 수밖에 없었다.[74]

북위의 하북지역 지배가 공고해진 기점은 천흥 3~4년(400~401)으로 볼 수 있다. 왜냐하면 이때 북위의 지배형태가 중산과 업에 세워진 행대를 중심으로 한 거점 지배에서 행대를 폐지하고 정주 · 상주를 설치하는[75] 등 군

71 李凭, 「論宗主督護」, 『北魏平城時代』, 北京: 社會科學文獻出版社, 2000, 388-398쪽.

72 효문제 시기 한기린(韓麒麟)의 상표(上表)에 보이는 "自皇威開被, 幷職從省, 守宰闕任, 不聽土人監督(『魏書』 卷60 「韓麒麟傳」, 1332쪽)"이란 구절은 청제(青齊)지역의 태수와 현령 직책에 토착인 임용을 제외한 것은 예외적인 상황임을 시사한다. 이는 역으로 북위에서 원활한 지방통치를 위해 토착세력의 본적지 임용을 허용했다는 의미로 해석할 수 있다. 따라서 조군이씨(趙郡李氏) 이외에도 하북지역에 지방관의 본적지 임용현상이 다수 존재했을 것으로 추측할 수 있다. 위진남북조 본적지 지방관 임용은 窪添慶文, 「魏晋南北朝における地方官の本籍地任用について」, 『魏晉南北朝官僚制研究』, 東京: 汲古書院, 2003, 273-342쪽 참조.

73 李成珪, 「前漢 縣長吏의 任用方式: 東海郡의 例-尹灣漢牘〈東海郡下轄長吏名籍〉의 분석-」, 『歷史學報』 160, 1998, 85-101쪽; 濱口重國, 「漢代に於ける地方官の任用と本籍地の關係」, 『秦漢隋唐史の研究』, 東京: 東京大學出版會, 1980, 791-801쪽.

74 崔珍烈, 「北魏의 華北支配와 그 性格」, 10쪽; 崔珍烈, 「北魏의 地域支配方式과 그 性格」, 119쪽.

75 牟發松(古賀昭岑譯), 「北朝行臺の地方官化についての考察」, 『九州大學東洋史論集』 25, 1997, 138쪽.

현 지배(郡縣支配)를 지향했기 때문이다. 그러나 이 시기는 하북의 지방호족 대부분이 아직 북위에 적대적인 때였고, 단순히 주를 설치했을 뿐이라서 북위의 지배력이 하북전역에 미쳤다고 보이지 않는다. 필자는 지역지배의 공고화의 척도를 조세 수취와 인력동원의 가능성, 특히 후자에서 찾았다. 정복세력이 전쟁 등 거국적인 중대사에 피정복지역의 조세를 수취하여 운반하고 인력을 병사로 동원할 수 있는 것은 국가가 이미 개별지역의 호구를 파악하고 강제적인 인력 동원이 가능할 정도로 그 권력이 기층에 침투되었다고 볼 수 있기 때문이다. 연화 3년(434) 이월 무인일(3. 10) 조서에 따르면 태무제는 하 정벌 당시 백성을 '운수지역(運輸之役)'에 동원했으며, 이에 따라 곤궁해진 백성을 재산의 정도에 따라 세 등급으로 나누고 중 · 하 등급에 해당하는 사람의 조부(租賦)를 2년 혹은 3년 동안 면제하는 조치를 취했다.[76] 하(夏) 정벌 이전 북위의 영토는 음산과 하북 일대에 국한되었으므로 '운수지역'에 동원된 백성은 병주나 하북 출신이었을 것이다. 북위는 하를 정벌하기 시작한 시광 4년(427) 이미 하북 백성에게 요역을 부과하고 이를 집행할 수 있을 정도로 하북 지배를 강화했던 것이다. 그리고 백성의 재산을 세 등급으로 나누어 등급에 따라 조부를 정상적으로 부과하거나 면제한 조치는 국가의 호구파악 능력이 상당한 수준이었음을 시사한다. 이후 헌문제가 유송과의 전쟁에서 이기고 유송의 청(靑) · 기(冀) · 서(徐) · 연(兗) · 사(司) 등 회북(淮北) 5주를 점령할 수 있었던 까닭은 산동,

76 『魏書』 卷4上 「世祖紀」上 延和三年二月戊寅條, 83쪽, "詔曰: 「朕承統之始, 羣凶縱逸, 四方未賓, 所在逆僭. 蠕蠕陸梁於漠北, 鐵弗肆虐於三秦. 是以旰食忘寢, 抵掌扼腕, 期在掃淸逋殘, 寧濟萬宇. 故頻年屢征, 有事西北, 運輸之役, 百姓勤勞, 廢失農業, 遭離水旱, 致使生民貧富不均, 未得家給人足, 或有寒窮不能自贍者, 朕甚愍焉. 今四方順軌, 兵革漸寧, 宜寬徭賦, 與民休息. 其令州郡縣隱括貧富, 以爲三級, 其富者租賦如常, 中者復二年, 下窮者復三年. ……」"

즉 하북 백성을 운반의 요역에 동원할 수 있는 장치도[77] 있었기 때문이다.[78]

태무제 시기 하북지역 지배의 공고화는 북위황제의 하북 순행 시기와도 일치한다.[79] 그런데 태무제 이후 하북 순행이 가능했던 이유는 앞에서 살펴본 것처럼 하북 지배의 강화라는 내부적 요인 외에 북위황제의 순행 장소 범위가 확대되는 대외적 상황과도 맞물렸기 때문이다. 앞에서 살펴본 것처럼 도무제 · 명원제 시기에는 북위가 주변 강대국에 포위된 상황이라 운신의 폭이 좁았고, 그래서 주로 경기지역을 순행했다. 그러나 태무제 시기 영토의 확대와 함께 순행 장소도 확대되었다. 그 과정을 살펴보자.

태무제 시기 동서남북에서 북위에 대항하던 '유연-북연-유송-하' 포위망의 세력균형이 점차로 깨지게 되었다. 이는 하의 계승분쟁 덕분이었다. 당시 장안(하에서는 남대(南臺)라고 불렸음)에 있던 태자 혁련괴(赫連璝)와 아우가 혁련발발의 후계자가 되기 위해 서로 공격하며 싸웠다. 결국 3남 혁련창이 승리했다. 태무제는 이 기회를 이용하여 시광 3년(426) 통만성을 공격했으며,[80] 시광 4년(427) 하의 군주 혁련창은 관중 방어를 위해 5남 혁련정에게 군사 2만을 주어 장안에 파견하였다. 이에 따라 통만성을 지키는 군대 수가 적어지자 태무제는 다시 통만성을 다시 공격했고,[81] 결국 통만성

---

77 『魏書』 卷113 「食貨志」, 2852쪽, "劉彧淮北青 · 冀 · 徐 · 兗 · 司五州告亂請降, 命將率衆以援之. 旣臨其境, 青冀懷貳, 進軍圍之, 數年乃拔. 山東之民咸勤於征戍轉運, 帝深以爲念."

78 崔珍烈, 「北魏의 華北支配와 그 性格」, 10-12쪽; 崔珍烈, 「북위의 地域支配方式과 그 性格」, 119 120쪽.

79 崔珍烈, 「北魏의 華北支配와 그 性格」, 12쪽; 崔珍烈, 「북위의 地域支配方式과 그 性格」, 120-121쪽.

80 『魏書』 卷95 「鐵弗劉虎傳附昌傳」, 2057쪽.

81 『魏書』 卷95 「鐵弗劉虎傳附昌傳」, 2058쪽, "後[赫連]昌遣弟[赫連]定與司空奚斤相持於長安, 世祖乘虛西伐, 濟君子津, 輕騎三萬, 倍道兼行. …… 次于黑水, 分軍伏於深谷, 而以少衆至其城下."

을 점령했다. 이로써 서쪽의 숙적 하를 멸망시켜 동서남북 포위망의 한쪽을 무너뜨릴 수 있었다. 태무제가 하북지역인 중산으로 최초로 순행했던 신가원년(428)과 하서로 순행했던 신가 2년(429)이 바로 하가 망한 다음 해와 그 다음 해인 것은 우연이 아니다. 즉 강적 하를 멸망시킨 태무제는 유연 방어만 해도 족했기에 순행지를 경기지역에서 벗어나 하서와 남쪽 후방인 하북으로 확대할 수 있었던 것이다. 동시에 태무제는 북쪽의 유연에도 계속 공세를 취했다. 태무제는 시광원년(424)부터 신가 2년(429)까지 유연에 공세를 취해 음산산맥의 남·북록 지역을 북위의 세력범위로 만들었다. 이후 음산 이북에 장기 거주하며 유연을 견제했다.[82] 요컨대 태무제 이후 북위황제의 순행지가 경기지역에서 음산·막남·하서·하북으로 확대될 수 있었던 계기는 강적 하의 멸망과 유연에 대한 대대적인 공세에 있었다.

이처럼 외부의 적대세력이 제거됨으로써 태무제 이후의 북위황제는 음산·막남·하서와 하북지역을 자주 순행했다. 특히 태무제와 문성제는 십일월~이월 혹은 정월~삼월 사이 산동, 그중에서도 주로 중산·신도(信都)·업 등 정주와 기주, 상주의 치소를 방문했다.[83] 태무제는 427년부터 448년까지 유주·중산[정주]·기주·업 등을 일곱 차례, 문성제는 453년부터 461년까지 다섯 차례 방문했다.[84] 태무제는 427년 중산에 행차하여 부패한 태수와 현령[守宰] 10여 인을 파면하고 행차한 지역의 전조(田租)의 반을 감해 주었다.[85] 문성제는 461년 중산·업·신도 순행 중 순행 장소의

82 何德章,「"陰山却霜"之俗解」, 107-109쪽.

83 佐藤智水,「北魏皇帝の行幸について」, 42위쪽.

84 위의 글, 49-50쪽, 北魏皇帝行幸表 III-IV 참조.

85 『魏書』 卷4上 「世祖紀」上 始光四年十二月己亥條, 73쪽, "行幸中山, 守宰貪汚免者十數人. 癸卯, 車駕還宮. 復所過田租之半."

연장자를 친히 만나 백성의 질고(疾苦)를 살피고, 80세 이상 노인이 있는 집에서는 아들 한 명의 요역을 면제하는 조치를 취했다.[86] 이처럼 북위황제는 하북 순행 중 덕정을 과시하는 '시혜'행위를 베풀었다.[87] 이민족인 북위황제가 한인 백성을 직접 만난 것은 이례적인 일이다. 태무제 · 문성제 시기 이민족왕조에 대한 거부감과 증오심이 사라지지 않았다면 이러한 만남이 성사되기 어려웠을 것이다.[88] 또 북위황제의 입장에서는 하북이 완전히 북위의 지배에 들어왔다는 자신감이 없었다면 직접 피정복민을 만나기 어려웠을 것이다. 따라서 태무제와 문성제의 하북 순행은 하북지역이 북위의 강고한 지배 하에 있었기 때문에 가능했던 것이며, 하북 지배가 본궤도에 올랐다는 자신감을 드러내는 한편 백성에게 북위가 하북의 지배자임을 과시했던 절차로 이해할 수 있을 것이다.[89]

---

86 『魏書』 卷5 「高宗紀」 和平二年二月條, 119쪽, "二月辛卯, 行幸中山. 丙午, 至于鄴, 遂幸信都. 三月, 劉駿遣使朝貢. 輿駕所過, 皆親對高年, 問民疾苦. 詔民年八十以上, 一子不從役."

87 자세한 내용은 崔珍烈, 『北魏皇帝의 巡幸硏究』, 50-53쪽.

88 북위 초 적대적이었던 한인호족(漢人豪族)은 태무제의 화북통일 이후 점차 북위에 우호적으로 바뀌었으며, 북위 특히 효문제의 정책에 크게 영향을 받았다(川本芳昭, 「五胡十六國 · 北朝時代における華夷觀の變遷」, 『魏晋南北朝時代の民族問題』, 東京: 汲古書院, 1998, 28-55쪽). 또 고려(高閭)는 혈통이 아니라 중원을 지배하므로 화하(華夏)의 전통적 제도에 따르면 이민족왕조도 화하의 정통왕조라고 주장했다. 이는 당시 한인관료의 이민족왕조에 대한 관점이 바뀌었음을 시사한다(張德壽, 「高閭民族觀述論」, 『中國邊疆史地硏究』 13-2, 2003, 19-26쪽).

89 崔珍烈, 「北魏의 華北支配와 그 性格」, 12-19쪽; 崔珍烈, 「북위의 地域支配方式과 그 性格」, 120-121쪽; 周一良, 「中山鄴信都三城」, 『周一良集』 第貳卷 魏晋南北朝札記, 488쪽. 전한시대(前漢時代)의 순행에서도 비슷한 양상이 발견된다. 한초(漢初) 제후왕국(諸侯王國)의 독립을 인정했던 군국제(郡國制)를 타파하고 사실상 제국(帝國) 전체의 직할 지배를 실현했던 한 무제(漢武帝) 시기에 처음으로 하동 · 하남 · 하내 · 영천(潁川) · 태산 · 제남(濟南) · 요서(遼西) · 오원(五原) · 동래(東萊) · 동군(東郡) · 발해(勃海) · 낭야(琅邪) · 동해(東海) · 제군(齊郡) 등 관동(關東)의 군국(郡國)을 순행했다. 이는 진(秦) 통

2) 효문제의 전국순행과 그 의미

앞에서 순행 장소의 변화과정에서 간단히 언급한 것처럼 효문제 시기 순행 장소는 극적인 변화를 겪었다. 승명원년(承明元年, 476)부터 효문제가 남벌을 감행했던 태화 17년(493)까지 효문제는 473년 헌문제와 동행한 음산·하서 순행, 481년 정월과 이월의 하북 순행을 제외하면 주로 경기지역을 방문했다. 그러나 하루 일정이 대부분이었고, 각종 토목공사의 시찰, 유람과 장례·제사가 주목적이었다.[90] 이 가운데 태화 15년(491)과 16년(492) 경읍(京邑), 즉 경기 일대를 순행하며 재판·소송에 관심을 갖게 된 것은 다소 특이한 점으로[91] 효문제가 정치적 목적을 위해 순행하게 되는 계기가 되었다고 평가할 수 있다.

칠월 을축일(8. 14) 보병과 기병 100만여 명을 이끌고 평성을 출발한 효문제는 사주·병주·회주·낙주를 지나면서 백성을 친히 만나며 노인과 각종 노약자들에게 작위(爵位)나 옷, 음식, 곡식, 비단을 하사했으며, 인재를 천거하도록 지시했다.[92] 이후 낙양에 도착한 효문제는 신하에게 남벌과 낙양천도 중 하나를 택할 것을 강요했으며, 남제 남벌을 꺼려한 신하 대부

일 이후의 과제였던 '구육국(舊六國)' 지역의 지배가 확립되었기 때문에 시황제 이후 전국순행의 재현이 가능했을 것이다(大櫛敦弘, 「前漢武帝期の行幸」, 120-123쪽 및 130쪽).

90 佐藤智水, 「北魏皇帝の行幸について」, 41아래쪽; 洪吉, 「北魏皇帝的巡幸」, 23-24쪽; 張金龍, 『北魏政治史』 6, 112-113쪽 및 115쪽.

91 『魏書』 卷7上 「高祖紀」下 太和十五年(491)秋七月乙酉條, 168쪽, "車駕巡省京邑, 聽訟而還."; 『魏書』 卷7上 高祖紀下 太和十六年(492)條, 169쪽, "[二月]壬辰, 幸北部曹, 歷觀諸省, 巡省京邑, 聽理冤訟. …… 三月丁卯, 巡省京邑."

92 『魏書』 卷7上 「高祖紀」下 太和十七年(493)條, 172-173쪽, "[八月]己丑, 車駕發京師, 南伐, 步騎百餘萬. …… 壬寅, 車駕至肆州, 民年七十已上, 賜爵一級. 路見眇跛者, 停駕親問, 賜衣食終身. 戊申, 幸幷州. 親見高年, 問所疾苦. [九月]戊辰, 濟河. 詔洛·懷·幷·肆所過四州之民: 百年以上假縣令, 九十以上賜爵三級, 八十以上賜爵二級, 七十以上賜爵一級; 鰥寡孤獨不能自存者, 粟人五斛, 帛二匹; 孝悌廉義·文武應求者, 皆以名聞."

분은 '차악'인 낙양천도를 선택했다. 이처럼 효문제의 남벌이 낙양천도를 위한 핑계에 지나지 않았음은 주지의 사실이다.[93] 그러나 이미 평성에서 낙양에 이르는 지역을 통과하는 동안 전쟁과는 무관하게 백성에게 작위와 각종 물자를 하사했던 효문제의 행동을 통해 그의 관심이 자신의 존재를 백성에게 알리는 데 있었음을 알 수 있다.

낙양천도를 선언한 이후 효문제는 전국 각지를 돌아다니며 사주 · 병주 · 회주 · 낙주에서 베푼 시혜를 다른 지역에서도 반복했다. 다음 〈표 10〉은 효문제가 전국순행 중 취한 조치를 정리한 것이다.

표 10 효문제가 전국순행 중 취한 조치

연도	순행지	순행 중의 조치						
		존문(存問)	음식 하사	작위 하사	관직 수여	속백(粟帛) 하사	인재 등용	조세 면제
493년[94]	사주(肆州)	○	○	○	○	○	○	
	병주(幷州)	○			○	○	○	
	낙주(洛州)				○	○	○	
	회주(懷州)				○	○	○	
494년[95]	상주(相州)				○	○	○	
	연주(兗州)				○	○	○	
	예주(豫州)				○	○	○	
494년[96]	삭주(朔州)		○			○		
	회삭진(懷朔鎭)		○			○		
	무천진(武川鎭)		○			○		

93 효문제의 낙양천도의 경과와 원인은 張金龍, 『北魏政治史研究』, 195-210쪽 참조.

94 『魏書』 卷7上 高祖紀下 太和十七年條, 172-173쪽.

95 『魏書』 卷7上 高祖紀下 太和十八年條, 173-174쪽.

96 위와 같음, 174-175쪽.

	무명진(撫冥鎭)		○			○		
	유현진(柔玄鎭)		○			○		
494년[97]	기주(冀州)			○	○	○	○	
	정주(定州)			○	○	○	○	
494년[98]	영주(郢州)			○	○	○	○	○
	예주(豫州)			○	○	○	○	○
495년[99]	예주			○	○	○	○	○?
	서주(徐州)			○	○	○	○	○?
	연주			○	○	○	○	
495년[100]	제주(濟州)			○	○	○	○	
	동군(東郡)			○	○	○	○	
	형양(滎陽)			○	○	○	○	
	하남제현(河南諸縣)			○	○	○	○	
497년[101]	병주	○			○			
	사주			○	○			
	옹주(雍州)	○		○	○	○	○	
	사주(司州)·낙양(洛陽)		○					

〈표 10〉에서 494년 영주의 경우 효문제가 실제 통과한 지역이었는지 『위서』 본기의 기사로는 사실 여부가 불투명하다. 그러나 나머지 지역은 모두 효문제가 방문한 지역이다. 효문제는 사주·병주·회주·낙주·상주·연주·예주·기주·정주·영주·서주·제주·옹주 등지와 회삭·무천·무명·유현 4진을 방문했다. 북위황제가 자주 방문하던 하북(상주·기주·정주)과 북변(회삭·무천·무명·유현 4진) 이외에 황하 이남(사주(낙주)·제주·연주), 회수유역(영주·서주·예주), 관롱(옹주) 등도 순행 장소였다. 이는 순행 장소가 사실

97 위와 같음, 175쪽.

98 위와 같음, 176쪽.

99 『魏書』 卷7上 高祖紀下 太和十九年條, 176-177쪽.

100 위와 같음, 177쪽.

101 『魏書』 卷7上 高祖紀下 太和二十一年條, 181-182쪽.

상 북위전국으로 확대되었음을 의미한다.

〈표 10〉에서 나타나듯, 효문제는 전국순행 중 백성에게 작위와 관직(태수 · 현령)을 하사하고 환과고독에게 곡식과 비단을 하사했으며, 각지의 인재를 등용했다. 북변의 4진과 493년 사주 · 병주, 497년 병주 · 옹주 · 사주처럼 예외인 곳도 있지만, 대개 백성에게 취했던 조치는 비슷하다. 다만 수혜대상이 70세 이상의 노인이거나 환과고독인 점을 감안하면 선언적인 의미가 강하다. 일찍이 필자는 순행이 효문제 시기 하북 이외의 지역으로 확대된 현상을 단계적 지역 지배 과정의 완성으로 파악했다. 즉 효문제 시기 하북을 제외한 하남 · 회북 · 관롱 등 화북지역을 완전히 지배하게 되었다고 선언했던 것이다.[102] 따라서 실제 중요한 것은 수혜 여부보다 북위황제가 화북지방의 백성에게 덕정을 베풀었음을 과시했다는 점이다. 효문제는 백성에게 시혜를 베풀면서 자신의 존재를 부각시키는 작업을 했고, 아울러 북위의 조상과 유가의 성인 · 산천에 제사 지내거나, 지방세력과 일반민의 신뢰와 지지 획득을 위한 정책을 실시하여[103] 호 · 한 민중의 마음을 사로잡았다.

효문제가 전국순행을 통해 얻고자 했던 정치적 효과는 무엇일까? 효문제의 순행과 북위 후기 군사적 · 경제적 지역 편제(地域編制)의 시각에서 보면, 필자는 효문제의 남제정벌과 통일지향이[104] 결과적으로 낙양천도를 하게 만든 가장 큰 이유라고 생각한다. 바꿔 말하면, 남제 정복을 통한 통일의 완성에는 남방경략을 위한 낙양천도와 이를 뒷받침할 군사적 · 경제적

102 崔珍烈, 「北魏의 華北支配와 그 性格」, 12-19쪽; 崔珍烈, 「北魏의 地域支配方式과 그 性格」, 126-127쪽.

103 張金龍, 『北魏政治史硏究』, 210-219쪽.

104 朴漢濟, 『中國中世胡漢體制硏究』, 225-234쪽. 장금룡도 비슷한 견해를 제시했다(張金龍, 『北魏政治史硏究』, 200-210쪽.

지역 편제나 전시체제가 필요했던 것이다. 이미 효문제 이전인 450~451년에도 북위와 유송의 대격전 중 태무제가 유송 원정을 감행하여 북위군 사상 최남단 지역인 장강(長江) 북쪽의 과보(瓜步)까지 진격했던 적이 있다. 태무제는 유송을 정복하려 하지 않고 화의와 통상을 요구했고, 정복했던 청제(靑齊) · 회북 등지를 지배하려는 노력도 기울이지 않았다.[105] 태무제가 유연을 정복하기 위해 자주 친정에 나서 장기간 막북 · 음산 등지에 주둔했던 사실과 일회성에 그친 유송 친정(親征) 과정을 비교하면, 태무제의 관심지역은 주요 순행지인 북방의 유목지역(막남 · 음산 · 하서)과 하북에 국한되었음을 알 수 있다. 북위가 황하 이남지역에 관심을 가지게 된 것은 청제와 회북지방이 북위의 영토로 편입된 헌문제 이후였다.[106] 효문제는 남제를 정복하기 위해 수로 · 저각(邸閣) · 목장(牧場) · 둔전 등 각종 군사시설을 갖춘 뒤 이를 육로와 운하망으로 연결하여 물자와 인력을 전방인 회수 유역으로 수송해야 했다. 효율적 수송에는 국경과 가까운 곳에 위치해 있어 지리적으로 병참기지의 역할을 하게 되는 하남과 회북지역의 협조가 필요했다. 효문제는 하북만을 순행했던 이전의 황제와는 달리 하남 · 회북 일대를 순행했고 백성에게 '시혜'를 베풀었으며, 그들의 황제임을 각인시킴으로써 이들의 협조를 얻어 냈을 것이다.[107]

한화정책의 하나로 이해되는 묘호(廟號)의 변경도 마찬가지로 생각할 수 있다. 본래 도무제는 신원황제 역미에 시조(始祖),[108] 평문제(平文帝) 울률

105 杜士鐸, 『北魏史』, 太原: 山西高校聯合出版社, 1992, 149-150쪽; 王慶憲, 「拓跋燾鞏固化魏政權的內外政策措施」, 『內蒙古大學學報 · 人文社會科學版 』 32-1, 2000, 32왼쪽.

106 佐川英治, 「北魏の編戶制と徵兵制度」, 17-19쪽.

107 崔珍烈, 「北魏의 華北支配와 그 性格」, 19쪽; 崔珍烈, 「北魏의 地域支配方式과 그 性格」, 126-127쪽.

108 『魏書』 卷1 「序紀」 始祖神元皇帝條, 5쪽, "太祖卽位, 尊爲始祖."

(鬱律)에 태조(太祖),[109] 소성제(昭成帝) 십익건에 고조라는[110] 묘호를 추존했다. 이는 북위가 신원황제 역미 이후 계속된 유목국가임을 표방한 것이다. 그러나 효문제는 태화 14년(490) 명당(明堂)과 태묘(太廟)를 만들 때 평문제 대신 열조(烈祖) 도무제를 태조로 추존하도록 명했다.[111] 소성제의 묘호 고조를 삭제했다는 기록은 없지만, 효문제의 묘호가 고조이기 때문에 이때 같이 변경되었을 것이다. 『위서』 「고조기」에 따르면, 이 조치는 태화 15년(491) 칠월 실행되었다.[112] 도무제의 묘호를 태조로 바꾼 것은 북위가 신원황제 또는 평문제 이후 음산과 막남 일대를 지배한 유목국가의 후예가 아니라 도무제 이후 화북지방을 지배한 중원왕조(中原王朝)임을 표방한 것으로 이해할 수 있다.[113] 이는 한인호족이 북위에서 벼슬을 하고 북위를 지지할 수 있도록 하는 명분을 제공했을 것이다.

그러나 무엇보다 한인호족의 지지와 협력을 이끌어 낸 방법은 인사정책, 즉 이들을 관료로 등용하여 지배층에 포섭하는 정책이었을 것이다. 하북의 호족(豪族)은 북위 초부터 북위에서 벼슬했지만 나중에 편입된 다른 지역, 특히 청제(青齊)지역은 그렇지 못했다. 청제지역은 북위조정의 불신 때문에 벼슬길이 막혔다가 487년 무렵 제주자사(齊州刺史) 한기린(韓麒麟)

109 『魏書』 卷1 「序紀」 平文帝條, 10쪽, "天興初, 尊曰太祖."

110 『魏書』 卷1 「序紀」 昭成帝條, 16쪽, "太祖卽位, 尊曰高祖."

111 『魏書』 卷181 「禮志」1, 2747-2748쪽, "[太和十四年(490)]四月 經始明堂, 改營太廟. 詔曰: 「祖有功, 宗有德, 自非功德厚者, 不得擅祖宗之名, 居二祧之廟. 仰惟先朝舊事, 舛駁不同, 難以取準. 今將述遵先志, 具詳禮典, 宜制祖宗之號, 定將來之法. 烈祖有創基之功, 世祖有開拓之德, 宜爲祖宗, 百世不遷. 而遠祖平文功未多於昭成, 然廟號爲太祖; 道武建業之勳, 高於平文, 廟號爲烈祖. 比功校德, 以爲未允. 朕今奉尊道武爲太祖, 與顯祖爲二祧, 餘者以次而遷.」"

112 『魏書』 卷7下 「高祖紀」 太和十五年秋七月條, 168쪽, "己卯, 詔議祖宗, 以道武爲太祖."

113 崔珍烈, 「雲崗石窟 曇曜五窟 五帝의 재해석-廟號와 國號로 본 北魏의 정체성-」, 『中央아시아硏究』 10, 2005, 1-19쪽 참조.

이 주청한 이후에야 토착인도 청제지역의 태수와 현령으로 임명되고 중앙 정계로 진출할 수 있었다.[114] 이는 태화 중엽 황하 이남의 인물을 등용하기 시작한 정책과 관련 있을 것이다. 이표(李彪)는 하표(河表), 즉 하남의 7주 인사를 등용할 것을 건의했고, 이것이 수용되어 실행될 수 있었다.[115] 이는 그동안 소외된 황하 이남지역 한인호족을 적극적으로 체제 안으로 포섭하려는 효문제의 노력으로 볼 수 있다. 〈표 10〉에서 알 수 있듯 각 지역을 순행하며 인재천거와 등용을 공포한 것도 같은 맥락이다. 요컨대 효문제의 낙양천도와 한화정책, 전국순행은 모두 남제정벌과 한인의 민심을 얻기 위해 시행한 수단이었다.[116]

114 『魏書』 卷60 「韓麒麟傳」, 1332쪽, "…… [韓]麒麟以新附之人, 未階臺宦, 士人沉抑, 乃表曰, '齊土自屬僞方, 歷載久遠, 舊州府僚, 動有數百. 自皇威開被, 并職從省, 守宰闕任, 不聽士人監督. 竊惟新人未階朝宦, 州郡局任甚少, 沉塞者多, 願言冠冕, 輕爲去就. 愚謂守宰有闕, 宜推用豪望, 增置吏員, 廣延賢哲. 則華族蒙榮, 良才獲敍, 懷德安土, 庶或在兹.' 朝議從之."

115 『魏書』 卷62 「李彪傳」, 1385-1386쪽, "其三曰: …… 臣謂宜於河表七州人中, 擢其門才, 引令赴闕 依中州官比, 隨能序之. 一可以廣聖朝均新舊之義, 二可以懷江漢歸有道之情."

116 崔珍烈, 「北魏의 華北支配와 그 性格」, 18-19쪽; 崔珍烈, 「北魏의 地域支配方式과 그 性格」, 124-125쪽.

소결 _ 북위 순행의 개괄 및 남조와의 비교

1편에서는 북위황제 순행의 특징을 순행의 기간 · 횟수, 순행의 공간, 순행 활동의 내용, 종족(種族) 통치 혹은 지역 지배로 나누어 살펴보았다.

먼저 통계수치로 북위 순행의 특징을 살펴보면, 이민족왕조인 북조(北朝) 여러 나라의 '순행1'(광의의 순행)과 '순행2'(협의의 순행) 횟수는 한인왕조인 진(秦), 양한(전한 · 후한), 조위, 남조 제국(남조의 여러 왕조)의 그것보다 많다. 총횟수가 아닌 연평균 횟수를 비교해도 북조가 다른 한인왕조보다 1회 정도 많았다. 북위와 같은 시기에 존재했던 남조의 여러 왕조와 비교하면, '순행1'을 기준으로 남조의 여러 왕조의 연평균 횟수 수치는 최소 1.28회(유송)에서 최고 2.21회(진(陳))였지만, 북위는 2.44회였다. '순행2'를 기준으로 하면 남조의 여러 왕조는 최소 0.06회, 최대 0.38회였으나 북위는 1.17회였다. 남조의 여러 왕조의 '순행1'과 '순행2'의 연평균 순행 횟수의 차이가 북위보다 큰 것은 교외의 제사 횟수가 많았기 때문이다.

북위의 순행 장소는 시기에 따라 변화를 보인다. 이민족왕조인 거란(요)과 여진(금), 몽골(원) 등은 사시날발 혹은 사계영지 이동의 패턴을 보였고 북제도 진양(晉陽)과 업을 이동하는 양도 순행이라는 고정된 순행 장소가 있었다. 또 전한의 황제는 주로 옹(雍)·분음(汾陰)·감천(甘泉) 등 장소를 고정하여 정해진 시기에 행차하여 제사를 지냈다. 즉 일정한 순행 장소의 존재 여부는 한인왕조와 이민족왕조 사이라고 해서 구별되는 점은 없었고, 각 왕조의 특수성이 반영되었다. 북위의 순행 장소는 북위와 주변국가 혹은 이민족의 세력관계, 특히 유연과의 관계에 따라 달라졌다. 또 도무제부터 문성제까지의 황제는 각종 호인이 거주하는 음산·하서·막남 등지를 주로 방문했고, 문성제 이후 하북 순행의 빈도가 높아졌다. 반면 남조는 수도인 건강(建康)과 경기에 해당하는 양주(揚州)에서 벗어난 곳으로 '순행1' 혹은 '순행2'하는 경우가 거의 드물었고 대부분 도성과 가까운 곳으로 순행했다. 도성과 순행 장소의 거리를 고려하여 살펴볼 때 남조의 여러 왕조가 정적이고 정주적 양상을 보였다면 북위의 경우 원거리 이동이 많았으며 상대적으로 동적인 양상을 보였다.

다음으로 북위황제가 순행 중 행한 활동에 대해서는 서교제천, 친정(親征), 사냥, 경제시찰로 나누어 볼 수 있다. 북위황제는 서교제천 등 호인을 대상으로 한 제천의식을 거행하여 호인지배층의 결속을 다졌다. 북위황제의 친정(親征) 횟수는 평균적으로 1년에 0.5회였다. 물론 한인왕조 또한 왕조의 개창자나 2대 황제가 국내의 통일이나 외적과의 싸움을 위해 친정(親征)했지만, 그 이후 왕조가 안정된 다음에는 거의 친정(親征)하지 않았다. 반면 북위는 화북통일 이후에도 황제의 친정(親征)이 빈번했다. 또 북위황제는 한인왕조의 황제와 달리 직접 선봉에 서서 적들과 싸우거나 전투를 지휘했다. 이는 특히 도무제와 태무제의 친정(親征)에서 쉽게 발견되며, 이를 통해 중국 이외의 지역에서 흔히 발견되는 '전사왕(warrior-king)'의 모습을 확인할 수 있다. 같은 시기 남조의 여러 왕조에서는 친정(親征)이 거의 발견되지 않고, 발견된다고 하더라도 국내의 반란군 평정을 위한 군대 지휘였다. 이는 대외 원정이 대부분이었던 북위와 차이를 보이는 점이다.

본래 유목민은 사냥을 통해 부족한 육류를 얻었다. 유목민의 피를 이어받은 북위황제 역시 사냥의 습속을 지녔다. 그러나 식량의 획득보다 유렵과 군사훈련에 주요 목적이 있었다. 북위황제는 사냥을 마친 후 수행원에게 사냥감을 하사하거나 잔치를 열어 주었다('순행→사냥→연회 또는 하사'). 이는 약탈이나 공납을 통해 재화를 획득한 유목군주가 이를 휘하 유목민 집단에 나누어 주었던 분배행위와 비슷하다. 따라서 순행 중 사냥기사에서 발견되는 '순행→사냥→연회 또는 하사'의 유형에서 북위황제의 '유목적 군주'상(像)을 읽을 수 있다.

또 북위황제는 순행 중 목축과 소금생산, 고기잡이를 시찰하고 독려했다. 순행 중 목축에 관한 기사는 사료에서 거의 보이지 않지만 태무제-헌문제 시기 가장 많이 순행했던 지역이 북위가 대규모 목지로 활용하던 하서지역이었고, 그다음이 목축에 유리한 막남과 음산 일대였음을 보면 목축은 사냥과 함께 순행의 주요 목적이었음을 추론할 수 있다. 또 북위황제의 염지 순행기사도 간헐적으로 발견된다. 필자는 소금이 농경민뿐 아니라 유목민에게도 필요한 물자임을 지적하며, 북위황제의 염지 순행을 소금생산 독려를 위한 시찰로 파악했다. 즉, 태무제가 유송에 보낸 구종염(九種鹽) 가운데 유염(柔鹽)과 마치염(馬馳鹽)이 유목민의 중요 재산인 말의 질환 치료에, 흑염(黑鹽)과 호염(胡鹽)이 사람의 병을 치료하기 위해 사용되었던 것처럼 각종 소금은 실생활에 반드시 필요한 물자였다. 따라서 북위황제가 염지를 순행하며 소금생산을 감독했을 것이라는 추정이 가능하다. 고기잡이는 유목민의 경제활동에서 그리 큰 비중을 차지하지는 않았다. 이는 북위황제의 고기잡이 시찰이 남아 있는 기록에 따르면 총 5회에 그친 사실에서도 확인된다. 그러나 거란(요)과 여진(금)에서도 군주가 고기잡이를 참관하거나 직접 물고기를 잡았던 기록이 자주 보이는 것으로 보아 유목민과 고기잡이가 무관하다고 볼 수는 없다. 북위황제는 북위 전기 여러 차례의 기근을 대비하기 위한 조치로 물고기잡이를 참관했고 생산을 독려했다. 이러한 모습은 생산을 독과하는 유목군주의 행동으로 볼 수 있을 것이다.

효문제 이전 북위황제가 주로 순행했던 지역은 호인이 거주하던 음산 · 하서 · 막남 등지였다. 특히 명원제는 경기와 그 인근지역을 순행하면서 호인부락을 순시하고 거수 · 번거수 등으로 호칭되는 부락수령에게 비단을 하사하거나 잔치를 베풀어 주었다. 문성제 역시 고차인의 제천행사에 참여해 이들과의 결속을 다졌다. 이처럼 북위황제는 호인 거주지에 행차하면서 호인을 결속하는 일에 주력했다. 각지의 호인과 함께했던 사냥은 양자 사이의 지배와 피지배 관계, 그리고 주종관계를 확인하는 측면에서 특히 중요한 정치적 행사였다. 한지인 하북지역으로 순행했던 태무제와 문성제는 북위 하북 지배의 공고함을 과시하는 한편, 백성에게 각종 시혜를 베푸는 등 민심수람에도 힘썼다. 효문제는 이전의 북위황제와 달리 하북 이외의 지역, 즉 거의 북위전역을 순행하며 마찬가지로 각지의 백성에게 시혜를 베풀었다. 낙양천도를 전후하여 효문제의 전국순행과 그가 취한 각종 조치들을 보면, 효문제의 낙양천도와 한화정책, 전국순행은 모두 한인 백성의 민심을 얻고 이를 통해 남제를 정벌하는 수단이었던 것으로 추론해 볼 수 있다.

제 2 편

순행과 북위정치

제 1 장 _ 순행과 '태자감국'

1. 순행과 도성 부재 대비책

황제가 순행으로 도성을 비우게 되면 반란이 일어날 가능성이 있다. 혹은 순행 도중 황제가 여러 봉변을 당하기도 한다. 진(秦) 시황제는 시황제 29년(B.C. 218) 양무현(陽武縣)의 박랑사(博狼沙) 근처를 지나던 도중 암살당할 뻔했다.[1] 여기에 북위시대 태자의 '모반' 사건 2회와 함양왕 원희의 쿠데타 미수를 포함하면 순행 도중 발생한 정변과 암살사건은 모두 14회 발생한 셈이 된다. 또 오호십육국 · 북조시대에는 황제의 친정(親征)을 틈 탄 적국의 기습공격도 흔히 발생했다.[2] 이처럼 황제의 도성 부재는 야심가나 적국에게 빈틈이나 침탈을 도모할 기회를 제공했다. 그러므로 순행이 잦았던 황제는 이에 대한 대비책을 마련해야 했으며 북위황제도 예외는 아니었다.

2편 1장에서는 북위황제가 이 문제를 대처한 방법과 순기능 · 역기능

1 『史記』 卷6 「秦始皇本紀」 三十一年十二月條, 251쪽, "始皇爲微行咸陽, 與武士四人俱, 夜出逢盜蘭池, 見窘, 武士擊殺盜, 關中大索二十日."

2 崔珍烈, 「五胡諸國 · 北朝 후계자의 國政 참여와 그 배경」, 306-308쪽.

을 살펴보려고 한다. 먼저 1절에서는 순행과 도성 부재의 대비책을 보고체계의 구축과 감찰조직의 활용, 도성 방어체계 등 다양한 대비책을 분석하려고 한다. 이어 2절에서는 북위 전기 '태자감국' 현상과 관련하여 순행이 태자의 국정 참여에 끼친 영향을 살펴볼 것이다. 마지막으로 3절에서는 태자의 국정 참여가 낳은 최악의 경우인 모반과 반란의 예를 검토하여 북위 시대 황제와 태자의 권력분점의 한계를 살펴보려고 한다.

1) 보고체계 구축과 감찰조직의 활용

북위황제는 순행 중 도성에서 발생하는 각종 사건에 대한 정보를 획득하기 위해 순행지와 도성을 연결하는 통신체계, 즉 역전(驛傳) 조직을 구축하여 운영했다.

예컨대 태상 3년(418) 최호는 천문현상 등을 바탕으로 유유(劉裕, 유송 무제)의 찬탈을 예언했다. 명원제는 태상 5년(420) 석로지에서 사냥하다가 유유의 찬탈 소식을 듣고 역전 조직을 이용하여 최호를 불러 최호의 예언이 적중했음을 치하했다.[3] 여기에서 최호가 평성에서 석로지까지 역전 조직을 이용하여 이동했음을 알 수 있다. 태평진군 3년(442) 음산에 순행한 태무제는 노로원(盧魯元)이 병에 걸려 수종하지 않고 집에 머물러 있자 의

3 『魏書』 卷35 「崔浩傳」, 811-812쪽, "[泰常]三年, 彗星出天津, 入太微, 經北斗, 絡紫微, 犯天棓, 八十餘日, 至漢而滅. 太宗復召諸儒術士問之曰: 「今天下未一, 四方岳峙, 災咎之應, 將在何國? 朕甚畏之, 盡情以言, 勿有所隱.」 咸共推[崔]浩令對. [崔]浩曰: 「古人有言, 夫災異之生, 由人而起. 人無釁焉, 妖不自作. 故人失於下, 則變見於上, 天事恒象, 百代不易. 漢書載王莽篡位之前, 彗星出入, 正與今同. 國家主尊臣卑, 上下有序, 民無異望. 雖僭晉卑削, 主弱臣强, 累世陵遲, 故桓玄逼奪, 劉裕秉權. 彗孛者, 惡氣之所生, 是爲僭晉將滅, 劉裕篡之之應也.」 諸人莫能易[崔]浩言, 太宗深然之. 五年, [劉]裕果廢其主司馬德文而自立. 南鎭上[劉]裕改元赦書. 時太宗幸東南潟滷池射鳥, 聞之, 驛召[崔]浩, 謂之曰: 「往年卿言彗星之占驗矣, 朕於今日始信天道.」"

약(醫藥)과 함께 시신(侍臣)을 보내 병문안했다.[4] 이때 '전역(傳驛)이 길에 서로 이어졌다(傳驛相屬於路).'[5]고 기록한 것으로 보아 체류하던 음산과 평성[6] 사이에 역전 조직이 있었던 것 같다. 『위서』「나결전(羅結傳)」에도 110세로 장수한 나결(羅結)이 대녕 동천(東川)에 거주했고, 조정에서 큰일이 생기면 역마(驛馬)로 나결의 집을 방문하여 자문을 구했다는 기록이 있다.[7] 이 기록을 보면 북위황제가 순행 중 의논할 일이 생기면 순행지에서 나결의 거처로 역마를 보내 연락을 주고받았음은 당연하다. 나결의 예를 보면 적어도 평성과 대녕 동천을 잇는 역전 조직이 있었음을 알 수 있고, 순행지와 대녕 동천 사이에도 연락 가능한 교통로와 연락체계가 있었던 것으로 추측할 수 있다. 태평진군 4년(443) 굴원(屈垣)이 말에서 떨어져 죽자 태자 탁발황이 음산에서 순행 중인 태무제에게 승전(乘傳)을 이용하여 이 사실을 알렸다.[8] 이 기사를 보면 탁발황의 태자감국 당시 순행 중인 태무제에게 중요한 일을 직접 보고하는 체계가 확립되어 있었고, 이를 통해 평성과 순행지인 음산을 잇는 역전 조직의 존재를 확인할 수 있다.[9]

---

4 『北史』 卷25 「盧魯元傳」, 915쪽, "眞君三年, 駕幸陰山, [盧]魯元以疾不從. 侍臣問疾, 醫藥傳驛, 相屬於路. 及薨, 帝甚悼惜之, 還臨其喪, 哭之哀慟."; 『魏書』 卷34補 「盧魯元傳」, 801쪽.

5 『北史』 卷25 「盧魯元傳」, 915쪽; 『魏書』 卷34補 「盧魯元傳」, 801쪽.

6 사료에 따르면 노로원(盧魯元)의 집이 평성에 있었는지 다른 곳에 있었는지 불분명하다. 일단 평성에 집이 있다고 보는 편이 무난할 것 같다.

7 『魏書』 卷44 「羅結傳」, 987쪽, "年一百一十, 詔聽歸老, 賜大寧東川以爲居業, 幷爲築城, 卽號曰羅侯城, 至今猶存. 朝廷每有大事, 驛馬詢訪焉."

8 『北史』 卷27 「屈遵傳附孫恒傳」, 972쪽, "眞君四年, 墜馬卒. 時帝幸陰山, 景穆遣使乘傳奏狀. 帝甚悼惜之, 謂使人曰: 「汝等殺朕良臣, 何用乘馬?」 遂令步歸."; 『魏書』 卷33補 「屈遵傳附垣傳」, 777-778쪽.

9 순행 장소와 도성(都城) 사이의 역전체제(驛傳體制) 이외에도 도성과 지방을 잇는 역전(驛傳) 혹은 우(郵) 조직은 역대왕조에서 지방통치를 위해 필수적으로 구축해야 하는 시설이었다. 예컨대 전한 조정은 직할군현 지역에 체계적인 우(郵)·전(傳) 조직을 만들어

물론 순행 장소와 도성, 기타 지역을 잇는 역전 조직이 북위에만 있었던 것은 아니다. 전한시대의 예이지만 선제 감로(甘露) 2년(B.C. 52) 오손(烏孫)에 사신으로 파견된 장라후(長羅侯) 상혜(常惠)가 척후(斥候) 공(恭)을 파견했다. 이때 그가 올린 상서(上書)는 행재소에 이르렀다.[10] 또 성제 홍가(鴻嘉) 3년(B.C. 18) 선선왕(鄯善王)과 산왕(山王)의 부사(副使)가 행재소에 도달했다.[11] 양자 모두 역전을 이용했다. 『한서』에서 '행재소'의 용례가 자주 발

중앙정부와 지방정부 사이의 문서전달을 용이하게 했다. 「행서율(行書律)」에 따르면 한(漢)의 직할군현에는 일반적으로 10리마다 우(郵)가 설치되었고, 지형 등의 예외적 상황이 있을 때는 남군(南郡)의 장강(長江) 이남과 무릉군(武陵郡)의 점수(漸水) 유역 사이에서는 20리, 상군(上郡) · 북지(北地) · 농서(隴西) 등 군은 30리마다 세워졌다. 또 하루의 전달거리를 200리로 설정하였으므로 1천 리 밖의 공문(公文)이나 정보도 5일 안에 수도 장안으로 전달될 수 있었다. 그뿐만 아니라 이러한 우(郵) 조직을 통해 한(漢)은 '현(縣)→군(郡)→상국(相國) · 어사(御史)[대부大夫]'와 같은 체계적인 명령계통을 지닌 문서전달통로를 확보했다(彭浩, 「讀張家山漢簡《行書律》」, 『文物』 2002-9, 2002, 54왼쪽-56왼쪽). 『속한서(續漢書)』 「군국지(郡國志)」의 각 군(郡) 연혁에는 수도인 낙양과의 거리가 기록되었다. 이는 낙양과 해당 군현과의 교통망과 연락체계가 구축되었음을 시사한다. 『당육전(唐六典)』에 따르면 당대(唐代)에도 병부(兵部)의 부서인 가부(駕部)에서 전(傳)과 역(驛)을 관장했다. 특히 역(驛)은 30리마다 설치되었고, 전국에 모두 1,639개가 있었다(『唐六典』(陳仲夫 點校, 中華書局, 2005) 卷5 尙書兵部 · 駕部郎中 · 員外郎條, 162-163쪽, "駕部郎中 · 員外郎掌邦國之輿輦 · 車乘, 及天下之傳 · 驛 · 廐 · 牧官私馬 · 馬 · 牛 · 雜畜之簿籍, 辨其出入闌逸之政令, 司其名數, 凡三十里 驛, 天卜凡一千六百三十有九所."). 이 밖에 원(元) · 명(明) · 청(淸)의 역로도(驛路圖)를 보면(程光裕 · 徐聖謨 主編, 『中國歷史地圖』下冊, 臺北: 中國文化大學出版部, 1980-1984, 50쪽, 52쪽, 55-56쪽) 공통적으로 수도를 중심으로 방사선 모양의 역전(驛傳) 조직이 사방으로 뻗어 있음을 확인할 수 있다. 북위시대의 구체적인 자료는 부족하지만, 역대 한인왕조와 이민족왕조가 수도 중심의 역전 체계를 갖추었으므로 북위의 역전 조직도 비슷했을 것으로 유추할 수 있다.

10 『敦煌懸泉漢簡釋粹』(胡平生 · 張德芳 編撰, 上海古籍出版社, 2001), 142쪽, "使烏孫長羅侯[常]惠遣斥候恭, 上書詣行在所. 以令爲駕一乘傳.

11 위와 같음, 108쪽, "鴻嘉三年正月壬辰, 遣守屬田忠送自來鄯善王副使姑彘 · 山王副使烏不滕, 奉獻詣行在所, 爲駕一乘傳."

견되는 것을 보면[12] 행재소가 이동 중인 황제의 임시거처였음이 확실하다. 선제와 성제는 옹 · 분음 · 감천에서 제사를 지냈기 때문에[13] 행재소는 이 세 곳 혹은 이 중 한 곳을 지칭했을 것이다. 이 자료는 황제의 순행 시 임시거처까지 이어진 정규 또는 임시의 역전 조직이 존재했음을 시사한다. 수당시대 황제는 장안과 낙양 왕래의 편의를 위해 이 사이에 유룡궁(遊龍宮) · 신대궁(神臺宮) · 경악궁(瓊岳宮) · 금성궁(金城宮) · 헌유궁(軒遊宮) · 도원궁(桃源宮) · 섬성궁(陝城宮) · 수령궁(綉嶺宮) · 방계궁(芳桂宮) · 기수궁(崎岫宮) · 난봉궁(蘭峰宮) · 복창궁(福昌宮) · 난창궁(蘭昌宮) · 현인궁(顯仁宮) · 연창궁(連昌宮) · 흥태궁(興泰宮) · 사책궁(涉冊宮) 등 10여 개의 행궁 · 별관(別館)을 세웠다.[14] 그리고 장안과 낙양 사이에는 역전 조직을 갖추었다.[15] 요대에는 북송의 사신이 날발 중인 거란 군주를 만나기 위해 거란의 영토 안에 설치된 역관(驛館)을 이용했다는 기록이 남아 있다.[16] 이 또한 날발 중인 거란 군주의 일행과 각 지역 사이에 연락망이 구축되어 있었음을 보여 준다. 또 몽골(원) 쿠빌라이가 순행할 때 쿠빌라이의 총신 아흐마드가 대도(大都)에 남아 유사시 쿠빌라이와 문서를 주고받으며 사건과 사무를 처리했던 예를 보면[17] 원대에도 카안이 대도에 잔류한 관리와 서로 연락하고 보고하는 체계가 갖춰졌음을 알 수 있다.

---

12 대표적인 기록에 『한서(漢書)』 「교사지(郊祀志)」가 있다(『漢書』 卷25下 「郊祀志」5下, 1258쪽, "又初罷甘泉泰畤作南郊日, 大風壞甘泉竹宮, 折拔畤中樹大十圍以上百餘. 天子異之, 以問劉向. 對曰: 「…… 及陳寶祠, 自秦文公至今七百餘歲矣, 漢興世世常來, 光色赤黃, 長四五丈, 直祠而息, 音聲砰隱, 野雞皆雊. 每見雍太祝祠以太牢, 遣候者乘一乘傳馳詣行在所, 以爲福祥.").

13 金子修一, 「漢代の郊祀と宗廟と明堂及び封禪」, 90-103쪽 第七表 前漢の郊祀 참조.

14 介永强, 「唐代行宮三題」, 22왼쪽; 祁遠虎, 「離宮 · 行宮辨」, 7왼쪽.

15 嚴耕望, 「唐兩京館驛考」, 『唐史研究叢稿』(香港: 新亞研究所出版, 1969, 285-304쪽 및 同氏, 嚴耕望, 「唐代長安洛陽道譯程述」, 599-606쪽.

16 胡廷榮, 「遼中京至廣平甸捺鉢間驛館考略」, 52-55쪽.

17 金浩東 역주, 『마르코 폴로의 동방견문록』, 사계절, 2000, 245-246쪽.

전한과 거란(요), 몽골(元)의 예를 보면 황제 혹은 카안의 순행 장소와 도성 등지에 연락망이 구축되어 있었음을 알 수 있다. 이를 통해 이민족왕조와 한인왕조의 구별없이 순행 중인 황제와의 연락망 구축이 통치의 기본적인 요소였음을 알 수 있다.

요컨대 순행지와 도성 · 경기 일대를 연결하는 역전 조직이 있었고, 북위황제는 이를 이용해 시급한 정보를 주고받을 수 있었다. 그러나 자료 부족으로 역전의 구체적인 지점과 연결망은 알 수 없다.

북위황제는 역전 조직 등 통신망의 구축과 아울러 순행 도중 관료를 감찰하기 위해 평성에 후관(候官) 등의 감찰관을 두고 문제가 생기면 순행 중인 황제에게 직접 보고하는 통로가 되도록 했다. 북위 전기 감찰기구에는 외난대(外蘭臺) 혹은 남대(南臺)라 불리는 어사대(御史臺) 이외에 후관조(候官曹)가 있었다.[18] 『위서』「형벌지」에는

> "내외후관(內外候官)을 늘려 설치했는데, [내외후관은 각각] 제조(諸曹) · 외부(外部) · 주 · 진(州鎭)을 사찰(伺察)했으며, 미복(微服) 차림으로 부 · 시(府寺) 사이에 뒤섞여 있다가 백관의 숨겨진 잘못을 찾았다."[19]

라고 하여 내후관(內候官)이 중앙관청, 외후관(外候官)이 지방을 감찰했음을 보여 준다.[20] 『위서』「관씨지」에는 태화 2년(478) 오월 후직(候職)의 인원

---

18 邱永明, 『中國監察制度史』, 上海: 華東師範大學出版社, 1992, 189-192쪽.

19 『魏書』 卷111 「刑罰志」, 2875쪽, "增置內外候官, 伺察諸曹外部州鎭, 至有微服雜亂於府寺間, 以求百官疵失."

20 『위서』「관씨지」에서 목을 길게 빼고 멀리 보는 성질을 취해 후관(候官)을 백로(白鷺)로 명명했다는 기록을 보면(『魏書』 卷113 「官氏志」, 2973-2974쪽, "初, 帝欲法古純質, 每於制定官號, 多不依周漢舊名, 或取諸身, 或取諸物, 或以民事, 皆擬遠古雲鳥之義. …… 以伺察者爲候官, 謂之白鷺, 取其延頸遠望. 自餘之官, 義皆類此, 咸有比況."), 후관(候官)의 원래 명칭은 백로(白鷺)이

을 400명으로 줄였으며 그 임무가 비위(非違)의 사찰(司察)이라고 기록했다.[21] 그런데 태화 3년(479) 정치를 관대하기 위해 천여 명에 이르는 후직을 없애는 조서를 반포했다.[22] 이 두 기록을 참고하면 후직의 임무와 활동내용은 후관과 기본적으로 같다. 태무제 시기 우락발(于洛拔)이 영후관조사(領候官曹事)를 겸임한 예를 통해[23] 후관을 관리하는 조직이 있었음을 알 수 있다. 다만 우락발이 근시관으로 북위황제의 순행에 호종했는지 여부는 확실하지 않다.

그런데 여기서 천사 4년(407) 팔월 도무제가 평성 북쪽의 시산궁으로 순행한 후 후관이 사공(司空) 유악(庾岳)의 복장과 행동거지 등이 인군(人君)과 비슷하다고 보고하자 도무제가 유악을 체포하여 살해한 기사를[24] 주목해 보자. 『위서』「유업연전(庾業延傳)」을 보면 유악(유업연)은 남궁에 저택의 토지를 하사받아 가동(家僮)에게 건축공사를 맡겼다. 이때 후관(候官)이 유악의 옷과 행동거지가 인군, 즉 황제와 유사하다고 고발하여 결국 주살되었다.[25] 이 기사를 보면 당시 유악은 평성의 남궁 일대에 있었던 것으

고, 후관(候官)은 한자식 표기였을 가능성이 있다.

21 『魏書』卷113「官氏志」, 2976쪽, "太和二年五月, 減置候職四百人, 司察非違."

22 『魏書』卷111「刑罰志」, 2877쪽, "[太和]三年, 下詔曰: '治因政寬, 弊由網密. 今候職千數, 姦巧弄威, 重罪受賕不列, 細過吹毛而擧. 其一切罷之.' 於是更置謹直者數百人, 以防諠鬪於街術. 吏民安其職業."

23 『魏書』卷31「于栗磾傳附洛拔傳」, 737쪽, "恭宗之在東宮, 厚加禮遇, [于]洛拔以恭宗雖則儲君, 不宜逆自結納, 恒畏避屏退, 左轉領候宮曹事." 원문에서는 우락발(于洛拔)이 역임한 관직을 "영후궁조사(領候宮曹事)"라 했으나, '후궁(候宮)'은 후관(候官)의 오기(誤記)로 보인다.

24 『魏書』卷2「太祖紀」天賜四年(407)八月條, 43쪽, "八月 幸豺山宮. 是月, 誅司空庾岳."; 『資治通鑑』卷114「晉紀」安帝義熙三年(407)八月條, 3592쪽, "魏主[拓跋]珪珪如豺山宮. 候官告: '司空庾岳, 服飾鮮麗, 行止風采, 擬則人君.' [拓跋]珪收岳, 殺之."

25 『魏書』卷28「庾業延傳」, 685쪽, "天賜四年, 詔賜[庾]岳舍地於南宮, [庾]岳將家僮治之. 候官告[庾]岳衣服鮮麗, 行止風采, 擬儀人君. 太祖時旣不豫, 多所猜惡, 遂誅之."

로 보이며 이를 감시하던 외후관이 황제를 수행한 내후관에게 보고했거나 황제 혹은 측근에게 직접 보고했을 것이다. 즉, 북위황제는 평성에 후관 등 감찰관을 두어 각 관청과 관리의 행동을 감시하게 하여 잘못이 있으면 순행 중인 황제에게 직접 보고하는 체계를 갖춤으로써 부재중에도 감시와 감찰을 늦추지 않을 수 있었다.

2) 순행과 도성 방어체계

(1) 유대(留臺)와 유수(留守)

황제의 도성 부재는 반란의 가능성과 함께 적들의 습격 가능성도 야기했다. 왜냐하면 황제가 도성을 비우면 황제를 호위하는 정예부대도 수행을 떠나므로 도성을 방어하는 군사력이 약해지고 이에 따라 적의 공격에 방어할 능력도 상대적으로 취약해지기 때문이다. 이러한 예는 오호십육국시대[26] 남량과 설간부, 북위, 유연의 예에서 쉽게 찾아볼 수 있다. 예컨대 남량(南涼)의 독발녹단(禿髮傉檀)이 을불부(乙弗部)를 공격하러 수도 낙도(樂都)를 비운 사이 서진(西秦)의 걸복치반(乞伏熾磐)이 낙도(樂都)를 습격하여 태자 독발호대(禿髮虎臺)를 사로잡고 독발녹단의 항복을 받아 남량을 멸망시켰다.[27] 도무제도 등국 8년(393) 오르도스 지방에 있었던 설간부(薛干部)의

26 북위는 북조(北朝)의 첫 번째 왕조이지만, 오호십육국시대(五胡十六國時代)를 종식시켜 화북을 통일하기 전까지는 오호제국과 병립한 호족국가(胡族國家)의 하나였다. 따라서 본고의 위의 문단에서는 태무제의 화북통일 이전인 도무제와 태무제의 정벌사례를 오호십육국시대에 넣어 서술했다.

27 『晉書』 卷125 「乞伏熾磐載記」, 3124쪽, "聞禿髮傉檀西征乙弗, 投劍而起曰: '可以行矣!' 率步騎二萬襲樂都. 禿髮武臺憑城距守, 熾磐攻之, 一旬而克. 遂入樂都, 論功行賞各有差. 遣平遠犍虔率騎五千追傉檀, 徙武臺與其文武及百姓萬餘戶于枹罕. 傉檀遂降, 署爲驃騎大將軍 · 左南公." 『진서』에는 독발녹단의 아들 이름을 '무대(武臺)'라 적었으나, 이는

태실복(太悉伏)이 조복인(曹覆寅)을 공격하러 나간 틈을 타 태실복의 본거지를 습격하여 설간부를 사실상 궤멸시켰다.[28] 태무제도 혁련발발의 아들들이 제위(帝位) 계승문제로 서로 싸우는 틈을 이용해 통만성(統萬城)을 공격했다.[29] 또 하주(夏主) 혁련창이 관중(關中) 방어를 위해 혁련정에게 군사 2만을 주어 장안으로 파견함에 따라 통만성을 지키는 군대 수가 적어지자 태무제는 통만성을 다시 공격했으며,[30] 결국 통만성을 점령했다. 반대로 북위황제가 친정(親征)할 때, 유연이 그 허점을 틈 타 평성 인근에 침입한 일도 있다. 태무제가 북량을 정벌하러 갈 때 목수(穆壽)에게 태자 탁발황을 보좌하여 유연의 습격에 대비하고 평성을 잘 지키라고 명령했다. 그러나 목수는 공손질(公孫質)의 점을 믿고 방비를 소홀히 했다가 유연의 습격을 받고 허둥거리며 탁발황(拓跋晃)에게 남산으로 피할 것을 청했다. 이때 황태후 두씨가 장손도생 등 제장(諸將)에게 명하여 가까스로 유연의 군대를 격퇴했다.[31] 따라서 각국의 군주는 이에 대비할 필요가 있었다.

당고조(唐高祖)의 선조 '이호(李虎)'의 이름을 피휘(避諱)한 것으로 원래는 호대(虎臺)이다. 본문에서는 원래 이름인 호대로 표기했다

28 『魏書』 卷2 「太祖紀」 登國八年(393)八月條, 25쪽, "帝南征薛干部帥太悉佛於三城, 會其先出擊曹覆, 帝乘虛屠其城, 獲太悉佛子珍寶, 徙其民而還."; 『魏書』 卷103 「高車傳附薛干部傳」, 2312-2313쪽, "薛干部, 常屯聚於三城之間. 及滅[劉]衛辰後, 其部帥太悉伏望軍歸順, 太祖撫安之. 車駕還, [劉]衛辰子屈丐奔其部. 太祖聞之, 使使詔太悉伏執送之. 太悉伏出屈丐以示使者曰: 「今窮而見投, 寧與俱亡, 何忍送之.」 遂不遣. 太祖大怒, 車駕親討之. 會太悉伏先出擊曹覆寅, 官軍乘虛, 遂屠其城, 獲太悉伏妻子珍寶, 徙其人而還. 太悉伏來赴不及, 遂奔姚興, 未幾亡歸嶺北."

29 『魏書』 卷95 「鐵弗劉虎傳附昌傳」, 2057쪽

30 『魏書』 卷4 「世祖紀」上 始光四年(427)條, 71쪽, "[春正月]己亥, 行幸幽州. 赫連昌遣其弟平原公定率衆二萬向長安. 帝聞之, 乃遣就陰山伐木 大造攻具. 二月, 車駕還宮. 三月丙子, 遣高涼王禮鎭長安. 詔執金吾桓貸造橋於君子津."

31 『魏書』 卷27 「穆崇傳附壽傳」, 665쪽, "輿駕征涼州, 命壽輔恭宗, 總錄要機, 內外聽焉. …… [穆]壽信卜筮之言, 謂賊不來, 竟不設備. 而吳提果至, 侵及善無, 京師大駭. [穆]壽不

앞에서 살펴본 황제의 순행과 도성 부재의 문제점을 해결하기 위해 오호제국과 북위에서 준비한 대안은 태자나 후계자의 도성 유수(留守)였다. 오호십육국 혹은 북위시대 황제의 친정(親征)이나 일시적 도성 부재 이외에 친정(親征)과 순행으로 자주 또는 장기간 도성을 비웠다. 이때 이민족 군주는 태자에게 수도에 남아 자기 대신 도성 방어 등을 맡도록 명령했다. 이는 주로 후진(後秦)에서 두드러졌으며 관직 겸임 여부와 관계없이 태자가 도성 유수와 국정을 맡았다. 예컨대 요장의 태자 요흥은 아버지 요장이 친정(親征)할 때마다 후방의 일을 책임졌다.[32] 요장이 당시 관롱의 패권을 두고 전진의 잔여 세력, 걸복씨(乞伏氏), 혁련발발과 잦은 전투를 벌였음을 고려하면, 요장은 외정(外征), 요흥은 내치를 담당하는 것으로 역할을 분담했다. 요흥은 태자 요홍을 녹상서사(錄尙書事)로 임명하여[33] 정치를 맡겼다. 태자 요홍은 요흥이 출정하거나 순유(巡游)하여 장안에 없을 때 궁중의 일을 전담했다.[34] 이는 요장과 태자 요흥의 관계와 유사하다. 요장과 요흥, 요흥과 요홍의 계승과정을 살펴보면, 후진의 군주는 친정(親征)이나 순유 등으로 부재중일 때가 많았기 때문에 태자가 내정을 담당하게 되었다.

장기간 순행했던 북위황제도 태자에게 도성을 유수하게 할 필요성을 느꼈을 것이다. 1편 1장의 〈표 2〉와 〈표 3〉에서 살펴본 것처럼 북위황제의

知所爲, 欲築西郭門, 請恭宗避保南山. 惠太后不聽, 乃止. 遣司空長孫道生等擊走之. 世祖還, 以無大損傷, 故不追咎.";『魏書』卷33「公孫表傳附質傳」, 785쪽, "世祖征涼州, 留宜都王穆壽輔恭宗. 時蠕蠕乘虛犯塞, 候騎至於京師, 京師大震. [穆]壽雅信任質, 以爲謀主. [公孫]質性好卜筮, 卜筮者咸云寇必不來, 故不謀備. 由質幾致敗國."

32 『晉書』卷117「姚興載記」上, 2975쪽, "[姚]萇之在馬牧, [姚]興自馬安冒難奔萇, [姚]萇立爲皇太子. [姚]萇出征討, 常留統後事."

33 『晉書』卷118「姚興載記」下, 2991쪽, "[姚]興以太子[姚]泓錄尙書事.";『晉書』卷118「姚興載記」下, 3002, "[姚]興命[姚]泓錄尙書事, 使姚紹 · 胡翼度典兵禁中, 防制內外, 遣斂曼嵬收[姚]弼第中甲杖, 內之武庫."

34 『晉書』卷119「姚泓載記」, 3007쪽.

연간 순행 추산일수는 '순행1'의 경우 명원제는 126일, 태무제는 210일이었다. '순행2'의 경우 명원제는 112일, 태무제는 138일이었다. 장기간 순행한 명원제와 태무제보다 순행기간이 적은 헌문제와 효문제도 '순행1'일 경우 각각 87일(태상황제 시기)과 62일이었다. 따라서 황제마다 편차는 있지만, 북위황제는 최소 2개월에서 최대 7개월까지 도성 바깥의 지역을 돌아다녔으므로 황제의 장기간 도성 공백이 불가피했다.

북위황제는 이에 대한 대비책으로 순행이나 친정 중 수도 방어를 위해 평성에는 유대(留臺)를 두고 중신(重臣)에게 평성에 잔류하여 평성의 방어와 국정을 처리하게 했다. 예컨대 태무제가 순행할 때 장손숭이 평성에 남아 조당(朝堂)에서 형옥(刑獄)을 처리했다.[35] 기존 연구에 따르면, 유대는 상서뿐 아니라 다른 관직도 포함되며 군사 · 행정 · 재판 등을 처리했고, 권력의 집중을 막기 위해 특히 군사지휘권의 집중을 막기 위해 이를 몇 명에게 분산하였다.[36] 시광 3년(426) 유연 친정에서 돌아온 태무제가 행대와 유대의 장사(將士)에게 전리품을 차등 지급한 기사를 보면[37] 황제의 친정(親征)이나 순행에 수행한 기구를 행대,[38] 수도의 기구를 유대라 불렀음을 알

---

35 『北史』 卷22 「長孫嵩傳」, 807쪽, "自是輿駕征伐, 嵩以元老, 多留鎭京師, 坐朝堂平斷刑獄."; 『魏書』 卷25補 「長孫嵩傳」, 645쪽.

36 窪添慶文, 「北魏の太子監國制度」, 『魏晉南北朝官僚制研究』, 188-193쪽.

37 『魏書』 卷4 「世祖紀」上 始光三年(426)春正月壬申條, 71쪽, "車駕至自北伐. 班軍實以賜將士, 行 · 留各有差."

38 태무제가 개오(蓋吳)의 난을 평정하기 위해 친정(親征)했을 때 최호(崔浩)와 난연(蘭延)이 도독행대중외제군사(都督行臺中外諸軍事)가 되었다. 이때 최호는 주로 태무제의 작전 참모 역할을 수행했다(『魏書』 卷35 「崔浩傳」, 824-825쪽, "世祖西巡, 詔[崔]浩與尙書 · 順陽公蘭延都督行臺中外諸軍事."). 도독행대중외제군사는 도독중외제군사(都督中外諸軍事)란 직함의 도독과 중외제군사 사이에 '행대'를 삽입한 것으로, 행대의 군사적 문제를 담당했던 관직인 것 같다. 최호가 개오의 난 때 계속 태무제를 수행하여 참모의 역할을 충실히 했기 때문에(『魏書』 卷114 「釋老志」, 3033-3034쪽, "會蓋吳反杏城, 關中騷動, 帝乃西伐, 至於長安. 先是, 長安沙門種麥寺內, 御騶牧馬於麥中, 帝入觀馬. 沙門飮從官酒, 從官入其便室, 見大有弓矢

수 있다. 또 북위황제가 순행 혹은 친정(親征)할 때 대신을 잔류시켜 도성을 지키게 했다. 사서에서는 이를 '유수'로 기록했다. 예컨대 태무제가 신가 2년(429) 유연을 친정(親征)할 때 태위(太尉) 북평왕(北平王) 장손숭과 위위(衛尉) 광릉공(廣陵公) 누복련(樓伏連)에게 평성을 유수하도록 명했다.[39] 정확한 연도를 알 수 없으나 고필은 태무제가 하서에서 대대적인 사냥을 벌일 때 도성을 지켰다.[40]

북위황제는 특히 유연을 방어하기 위해 수도 평성에 유대를 두어 유수할 대신을 배치하는 방법 외에 군대를 배치하기도 했다. 예컨대 육사(陸俟)는 태무제가 하(夏)를 정벌할 때 대적(大磧)에 주둔하며 유연의 공격을 방어하였다.[41] 안원과 건녕왕(建寧王) 탁발숭(拓跋崇)도 태무제가 북연을 공격

矛盾, 出以奏聞. 帝怒曰: '此非沙門所用, 當與蓋吳通謀, 規害人耳!' 命有司案誅一寺, 閱其財産, 大得釀酒具及州郡牧守富人所寄藏物, 蓋以萬計. 又爲屈室, 與貴室女私行淫亂. 帝旣忿沙門非法, [崔]浩時從行 因進其說. 詔誅長安沙門, 焚破佛像, 敕留臺下四方令, 一依長安行事.") 행대는 친정(親征) 중인 기구를 뜻한다고 볼 수 있다. 그런데 모발송(牟發松)과 고하소잠(古賀昭岑)은 육정국(陸定國)이 헌문제의 '정순(征巡)' 때마다 행대녹도조사(行臺錄都曹事)에 발탁되었다는 기사(『魏書』 卷40 「陸俟傳附定國傳」, 908-909쪽, "及顯祖踐阼, 拜散騎常侍, 特賜封東郡王, 加鎭南將軍 …… 俄遷侍中 · 儀曹尙書, 轉殿中尙書. 前後大駕征巡, 每擢爲行臺錄都曹事.")와 『위서』 「현조본기(顯祖本紀)」를 대조하여 육정국이 친정(親征)뿐 아니라 순행기간에도 행대의 관직을 역임했음을 밝혀 냈다. 즉 도무제 하북점령 시기와 북위말기의 '지방성 행대'와는 달리 효문제 시기까지 행대는 위진시대의 행대처럼 상서성 혹은 상서대(尙書臺)의 관리가 순행 혹은 친정(親征)에 수행할 때 가지는 직함이었다(古賀昭岑, 「北朝の行臺についてその一」, 『九州大學東洋史論集』 3, 1974, 58위쪽-58아래쪽; 牟發松, 「六鎭起義前的北魏行臺」, 『魏晉南北朝隋唐史資料』 11, 1991, 119-123쪽; 張小隱, 「魏晉南北朝時期行臺性質的演變-兼論地方行臺制度的淵源-」, 『人文雜誌』 2008-3, 2008, 144왼쪽-144오른쪽).

39 『魏書』 卷4 「世祖紀」上 神䴥二年(429)夏四月庚寅條, 75쪽, "車駕北伐, 以太尉 · 北平王長孫嵩, 衛尉 · 廣陵公樓伏連留守京師, 從東道與長孫翰等期會於賊庭."

40 『魏書』 卷28 「古弼傳」, 692쪽, "世祖大閱, 將校獵於河西. [古]弼留守, 詔以肥馬給騎人, [古]弼命給弱者. 世祖大怒曰: '尖頭奴, 敢裁量朕也! 朕還臺, 先斬此奴.' [古]弼頭尖, 世祖常名之曰筆頭, 是以時人呼爲筆公."

41 『魏書』 卷40 「陸俟傳」, 901쪽, "世祖親征赫連昌, 詔[陸]俟督諸軍鎭大磧, 以備蠕蠕."

할 때 막남에 주둔하며 유연의 공격에 대비했다.[42] 이 밖에 영천왕(潁川王) 탁발평원(拓跋平原)은 매해 군대를 이끌고 막남에 주둔하며 유연의 침입에 대비했다.[43] 탁발평원의 막남 주둔 기사는 이에 대해 헌문제 이후의 일이라고 했으며, 순행이나 친정(親征) 때문에 막남에 주둔했다는 기록은 없다. 그러나 헌문제도 자주 순행했으므로, 탁발평원은 종실제왕(宗室諸王)의 자격으로서 막남 주둔군 사령관이 되었고 북위황제가 순행으로 자리를 비우면 최전선에서 유연의 공격을 방어하는 역할을 맡았다. 이처럼 북위는 종실제왕과 대신을 막남에 파견함으로써 유연의 남진을 최전선에서 방어하는 전략을 취했다.

(2) 태자 · 후계자의 도성 방어

앞에서 살펴보았듯이 북위황제는 순행 혹은 친정 중 수도를 방어하기 위해 유대를 두거나 종실제왕이나 대신에게 평성을 유수하도록 하여 황제의 도성 부재를 보완하려고 했다. 혹은 유연의 공격을 방어하기 위해 막남에 종실제왕이나 대신을 파견하여 유연의 침입의욕을 처음부터 꺾는 조치를 취했다. 그러나 이는 주로 북위황제가 후계자를 두지 않았을 때의 조치이고, 후계자가 정해진 경우 이들을 도성에 잔류시켜 평성을 지키게 했다.

태자나 후계자는 북위황제의 순행 혹은 친정 때 유연의 습격을 막기 위해 평성이나 막남에 주둔하며 수도 인근을 방어했다. 예컨대 태상 7년(422) 명원제가 하남에서 작전 중인 군대를 독려하기 위해 남순할 때 태평왕(泰

42 『魏書』 卷30 「安同傳附原傳」, 714쪽, "車駕征昌黎, [安]原與建寧王崇屯于漠南以備蠕蠕."

43 『魏書』 卷16 「道武七王 · 河南王曜傳附平原傳」, 396쪽, "及還京師, 每歲率諸軍屯於漠南, 以備蠕蠕."

平王) 탁발도(훗날의 태무제)는 육군(六軍)을 통솔하여 새상(塞上)에 주둔하면서 유연의 공격에 대비했다.[44] 이때 안동(安同)과 안정왕(安定王) 탁발미(拓跋彌)가 평성을 유수했다.[45] 태연 5년(439) 태무제가 북량을 정벌하러 갈 때, 아들 탁발황은 태무제 대신 목수의 보좌를 받으며 평성에 잔류했고, 대장군(大將軍) 장락왕(長樂王) 혜경(嵇敬)과 보국대장군(輔國大將軍) 건녕왕(建寧王) 탁발숭(拓跋崇)은 2만 명을 거느리고 막남에 주둔하면서 유연의 침입에 대비했다.[46] 태무제가 태평진군 11년(450) 유송을 대대적으로 남벌할 때 황태자 탁발황은 막남에 주둔했고 오왕(吳王) 탁발여(拓跋余)는 평성을 지켰다.[47] 태상 7년 태평왕(태무제)과 태평진군 11년 황태자 탁발황이 새상(塞上)이나 막남에 주둔하며 군대를 통솔한 것은 정예군을 이끌고 유연을 방어하려는 목적이었다. 그런데 태자 혹은 제위계승 후보자가 군사령관이 되어 주로 호인으로 구성된 군대를 통솔한 것은 호인에게 이들의 존재를 각인시키고, 상하의 통솔관계를 확립하려는 의도였던 것으로 보인다. 효문제의 태자 원순(元恂) 역시 효문제가 친정(親征)과 순행을 할 때마다 도성을 유수하며 묘사(廟祀)를 주재했다.[48] 태자 원순은 나이가 어렸기 때문에 원

---

44 『魏書』 卷3 「太宗紀」 泰常七年冬十月甲戌條, 62쪽, "奚斤伐滑臺不克, 帝怒, 議親南討, 爲其聲援. 壬辰, 車駕南巡, 出自天門關, 踰恒嶺. 四方蕃附大人各率所部從者五萬餘人. 十有一月, 泰平王親統六軍出鎭塞上, 安定王彌與北新公安同居守."

45 『魏書』 卷17補 「明元六王 · 安定王彌傳」, 414쪽, "太宗討滑臺, 留守京師."; 『魏書』 卷30 「安同傳」, 713쪽, "世祖監國, 臨朝聽政, 以同爲左輔. 太宗征河南, 拜同右光祿大夫. 世祖出鎭北境, 同與安定王彌留鎭京師."

46 『魏書』 卷4上 「世祖紀」上 太延五年六月甲辰條, 89쪽, "車駕西討沮渠牧犍, 侍中 · 宜都王穆壽輔皇太子決留臺事; 大將軍 · 長樂王嵇敬, 輔國大將軍 · 建寧王崇二萬人屯漠南, 以備蠕蠕."

47 『魏書』 卷4下 「世祖紀」下 太平眞君十一年九月條, 104쪽, "辛卯, 輿駕南伐. 癸巳, 皇太子北伐, 屯于漠南, 吳王余留守京都."

48 『北史』 卷19 「孝文六王 · 廢太子恂傳」, 713쪽; 『魏書』 卷22補 「孝文五王 · 廢太子恂傳」, 588쪽.

비(元丕)나 광릉왕(廣陵王) 원우(元羽),[49] 원란(元鸞)[50]이 낙양을 지켰다(이때는 낙양천도 이후).

요컨대 북위의 후계자는 북위황제의 순행이나 친정(親征)으로 생긴 공백을 막기 위해 도성과 막남을 방어하는 역할을 맡았음을 알 수 있다. 이는 세 유형으로 나뉜다. 첫째 유형은 태평왕 탁발도나 태자 탁발황처럼 황태자 혹은 제위계승 후보자가 대군을 이끌어 막남에 주둔하고 종실제왕이나 대신이 평성을 유수하는 체제이다. 제위계승 후계자를 유연과의 접경지대에 전진배치하는 것은 후계자의 안전을 위태롭게 할 수 있음에도, 황제는 제위 후계자를 그쪽에 보내 이들이 유목민으로 구성된 대군을 통솔하고 공격 방어에 임히였다. 이것은 유연의 공격 때 발생할 수 있는 유목민의 동요를 막아 결속하려는 정치적 의도가 강했던 것으로 볼 수 있다. 둘째 유형은 후계자가 종실제왕과 대신 등 후견인과 함께 평성을 지킬 때 종실제왕과 대신이 막남에 주둔하는 방식이다. 이는 439년 태무제의 아들 탁발황이 평성을 지킬 때 취했던 방법이다. 이는 당시 탁발황이 12세에 불과했기 때문에 취해진 조치였을 것이다. 셋째 유형은 둘째 유형과 유사한데, 후계자가 어릴 경우 황제의 신임을 받는 대신이 유수를 책임지는 경우이다. 이는 주로 효문제의 태자 원순 때 주로 취해졌다.

---

49 『魏書』 卷14 「武衛將軍謂傳附丕傳」, 358쪽, “及車駕南伐, [元]丕與廣陵王羽留守京師, 並加使持節.”; 『魏書』 卷21上 「獻文六王上 · 廣陵王羽傳」, 550쪽, “車駕南伐, [元]羽進號衛將軍, 除使持節 · 都督青齊光南青四州諸軍事 · 征東大將軍 · 開府 · 青州刺史. 以留守代京之功, 增邑五百戶.”

50 『魏書』 卷19 「景穆十二王下 · 城陽王長壽傳附鸞傳」, 509쪽, “後朝于京師. 會車駕南討, 領鎮軍將軍. 定都洛陽, 高祖幸鄴, 詔鸞留守.”

2. 순행과 태자 · 후계자의 국정처리

1절 2항에서 북위황제가 친정(親征)과 순행으로 자주 도성을 비울 경우 도성의 공백을 보완하기 위해 태자를 잔류시켜 도성을 유수하게 했던 통치 방식을 유형별로 살펴보았다. 그러면 태자는 단순히 도성을 지키기만 한 것일까? 한인왕조에서도 황제의 도성 부재 시 태자가 감국하는 관례가 있었으므로, 북위시대와 다른 한인왕조의 '태자감국'의 차이가 무엇인지 반문할 수 있다. 물론 북위황제의 순행이 호족적 성격을 지녔기 때문에 다르다고 볼 수도 있지만 이것만으로는 설명이 부족한 감이 있다.

선행연구에 따르면 북위시대 '태자감국'은 명원제의 후계자 탁발도와 태무제의 태자 탁발황에 한정된다.[51] 『위서』「태종기」 태상7년조에 따르면, 탁발도(훗날 태무제)는 태상 7년(422) 사월 태평왕에 봉해진 뒤 상국 대장군에 임명되었고, 오월에는 명원제가 한식산(寒食散) 복용의 후유증으로 정사를 처리할 수 없게 되자 '황태자'에게 임조청정(臨朝聽政)을 명했고, 이에 태평왕 탁발도는 섭정을 했다.[52] 위 기사에는 탁발도를 '황태자'로 임명한 기사는 없고 태평왕에 봉한 기사만 있으나 오월조에서는 탁발도를 태평왕임과 동시에 '황태자'라고 기록했다. 반면 『위서』「세조기」에서는 태무제(탁발도)가 태상 7년 사월 태평왕에 봉해지고 오월 감국에 임명되었다고 기록했다.[53] 두 기록을 종합해 보면, 탁발도가 황태자에 임명된 기록은 없다.

---

51 曹文柱,「北魏明元 · 太武兩朝的世子監國」,『北京師範大學學報(社會科學版)』1991-4, 1991, 28-25쪽.

52『魏書』卷3「太宗紀」泰常七年(422)條, 61-62쪽, "[夏四月]甲戌, 封皇子燾爲泰平王, 燾, 字佛釐, 拜相國, 加大將軍. …… 初, 帝素服寒食散, 頻年動發, 不堪萬機, 五月, 詔皇太子臨朝聽政. 是月 泰平王攝政."

53『魏書』卷4「世祖紀」上, 69쪽, "泰常七年(422)四月, 封泰平王, 五月, 爲監國. 太宗有疾, 命帝總攝百揆, 聰明大度, 意豁如也."

그러나 『자치통감』「송기」 무제영초3년오월(武帝永初三年五月)조에 따르면 명원제는 최호와 장손숭에게 자문을 구한 후 탁발도를 태자로 임명함과 동시에 임조청정을 맡겼다.[54] 그러나 『위서』「태종기」와 「세조기」의 기록을 보면 탁발도가 감국을 맡은 후에도 태평왕의 작위를 지녔다는 것과 이때 상국 대장군의 관직도 지녔을 것임을 알 수 있다. 태무제의 태자 탁발황은 태무제가 북연을 공격할 때 녹상서사를 겸했으며, 북량을 친정(親征)할 때 감국으로 임명되었다.[55] 한 연구에 따르면 탁발황은 태자로 임명된 지 10여 년 만에 감국이 되었다.[56] 그런데 북위의 태자감국은 황태자가 재상·대장군·왕(王)을 겸하는 예도 있고, 정도의 차이는 있지만 국정에 참여했다는 점에서 한인왕조의 황태자 제도와는 다르다.

오호제국과 북위에서 군주계승 후보자나 태자에게 상국·승상과 총사령관의 직책을 준 것은 분쟁 없는 군주계승을 위한 정치적 고려였다. 이와 아울러 재상직과 군사령관의 직책을 준 것은 국정 참여의 의미도 있었을 것이다. 특히 호인군주가 친정(親征)과 순행으로 자주 도성을 비울 경우, 재상을 겸한 태자가 국정을 처리했을 것이다. 앞에서 살펴본 후진(後秦)의 요

---

54 『資治通鑑』 卷119 「宋紀」 武帝永初三年五月條, 3745쪽, "魏主服寒食散, 頻年藥發, 災異屢見, 頗以自憂. 遣中使密問白馬公崔浩曰: '屬者日食趙·代之分. 朕疾彌年不愈, 恐一旦不諱, 諸子並少, 將若之何?其爲我思身後之計!' [崔]浩曰: '陛下春秋富盛, 行就平愈; 必不得已, 請陳瞽言. 自聖代龍興, 不崇儲貳, 是以永興之始, 社稷幾危. 今宜早建東宮, 選賢公卿以爲師傅, 左右信臣以爲賓友; 入總萬機, 出撫戎政. 如此, 則陛下可以優遊無爲, 頤神養壽. 萬歲之後, 國有成主, 民有所歸, 姦宄息望, 禍無自生矣. 皇子燾年將周星, 明叡溫和, 立子以長, 禮之大經, 若必待成人然後擇之, 倒錯天倫, 則召亂之道也.' 魏主復以問南平公長孫嵩. 對曰: '立長則順, 置賢則人服; 燾長且賢, 天所命也.' 帝從之, 立太平王燾爲皇太子, 使之居正殿臨朝, 爲國副主."

55 『魏書』 卷4下 「世祖紀」下 附恭宗傳, 107-108쪽, "世祖東征和龍, 詔恭宗錄尚書事; 西征涼州, 詔恭宗監國."

56 曹文柱, 「北魏明元·太武兩朝的世子監國」, 28쪽.

장과 요흥, 요흥과 요홍의 황제-태자 관계가 대표적인 예이다.[57] 그러나 태자의 재상직 임명이 국정 참여를 의미한 것은 아니라는 반론도 가능하다. 즉 대개 상국이나 승상(丞相)을 역임한 자가 황제가 되었으므로 재상직에 임명되는 것은 곧 제위계승자에 올랐음을 의미하지만, 황제와의 권력관계를 고려하면 태자의 국정 참여에 한계가 있었다고 볼 수 있기 때문이다. 맏아들 탁발도를 상국 대장군에 임명한 후 임조청정을 명령한 명원제는 신하에게 자신의 본심을 다음과 같이 말했다.

"이때 [최]호에게 책(策)을 받들어 종묘에 고하도록 했다. [명원제는] 세조[탁발도]를 국부주(國副主)로 삼아 정전(正殿)에 거처하여 조회에 참석하도록 명했다. 사도 장손숭, 산양공(山陽公) 해근(奚斤), 북신공(北新公) 안동을 좌보(左輔)로 삼아 동상(東廂)에 앉아 서면(西面)하도록 하고, [최]호와 태위 목관(穆觀), 산기상시(散騎常侍) 구퇴(丘堆)를 우필(右弼)로 삼아 서상(西廂)에 앉아 동면(東面)하도록 하여 백료(百僚)를 총괄하여 정사를 처리하도록 했다. 태종[명원제]은 서궁에 거처했으며, 때로는 몰래 이를 살펴보고 [태평왕 탁발도]의 결단 내용을 듣고 매우 기뻐했다. 이에 좌우의 시신(侍臣)에게 '장손숭은 덕망을 쌓은 구신(舊臣)이며 4대에 걸쳐 임금을 섬겨 사직을 편안하게 한 공이 있다. 해근은 말솜씨가 능하고 재빠르며 지모가 있어 명성이 먼 곳과 가까운 곳에 알려졌다. 안동은 속정(俗情)을 너득했으며, 매사에 능숙했다. 목관은 정요(政要)에 통달했으며 내 지취(旨趣)를 잘 알았다. 최호는 널리 듣고 기억력이 좋으며 천인지회(天人之會)에 능통했다. 구퇴는 비록 큰 쓰임은 없었으나 공무에 종사할 때는 오로지 신중했다. 이 여섯 사람이 [태평왕 탁발도를] 보필하니, 나와 너희들은 사경(四境)을 유행(遊行)하며 반

57 崔珍烈, 「五胡諸國 · 北朝 후계자의 國政 참여와 그 배경」, 285-303쪽.

(叛)한 이들을 정벌하고 복속한 이들을 회유한다면 가히 천하에서 뜻을 이룰 수 있을 것이다.'라고 말했다. 여러 신하가 때때로 의심스러운 바를 상주하면 태종[명원제]은 '이는 내가 맡은 바가 아니니, 마땅히 너희들의 국주(國主)가 결정하도록 하라.'라고 말했다."[58]

앞의 인용문에 따르면, 명원제는 좌우 시신에게 태평왕 탁발도에게 정사를 위임한 후 장손숭 등 6인에게 태평왕 탁발도를 보좌하도록 명했다. 명원제는 장손숭 등 6인의 장점을 평가하며, 이 6인이 태평왕을 제대로 보좌하기 때문에 자신과 시신이 사방을 유행(遊行)하며 정토(征討)에 종사할 수 있고, 이를 통해 천하를 차지할 수 있다고 말했다. 여기서 명원제가 후계자인 태평왕 탁발도에게 국정을 맡긴 중요한 이유는 사경(四境)의 유행(遊行), 즉 순행이었다. 『위서』「태종기」에서는 명원제가 한식산의 과다복용으로 병에 걸려 정치를 감당할 수 없자 황태자인 태평왕 탁발도에게 정치를 위임했다고 기록했다.[59] 그러나, 명원제는 태상 8년(423) 탁발도에게 정치를 위임한 2년 후 죽을 때까지 네 차례 더 순행했다. 즉, 태상 6년과 7년 운중과 옥두성 등지를 108일간 순행했고, 태상 7년과 8년 사이에는 유송의 활대와 호뢰(虎牢)를 공격하는 북위군을 독려하기 위해 239일 동안 하북과 하남 일대를 순시했다.[60] 명원제가 정치를 감당할 수 없을 정도의

58 『魏書』 卷35 「崔浩傳」, 813쪽, "於是使[崔]浩奉策告宗廟, 命世祖爲國副主, 居正殿臨朝. 司徒長孫嵩 · 山陽公奚斤 · 北新公安同爲左輔, 坐東廂西面; [崔]浩與太尉穆觀 · 散騎常侍丘堆爲右弼, 坐西廂東面. 百僚總己以聽焉. 太宗避居西宮, 時隱而窺之, 聽其決斷. 大悅, 謂左右侍臣曰: 「長孫嵩宿德舊臣, 歷事四世, 功存社稷; 奚斤辯捷智謀, 名聞遐邇; 安同曉解俗情, 明練於事; 穆觀達於政要, 識吾旨趣; 崔浩博聞强識, 精於天人之會; 丘堆雖無大用, 然在公專謹. 以此六人輔相, 吾與汝曹遊行四境, 伐叛柔服, 可得志於天下矣.」 羣臣時奏所疑, 太宗曰: 「此非我所知, 當決之汝曹國主也.」

59 『魏書』 卷3 「太宗紀」 泰常七年(422)夏四月甲戌條, 62쪽.

중병에 걸렸다면 최소 44일, 최대 239일 동안 각지를 돌아다니며 도성 밖에서 장기간 체류할 수 없었을 것이다. 이런 점에서 명원제가 태평왕 탁발도에게 정치를 위임한 후 "사경(四境)의 유행(遊行)과 정벌에만 힘쓰면 된다."고 발언한 것은 정치적 수사가 아니라 실제 상황이었을 가능성이 높으며, 국정을 위임한 이유도 한식산의 복용으로 생긴 병 때문만은 아니었을 것이다.

태무제는 태평진군 4년(443) 유연 원정에서 돌아오면서 태자 탁발황에게 정치를 위임하고 태무제의 공신을 일선에서 후퇴시킬 것이라고 천명했다.[61] 이어서 황태자 탁발황에게 백규(百揆)를 총괄케 하고 목수 · 최호 · 장려 · 고필 등 대신에게 태자를 도와 서정(庶政)을 처리하도록 했다.[62] 이후 탁발황은 태무제가 북연을 공격할 때 녹상서사를 겸했으며, 북량을 친정(親征)할 때는 감국으로 임명되었다.[63] 태자 탁발황이 녹상서사를 겸했던 시기와 감국으로 임명된 시기가 태무제의 대외원정 시기와 겹치는 상황임을 볼 때 '태자감국', 즉 '후계자 감국'이 친정 혹은 순행으로 생긴 공백을 메우려는 장치였음을 알 수 있다. 당시에는 사방이 아직 평정되지 않은 때였으므로 태무제의 친정이 잦은 편이었다. 이때 정치를 탁발황(공종)에게 위임했다는 『위서』「식화지」의 기록 역시 '태자감국'의 임명이 친정 중 국정 공백을 보완하기 위한 것이었음을 보여 준다. 탁발황은 국정을 처리하면서 농경과 토지개간 확대에 힘써 잦은 대외원정으로 부족해진 재정을 풍족하게 했다.[64] 이는 탁발황이 단순히 도성을 지키는 상징적인 의미에서

60 [부록 1] 北魏時代 巡幸表 참조.

61 『魏書』 卷4上 「世祖紀」下 太平眞君四年(443)冬十一月甲子條, 96쪽.

62 『魏書』 卷4上 「世祖紀」下 太平眞君五年(444)春正月壬寅條, 96쪽, "皇太子始總百揆. 侍中 · 中書監 · 宜都王穆壽, 司徒 · 東郡公崔浩, 侍中 · 廣平公張黎, 侍中 · 建興公古弼, 輔太子以決庶政. 諸上書者皆稱臣, 上疏儀與表同."

63 『魏書』 卷4下 「世祖紀」下 附恭宗傳, 107-108쪽.

의 감국이 아니라 국정에도 적극적으로 참여했음을 시사한다. 이는 다음의 인용문인 『송서』「삭로전」에서 확인할 수 있다.

> "[원가(元嘉)] 20년(448)에 [탁발]도가 국(國)을 태자에게 주었다. …… (중략) …… 이에 왕공 이하[의 대신은] 태자에게 상서(上書)할 때 모두 신(臣)이라 칭했으며, [상서의] 수미(首尾)가 표(表)[의 형식과 같았고] 다만 흰 종이를 사용하는 것만 달랐다."[65]

라고 하여 사실상 태자에게 황제에 비등하는 권력이 있었음을 기록했다. 그런데 퇴위하지도 않은 태무제가 태자에게 나라를 주었다고 한 표현은 양위(讓位)했다는 뜻이 아니다. 이 조치 이후에도 태무제는 여전히 황제로 재위했기 때문이다. 『남제서』「위로전」에는

> "불리(佛狸)[태무제]는 삼공 · 태재 · 상서령 · 복사 · 시중을 설치했고, 태자와 공동으로 국사를 결정했다."[66]

---

64 『魏書』 卷110「食貨志」, 2851쪽, "是時方隅未克, 帝屢親戎駕, 而委政於恭宗. 眞君中, 恭宗下令修農職之教, 事在帝紀. 此後數年之中, 軍國用足矣."; 『魏書』 卷4下「世祖紀」附恭宗景穆帝晃傳, 108-109쪽, "初, 恭宗監國, 曾令曰: '…… 其制有司課畿內之民, 使無牛家以人牛力相貿, 墾殖鋤耨. 其有牛家與無牛家一人種田二十二畝, 償以私鋤功七畝, 如是爲差, 至與小 · 老無牛家種田七畝, 小 · 老者償以鋤功二畝. 皆以五口下貧家爲率. 各列家別口數, 所勸種頃畝, 明立簿目. 所種者於地首標題姓名, 以辨播殖之功.' 又禁飮酒, 雜戲, 棄本沽販者. 墾田大爲增闢."

65 『宋書』 卷95「索虜傳」, 2337쪽, "[元嘉]二十年, [拓跋]燾以國授其太子, 下書曰: …… 於是王公以下上書太子皆稱臣, 首尾與表同, 唯用白紙爲異."

66 『南齊書』 卷57「魏虜傳」, 985쪽, "佛狸置三公 · 太宰 · 尙書令 · 僕射 · 侍中, 與太子共決國事."

라고 하여 태무제(탁발도)가 태자 탁발황과 공치(共治)했다고 기록했다. 『남제서』「위로전」의 기록을 보면 태자에게 나라[國]를 주었다는 표현은 황제가 태자와 공동으로 국정을 처리했다는 것을 뜻한다. 이로써 태무제의 황태자 탁발황이 명원제의 후계자 탁발도처럼 아버지인 황제가 순행으로 도성을 비운 사이 도성을 지키는 단순한 차원이 아니라 국정을 실질적으로 책임졌음이 확인된다.

앞에서 살펴본 것처럼 명원제의 후계자 탁발도와 태무제의 태자 탁발황이 감국에 임명되고 정사에 참여하게 된 배경은 명원제와 태무제의 잦은 순행과 관련이 있음을 확인할 수 있다. 이는 오호십육국시대 후진에서도 발견되며 다른 이민족왕조 혹은 유목국가에서도 발견된다.[67]

효문제의 태자책봉 또한 순행과 밀접한 관계가 있었다. 효문제는 태화 17년(493) 유월 남제 정복을 계획하고 하교(河橋)를 만들게 한 후, 며칠 후 황자(皇子) 원순을 황태자로 삼았다.[68] 이는 효문제의 남벌과 황태자 책봉이 서로 관련 있음을 보여 준다. 황태자 원순이 효문제가 친정(親征)과 순행을 할 때마다 낙양을 지키며 묘사를 주재했다는 『위서』「폐태자순전(廢太子恂傳)」의 기록을 보면[69] 황태자 원순이 단순한 유수를 넘어 국정에 참여했음직한 인상을 준다. 그러나 태자 원순이 낙양을 싫어하여 측근과 모

67 崔珍烈, 「쿠빌라이 시기 皇太子制度와 그 성격」, 『서울大 東洋史學科論集』 27, 2003, 8-10쪽; 룩 콴텐 지음, 宋基中 옮김, 『遊牧民族帝國史: 中央아시아史, 500-1500AD』, 民音社, 1984, 321쪽; 崔珍烈, 「五胡諸國 · 北朝 후계자의 國政 참여와 그 배경」, 317쪽.

68 『魏書』 卷7下 「高祖紀」 太和十七年(493)六月條, 172쪽.

69 『魏書』 卷22 「孝文五王 · 廢太子恂傳」, 588쪽, "遷洛, 詔[元]恂詣代都. 其進止儀禮, 高祖皆爲定. 及[元]恂入辭, 高祖曰: '今汝不應向代, 但太師薨於恒壤, 朕既居皇極之重, 不容輕赴舅氏之喪, 欲使汝展哀舅氏, 拜汝母墓, 一寫爲子之情. 汝至彼, 太師事畢後日, 宜一拜山陵. 拜訖, 汝族祖南安可一就問訊. 在途, 當溫讀經籍. 今日親見吾也.' 後高祖每歲征幸, [元]恂常留守, 主執廟祀."

의하여 대(代, 평성의 별칭)로 도망가려다가 영군장군(領軍將軍) 원엄(元儼)에게 잡혀 도망에 실패했다는 기사를 보면[70] 태자 원순이 장악했던 관서는 동궁(東宮)에 불과했고, 영군장군 원엄은 오히려 태자를 감시했던 것 같은 인상을 받는다. 혹은 효문제가 원엄에게 태자를 감시하는 임무를 맡기지 않았다 하더라도, 최소한 태자 원순의 영향력 아래에 있지는 않았음을 알 수 있다. 즉 효문제는 태자 원순에게 낙양 유수를 맡겼지만, 권력의 대부분을 위임하지는 않았던 것이다. 이는 황제권 강화를 지향했던[71] 효문제 개인의 성향 때문일 것이다.

3. 순행과 태자의 '반란'

앞에서 북위시대 황태자의 정치 참여 혹은 '태자감국'은 후계자 문제의 해결과 잦은 순행으로 인한 황제의 공백을 메울 장치와 도성 유수의 필요성 때문이었음을 살펴보았다. 역대 한인왕조에서 황태자에게 권력을 주지 않았던 것은 황제와 황태자의 정치적 대립을 막기 위한 조치였다.[72] 권력의 속성상 현재의 권력자와 국정에 참여한 미래의 권력자 사이에 발생하는 정치적 갈등은 필연적이며, 이는 후계자에게 정치 참여를 보장한 유목

---

70 『北史』 卷19 「孝文六王 · 廢太子恂傳」, 713쪽, "[元]恂不好書學, 體貌肥大, 深忌河 · 洛暑熱, 意每追樂北方. 中庶子高道悅數苦言致諫, [元]恂甚銜之. 孝文幸崧岳, [元]恂留守金墉, 謀欲召牧馬, 輕騎奔代, 手刃[高]道悅於禁中. 領軍元儼勒門防遏, 夜得寧靜. 帝聞之駭惋, 外寢其事, 仍至汴口而還. 引[元]恂數罪, 與咸陽王[元]禧等親杖恂, 又令[元]禧等更代百餘下, 扶曳出外, 不起者月餘. 拘於城西別館."; 『魏書』 卷22補 「孝文五王 · 廢太子恂傳」, 588쪽.

71 松下憲一, 「北魏の洛陽遷都」, 『史朋』 32, 1999, 12위쪽-21위쪽.

72 李成珪, 「中國古代 皇帝權의 性格」, 東洋史學會 編, 『東亞史上의 王權』, 한울, 1993, 32-33쪽.

국가나 이민족왕조에서도 예외가 아닐 것이다. 북위시대에는 황제와 태자 사이의 정치적 대립과 정변이 적어도 두 차례 발생했다. 태무제와 태자 탁발황의 대립(이를 정평사변(正平事變)이라 함), 효문제의 태자인 원순(탁발순)의 '반란'과 피살이다. 다음의 1항과 2항에서 각각 이 문제를 살펴본다.

1) 태무제의 태자 탁발황과 정평사변

먼저 태무제와 태자 탁발황의 대립을 살펴보자. 남조계 사서인 『송서』「삭로전」에는 다음과 같이 기록되었다.

> (가) "탁발도[태무제]가 여남군의 과보에 이르렀을 때 탁발황은 몰래 [부하를 보내] 여러 군영으로부터 [각종 물자를 요구하여] 취한 [물자가] 매우 많았다.[73] 탁발도는 [귀국하던 중 이 사실을] 듣고 [상황을 알고] 대대적으로 수색하니 탁발황은 이를 두려워하여 [아버지 탁발]도를 죽일 것을 모의했다. 탁발도는 거짓으로 죽은 척하여 [자신의 심복 부하에게] 탁발황을 불러 상여를 받들라고 했다. [이에 탁발황이 평성에서 귀국하는 황제의 행렬로 향하자] 길가에서 탁발황을 사로잡아 국도(國都)에 이르러 철롱(鐵籠)으로 가두었다가 얼마 후 살해했다."[74]

---

73 『남제서』「위로전(魏虜傳)」에 따르면 태자궁(太子宮)에서 각종 직물과 가축, 술, 채소 등을 생산했고 이를 저장하는 창고도 있었다(『南齊書』 卷57 「魏虜傳」, 984쪽, "僞太子宮在城東, 亦開四門, 瓦屋, 四角起樓. 妃妾住皆土屋. 婢使千餘人, 織綾錦販賣, 酤酒, 養豬羊, 牧牛馬, 種菜逐利. …… 僞太子別有倉庫."). 『송서』와 『남제서』에는 태무제의 태자 탁발황(拓跋晃)이 탐욕스러운 인물로 묘사되었다. 그러나 『위서』「식화지」에 따르면 탁발황은 잦은 대외원정으로 인해 부족해진 재정을 해결하기 위해 농경(農耕)과 간전(墾田) 확대에 힘써 재정을 풍족하게 했다(『魏書』 卷110 「食貨志」, 2851쪽; 『魏書』 卷4下 「世祖紀 · 附恭宗景穆帝晃傳」, 108-109쪽). 즉 『위서』는 탁발황이 태무제의 친정(親征)에 필요한 물자를 공급하기 위해 농경에 신경 썼던 것으로 기록했다. 그러나 남조의 사서처럼 농업 이외의 경제문제에도 관심을 가지고 이익을 다툰 것으로 기록하지는 않았다.

(나) “정평원년(正平元年, 451) 춘정월 병술삭(2. 17)에 [태무제는] 군신(群臣)을 장강 가에 모아 연회를 베풀면서 각자 차등 있게 상을 주었으며, 작위를 받은 문무 관리가 200여 명이었다. 정해일(2. 18) 태무제 일행은 북쪽으로 개선했다. …… (중략) …… 이월 무인일(4. 10) 태무제 일행은 황하를 건넜다. 계미일(4. 15) 노구(魯口)에 머물렀다. 황태자는 행궁으로 조회하러 갔다. 삼월 기해일(5. 1) 태무제는 남벌에서 돌아왔으며, 종묘에서 승리를 축하하며 음주하고 문서에 공훈을 기록하여 [조상에] 고했다. 항복한 5만여 가(家)를 근기(近畿)에 나누어 배치했다. 유대의 문무관리에게 획득한 군자(軍資)와 생구(生口)를 각자 차등 있게 하사했다. …… (중략) …… [오월] 무진일(7. 29) 황태자가 사망했다. 임신일(8. 2) 경목태자(景穆太子)를 금릉에서 장사 지냈다.”[75]

(가)에서는 태자 탁발황의 경제적 탐욕 때문에 발생한 태무제 부자의 골육상쟁을 노골적으로 기록했다. 『남제서』「위로전」에도 탁발황이 불리[태무제]를 살해하려고 모의했으나 오히려 살해되었다고 간략하게 기록했다.[76] 반면 (나)에서는 태무제와 태자 탁발황의 정치적 갈등이 전혀 기록되지 않았다. 『자치통감』의 편찬자인 사마광(司馬光)과 주석자인 호삼성은 양

---

74 『宋書』 卷95「索虜傳」, 2353쪽, “[拓跋]燾至汝南瓜步, [拓跋]晃私遣取諸營, 鹵獲甚衆. [拓跋]燾歸聞知, 大加搜檢. [拓跋]晃懼, 謀殺[拓跋]燾, [拓跋]燾乃詐死, 使其近習召[拓跋]晃迎喪, 於道執之, 及國, 罩以鐵籠, 尋殺之.”

75 『魏書』 卷4下「世祖紀」下, 105-106쪽, “正平元年春正月丙戌朔, 大會群臣於江上, 班賞各有差, 文武受爵者二百餘人. 丁亥, 輿駕北旋. …… 二月戊寅, 車駕濟河. 癸未, 次于魯口. 皇太子朝於行宮. 三月己亥, 車駕至自南伐, 飮至策勳, 告於宗廟. 以降民五萬餘家分置近畿. 賜留臺文武所獲軍資生口各有差. …… [六月]戊辰 皇太子薨. 壬申 葬景穆太子於金陵.”

76 『南齊書』 卷57「魏虜傳」, 984쪽, “[拓跋]晃後謀殺佛狸見殺.”

자 가운데 (나)의 시각에 동조했다.[77]

최근 한 연구에 따르면 탁발도의 아들 탁발황이 종애(宗愛)와 사이가 나빠져서 종애가 탁발황을 모함하였고 탁발도가 탁발황의 근신인 구니도성(仇尼道盛) 등을 주살하도록 하는 조서를 내렸다고 한다. 탁발황이 측근의 피살 때문에 걱정하다가 죽었다고 기록한 『위서』「엄관(閹官)·종애전(宗愛傳)」과 『북사』「은행전(恩倖傳)」, 『남제서』「위로전」의 기록이 『송서』의 오류를 그대로 답습했다고 주장하는 조익(趙翼)의 『이십이사차기(廿二史箚記)』를 근거로 하여 『송서』가 전문(傳聞), 즉 떠도는 풍문과 정보를 근거로 기록한 것을 『남제서』「위로전」도 그대로 적은 까닭에 이에 대해 와전이 확대된 것으로 보았다.[78]

반면 남조계 사서의 기록을 신봉하는 학자는 이 사건을 '정평사변'이라 칭한다. 태무제와 태자 탁발황 사이가 벌어지게 된 계기에는 중상시(中常侍) 종애의 참소, 한인대신 최호와의 불화, 태자 탁발황이 이끄는 태자파 세력의 비대화 등이 거론된다. 태무제가 유송정벌 도중 회군하여 정평원년(451) 동궁집단을 제거한 후 탁발황도 죽였다는 것이다.[79] 『위서』「천상

---

77 『資治通鑑』卷126「宋紀」宋文帝元嘉二十八年條, 3971-3972쪽, "太子爲政精察, 而中常侍宗愛, 性險暴, 多不法, 太子惡之. 給事中仇尼道盛·侍郎任平城有寵於太子, 頗用事, 皆與愛不坐死, 帝怒甚. 戊辰, 太子以憂卒(胡注: "考異曰: 宋索虜傳云: '[拓跋]燾至汝南瓜步, 晃私遣取諸營鹵獲甚衆. [拓跋]燾歸, 聞知, 大加搜檢. [拓跋]晃懼, 謀殺[拓跋]燾. [拓跋]燾乃詐死, 使其近習召[拓跋]晃迎喪, 於道執之; 及國, 罩以鐵籠, 尋殺之.' 蕭子顯齊書亦云: '[拓跋]晃謀殺佛貍, 見殺' 宋略曰: '[拓跋]燾旣南侵, [拓跋]晃淫于內, 謀欲殺[拓跋]燾. [拓跋]燾知之, 歸而詐死, 召[拓跋]晃迎喪. [拓跋]晃至, 執之, 罩以鐵籠, 捶之三百, 曳于叢棘以殺焉.' 又索虜傳云: '晃弟秦王烏交早與晃對掌國事, 晃疾之, 訴其貪暴. 燾鞭之二百, 遣鎭枹罕' 此皆江南傳聞之誤. 今從後魏書.)."

78 丁福林, 「《南齊書》卷五十七《索虜傳》校議」, 『鹽城師範學院學報(人文社會科學版)』27-3, 2007, 119왼쪽-119오른쪽.

79 李凭, 『北魏平城時代』, 120-130쪽. 한편 고민(高敏)은 『송서』「삭로전(索虜傳)」과 『남제서』「위로전」에서 기술한 태자 탁발황과 최호(崔浩)·구겸지(寇謙之)의 불화, 태무제와 태자 탁발황 사이의 정변을 사실이라고 보았다. 특히 원문의 내용을 근거로 태무제와

지(天象志)」에서는

> "[정평원년] 유월 태무제는 종애의 건의를 받아들여 황태자를 강제로 죽게 했다. 다음 해 이월 종애는 태무제를 영안궁(永安宮)에서 살해했다. 좌복야 난연(蘭延) 등은 견해가 달라 살해되었다."[80]

이 자료를 보면 태자 탁발황의 죽음에 태무제와 종애가 관련되었음을 알 수 있다. 이는 (가)의 상황과 부합한다. (가)의 내용처럼 태자 탁발황이 북위 군대가 유송 공격에서 획득한 전리품을 착복하다가 아버지 태무제에게 발각되어 모반하게 되었는지 확실하지 않다. 그러나 태자 탁발황의 입장에서 보면 아버지와 멀리 떨어져 있는 것이 모반을 결심하게 된 동기의 하나가 될 수 있다. (가)에 따르면 태무제는 멀리 떨어진 태자 탁발황의 반란을 기선제압하기 위해 신속하게 회군했고, 자신을 찾아온 태자 탁발황을 사로잡아 반란을 신속하게 진압했다. 이는 (나)에서 태자 탁발황이 행궁으로 찾아온 대목과 일치한다. (가)와 (나)를 보면 태무제가 신속하게 움직인 까닭에 태자 탁발황을 사로잡았음을 알 수 있다. 이는 수도에 머무른 태자 탁발황이 자신을 배신하고 반란을 일으킬 수 있다고 생각했기 때문이다. 여기서 태자의 수도 유수가 황제를 안심시킨 것이 아니라 반대로 오해를 키우는 역할을 했음을 확인할 수 있다.

태자 탁발황의 갈등은 감국(監國)을 맡긴 초기부터 시작되었으며, 이는 태무제의 불교 탄압과 탁발황의 숭불(崇佛)이라는 불교에 대한 태도 차이에서 비롯된 것이라고 한다. 또 원문의 내용에서 태무제가 태자 탁발황에 대한 심리적 상태가 '불신임→신임→불신임→살해'의 도식으로 변화되었음을 지적했다(高敏, 「《南齊書 · 魏虜傳》書後」, 『魏晉南北朝史發微』, 中華書局, 2005, 275-278쪽).

80 『魏書』 卷105 「天象志」3, 2406쪽, "[正平元年]六月, 帝納宗愛之言, 皇太子以强死. 明年二月, 愛殺帝于永安宮, 左僕射蘭延等以建議不同見殺."

2) 효문제의 태자 원순의 '반란'

다음으로 효문제의 태자 원순의 '반란'과 피살이다. 『위서』「폐태자순전(廢太子恂傳)」에서는

(다) "원순은 책과 배움을 좋아하지 않고 체모(體貌)는 비대했기 때문에 하락(河洛)의 여름 무더위를 매우 싫어하여 [여름이면] 매번 북방에서 보낸 추억에 잠겼다. [태자]중서자(太子中庶子) 고도열(高道悅)이 자주 고언(苦言)으로 간언했으나, 원순은 그를 매우 원망했다. 고조[효문제]가 숭악(崧岳)에 행차할 때 원순은 금용성(金墉城)을 지키고 있었다. 그는 서액문(西掖門) 안에서 좌우 측근과 모의하며 목마(牧馬)를 불러들여 경기(輕騎)를 이끌고 대[평성]로 달아나려고 했다. 이에 몸소 [간언하는] 고도열을 금중(禁中)에서 찔러 [죽였다]. 영군장군 원엄은 문을 닫고 [원순의 도망을] 막았으니 밤에 사태가 진정되었다. 다음날 새벽에 상서 육수(陸琇)는 남쪽으로 달려가 고조[효문제]에게 이 사실을 알렸다. 효문제는 이 소식을 듣고 놀라고 한탄하며 밖으로 그 일에 대해 언급하지 않도록 하고 변구(汴口)에 이르러 돌아왔다. 그리고 원순을 불러 죄를 따져 물었고 함양왕 원희 등과 함께 친히 원순에게 장(杖)으로 매질했다. 또 원희 등이 교대로 대신 매질하게 하여 백여 대를 때린 후 밖으로 끌어 내니 한 달여 동안 일어나지 못했다. [고조]는 [원순을] 성 서쪽의 별관(別館)에 억류했다. 그리고 신하를 청휘당(淸徽堂)으로 불러 알현하고 원순을 태자의 자리에서 폐할 것을 의논했다. 사공 태자태부(太子太傅) 목량과 상서복야(尙書僕射) 태자소보([太子]少保)[81] 이충은 모두 관(冠)을 벗고 머리를 조아리며 사죄했다. 효문제는 "경들이 사죄하는 것은

81 『魏書』「李沖傳」에는 '소보(少保)'를 '소부(少傅)'로 표기했다(『魏書』 卷53 「李沖傳」, 1185쪽, "遷尙書僕射, 仍領少傅. 改封淸淵縣開國侯, 邑戶如前. 乃太子恂廢, 沖罷少傅.").

사(私)이고, 내가 의논하는 것은 국(國)이다. 옛 사람의 말에 '국가의 대의를 위해서라면 부모의 정(情)도 버린다'고 했다. 현재 원순은 아버지를 거역하고 존자(尊者)에게 등을 돌리고 항삭(恒朔)을 점거하려고 했다. 천하에 아버지와 나라가 없었던 적은 없었다. 어찌 그에게 관용을 베풀며 마음과 몸을 함께한다는 말인가! 이 소아(小兒)를 오늘 없애지 않으면 곧 국가의 큰 화근이 될 것이며, 나에게 제대로 된 후계자가 없다면 영가지란(永嘉之亂)이 있을까 두렵다."라고 말했다. 그리고 원순을 폐하여 서인(庶人)으로 삼아 하양(河陽)에 가두어 병사가 지키게 했으며, 제공되는 옷과 음식은 굶주림과 추위를 겨우 면할 수 있는 정도였다. 원순은 곤경에 처하여 자못 잘못을 알고 뉘우치며 늘 불경을 읽고, 예배하며 선(善)으로 마음을 돌리려 했다. …… (중략) …… 효문제가 대[평성]로 행차했다가 마침내 장안으로 갔다. 어사중위([御史]中尉) 이표(李彪)는 기회를 틈 타 몰래 표를 올려 원순이 다시 좌우 측근과 역모를 모의하였다고 고발했다. 장안에 온 효문제는 중서시랑(中書侍郞) 형만(邢巒)과 함양왕 원희에게 조서를 받들어 초주(椒酒)를 가지고 하양을 방문하여 원순을 사사(賜死)하게 하니, 이때 [원순의] 나이 15세였다. 조악한 관(棺)과 상복(常服)으로 염(殮)하고 하양성(河陽城)에 묻었다."[82]

---

82 『魏書』 卷22 「廢太子恂傳」: 588-589쪽, "[元]恂不好書學, 體貌肥大, 深忌河洛暑熱, 意每追樂北方. 中庶子高道悅數苦言致諫, [元]恂甚銜之. 高祖幸崧岳, [元]恂留守金墉, 於西掖門內與左右謀, 欲召牧馬輕騎奔代, 手刃[高]道悅於禁中. 領軍元儼勒門防遏, 夜得寧靜. 厥明, 尙書陸琇馳啓高祖於南, 高祖聞之駭惋, 外寢其事, 仍至汴口而還. 引[元]恂數罪, 與咸陽王[元]禧等親杖[元]恂, 又令[元]禧等更代, 百餘下, 扶曳出外, 不起者月餘. 拘於城西別館. 引見羣臣於淸徽堂, 議廢之. 司空·太子太傅穆亮, 尙書僕射·少保李沖, 並免冠稽首而謝. 高祖曰: '卿所謝者私也, 我所議者國也. 古人有言, 大義滅親. 今[元]恂欲違父背尊, 跨據恒朔. 天下未有無父國, 何其包藏, 心與身俱. 此小兒今日不滅, 乃是國家之大禍, 脫待我無後, 恐有永嘉之亂.' 乃廢爲庶人, 置之河陽, 以兵守之, 服食所供, 粗免飢寒而已. [元]恂在困躓, 頗知咎悔, 恒讀佛經, 禮拜歸心於善. …… 高祖幸代, 遂如長安. 中尉李彪承

라고 했다. (다)는 태자 원순이 황하 유역의 더위를 싫어하여 평성으로 돌아가려고 하다가 잡혀 결국 폐위되고 살해되는 과정을 기록한 것이다. 선행연구에서는 효문제의 태자 원순이 낙양천도 혹은 한화정책의 반대파가 일으킨 목태(穆泰)의 난 등의 희생자라고 평가했다.[83] 그러나 『남제서』「위로전」에는 원순에 대한 기록이 『위서』와 다르다.

(라) "원굉[효문제]이 수도를 옮길 때 원순은 기뻐하지 않았으며, 상건(桑乾)으로 돌아가려고 했다. [원]굉이 의관(衣冠)을 만들어 원순에게 주었으나, 원순은 몰래 뜯고 찢어 버렸으며, 머리를 풀어헤치고 땋았으며 옷은 좌임(左衽)했다. 대풍(大馮)은 총애를 얻자 밤낮으로 원순을 참소했다. 원굉은 업성(鄴城)으로 나가 말타기와 활쏘기를 하[며 즐겼]다. 원순은 이 기회를 틈타 반란을 일으켜 북쪽[의 평성]으로 돌아가기 위해 몰래 궁중의 어마(御馬) 3천 필을 뽑아서 하음저(河陰渚)에 두었다. 황후는 이를 듣고 원순을 불러 체포하고 사자에게 말을 달려 원굉에게 이를 고하게 하니, 원굉은 원순을 무비성(無鼻城)으로 옮기고 하교(河橋)의 북쪽 2리에서 그를 살해했으며 서인의 예로 장사 지냈다."[84]

間密表, 告[元]恂復與左右謀逆. 高祖在長安, 使中書侍郎邢巒與咸陽王禧, 奉詔齎椒酒詣河陽, 賜[元]恂死, 時年十五. 殮以粗棺常服, 瘞於河陽城."

83 呂克勤, 「淺論北魏孝文帝太子元恂之死」, 『菏澤師專學報』 1997-1, 1997, 41-43쪽; 傅義漢, 「從太子恂被殺看北魏的遷都鬪爭」, 『大同職業技術學院學報』 17-3, 2003, 35왼쪽-42오른쪽; 傅義漢, 「論平城兵變與廢太子恂被殺」, 『山西廣播電視大學學報』 3(總第40期), 2004, 110왼쪽-111오른쪽.

84 『南齊書』 卷57 「魏虜傳」, 996쪽, "[元]宏初徙都, 詢意不樂, 思歸桑乾. [元]宏制衣冠與之, 詢竊毁裂, 解髮爲編服左衽. 大馮有寵, 日夜讒[元]詢. [元]宏出鄴城馬射, [元]詢因是欲叛北歸, 密選宮中御馬三千疋置河陰渚. 皇后聞之, 召執[元]詢, 馳使告[元]宏, [元]宏徙[元]詢無鼻城, 在河橋北二里, 尋殺之, 以庶人禮葬."

라고 기록했다. 위의 인용문 (라)와 앞의 (다)를 비교하면, 원순은 효문제의 호복금지 조치에 반항한 데다(좌임의 옷을 입음) 낙양에 머물러 지키라는 아버지 효문제의 명령을 어기고 평성으로 도망가려고 하는 등 효문제의 뜻에 상대적이고 능동적으로 대항했다. 그러나 (라)의 밑줄 친 부분을 『위서』와 비교하면 사실과 다르다. 한 학자의 고증에 따르면, 대풍(大馮)의 참소가 『위서』에는 기록되지 않았고, 효문제가 행차한 곳은 업이 아니라 숭고나 숭악(崧嶽)이었으며[85] 도망가는 원순을 사로잡은 사람은 풍황후가 아니라 원엄이었다. 또 원문의 '황후'는 대풍(大馮)을 가리키는 것 같지만 위 문장에서 소풍(小馮)의 폐위를 언급하지 않은 점, 원순이 피살된 후 대풍(大馮)을 황후로 삼은 점 등으로 보아 '황후'를 대풍(大馮)으로 볼 수 없다.[86] 바꿔 말하면 『남제서』 「위로전」의 원순 관련 기사는 세부 내용이 실제 상황과 다르므로 사료적인 가치에 대해 의심할 수 있다는 반론 제기가 가능하다. 한편 『자치통감』 권140 명제건무3년팔월(明帝建武三年八月)조에서는

(마) "(ㄱ) [북]위의 태자 원순은 학문을 좋아하지 않았으며, 몸이 본래 비대했고 하남의 지열(地熱)을 [견디지 못하여] 늘 북쪽의 [평성으로] 돌아갈 생각만 했다. (ㄴ) 위주[효문제]는 태자 원순에게 의관을 하사했지만, 원순은

85 『위서』 권22 「폐대자순전(廢太子恂傳)」에서는 효문제가 숭악(崧岳)으로 행차했다고 기록했고(『魏書』 卷22 「廢太子恂傳」, 588쪽, "高祖幸崧岳, [元]恂留守金墉, 於西掖門內與左右謀, 欲召牧馬輕騎奔代, 手刃[高]道悅於禁中."), 『위서』 「고도열전(高道悅傳)」에서는 효문제가 태화 22년 가을 중악(中岳)에 행차했다고 했다(『魏書』 卷62 「高道悅傳」, 1401쪽, "太和二十年秋, 車駕幸中岳, 詔太子[元]恂入居金墉, 而[元]恂潛謀還代, 忿[高]道悅前後規諫, 遂於禁中殺之."). 여기서 중악(中岳)은 숭산(嵩山)이다. 『자치통감』에서는 효문제가 숭고(嵩高)로 갔다고 했다(『資治通鑑』 卷140 「齊紀」 明帝建武三年條, 4400쪽, "八月, 戊戌, 帝如嵩高, [元]恂與左右密謀, 召牧馬, 輕騎奔平城, 手刃[高]道悅於禁中.").

86 丁福林, 「《南齊書》卷五十七《索虜傳》校議」, 122오른쪽.

늘 개인적으로 호복을 착용했다. (ㄷ) [태자]중서자인 요동 사람 고도열은 자주 간절히 간언했지만 원순은 그를 싫어했다. 팔월 무술일(9. 11) 효문제가 숭고에 행차할 때, 원순은 좌우 측근과 몰래 모의하여 목마를 불러 경기(輕騎)로 평성으로 달아나려고 했고 금중에서 몸소 고도열을 찔러 죽였다. 중령군(中領軍) 원엄은 문을 닫아 [원순의 탈출을] 막으니 사람들은 밤에야 안정을 되찾았다. 아침 일찍 상서 육수는 말을 달려 효문제에게 이 사실을 보고했고, 효문제는 크게 놀라며 그 일을 비밀에 붙이고 변구에 이르러 돌아왔다. [효문제는] 갑인일(9. 16)에 입궁하여 원순을 만나 그 죄를 캐물었으며 친히 함양왕 원희와 교대로 원순을 백여 대를 때린 후 밖으로 끌어내어 성의 서쪽에 가두니 [원순은] 한 달여 후에야 능히 일어날 수 있었다."[87]

라고 했다. (마) 가운데 (ㄱ)과 (ㄷ)은 『위서』「폐태자순전」과 거의 비슷하며, (ㄴ)은 『남제서』「위로전」의 기록과 유사하다. 사마광의 『자치통감』은 역대 정사를 편년체로 재구성한 역사책이 아니라 나름의 사료비판적인 관점에서 기사를 취사선택한 편년서임은 주지의 사실이다.[88] 따라서 위의 『자치통감』 인용문은 사마광과 그의 조수가 『위서』「폐태자순전」과 『남제서』「위로전」 가운데 나름대로 옳다고 판단한 기록을 절충하여 정리한 것으로 볼 수 있다.

한 중국 학자는 『자치통감』과 『남제서』「위로전」의 기록을 바탕으로 하

87 『資治通鑑』 卷140 「齊紀」 明帝建武三年(496)八月條, 4400쪽, "魏太子恂不好學; 體素肥大, 苦河南地熱, 當思北歸. 魏主賜之衣冠, [元]恂常私著胡服. 中庶子遼東高道悅數切諫, [元]恂惡之. 八月, 戊戌, 帝如嵩高, [元]恂與左右密謀, 召牧馬, 輕騎奔平城, 手刃道悅於禁中. 中領軍元儼勒門防遏, 人夜乃定. 詰旦, 尙書陸琇馳以啓帝, 帝大駭, 祕其, 仍至汴口而還. 甲寅, 入宮, 引見[元]恂, 數其罪, 親與咸陽王禧更代杖之百餘下, 扶曳出外, 囚於城西, 月餘乃能起."

88 高國抗 지음, 오상훈 · 이개석 · 조병한 옮김, 『중국사학사』(下), 풀빛, 1998, 75-79쪽.

여 효문유황후(孝文幽皇后) 풍씨(馮氏)와 태자 원순이 정치적 갈등관계에 있었으며, 북방 유목민의 특징을 잘 보여 주는 변발(辮髮)과 호복을 착용한 것으로 보아 원순은 한화정책을 반대했던 인물이라고 주장했다.[89] 이와 관련하여 효문유황후 풍씨와 태자 원순의 정치적 대립을 『위서』에서 검증할 수 없다는 비판이 제기되므로[90] 재검토의 여지가 있는 주장이지만, 원순이 한화정책에 반대했다는 부분은 흥미롭다.

(다)와 (마)의 기록처럼 태자 원순이 황하 이남과 낙양의 무더위 때문에 평성으로 돌아갈 생각을 했는지, 혹은 (라)처럼 원순이 호속의 금지와 낙양천도를 포함한 효문제의 한화정책 전반에 불만을 품고 낙양을 떠났는지 하는 사안은 자료가 부족하므로 논란의 여지가 있다. 다만 태자 원순이 효문제의 낙양 부재, 즉 숭고로 떠난 행차를 이용하여 평성으로 도망치려 했음은 주목할 만하다. 유송 정벌 당시 태무제의 태자 탁발황처럼 효문제의 태자 원순도 부제(父帝)의 부재를 틈 타 딴 맘을 먹었던 것이다. 효문제가 충격을 받은 것은 자신이 믿고 낙양 유수를 맡겼던 태자가 평성으로 도망갔다는 사실이다. 이는 자신의 낙양천도에 대한 반대를 상징하는 정치적인 사건이었다. 따라서 효문제가 자신과 정치적 견해가 다른 2인자에 대한 신뢰를 상실했을 것임은 당연하며, 태자 원순을 살려 두면 자신의 과업인 남제 정벌을 실행할 수 없을 것이라고 생각했을 것이다. 인용문 (다)에서 원순이 유폐된 상태에서 자신의 옛 측근과 모반을 다시 도모한다는 이표의 주장을 받아들여 자신이 머물던 장안에서 낙양으로 사자를 보내 원순을 사사한 것은 원순 제거의 필요성을 실감했기 때문이다.

태자 탁발황의 죽음을 초래한 정평사변과 태자 원순의 '모반'은 황제가

89 高敏, 「《南齊書 · 魏虜傳》書後」, 286-288쪽.

90 丁福林, 「《南齊書》卷五十七《索虜傳》校議」, 122오른쪽.

권력의 일부를 2인자인 황태자에게 물려주거나, 황태자에게 수도 방어의 임무를 맡기고 장기간 친정(親征)하는 등 지방으로 행차하던 북위황제의 순행과 유수의 이원적인 방식은 권력의 1인자와 2인자 사이에 믿음이 없으면 골육상쟁으로 발전할 수 있음을 보여 준다. 차기 제위계승자에게 권력을 맡기거나 수도를 지키게 했던 정책은 순행이 잦고 횟수가 많으며 기간이 길었던 북위황제에게는 최선의 결정이었겠지만, 순기능뿐 아니라 역기능도 작용하는 '양날의 칼날'이었다. 이런 부작용을 인식한 북위황제는 태자에게 감국을 맡기고 도성에 머무르며 국정에 참여하도록 했던 한편, 철저하게 감시하고 견제하여 태자의 부상과 반란을 효율적으로 막을 수 있었다.

제 2 장 _ 순행과 수행관원

1. 「문성제남순비」 수행관원과 근시관

황제의 순행을 연구할 때 부딪히는 문제점은 기존 사서의 기록이 소략하다는 점이다. 이를 보충해 주는 것이 각종 금석문 자료이다. 북위황제가 순행이나 활쏘기 이후 비석을 세웠다는 기록은 『수경주』와 조명성(趙明誠)의 『금석록(金石錄)』에 보인다. 전자에는 「후위헌문제남순비(後魏獻文帝南巡碑)」, 「후위어사비(後魏御射碑)」(즉 「문성제남순비」), 「태무황제동순지비(太武皇帝東巡之碑)」, 「강무비(講武碑)」, 「조비간문비」가, 후자에는 효문제 태화 21년에 세운 「후위북순비(後魏北巡碑)」와 선무제 경명 3년에 세운 「후위어사비(後魏御射碑)」 등이 수록돼 있다. 그러나 「태무황제동순지비」에 약간의 비문만 남아 있을 뿐,[1] 대부분 비문이 현존하지 않아 내용을 파악할 수 없었다.[2] 다행히 1980년대 발견된 「문성제남순비」의 비문이 1997년 『문물(文

1 「태무제동순비(太武帝東巡碑)」의 원문은 羅新, 「跋北魏太武帝東巡碑」, 『北大史學』 11, 北京大學出版社, 2005, 179쪽 참조.

2 북위황제의 순행비(巡幸碑)와 비문(碑文)에 관한 소개는 山西省考古研究所 · 靈丘縣文物

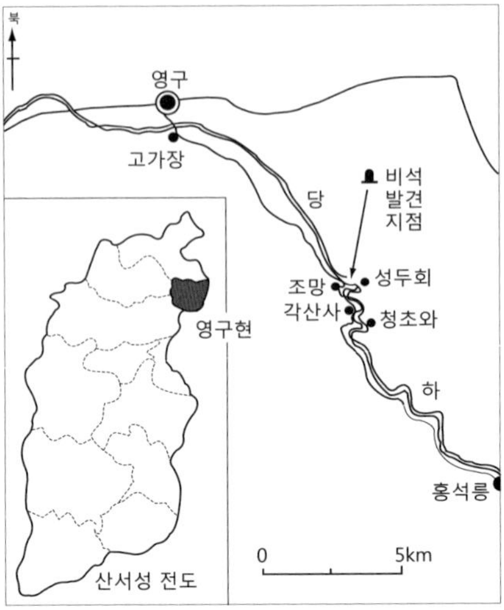

지도 21 「문성제남순비」 출토 지역

「문성제남순비」가 발견된 산서성 영구현은 북위의 수도 평성에서 하북으로 가는 교통의 요충지였다. 따라서 영구현은 하북으로 순행하던 북위황제가 반드시 통과했다. 도무제는 후연의 도성 중산성을 점령한 후 398년 이곳에서 평성까지 이어지는 직도(直道)를 만들었으며 효문제도 482년에 5만 명을 동원하여 영구도(靈丘道)를 수리하도록 하였다.
출전: 山西省考古研究所 · 靈丘縣文物局, 「山西靈丘北魏文成帝《南巡碑》」, 70왼쪽, 圖一 《南巡碑》所在原址示意圖

物)』에 완전한 형태의 원문이 게재됨으로써[3] 화평 2년(461) 문성제의 순행 양상을 파악할 수 있게 되었다.

「문성제남순비」는 북위황제의 순행을 대표하는 비석으로 볼 수 없지만, 현존하는 비석 몇 개의 하나이므로 북위시대 순행연구에 도움이 되리라 생각된다.

본 절에서는 문성제의 화평 2년 하북 순행을 수행한 수행관원을 분석하고 근시관의 비중을 살펴본다.

局, 「山西靈丘北魏文成帝《南巡碑》」, 78왼쪽-78오른쪽 참조.

3 山西省考古研究所 · 靈丘縣文物局, 「山西靈丘北魏文成帝《南巡碑》」, 72오른쪽-78왼쪽. 이보다 앞선 1994년 근생화(靳生禾)와 사홍희(謝鴻喜)가 비문의 일부를 소개하고 사료적 가치를 설명하였다(靳生禾 · 謝鴻喜, 「北魏皇帝《南巡之頌》碑考察報告」, 『山西大學學報 · 哲學社會科學版』 1994-2, 1994, 18-24). 또 1998년에는 장경첩(張慶捷)이 누락된 비문(碑文)의 고증과 내용 및 일부 관명의 분석을 시도하였다(張慶捷, 「北魏文成帝《南巡碑》碑文考證」, 『考古』 1998-4, 1998, 79왼쪽-86왼쪽).

1) 수행관원의 유형과 구성

(1) 수행관원의 유형

본 항에서는 「문성제남순비」의 원문에 나열된 수행관원의 관작과 성명을 검토하여 직장(職掌)과 인적구성을 분석하려고 한다.[4]

순행 수행집단을 유형별로 살펴보자. 먼저 고관이다. 순행 수행관원 가운데 고관은 시중 무군대장군(撫軍大將軍) 태자태부 사도공(司徒公) 평원왕(平原王) 步六孤伊□[육려(陸麗)], 시중 특진(特進) 거기대장군(車騎大將軍) 태자태보(□太子太保) 상서 태원왕(太原王) 一佛步□□[을혼(乙渾)], 위대장군(衛大將軍) 낙안왕(樂安王) 何良[원량(元良)], 정서장군(征西將軍) 상산왕(常山王) 直懃 □□連戊烈[원소(元素)], 산기상시 정동장군(征東將軍) 광록대부(光祿□□) 중산공(中山公) 두풍(杜豐), 정동대장군(征東大將軍) 부마도위(駙馬都尉) □□군왕(□□郡王) 여여상우(茹茹常友), 시중 상서좌복야 안남장군(安南將軍) (누락) 평창공(平昌公) 소화기노(素和其奴)[화기노(和其奴)] 등이다.[5] 문성제 시기 중국식 관제와 품계가 효문제 시기 제정한 전직령(前職令)과 일치하는지 아닌지는 확실하지 않다. 일단 양자가 같다고 가정하면,[6] 사도공은 제1품중(第一品中), 거기대장군 · 위대장군과 정동대장군은 제1품하(第一品下), 정동장군 · 정서장군 · 무군대장군과 상서좌복야는 종제1품중(從第一品中)으로 추정된다. 이 밖에 「문성제남순비」에는 상서 · 시중 · 산기상

---

4 「문성제남순비」의 원문은 [부록 3] '「문성제남순비」 원문과 역주' 참조.

5 이상 山西省考古研究所 · 靈丘縣文物局, 「山西靈丘北魏文成帝《南巡碑》」, 72오른쪽 및 73오른쪽 참조.

6 「문성제남순비」를 이용하여 북위 관제를 연구하는 대부분의 학자는 태화전직령(太和前職令)의 제정 이전에도 북위의 관제가 태화전직령과 같다고 가정하고 「문성제남순비」나 『위서』에 보이는 각 관직에 전직령(前職令)의 품계를 적용하는 방법을 사용했다. 본서에서도 기존의 학자가 사용했던 방식대로 문성제 시기 관직의 품계를 적용하겠다.

시 · 중상시 · 태자육부(태자태사(太子太師)) · 태자태부 · 태자태보 · 태자소사(太子少師) · 태자소부(太子少傅) · 태자소보 · 사안장군(四安將軍) · 사녕장군(四寧將軍) · 사평장군(四平將軍) · 사정장군(四征將軍) · 사군장군(四軍將軍) · 좌위장군(左衛將軍) · 우위장군(右衛將軍) 등의 중국식 관명이 보인다. 앞에서 열거한 각종 장군호에는 정원이 없고 다수이다. 호인과 한인이 이러한 중국식 관명을 지녔다.[7] 상서를 제외하면, 이러한 관직의 실제 임무가 있었는지는 불분명하지만, 위의 관명을 가진 관리 중 일부는 고관으로 볼 수 있다. 『위서』에 위권(尉眷)이 시중 태위 평상서사(評尙書事)의 직함으로 순행을 따라간 예가 보인다.[8] 위권의 벼슬인 태위는 步六孤伊□[陸麗](보육고이□[육려])의 사도공과 동일한 품계(제1품중)이지만, 위권에게 평상서사의 자격이 있었기 때문에 지위가 더 높았을 것이다. 「문성제남순비」에 시중 안남대장군(安南大將軍) 전중상서 (누락) 동안왕(東安王)의 직함으로 등장한 유니[비문에는 獨孤侯尼須임][9]는 사도였을 때 헌문제의 북정(北征)을 수행하였다.[10]

다음으로 상서를 살펴보자. 상서의 총인원은 연구에 따라 다르다. 「문성제남순비」의 원문을 공개한 보고서에는 각종 상서가 16인이라 했다. 즉 문성제 당시 추정치인 11인보다 많고, 기존에는 1인이라고 보았던 선부상서(選部尙書)와 의조상서(儀曹尙書)가 2인으로 증가했다. 구체적으로 살펴

---

7 張慶捷 · 張童心 · 劉俊喜 · 師月菊, 「北魏文成帝《南巡碑》所錄部分漢族職官硏究」, 殷憲 主編, 『北朝史硏究』, 北京: 商務印書館, 2004, 460-467쪽.

8 『魏書』 卷26 「尉古眞傳附眷傳」, 657쪽, "與太宰常英等評尙書事. 高宗北巡狩, 以寒雪方降, 議還. [尉]眷諫曰: '今動大衆, 以威北敵, 去都不遠, 而便旋駕, 虜必疑我有內難. 雖方寒雪, 兵人勞苦, 以經略大體, 宜便前進.' 高宗從之, 遂渡漠而還."

9 山西省考古硏究所 · 靈丘縣文物局, 「山西靈丘北魏文成帝《南巡碑》」, 73오른쪽.

10 『魏書』 卷30 「劉尼傳」, 722쪽, "高宗末, 遷司徒. …… 皇興四年, 車駕北征 帝親誓衆, 而尼昏醉, 兵陳不整. 顯祖以其功重, 特恕之, 免官而已."

보면 단순히 상서로 지칭된 이가 6인, 부서를 알 수 없는 상서 2인, 의조상서 2인, 전중상서 2인, 선부상서 2인, 가부상서 1인, 서기부상서(西起部尙書) 1인 등 모두 16인이 존재했다.[11] 다른 연구에서는 『위서』·『북사』 열전과의 대조작업을 통해 의조상서 2인, 선부상서 2인, 전중상서 4인, 서기부상서와 가부상서 1인, 상서 3인 등을 밝히고, 남부상서와 북부상서 1인이 존재했을 것으로 추정했다.[12] 따라서 화평 2년 문성제의 하북 순행을 수행한 상서는 최소 16인, 최대 18인이었다. 이외에 평성에도 남아 있는 상서가 있었다면, 문성제 당시 상서의 수는 후한-위진남조의 4~6인의 상서체제[13]보다 3~4배 이상으로 많게 된다. 따라서 북위시대 상서는 후한-위진남조 계열의 상서와 인원구성에 차이가 있으며, 당 이후 6부 상서체제와 비교해도 부서의 종류와 인원수가 다름을 확인할 수 있다. 직무가 불명확한 서기부상서를 제외하면 나머지 상서의 직무는 문헌자료를 통해 알 수 있다. 선부상서는 문무관리의 인사, 의조상서는 각종 의례, 전중상서는 숙위병(宿衛兵)의 지휘와 숙위 문제, 가부상서는 황제의 말과 기타 탈 것, 남부상서는 남쪽 변방 주군의 사무, 북부상서는 북쪽변방 주진의 사무를 각각 담당했

11 山西省考古研究所 · 靈丘縣文物局, 「山西靈丘北魏文成帝《南巡碑》」, 79왼쪽.

12 張慶捷 · 張童心 · 劉俊喜 · 師月菊, 「北魏文成帝《南巡碑》所錄部分漢族職官硏究」, 455-467쪽.

13 후한시대(後漢時代)에 상서 5인을 두었으나 조위 · 서진(西晉) · 동진시대(東晉時代) 증감을 반복했다(『晉書』 卷24 「職官志」, 730-731쪽, "至成帝建始四年, 罷中書宦者, 又置尙書五人, 一人爲僕射, 而四人分爲四曹, 通掌圖書祕記章奏之事, 各有其任. …… 後成帝又置三公曹, 主斷獄, 是爲五曹 後漢光武以三公曹主歲盡考課諸州郡事, 改常侍曹爲吏部曹, 主選擧祠祀事, 民曹主繕修功作鹽池園苑事, 客曹主護駕羌胡朝賀事, 二千石曹主辭訟事, 中都官曹主水火盜賊事, 合爲六曹. 幷令僕二人, 謂之八座. …… 及魏改選部爲吏部, 主選部事, 又有左民 · 客曹 · 五兵 · 度支, 凡五曹尙書 · 二僕射 · 一令爲八座. 及晉置吏部 · 三公 · 客曹 · 駕部 · 屯田 · 度支六曹, 而無五兵. 咸寧二年, 省駕部尙書. 四年, 省一僕射, 又置駕部尙書. 太康中, 有吏部 · 殿中及五兵 · 田曹 · 度支 · 左民爲六曹尙書. 又無駕部 · 三公 · 客曹. 惠帝世又有右民尙書, 止於六曹, 不知此時省何曹也. 及渡江, 有吏部 · 祠部 · 五兵 · 左民 · 度支五尙書.")

다.[14] 친위부대를 지휘하는 전중상서는 최소 2인, 최대 4인이었다. 이는 친위부대를 한 사람의 지휘하에 두지 않고 여러 사람에게 나누어 처리하게 함으로써 상호견제와 발호 방지를 고려한 것 같다. 또 「문성제남순비」 원문에는 결락되었으나 모용백요(慕容白曜)가 당시 북부상서를 역임했을 것으로 추정하기도 한다.[15] 이 경우 호인과 호지를 관장하는 북부상서가 한지인 하북 순행에 따라온 셈이다. 이는 유사시에 음산 · 막남 · 하서 등 호지에서 발생할 수 있는 문제를 처리하려는 의도라고 생각된다.

이어서 「문성제남순비」에 빈출하는 호족계 관명을 분석해 보자. 다음 〈표 11〉은 호족계 관명을 정리한 것이다.

〈표 11〉에서 대부분의 연구자는 내아간 · 내행령 · 내삼랑 · 절흘진(折紇眞) · 하혼토략악(賀渾吐略渥) · 곡락진(斛洛眞) · 우진(羽眞)과 각종 당장(幢將)을 호족계 관직으로 보고 있다. 먼저 '內(내)' 자가 포함된 관직을 살펴보자. 기존 연구에 따르면, 내행령은 금위무관(禁衛武官)의 성격을 지니며, 내행장 · 내행장자(內行長者) · 내행아간(內行阿干) · 내시장과 동일한 관명이다.[16] 그렇다면 내행령은 앞에서 언급한 것처럼 시위와 숙위, 북위황제의 친정(親征) 종군, 목축의 관할, 제조(諸曹)의 상주, 황제의 음식과 수렵 등을 관장하고 백관을 감찰하는 기능을 지녔다.[17] 내행내소(內行內小)는 황제

---

14 이상 北魏時代 尙書의 종류와 職掌은 嚴耕望, 「北魏尙書制度考」, 『歷史語言硏究所集刊』 18, 1948, 273-304쪽.

15 張慶捷 · 張童心 · 劉俊喜 · 師月菊, 「北魏文成帝《南巡碑》所錄部分漢族職官硏究」, 457쪽.

16 張慶捷 · 郭春梅, 「北魏文成帝《南巡碑》所見拓跋職官初探」, 『中國史硏究』 1999-2(K22 1999-5), 1999, 36-37쪽; 張金龍, 「史籍所見北魏前期禁衛武官制度」, 『魏晉南北朝禁衛武官制度硏究』, 中華書局, 2004, 691-692쪽.

17 崔珍烈, 「北魏의 種族政策」, 67-68쪽.

표 11 「문성제남순비」의 호인 계통의 관직과 빈출 횟수

관명	횟수	관명	횟수	관명	횟수	관명	횟수
재관내아간 宰官內阿干	1	북부절흘진 北部折紇眞	1	내도당장 內都幢將	1	급사 給事	5
고부내아간 庫部內阿干	1	남부절흘진 南部折紇眞	1	고부내소당장 庫部內小幢將	1	태관급사 太官給事	1
내아간 內阿干	6(7)1)	주객절흘진 主客折紇眞	1	내소당장 內小幢將	2	가부급사 駕部給事	2
내행내아간 內行內阿干	2	□□절흘진 □□折紇眞	1	삼랑당장 三郎幢將	19	전중급사 殿中給事	6
내행령 內行令	3	내도좌절흘진 內都坐折紇眞	1	아락진당장 雅樂眞幢將	7	중서급사 中書給事	1
내행내소 內行內小	211)	중도좌절흘진 中都坐折紇眞	1	곡락진당장 斛洛眞軍將	1	동갑장고급사 東鉀仗庫給事	1
내삼랑 內三郎	671)	외도좌절흘진 外都坐折紇眞	1	곡락진 斛洛眞	112)	우진 羽眞	2
내행내삼랑 內行內三郎	2	절흘진 折紇眞	1	하혼토략악 賀渾吐略渥	2		

비고: 1. 이 표의 호족계 관명은 ① 山西省考古硏究所 · 靈丘縣文物局, 「山西靈丘北魏文成帝《南巡碑》」, 72오른쪽-78왼쪽의 비문과 ② 川本芳昭, 「北魏文成帝南巡碑について」, 『九州大學東洋史論集』 28, 2000, 26-33쪽의 복원문을 참조했다.

2. 주기

1) 비문의 판독에 따라 수치가 1개 정도 오차가 생길 수 있는데 장경첩과 곽춘매의 추정치를 따랐다(張慶捷 · 郭春梅, 「北魏文成帝《南巡碑》所見拓跋職官初探」, 『中國史硏究』 1999-2(K22 1999-5), 1999, 34쪽).

2) 비문에서 8인의 곡락진과 곡락진으로 추정되는 3인을 합한 수치이다(張慶捷 · 郭春梅, 「北魏文成帝《南巡碑》所見拓跋職官初探」, 31-32쪽).

를 시종하고, 비서(祕書), 요리 등의 사무도 맡았다.[18] 내삼랑은 황제와 궁정을 지키며 친정(親征)에 종군했으므로, 대개 무예가 출중한 이들이 선발되

18 張慶捷 · 郭春梅, 「北魏文成帝《南巡碑》所見拓跋職官初探」, 34쪽.

었다. 기존 연구에 따르면, 『위서』 「관씨지」에 보이는 삼랑위사(三郞衛士)와 『남제서』 「위로전」의 삼랑갈라진(三郞曷刺眞)이 내삼랑의 이칭(異稱)이라고 한다.[19]

다음으로 급사중(給事中)과 급사(給事)를 살펴보자. 급사중과 급사는 자연스런 한자어 관명이며, 이 중 급사중은 특히 한대 내조(內朝)에 속했던 관직이기 때문에 중국식 관직처럼 보인다. 한대 급사중은 급사중 앞에 수식어가 붙지 않았고 타관(他官)이 겸직하는 가관(加官)이었다. 반면 북위시대 급사중은 전중급사중(殿中給事中)·가부급사중·도목급사중·주객급사중(主客給事中)·남부급사중(南部給事中)·북부급사중(北部給事中)·선부급사중(選部給事中)·고부급사중(庫部給事中)처럼 급사중 앞에 담당부서 명칭이 붙었다. 또 이 급사중류의 관직은 태무제 시기 처음 나타났다가 효문제의 관제개혁 이후에는 보이지 않는다. 급사 역시 급사중과 상황이 비슷하다. 급사는 명원제 시기에 처음 보였다가 효문제의 관제개혁 이후 사라지며, 전중급사(殿中給事)·북부급사(北部給事)·고부급사(庫部給事)·태의급사(太醫給事)·감어조급사(監御曹給事)·남부급사(南部給事)·도목급사(都牧給事)·주객급사(主客給事)·숙위급사(宿衛給事)·시어급사(侍御給事)·선부급사(選部給事)·주사급사(奏事給事)·내행급사(內行給事)처럼 급사 앞에 구체적인 부서 명칭이 첨가된다. 효문제의 관제개혁은 호족계 근시관을 없앴고 문하성(門下省)으로 직무를 이관했고, 위진남조계통의 관명을 대거 부활시켰다. 또 이 개혁으로 인해 급사중과 급사가 효문제의 관제개혁으로 사라졌음을 고려하면, 급사중과 급사는 호족계 관직일 가능성이 높다.[20]

---

19 張慶捷·郭春梅, 「北魏文成帝《南巡碑》所見拓跋職官初探」, 35-36쪽; 張金龍, 「史籍所見北魏前期禁衛武官制度」, 674-677쪽.

20 川本芳昭, 「內朝制度」, 『魏晋南北朝時代の民族問題』, 214-221쪽.

절흘진은 『남제서』「위로전」에 보이는 절궤진(折潰眞)과 동일한 관명이며, 상서의 속관으로 추정된다.[21] 따라서 주객절흘진(主客折紇眞)은 외교 사무를 담당하는 주객조(主客曹)의 사무를 관장했을 것이다. 「문성제남순비」에는 문성제가 순행 중 유송의 사신을 접견한 것과 관련된 구절이 보인다.[22] 이는 화평 2년 3월 유송 효무제(유준)가 사신을 보내 조공한 『위서』「고종기」의 기사와[23] 일치한다. 문성제가 하북 순행 중 유송 사신을 접견했다면, 주객절흘진이 문성제의 유송 사신 접견과 접대 등 외교의 실무를 처리했을 것이다. 북부절흘진(北部折紇眞)과 남부절흘진(南部折紇眞)은 북부상서와 남부상서의 속관이므로 북쪽 변방 호인 거주 지역의 주진과 남쪽 변방 한인 거주 지역의 주군(州郡)과 관련된 일을 처리했을 것이다. 외도좌걸흘진(外都坐乞紇眞)·중도좌걸흘진(中都坐乞紇眞)·내도좌걸흘진(內都坐乞紇眞)은 재판과 소송을 담당하는 외도좌대관(外都坐大官, 외도대관(外都大官)·중도좌대관(中都坐大官, 중도대관(中都大官))·내도좌대관(內都坐大官, 내도대관(內都大官))의 속관이므로 재판과 소송의 실무를 담당했을 것이다.

다음으로 숙위 장령과 무사에 대해 살펴보자. 〈표 11〉에서 내행내소 21인, 내삼랑 67인, 삼랑당장(三郞幢將) 19인, 곡락진 11인 등 특정 관명을 지닌 관원이 많다. 그 가운데 숙위무사와 숙위장령의 명칭이 두드러진다. 내삼랑과 내행내삼랑(內行內三郞)은 황제를 호위하는 무사이며, 곡락진은 무

---

21 張慶捷·郭春梅, 「北魏文成帝《南巡碑》所見拓跋職官初探」, 29-31쪽; 張金龍, 「北魏文成帝《南巡碑》所見禁衛武官制度」, 726-729쪽. 장경첩(張慶捷)과 곽춘매(郭春梅)는 절흘진(折紇眞)을 중국관제의 하대부(下大夫) 혹은 대부(大夫)에 해당하는 관직으로 본 반면, 장금룡(張金龍)은 상서의 차관 격인 상서랑(尙書郞)으로 보았다.

22 山西省考古研究所·靈丘縣文物局, 「山西靈丘北魏文成帝《南巡碑》」, 72오른쪽, "于時, 宋[遣]使慶□□, [報]修聘問之義貢……"

23 『魏書』 卷5 「高宗紀」 和平二年(461)條, 119쪽, "二月辛卯, 行幸中山. 丙午, 至于鄴, 遂幸信都. 三月, 劉駿遣使朝貢."

기를 지닌 사람[帶仗人(대장인)]이라는 뜻의 호락진(胡洛眞)과 동일어로, 일종의 시위무관으로 해석된다.[24] 혹자는 아락진(雅樂眞)과 곡락진(호락진)을 우림·호분(랑)의 선비어 음역(音譯)으로 보기도 한다.[25] 내도당장(內都幢將)·내소당장(內小幢將)·삼랑당장·아락진당장(雅樂眞幢將)·곡락진군장(斛洛眞軍將)은 숙위장령이며, 명칭으로 보아 내도당장은 여러 당장의 우두머리, 삼랑당장은 삼랑위사를 통솔하는 장령, 아락진당장은 아락진, 즉 우림이나 호분을 통솔하는 장령, 내소당장은 내소(內小)의 장령, 곡락진군장은 곡락진을 통솔하는 장령으로 추정된다. 그러나 이 관직의 통속관계에 대해서는 의견이 분분하다.[26] 이처럼 「문성제남순비」를 통해 내삼랑·내행내삼랑·내도당장·내소당장·삼랑당장·아락진당장·곡락진군장 등 당시 숙위를 담당하는 무관이 모두 111명에 달했으며, 이는 280여 명의 관명 중 38%를 차지했음을 알 수 있다. 이처럼 황제의 숙위를 담당하는 관직이 빈출하는 것은 순행 중인 황제의 경호문제 때문이다. 그런데 이들 관직이 모두 호족계 관직이고 임명자 대부분이 유력한 가문의 호인인 것으로 보아[27] 대개 유목민 위주로 편성된 기병일 가능성이 높다. 필자는 유연의 군(軍)과 당(幢)의 편제가 북위의 제도를 모방했다는 호삼성의 주를 근거로 하여 당장과 군장이 각각 100인과 1,000인으로 조직된 부대를 통솔하는 무관임을 추론했다.[28] 「문성제남순비」에는 내도당장 1인, 고부내소당

---

24 張慶捷·郭春梅, 「北魏文成帝《南巡碑》所見拓跋職官初探」, 31-32쪽.

25 張金龍, 「北魏文成帝《南巡碑》所見禁衛武官制度」, 717-720쪽.

26 張慶捷·郭春梅, 「北魏文成帝《南巡碑》所見拓跋職官初探」, 31-33 및 38-40쪽; 張金龍, 「北魏文成帝《南巡碑》所見禁衛武官制度」, 716-717쪽 및 720쪽.

27 張金龍, 「北魏文成帝《南巡碑》所見禁衛武官制度」, 730-741쪽.

28 崔珍烈, 「北魏의 種族政策」, 58-59쪽. 장금룡(張金龍)과 주위주(周偉洲) 역시 필자와 같은 견해를 제시했다(張金龍, 「史籍所見北魏前期禁衛武官制度」, 667-668; 周偉洲, 『敕勒與柔然』, 141-142쪽). 100인이 편성단위인 '당(幢)'은 북량에서도 발견된다(周偉洲, 『敕勒與柔然』,

장(庫部內小幢將) 1인, 내소당장 2인, 삼랑당장 19인, 아락진당장 7인, 곡락진군장 1인 등 30인의 각종 당장과 1인의 군장이 보인다. 여기에서 당장과 군장이 각각 100인과 1,000인의 군사를 지휘한다고 가정하면, 내삼랑과 내행내삼랑 69인 이외에 적어도 숙위병 4,000인이 화평 2년 당시 문성제의 순행을 수종했다고 추산할 수 있다.[29]

이상으로 「문성제남순비」에 나열된 수행관원의 관직을 살펴보았다. 그 결과 황제의 일상사를 관장하는 관리와 황제의 안전과 숙위를 담당한 숙위장령과 숙위병, 순행 중에도 각종 행정업무를 처리했던 실무관료가 대

142쪽).

29 북위시대뿐 아니라 역대황제의 순행을 수행한 인원수를 기록한 자료는 거의 없다. 『통전(通典)』에서는 수양제가 순행할 때마다 10만여 명의 각종 수행원을 거느리고 다녔다고 기록하면서도 이에 대해 정상적인 행위가 아님을 지적했다(『通典 · 禮典』 卷54 「沿革14 · 吉禮13 · 巡狩」, "隋煬帝自文帝山陵纔畢, 卽事巡遊, 乃慕秦皇 · 漢武之事, 西征東幸, 無時暫息, 六宮與文武吏士, 常十餘萬人, 然非省方展義之行也."). 명초 영락제(永樂帝)가 1차 북경순행(北京巡幸) 기간(영락 7년(1409) 이월부터 8년(1410) 십일월)에 남경(南京)에서 북경을 오갈 때 재경(在京)에는 마군(馬軍)과 보군(步軍) 5만 명, 재외(在外)에 각지에서 차출한 마군 1만 명과 보군 2만 명의 호종군(扈從軍)이 편성되었다. 또 오부(五府)와 육부(六部) · 도찰원(都察院) · 통정사(通政司) 등 각 관청에서 파견된 관(官)과 리(吏)가 최소 1,635인이나 시종관(侍從官)으로 수행했다(新宮學, 「北京遷都」, 170-171쪽의 表2 第一次北京巡幸における侍從官リストと扈從軍編成 참조). 청대(淸代)의 기록을 보면 건륭제의 2-4차 남순(南巡) 당시 총수행원은 3천~3천5백 명 사이였다(Michael G. Chang, *A court on horseback: Imperial touring & the construction of Qing rule, 1680-1785*, 114-115쪽 및 117쪽의 〈표 2〉와 〈표 3〉 참조). 마지막 예는 「문성제남순비」를 통해 화평 2년(461) 당시 문성제의 순행에 참여한 수행원이 4천여 명이었다는 본문의 추정치와 대략 비슷하다. 황제의 순행을 수행하는 군사가 최정예 군사임을 고려한다면 불과 수천 명의 병력으로도 황제(皇帝)의 경호에 문제가 없었을 것이다. 「태무제동순비」에 고위 관원의 수를 '수백인'이라고 기록했다(羅新, 「跋北魏太武帝東巡碑」, 179쪽). 이는 약 300인 이하의 「문성제남순비」의 수행관원 숫자와 별 차이가 없다. 태무제 시기의 근시관과 숙위병의 편제가 비슷했다고 가정한다면 친정(親征) 등 특수한 상황을 제외하면 일반적인 북위황제의 순행을 수행하는 관원과 일반 병사는 수천 명에 불과하다고 추정할 수 있다.

거 문성제의 순행을 수행했음을 확인할 수 있었다. 이에 대해 화평 2년 문성제의 순행지가 한지인 하북지역이었기 때문에 하서 · 음산 · 막북 등 호지, 즉 유목지역을 순행할 때 수행한 관리가 달랐을 것이라는 반론을 제기할 수도 있다. 『위서』「숙석전」에는 내행령 숙석이 문성제의 원내(苑內) 유렵에 참여했던 예가 보인다.[30] 이는 내행령이 평상시에도 순행 중인 황제를 수행했음을 시사한다. 또 한지(하북) 순행에 남쪽 변경 주군을 관장한 남부절흘진과 함께 북쪽 변경 주진을 관할했던 북부절흘진이 참가했던 점은 순행 장소에 상관없이 한지 · 한인을 관장했던 남부(南部)와 호지 · 호인을 담당했던 북부(北部)의 관리가 동시에 참석했다는 것을 시사한다. 따라서 호지 순행에도 남부절흘진과 북부절흘진이 모두 수행했을 것이다. 그리고 황제를 호위하는 숙위장령과 숙위병, 황제의 일상사를 처리했던 관원 역시 업무의 성격상 순행에 반드시 참가했을 것이다. 따라서「문성제남순비」에 보이는 여러 직능의 관원은 일부를 제외하면 호지이건 한지이건 황제의 일상생활과 국정처리를 위해 필요했기 때문에 순행을 호종했다고 볼 수 있다. 그런데「문성제남순비」에는 목축 혹은 사냥과 관련된 관직이 보이지 않는다.[31] 이는 농업지역인 하북지역을 순행했기 때문인 것으로 생각된다. 반대로 생각하면 유목지역인 하서 · 음산 등지를 순행할 때 목조상서 등 목축을 관장하는 관리도[32] 따라다녔을 것이다.

「문성제남순비」에는 잘 보이지 않지만, 한인문관도 직장(職掌)에 상관

30 『魏書』 卷30「宿石傳」, 724쪽, "遷內行令. 從幸苑內, 遊獵, 石於高宗前走馬, 道峻, 馬倒殞絶, 久之乃蘇. 由是御馬得制. 高宗嘉之, 賜綿一百斤, 帛五十匹, 駿馬一匹, 改爵義陽子."

31 만약 관련성을 찾아본다면 근시관인 내행장(內行長)과 내시장(內侍長) 역시 목축 업무에 종사했다(崔珍烈,「북위의 種族政策」, 67-68쪽).「문성제남순비」에서 내행장으로 추정되는 내아간(內阿干)이 목축업무를 담당했을 것으로 볼 수 있을 것이다.

32 朱大渭,「北魏的國營畜牧業經濟」, 349-450쪽; 黎虎,「北魏前期的狩獵經濟」, 145-149쪽.

없이 순행을 수행했거나 수행했을 것으로 추정할 수 있는 예를 『위서』에서 찾을 수 있다. 예컨대 최호는 저작랑(著作郎)으로 재직할 당시 도무제가 '공서(工書)'의 능력을 인정해 좌우 측근에 두었다.[33] '상치좌우(常置左右)'라는 표현으로 보아 최호는 도무제의 순행에도 따라다녔을 것이다. 저작랑은 순행 시 처리해야 할 행정실무를 담당하는 관리가 아닌데도 저작랑 최호가 도무제의 순행을 수행한 것은 도무제 개인의 선호 때문이었을 것이다. 명원제가 하남에서 공성전을 벌였던 해근 등을 독군하기 위해 남순할 때, 최호는 상주자사(相州刺史)라는 직함으로 명원제의 친정(親征)에 종군했으며, 모주(謀主)로 활약했다.[34] 또 최호는 다양한 직함으로 태무제의 친정에 종군했다.

이 밖에 점복에 능한 관리가 북위황제의 순행 혹은 친정(親征)을 수종했다. 최근의 한 연구에 따르면 호인이 성점(星占)을 믿었고, 심지어 유요(劉曜)·석호(石虎)·여광(呂光)·도무제·명원제·우문태 등 오호제국·북조의 호족군주는 늘 태사령(太史令)이나 점복에 능한 이들을 전쟁터에 데리고 다녔다.[35] 이러한 관행이 흉노 등 북아시아 유목국가에서 비롯되었는지에 대해서는 알 수 없지만 적어도 중국 내 호족국가에서 보편화되었고, 북위황제의 순행에서도 발견되었다.

이어서 불특정 다수의 문관이 순행을 수행했을 것이다. 예컨대 최호는 명원제의 서하·태원 순행을 따라갔을 때, 그는 고릉(高陵) 위에 올라 쉬면서 동료와 5등(五等) 군현의 시비, 진시황(秦始皇)과 한 무제(漢武帝)의 위실

---

33 『魏書』 卷35 「崔浩傳」, 807쪽, "天興中, 給事祕書, 轉著作郎. 太祖以其工書, 常置左右."

34 위와 같음, 814쪽, "公孫表請先圖其城. [奚]斤等濟河, 先攻滑臺, 經時不拔, 表請濟師. 太宗怒, 乃親南巡. 拜浩相州刺史, 加左光祿大夫, 隨軍爲謀主."

35 姜志翰·黃一農, 「星占對中國古代戰爭的影響-以北魏後秦之柴壁戰役爲例-」, 北京: 『自然科學史研究』, 1999(K22 2000-2), 39-40쪽.

(違失)을 논했다.[36] 여기서 '동료'의 수와 직책 등은 알 수 없지만, 논의 주제가 중국역사인 것으로 보아 한인관료일 가능성이 크다. 때문에 학문에 능한 한인관료도 순행에 수행했음을 알 수 있다.

마지막으로 「문성제남순비」에는 보이지 않고, 관원도 아니지만 순행을 수종했던 각종 여성이 있었다. 태평진군원년(440) 황태후 두씨가 행궁에서 죽었을 때, 이때 태무제는 음산 순행 중이었다.[37] '행궁'이란 표현으로 보아 황태후 두씨는 태무제의 음산순행을 따라갔을 것이다. 『위서』 「현조기」에 따르면, 헌문제는 흥광원년(興光元年, 454) 칠월 음산에서 태어났다.[38] 이 당시 문성제는 음산에서 순행 중이었다.[39] 따라서 문성제는 흥광원년이나 그 이전 해에 헌문제의 모친인 후궁 이씨(李氏)를 음산 순행에 데리고 갔을 것이다. 황태후 두씨와 문성제의 후궁 이씨의 예를 통해 황제와 가까운 황태후·황후·후궁이 순행에 참여하는 경우도 있었음을 알 수 있다. 이들이 순행을 따라갔다면 직책상 궁녀와 환관도 황태후나 황후, 후궁을 모시기 위해 같이 가야 했을 것이다.

(2) 수행관원의 구성

앞에서 「문성제남순비」를 중심으로 『위서』의 자료를 보완하면서 북위황

---

36 『魏書』 卷35 「崔浩傳」, 814쪽, "及車駕之還也, 浩從太宗幸西河·太原. 登憩高陵之上, 下臨河流, 傍覽川域, 慨然有感, 遂與同僚論五等郡縣之是非, 考秦始皇,漢武帝之違失. 好古識治, 時伏其言."

37 『魏書』 卷4下 「世祖紀」下 太平眞君元年(440)條, 93쪽, "秋七月, 行幸陰山. …… 丙申, 皇太后竇氏崩于行宮. …… 九月壬寅, 車駕還宮."

38 『魏書』 卷6 「顯祖紀」, 125쪽, "顯祖獻文皇帝, 諱弘, 高宗文成皇帝之長子也, 母曰李貴人. 興光元年秋七月, 生於陰山之北."

39 『魏書』 卷5 「高宗紀」 興光元年(454)條, 113쪽, "夏六月丙寅, 行幸陰山. …… [八月]乙亥, 車駕還宮."

제의 순행 수행집단을 재구성해 보았다. 「문성제남순비」의 관명을 보면 독특한 성격을 많이 발견할 수 있다. 일부 학자는 「문성제남순비」에 보이는 호 · 한 관명의 병존 · 융합 · 상호영향을 '선한잡유(鮮漢雜糅)'라고 표현했다. 그리고 상서처럼 명칭은 중국식 관명이지만 내용은 호족계 관직인 경우도 있음을 지적했다.[40] 이를 통해 「문성제남순비」에 보이는 호족계 관직이나 명칭은 중국식 관명이지만 호인의 영향을 받은 관직도 많았다는 것을 확인할 수 있다. 「문성제남순비」 순행 수행관원의 관직을 살펴보기 전에 수행관원의 성씨와 종족(種族)을 먼저 살펴볼 필요가 있다. 필자는 이미 이를 표로 정리한 바 있다.[41] 아래에서 자세히 살펴보자.

「문성제남순비」의 성씨는 관명을 기준으로 할 때 180여 명, 성씨나 성명이 판별가능한 사람이 156명이다. 성(姓)별로 살펴보면, 전체 78성 가운데 2자 이상의 복성(複姓)이 54개, 대개 한성(漢姓)으로 추정되는 1자 성이 24개 있으며, 호성은 56개, 한성은 22개이다. 이 가운데 탁발(拓跋) · 발발(拔拔) · 달해(達奚) · 이루(伊婁) · 을전(乙旃) 5성(姓)이 소위 제실십성(帝室十姓)이고, 구목릉(丘目陵) · 보육고(步六孤) · 하뢰(賀賴) · 독고(獨孤) · 만[물]뉴우(万[勿]忸于) · 위지(尉遲) 등 훈신팔성(勳臣八姓)이다. 이 밖에 소화(素和) · 곡률(斛律) · 일[을]불(一[乙]佛) · 곡골(斛骨) · 대복운(代伏云) · 개루(蓋婁[樓]) · 시루(是婁) · 약간(若干) · 사리(社利) · 하약(賀若) · 막나루(莫那婁) · 협고([挾]庫) · 질라(叱羅) · 토복[두]로(吐伏[豆]盧) · 숙육근(宿六斤) · 여여(茹茹) · 비자(比子) · 부(符[苻]) · 동□(同□) · 원흘(袁紇) · [열]아([熱]

40 張慶捷 · 張童心 · 劉俊喜 · 師月菊, 「北魏文成帝《南巡碑》所錄部分漢族職官硏究」, 466-468쪽.

41 崔珍烈, 「北魏의 華北支配와 그 性格」, 59-60쪽 〈표 4〉 '문성제 남순비 수행원의 성씨(姓氏)와 종족(種族) 분석' 참조. 이후 일부를 수정했다. 특히 북위종실(北魏宗室) 남성 이름 앞에 붙는 직근(直勤)을 소홀히 하여 누락된 탁발씨(拓跋氏)가 많았다. 본서에서는 수정된 수치로 언급한다.

阿)·두련(豆連)·모용(慕容)·월근(越懃)·출대한(出大汗)·호비(胡比)·발열란(拔烈蘭)·옥인(屋引)·기련(其連)·계호(契胡)·단(段)·대야(大野)·칙번(勅煩)·후막진(侯莫陳)·해두고(奚斗孤)·질[설]간(叱[薛]干)·읍리[읍복리?](泣利[泣伏利?])·사적(厙狄)·질노(叱奴)·화계(和稽)·토난(吐[土]難)·절방(折枋)·개모(蓋毛)·왕우(王右)·당빈(堂賓) 등 56개 호성과 기타 이민족의 성이 있다. 그리고 단성(1자 성) 가운데 마씨(馬氏)를 고구려계, 동씨(同氏) 혹은 동제씨(同蹄氏)를 강, 여씨(呂氏)를 저, 고씨(高氏)를 흉노 혹은 고구려, 한씨(韓氏)를 흉노로 추정하는 견해도 있다.[42] 이러한 추정 이외에 필자는 장씨(張氏)와 양씨(楊氏)의 일부도 호인일 가능성이 있다고 생각한다. 왜냐하면 장복란(張僕蘭)과 장광비(張壙比)는 중국식 성명으로 보기에는 어색하며, 오환과 흉노(도각), 갈에 장씨가 있기 때문에 이들 종족(種族) 가운데 하나일 것이다. 양축퇴(楊丑頹) 역시 중국식 성명처럼 생각되지 않으며, 저인 가운데 양씨가 있다. 이러한 호성으로 추정되는 단성 6성을 포함하면 호성과 기타 이민족에 해당하는 성은 모두 62성이다.[43] 이처럼 선비·고차·유연·흉노·저·강·한인 등 다양한 종족(種族)이 문성제의 하북 순행을 수행했다.[44] 이러한 현상은 북위가 남조와는 달리 다양한 피

---

42 張金龍,「北魏文成帝《南巡碑》所見禁衛武官制度」, 735쪽. 호인의 성씨(姓氏)와 종족(種族)의 내원(來源)은 姚薇元,『北朝胡姓考』, 1-399쪽 및 王仲犖의「鮮卑姓氏考」,『峼華山館叢稿後編』, 濟南: 山東大學出版社, 1995, 1-77쪽 참조.

43 몽골시대 한인과 고려인(高麗人)이 몽골식 이름을 사용했던 예가 있다. 예컨대 순제(順帝)의 황후 기씨(기황후)의 측근이었던 고려 환관 박불화(朴不花)의 '불화(不花)'는 몽골어 buqa(부카)의 음차이다. 본문에 소개된 북위시대 한인의 성과 호인의 이름을 가진 이들은 호인이 아니라 호인의 영향을 받아 호인식 이름을 사용했던 한인일 가능성도 상정해 볼 수 있다.

44 장금룡(張金龍) 역시「문성제남순비」수행관원의 성씨를 분석하며 필자와 동일한 견해를 제시했다(張金龍,「文成帝時期的北魏政治-以統治集團構成爲中心-」,『黎虎教授古稀記念中國古代史論叢』, 北京: 知識出版社, 2006, 488-500쪽).

정복민을 우대하여 지배층의 외연을 확대했음을 강조한 기존 연구를 상기시키며,[45] 북위의 개방적인 성격을 보여 주는 또 다른 예로 볼 수 있을 것이다.

「문성제남순비」에서 한 사람만 사용한 성이 47개, 두 사람이 사용한 성이 20개로 이는 각각 전체의 60%, 26%에 해당하며, 양자를 합한 성은 67개로 전체의 86%를 차지한다. 나머지 11개 성은 세 사람 이상 사용했다. 이 가운데 북위종실인 탁발씨가 19인, 소화씨(素和氏)가 10인, 독고씨(獨孤氏)와 곡률씨(斛律氏)가 7인, 보육고(步六孤)가 6인, 을전씨가 4인, 발열란씨(拔烈蘭氏)가 3인으로 많다. 장씨 · 한씨 · 이씨 · 조씨도 3~4인 있지만, 일부는 오환 · 흉노 등일 가능성이 있고, 동성이더라도 본적은 다를 수 있다. 이상으로 앞에서 언급한 「문성제남순비」의 성씨를 유형별로 정리해 보자.

표 12 「문성제남순비」 성씨의 유형별 통계

집단 유형	수	비율
탁발씨(拓跋氏)	19	12.2 %
탁발씨를 제외한 제실십성(帝室十姓)	9	5.8 %
훈신팔성(勳臣八姓)	20	12.8 %
기타 호성(胡姓) 및 이민족	73	46.8 %
한성(漢姓)	35	22.4 %
합계	**156**	**100%**

출전: 崔珍烈, 「북위의 華北支配와 그 性格」, 59-60 〈표 4〉 文成帝 南巡碑 수행원의 姓氏와 種族 분석 참조.

〈표 12〉를 보면 여 · 장 · 양 등 종족(種族)이 불분명하고 복수인 경우가 있다. 이는 일단 한성으로 간주했다. 〈표 12〉를 분석해 보면, 우선 탁발씨

45 周一良, 「北魏用人兼容併包」, 『周一良集』 第貳卷 魏晉南北朝史札記, 555-558쪽.

는 전체 12.2%를 점하며, 탁발씨와 발발(拔拔)·달해(達奚)·이루(伊婁)·을전(乙旃) 등 9개 성씨를 더하면, 소위 제실십성(帝室十姓)을 합하면 모두 28인이고 이는 전체의 약 19%를 차지한다. 또 구목릉(丘目陵)·보육고(步六孤)·하루(賀賴)·독고(獨孤)·만[물]뉴우(万[勿]忸于)·위지(尉遲) 등 훈신팔성은 모두 20인으로 약 12.8%에 해당한다. 제실십성과 훈신팔성을 더하면 모두 48명으로 약 30.8%를 차지한다. 따라서 제실십성과 훈신팔성 등 특권층의 비중이 높음을 알 수 있다. 또 호인의 성씨는 전체의 77.6%를 점하여 한인의 성씨보다 2배 이상 많았다. 문성제가 화평 2년 순행한 지역은 하북지역이었지만, 적어도 문성제 시기까지 북위황제는 호지이건 한지이건 호인이 주로 순행하는 지역을 수행했다. 그렇다고 해도 문성제의 하북 순행에는 하북지역의 기후·풍속·사정에 익숙한 한인관료가 대거 수행해야 했겠지만, 실제 수행관원의 다수는 호인이었다. 물론 황제를 호위하기 위해 동원된 군사가 주로 호인이었고, 이들을 통솔했던 숙위장령이 호인이었던 이유도 있다. 예컨대 주로 무예가 출중한 사람이 임명되는 내삼랑은 「문성제남순비」에서 67인이 보인다. 이 가운데 한인은 최대 9인이며 전체의 약 13%를 차지한다. 바꿔 말하면, 호인이 약 87%를 점한다는 뜻이다. 또 뒤에서 살펴볼 〈표 13〉에서 숙위장령인 삼랑당장과 아락진당장 중 성명 확인이 가능한 8인 가운데 한인은 1~2인에 불과했으므로, 호인은 6~7인이었다.

그러나 북위시대 행정의 요직인 상서 역임자를 분석할 때 한인은 8인, 호인은 10인이므로[46] 호인과 한인의 비율은 거의 동등했다. 이는 한인이 행정실무의 요직인 상서에 호인과 비슷한 수치로 임명되어 행정에 영향력

46 張慶捷·張童心·劉俊喜·師月菊, 「北魏文成帝《南巡碑》所錄部分漢族職官硏究」, 459쪽 表1《南巡碑》所見尙書表 참조.

을 행사했던 것처럼 보인다. 그러나 「문성제남순비」에 언급된 상서의 속관은 많지 않다. 가부급사 · 동갑장고급사(東鉀杖庫給事) · 전노고(典弩庫)가 전중상서의 속관으로 추정된다.[47] 이외에 절흘진은 상서의 속관으로 추정되며[48] 「문성제남순비」에는 주객절흘진 · 북부절흘진 · 남부절흘진이 보인다. 이 밖에 독고평성(獨孤平城)이 맡았던 '□□折紇眞(절흘진)' 역시 상서의 속관이었을 것이다. 그렇다면 모두 4인이 상서의 속관이다. 가부급사 · 동갑장고급사 등 급사류의 관직이 상서에 속한다는 설명은 어색하지만, 이를 인정한다고 해도 상서의 속관은 7인에 불과하다. 그렇다면 18인의 상서와 7인의 상서 속관이 문성제의 순행을 수행했다고 할 때 이는 명령계통상 정상적이지 않다. 즉 18인의 상서에 해당하는 상서 속관명이 「문성제남순비」에 거의 보이지 않는 것은 장관 격인 상서가 실무를 처리할 관원을 대동하지 않았다는 의미이다. 따라서 순행 도중 행정실무를 어떻게 처리했을까 하는 의문이 제기된다. 또 태관급사(太官給事) · 가부급사 · 중서급사(中書給事)처럼 직책이 분화된 급사류의 관직은 실무처리에 관여했다고 볼 수 있다. 「문성제남순비」에서 '○○給事(급사)'로 표기된 급사류의 관직을 지닌 사람은 11인이다. 이 밖에 영중비서(領中秘書)와 재관내아간(宰官內阿干), 고부내아간(庫部內阿干)도 명칭상 실무에 관여했을 것이다. 그러나 관명을 기준으로 할 때 문성제의 순행을 수행한 280여 명의 관원 가운데 절흘진과 급사 등 행정실무를 처리했을 것으로 추정되는 관원이 최대 21인이라는 것은 납득하기 어렵다. 어떻게 문성제의 순행집단이 호위부대를 제외하고 최대 21인의 실무관료만으로 유지될 수 있었을까? 이는 관명에 구체적인 부서 명칭이나 직무가 명시되지 않은 관리가 실무에 관여했음을

47 張金龍, 「史籍所見北魏前期禁衛武官制度」, 704-705쪽.

48 張慶捷 · 郭春梅, 「北魏文成帝《南巡碑》所見拓跋職官初探」, 29-31쪽; 張金龍, 「北魏文成帝《南巡碑》所見禁衛武官制度」, 726-729쪽.

보여 준다. 이들이 바로 근시관이다.

2) 북위 전기 근시관의 성격

(1) 근시관의 개념과 범위

북위황제를 시위·시종하거나 측근으로 비서·행정 업무를 담당하는 관료와 조직을 지칭할 때 학자에 따라 내조관(內朝官),[49] 내시관(內侍官),[50] 내조기구(內朝機構),[51] 근시(近侍),[52] 내시(內侍)·내행제직(內行諸職),[53] 내행관(內行官),[54] 내모관(內某官),[55] 내관직(內官職),[56] 근시관[57] 등의 용어를 사용했다. 특히 한대 승상을 정점으로 한 관료조직을 견제하기 위해 설치한 상

---

49 川本芳昭, 「內朝制度」, 189-192쪽.

50 陳仲安·王素, 『漢唐職官制度硏究』, 中華書局, 1993, 74-79쪽; 兪鹿年, 「北魏前期的內侍官」, 曾憲義 編, 『法律文化硏究』 1, 北京: 中國人民大學出版社, 2005, 43-54쪽.

51 魏鵬擧, 「北魏前期內朝機構考略」, 中國魏晋南北朝史學會 大同平城北朝硏究會 編 『北朝硏究』, 北京燕山出版社, 2000, 17-32쪽.

52 唐長孺, 「拓跋國家的建立及其封建化」, 『魏晋南北朝史論叢』, 三聯書店, 1955, 201-202쪽.

53 張金龍, 「史籍所見北魏前期禁衛武官制度」, 685-696쪽.

54 嚴耀中, 『北魏前期政治制度』, 長春: 吉林敎育出版社, 1990, 61-76쪽.

55 佐藤賢, 「北魏內某官制度の考察」, 『東洋學報』 86-1, 2004, 37-56쪽. 좌등현(佐藤賢)은 '내시(內侍)'와 '내행(內行)'이 붙는 관직을 후궁(後宮)의 시봉(侍奉)기구로 파악했으나 이는 '내시'의 용법을 잘못 이해한 오류이다. 특히 「문성제남순비」의 '內侍之官(내시지관)'은 환관을 뜻하는 내시가 아님은 천본방소(川本芳昭)가 이미 지적한 바 있으며(川本芳昭, 「北魏文成帝南巡碑について」, 『九州大學東洋史論集』 28, 2000, 39-43쪽), 장금룡(張金龍) 역시 이를 금위무관(禁衛武官)의 성격이 강한 호족적 관제로 파악했다(張金龍, 「史籍所見北魏前期禁衛武官制度」, 685-696쪽).

56 김성희, 「북위의 門下侍中-그 性格과 役割 變化를 중심으로-」, 『中國學報』 42, 2000, 228-232쪽.

57 崔珍烈, 「北魏前期 近侍官의 性格-〈文成帝南巡碑〉의 분석을 중심으로-」, 『역사문화연구』 28, 2007, 37-60쪽.

서 · 급사중 · 시중 등으로 구성된 '내조'와의 유사성을 강조했다. 그러나 이 측근기구는 행정업무와 함께 시위 · 시봉 등도 동시에 겸했기 때문에 한대의 '내조'나 '내조관'과 그 성격이 다르다.[58] 한편 황제의 측근조직으로 사료에 자주 등장하는 용어가 '내시'이다.[59] '내시'는 환관으로 오인할 수 있으므로 개념상 부적절하다. 특히 「문성제남순비」의 '내시지관(內侍之官)'[60]은 해석에 따라 '측근 중의 측근기구'라는 해석도 가능하기 때문에 측근기구 전체를 포괄하기에 적합하지 않다. 이 밖에 『위서』 「관씨지」에서는 '근시',[61] '내관',[62] '시관(侍官)'[63] 등의 사료용어가 보인다. 그러나 특정 용어가 자주 사용되지는 않았다. 이는 『위서』 편찬자 혹은 해당시기 관문서 기록자가 일관성 있는 용어를 사용하지 않았음을 보여 준다. 따라서 이 측근기구의 호칭은 사료용어는 아니어도 이에 가까운 조어가 필요하다. 필자는 측근기구 혹은 측근관리라는 의미를 살려 근시관이라 칭하겠다.

용어보다 근시관의 개념 혹은 범위를 명확히 할 필요가 있다. 이를 위해 먼저 『위서』 「관씨지」의 관련 기사를 살펴보자.

---

58 굳이 비슷한 기구를 찾으라면 한대(漢代) 광록훈(光祿勳: 낭중령(郎中令)이라고도 함)이 이에 해당한다.

59 『위서』 열전에는 해화관(奚和觀)처럼 황제를 '內侍左右(내시좌우)'했다는 기록이 산견되며(『魏書』 卷29 奚斤傳附和觀傳, 701쪽, "他觀弟和觀 太祖時內侍左右. 太宗以其世典戎御 遂拜典御都尉 賜爵廣興子 建威將軍."), 내시가 되었다는 기사도 빈출한다(『魏書』 卷30 安同傳附聰傳, 715쪽, "[安]原弟[安]詰, [安]詰弟[安]聰, 爲內侍."; 『魏書』 卷40 陸俟傳, 901쪽, "太宗踐阼, 拜侍郎, 遷內侍……."

60 山西省考古研究所 · 靈丘縣文物局, 「山西靈丘北魏文成帝《南巡碑》」, 73왼쪽, "右五十一人內侍之官."

61 『魏書』 卷113 「官氏志」, 2971쪽.

62 『魏書』 卷113 「官氏志」, 2974쪽.

63 『魏書』 卷113 「官氏志」, 2974쪽.

(가) "건국(建國) 2년(339) 처음으로 좌우근시지직(左右近侍之職)을 설치했다. 정원은 없었으나 1백여 명에 이르기도 했다. 금중(禁中)에 시직(侍直)하며 조명(詔命)을 전하여 알려 주었다. 모두 제부대인(諸部大人)과 호족 · 양가(豪族良家)의 자제 가운데 외모가 단정하고 엄숙하며 임기응변의 솜씨가 있는 자를 취하여 선발했다. 또 내시장 4인을 두었다. [내시장은] 고문(顧問) · 습유(拾遺) · 응대를 맡았으며, 현재의 시중 · 산기상시와 같다."[64]

(나) "이 해[등국원년(386)] 도통장(都統長) · 당장 · 외조대인관(外朝大人官)을 설치했다. 도통장은 전내(殿內)의 병사를 거느리며, 왕궁(王宮)에 입직했다. 당장의 정원은 6인이며, 금중에 숙직하는 삼랑위사를 관장했다. 시중 이하 중산(中散) 이상을 모두 거느렸다."[65]

(다) "[천흥원년(398)] 십이월 팔부대부(八部大夫) · 산기상시(散騎常侍) · 대조(待詔) 등 관을 설치했다. …… (중략) …… 대조는 좌우(左右)에 시직(侍直)하며 왕명을 위아래로 전달했다."[66]

(라) "[천사] 2년(405) 정월 내관원(內官員) 20인을 두었다. 시중 · 상시(常侍)와 비슷하며, 교대로 좌우(左右)에서 근무했다."[67]

---

64 『魏書』 卷113 「官氏志」, 2971쪽, "建國二年, 初置左右近侍之職, 無常員, 或至百數, 侍直禁中, 傳宣詔命. 皆取諸部大人及豪族良家子弟儀貌端嚴, 機辯才幹者應選. 又置內侍長四人, 主顧問, 拾遺應對, 若今之侍中 · 散騎常侍也."

65 『魏書』 卷113 「官氏志」, 2972쪽, "是年置都統長, 又置幢將及外朝大人官. 其都統長, 領殿內之兵, 直王宮; 幢將員六人, 主三郞衛士直宿禁中者. 自侍中已下, 中散已上, 皆統之."

66 『魏書』 卷113 「官氏志」, 2972쪽, "十二月, 置八部大夫 · 散騎常侍 · 待詔等官. …… 待詔侍直左右, 出入王命."

67 『魏書』 卷113 「官氏志」, 2974쪽, "[天賜]二年正月, 置內官員二十人, 比侍中 · 常侍, 迭直

(마) "[천사] 4년(407) 오월 시관을 늘렸다. [시관]은 좌우에 시직하며, 조명을 전달했다. 팔국(八國)의 양가(良家)와 대군 · 상곡 · 광녕 · 안문 4군의 백성 가운데 나이가 많고 재지(才智)가 출중하다는 평판이 있는 자를 뽑아 충임했다."[68]

(가)-(마)에 보이는 좌우근시 · 대조 · 내관 · 시관은 공통적으로 군주의 좌우에 시직하며 왕명을 전달하는 직책이었다. (나)에서 시중 이하 중산 이상의 관원을 관장하는 직책이 도통장인지 당장인지 불확실하다. (가)와 (라)에서 시직과 조명을 전달하는 좌우근시와 내관이 시중 · 산기상시와 유사하다고 했으므로 도통장이나 당장은 근시 등 측근을 거느린 우두머리로 볼 수 있다. 이 경우 도통장이나 당장은 시위와 시종의 직무를 동시에 관장하는 셈이다. 현재의 연구에 따르면 십익건 시기 (가)의 관제는 도무제 시기에도 '內侍左右(내시좌우)'의 형태로 계속되었다고 한다. 이는 대국(代國)시대 부족연합체 단계의 측근 조직이 북위 초에도 유지되었음을 보여 준다. (가)의 좌우근시는 금중(禁中)에 시직하면서 왕명을 전달하는 문무의 임무가 분리되지 않은 상태이다. 이는 문무가 구별되지 않았던 부족시대의 유산이다. 즉 좌우근시는 시종의 역할을 수행했지만 시위를 담당하는 친위부대의 성격도 갖고 있었다.[69] (마)의 시관은 한대 시중의 직책과 같으며 후에 숙위에 충당되었다고 보기도 한다.[70] 요컨대 '서기시대', 즉

左右."

68 『魏書』 卷113 「官氏志」, 2974쪽, "[天賜]四年五月, 增置侍官, 侍直左右, 出內詔命, 取八國良家, 代郡 · 上谷 · 廣寧 · 雁門四郡民中年長有器望者充之."

69 嚴耀中, 「北魏內行官試探」, 中國魏晉南北朝史學會 編, 『魏晉南北朝史研究』, 成都: 四川社會科學院出版社, 1986, 394쪽; 張金龍, 「史籍所見北魏前期禁衛武官制度」, 685-687쪽.

70 唐長孺, 『唐書兵志箋正』, 中華書局, 1962; 張金龍, 「史籍所見北魏前期禁衛武官制度」,

대국시대부터 북위 초까지 문무가 분리되지 않은 측근관원이 명칭만 바뀐 채 존재했다.

또 (가)를 보면 '서기시대'인 소성제 십익건 재위 당시부터 각 부 대인(大人)과 호인(豪族) · 양가(良家)의 자제를 근시에 임명하여 충성을 확보함과 동시에 일종의 인질로 삼아 제부대인(諸部大人)을 견제하는 방법을 사용했음을 알 수 있다. 도무제 이후에도 이러한 정책은 계속되었다.[71] (마)에서도 호인으로 편성된 8국(八國)과 한인 거주지인 대군 · 상곡 · 광녕 · 안문 4군의 유력자를 근시로 충당했다고 언급했다. 이는 (가)와 유사하며, 사실상 (가)의 선발방식을 계승한 것이다. 바꿔 말하면 북위시대에도 상당 기간 동안 유력한 부족수령과 한인호족의 자제(子弟)를 인질로 삼아 황제의 측근에 두는 정책을 실시했다. 이들은 인질이었으나 동시에 북위의 지배층으로 포섭되는 특권이 주어졌다.[72]

이상의 예를 통해 근시관의 개념을 정리해 보자.

첫째, 근시관은 황제의 측근으로 활동하였으나 아직 시위 · 시종 · 시봉 등의 기능이 미분화된 호인관제이다. (가)-(마)에서 근시관이 시위 혹은 숙위를 담당하거나 조명의 전달을 맡았음을 알 수 있다. 이 밖에 내행장은 황제의 안전을 책임지고, 친정(親征)에 종군했지만,[73] 목축,[74] 제조(諸

687쪽에서 재인용.

71 唐長孺, 「拓跋國家的建立及其封建化」, 201-202쪽; 松永雅生, 「北魏の三都」(上), 『東洋史研究』 29-2 · 3, 1970, 21-31쪽; 古賀昭岑, 「北魏の部族解散について」, 『東方學』 59, 1980, 71위쪽-71아래쪽.

72 唐長孺, 「北魏末期的山胡敕勒起義」, 『山居存稿』, 中華書局, 1989, 71-75쪽; 張金龍, 「史籍所見北魏前期禁衛武官制度」, 687-688쪽; 兪鹿年, 「北魏前期的內侍官」, 44-45쪽; 崔珍烈, 「北魏의 種族政策」, 60-70쪽.

73 張慶捷 · 郭春梅, 「北魏文成帝《南巡碑》所見拓跋職官初探」, 38쪽.

74 장손두(長孫頭)가 내행장이 되어 용목조(龍牧曹), 즉 황제의 목축을 담당했던 사례가 보인다(『魏書』 卷26 「長孫肥傳附頭傳」, 654쪽, "高宗時 爲中散 遷內行長 典龍牧曹.").

曹)의 상주,[75] 황제의 음식과 수렵[76] 등을 관장하기도 했다. 또 내시장은 목축을 관장하고 가축배분의 권한을 지녔으며,[77] 백관을 감찰했다.[78] 마지막으로 대표적인 호족적 관직인 중산의 업무는 금중 숙직, 조명의 출납, 기밀의 논의 참여, 종군, 의술, 의약, 점복 업무 등으로 광범위했다.[79] 이 밖에 자신의 관명과는 상관없이 조명 출납과 기요(機要) 관장,[80] 숙위[81]의 일을 맡아보는 예도 산견된다. 또 명원제 시기 황제의 측근으로 '執事左右(집사좌우)'하면서 태관령으로서 황제의 음식을 관장했던 예[82] 또는 가마를 끄는 시연랑(侍輦郎)을 겸하면서 군국대모(軍國大謀)에 참여했던 예[83]처럼 황제

75 『魏書』 卷44 「薛野賭傳附虎子傳」, 996쪽, "年十三, 入侍高宗. 太安中, 遷內行長, 典奏諸曹事. 當官正直, 內外憚之."

76 『魏書』 卷44 「羅結傳附伊利傳」, 988쪽, "子伊利. 高宗時襲爵. 除內行長, 以沉密小心, 恭勤不怠領御食 · 羽獵諸曹事."

77 『魏書』 卷28 「庾業延傳」, 684쪽.

78 『魏書』 卷30 「安同傳附詰傳」, 715쪽, "太宗初, 爲內侍長, 令察擧百僚. 糾刺姦慝, 無所回避. 嘗告其父陰事, 太宗以詰忠, 特親寵之."

79 鄭欽仁, 『北魏官僚機構研究』, 臺北: 稻禾出版社, 1995, 149-157쪽.

80 예컨대 태무제 시기 위권(尉眷)은 사위감(司衛監)의 지위로서 산기상시(散騎常侍) 유고인(劉庫仁) 등과 함께 4부(部)의 일을 관장하고 주사(奏事)와 기요(機要)를 관장했다(『魏書』 卷26 「尉古眞傳附眷傳」, 656쪽, "世祖卽位, 命眷與散騎常侍劉庫仁等八人分典四部, 綰奏機要."). 또 위지간(尉地干)은 고부상서(庫部尙書) 산기상시(散騎常侍) 광록대부(光祿大夫) 영시연랑(領侍輦郎)의 자격으로 군국대모(軍國大謀)에 참여했다(『魏書』 卷26 「尉古眞傳附地干傳」, 659쪽, "世祖少而善之, 卽位, 擢爲庫部尙書, 加散騎常侍 · 左光祿大夫, 領侍輦郎. …… 參軍國大謀."). 심지어 목관(穆觀)은 좌위장군(左衛將軍)이 되어 중서문하(中書門下)를 관장하며 조명(詔命)의 출납(出納)을 담당했다(『魏書』 卷27 「穆崇傳附觀傳」, 664쪽, "選充內侍, 太祖器之. 太宗卽位, 爲左衛將軍, 綰門下中書, 出納詔命."). 장려(張黎)는 대사농경(大司農卿)이 되어 군국대의(軍國大議)에 참여했다(『魏書』 卷28 「張黎傳」, 693쪽, "世祖以其功舊, 任以輔弼, 除大司農卿, 軍國大議, [張]黎常與焉."). 이는 대사농경 본연의 직책은 아니었다.

81 주기(周幾)는 명원제 시기 전중시어사(殿中侍御史)가 되어 숙위 · 금병(禁兵)을 관장했다(『魏書』 卷30 「周幾傳」, 726쪽, "太宗卽位 爲殿中侍御史 掌宿衛禁兵 斷決稱職.").

82 『魏書』 卷26 「尉古眞傳附眷傳」, 656쪽, "太宗時, 執事左右, 爲太官令."

의 일상사를 관장하면서 측근으로 활동하며 중요한 정책결정에 관여하기도 했다. 이처럼 근시관은 맡은 일이 구체적으로 분화되지 않은 채, 시위 · 시종의 본연의 임무뿐 아니라 황제의 음식, 목축, 정책결정 참여 등 광범위한 업무를 취급했다.[84] 이는 거란의 어장관(御帳官)[85]이나 몽골제국의 케식

83 『魏書』 卷26 「尉古眞傳附地干傳」, 659쪽, "世祖少而善之, 卽位, 擢爲庫部尙書, 加散騎常侍 · 左光祿大夫, 領侍輦郞. [尉]地干奉上忠謹, 尤善嘲笑. 世祖見其效人擧措, 忻悅不能自勝. 甚見親愛, 參軍國大謀."

84 유녹년(俞鹿年)은 내시장 · 내시좌우(內侍左右) · 내관(內官) · 시관(侍官) · 내시 · 기린관(麒麟官) · 내도당장(內都幢將) · 삼랑당장(三郞幢將) · 내삼랑(內三郞) · 내세사(內細射), 내행조(內行曹)[내행장 · 내행령(內行令) · 내자령(內者令) · 내행아간(內行阿干) · 내행장자(內行長者) · 내소(內小) · 내행내소(內行內小) · 내행상서(內行尙書) · 대우진(大羽眞) · 내대우진(內大羽眞) · 내행우진(內行羽眞) · 내급사(內給事) · 내행급사(內行給事) · 내전감(內典監) · 내박사(內博士)], 숙위조(宿衛曹)[내대장군(內大將軍) · 내장군(內將軍) · 내도당장 · 내당장(內幢將) · 내삼랑(內三郞) · 내세사(內細射) · 내시교위(內侍校尉)], 내비서조(內秘書曹)[내비서령(內秘書令) · 중비서감(中秘書監) · 중비서(中秘書) · 내비서중산(內秘書中散) · 내비서시어중산(內秘書侍御中散) · 내주서(內主書)], 후관조(候官曹), 감조(監曹)[감조주사령(監曹奏事令)], 중조(中曹)[중조감(中曹監) · 중조리(中曹吏)], 시어조(侍御曹)[시어장(侍御長) · 시어랑(侍御郞) · 시연(侍輦) · 시어급사(侍御給事) · 시어중산(侍御中散) · 시어주문중산(侍御主文中散)], 감어조(監御曹)[감어조령(監御曹令) · 감어조급사(監御曹給事) · 감어중산(監御中散)], 내장조(內藏曹), 의관조(宜官曹), 어식조(御食曹), 우렵조(羽獵曹, 유렵조(遊獵曹)라고도 함)[엽랑(獵郞)], 응사조(鷹師曹), 용목조(龍牧曹)[용목주사중산(龍牧曹奏事中散)], 어구조(御廐曹)[어구령(御廐令)], 내구조(內廐曹)[내구령(內廐令)], 내승황조(內乘黃曹), 중산조(中散曹)[중산령(中散令) · 중산(中散) · 중산서장(中散庶長) · 주문중산(主文中散) · 주사중산(奏事中散)], 급사조(給事曹)[급사중(給事中) · 급사 · 중급사(中給事) · 주사급사(奏事給事)]를 내시관(內侍官)으로 보았다(俞鹿年, 「北魏前期的內侍官」, 44-54쪽). 엄경망(嚴耕望)은 내행조(內行曹) · 숙위조(宿衛曹) · 중조(中曹) 등 '○○曹(조)'라는 기구의 일부는 상서의 하위기구이지만, 내정직(內廷職), 즉 근시관일 수도 있다고 보았다(嚴耕望, 「北魏尙書制度考」, 255-258쪽, 특히 257쪽의 표 2 참조). 상서에 속하는 '○○조'를 근시관(내시관)으로 보는 것은 명령계통상 이상하지만, 앞에서 언급한 일부 관직은 근시관(내시관)으로 봐도 좋을 것이다.

85 關樹東, 「遼朝御帳官考」, 中國社會科學院歷史研究所 編, 『古史文存』(隋唐宋遼金元卷), 社會科學文獻出版社, 2004, 365-381쪽. 김호동(金浩東) 교수도 야율아보기(耶律阿保機)가 탈부족적인 친위부대를 편성했으며, 야율아보기와 이들 사이는 개인적인 후원과 충성

(keshiq, 怯薛)[86]과 유사하다.[87]

둘째, 근시관의 상당수는 유력한 부족수령이나 한인호족의 자제로 충당되었다. 이들은 배반하지 않고 충성하겠다는 증표로 바쳐진 인질이지만, 동시에 황제의 측근이 되어 권력의 핵심에 포섭되는 정치적 특권을 누릴 수 있었다.[88]

셋째, (다)에서 '迭直(질직)'이라는 표현을 보면, 이들은 교대로 호위하거나 시종했던 것 같다. (가) · (다) · (마)의 '侍直(시직)'과 (나)의 '入直(입직)'도 용례상 교대근무의 뜻을 지녔다고 볼 수 있을 것이다. 구체적으로 몇 개의 조가 있었는지는 불투명하지만, 4개 조로 나누어 윤번으로 숙위하는 거란과 몽골의 방식이 참고된다.[89]

이란 끈으로 연결되었다고 지적했다(金浩東, 「蒙古帝國의 形成과 展開」, 『講座中國史』 III, 知識産業社, 1989, 247쪽).

86 『원사(元史)』 「병지(兵志)」 숙위조(宿衛條)에서 숙위를 맡은 케식[怯薛]이 관복(冠服) · 궁시(弓矢) · 음식(食飮) · 문사(文史) · 거마(車馬) · 여장(廬帳) · 부고(府庫) · 의약(醫藥) · 복축(卜祝)을 맡아 관장함을 기록했다(『元史』 卷99 「兵志」2 宿衛 序言, 2524쪽, "其它預怯薛之職而居禁近者, 分冠服 · 弓矢 · 食飮 · 文史 · 車馬 · 廬帳 · 府庫 · 醫藥 · 卜祝之事, 悉世守之. 雖以才能受任, 使服官政, 貴盛之極, 然一日歸至內庭, 則執其事如故, 至於子孫無改, 非甚親信, 不得預也.").

87 崔珍烈, 「北魏의 種族政策」, 68-69쪽. 천본방소(川本芳昭)도 필자와 비슷한 증거를 제시하며 북위의 내조(內朝), 친위군이 원조(元朝)의 숙위제도(宿衛制度), 즉 케식과 유사함을 지적했다(川本芳昭, 「北族社會の變質と孝文帝の改革」, 286-295쪽 및 「四 · 五世紀の中國と朝鮮 · 日本」, 566-567쪽(모두 『魏晋南北朝時代の民族問題』에 수록).

88 유녹년(兪鹿年)도 필자와 같은 견해를 제시했나(兪鹿年, 「北魏前期的內侍官」, 44-45쪽). 와첨경뮤(窪添慶文)의 연구에 따르면 「문성제남순비」에 언급된 호성(胡姓)은 대개 문성제 시기의 고관을 배출했다. 이는 근시관 역임자 혹은 그 가문이 근시관을 매개로 고위직에 진출하여 북위정치에 영향력을 행사했음을 시사한다(窪添慶文, 「文成帝期的胡族與內朝官」, 『黎虎教授古稀記念中國古代史論叢』, 北京: 知識出版社, 2006, 183-199쪽).

89 『遼史』 卷32 「營衛志」中 行營 冬捺鉢條, 375, "宮用契丹兵四千人, 每日輪番千人祗直." 현재 학자는 이 기록이 동날발(冬捺鉢)에만 해당하는 것이 아니라 사시날발에 모두 해당한다고 보고 있으며, 특히 부락환(傅樂煥)은 4개 조로 나누어 윤번으로 숙위하는 몽골

넷째, 근시관은 단순한 북위황제의 측근집단이 아니라 조명의 출납을 처리하면서 위진남조계열의 관청인 상서성 · 중서성 · 문하성, 즉 외조(外朝) 대신 권력의 중추 · 기요를 담당하는 권력기관으로 부상했다.[90]

앞에서 근시관의 개념을 간단히 살펴보았으며, 일부는 몽골의 케식과 유사함을 지적했다. 근시관은 중국의 관제를 따르지 않았기 때문에 『위서』에는 다양한 관명이 보인다. (가)의 좌우근시 · 내시장, (나)의 도통장 · 당장 · 삼랑위사, (다)의 대조, (마)의 시관 등이 이에 해당한다. 사서에서는 원욱(元郁) · 원소 · 장손도생 · 목관 · 하비(賀毗) · 육사 · 곡혼(谷渾) · 해화관(奚和觀) · 해발(奚拔) · 피표자 · 숙손준(叔孫俊) · 안총(安聰) · 굴도사(屈道賜) · 조의 · 왕상(王翔) 등이 '내시' 혹은 '내시좌우'에 충임되었다.[91] 한 학자는 '내시' 혹은 '내시좌우'를 「문성제남순비」의 '내시지관'[92]과 결부시켜 「문성제남순비」와 『위서』에서 산견되는 호족계 관명의 분석을 시도했

의 케식(四怯薛)이 요(遼, 거란)의 제도를 모방한 것이라고 보았다(尤李, 「遼金元捺鉢硏究評述」, 12쪽 및 14쪽).

90 陳琳國, 「北魏前期中央官制述略」, 朱東潤 等 主編, 『中華文史論叢』, 上海: 上海古籍出版社, 1985.

91 『魏書』 卷14 「神元平文諸帝子孫 · 順陽公郁傳」, 347쪽, "初以羽林中郎爲內侍, 勤幹有稱."; 『魏書』 卷15 「昭成子孫 · 常山王遵傳附素傳」, 375쪽, "少引內侍, 頻歷顯官, 賜爵尙安公, 拜外都大官."; 『魏書』 卷25 「長孫道生傳」, 645쪽, "使掌幾密, 與賀毗等四人內侍左右, 出入詔命."; 『魏書』 卷29 「奚斤傳附和觀傳」, 701쪽, "他觀弟和觀, 太祖時內侍左右."; 『魏書』 卷29 「奚斤傳附拔傳」, 701쪽, "和觀弟拔, 太宗時內侍左右."; 『魏書』 卷29 「叔孫建傳附儁傳」, 705쪽, "年十五, 內侍左右."; 『魏書』 卷30 「安同傳附聰傳」, 715,쪽 "原弟詰, 詰弟聰, 爲內侍."; 『魏書』 卷33補 「屈遵傳附道賜傳」, 778쪽, "[屈]道賜, 少以父任, 內侍左右."; 『北史』 卷27 「谷渾傳」, 973쪽, "道武時, 以善隸書爲內侍左右"; 『魏書』 卷40 「陸俟傳」, 901쪽, "太宗踐阼, 拜侍郎, 遷內侍"; 『魏書』 卷51 「皮豹子傳」, 1129쪽, "泰常中, 爲中散, 稍遷內侍左右."; 『魏書』 卷91 「術藝 · 晁崇傳」, 1944쪽, "[晁]崇弟[晁]懿 明辯而才不及[晁]崇也. 以善北人語內侍左右 爲黃門侍郎, 兄弟並顯."; 『魏書』 卷93 恩倖 王叡傳附翔傳, 1994쪽, "子[王]翔, 字元鳳. 少以聰敏循良, 詔充內侍."

92 山西省考古硏究所 · 靈丘縣文物局, 「山西靈丘北魏文成帝《南巡碑》」, 73왼쪽.

다. 이를 요약하면 다음과 같다.

「문성제남순비」에서 '內行(내행)' 자가 붙은 관직을 내시관으로 볼 수 있다면 내시장은 내행장의 이칭(異稱)이고, 내행장과 내행령 · 내행장자 · 내행아간 · 시어장(侍御長)은 같은 직책을 달리 번역한 것이다. 또 내시좌우는 「문성제남순비」의 내행내소와 동일하며, 『위서』 열전과 묘지명을 대조해 보면 내행내소 · 내소와 중산은 계승관계에 있거나 동일한 관직의 이칭이다. 효문제의 관제개혁 당시 내행내소와 내소가 중산으로 개칭되었을 것이다.[93] 이 주장을 검토하기 위해 '내시' 혹은 '내시좌우'와 동일시되었던 「문성제남순비」의 '내시지관'을 구체적으로 분석할 필요가 있다. 다음 〈표 13〉은 「문성제남순비」에 순서대로 배열된 수행관원의 명단을 유형별로 도식화한 것이다.

표 13 「문성제남순비」 수행관원의 관명별 분류

	수행관원 이름(사람 수)	관명 유형 및 특징
(1)	步六孤伊□(보육고이□)~斛骨乙莫干(곡골을막간)(8인)	중국식 관작
(2)	乙旃惠也拔(을전혜야발)(1인)	내도당장(內都幢將)
(3)	代伏云右子尼(대복운우자니)~張天度(장천탁)(7인)	내아간(內阿干)류 관명: 재관내아간(宰官內阿干)(1), 내아간(內阿干)(6)
(3)*	賈愛仁(가애인)(1인)	중국식 관작
(3)*	若干若周(약간약주)(1인)	내아간(內阿干)
(3)*	??普陵(普陵)~賀若盤大羅(하약반대라)(6인)	중국식 관작
(3)*	□□庫蘭(□□고란)(1인)	고부내아간(庫部內阿干)
(4)	高平國(고평국) · 段魚陽(단어양)(2인)	내행내아간(內行內三郞)
(5)	胡墨田(호묵전)(1인)	내행령(內行令)
(6)	賀若貸別(하약대별)~莫耐(막내)(21인)	내행내소(內行內小)

93 張金龍, 「史籍所見北魏前期禁衛武官制度」, 691-696쪽.

(7)	宿六斤阿□(숙육근아□)・勅懃 □六狐(칙근 □육호)(2인)	내행령(內行令)
	"右五十一人內侍之官(우오십일인내시지관)"	
(8)	47인	중국식 관작
(9)	??(성명 누락)~賀□□婁(하□□루)(6인)	내삼랑(內三郞)
	素和使若須(소화사약수)(1인)	중국식 관작
(10)	蓋婁內亦干(개루내역간)・楊丑頹(양축퇴)(2인)	급사중(給事中)
(11)	越勤右以斤(월근우이근)~莫那婁愛仁(막나루애인)(16인)	급사류 관명: 급사(給事)(5), 태관급사(太官給事)(1), 가부급사(駕部給事)(2), 전중급사(殿中給事)(6), 중서급사(中書給事)(1), 동갑장고급사(東鉀杖庫給事)(1)
(12)	斛骨呈羯(곡골정갈)~斛律習都居(곡률습도거)(8인)	내삼랑(內三郞)
(12)*	万忸于忿提(만뉴우분제)(1인)	곡락진군장(斛洛眞軍將) 내삼랑(內三郞)
(12)	直懃 苟黃(직근 구황)~步六孤步斗官(보육고보두관) (18인)	내삼랑(內三郞)
(12)	□□匹和以斤(□□필화이근)~王洛生(왕낙생)(35인)	내삼랑(內三郞)
(13)	泣利傉但(읍리녹단)~?(8인)	절흘진(折紇眞)류 관명: 북부절흘진(北部折紇眞)(1), 남부절흘진(南部折紇眞)(1), 주객절흘진(主客折紇眞)(1), ㅁㅁ절흘진(折紇眞)(1), 내도좌절흘진(內都坐折紇眞)(1), 절흘진(折紇眞)(1), 중도좌절흘진(中都坐折紇眞)(1), 외도좌절흘진(外都坐折紇眞)(1)
	?~素和(소화)(3인)	중국식 관명
(14)	?~?(3인)	내소당장(內小幢將)류 관명: 고부내소당장(庫部內小幢將)(1), 내소당장(內小幢將)(2)
	?~?(7인)	중국식 관명
	?(1인)	중국식 관명
(15)	?~?(22인)	당장(幢將)류 관명: 삼랑당장(三郞幢將)(15), 아락진당장(雅樂眞幢將)(7)

(15)*	?~直懃 乳樹(직근 유수) (13인)	중국식 관명
(15)	尉□□□(위□□□)~采洛生(채낙생) (4인)	삼랑당장(三郎幢將)
	?(1인)	?
	?~?(18인)	중국식 관명
	?~?(4인)	중국식 관명
(16)	?~?(8인)	곡락진(斛洛眞)
이하 대부분 결락(缺落)		

비고: '(숫자)*'는 '(숫자)'와 비슷한 유형으로 추정됨을 표시했다.

출전: 山西省考古研究所·靈丘縣文物局의 「山西靈丘北魏文成帝《南巡碑》」, 72오른쪽-78왼쪽; 川本芳昭, 「北魏文成帝南巡碑について」, 26-33쪽.

〈표 13〉은 「문성제남순비」의 수행관원 명단을 비문의 순서대로 나열하되, 관명의 유형별로 묶어서 정리한 것이다. (숫자) 뒤의 * 표시는 위와 동일한 유형일 가능성이 높을 때 사용했다. 예컨대 (3) 부분에서 내아간류의 관명이 보인다. (3)* 가애인(賈愛仁)의 관작은 '中常侍 □□□ 寧南將軍 太子家令 平陽公(중상시 □□□ 영남장군 태자가령 평양공)'이다. 가애인 앞과 뒤의 장천탁(張天度)과 약간약주(若干若周)의 벼슬에 내아간이 포함된 배열순서로 보아 중상시 뒤의 누락된 3자가 '내아간'일 가능성이 있다. □□普陵(보릉)~賀若盤大羅(하약반대라) 6인 역시 뒤의 □□高欄(□□고란)의 관명에 '고부내아간'이 있기 때문에 누락된 글자 가운데 '내아간' 혹은 '○○內阿干(내아간)' 형태의 관명이 있었을 것이다. (12)* 만뉴우분제(万忸于忿提)는 '明威將軍 斛洛眞軍將 內三郎(명위장군 곡락진군장 내삼랑)'의 직함을 가져 곡락진군장과 내삼랑을 겸했다. 뒤의 관원이 모두 내삼랑을 겸했음을 고려하면 내삼랑계열에 포함시킬 수 있다. (15)에는 삼랑당장과 아락진당장 등 당장류의 관명이 보인다. (15)*의 13인의 관명에 결락이 많다. 尉□□□(위□□□) 이하 4인이 삼랑당장인 것으로 보아 삼랑당장이나 아락진당장의 벼슬이 있었을 것으로 유추할 수 있으나 확실하지는 않다.

(7) 뒤에는 '오른쪽 51인은 내시지관이다("右五十一人內侍之官").'[94]라는 구절이 있다. 이 구절의 '내시'를 환관으로 해석하는 견해도 있으나,[95] 환관임을 알 수 있는 인물은 (1) 부분에서 환관의 관명인 중상시의 직함을 가진 위지기지(尉遲其地)·장익종(張益宗)·임금려(林金閭) 3인과 (3), (3)* 부분의 중상시 장천탁과 가애인이다. (1)의 '侍中 撫軍大將軍 太子太傅 司徒公 平原王 步六孤伊□(시중 무군대장군 태자태부 사도공 평원왕 보육고이□)'는 『위서』의 육려이다.[96] 『위서』「육려전」에서 그가 아들을 낳은 사실이 확인되므로[97] 생식능력이 없는 환관이 아니었음이 분명하다. 이처럼 중상시 5인을 제외하면 51인 가운데 최대 46인은 환관이 아니었을 것이다.

한 학자는 문성제 전후의 정치적 상황을 분석하여 「문성제남순비」의 수행관원 배열은 관작의 고하가 아니라 문성제의 측근 여하에 따른 것이라고 주장했다. 또 (1)의 두 번째에 있는 '侍中 特進 車騎大將軍 □太子太保 尙書 太原王 一佛步□□(시중 특진 거기대장군 ㅁ태자태보 상서 태원왕 일불보ㅁㅁ)'는 『위서』의 을혼(乙渾)이라고 보았다. 을혼은 문성제 사후 어린 나이로 즉위한 헌문제 초기 전횡을 일삼았던 인물이다. 그리고 그가 죽인 양보년(楊保年)·가애인·장천탁·육려·임금려는 '내시지관' 51인에 속했으므로, 을혼은 정적을 제거하여 내시 집단을 장악하고 전횡한 것이라고 했다. 따라서 '내시지관' 51인은 결국 을혼의 의도에 따라 구성되었다고 추정했다.[98] 이 주장 가운데 수행관원의 배열순서를 문성제의 측근 여부에 따랐다는 지적은 수긍할 수 있다. 왜냐하면 51인 뒤에 고관이 배열되어 있

---

94 山西省考古研究所·靈丘縣文物局, 「山西靈丘北魏文成帝《南巡碑》」, 73왼쪽.

95 佐藤賢, 「北魏內某官制度の考察」, 37-56쪽.

96 山西省考古研究所·靈丘縣文物局, 「山西靈丘北魏文成帝《南巡碑》」, 79오른쪽.

97 『魏書』 卷40 「陸俟傳附麗傳」, 908쪽, "[陸]麗二妻, 長曰杜氏, 次張氏. 長子[陸]定國, 杜氏所生; 次[陸]叡, 張氏所生."

98 川本芳昭, 「北魏文成帝南巡碑について」, 36쪽 및 39-43쪽.

기 때문이다. 예컨대 『위서』와 「문성제남순비」를 비교하면 (8) 부분에서 '衛大將軍 樂安王 直懃 何良(위대장군 낙안왕 직근 하량)'은 낙안왕 원량, '平東將軍 樂良王 直懃 出大汗□(평동장군 낙량왕 직근 출대한□)'은 낙량왕(樂良王) 원만수(元萬壽), '征西將軍 常山王 直懃 □□連戊烈(정서장군 상산왕 직근 □□련무열)'은 상산왕 원소, '侍中 安南大將軍 殿中尙書 □□ 東安王 獨孤侯尼須(시중 안남대장군 전중상서 □□ 동안왕 독고후니수)'는 유니임이 확실하다.[99] 직근(直懃) 하량(何良)[원량(元良)]과 직근(直懃) 出大汗□(출대한□)[원만수(元萬壽)], 직근(直懃) □□連戊烈(□□련무열)[원소(元素)]은 성 대신 '直懃(직근)'으로 표기되었다. '直懃(직근)'은 '直勤(직근)'이라고도 표기하며 북위황제의 일족인 탁발씨[원씨(元氏)] 혹은 독발씨(禿髮氏)[원씨(源氏)] 남성에게 붙였던 칭호이다.[100] 문성제의 일족이며, 위대장군의 직함을 가졌던 직근 하량은 수행관원의 장군호 가운데 거기대장군(을혼) 다음으로 높았다. 그럼에도 불구하고 직근 하량이 내시지관 51인 뒤에 배열된 것은 이 배열순서가 관작의 고하에 따른 배열이 아님을 입증한다. 따라서 내아간·내행내삼랑·내행령·내행내소를 '내시지관'으로 한정한 설[101]은 설득력이 없다.

또 (1)의 '내시지관' 51인 가운데 상위 8인은 내아간·내행령·내행내소·내행내삼랑 등 호족계 관명을 가지고 있지 않다. 이 8인의 관작을 나열해 보면 다음과 같다.

---

99 山西省考古硏究所·靈丘縣文物局, 「山西靈丘北魏文成帝《南巡碑》」, 79오른쪽.

100 Boodberg, Peter A., "The Language of the T'o-Pa Wei", *Harvard Journal of Asiatic Studies*, Vol. 1 No. 2, 1936, 172쪽; 羅新, 「北魏直勤考」, 『歷史研究』 2004-5, 2004, 24-38쪽.

101 張金龍, 「史籍所見北魏前期禁衛武官制度」, 691쪽.

侍中 撫軍大將軍 太子太傅 司徒公 平原王 步六孤伊□
(시중 무군대장군 태자태부 사도공 평원왕 보육고이□)

侍中 特進 車騎大將軍 □太子太保 尙書 太原王 一佛步□□
(시중 특진 거기대장군 □태자태보 상서 태원왕 일불보□□)

六□將軍 羽眞 襄邑子 呂河一西
(육□장군 우진 양읍자 여하일서)

中常侍 寧東將軍 太子太保 尙書 西郡公 尉遲其地
(중상시 영동장군 태자태보 상서 서군공 위지기지)

中常侍 寧西將軍 儀曹尙書 領中秘書 太子少師 彭城公 張益宗
(중상시 영서장군 의조상서 영중비서 태자소사 팽성공 장익종)

中常侍 寧南將軍 太子少傅 尙書 平涼公 林金閭
(중상시 영남장군 태자소부 상서 평량공 임금려)

散騎常侍 寧東將軍 西起部尙書 東海公 楊保年
(산기상시 녕동장군 서기부상서 동해공 양보년)

寧南將軍 殿中尙書 日南公 斛骨乙莫干
(영남장군 전중상서 일남공 곡골을막간)[102] (이상 관직·작위·성명의 띄어쓰기는 필자)

步六孤伊□(보육고이□)[원려(陸麗)]와 一佛步□□(일불보□□)[을혼(乙渾)]이 지닌 시중은 전한 무제 이후 내조관의 일원을 형성했으며, 위진남북조시대에도 대개 황제의 측근이었다.[103] 시중의 직함 때문에 '내시지관'에 속했다고 볼 수 있지만, (8)에서도 獨孤侯尼須(독고후니수)[유니]와 素和其奴(소화기노)[화기노(和其奴)]가 시중이었기 때문에 시중만 '내시지관'에 속할 자격이 있었던 것은 아니다. 장익종의 직함인 의조상서는 (8)의 이진노(李眞奴)의 직함이기도 하다. 전중상서는 앞에서 살펴본 것처럼 (8)에 1인

102 山西省考古研究所 · 靈丘縣文物局, 「山西靈丘北魏文成帝《南巡碑》」, 72오른쪽.
103 祝總斌, 『兩晉魏晉南北朝宰相制度研究』, 社會科學出版社, 1990, 239-305쪽.

이 보이고(獨孤俟尼須), 1인은 『위서』를 통해 결락된 부분에 이 전중상서가 있었음을 확인할 수 있다.[104]

또 특별한 부서가 없이 단지 '상서'라는 직함도 (1)의 一佛步□□(일불보□□)와 尉遲其地(위지기지), 임금려만 지닌 것이 아니라 (8)의 모법인(毛法仁)도 가지고 있었다. 또 산호장군(散號將軍), 즉 명예직 장군호로 생각되는 영동장군(寧東將軍)은 (1)의 斛骨乙莫干(곡골을막간) 이외에 (3)의 尉遲沓亦干(위지답역간), (8)의 胡優比西□陀(호우비서□타)도 가졌던 직함이었다. 이처럼 중국계 관직의 경우 동일 관명이 '내시지관'과 비(非)'내시지관' 모두 병존하는 것으로 보아 중국계 관명은 '내시지관'과 비(非)'내시지관'을 구분하는 기준이 아니었음을 알 수 있다. 이는 몽골제국의 케식 운영방식과 유사하다. 즉 몽골제국에서는 케식 출신이 상서성 등 외조에서 고관을 역임했더라도 내정(內廷)에 들어가 숙위나 기타 자신이 맡았던 임무, 즉 궁시(弓矢)·음식·문서·거마·궁장·여장(廬帳)·부고(府庫)·의약·복축(卜祝) 등을 담당했다.[105] 「문성제남순비」에서도 중국식 관명만 가진 8인의 '내시지관'은 몽골의 케식처럼 원래 문성제의 측근이었으나 고관을 역임한 후에도 중국식 관직의 임무와 상관없이 여전히 측근으로 활동했을 것이다.

그렇다면 근시관은 이 내시지관에만 한정되어야 할까? 『남제서』「위로전」에는 국중(國中)에서는 내좌우(內左右)를 직진(直眞), 외좌우(外左右)를

104 「문성제남순비」의 '□□□□□□□□□□□□ 順陽公 直懃 郁豆眷'(山西省考古研究所·靈丘縣文物局, 「山西靈丘北魏文成帝《南巡碑》」, 74왼쪽)은 『위서』의 원욱(元彧)이라고 한다(山西省考古研究所·靈丘縣文物局, 「山西靈丘北魏文成帝《南巡碑》」, 79오른쪽). 원욱은 문성제 시기에 전중상서에 임명되었다(『魏書』 卷14 「神元平文諸帝子孫·順陽公郁傳」, 347쪽, "高宗時, 位殿中尙書. 從高宗東巡臨海, 以勞賜爵順陽公."). 따라서 『위서』 원욱전을 통해 순양공 앞에 누락된 단어 가운데 '殿中尙書(전중상서)'가 있었을 것이다.

105 『元史』 卷99 「兵志」2 宿衛 序言, 2524쪽.

오왜진(烏矮眞)이라 하는데,[106] 이는 내시지관과 유사한 표현이다. 이 인용문에서 내좌우인 직진과 외좌우인 오왜진의 존재가 주목된다. 『위서』를 보면 '내시좌우' 이외에도 '인시좌우(引侍左右)',[107] '친시좌우(親侍左右)',[108] '급시좌우(給侍左右)',[109] '습유좌우(拾遺左右)',[110] '입시좌우(入侍左右)',[111] '시숙좌우(侍宿左右)',[112] '집사좌우(執事左右)'[113] 등으로 표기된 예가 산견된다. 위 단어에서 '좌우(左右)'는 황제의 측근을 뜻하므로, 이들은 북위황제의 측근으로 활동했을 것이다. 일단 자구상 '내시좌우'는 위의 인용문에 보이는 '내좌우(內左右)'와 일치하는 것처럼 보인다. 나머지 '인시좌우', '친시좌우', '급시좌우', '습유좌우', '입시좌우', '시숙좌우', '집사좌우'는 '내좌우'에 속하는지 혹은 '외좌우'에 속하는지 분명하지 않다. 만약 위 인용문의 '내좌우'와 「문성제남순비」의 '내시지관'이 동일하다고 가정하면 '내행' 자가 붙

106 『南齊書』 卷57 「魏虜傳」, 985쪽, "國中呼內左右爲'直眞', 外左右爲'烏矮眞', ……"

107 『魏書』 卷14 「神元平文諸帝子孫 · 河間公齊傳」, 362쪽, "少雄傑魁岸, 世祖愛其勇壯, 引侍左右."; 『魏書』 卷16 「道武七王 · 廣平王連傳附渾傳」, 400쪽, "器其藝能, 常引侍左右, 賜馬百匹, 僮僕數十人."; 『北史』 卷27 「張濟傳」, 977쪽, "[元]渾好弓馬, 射鳥輒歷飛而中之, 日射兔得五十頭. 太武嘗命左右分射, 勝者中的籌滿, 詔渾解之, 三發皆中. 帝大悅, 器其藝能, 常引侍左右."

108 『魏書』 卷29 「奚斤傳附兜傳」, 702쪽, "[奚]烏侯子[奚]兜, 世祖時親侍左右, 隨從征討, 常持御劍."

109 『魏書』 卷74 「尒朱榮傳」, 1643쪽, "太祖初以南秀容川原沃衍, 欲令居之, [尒朱]羽健曰, '臣家世奉國, 給侍左右. 北秀容既在剗內, 差近京師, 豈以沃塉更遷遠地.' 太祖許之."

110 『魏書』 卷26 「長孫肥傳附翰傳」, 653쪽, "太祖時, 以善騎射, 爲獵郎. 太宗之在外, [長孫]翰與元磨渾等潛謀奉迎. 太宗卽位, 遷散騎常侍, 與[元]磨渾等拾遺左右."

111 『魏書』 卷24 「張袞傳附倫傳」, 617쪽, "年十餘歲, 入侍左右."; 『魏書』 卷29 「叔孫建傳」, 705쪽, "太宗卽位, 命[叔孫]俊與[元]磨渾等拾遺左右."; 『魏書』 卷30 「丘堆傳」, 719쪽, "太宗卽位, 拾遺左右, 稍遷散騎常侍."

112 『魏書』 卷34 「車路頭傳」, 800쪽, "及太宗卽位, 拜爲散騎常侍, 賜爵金鄕公, 加忠意將軍. …… 故路頭優遊不任事, 侍宿左右."

113 『魏書』 卷26 「尉古眞傳附眷傳」, 656쪽, "太宗時, 執事左右, 爲太官令."

은 내행아간류, 내행내삼랑, 내행내소, 내행령은 모두 내시관에 속하게 된다. 그런데 이 관명 가운데 '내행' 자가 붙지 않는 관명도 존재한다. 즉 「문성제남순비」에는 내행내삼랑과 함께 내삼랑이 보인다. 그리고 한자의 뜻을 추측해 보면 내소를 통솔했을 내소당장과 고부에서 근무하는 내소들을 통솔했을 고부내소당장이 존재했다.[114] 내소당장과 고부내소당장의 존재는 「문성제남순비」의 수행관원 명단에 '내소'의 관명이 보이지 않더라도 '내소'계 관직이 존재했음을 시사해 주며, 내행내삼랑과 내삼랑의 병존은 이를 방증하는 증거가 될 수 있다. 즉 내삼랑과 내소 가운데 내시지관, 즉 내좌우가 되는 이들은 관명 앞에 '내행' 자를 붙였지만 그렇지 못한 이들은 내삼랑과 내소의 관명을 사용했을 것이다. 내삼랑과 내소도 근시관의 범주에 포함되므로 내시지관, 즉 '내좌우'에 포함되지 않는 이들 중에는 '외좌우'에 속하는 부류도 존재했을 것이다.

앞에서 내삼랑과 내행내삼랑의 병존, 내소의 존재 가능성과 내행내소의 예를 통해 '내좌우'에 대칭되는 '외좌우'의 존재 가능성을 상정해 보았다. 억측처럼 보일 수도 있으나, '외좌우'의 가능성은 당시 정치적 상황에서도 방증된다. 「문성제남순비」에는 문성제를 즉위시킨 주역 2인, 즉 육려[步六孤伊□(보육고이□)]와 유니[獨孤侯尼須(독고후니수)]가 등장한다. 당시 환관 종애가 태무제를 살해한 뒤 남안왕 탁발여(拓跋余)를 괴뢰로 세웠다가 뒤에 살해하는 등 전횡할 때 전중상서 장손갈후(長孫渴侯), 상서 육려, 상서 원하, 우림랑(羽林郞) 유니 등이 문성제를 옹립했다. 이 가운데 장손갈후는 흥안원년(452) 상서령(尙書令)이 되었지만 태재 도독중외제군사(都督中外諸軍事) 녹상서사 원수락(元壽樂)과 권력을 다투다가 사사되었다.[115] 나머지

---

114 張金龍, 「北魏文成帝《南巡碑》所見禁衛武官制度」, 716-717쪽.

115 『魏書』 卷5 「高宗紀」 興安元年條, 111쪽, "興安元年冬十月, 以驃騎大將軍元壽樂爲太宰 · 都督中外諸軍事 · 錄尙書事; 尙書長孫渴侯爲尙書令, 加儀同三司. 十有一月丙子,

3인은 문성제 시기 중용되었다. 이 가운데 육려[步六孤伊□]가 내시지관 51인에서 첫 번째로 나열된 것은 고관일뿐 아니라 문성제의 신임을 얻었기 때문이다. 〈표 13〉의 (8)에 속하는 '侍中 安南大將軍 殿中尙書 獨孤侯尼須(시중 안남대장군 전중상서 독고후니수)'는 『위서』의 유니이다. 그가 친위부대의 장관인 전중상서를 겸했다는 사실은 정책공신(定策功臣)에 대한 문성제의 신임이 여전히 두터웠음을 시사한다. 같은 (8) 부분에 보이는 '順陽公直懃 郁豆眷(순양공 직근 욱두권)'인 원욱[116]은 문성제 당시 전중상서에 임명되었고 후에 순양공(順陽公)에 봉해졌다. 「문성제남순비」에는 작위와 이름을 제외한 관명은 누락되었지만, 『위서』 열전의 기록과 대조할 때 결락된 관명 가운데 전중상서가 있어야 한다. 그런데 원욱은 전중상서에 임명되기 전 우림중랑(羽林中郞)의 직책으로 내시했던 인물이었다.[117] 원욱의 관력을 보면 줄곧 황제의 측근으로 있었다. 친위부대의 장관인 두 명의 전중상서(유니와 원욱)가 '내시지관'에 포함되지 않은 것은 의외이다. 왜냐하면 (1)에 속하는 인물 가운데 곡골을막간(斛骨乙莫干)이 전중상서였기 때문이다. 전중상서가 단순한 친위부대의 장관이고 황제의 측근은 아니라고 하면 문제가 없겠지만, 1인은 '내시지관'에 포함된 데 비해 2인은 그렇지 못한 점을 보면 '내시지관'의 기준이 관직의 임무와는 관련 없는 것이었음을 보여준다. 원욱이 문성제의 신임을 어느 정도 받았는지 『위서』에는 기록이 남아 있지 않았다. 그러나 원욱은 을혼이 문성제 사후 진권을 휘두르사 원욱이 전중무사(殿中武士)를 통솔하여 헌문제의 임조(臨朝)를 성사시킨 뒤 을혼을 죽이려 했다가 을혼이 양보하자 그만두었다. 후에 다시 을혼의 전횡

二人爭權, 並賜死."

116 山西省考古研究所 · 靈丘縣文物局, 「山西靈丘北魏文成帝《南巡碑》」, 79오른쪽.

117 『魏書』 卷14 「神元平文諸帝子孫 · 順陽公郁傳」, 347쪽, "初以羽林中郞爲內侍, 勤幹有稱. 高宗時, 位殿中尙書. 從高宗東巡臨海, 以勞賜爵順陽公."

이 심해지자 살해 계획을 세웠다가 누설되어 주살되었다.[118] 원욱의 행적을 보면 그는 헌문제에 충성한 친황제파였다. 이는 헌문제의 아버지인 문성제에게 충성했기 때문이었을 것이다. 원욱도 문성제의 신임을 얻어 측근이 될 조건을 지녔던 인물이라고 볼 수 있다. 따라서 유니와 원욱도 육려와 을혼 같은 최측근은 아니었겠지만 차(次)측근은 되었을 것이다. 이 경우 차측근에 해당하는 '외좌우'였다고 봐도 무방할 것이다. 비록 『위서』에는 『남제서』「위로전」에서 언급한 '내좌우'와 '외좌우'의 구별은 보이지 않지만, 『위서』에서 산견되는 '인시좌우', '친시좌우', '급시좌우', '습유좌우', '입시좌우', '시숙좌우', '집사좌우' 가운데 '내좌우'와 동일한 위상 정도까지는 아니더라도, '좌우'에 있었으므로 '외좌우'에 속했을 것이라는 논리는 성립된다. 혹은 '내좌우'와 '외좌우'에 대해 교대로 황제를 시위 · 시종하는 동일한 측근집단으로 상정해 볼 수 있다. 몽골[원]의 경우 케식[怯薛]은 4개의 조, 즉 4겁설(四怯薛)로 나누어 교대로 근무했으며 케식의 우두머리가 이들을 관장했다.[119] 『남제서』「위로전」의 '내좌우'와 '외좌우'도 남조 사신이 교대근무를 하는 조(組)라는 것을 알지 못하고 황제와의 거리를 기준으로 측근, 즉 '좌우'를 '내좌우'와 '외좌우'로 구분했을 것이다. 앞의 인용문 (다)의 '迭直(질직)'이라는 표현을 보면, 근시관이 교대로 시위 또는 시종했음

118 『魏書』 卷14 「神元平文諸帝子孫 · 順陽公郁傳」, 347쪽, "高宗崩, 乙渾專權, 隔絶內外, 百官震恐, 計無所出. [元]郁率殿中衛士數百人從順德門入, 欲誅渾, [乙]渾懼, 逆出問郁曰: '君入何意? ' [元]郁曰: '不見天子, 羣臣憂懼, 求見主上.' [乙]渾窘怖, 謂[元]郁曰: '今大行在殯, 天子諒闇, 故未接百官, 諸君何疑? ' 遂奉顯祖臨朝. 後[乙]渾心規爲亂, 朝臣側目, [元]郁復謀殺[乙]渾, 爲[乙]渾所誅."

119 『元史』 卷99 「兵志」2 宿衛 序言, 2524쪽, "怯薛者, 猶言番直宿衛也. 凡宿衛, 每三日而一更. 申 · 酉 · 戌: 日, 博尒忽領之, 爲第一怯薛, 卽也可怯薛. …… 亥 · 子 · 丑日, 博尒朮領之, 爲第二怯薛. 寅 · 卯 · 辰日, 木華黎領之, 爲第三怯薛. 巳 · 午 · 未日, 赤老溫領之, 爲第四怯薛. 赤老溫後絶, 其後怯薛常以右丞相領之."

을 알 수 있다. (가)·(다)·(마)의 '侍直(시직)'과 (나)의 '入直(입직)'도 '直(직)'의 용례상 교대근무의 뜻을 지녔다고 해석할 수 있다.

또 〈표 13〉의 (12)*에 보이는 곡락진군장에 주목해 보자. 곡락진은 '무기를 지닌 사람(帶仗人)'이란 뜻의 호락진(胡洛眞)[120]과 동일어로서, 시위무관의 일종으로 해석된다.[121] 한 학자는 호락진(胡洛眞)이 몽골의 케식 가운데 칼과 궁시(弓矢)를 지니고 카안을 시위했던 koruči의 음역이라고 주장했다.[122] 이러한 견해에 동조한다면 곡락진도 호위를 담당한 근시관이라고 볼 수 있다. 『원사』「병지(兵志)」에는 火兒赤(qorći)·昔寶赤(siba'ući)·怯憐赤(ger-ink'e'ü)·扎里赤(ĵa[r]li[Ɣ]ći)·必闍赤(bičēči)·博尒[爾]赤(bōrći)·云都赤(üldüči)·闊端赤(ködölči)·八剌哈赤(balaƔači)·答剌赤(darači)·兀剌赤(ulčāi)·莫倫赤(moronči)·速古兒赤(sügürči)·帖麥赤(temēči)·火你赤(qoniči)·忽剌罕赤(qulaƔanči)·虎兒赤(qūrči)·覇都魯(bādur) 등 다양한 직책을 맡았던 케식이 있다.[123] 몇몇 학자는 북위의 비덕진(比德眞)[124]과 몽골

120 『南齊書』卷57「魏虜傳」, 985쪽, "……, 帶仗人爲'胡洛眞', ……"

121 張慶捷·郭春梅, 「北魏文成帝《南巡碑》所見拓跋職官初探」, 31-32쪽; 張金龍, 「北魏文成帝《南巡碑》所見禁衛武官制度」, 717-719쪽.

122 白鳥庫吉, 「東胡民族考」, 『白鳥庫吉全集』4, 岩波書店, 1970, 170-176쪽.

123 『元史』卷99「兵志」2 宿衛 序言, 2524-2525쪽, "其怯薛執事之名: 則主弓矢·鷹隼之事者, 曰火兒赤·昔寶赤·怯憐赤. 書寫聖旨, 曰扎里赤. 爲天子主文史者, 曰必闍赤. 親烹飪以奉上飮食者, 曰博尒赤. 侍上帶刀及弓矢者, 曰云都赤·闊端赤. 司閽者, 曰八剌哈赤. 掌酒者, 曰答剌赤. 典車馬者, 曰兀剌赤·莫倫赤. 掌內府尙供衣服者, 曰速古兒赤. 牧駱駝者, 曰帖麥赤. 牧羊者, 曰火你赤. 捕盜者, 曰忽剌罕赤. 奏樂者, 曰虎兒赤. 又名忠勇之士, 曰覇都魯. 勇敢無敵之士, 曰拔突. 其名類蓋不一, 然皆天子左右服勞侍從執事之人, 其分番更直, 亦如四怯薛之制, 而領於怯薛之長." 각종 케식의 몽골어 轉寫는 Ch'i-Ch'ing Hsiao(蕭啓慶), *The Military Establishment of The Yuan Dynasty*, Cambridge(Massachusetts) & London: Harvard University Press, 1978, 93-94쪽 참조.

124 『南齊書』卷57「魏虜傳」, 985쪽, "……, 曹局文書吏爲'比德眞', ……"

의 필도적(必闍赤, bičēči), 북위의 부진(附眞)[125]과 몽골의 박이적(博尒[爾]赤, bōrći)의 직책과 발음이 유사함을 지적했다.[126] 이에 따라 삼공 · 귀인을 뜻하는 양진(羊眞)[127] 이외에 근시관에 속하는 선비어 관명이 상당수 존재한다. 그러나 자료의 한계상 구체적인 논증은 불가능하다. 어쨌든 곡락진도 근시관의 범주에 포함시킬 수 있다.

앞에서 「문성제남순비」와 『남제서』 「위로전」을 비교 · 검토한 결과 북위의 근시관은 ① 황제의 최측근인 '내시지관' 혹은 '내좌우', ② 차측근인 '외좌우', ③ 기타 측근과 황제의 호위를 담당하는 친위부대, 장령으로 이루어진 중층구조였음을 알 수 있다. 그리고 ①에 속하는 관원이 중국식 관명과 관계없는 점을 보면, 황제의 신임 정도가 '내시지관'의 선발기준이었음을 추론할 수 있다. 따라서 근시관은 중국식 관제처럼 관명과 직책이 명확하지 않았다고 할 수 있다. 이는 북위가 '서기시대'부터 존재했던 근시 혹은 친병집단[128]의 유제(遺制)를 계승한 데 반해 중국의 관료조직의 체계화된 조직과 운영원리는 대체로 수용하지 않았기 때문일 것이다. 이는 『위서』에 '내시좌우', '인시좌우', '친시좌우', '급시좌우', '습유좌우', '입시좌우', '시숙좌우', '집사좌우'라고 하여 관명 없이 북위황제의 측근이 되었던 인물이나 특별한 벼슬 없이 조명을 출납하고 기요를 담당했던 인물,[129] 숙

---

125 『南齊書』 卷57 「魏虜傳」, 985쪽, "……, 貴人作食人爲「附眞」."

126 Peter A. Boodberg, "The Language of the T'o-Pa Wei", 170쪽 및 175쪽; 白鳥庫吉, 「東胡民族考」, 170-176쪽.

127 『南齊書』 卷57 「魏虜傳」, 985쪽, "三公貴人, 通謂之「羊眞」."

128 친병집단(親兵集團)의 개념과 내용은 金浩東, 「北아시아 遊牧國家의 君主權」, 152-166쪽 참조.

129 『魏書』 卷14 「神元平文諸帝子孫 · 建德公嬰文傳」, 345쪽, "少明辯, 有決斷, 太宗器之. 典出納詔命, 常執機要."; 『魏書』 卷28 「古弼傳」, 689쪽, "令[古]弼典西部, 與劉潔等分綰機要, 敷奏百揆."; 『魏書』 卷28 「張黎傳」, 693쪽, "張黎, 雁門平原人也. 善書計, 太祖知待之. 太宗器其忠亮, 賜爵廣平公, 管綜機要."

위나 시위를 맡았던 인물[130]의 기록이 산견되는 데서도 확인된다. 또 중국식 관명과 상관없이 측근으로 활동했거나 금군을 통솔했던 예도 보인다. 예컨대 원욱은 내시의 직무를 맡았을 때 우림중랑의 벼슬에 있었고,[131] 목숭(穆崇)은 좌위장군의 직책으로 문하중서를 관장하면서 조명을 출납했으며,[132] 해근과 주기(周幾)는 각각 정동장사(征東長史) 월기교위(越騎校尉)와 전중시어사(殿中侍御史)의 직함으로 숙위금군을 관장했다.[133] 이처럼 북위시대, 특히 효문제의 관제개혁 이전에는 중국식 관명만으로 해당 재직자의 직무를 단정하기 어렵고 근시관 여부를 판단하기도 쉽지 않다.

(2) 근시관의 정치적 효용: 인질과 특권

앞에서 근시관의 개념과 범위를 살펴보았다. 근시관은 '서기시대' 이래의 근시 혹은 친병집단의 유제인데, 중국식의 체계적인 관제(官制)가 아니었기 때문에 『위서』나 「문성제남순비」에 나오는 중국식 관명만으로 근시관 여부를 판단하기 쉽지 않다. 따라서 일단 근시관임이 명확한 내아간 · 내행령 · 내행내소 · 내삼랑 등의 역임자를 분석하면 이 관직의 특징을 구체적으로 파악할 수 있다. 이 가운데 내행장과 내삼랑 역임자의 종족(種族) · 성씨(姓氏)별 통계를 살펴보자.

---

130 『魏書』 卷30 「來大千傳」, 725쪽, "世祖踐祚, 與襄城公盧魯元等七人俱爲常侍, 持仗侍衛, 晝夜不離左右."

131 『魏書』 卷14 「神元平文諸帝子孫 · 順陽公郁傳」, 347쪽.

132 『魏書』 卷27 「穆崇傳附觀傳」, 664쪽, "遂留弟[穆]觀, …… 選充內侍, 太祖器之. 太宗即位, 爲左衛將軍 綰門下中書, 出納詔命."

133 『魏書』 卷29 「奚斤傳」, 697쪽, "皇始初, 從征中原, 以斤爲征東長史, 拜越騎校尉, 典宿衛禁旅."; 『魏書』 卷30 「周幾傳」, 726쪽, "太宗即位, 爲殿中侍御史, 掌宿衛禁兵, 斷決稱職."

표 14 내행장 · 내삼랑의 역임자 분류

	제실십성(帝室十姓)	훈신제성(勳臣諸姓)	내입제성(內入諸姓)	기타 선비인(鮮卑人)	한인(漢人)	기타 호인(胡人)	**합계**
내행장	1	3	10	3	3	3	**23**
내삼랑	7	2	8	3	0	1	**21**

출전: 嚴耀中, 『北魏前期政治制度』, 長春: 吉林敎育出版社, 1990, 74쪽의 표 참조.

〈표 14〉를 보면 한인은 내행장 3인이고, 내삼랑은 없었으므로 내행장과 내삼랑은 거의 호인이 역임했음을 알 수 있다. 우선 호인을 제실십성[134]과 훈신제성(勳臣諸姓), 내입제성(內入諸姓), 기타 선비인, 기타 호인으로 나누었다. 내행장의 경우 내입제성 출신이 전체의 43.5%(10인)를 점했다. 내삼랑은 내입제성이 38.1%(8인), 제실십성이 33.3%(7인)를 차지했다. 일단 내입제성 출신이 내행장과 내삼랑을 다수 점했음을 알 수 있다. 그런데 앞에서 살펴본 통계는 구체적인 성명 자료가 제시되지 않았고, 또 필자가 조사한 자료와 큰 차이를 보인다. 다음에서 필자가 정리한 자료를 살펴보자.

『위서』와 묘지명에서 언급되는 삼랑 혹은 내삼랑 역임자는 원대두(元大頭) · 두대전(豆代田) · 두구주(豆求周) · 주자두(周子豆) · 육진(陸眞) · 비우(費于) · 루제(婁提) · 원화의(元貨毅, 원보락(元保洛)의 할아버지) 8인이다.[135] 표본이 작아 통계의 의미는 없으나 북위종실인 원씨와 두씨(豆氏)가 2인, 나머지 성씨가 1인을 배출했다. 그런데 원씨 · 두씨 · 주씨(周氏) · 육씨 · 비씨(費氏) · 누씨(婁氏)는 모두 대인(代人)이며, 호성(胡姓)이다. 이는 일단 내삼랑에 호인이 주로 임명되었음을 보여 준다.

134 원문에는 제실십성(帝室十姓)이 아니라 종실제성(宗族諸姓)이라 기록하였다. 이는 탁발씨를 포함한 제실십성을 의미한다. 이에 필자는 원문의 표현 대신 '제실십성'이란 표현을 사용했다.

135 張金龍, 「史籍所見北魏前期禁衛武官制度」, 741쪽.

또 내시장은 유화진(庾和辰), 안힐(安頡), 왕수(王樹), 고저아(高睹兒), 한수(韓秀), 한무(韓茂), 서건(徐謇), 동추노(董醜奴) 8인이 맡았다.[136] 내행장은 을사호(乙肆虎), 장손두(長孫頭), 유니, 진건, 나이리(羅伊利), 구낙발(苟洛跋), 설호자(薛虎子), 산강, 우천은(于天恩) 9인,[137] 내행장자는 목을구(穆乙九) 1인,[138] 내행령은 숙석, 화천수(和天受), 구퇴(苟頹), 왕우(王遇) 4인[139]이 각각 역임했다. 한 학자는 위에 열거한 내행장 · 내행령 · 내행장자 · 내행아간 · 시어장을 동일관직이라고 보았다.[140] 일단 이 주장을 수용하면 22인이

---

136 『魏書』 卷28 「庾業延傳」 684쪽; 『魏書』 卷30 「安同傳附詰傳」, 715쪽; 『魏書』 卷30 「王建傳附樹傳」, 711쪽, "[王]建曾孫[王]樹, 以善射有寵於顯祖, 爲內侍長."; 『魏書』 卷32 「高湖傳附睹兒傳」, 753-754쪽, "高祖初, 給事中, 累遷散騎常侍 · 內侍長."; 『魏書』 卷42 「韓秀傳」, 953쪽, "太和初, 遷內侍長."; 『魏書』 卷51 「韓茂傳」, 1127-1128쪽, "由是世祖壯之, 拜內侍長, 進爵九門侯, 加冠軍將軍."; 『魏書』 卷91 「術藝 · 徐謇傳」, 1966쪽, "顯祖欲驗其所能, 乃置諸病人於幕中, 使謇隔而脉之, 深得病形, 兼知色候. 遂被寵遇. 爲中散, 稍遷內侍長."; 『魏書』 卷93 「恩倖 · 王叡傳」, 1990쪽, "內侍長董醜奴營墳墓, ……"

137 『魏書』 卷20 「文成五王 · 安樂王長樂傳」, 525쪽, "後與內行長乙肆虎謀爲不軌, 事發, 賜死於家."; 『魏書』 卷26 「長孫肥傳附頭傳」, 654쪽; 『魏書』 卷30 「劉尼傳」, 721쪽, "[源]賀及渴侯登執宗愛 · 賈周等, 勒兵而入, 奉高宗於宮門外, 入登永安殿. 以[劉]尼爲內行長, 進爵建昌侯."; 『魏書』 卷34 「陳建傳」, 802쪽; 『魏書』 卷44 「羅結傳附伊利傳」, 988쪽; 『魏書』 卷44 「苟頹傳」, 993-994쪽, "父[苟]洛跋, 內行長."; 『魏書』 卷44 「薛野賭傳附虎子傳」, 996쪽; 『魏書』 卷81 「山偉傳」, 1792쪽, "爲奏事中散, 從顯祖獵方山, 有兩狐起於御前, 詔强射之, 百步內二狐俱獲. 位內行長."; 『魏書』 卷83下 「外戚下 · 于勁傳天恩傳」, 1833쪽, "勁弟天恩, 位內行長 · 遼西太守."

138 『魏書』 卷27 「穆崇傳附乙九傳」, 662쪽, "子乙九, 內行長者."

139 『魏書』 卷30 「宿石傳」, 724쪽, "年十三, 襲爵, 擢爲中散. …… 興光中 …… 遷內行令."; 『魏書』 卷44 「和其奴傳附天受傳」, 993쪽, "子[和]天受, 襲爵. 初爲內行令."; 『魏書』 卷44 「苟頹傳」, 993-994쪽, "[苟]頹性厚重少言, …… 遷內行令, 轉給事中, 遷司衛監."; 『魏書』 卷94 「閹官 · 王遇傳」, 2023쪽, "[王]遇坐事腐刑, 爲中散, 遷內行令 · 中曹給事中, ……"

140 張慶捷 · 郭春梅, 「北魏文成帝《南巡碑》所見拓跋職官初探」, 36-37쪽; 張金龍, 「史籍所見北魏前期禁衛武官制度」, 691-692쪽. 장경첩(張慶捷)과 곽춘매(郭春梅)는 내아간(內阿干)이 내행아간 · 내행장과 동일 관직이라고 그 범위를 좁혔다.

'내행장류'(이하 내행장 · 내행령 · 내행장자 · 내행아간 · 시어장 · 내시장을 '내행장류'로 통칭함)의 관직을 역임한 것이다.

'내행장류'를 성씨별로 분류해 보면, 내행장류 역임자는 구씨(苟氏)[약간씨(若干氏)] · 왕씨 · 한씨가 2인, 나머지 성씨가 1인이다. 그런데 왕수의 증조 왕건(王建)은 광녕군(廣寧郡),[141] 왕우는 이윤진(李潤鎭)의 강인(羌人),[142] 한수는 창려군(昌黎郡),[143] 한무는 안정군(安定郡) 안무현(安武縣)[144] 사람이므로 성(姓)은 같아도 본적은 다르다. 따라서 2인을 배출한 성씨는 구씨 밖에 없다. 이처럼 '내행장류'의 관직의 역임자를 거의 1인씩 배출한 것은 '내행장류'의 관직이 황제의 측근을 거느려 다스리는 우두머리였으므로 각 종족(種族)과 성씨의 세력균형을 이루기 위해 골고루 뽑았기 때문일 것이다. 그리고 내삼랑 역임자처럼 호인이 다수였다. 앞에서 살펴본 내삼랑과 '내행장류' 역임자의 통계는 북위전체를 대상으로 한 것이지만, 누락된 이가 많을 것으로 추정되기 때문에 이 자료만으로는 불완전하다. 그런데 「문성제남순비」에 내아간 · 내행령 · 내행내소 · 내삼랑 · 삼랑당장 · 아락진당장의 관명과 역임자의 성명이 보이므로 동일시대 역임자의 분포와 추세를 확인해 볼 수 있다. 다음의 〈표 15〉는 내아간 · 내행내소 · 내삼랑 등에 대한 성씨별 임명 횟수를 정리한 것이다.

먼저 〈표 15〉에서 내아간 임명자의 성씨를 살펴보면, 을전 · 위지 · 개루 · 시루 · 약간 · 사리 · 장 등이 골고루 1명씩이다. 내행내소는 을전씨와 보육고씨가 2인이지만, 이루 · 하뢰 · 소화 · 하약 · 막나루 · 협고 · 질라 · 토복로 · 동□ · 마 · 위(衛) · 여 · 한 등 13성이 1명씩 임명되었다. 내삼랑

141 『魏書』 卷30 「王建傳」, 711쪽, "王建, 廣寧人也. 祖姑爲平文后, 生昭成皇帝."

142 『魏書』 卷94 「閹官 · 王遇傳」, 2023쪽, "王遇, 字慶時, 本名他惡, 馮翊李潤鎭羌也."

143 『魏書』 卷42 「韓秀傳」, 953쪽, "韓秀, 字白虎, 昌黎人也."

144 『魏書』 卷51 「韓茂傳」, 1127-1128쪽, "韓茂, 字元興, 安定安武人也."

표 15「문성제남순비」의 성씨별 주요 호족계 관직 임명표

성씨		종족(種族)	내아간	내행내소	내삼랑	삼랑당장	아락진당장	내행령	총계
제실십성	탁발(拓跋)	선비(鮮卑)			8		1	1	10
	발발(拓跋)	선비(鮮卑)			1				1
	달해(達奚)	선비(鮮卑)			2				2
	이루(伊樓)[婁]	선비(鮮卑)		1					1
	을전(乙旃)	선비 혹은 고차(高車)	1	2					3
훈신팔성	구목릉(丘目陵)	선비(鮮卑)			1				1
	보육고(步六孤)	선비(鮮卑)		2	1		1		4
	하뢰(賀賴) [하란(賀蘭)]	흉노(匈奴)		1					1
	독고(獨孤)	흉노(匈奴)			5	1			6
	만[물]뉴우 (万[勿]忸于)	선비(鮮卑)			1				1
	위지(尉遲)	토욕혼(吐谷渾)	1			1			2
소화(素和)		선비 혹은 서역호(西域胡)		1	4		1		6
곡률(斛律)		고차(高車)			5				5
곡골(斛骨)					1				1
개루(蓋婁)			1						1
시루(是婁)		선비(鮮卑)	1						1
약간(若干)		선비(鮮卑)	1						1
사리(社利)			1						1
하약(賀若)				1					1
막나루(莫那婁)		선비(鮮卑)		1					1
[협]고(挾庫)				1					1
질라(叱羅)		선비 혹은 신라(新羅)?		1	1				2
토복[두]로 (吐伏[豆]盧)		선비(鮮卑)		1					1
숙육근(宿六斤)		흉노(匈奴)						1	1
여여(茹茹)		유연(柔然)			1				1
同ㅁ[同蹄?]		강(羌)?		1					1
원흘(袁紇)		고차(高車)			1				1

발열란(拔烈蘭)	흉노(匈奴, 휴도(休屠)라고도 함)			2				2
기련(其連)	선비(鮮卑)			1				1
계호(契胡)	갈(羯)[계호(契胡)]			1				1
단(段)	선비(鮮卑)			1				1
대야(大野)	선비(鮮卑)			1				1
칙번(勅煩)				1				1
후막진(侯莫陳)	선비(鮮卑)			1				1
해두고(奚斗孤)				1				1
질[설]간(叱[薛]干)	선비(鮮卑)			1				1
화계(和稽)				1				1
절방(折枋)				1				1
개모(蓋毛)				1				1
왕우(王右)				1				1
당빈(堂賓)						1		1
이(怡)				1				1
마(馬)	한인(漢人)		1					1
위(衛)	한인(漢人)		1					1
여(呂)	저(氐) 혹은 한인		1					1
은(殷)	한인(漢人)			1				1
장(張)	한인 혹은 오환(烏丸), 흉노(匈奴)[도각(屠各)], 갈(羯)	1		1	1			3
한(韓)	한인(漢人)		1					1
고(高)	한인(漢人)?			1				1
호(胡)	한인(漢人)?						1	1
조(趙)	한인(漢人)			2				2
봉(封)	한인(漢人)			1				1
왕(王)	한인(漢人)			2				2
맹(孟)	한인(漢人)			1				1
채(采)	한인(漢人)				1			1

출전: 山西省考古硏究所 · 靈丘縣文物局의 「山西靈丘北魏文成帝《南巡碑》」, 72오른쪽-78왼쪽.

은 탁발씨 8인, 달해씨 2인, 독고씨 5인, 소화씨 4인, 곡률씨 5인, 발열란씨 2인, 조씨(趙氏) 2인, 왕씨 2인 등 8성(姓)이 2인 이상 배출되었지만, 발발 · 구목릉 · 보육고 · 만뉴우 · 곡골 · 질라 · 여여 · 원흘 · 기련 · 계호 · 단 · 대야 · 칙번 · 후막진 · 해두 · 질간 · 화계 · 절방 · 개모 · 왕우 · 이(怡) · 은 · 장 · 고 · 봉 · 맹 등 26개 성에서 1인이 선발되었다. 즉, 내아간과 내행내소는 대개 특정 성에 치우침 없이 선발되었다. 내삼랑의 경우 2인 이상 배출한 성씨가 54%, 1인을 배출한 성씨가 46%로 특정 성씨에 집중되는 현상을 보이긴 하지만, 평균 1개 성(姓)당 인원수는 1.65명이어서 편차가 그다지 크지 않다. 내아간 · 내행내소 · 내삼랑은 호족계 관직이고, 호인도 다수 임명되었다(39성). 그보다 더 특이한 것은 조 · 왕 · 이 · 은 · 장 · 고 · 봉 · 맹 · 마 · 위 · 여 · 한 등 외형상 한인으로 보이는 12개 성이 포함된 점이다. 종족(種族) 면에서도 선비 이외에 고차 · 흉노 · 계호 · 토욕혼 · 유연 · 저 · 강, 그리고 한족 등 호 · 한의 구별 없이 다양한 종족(種族)이 등용되었다. 이처럼 내아간 · 내행내소 · 내삼랑에 임명된 성과 종족을 살펴보면 대개 각 성씨에 일정한 할당 액수를 안배하여 골고루 기용한 듯한 인상을 받는다. 이는 『위서』와 묘지명에서 보이는 내삼랑 역임자의 추세와 대략 일치한다. 다만 탁발 · 달해 · 을전 등 제실십성과 보육고 · 독고 등 훈신팔성, 소화 · 곡률 등이 2인 이상의 내행내소와 내삼랑을 배출했던 현상은 신변보호 등의 이유로 혈연적 관계가 있는 제실십성과 일부 공신집단을 중용했기 때문이라고 해석할 수 있다. 내행내소와 내삼랑 등을 통솔하는 삼랑당장과 아락진당장 · 내행령에 종실인 탁발씨와 훈신팔성인 보육고 · 독고, 숙육근씨[숙석][145]가 임명되었던 것은 북위황제와의 밀접한 관

145 「문성제남순비」의 宿六斤阿□(숙육근아□)(山西省考古研究所 · 靈丘縣文物局, 「山西靈丘北魏文成帝《南巡碑》」, 73오른쪽)는 숙석으로 비정된다(上同, 79오른쪽). 숙석의 증조(曾祖)는 탁발씨와 통혼하고 2대에 걸쳐 호분당장(虎賁幢將) · 시어랑(侍御郞) · 중산(中散) · 내

계 때문인 것 같다. 이처럼 북위는 지배 하의 여러 집단에서 균등하게 근시관을 임용했음에도 불구하고, 탁발씨와 일부 유력세력에게 있었음을 알 수 있다.

앞에서 살펴본 것처럼 내아간 · 내행내소 · 내삼랑의 임용 시 특정 성씨가 아닌 다수의 성씨를 골고루 임명한 것은 각 부족이나 지방의 토착세력에 대한 안배와 견제의 의미로 파악할 수 있다. 이는 '서기시대'부터 계속된 북위의 부족 통제책과 관련 있다. 북위는 '서기시대'인 소성제 십익건 재위 당시부터 각 부(部) 대인과 호족(豪族)·양가의 자제를 근시관에 임명함으로써 충성을 확보하는 한편 일종의 인질로 삼아 제부대인을 견제하였다. 도무제 이후에도 이러한 정책은 계속되었다.[146] 천사 4년(407)에는 황제의 좌우에서 황제를 번갈아 시종하고 조명 출납을 맡은 시관도 늘려 설치했다. 그 대상은 8국의 양가와 대군 · 상곡 · 광녕 · 안문 4군의 유력자였다.[147] 이는 근시관이 부족 혹은 지역의 유력세력 가운데 선발되었던 예이다. 천사 4년의 임용 대상 지역인 8국(유목민의 거주 지역)과 4군(한인들이 거주하던 군현 지역)은 북위의 경기지역이다. 〈표 15〉에서 일부 한성과 호성의 본적 혹은 거주지는 경기 이외 지역으로 추정되기 때문에[148] 내아간 · 내행내소 · 내삼랑을 임용하는 지역적 범위가 천사 4년에 비해 확대되었다고

행령(內行令) 등 근시관을 역임하는 등 북위황실과 밀접한 관계에 있었다(崔珍烈, 「북위의 種族政策」, 61쪽).

146 唐長孺, 「拓跋國家的建立及其封建化」, 201-202쪽; 松永雅生, 「北魏の三都」(上), 21-31쪽; 古賀昭岑, 「北魏の部族解散について」, 71위쪽-71아래쪽.

147 『魏書』 卷113 「官氏志」, 2974쪽.

148 왕씨(王氏)는 태원군(太原郡), 고씨(高氏)는 요동군(遼東郡) 혹은 발해군(渤海郡), 봉씨(封氏)는 발해군(渤海郡)이 본적지였을 가능성이 높다. 호인 가운데 부씨(符[苻]氏)는 전진(前秦)이 망한 후 관롱지방에 있었을 것이며, 이주씨(尒朱氏)로 추정되는 계호씨(契胡氏)는 사주(肆州) 북수용군(北秀容郡)에 있었다. 이들 지역은 북위 전기 때 경기 밖의 지역이다.

볼 수 있다.

북위는 내아간 · 내행내소 · 내삼랑 등 근시관에 부족의 수령이나 군현의 호족(豪族) 일족을 골고루 임명하여 각 지역과 복속집단을 통합하는 효과를 거두었을 것이다.[149] 몽골의 카안은 천호장 · 백호장 · 십호장의 자제로 구성된 케식에게 천호장보다 높은 지위와 특권을 부여하여 질자군(質子軍)으로서 천호장 이하 각 수령을 견제하도록 하는 한편 군주에 대한 개인적인 충성을 강화시켰다.[150] 북위의 근시관도 몽골의 케식처럼 임자(任子)의 성격을 지닌다는 점에서는 특권이었겠지만,[151] 인질로서 각 부족이나 군현의 토착세력을 견제하는 역할도 수행했을 것이다. 또 몽골인 케식은 중서성 · 추밀원(樞密院) · 어사대의 장관(1품관)으로 출임(出任)하여 군국대사의 처리에 직접 참여했다. 또 색목인(色目人)과 한인 케식도 재상을 역임했다.[152] 북위에서도 근시관을 역임한 후 고관으로 승진하고 왕 · 공에 봉해진 예가 많다. 즉 근시관직은 출세의 지름길이었다. 또 한 가문에서 중산과 시어중산(侍御中散)을 몇 대에 걸쳐 배출하거나,[153] 부자가 내삼랑이나 내행장 · 내행령을 역임하는 사례[154]에서 보는 것처럼 대대로 근시관을 역임하

149 兪鹿年, 「北魏前期的內侍官」, 45쪽.

150 金浩東, 「蒙古帝國의 形成과 展開」, 257-258쪽; 同氏, 「北아시아 遊牧國家의 君主權」, 163-165쪽.

151 예컨대 중산(中散)과 시어중산 등은 조(祖) · 부(父)의 관직이나 공(功)에 따라 자손에게 주어지는 것이 일반적이다(鄭欽仁, 『北魏官僚機構硏究』, 248-251쪽).

152 周良霄, 『忽必烈』, 長春: 吉林敎育出版社, 1986, 70쪽; 陳高華 · 史衛民, 『中國政治制度通史』 第八卷(元代), 北京: 人民出版社, 1996, 59쪽 및 68-69쪽.

153 鄭欽仁, 『北魏官僚機構硏究』, 176-178쪽 및 239쪽.

154 2대에 걸쳐 내삼랑(內三郞)을 배출한 가문은 두대전(豆代田) 부자가 대표적이다(『魏書』 卷30 「豆代田傳」, 727쪽, "與奚斤前鋒先入, 擒劉義隆將毛德祖幷長史 · 司馬三人. 以功遷內三郞." 및 上同, "[豆代田]子求周 爲內三郞. 從駕到江, 賜爵五等子."). 그리고 부자(父子)가 내행령(內行令) · 상(長)이 되는 사례는 구퇴(苟頹) 부자의 사례에서 보인다(『魏書』 卷44 「苟頹傳」, 993-994쪽, "父洛跋, 內行長. 頹性厚重少言, …… 擢爲中散, …… 遷內行令, 轉給事中, 遷司衛

는 예도 빈출했다. 따라서 부족의 수령과 그 후손은 대대로 근시관이 되었고 이를 통해 북위 국가권력과 밀접한 관계로 변했다.[155] 이는 근시관을 역임한 한인호족도 마찬가지였을 것이다. 『송서』「노상전(魯爽傳)」에 따르면 북위에서는 신하가 군주에게 자신을 '노'라 칭했다.[156] 즉 '노(奴)=신(臣)'이다. 여기서 군신관계가 '주인과 노예'의 관계로 표현됨을 보면, 근시관은 황제를 지근에서 보필하며 황제의 일상사를 맡아 처리하고 숙위하며 동고동락한 까닭에 근시관은 일반관료에 비해 황제에 종속될 수 있을 만큼 황제와 친밀한 관계였다고 유추할 수 있다.[157] 이처럼 북위는 정복하거나 항복한 부족의 수령 혹은 한인호족을 근시관으로 삼아 그들의 배반을 견제하는 한편 특권도 부여하여 결국 북위 지배층의 외연을 확대했다.[158]

3) 문성제의 하북 순행과 근시관 호종의 배경

「문성제남순비」의 수행관원은 51인의 내시지관과 그 밖의 관원으로 분류된다. 필자는 「문성제남순비」와 『남제서』「위로전」을 비교·검토하고 북위의 근시관에 대해 ① 황제의 최측근인 '내시지관' 혹은 '내좌우(內左右)' ② 차측근인 '외좌우(外左右)' ③ 기타 측근과 황제의 호위를 담당하는 친위부대, 장령의 중층구조였음을 추론했다.[159] 본 항에서는 「문성제남순비」의 수행관원 가운데 핵심 근시관인 내시지관을 분석하여 근시관이 황제의 순행을 호종하고 권력을 장악하게 된 배경을 살펴본다. 관명만으로 순행 당시

監.")

155 唐長孺, 「北魏末期的山胡敕勒起義」, 71-75쪽.

156 『宋書』 卷74 「魯爽傳」, 1923쪽.

157 이는 몽골의 케식과 청대(淸代) 기인(旗人)에서도 공통적으로 찾아볼 수 있는 현상이다.

158 崔珍烈, 「北魏의 種族政策」, 60-70쪽.

159 崔珍烈, 「北魏前期 近侍官의 性格」, 40-53쪽.

역할을 파악하기 쉽지 않지만, 내시지관을 자세히 분석한다.

먼저 '내시지관'을 관명으로 구분했을 때 상위 8인은 대개 중국식 관작을 가졌다. 예외적으로 여하일서(呂河一西)가 우진이라는 선비계 관명을 지녔지만, 현재 우진에 대해서는 의견이 분분하다.[160] 내시지관의 처음에 기록된 보육고이□(步六孤伊□)[육려]는 '侍中 撫軍大將軍 太子太傅 司徒公(시중 무군대장군 태자태부 사도공)'의 관직을 지녔다. 이 가운데 사도공은 삼공의 하나이며 최고위직이지만 명예직이다. 육려가 삼공의 지위에 올랐음에도 문성제의 순행 당시 '내시지관'으로 포함된 것은 '내시지관'이라는 직책의 고하보다는 신임도가 고려되었기 때문일 것이다. 왜냐하면 육려는 문성제를 옹립한 정책공신(定策功臣) 4인 중의 한 사람이기 때문이다. 혹은 몽골의 케식처럼 외조의 고관을 역임한 인물이 정해진 날짜에 케식으로 복귀해 근무하는 형태였을 수도 있다. 또 육려를 포함한 중국식 관작만 가진 8인 가운데 상서가 6인이었으므로 상서도 고관에 속한다고 볼 수 있다. 상서 6인이 '내시지관'에 포함된 것은 문성제의 실무처리에 도움이 되었을 것이다. 다음으로 내도당장은 숙위금군을 지휘하는 역할[161]이나 내소당장 · 삼랑당장 · 아락진당장 등 당장의 장관으로 보기도 한다.[162]

내도당장 뒤에는 내아간류의 관명을 지닌 9인 혹은 10~16인[163]이 배열

---

160 우진(羽眞)에 대한 여러 학설은 松下憲一, 「北魏石刻史料に見える內朝官-「北魏文成帝南巡碑」の分析を中心に-」, 『北魏胡族體制論』, 札幌: 北海道大學出版會, 2007, 66-72쪽 참조. 여기에서 송하헌일(松下憲一)는 우진이 고귀한 사람이란 뜻을 지닌 선비의 작위(爵位)라고 이해했다. 이에 대한 반론은 羅新, 『中古北族名號硏究』, 北京: 北京大學出版社, 2009, 262-263쪽 참조.

161 張慶捷 · 郭春梅, 「北魏文成帝《南巡碑》所見拓跋職官初探」, 38쪽.

162 張金龍, 「北魏文成帝《南巡碑》所見禁衛武官制度」, 717쪽.

163 「문성제남순비」에 따르면 가애인(賈愛仁)은 "中常侍 □□□ 寧南將軍 太子家令 平陽公"의 관작으로 표기되었다. 앞뒤의 관원(官員)이 내아간(內阿干)의 직함을 가진 것으로 보아 누락된 석 자(字)도 내아간(內阿干)일 가능성이 높다. 또 내아간(內阿干) 약간약

되었다. 내아간의 '아간'은 '형(兄)'의 뜻이므로 내행장 · 내행아간과 동일한 관명이다. 또『자치통감』에서 보이는 내입행장 진건[164]은『위서』의 내행장 진건과 동일인물이다. 따라서 내행장은 내입행장으로도 칭해졌던 것이다.[165] 이 주장을 받아들인다면, 내아간은 내행장처럼 ① 황제의 호위와 친정(親征) 종군[166]뿐 아니라 ② 목축,[167] 여러 관청의 상주,[168] 황제의 음식과 수렵[169] 등을 관장했다고 볼 수 있다. 그런데 장손두 · 설호자 · 나이리가 내행장이 되어 ②의 업무를 관장했던 시기가 문성제(고종) 시기이므로「문성제남순비」에 보이는 내아간도 동일한 업무를 일부 담당했을 것이다. 내아간 가운데 재관내아간과 고부내아간이 보인다. 이는 단순히 '내아간'이라고 시칭한 것과는 구별되며, 내아간 중에서 별도의 임무를 부여받은 부류가 존재했음을 보여 주는 대목이다.『위서』는 장손두 · 설호자 · 나이리가 내행장이 된 후 관장했던 직무를 '典龍牧曹(전용목조)', '典奏諸曹事(전주제조사)', '領御食 · 羽獵諸曹事(영어식 · 우렵제조사)'라고 표기했다.[170] '典龍

주(若干若周)와 고부내아간(庫部內阿干) □□고란(□□庫蘭) 사이에 □□보릉(□□普陵)부터 하약반대라(賀若盤大羅) 6인의 관명이 결락되었다. 배열순서로 보아 이들도 내아간(內阿干)일 가능성이 높다. 따라서 내아간(內阿干)은 가애인 1인을 포함하면 최소 10인, 나머지 6인을 포함하면 최대 16인이다.

164『資治通鑑』卷122「宋紀」4 文帝元嘉十一年條, 3854쪽, "魏主輕山胡, 日引數十騎登山臨視之. 白龍伏壯士十餘處掩擊之, 魏主墜馬, 幾爲所擒. 內入行長代人陳建以身扞之, 大呼奮擊, 殺胡數人, 身被十餘創, 魏主乃免."

165 張慶捷 · 郭春梅,「北魏文成帝《南巡碑》所見拓跋職官初探」, 36~37쪽.

166 위와 같음, 38쪽.

167 장손두(長孫頭)가 내행장이 되어 용목조(龍牧曹), 즉 황제의 목축을 담당했던 사례가 보인다(『魏書』 卷26 長孫肥傳附頭傳, 654쪽).

168『魏書』卷44「薛野賭傳附虎子傳」, 996쪽, "年十三, 入侍高宗. 太安中, 遷內行長, 典奏諸曹事. 當官正直, 內外憚之."

169『魏書』卷44「羅結傳附伊利傳」, 988쪽, "子[羅]伊利. 高宗時襲爵. 除內行長, 以沉密小心, 恭勤不怠領御食 · 羽獵諸曹事."

牧曹(전용목조)' 이하 '典○○曹事(전○○조사)'는 관명이라기보다 해당 직무를 관장하거나 겸직했음을 나타내는 표현으로 보인다. 그렇다면 재관내아간과 고부내아간도 각각 재관과 고부를 담당했기 때문에 해당부서를 '내아간' 앞에 붙였다고 볼 수 있을 것이다. 또 내아간이 내입행장과 동일하므로 내아간이 '내시지관'에 포함된 이유도 설명된다. '내입(內入)'의 '내(內)'는 '금내(禁內)'·'전내(殿內)'·'장내(帳內)' 등을 뜻하므로 '내시지관' 혹은 '내시좌우' 등의 표현과 부합한다. 바꿔 말하면 내아간은 황제의 측근으로 봉사하는 관직명칭이었던 것이다.

다음으로 내행내삼랑 2인이 보인다. 앞에서 '내행장'이 '내입행장'으로 표기된 예를 살펴보면[171] 내행내삼랑의 '내' 혹은 '내행'도 '내입'의 뜻으로 볼 수 있을 것이다. 내행내삼랑은 즉 숙위무사의 성격을 지닌 내삼랑 가운데 '내시지관'에 선발된 이들에게 특별히 부여된 직함이었을 것이다.

내행령 1인과 내행령 2인 사이에 21인의 내행내소가 배열되었다. 한 학자는 『위서』 열전과 묘지명을 대조해 보면 전자에 '中散(중산)'으로 표기된 부분에 후자에서는 '內小(내소)' 혹은 '內行內小(내행내소)'로 표기된 점에 주목하여 내소 혹은 내행내소가 『위서』의 중산과 계승관계에 있거나 동일한 관직의 이칭이라고 보았다. 이에 따르면, 효문제의 관제개혁 당시 내행내소와 내소의 명칭이 중산으로 개칭되었다고 한다.[172] 묘지명의 정확성을 믿을 수 있다면 이 주장은 설득력이 있다고 생각되며, 황제의 측근 가운데 하나인 중산이 「문성제남순비」에 보이지 않는 현상도 설명해 줄 수 있을 것이다. 내소나 내행내소를 담당하던 이의 나이가 당시 7-16세였던 점

170 『魏書』 卷26 「長孫肥傳附頭傳」, 654쪽; 『魏書』 卷44 薛野賭傳附虎子傳, 996; 『魏書』 卷44 羅結傳附伊利傳, 988.

171 『資治通鑑』 卷122 「宋紀」4 文帝元嘉十一年條, 3854쪽.

172 張金龍, 「史籍所見北魏前期禁衛武官制度」, 692-696쪽.

을 보면[173] 내소 혹은 내행내소에는 어린애나 소년이 임명되었음을 알 수 있다. 또 각종 묘지명에는 내소 · 내행내소가 기가관(起家官)처럼 처음 임명된 관직으로 기술되었다. 「문성제남순비」의 내행내소 21인 가운데 광위장군(廣威將軍) 건덕자(建德子) 내행내소 하약대별(賀若貸別) 1인을 제외한 20인 중에는 내행내소 이외의 관작이 없다. 이는 초임관이기 때문일 것이다. 이처럼 소년이 임명된 내행내소의 업무는 황제의 시종과 비서, 요리 등과 관련된 것이었다.[174]

내행령은 내행내삼랑 뒤에 1인, 내행내소 뒤에 2인이 배열되었다. 관명으로 보아 내행령은 '내행' 자가 있는 관직의 장관으로 생각된다. 내행령은 각각 내아간 · 내행내삼랑과 내행내소 뒤에 배열되었다. 직무는 내아간과 대략 비슷했을 것이다.

앞에서 '내시지관' 51인을 유형별로 살펴보았다. 중국식 관명만을 지녀 한자로 직무를 추측할 수 있는 8인 이외에 본래 황제를 시위 · 시종하며 특정 직무를 담당하기도 했던 내아간 · 내행내소 · 내행령이 있었다. 필자는 앞에서 화평 2년 문성제의 하북 순행에는 상서, 영중비서, 급사류 등 19인의 실무관리(재관내아간과 고부내아간 포함하면 21인) 밖에 수행하지 않았음을 지적했다. 내아간 · 내행내소 · 내행령이 다양한 직무에 종사했던 것으

173 양파(楊播)는 15세 혹은 그 이후 내소(內小)에 임명되었다(「楊播墓誌銘」, 86쪽, "君年十有五擧司州秀才, 拜內小, 尋爲內行羽林中郎, ……"). 후강(侯剛, 466–526)은 태화 5년(481) 16세에 내소(內小)에 임명되었다(「侯剛墓誌」, 188쪽, "太和五年, 文明太后調爲內小, ……"). 구철(丘哲)은 7세에 내행내소에 발탁되었다(「丘哲墓誌」, 267쪽, "七歲之年, 擢爲內行內小."). 이헌(李憲)은 12세에 비서내소(祕書內小)가 되었다(「李憲墓誌銘」, 329쪽, "年十有二, 爲秘書內小."). 4인의 내소(內小) 혹은 내행내소에 임명된 나이는 최소 7세, 최대 16세이다. 이상 묘지명은 趙超 編, 『漢魏南北朝墓誌彙編』(天津古籍出版社, 1992)에 수록되었다. 이하 묘지명은 '성명+묘지(명)'의 형태로 약칭함.

174 張慶捷 · 郭春梅, 「北魏文成帝《南巡碑》所見拓跋職官初探」, 34쪽.

로 보아 이들이 황제 시위 · 시종 · 시봉 기능과 기타 행정업무도 담당했을 것이다. 관명을 보면 황제의 조명을 관장했을 것으로 추정되는 관리는 영중비서이며, 주사(奏事)를 담당하는 관직으로 추정되는 이는 재관내아간,[175] 중서급사이다. 봉마노(封魔奴)는 내행내소가 되어 문서와 비서 업무를 담당했고,[176] 묘지명을 보면 이헌(李憲)이 비서내소(祕書內小)에 임명되었던 예가[177] 있다. 이는 내행내소가 비서 역할을 담당하며 문서를 관장했음을 시사한다. 따라서 영중비서 · 재관내아간 · 중서급사 이외에 내행내소도 조명을 관장할 수 있는 관직 가운데 하나였음을 알 수 있다. 이 가운데 '내시지관'에 포함된 영중비서 장익종과 재관내아간 대복운우자니(代伏云右子尼), 21인의 내행내소가 황제의 측근이었기 때문에 이들이 황제의 조명을 관장했을 가능성이 높다. 1절에서 인용한 (가)-(마)의 각종 근시관이 입시하여 조명을 출납했던 점을 참고할 때 더욱 그러하다.

문성제의 순행에 근시관이 주축이 된 또 다른 배경으로 종족(種族)의 비율과 언어 환경에 대해 생각해 볼 수 있다. 앞에서 화평 2년 문성제의 하북 순행에 수행자로 참여했던 한인관료가 약 22.4%에 달했음을 살펴보았다. 이 가운데 성명 판별이 가능한 '내시지관' 50인 중 한인은 12인(24%), 호인은 38인(76%)이다. 내아간 9인 중 2인(22.2%)은 한인임이 확실하다. 또 내행내소 21인 가운데 마탁(馬槖) · 위도온(衛道溫) · 한□생(韓□生) 3인이 한인(漢人)임이 확실하고, □금□(□金□)과 여□(呂□)도 한인일 것이다. 즉 내행내소 가운데 한인의 비율은 최소 14.2%, 최대 23.8%이다. 또 근시관

175 中國歷史大辭典 · 魏晉南北朝史卷編纂委員會 編, 『中國歷史大辭典 · 魏晉南北朝卷』, 586왼쪽-586오른쪽.

176 「封魔奴墓誌」, 『漢魏南北朝墓誌彙編』, 125쪽, "調爲內行內小, 任實閨帷, 職惟文祕, 夙霄懃愼, 上甚奇焉."

177 「李憲公墓誌銘」, 329쪽.

여부가 불확실한 급사류 역시 전체 16인 가운데 한인은 4인(25%)에 불과하다. 바꿔 말하면 수행관원 전체, 즉 '내시지관', 내아간, 내행내소, 급사류 등에서 한인의 비중은 25% 이하에 불과하다. 이 가운데 조명출납과 관련된 내행내소, 행정실무를 맡았던 급사류조차 한인의 비중이 적은 이유는 무엇일까? 이는 언어 문제와 관련 있을 것이다. 너무나 당연하겠지만 호인 지배층과 일부 한인관료는 효문제의 호어 사용 금지 이전에도 호어를 사용했기 때문일 것이다(자세한 내용은 3편 2장 참조).[178]

그뿐만 아니라 낙양천도 때까지 대부분의 호인들은 한문을 읽고 문장을 이해할 수 없었고 거의 문맹에 가까운 상태였다고 한다. 따라서 태무제는 구조(口詔, 구두조서)를 전달하는 관리를 통해 중서시랑(中書侍郞) 고윤에게 조서 작성을 명령했다. 이러한 구칙(口敕)은 연흥 4년의 조서에서도 확인된다. 이처럼 효문제 이전까지 호어 구사는 되지만 한문을 알지 못하는 호인이 황제의 명령을 구두로 전달한 후 문서화되었다.[179] 조명 출납을 담당했으며, 문성제의 하북 순행에서도 같은 역할을 맡았을 것으로 생각되는 내행내소의 4분의 3이 호인이었던 사실에는 호어사용의 상황이 반영된 것 같다. 근시관, 즉 내조에서 근무했던 한인은 문서 작성과 관련된 업무에 종사했다. 호어에 능한 한인이 근시관으로 충원되었다는 지적[180] 역시 이러한 상황에 부합한다. 그렇다면 중국식 관제개혁과 호어금지 등 '한화정책'을 추진한 효문제 시기의 상황은 어떠했을까? 다음에서 살펴보자.

178 崔珍烈, 「北魏前期 近侍官의 性格」, 55-58쪽 및 「北魏前期 胡語 사용 현상과 그 배경」, 208-223쪽.

179 川本芳昭, 「內朝制度」, 200-206쪽; 崔珍烈, 「北魏前期 胡語 사용 현상과 그 배경」, 220-221쪽.

180 嚴耀中, 『北魏前期政治制度』, 75쪽.

2. 「조비간묘문」과 효문제 태화 18년(494) 순행 수행관원

효문제는 균전제 · 삼장제 · 봉록제(俸祿制)를 실시한 풍태후의 정책에서 한 걸음 더 나아가 한화정책을 추진하는 등 북위를 호인국가에서 중원왕조로 바꿔 나가려 했다. 따라서 효문제 시기는 정치 · 경제 · 사회 · 문화 등의 전 분야에서 변화가 진행된 시기라고 할 수 있다. 1편 1장에서 살펴본 것처럼 북위황제의 순행패턴도 효문제 시기에 변화했다. 효문제 시기 순행패턴의 변화가 수행관원 구성에도 영향을 주었는지 알 수 있는 자료는 거의 없다. 다만 수행관원의 다수가 관리이기 때문에 효문제 시기의 관제개혁이 수행관원의 구성 변화에 영향을 미쳤음은 쉽게 예상할 수 있다. 필자는 이 점을 고려하면서 「조비간묘문」에 주목하게 되었다. 본 절에서는 이 「조비간묘문」을 중심으로 효문제 시기 순행집단의 성격을 살펴보자.

1) 수행관원의 직장(職掌)과 인적구성

효문제가 순행 중 비간묘(比干墓)를 지나면서 지은 「조비간묘문」[181]에는 비석을 세우게 된 과정과 순행을 수행한 관원 82인의 명단이 열거되어 있다. 그런데 「조비간묘문」의 비석을 세운 연대에 대한 의문이 제기되었으며, 이에 관한 여러 학설이 제기되었다. 먼저 「조비간묘문」의 성립연대를 살펴보자.

『위서』「고조기」에 따르면 업에서 낙양으로 순행하던 효문제가 태화 18년(494) 십일월에 비간(比干)의 묘를 지나면서 친히 조문(弔問)하고 비를

181 본고에서 인용한 「조비간묘문」은 『금석췌편(金石萃編)』에 수록된 「효문조비간묘문(孝文弔比干墓文)」을 참조했다(『金石萃編』(『石刻史料叢書』(臺北: 藝文印書館, 1980) 卷27 「孝文弔比干墓文」, 5뒤쪽-10앞쪽).

세우도록 했다.[182] 비문에도 '[太和]維皇構遷中之元載(유황구천중지원재)'[183] 라는 구절이 있어서 비가 태화 18년에 세워졌음을 시사하고, 이에 동조하는 견해도 있다.[184] 그러나 『금석췌편(金石萃編)』의 편자 왕창(王昶)은 태화 20년(496) 이후로 보았다.[185] 한 학자는 비석이 세워진 시기를 태화 19년(495) 유월 이후보다 늦을 수 없다고 주장하였다. 그 근거는 이렇다. 비음제명(碑陰題名)에는 대인(代人), 호인의 본관을 모두 '하남군(河南郡)'으로 표기했으나 이는 북조묘지에 보이는 '하남낙양인(河南洛陽人)'과는 다르며, 제명(題名) 가운데 보이는 원협(元勰) 등의 관작(官爵)은 태화 18년의 관작이지 태화 20년 이후의 관작이 아니고, 비음제명에서 보이는 유명한 선비 훈귀팔성의 하나인 보육고씨(步六孤氏)가 육씨(陸氏)로 바뀌었지만 다른 대인(代人, 호인)은 옛 성을 사용했다는 것 등이다.[186]

「조비간묘문」의 성씨와 본적의 기재형식을 보면, 탁발씨가 하남 원씨(元氏)로, 보육고씨(步六孤氏)가 하남 육씨(陸氏)로 표기되어 한족식 1자 성(姓)을 사용한 데 비해 대부분의 호인은 모두 호성(胡姓)을 사용했다. 그러나 호성을 사용하더라도 본적은 대개 하남군으로 표기했다.[187] 이처럼 한성

182 『魏書』 卷7下 「高祖紀」 太和十八年(494)十一月條, 175쪽, "丁丑, 車駕幸鄴. 甲申, 經比干之墓, 傷其忠而獲戾, 親爲弔文, 樹碑而刊之. 己丑, 車駕至洛陽."

183 『金石萃編』 卷27 「孝文弔比干墓文」, 2뒤쪽.

184 張金龍, 「北魏後期禁衛武官制度」, 『魏晉南北朝禁衛武官制度研究』, 751쪽.

185 『金石萃編』 卷27 「孝文弔比干墓文」, "抑或撰文在前, 書碑陰在二十年之後耶?"

186 何德章, 「北朝鮮卑族人名的漢化-讀北朝碑誌札記之一-」, 『魏晉南北朝隋唐史資料』 14, 1996, 39-47쪽.

187 원씨(元氏)와 육씨(陸氏)를 제외한 나머지 호인이 본래의 성(姓)을 그대로 사용했다는 점은 이들이 효문제의 호성(胡姓) 개성(改姓)을 따르지 않았음을 시사한다. 그리고 약간후막인(若干侯莫仁)과 하발사(賀拔舍)는 자신의 본적을 대군(代郡)으로 표기했다. 이 두 사람은 낙양천도 당시 낙양으로 이주한 대천호(代遷戶)가 아니었거나 대천호(代遷戶)라 해도 본래의 본적을 고집했던 이들이었을 것이다. 현재로서는 어떤 쪽이 옳은지 판단하기 어렵지만, 「조비간묘문」은 당시 효문제의 '한화정책(漢化政策)'의 실행 여부

인 원씨와 육씨가 사용된 것으로 보아 이 비는 호성의 개성(改姓)을 명했던 태화 20년(496) 이후 세워졌다고 볼 수 있다. 그러나 최근 탁발씨가 원씨로 바꾼 해가 『남제서』「위로전」의 기록대로 융창원년(隆昌元年, 494), 즉 태화 18년이라고 하는 주장이 제기되었다.[188] 이는 「조비간묘문」에서 밝힌 건립 시기와 일치하는 점이라 주목된다.

이에 대해 한 중국 학자는 비석을 세우는 일을 관장했던 인물이 선무제 경명년간 초에 '시수하남군(試守河內郡)'에 임명되었으며, 후에 함양왕 원희의 모반사건에 가담했다가 체포된 육수(陸琇)였다고 추정했다. 북위에서는 황제의 주요활동을 기념하기 위해 기념비를 세울 때, 대개 지방장관이 감독했고, 해당 사건이 발생하고 수년이 지난 후 시행되었다. 예컨대 〈태무제동순비〉는 태연원년(435) 11월 태무제의 활쏘기를 기념하기 위해 세웠다. 이 비석을 세운 이는 전후에 정주자사(定州刺史)를 역임한 사람이고 비석을 세운 시기는 2년여 후였다.[189] 육수 이전 하내태수(河內太守)도 비석 세우는 작업을 주지(主持)했으나 재임 기간 동안 완공하지 못하여 육수가 부임한 후 완성되었다. 그의 주장에 따르면 이때 육수는 이 기회를 이용해 원문의 '보육고'를 '육'으로 바꾸었다고 한다. 즉 〈조비간묘문〉을 세운 시기는 선무제 경명원년(500)부터 경명 2년(501) 오월 사이의 시기였으며, 효문제가 조제(弔祭)한 지 5년 이상 지난 후라는 것이다.[190]

필자는 「조비간묘문」을 지은 시기와 비석을 세운 시기를 분리하여 고찰하는 것이 바람직하다고 생각한다. 먼저 비문을 지은 시기는 태화 18년(494)으로 보는 것이 타당할 것 같다. 그런데 다음 해 사월 호인이 본적을

에 관한 정보를 제공한다는 점에서 중요한 사료로 평가된다.

188 高敏, 「《南齊書 · 魏虜傳》書後」, 288-291쪽.

189 羅新, 「跋北魏太武帝東巡碑」, 177-186쪽.

190 羅新, 「北魏孝文帝弔比干碑的立碑時間」, 『中古北族名號研究』, 253-258쪽.

하남군 낙양현(하남낙양인)으로 바꾸고 낙양에서 장사 지내야 한다는 효문제의 명령(소위 천장(遷葬) 금지)[191]이 내려졌다. 따라서 비석에 새겨진 문장은 태화 18년(494) 십일월에 작성되었지만 「조비간묘문」을 비석에 새기면서 해를 넘기게 되었고 비석에는 태화 19년(495) 사월 이후 완성되어 반포되었다고 보는 것이 합리적일 것 같다. 이 때문에 수행원 명단 가운데에는 호성이 여전히 남아 있었겠지만 본적은 하남군으로 바뀌게 되었을 것이다.

앞에서 〈조비간묘문〉이 세워진 시기를 살펴보았다. 원문을 보면 수행관원의 명단은 '관작+본적+성명'의 형식으로 기록되었다. 이 중 관명을 분석해 보자. 다음의 〈표 16〉은 「조비간묘문」에서 보이는 관명을 유형별로 분류한 것이다.

표 16 「조비간묘문」의 관직 유형

유형	시종(侍從)		무관(武官)		상서(尚書) 계통		기타 실무관료		기타	
	관명	수	관명	수	관명	수	관명	수	관명	수
관명	시중 侍中	2	우위장군 右衛將軍	1	상서우복야 尚書右僕射	1	급사중 給事中	4	태자삼사 太子三師	3
	산기상시 散騎常侍	4	사위감 司衛監	3	이부상서 吏部尚書	1	태악급사 太樂給事	1	태자우첨사 太子右詹事	1
	원외산기상시 員外散騎常侍	2	우림중랑장 羽林中郎將	1	상서좌승 尚書左丞	1	급사 給事	3	태자솔경령 太子率更令	1
	급사황문시랑 給事黃門侍郎	3	우군장군 右軍將軍	1	상서낭중 尚書郎中	11	중급사 中給事	2	태자중서자 太子中庶子	1
	산기시랑 散騎侍郎	3	직합 直閤	9	부새낭중 符璽郎中	2	전명중대부 典命中大夫	1		
	통직산기시랑 通直散騎侍郎	2	무기시랑 武騎侍郎	6	전명중대부 (典命中大夫)	(1)	속국하대부 屬國下大夫	1		

191 『魏書』 卷7下 「高祖紀」 太和十九年(495) 夏四月丙辰條, 178쪽, "詔遷洛之民, 死葬河南, 不得還北. 於是代人南遷者, 悉爲河南洛陽人."

관명	원외산기시랑 員外散騎侍郎	3	용양장군 龍驤將軍	1	속국하대부 (屬國下大夫)	(1)	전명하대부 典命下大夫	1		
	중상시중윤 中常侍中尹	1	사성교위 射聲校尉	1	전명하대부 (典命下大夫)	(1)	사종중대부 司宗中大夫	1		
	중황문령 中黃門令	1	현무장군 顯武將軍	1	사종중대부 (司宗中大夫)	(1)	재관령 宰官令	1		
			중루장군 中壘將軍	1	재관령 (宰官令)	(1)	태관령 太官令	2		
					태관령 (太官令)	(2)	감어령 監御令	1		
					감어령 (監御令)	(1)	부절령 符節令	1		
					부절령 (符節令)	(1)	전농령 典農令	1		
					전농령 (典農令)	(1)	태의령 太醫令	1		
					태의령 (太醫令)	(1)				
종류	9		10		5(15)		14(4)		4	
총수	21		25		16(27)		21(10)		6	

비고: 1. 『石刻史料叢書』 甲編之六 『金石萃編』 十五 卷27 「孝文弔比干墓文」, 5뒤쪽-10앞쪽.

2. 몇 개의 관직을 겸한 관원이 있었기 때문에 중복된 경우도 있음.

3. 관명 앞뒤에 붙은 ( )는 해당 관명이 상서의 속관이었을 경우를 뜻한다.

〈표 16〉을 살펴보기 전 관명을 유형별로 분류할 때 주의할 점을 찾아보자. 우선 「조비간묘문」의 수행관원 관명은 외형상 「문성제남순비」와 달리 호족계 관명이 거의 보이지 않는다. 급사중 · 급사라는 명칭이 호족계 관명을 의역(意譯)한 것이라고 간주해도[192] 이를 제외한 나머지는 위진남조시대의 중국식 관명과 같다. 한 연구에 따르면, 효문제는 전후 세 차례 관품령(官品令)을 반포했지만 『위서』 「관씨지」에는 2개만 기록되었다. 또 '전직령'의 경우 『위서』 「관씨지」에 반포연도가 없으나 태화 17년(493)에 성

192 陳仲安 · 王素, 『漢唐職官制度硏究』, 79쪽; 川本芳昭, 「內朝制度」, 214-221쪽.

립되었고, 위진관제와 북위 고유의 관직체계가 혼합되었다.[193] 「조비간묘문」에도 이런 현상이 보인다. 예컨대 호족계 관명인 급사중 · 급사와 북위 전기 상서의 속관이었던 중대부(中大夫) · 하대부(下大夫)라는 관명이 발견되기 때문이다. 다음으로 『위서』 「관씨지」의 '전직령'과 '후직령(後職令)'에는 품계와 관명만 나열되었을 뿐, 해당 관청별 속관은 제시되지 않아 어느 관청에 어느 관명이 소속되었는지 알기 어렵다. '후직령'은 『수서』 「백관지」의 북제관제와 유사하다는 점에 착안하면 복원이 가능하다.[194] 그러나 이 역시 북위 말 · 동위북제의 관제변화를 반영한 것이므로 양자의 정확한 대조가 필요하다. 이와 같은 제약으로 인해 「조비간묘문」에 보이는 관명을 직장(職掌)에 따라 분류하기 쉽지 않음을 밝힌다. 다음으로 '기타 실무관료' 난에는 근시관의 성격을 지닌 급사중 · 급사 · 중급사와 각종 부서명칭 뒤에 붙은 중대부 · 하대부 · 령(令)을 모았다.

앞에서 밝힌 관제상의 한계가 있음에도, 「조비간묘문」의 관명을 〈표 16〉의 4-5가지 유형으로 분류했다. 먼저 '시종'난에서는 후직령과 북제관제에서 문하성과 집서성(集書省)에 속하는 관명,[195] 환관임을 표시하는 글

---

193 宮崎市定, 『九品官人法の研究-科擧前史-』, 京都: 同朋舍, 1956, 389-406쪽.

194 북위사 연구자는 『수서(隋書)』 「백관지(百官志)」의 "북제[후제(後齊)]의 관제(官制)가 대개 북위(北魏)[후위(後魏)]의 것을 따랐다(『隋書』 卷27 「百官志」中 北齊官制, 751쪽, "後齊制官, 多循後魏.")"는 구절을 근거로 북제관제(北齊官制)와 북위 후기(北魏後期), 특히 선무제 이후 실행된 후직령(後職令)의 관제가 기본적으로 동일하다고 가정하고 북제시대 새로 설치된 관제를 소거한 후 북위 후기 관제를 복원한다.

195 〈표 16〉 '시종(侍從)' 난의 관명 가운데 시중(侍中)과 급사황문시랑(給事黃門侍郎)은 문하성(門下省)에 속하고(『隋書』 卷27 「百官志」中 北齊官制, 753쪽, "門下省, 掌獻納諫正, 及司進御之職. 侍中 · 給事黃門侍郎各六人, 錄事四人, 通事令史 · 主事令史八人."), 산기상시(散騎常侍) · 원외산기상시(員外散騎常侍) · 산기시랑(散騎侍郎) · 원외산기시랑(員外散騎侍郎) · 통직산기시랑(通直散騎侍郎)은 집서성(集書省)에 속한다(『隋書』 卷27 「百官志」中 北齊官制, 754쪽, "集書省, 掌諷議左右, 從容獻納. 散騎常侍 · 通直散騎常侍各六人, 諫議大夫七人, 散騎侍郎六人, 員外散騎常侍二十人, 通直散騎侍郎六人, 給事中六人, 員外散騎侍郎一百二十人, 奉朝請

자인 '중(中)' 자를 제외한 관명에 문하성 · 집서성 속관처럼 보이는 중상시중윤(中常侍中尹)과 중황문령(中黃門令)을 포함시켰다. '무관' 난에서는 함양왕 원희에게 수여된 표기대장군(驃騎大將軍)을 제외한 각종 무관명을 모았다. 우위장군 · 사위감 · 우림중랑장(羽林中郎將) · 직합[장군]은 친위부대에 속한 장령임이 확실하고, 기타 우군장군(右軍將軍) · 무기시랑(武騎侍郎) · 용양장군(龍驤將軍) · 사성교위(射聲校尉) · 현무장군(顯武將軍) · 중루장군(中壘將軍)은 다른 관직을 겸하지 않았던 것으로 보아 친위부대 장령에게 주어진 관명인 것 같다. '상서 계통' 난은 상서우복야 · 상서좌승(尙書左丞) · 이부상서(吏部尙書) · 상서낭중(尙書郎中) · 부새낭중(符璽郎中) 등 상서도성(尙書都省)과 각 조(曹=부(部))에 속하는 관명을 분류한 것이다. 〈표 16〉에 보이는 전명중대부(典命中大夫) · 전명하대부(典命下大夫) · 속국하대부(屬國下大夫) · 사종중대부(司宗中大夫)의 '중대부'와 '하대부'는 '전직령'에서는 각각 종제3품상(從第三品上)과 제4품상(第四品上)에 속했으나, 후직령에서는 보이지 않는 것들이다. 앞에서 언급한 것처럼 '전직령'에는 관청별 속관명이 기록되지 않았으므로 각종 중대부와 하대부가 어느 부서 소속인지는 알 수 없다. 따라서 〈표 16〉에서는 상서에 속한 경우와 그렇지 않은 경우로 나누어 열거했다.[196] 마지막으로 '기타' 난에서는 유형별 분류가 어려운 관명을 나열했는데, 주로 동궁관(東宮官)이다.

〈표 16〉을 통해 효문제의 순행을 수종한 관리의 직무를 분석해 보면 황제의 호위를 담당하는 무관[시위]이 가장 많았고, 그 다음으로 시종관(侍

二百四十人."). 물론 이는 북제와 북위 후기(北魏後期)의 관제가 동일하다는 가정 하에서이다.

196 엄경망(嚴耕望)은 북위 전기(北魏前期) 상서는 몇 개의 조(曹)를 통할했고, 조(曹)에는 대부(大夫) · 장(長) · 령(令) 등의 관리가 있었으며 이들이 내정직(內廷職), 즉 근시관일 수도 있다고 보았다(嚴耕望, 「北魏尙書制度考」, 255-258쪽, 특히 257쪽의 표 2 참조). 본문에서도 두 가지 가능성을 고려하여 통계수치를 작성했다.

從官)과 기타 실무관료, 상서계통의 순으로 되었다. 만약 각종 대부 · 장 · 령을 상서계통으로 본다면 상서계통, 무관, 시종관과 기타 실무관료의 순이 된다. 이를 「문성제남순비」의 수행관원과 비교하면 효문제의 순행에는 문성제 때와 달리 실무관료가 대거 투입되어 수행했음을 확인할 수 있다. 「문성제남순비」에서는 실무관료의 명칭이나 관명만으로 분석할 수 있는 관직은 최대 21개이지만, 「조비간묘문」에서는 37개이다. 전자가 전체의 10% 미만이지만, 후자는 약 42%(37/89)이다. 특히 문성제의 화평 2년 하북 순행에는 상서 16~18인이 수행했지만 장관인 상서가 행정실무에 얼마나 구체적으로 관여했는지는 불확실하다. 이때 상서를 제외하면 문성제의 하북 순행을 수행한 순수 행정실무 관료는 5인 안팎에 불과하다. 이에 비해 후자에서 37인의 실무행정 관료 가운데 상서우복야와 이부상서 2인을 제외하면 실무행정을 총괄하는 12인의 낭중과 각 부서의 대부 · 장 · 령이 대다수를 차지한다. 물론 전자에서 관명에 특정 직장이 명시되지 않아 다수의 불특정 직무를 행했던 근시관이 포함되면 그 수치가 달라질 수 있지만, 효문제 순행에 다수의 행정실무 관료가 수행했던 경향을 발견할 수 있다. 반면 시위무관은 약 28%를 차지했다. 이를 친위부대 장령 혹은 기타 무관이 절대다수를 점했던 「문성제남순비」와 비교하면 친위부대 장령의 비중이 대폭 감소했음을 알 수 있다. 이와 함께 「문성제남순비」에 있던 내아간 · 내행령 · 내행내삼랑 · 내행내소 · 내삼랑 등 각종 근시관이 태화 18년 효문제의 순행 수행관원 명단에는 보이지 않는다. 이는 효문제 시기의 관제개혁 즉 '전직령' 도입과 함께 근시관이 폐지된 것과 관련 있는 것 같다.

앞에서 「조비간묘문」의 수행관원의 관명 분석을 통해 효문제의 순행에 행정실무 관료가 대거 수행했던 경향을 확인했다. 이는 문성제의 하북 순행 시 수행관원의 성격과 차별화된 점이다. 그러나 수행관원의 인적구성에도 변화가 있었는지 살펴볼 필요가 있다. 〈표 17〉은 태화 18년 효문제의 순행을 수행한 관원의 성씨 · 본적 · 종족(種族)을 분류하여 정리한 것이다.

표 17 「조비간묘문」에 기록된 효문제 순행 시 수행원의 성씨와 종족(種族)

성씨		본적	종족	인원	성명
제실십성	원(元)[197]	하남군(河南郡)	선비(鮮卑)	12	함양왕(咸陽王) 원희(元禧), 광릉왕(廣陵王) 원우(元羽), 임성왕(任城王) 원징(元澄), 원휘(元徽), 북해왕(北海王) 원상(元祥), 원경(元景), 원모(元慕), 원한(元翰), 원규(元虯), 원위(元尉), 원의(元宜), 원낙평(元洛平)
	이루(伊婁)[198]	하남군	선비	1	이루원(伊婁願)
	발발(拔拔)[199]	하남군	선비	1	발발진(拔拔臻)
	을전(乙旃)[200]	하남군	고차(高車)	5	을전념(乙旃恬), 을전면(乙旃免), 을전아각인(乙旃阿各仁), 을전응인(乙旃應仁), 을전후막간(乙旃侯莫干)
팔성	구목릉(丘目陵)[201]	하남군	선비	3	구목릉량(丘目陵亮)[목량(穆亮)], 구목릉순(丘目陵純), 구목릉혜(丘目陵惠)
	육(陸)[202]	하남군	선비	2	육흔(陸昕), 육포도(陸怖道)
	만뉴우(万忸于)[203]	하남군	선비	4	만뉴우경(万忸于勁)[우경(于勁)], 만뉴호저(万忸乎紵), 만뉴호토발(万忸乎吐拔), 만뉴호징(万忸乎澄)
	독고(獨孤)[204]	하남군	흉노(匈奴)	1	독고요(獨孤遙)

197 호성(胡姓) 개성(改姓) 이전에는 拓跋(탁발)이었다.

198 호성(胡姓) 개성(改姓) 이후 '伊(이)'로 바꾸었다.

199 호성(胡姓) 개성(改姓) 이후 '長孫(장손)'으로 바꾸었다.

200 호성(胡姓) 개성(改姓) 이후 '叔孫(숙손)'으로 바꾸었다.

201 호성(胡姓) 개성(改姓) 이후 '穆(목)'으로 바꾸었다.

202 원래의 성은 '步六孤(보육고)'였다.

203 호성(胡姓) 개성(改姓) 이후 '于(우)'로 바꾸었다.

204 호성(胡姓) 개성(改姓) 이후 '劉(유)'로 바꾸었다.

기타호성	후막진(侯莫陳)[205]	하남군	선비	1	후막진익(侯莫陳益)
	대야(大野)	하남군	선비	1	대야각(大野慤)
	욱구려(郁久閭)[206]	하남군	유연(柔然)	2	욱구려린(郁久閭麟), 욱구려민(郁久閭敏)
	사문(俟文)[宇文]	하남군	흉노	1	사문복(俟文福)[우문복(宇文福)]
	곡률(斛律)	고차부(高車部)	고차	1	곡률려(斛律慮)
	사여(俟呂)	하남군	고차	1	사여아아(俟呂阿兒)
	질라(叱羅)[207]	하남군	선비	1	질라토개(叱羅吐蓋)
	약간(若干)[208]	대군(代郡)	선비	1	약간후막인(若干侯莫仁)
	토난(吐[土]難)[209]	하남군	선비	1	토난장명(吐難萇命)
	하발(賀拔)[210]	대군	고차	1	하발사(賀拔舍)
	막내[나]루(莫耐[那]婁)[211]	하남군	선비	1	막내루열(莫耐婁悅)
한성	쌍(雙)	□덕군(□德郡)	한인(漢人)	1	쌍몽(雙蒙)
	위(韋)	경조군(京兆郡)	한인	1	위찬(韋纘) (극다)
	극(劇)	고양군(高陽郡)	한인	1	극다(劇鵽)
	이(李)	고양군	한인	1	이견(李堅)
	이(李)	고평군(高平郡)	한인	1	이순(李循)
	서(徐)	고평군	한인	1	서단(徐丹)
	유(游)	광평군(廣平郡)	한인	2	유조(游肇), 유수(游綏)
	소(蕭)	난릉군(蘭陵郡)	한인	1	소언(蕭彦)
	주(朱)	남양군(南陽郡)	한인	1	朱孟孫(주맹손)
	이(李)	농서군(隴西郡)	한인	1	이소(李韶)
	최(崔)	박릉군(博陵郡)	한인	2	최광(崔廣), 최일(崔逸)

205 호성(胡姓) 개성(改姓) 이후 '陳(진)'으로 바꾸었다.

206 호성(胡姓) 개성(改姓) 이후 '閭(려)'로 바꾸었다.

207 호성(胡姓) 개성(改姓) 이후 '羅(나)'로 바꾸었다.

208 호성(胡姓) 개성(改姓) 이후 '苟(구)'로 바꾸었다.

209 호성(胡姓) 개성(改姓) 이후 '山(산)'으로 바꾸었다.

210 호성(胡姓) 개성(改姓) 이후 '賀(하)'로 바꾸었다.

211 호성(胡姓) 개성(改姓) 이후 '莫(막)'으로 바꾸었다.

한성	동(董)	상곡군(上谷郡)	한인	1	동명혜(董明惠)
	장(張)	상곡군	한인	3	장대련(張代連), 장담(張覃), 장경(張慶)
	백(白)	상당군(上黨郡)	한인	1	백래(白勑)
	진(秦)	상당군	한인	1	진송(秦松)
	고(高)	요동군(遼東郡)	한인	1	고관(高觀)
	공손(公孫)	요동군	한인	1	공손량(公孫良)
	위(衛)	장락군(長樂郡)	한인	1	위황(衛況)
	풍(馮)	장락군	한인	1	풍탄(馮誕)
	이(李)	조군(趙郡)	한인	4	이예(李預), 이화(李華), 이인(李引), 이양궤(李良軌)
	견(甄)	중산군(中山郡)	한인	1	견침(甄琛)
	부(傅)	청하군(淸河郡)	한인	1	부수기(傅脩期)
	최(崔)	청하군	한인	2	최광(崔光), 최철(崔哲)
	곽(郭)	태원군(太原郡)	한인	1	곽조(郭祚)
	왕(王)	태원군	한인	1	왕상(王翔)
	형(邢)	하간군(河間郡)	한인	1	형만(邢巒)
	사마(司馬)	하내군(河內郡)	한인	1	사마정(司馬定)
	배(裴)	하동군(河東郡)	한인	1	배영(裴映)
	유(柳)	하동군	한인	1	유숭(柳崇)
	정(鄭)	형양군(滎陽郡)	한인	1	정장유(鄭長遊)

출전: 「孝文弔比干墓文」, 5뒤쪽-10앞쪽.

〈표 17〉을 보면 호성은 19개(원씨와 육씨 포함), 한성은 26개이므로 한성이 많다.[212] 절대 수의 측면에서는 호인이 41인, 한인이 38인으로 비슷하다. 이를 「문성제남순비」와 비교하면 호인관원의 비중은 줄고 한인관원의 비중은 상대적으로 늘었음을 알 수 있다. 그러나 원씨 12인, 이루씨(伊婁氏)와 발발씨 각각 1인, 을전씨 5인 등 제실십성이 모두 19인으로 전체에서 24%

212 한성은 동성(同姓)이라도 본적이 다르면 별개의 성(姓)으로 간주했다. 예컨대 이씨(李氏)의 본적은 고양(高陽) · 고평 · 농서(隴西) · 조군(趙郡)이다. 〈표 17〉에서는 이를 4개의 성(姓)으로 보았다.

를 차지한다. 또 구목릉씨(丘目陵氏) 3인, 육씨(陸氏) 2인, 만뉴우씨(万忸于氏) 4인, 독고씨 1인 등 소위 훈신팔성에 속하는 이들은 모두 10인으로 전체의 13%를 점한다. 양자를 합하면 모두 29인으로 이는 전체의 37%에 해당하는 수치다. 이는 효문제 시기에도 원씨[탁발씨]를 정점으로 한 제실십성과 훈신팔성의 정치적 영향력이 강했음을 시사해 준다.

다만 「문성제남순비」에서 수적으로 우세했던 독고씨와 육[보육고]씨의 숫자가 격감하고 구목릉씨와 만뉴우씨의 숫자가 증가한 점이 두드러진다. 구목릉[목]씨는 대대로 탁발[원]씨와 통혼했으며 목태의 난 이후에도 정치적 영향력을 상실하지 않았던 것 같다. 만뉴우[우]씨는 당시 우열이 영군장군으로 친위부대의 총사령관이 되었는데 대부분의 호인이 목태의 난에 참가했지만, 우씨는 그렇게 하지 않아 효문제의 신임을 얻었기 때문이다.[213] 그리고 이로 인해 낙양천도 이후 구목릉[목]·독고[유]·보육고[육] 등 유력 호인을 대신해 북위 후기 최고의 가문으로 성장할 수 있었던 것 같다.

이 밖에 후막진(侯莫陳)·대야(大野)·욱구려(郁久閭)·사문(俟文=宇文)·곡률·사려(俟呂)·질라(叱羅)·약간(若干)·토난(吐難)·하발(賀拔)·막내루(莫耐婁) 등의 호성이 보인다. 이 중 2인의 욱구려씨를 제외하면 모두 1인이다. 한 학자는 이들 가운데 대야·곡률·사여·하발 4성을 고차에서 유래한 것으로 보았다.[214]

2인 이상의 한인관료를 배출한 성씨는 4인의 조군 이씨, 3인의 상곡 장씨와 2인의 광평 유씨(柳氏)와 박릉·청하(淸河) 최씨(崔氏)뿐이다. 나머지 쌍씨(雙氏)·위씨(衛氏)·극씨(劇氏)·이씨[고양(高陽)·고평·농서(隴西)], 서씨(徐氏), 소씨(蕭氏), 주씨(朱氏)·동씨(董氏)·백씨(白氏)·진씨(秦氏)·고

---

213 『魏書』 卷31 于栗磾傳附烈傳, 738쪽, "是逆也, 代鄉舊族, 同惡者多, 唯[于]烈一宗, 無所染預. 高祖嘉其忠操, 益器重之."

214 逯耀東, 「北魏孝文帝遷都與家庭悲劇」, 『從平城到洛陽』, 142-145쪽.

씨 · 공손씨(公孫氏) · 위씨 · 풍씨 · 견씨(甄氏) · 부씨(傅氏) · 곽씨(郭氏) · 왕씨 · 형씨(邢氏) · 사마씨(司馬氏) · 배씨(裴氏) · 유씨(柳氏) · 정씨(鄭氏)는 모두 1인이다.

앞에서 필자는 성의 개수로는 한성이 많지만, 사람 수에서는 호인과 한인이 서로 거의 비슷함을 언급했다. 이는 한인관료의 행정실무 능력이 반영된 것으로 보인다. 예컨대 행정실무를 총괄하는 직책인 상서낭중(尙書郎中) 11인에는 모두 한인관료가 임명되었다. 반면 무용과 무예가 요구되는 무관직에는 호인과 한족이 각각 18인, 6인이었다. 즉 호인이 전체의 72%를 점하는 압도적인 수치를 보였다. 무관 가운데 황제를 측근에서 호위하는 직합, 즉 직합장군 9인 가운데 호인은 7인(약 78%)이었다. 이처럼 효문제의 태화 18년 순행을 수행한 관원을 살펴보면 대체로 한인관료는 행정실무를 맡았고, 호인관료는 호위무관을 수행했다. 즉 종족(種族)에 따른 문무관의 구별이 확연했던 것이다. 그리고 효문제 이전까지 순행 수행원의 절대다수를 차지했던 호인은 시위, 즉 숙위장령과 숙위병으로 기능이 축소되는 경향을 보인다.

앞에서 살펴본 것처럼 효문제의 순행에는 한인관료가 다수 수행했다. 물론 문성제 화평 2년과 효문제 태화 18년의 순행만으로 한인관료의 수적 증가라는 인적구성의 변화를 설명하는 것은 충분하지 않다는 반론도 가능하다. 그러나 이는 당시 상황을 통해 설명이 가능할 것 같다. 먼저 효문제는 이전의 다른 북위황제와 달리 사냥을 즐기지 않았다. 『위서』「고조기」하에 서술된 효문제의 개인적 면모를 살펴보면 효문제는 여남은 살 때 명궁에 가까운 활솜씨로 금수(禽獸)를 맞추었으나, 15세 이후에는 살생하지 않고 사렵을 그만두었다.[215] 이처럼 효문제는 사냥에 관심을 끊었으므로

215 『魏書』 卷7下 「高祖紀」下, 187쪽.

사냥 목적으로 순행할 필요가 없었던 것이다. 이로써 사냥을 즐기는 호인도 순행 다닐 필요성이 줄어들었다고 볼 수 있다. 이는 호인이 거주하는 유목 · 목축 지역을 다녔던 이전의 황제와는 달리 효문제의 순행 장소가 한인이 거주하는 화북 전역이었던 점과도 부합한다. 다음으로 효문제에게 전국순행은 북위의 지배영역에 들어온 화북지역에 대해 자신이 '중화군주'임을 각인시키는 정치적 행위였다. 따라서 한인제왕(漢人帝王) 혹은 중화군주(中華君主)의 모습을 보여 주기 위해 한문화와 문물에 익숙한 한인관료의 도움이 더욱 필요했음은 자명하다. 이처럼 효문제의 전국순행 당시 상황을 보면 다수의 한인관료가 순행을 수행한 점은 자연스러운 일이었을 것이다.

효문제 시기 한인관료의 수와 비중이 증가하면서 자연스럽게 순행 중 한인관료의 발언력도 강해지는 추세를 보인다. 『위서』를 살펴볼 때 점복(占卜)이나 호어에 능한 한인관료[216] 외에 북위 전기 순행 중 북위황제에게 간언하거나 정책결정에 영향력을 행사한 예는 거의 발견되지 않는다. 이에 반해 효문제 시기에는 정책이나 순행방법에 대해 간언한 예가 산견된다. 북위 전기 순행 도중 점술 외에는 순행 도중 간언이나 정치적 발언을 할 기회를 거의 얻지 못했던 한인관료가 북위황제에게 발언할 수 있게 된 점은 큰 변화였다. 요컨대 효문제의 순행에 한인관료가 대거 수행하면서 순행집단의 인적구성에 변화가 발생하게 되었고 한인관료의 비중이 커짐에 따라 이들의 정치적 발언권도 커지는 추세를 확인할 수 있다.[217]

2) 수행관원의 배열: 품계에 따른 서열과 근시관 배열관행의 병존

3장 1절에서 살펴본 것처럼 「문성제남순비」 수행관원의 나열순서는 전적

216 李成珪, 「北朝前期門閥貴族의 性格-淸河의 崔浩와 그 一門을 中心으로-」, 『東洋史學研究』 11, 1977, 22-24쪽; 嚴耀中, 『北魏前期政治制度』, 75쪽.

217 崔珍烈, 「北魏時代 漢人官僚의 巡幸論」, 『역사와 교육』 10, 2010, 247-264쪽.

으로 관직의 품계순서를 따르지 않았다. 「문성제남순비」를 보면 배열순서에 따라 처음부터 쉰한 번째까지의 관원을 '내시지관'[218]이라고 칭했다. '내시지관' 51인 가운데 쉰두 번째 이후 등장하는 관원보다 관품이 낮은 경우도 보인다. 이는 내시지관이 문성제의 측근 관품보다 우선시되었음을 보여 준다.[219] 즉 문성제 당시 순행 수행관원의 서열은 관품보다 황제의 신임과 측근의 여부에 따라 결정되었다.[220] '내시지관'은 『위서』 열전에서 산견되는 '내시좌우'와 동일시될 수도 있지만, 『남제서』 「위로전」의 '내좌우(內左右)'와 '외좌우(外左右)'의 구분처럼 측근을 다시 내외(內外)로 나누었을 가능성도 있다. 이처럼 적어도 문성제 시기에는 내시지관을 포함한 근시관이 정치적 영향력을 행사했다. 그러나 효문제의 관제개혁 이후 호족계 관명이 폐지되면서 근시관의 임무였던 황제의 호위와 일상사의 관장, 즉 시위와 시종 · 시봉기능은 북위 후기 영군부와 문하성으로 분화되었다. 따라서 태화 18년(494) 효문제의 전국순행 수행관원 명단이 기록된 「조비간묘문」에는 당연히 근시관이 보이지 않는다. 그렇다고 해도 측근 위주로 짰던 순행 수행관원 서열순서는 그대로 남아 있을까? 아니면 이러한 관행은 완전히 바뀌었을까? 이 의문에 대해 다음에서 살펴본다.

「조비간묘문」에 보이는 수행관원의 관명을 보면 확실히 「문성제남순비」와 달리 호족계 관명, 즉 호인 고유의 관명을 한자로 음역(音譯)하거나 의역(意譯)한 관명은 거의 보이지 않는다. 그리고 이때는 이미 태화 선식령이 반포된 후였으므로 중국식 관명은 전직령의 관품을 따랐다고 보는 것

218 山西省考古研究所 · 靈丘縣文物局, 「山西靈丘北魏文成帝《南巡碑》」, 73왼쪽, "右五十一人內侍之官."

219 사서(史書)에서 복수의 관료가 열기(列記)되었을 경우 관품의 고하에 따라 기록하는 경우가 대부분이다. 따라서 일단 복수의 관료 성명과 관명이 등장하면 대개 관품의 순서로 기록되었다고 간주하는 것이 일반적이다.

220 川本芳昭, 「北魏文成帝南巡碑について」, 39-43쪽.

이 합리적일 것이다. 물론 전직령 자체에 문제도 있다. 예컨대 시중의 관명과 품계가 누락되었고 후직령과 비교할 때 작위가 품계에 반영되지도 않았다. 따라서 「조비간묘문」 관명의 품계를 확인할 수 없는 예도 있다. 「조비간묘문」 수행관원의 품계분석의 기본자료인 전직령에 약간의 결함은 있지만, 대체적인 품계 확인에 도움이 될 것이라고 생각한다.

『위서』 「관씨지」의 전직령과 대조하며 「조비간묘문」 수행관원의 나열순서와 품계의 관계를 조사하면, 약간의 예외는 있으나[221] 대체로 나열순서가 관명의 품계와 일치함을 발견할 수 있다. 동일품계에서도 상위에 나열된 관명을 지닌 관원이 「조비간묘문」에서도 서열이 높다. 예컨대 태자우첨사(太子右詹事) 고장백(姑臧伯) 이소(李韶, 8위)와 산기상시 북해왕(北海王) 원

221 「조비간묘문」 수행관원(隨行官員) 중 수위(首位)인 원희의 관명 중 품계를 알 수 있는 관명은 표기대장군(驃騎大將軍)과 개부(開府)인데 모두 제일품하(第一品下)이다. 반면 서열 2위인 풍탄(馮誕)의 관명 가운데 사도(司徒)는 제일품중(第一品中), 도독중외제군사(都督中外諸軍事)는 제일품하(第一品下), 태자태사(太子太師)는 종제일품하(從第一品下)이다. 여기서 풍탄의 품계가 함양왕 원희보다 높다. 원희는 효문제의 큰 아우이고, 풍탄은 풍태후 일족임과 동시에 부마(駙馬)였다. 원희는 함양왕으로 봉해지며 식읍 3천호, 다른 아우는 2천 호를 받았으므로(『魏書』 卷21上 「獻文六王上 · 咸陽王禧傳」, 535쪽, "詔以禧元弟之重, 食邑三千戶, 自餘五王皆食邑二千戶.") 효문제는 원희를 다른 아우보다 우대하였다. 또 효문제 임종 당시 북해왕(北海王) 원상(元詳), 광양왕(廣陽王) 원가(元嘉), 임성왕(任城王) 원징(元澄), 왕숙(王肅), 송변(宋弁)과 함께 보정대신(輔政大臣)으로 임명했다. 원희는 6인 가운데 관품이 제일 높았던 이유도 있지만, 맨 처음에 거론되었다(『魏書』 卷7下 「高祖紀」 太和二十三年四月甲辰條, 185쪽, "甲辰, 詔賜皇后馮氏死. 詔司徒[元]勰徵太子於魯陽踐阼. 詔以侍中 · 護軍將軍 · 北海王[元]詳爲司空公, 鎭南將軍王肅爲尙書令, 鎭南大將軍 · 廣陽王[元]嘉爲尙書左僕射, 尙書宋弁爲吏部尙書, 與侍中 · 太尉公禧, 尙書右僕射 · 任城王[元]澄等六人輔政. 顧命宰輔曰: 「粤爾太尉 · 司空 · 尙書令 · 左右僕射 · 吏部尙書, 惟我太祖丕丕之業, 與四象齊茂, 累聖重明, 屬鴻曆於寡昧. ……」"). 효문제가 원희를 고명대신(顧命大臣)으로 삼았던 것은 아우이기도 했지만, 신임이 두터웠음을 뜻한다. 따라서 원희는 효문제의 순행 수행관원 가운데 관직상 두 번째 서열이었지만 순행 수행관원 명단에서는 수위(首位)에 올랐을 것이다.

상(元詳, 9위)의 관직은 모두 제2품하(第二品下)이지만, 제2품하의 관직 중에서는 태자우첨사가 산기상시보다 서열이 높다. 이소가 원상보다 상위서열인 것은 태자우첨사가 산기상시보다 동일품계에서 상위서열이기 때문이다. 즉「조비간묘문」수행관원은 품계에 따라 기록되었다. 이는 서열의 고하를 결정할 때 황제의 측근 여부를 기준으로 삼았던「문성제남순비」와 상반되는 점이다. 즉 북위 전기의 근시관이 소멸되면서 순행 수행관원의 나열순서 결정방법이 바뀌었다.

이처럼 효문제의 순행에서 수행관원 서열은 관직의 품계에 따라 결정되었다. 그 가운데 일부는 효문제의 총애를 받았던 고관이다. 예컨대 풍탄(馮誕)은 효문제와 나이가 같고, 어릴 때부터 효문제를 모셨으며, 효문제의 여동생 낙안장공주(樂安長公主)와 결혼했고 남평왕(南平王)에 봉해졌다.[222] 풍탄은 어려서 효문제와 함께 자랐다는 이유로 효문제의 총애를 받았다. 효문제는 풍탄과 같이 여(輿)에 올라 같이 밥상을 받아 함께 밥을 먹고 같은 자리에 앉거나 누울 정도였다. 당시 효문제의 아우인 팽성왕 원협과 북해왕 원상도 금중(禁中)에 시직(侍直)했지만 효문제의 신임과 총애는 풍탄보다 못했다.[223] 이처럼 풍탄과 효문제는 서로 함께 생활할 정도로 가까웠음을 확인할 수 있다. 풍탄 형제가 학술이 없었고, 몸가짐을 조심했던 점을 보면[224] 풍탄은 능력보다 효문제의 신임 덕에 고관이 되었던 것 같다. 또 효문제는 아우를 측근에 두었다. 북해왕 원상은 효문제가 낙양에서 북순

222『魏書』卷83下「外戚上 · 馮熙傳附誕傳」, 1821쪽, "[馮]誕與高祖同歲, 幼侍書學, 仍蒙親待. 尚帝妹樂安長公主, 拜駙馬都尉 · 侍中 · 征西大將軍 · 南平王."

223『魏書』卷83下「外戚上 · 馮熙傳附誕傳」, 1821쪽, "高祖寵[馮]誕, 每與[馮]誕同輿而載, 同案而食, 同席坐臥. 彭城王[元]勰 · 北海王[元]詳, 雖直禁中, 然親近不及."

224『魏書』卷83下「外戚上 · 馮熙傳附誕傳」, 1820-1821쪽, "[馮]誕字思政, [馮]脩字寶業, 皆姿質妍麗. 年纔十餘歲, 文明太后俱引入禁中, 申以教誡, 然不能習讀經史, 故兄弟並無學術, 徒整飾容儀, 寬雅恭謹而已."

할 때 팽성왕 원협과 함께 좌우에서 효문제를 모셨다.[225] 그런데 『위서』 「팽성왕협전(彭城王勰傳)」에 따르면 팽성왕 원협(「조비간묘문」에는 시중 시평왕(始平王) 원협)은 시중이 되어 금내(禁內)에서 장기간 시직했고, 군국대정의 결정에 관여했으며, 효문제의 남벌 때는 종자군(宗子軍)을 이끌고 효문제의 좌우에서 숙위했다.[226] 원협은 효문제의 남벌에도 종군했으며, 효문제가 병에 걸리자 안으로는 효문제의 병수발을 들었고 밖으로는 군국지무(軍國之務)를 총괄했다.[227] 이러한 예를 보면, 특히 효문제의 아우 팽성왕 원협은 효문제를 최측근에서 보필하며 군국정사를 총괄했다.

앞에서 살펴본 것처럼 효문제의 친구이자 매부인 풍탄과 효문제의 아우 원협 · 원상은 고관이었지만, 관직보다는 효문제와의 개인적인 친분 때문에 순행 도중 효문제의 최측근이 되어 효문제를 보필하게 되었다. 이는 내용상 북위 전기 내시지관처럼 황제의 신임을 얻은 관원이 순행 당시 황제의 측근, 특히 서열 높은 수행관원이 된 것과 유사하지만 외형상으로는 다르다. 즉 효문제는 자신이 만든 관제의 서열을 그대로 따르기 위해 자신과 혈연관계에 있으면서 신임도 두터웠던 풍탄 · 원협 · 원상을 고관으로 임명하고 순행할 때 측근으로 삼았다. 이는 관품의 서열을 존중하면서도 측근을 상위서열에 두는 「문성제남순비」의 서열방식을 일부 수용한 것이다.

앞에서 관품을 중시하면서도 측근의 친인척을 순행 수행관원의 상위서열에 배치한 효문제의 절충인을 살펴보았다. 그런데 이러한 배려는 호

225 『魏書』 卷21上 「獻文六王上 · 北海王祥傳」, 559쪽, "從高祖南伐, 爲散騎常侍. 高祖自洛北巡, [元]詳常與侍中 · 彭城王[元]勰並在輿輦, 陪侍左右."

226 『魏書』 卷21下 「獻文六王下 · 彭城王勰傳」, 571쪽, "復除侍中, 長直禁內, 參決軍國大政, 萬機之事, 無不預焉. 及車駕南伐, 以勰行撫軍將軍, 領宗子軍, 宿衛左右."

227 『魏書』 卷21下 「獻文六王下 · 彭城王勰傳」, 574쪽, "高祖不豫, [元]勰內侍醫藥, 外總軍國之務, 遐邇肅然, 人無異議."

인에게도 해당되었을까? 필자는 「조비간묘문」 수행관원의 서열을 상위부터 10 단위로 끊어서 호인과 한인의 수치를 정리한 〈표 18〉과 〈그래프 6〉을 만들었다.

표 18 「조비간묘문」 수행관원의 호인과 한인의 상위서열 누적분포

	호인		한인	
	사람 수(인)	비율	사람 수(인)	비율
1~10위	8	80%	2	20%
1~20위	15	75%	5	25 %
1~30위	22	73.3%	8	26.7%
1~40위	29	74.5%	11	25.5%
1~50위	34	68%	16	32%
1~60위	38	42.1%	22	57.9%
1~70위	42	60%	28	40%
1~80위	43	53.7%	37	46.3%
1~82위	41	52.4%	39	47.6%

비고: 수치는 해당 등위에 속하는 호인 · 한인을 누적한 것이다.
출전: 「孝文弔比干墓文」, 5뒤쪽-10앞쪽.

〈표 18〉과 〈그래프 6〉을 보면 순행 수행관원 상위서열 10위 이내의 호인 비율은 80%이다. 그리고 이후 감소하긴 하지만 순행 수행관원 상위서열의 40위까지로 범위를 늘리면 70% 이상이 된다. 그리고 상위서열 50위에서는 호인이 약 70% 가까이 차지했다. 이후 상위서열 60~80위권에서는 호인의 비율이 이전보다 감소하는 추세를 보인다. 이는 순행 수행관원 상위서열에서는 호인의 비중이 압도적으로 높고, 중간 혹은 하위서열에서는 한인관료의 비율이 상대적으로 증가하는 추세임을 보여 준다. 「조비간묘문」의 수행관원 서열이 관품의 고하에 따른 서열임을 감안할 때, 수행관원 중 호인의 관직품계가 한인보다 높았음을 알 수 있다. 앞에서 살펴본

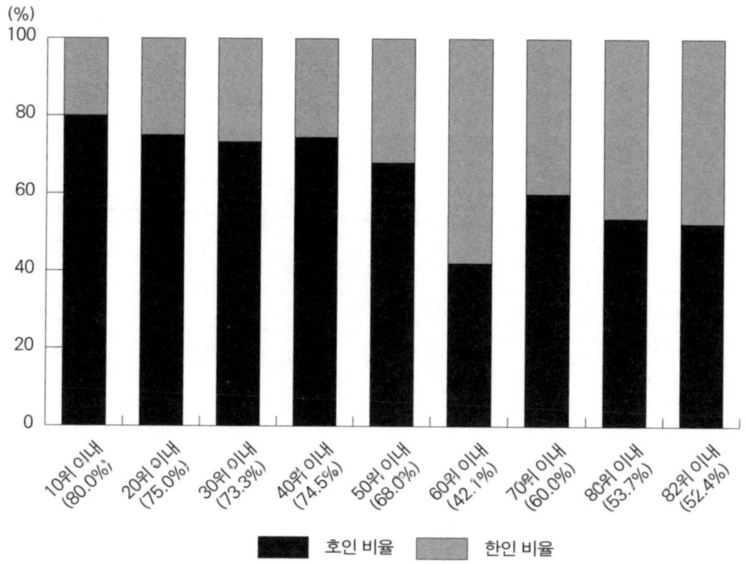

그래프 6 「조비간묘문」 수행관원의 호인과 한인의 상위서열 누적분포 비중

출전: 〈표 18〉 '「조비간묘문」 수행관원의 호인과 한인의 상위서열 누적분포'

것처럼 효문제의 태화 18년 순행 당시 한인관료는 거의 절반에 달하였다. 10%도 채 안되었던 문성제 화평 2년 하북 순행과 이를 비교해 보면 비약적으로 증가한 수치이다. 그러나 이는 수적인 증가일 뿐이고, 관직의 품계는 호인보다 낮았다. 현재로서는 이러한 추세가 우연인지, 아니면 호인을 배려한 효문제의 의도적인 관직 수여 때문인지 단정하기 어렵다. 다만 호인의 업무는 대개 무관, 즉 숙위장령에 집중되었고, 한인관료는 대개 행정실무를 담당했음을 고려할 때 근시관을 계승한 숙위장령을 우대한 것으로 볼 수 있다. 즉 「문성제남순비」에 보이는 근시관 우선서열의 원칙은 근시관이 폐지된 효문제 시기의 순행에서도 변형된 형태로 남아 있었다.

제 3 장 _ 한인관료의 순행론: 찬성론 · 조언 · 반대론

1. 중국 역대왕조의 순행 반대론

1편 1장에서 살펴본 것처럼 도무제부터 효문제까지 순행의 빈도와 순행기간은 긴 편이었다. 이처럼 자주 그리고 장기간 순행하는 황제에게 순행 중지를 주장하는 관료는 없었을까? 먼저 이 질문에 답하려면 중국의 역대왕조의 관리가 순행에 대해 어떻게 생각했는지 살펴볼 필요가 있다. 그리고 북위시대 순행의 양상을 살펴본 다음 양자의 공통점과 차이점을 찾아보는 것이 북위시대 관료의 순행관(巡幸觀)을 이해하는 데 도움이 될 것이다.

중국 역대왕소의 관리가 황제의 순행에 대해 어떻게 생각했는지 살펴보는 것은 역대 정사를 모두 검색해야 하는 방대한 작업이다. 명대에 황회(黃淮)와 양사기(楊士奇)가 편찬한 『역대명신주의(歷代名臣奏議)』는 원대까지의 상주문을 주제별로 정리한 책이다. 이 가운데 권287은 순행과 관련된 글을 모아 놓은 것이다. 필자는 이 자료를 정리하고 분석하여 역대왕조의 순행에 관한 논의를 검토해 보고자 한다. 먼저 이 자료를 정리하여 다음의 표로 만들었다.

표 19 역대왕조의 순행 관련 간언

연번	시기	순행 장소	순행 활동	간언자	간언 내용	결과
(1)	전한 원제	감천(甘泉)	사렵(射獵)	설광덕(薛廣德)	관동(關東)의 피폐, 백성의 유리(流離) 지적	당일 환궁
(2)	후한 명제	하내(河內)	교렵(校獵)	동평왕(東平王) 유창(劉蒼)	농번기 농민 동원 부담	환궁
(3)	후한 환제 연희 6(163)	광성(廣城)	교렵	진번(陳蕃)	인군(人君)이 원유(苑囿)에서 사냥하는 것은 제사용 희생을 마련하기 위해 중추(仲秋)의 서교(西郊) 강무 때만 가능함. 사냥은 휼민(恤民)의 조치가 아님	받아들이지 않음
(4)	북위 효문제	업(鄴)		고도열(高道悅)	효문제가 수로로 업으로 가기 위해서는 낙양 건설에 사용되는 나무로 배를 만들어야 하므로 경제적 부담이 큼	수로 포기, 육로행(陸路行)
(5)	북위 선무제	업	강무(講武)	이평(李平)	황제의 행차 일행이 농작물에 피해를 끼침	
(6)	당 태종 정관 7년(633)	구성궁(九成宮)	피서	요사렴(姚思廉)	이궁(離宮) 유행(遊幸)은 진시황과 한 무제의 행동이며 요(堯)·순(舜)·우(禹)·탕(湯) 등 성왕(聖王)의 행동이 아님	
(7)	당 태종 정관 11(637)	낙양(洛陽) 현인궁(顯仁宮)		위징(魏徵)	당 태종(唐太宗)의 순행을 나라를 망친 수양제의 행위에 빗댐	간언 수용
(8)	당 태종	낙양 적취지(積翠池)		장손무기(長孫無忌)	수양제의 행동을 거울삼아 신하의 간언을 수용해야 함	
(9)	당 태종 정관 14(640)	동주(同州) 사원(沙苑)	사냥	위징	당 태종이 새벽부터 늦은 밤까지 사냥하는 것을 간언함	간언 수용
(10)	당 태종	동주	교렵	유인궤(劉仁軌)	추수 전 사냥 때문에 백성의 추수에 지장이 있고 교렵을 위해 백성이 길 닦기에 동원됨	간언 수용
(11)	당 현종 개원 5년(717)	동도[낙양]		서무량(徐無量)	후사가 끊어진 개국공신 후예에 대한 예우	
(12)	당 현종 개원 13(725)	태산(泰山)에서 귀환 도중	사냥	오긍(吳兢)	태산 봉선 후 바로 사냥하는 것은 올바르지 못함	간언 수용
(13)	당 현종	서행(西幸) [장안(長安)]		장구령(張九齡)	현종(玄宗)이 장안으로 돌아가는 날짜를 연기하는 문제	

(14)	당 현종	동도	순행 계획	송경(宋璟), 소정(蘇頲), 요숭(姚崇) 등	동도 순행을 계획했으나 태묘(太廟)의 건물이 무너지자 송경(宋璟)과 소정(蘇頲)은 하늘의 경계라며 동순(東巡) 중지 주장. 요숭(姚崇)은 현종의 낙양 순행이 식량운반을 위한 것이므로 강행을 주장	요숭(姚崇)의 주장을 수용함
(15)	당 현종	동도→장안(長安)		고력사(高力士)	고력사(高力士)는 권력을 이림보(李林甫)에게 맡기려는 현종의 견해에 반대	현종이 노함
(16)	당 숙종	낙양	친정(親征) 계획	소원명(蘇源明)	소원명(蘇源明)은 10가지 불가 이유 제시하며 숙종(肅宗)의 친정(親征) 반대	친정(親征) 포기
(17)	당 덕종	?	순행 계획	육지(陸贄)	안사(安史)의 난이 아직 평정되지 않아 위험함	
(18)	당 경종	동도	순행 계획	배탁(裴度)	궁전 · 관청 등 제도가 갖춰진 이후 순행이 가능하다고 주장	
(19)	북송 진종 대중상부 4년(1011)	분음(汾陰)	제사	손석(孫奭)	10가지 이유를 들어 진종(眞宗)의 분음(汾陰) 순행 중지를 주장	간언 수용 안함
(20)	북송 진종 대중상부 4년(1011)	분음	제사	손석	당시 요(遼)와 서하(西夏)를 둘러싼 국제 정세를 언급하며 간언	간언 수용 안함
(21)	북송 진종 대중상부 6년(1013)	태청궁(太淸宮)	제사	손석	진종이 본받으려는 당 현종(唐玄宗)의 말로가 좋지 않았음을 빗대어 중지 주장	
(22)	북송 진종	분음 · 박주(亳州)		이적(李迪)	이번 행차에 동원되는 백성은 토목 공사 동원 등 그 부담이 태산 봉선 때보다 수백 배 큼	간언 내용 긍정
(23)	북송 철종	금명지(金明池)	순행 계획	진차승(陳次升)	금명지(金明池) 행차 때 배보다 다리를 이용	
(24)	북송 휘종	?	미행(微行)	조보시(曹輔時)	미행 간언	
(25)	남송 고종 건염 초	건강(建康)→보조사(普照寺)	불교 의식	허경형(許景衡)	소향(燒香)은 조종(祖宗)의 제(制)가 아니므로 중지해야 함	
(26)	남송 고종 소흥 31년(1161)			왕응(汪應)?	공 · 검 · 인 · 후(恭儉仁厚)가 행행(行幸)의 본의임을 지적	
(27)	남송 효종			나고(羅顧)	잦은 출행(出幸)으로 생기는 문제점 지적	
(28)	남송 이종	서태을(西太乙)	제사	모자재(牟子才)	서태을 제사 금지	

(29)	남송 이종	서태을	제사	모자재	서태을 제사 금지	
(30)	남송 이종 (?)	?	유행 (遊幸)	유불(劉黻)	유행 중지 간언	
(31)	금 희종			정채(程寀)	금 희종(金 熙宗)의 순행 반대	
(32)	금 세종	금련천 (金蓮川)		양양(梁襄)	농사와 행궁 미비(未備), 금(金)의 정치적 중심지가 산남(山南)의 연(燕)[중도(中都)]임을 지적	순행 중지
(33)	금 장종 명창 4년(1193)	경명궁 (景明宮)		동사중 (董師中) 등	인력과 재력 소모 심함	받아들여지지 않음
(34)	금 장종 명창 4년(1193)	경명궁		동사중 등	가뭄으로 작황이 좋지 않고 서북 2경(西北 2京)과 임황(臨潢) 제로(諸路) 흉작, 지진과 전쟁 등 사건이 많으므로 중지 주장	
(35)	금 장종 태화 2년(1202)	장락천 (長樂川)		이유(李愈)	융졸(戎卒) 빈약, 외환 때문에 중지해야 함	받아들여지지 않음
(36)	금 장종 태화 2년(1202) 하사월	장락천		이유	북부(北部)의 외침 위협 강조	
(37)	원 세조			조천린 (趙天麟)	순행 중지	
(38)	원 세조	상도(上都)→ 대도(大都)	사냥	탈탈(脫脫)	보안주(保安州)에서 사냥하는 것을 중지	받아들임
(39)	원 세조	상도		최경(崔敬)	대내(大內)로 돌아가 정치에 힘써야 함	
(40)	원 성종 원정 2년(1296)	오대산 (五臺山)		이원례 (李元禮)	5가지 이유를 제시하여 오대산(五臺山) 행차 중지 주장	받아들임
(41)	원 문종	호국인왕사 (護國仁王寺)	뱃놀이	개묘(蓋苗)	최근 몇 년 동안 흉년이 잦고 변방이 불안함	당일 환궁
(42)	원 순제	유림(柳林)	사냥	어사대(御史臺) 관리	백성의 부담이 큼	

출전: 『歷代名臣奏議』(黃淮 · 楊士奇 編, 上海: 上海古籍出版社, 1989) 卷287 「巡幸」 卷287의1앞-24뒤쪽(3737-3748쪽); 崔珍烈, 「北魏時代 漢人官僚의 巡幸論」, 『역사와 교육』 10집, 2010, 239-242쪽 〈표 1〉 歷代 왕조의 巡幸 관련 간언.

〈표 19〉를 분석하기에 앞서 주의할 점을 살펴보자. 먼저 이 표는 『역대명신주의』 순행 관련 상주문 가운데 진한시대부터 원대까지의 시기를 다루었기 때문에 춘추시대 노(魯) 장공(莊公)이 제(齊)를 방문한 기사는 제외

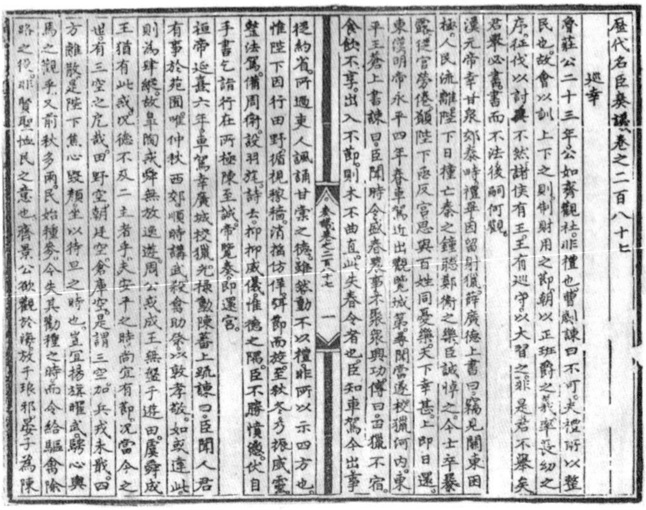

사진 5 『역대명신주의』 「순행」편

되었다.

또한 위의 예가 친정(親征)을 포함한 순행에 관한 찬반논의의 전부는 아니다. 예컨대 당대의 경우 『당회요(唐會要)』에 순행 논의와 관련된 예가 16개이다.[1] 이 가운데 세 개는 (6), (10), (18)과 일치한다. 따라서 『역대명신주의』 권287 「순행」의 자료가 원대까지 순행과 관련된 논의 전부를 망라한 것이라고 단정하기는 어렵다. 그러나 순행 논의의 흐름을 이해하는 데 도움이 되는 자료이다.

또 〈표 19〉에는 순행의 찬반 논의 등과 관련 없는 글도 보인다. 즉 (4) 북위 효문제의 업 순행, (8) 당 태종의 적취지(積翠池) 방문, (11) 당 현종 개원 5년 기사, (13) 현종 시기 순행 일자에 관한 논의, (15) 현종과 고력사(高力士)의 대화, (23) 북송 철종의 금명지(金明池) 행차에 관한 기록은 순행에 대한 찬반 논의와는 무관한 내용이다. 이 밖에 (24) 북송 휘종의 미행(微行)

1 崔珍烈, 『北魏皇帝의 巡幸 硏究』, 83-84쪽 〈표 I-4-5〉 '唐代 巡幸 반대론' 참조.

처럼 순행의 범주에 포함하기 어려운 예도 있다. 일단 앞에서 제시한 6개 예를 제외한 36개의 예를 바탕으로 몇 가지 통계를 살펴보자. 먼저 순행에 관한 찬반 논의를 시대별로 정리하여 표로 만들었다.

표 20 왕조별 순행에 관한 논의 빈도

왕조	전한	후한	북위	당	북송	남송	금	원
순행 관련 논의 횟수	1	2	1	9	5	6	6	6

출전: 〈표 19〉 '역대왕조의 순행 관련 간언'; 崔珍烈, 「北魏時代 漢人官僚의 巡幸論」, 242쪽 〈표 2〉 '왕조별 순행에 대한 논의 빈도'.

〈표 20〉을 보면 당대 이후 순행의 찬반 논의에 관한 글이 빈출하는 경향을 확인할 수 있다. 또 왕조를 한인왕조와 이민족왕조로 나누어 보면 전자의 시기에는 23개, 후자의 시기에는 13개의 상주문이 게재되었다. 왕조마다 편차는 있지만, 이민족왕조에도 순행에 관한 논의가 있었다는 점이 주목된다.

이어서 다음의 〈표 21〉은 순행 찬반 논의가 뚜렷한 36개의 예를 몇 가지 유형으로 분류한 것이다.

표 21 순행 반대 이유와 찬반 여부, 반대론 수용 여부 정리표

연번	반대 대상	찬반 여부	반대론 수용 여부	연번	반대 대상	찬반 여부	반대론 수용 여부	연번	반대 대상	찬반 여부	반대론 수용 여부
(1)	사냥	×	○	(18)	?	×	?	(31)	?	×	?
(2)	사냥	×	○	(19)	제사	×	×	(32)	?	×	○
(3)	사냥	×	?	(20)	제사	×	?	(33)	?	×	×
(5)	강무	×	×	(21)	제사	×	?	(34)	?	×	?
(6)	피서	×	×	(22)	?	×	?	(35)	?	×	?
(7)	?	×	○	(24)	미행	×	?	(36)	?	×	?

(9)	사냥	×	○	(25)	소향(燒香)	×	?	(37)	?	×	?
(10)	사냥	×	?	(26)	?	×	?	(38)	사냥	×	○
(12)	사냥	×	○	(27)	?	×	?	(39)	?	×	?
(14)	?	×○	×	(28)	제사	×	?	(40)	?	×	○
(16)	친정(親征)계획	×	×	(29)	제사	×	?	(41)	뱃놀이	×	○
(17)	?	×	?	(30)	유행(遊幸)	×	?	(42)	사냥	×	?

비고: 1. 유의사항

(1) (숫자)는 〈표 19〉 역대왕조의 순행 관련 간언의 연번이다.

(2) '찬반 여부' 난의 ○는 순행 찬성, ×는 순행 반대를 나타낸다.

(3) '반대론 수용 여부' 난의 ○는 순행 반대의견을 수용했음을, ×는 순행 반대의견을 수용하지 않고 순행을 그대로 진행했음을 나타낸다.

(4) '?'는 해당 상황을 모르거나 판단하기 어렵다는 것을 나타낸다.

출전: 『歷代名臣奏議』 卷287 「巡幸」 1앞-24뒤쪽(3737-3748쪽); 崔珍烈, 「北魏時代 漢人官僚의 巡幸論」, 243-244쪽.

〈표 21〉에서 연번 (14)에 대한 보충 설명이 필요하다. 당 현종은 동도(낙양) 순행을 계획했으나, 태묘의 건축물이 붕괴하자 송경(宋璟)과 소정(蘇頲)은 '재이론(災異論)'을 주장하며 반대했다. 반면 요숭(姚崇)은 태묘가 본래 전진의 부견이 만든 옛 궁전의 목재를 수대(隋代)에 재활용하여 만든 것이고, 당대의 태묘는 수대의 것을 그대로 사용한 것이므로 목재가 오래되어 썩어 무너지는 것은 당연한 일이라고 반박했다. 그리고 현종의 낙양 행차는 식량 운반 때문임을 지적하며 순행 강행을 주장했다. 현종은 이 가운데 요숭의 주장을 따랐다.[2] 따라서 동도 순행에 대한 찬반 양론이 동시에

2 『舊唐書』 卷96 「姚崇傳」, 3025-3026쪽, "居月餘, 玄宗將幸東都, 而太廟屋壞, 上召宋璟蘇頲問其故, [宋]璟等奏言: '陛下三年之制未畢, 誠不可行幸. 凡災變之發, 皆所以明教誡. 陛下宜增崇大道, 以答天意, 且停幸東都.' 上又召[姚]崇問曰: '朕臨發京邑, 太廟無故崩壞, 恐神靈誡以東行不便耶?' [姚]崇對曰: '太廟殿本是苻堅時所造, 隋文帝創立新都, 移宇文朝故

나타나게 되었다.

먼저 반대 대상을 항목별로 살펴보면, 사냥이 8회로 가장 많았고, 그 다음으로 각종 제사 6회, 유행(뱃놀이 포함) 2회, 강무·피서·친정(親征)·미행이 각각 1회로 나타났다. 이 밖에 '?'는 구체적인 반대 항목을 제시하지 않은 채 순행 자체를 반대한 경우이다. 바꿔 말하면 관료는 대개 황제의 사냥을 주로 반대했다. 제사 반대는 전한시대 분음 후토제사를 재현한 북송 진종의 분음 제사에 대한 반대(연번 (19)와 (20)에 해당)[3]와 진종의 태청궁 제사 반대(연번 (21)에 해당),[4] 남송 고종 건염초 불교의식을 소향하기 위한 보조사(普照寺) 행차 반대(연번 (25)에 해당),[5] 이종의 서태을(西太乙) 제사 반대(연번 (28)과 (29)에 해당)[6]이다. 모두 북송과 남송시대였다는 점이 특이하다. 북송과 남송시대의 제사를 제외하면 대개 신하에게는 황제의 순행 자체, 특히 사냥을 반대하는 경향이 있었음을 통계적으로 확인할 수 있다.[7]

다음으로 순행 반대론에 해당하는 36개 사례 가운데 황제가 순행 반대

殿造此廟, 國家又因隋氏舊制, 歲月滋深, 朽蠹而毁. 山有朽壤, 尙不免崩, 既久來枯木, 合將摧折, 偶與行期相會, 不是緣行乃崩. 且四海爲家, 兩京相接, 陛下以關中不甚豐熟, 轉運又有勞費, 所以爲人行幸, 豈是無事煩勞? 東都百司已作供擬, 不可失信於天下. 以臣愚見, 舊廟既朽爛, 不堪修理, 望移神主於太極殿安置, 更改造新廟, 以申誠敬. 車駕依前徑發.' 上曰: '卿言正合朕意.' 賜絹二百匹, 令所司奉七廟神主於太極殿, 改新廟, 車駕乃幸東都.";『歷代名臣奏議』(黃淮 · 楊士奇 編, 上海: 上海古籍出版社, 1989) 卷287「巡幸」玄宗將幸東都條, 卷287의5뒤쪽(3739쪽).

3 『歷代名臣奏議』卷287「巡幸」, 宋眞宗大中祥符四年條, 卷287의8앞쪽-9뒤쪽(3741쪽).

4 위와 같음, 大中祥符六年條, 卷287의9뒤쪽-10앞쪽(3741-3742쪽).

5 위와 같음, 高宗建炎初條, 卷287의11앞쪽-11뒤쪽(3742쪽).

6 위와 같음, 卷287의13앞쪽-17앞쪽(3743-3745쪽).

7 久保田和男,「宋代の「畋獵」をめぐって」, 487-504쪽. 이 글에 따르면, 북송 인종(仁宗)의 경력(慶曆) 6년(1046) 마지막 사냥 이후 사냥을 터부시하게 되었다. 심지어 사냥을 하지 않는다는 사실이 유덕(有德)한 군주의 덕목으로 거론되었다. 따라서 신하가 황제의 사냥을 반대한 것은 유덕한 군주가 되라는 간언임을 알 수 있다.

주장을 받아들인 예는 9건, 그렇지 않은 예는 7건이었으며 나머지 예에서는 결과를 알 수 없었다. 따라서 통계적인 추세를 명확하게 제시할 수 없지만 중국 역대 황제는 신하의 순행 반대 주장을 많이 수용했음이 확인된다. 그리고 당 태종은 9건의 반대의견 가운데 세 건을 수용했다. 이는 당 태종이 간언을 수용하려고 노력했던 군주인 점과 밀접한 관계가 있는 것 같다.

위에서 『역대명신주의』에 실린 순행 관련 자료를 통계적으로 분석해 보았다. 〈표 19〉를 보면 한 가지 이유로 반대한 예도 있지만, 당 숙종 시기의 소원명(蘇源明)과 북송 진종 시기의 손석(孫奭)처럼 10가지 이유를 제시한 예도 있었다.[8] 이처럼 복수의 이유를 제시한 예도 많기 때문에 반대 이유를 정리하기는 쉽지 않다. 그러나 대개 백성의 경제적 부담과 흉년 · 가뭄 등 자연재해 등을 거론하며 순행을 중지해야 한다는 이유가 상당히 많았다. 이는 현실의 상황을 반영하는 동시에 유가사상 중 성군(聖君)과 덕치 구현에 기반했다는 점에서 호소력이 있었을 것이다.[9]

이 밖에 유가에서 이상적인 제왕상으로 제시한 요(堯)·순(舜)·우(禹)·탕(湯)이 순행을 하지 않았고, 시황제나 한 무제, 수 양제, 당 현종처럼 나라를 패망에 이르게 하거나 법가적인 성향이 있던 황제가 순행했음을 근거로 제시한 의견도 있었다.[10] 요·순·우·탕이 다른 지역에 전혀 행차하지 않았다는 주장은 역사적 사실과는 다르지만, 신하는 이 주장을 통해 유가사상에서의 이상적인 성왕(聖王)은 도성에 머물며 이상적인 정치를 구현했다고 주장했다. 원 세조(쿠빌라이 카안) 시기 조천린(趙天麟)은 말 앞에서 권

8 위와 같음, 肅宗時條, 卷287의6앞쪽-7앞쪽(3740쪽) 및 宋眞宗大中祥符四年條, 卷287의8앞쪽-9뒤쪽(3741쪽).

9 崔珍烈, 「北魏時代 漢人官僚의 巡幸論」, 『역사와 교육』 10집, 2010, 244-245쪽.

10 위와 같음, 唐太宗貞觀七年條, 卷287의3앞쪽(3738쪽); 宋眞宗大中祥符四年條, 卷287의8뒤쪽-9앞쪽(3741쪽); 宋眞宗大中祥符六年條, 卷287의9뒤쪽(3741쪽); 宋理宗時條, 卷287의14뒤쪽(3744쪽); 太學生劉黻上諫遊幸疏曰條條, 卷287의16뒤쪽(3745쪽).

력은 잡을 수 있어도 말 앞에서 통치를 할 수는 없음을 주지시켰다. 심지어 '동(動)'을 좋아하는 것보다 '정(靜)'을 좋아하는 것이 낫고, 유위(有爲)는 무위(無爲)만 못하다고 주장했다. 즉 '정'을 좋아하는 것과 '무위'는 천하에서 우러러보는 것이며 이는 성왕의 대도(大道)라는 것이었다.[11] 감찰어사(監察御史) 최경(崔敬)은 원 세조에게 상도 순행을 중지하고 대내(大內)로 돌아와 심궁(深宮)에 거(居)하며 재신(宰臣)과 함께 정사를 논하여야 한다고 주장했다.[12] 조천린과 최경은 또 이민족 군주인 쿠빌라이 카안에게 순행 대신 대도에 정주할 것을 주장했다. 이러한 논리는 한인황제에게도 적용될 수 있었다. 이처럼 중국 역대 한인관료는 유가의 이상적인 정치를 구현하기 위해서는 순행이 중단되어야 한다는 논리를 제시했다.[13]

또 금의 한림대제(翰林待制) 겸우간의대부(兼右諫議大夫) 정채(程寀)는

> "예전의 천자는 모두 순수를 했지만, 일이 있을 때만 행했습니다. 풍속을 성찰(省察)하거나 재판을 심리(審理)하거나 백성의 고통을 물음으로써 덕택(德澤)을 퍼뜨리고 알렸습니다. 이는 모두 순수라는 이름으로 행했던 것입니다."[14]

라고 했다. 이처럼 정채는 백성을 위한 세 경우에만 순행해야 한다고 주장하며 무분별한 희종의 순행을 제한하려고 했다. 이 또한 이민족 군주뿐 아

---

11 위와 같음, 元世祖時條, 卷287의21뒤쪽(3747쪽), "臣聞先王之臨制也, 馬上得之, 而不以馬上治之." 및 卷287의22뒷쪽(3748쪽), "故曰: 好動不及好靜, 有爲不若無爲, 斯天下之想聞, 乃聖王之大道也."

12 위와 같음, 世祖車駕巡幸上都條, 卷287의23앞쪽(3748쪽).

13 崔珍烈, 「北魏時代 漢人官僚의 巡幸論」, 245-246쪽.

14 『金史』 卷105 「程寀傳」, 2308-2309쪽, "又曰: 「古者天子皆有巡狩, 無非事者. 或省察風俗, 或審理枹獄, 或問民疾苦, 以布宣德澤, 皆巡狩之名也. ……」"

니라 한인황제에게도 적용될 수 있는 보편적인 논리였다. 이처럼 유가사상은 군주 순행의 억제를 요구하는 사상적 무기가 되었다.[15]

논의의 범위를 북위시대로 좁히면 〈표 20〉에서도 볼 수 있듯 북위시대의 순행에 대한 찬반 논의는 1건에 불과했다. 이는 다른 이민족왕조였던 금과 몽골(원)에 비하면 미미한 수준이다. 이처럼 북위시대에는 순행문제에 대해 논의하지 않았던 이유는 무엇일까? 이 문제를 검토하기 위해 『위서』와 기타 사료에서 언급한 순행 관련 논의를 정리하여 시기별로 살펴볼 필요가 있다. 이는 2절부터 순차적으로 검토할 것이다.

2. 북위 전기 친정(親征) 찬성론과 반대론

1절의 〈표 19〉에서도 확인할 수 있듯, 북위 전 시대를 통틀어 한인관료가 순수한 의미의 순행을 반대한 예는 매우 드물었다. 효문제의 친정(親征) 반대를 제외하면 황제의 순행을 반대한 사람은 선무제의 업 순행을 반대한 이평(李平)뿐이었다. 당연히 북위 전기에도 한인관료가 순행을 반대했던 기록은 찾기 어렵다. 그러나 북위 전기 황제는 정복전쟁에 직접 종군했으므로 친정(親征) 여부에 대한 한인의 언급 기록을 간혹 볼 수 있다.

먼저 태무제는 즉위 후 공경들에게 하와 유연(연연) 가운데 어느 쪽을 먼저 토벌해야 하는지 물었다. 이때 상황을 『위서』 「장손숭전(長孫嵩傳)」에서는 다음과 같이 기록했다.

"장손숭과 평양왕(平陽王) 장손한, 사공 해근 등은 '혁련(赫連)[하(夏)를 지칭]이 땅을 차지하고 있다고 해도 아직 화근이 되지는 못하지만, 유연[연연]은

15 崔珍烈, 「北魏時代 漢人官僚의 巡幸論」, 246-247쪽.

대대로 변방의 해(害)가 되었으니, 마땅히 먼저 [유연의 군주] 대단(大檀)을 토벌해야 합니다. 대단을 따라잡아 [격파한다면] 그들의 가축을 전리품으로 거둬들여 족히 나라를 부유하게 할 수 있습니다. 대단과 상대하지 못하여 [유연을 격파하지 못한다고 해도] 음산에서 교렵하여 다수의 금수를 죽이고 피육(皮肉)과 근각(筋角)을 얻어 군실(軍實)에 충당할 수 있으니 또한 하나의 소국(小國)을 격파하는 것보다 낫습니다.'라는 의견을 말했다. 태상(太常) 최호는 '대단은 새가 나는 것처럼 빨리 옮겨 다니기 때문에 빨리 추격한다고 해도 오랫동안 버틸 수 없습니다. 반면 대군을 [이끌고] 추격하면 그들을 따라잡을 수 없습니다. 그러나 혁련굴개(赫連屈丐)[혁련발발]는 나라[의 영토가] 천리(千里)를 넘지 않고 그 형정(刑政)이 잔학하여 사람과 신(神)이 버렸으니 마땅히 먼저 혁련굴개를 토벌해야 합니다.'라고 했다. 상서 유결과 무경후(武京侯) 안원은 먼저 [북연의] 풍발을 토벌해야 한다고 주청했다. 황제는 입을 다문 채 아무 말도 하지 않고 [생각하다가] 드디어 서쪽으로 순수(巡狩)했다. 후에 [혁련]굴개가 죽고 관중에 대란이 발생했다는 소식을 듣고, 논의하여 하를 정벌하고자 했다."[16]

위의 인용문은 북위 초 북쪽의 유연, 동쪽의 북연, 서쪽의 하, 남쪽의 유송 등 적국이 북위의 사방을 포위한 상황에서 태무제와 신하가 돌파구를 마련하기 위해 먼저 정복할 대상을 의논한 것이다. 장손숭과 장손한, 해근 등 호인지배층은 북위의 숙적인 유목국가 유연부터 격파하여 유목민과 가

16 『魏書』 卷25 「長孫嵩傳」, 644쪽, "世祖卽位, 進爵北平王, 司州中正. 詔問公卿, 赫連蠕蠕征討何先. [長孫]嵩與平陽王長孫翰·司空奚斤等曰: '赫連居土, 未能爲患, 蠕蠕世爲邊害, 宜先討大檀. 及則收其畜產, 足以富國; 不及則校獵陰山, 多殺禽獸, 皮肉筋角, 以充軍實, 亦愈於破一小國.' 太常崔浩曰: '大檀遷徙鳥逝, 疾追則不足經久, 大衆則不能及之. 赫連屈丐, 土宇不過千里, 其刑政殘虐, 人神所棄, 宜先討之.' 尙書劉潔·武京侯安原請先平馮跋. 帝默然, 遂西巡狩. 後聞屈丐死, 關中大亂, 議欲征之."

축을 획득해야 한다고 주장했다. 최호는 북위의 대군이 공격해도 기동력 좋은 유연이 도망가면 유연을 정복하기 어렵기 때문에 유연 대신 하를 공격해야 한다고 주장했다. 반면 유결과 안원은 가장 약한 북연을 공격하자고 했다. 최호가 하를 공격하자고 한 이유는 논리적이지 않았지만, 태무제는 최호의 견해가 옳다고 생각하고 하를 공격하기 위해 서쪽으로 움직였고 후에 혁련발발의 죽음을 틈 타 하를 멸망시킬 수 있었다.

태무제는 신가 2년(429) 유연을 공격할 계획을 세웠으나 공경대신이 반대했다. 특히 술사(術士) 장연(張淵)과 서변(徐辯)은 천문현상을 들어 유연 친정(親征)을 중단하도록 설득했다. 이때 태무제는 최호의 말을 듣고 유연을 기습공격하여 결정적인 타격을 안겨 주었다.[17] 이 일화에서도 최호가 태무제의 친정(親征)에 결정적인 영향력을 행사했음을 확인할 수 있다.

또 최호는 북량 친정(親征) 당시에도 자신의 의견을 피력했다. 『위서』 「최호전」에서는

> "이때 하서왕(河西王) 저거목건(沮渠牧犍)은 안으로 배반할 마음을 품었기 때문에 세조[태무제]가 장차 저거목건 토벌을 계획하고 먼저 최호(崔浩)에게 물었다. 최호는 다음과 같이 답했다. '[저거]목건의 악심(惡心)은 이미 드러났으니 주살하지 않으면 안됩니다. 관군(官軍)이 작년에 북벌하여 비록

17 『魏書』 卷103 「蠕蠕傳」, 2293쪽, "[神䴥]二年四月, 世祖練兵于南郊, 將襲大檀. 公卿大臣皆不願行, 術士張淵徐辯以天文說止世祖, 世祖從崔浩計而行. 會江南使還, 稱劉義隆欲犯河南, 謂行人曰: '汝疾還告魏主, 歸我河南地, 卽當罷兵, 不然盡我將士之力.' 世祖聞而大笑, 告公卿曰: '龜鼈小竪, 自救不暇, 何能爲也. 就使能來, 若不先滅蠕蠕 便是坐待寇至, 腹背受敵, 非上策也. 吾行決矣.' 於是車駕出東道向黑山, 平陽王長孫翰從西道向大娥山, 同會賊庭. 五月, 次于沙漠南, 舍輜重輕襲之, 至栗水, 大檀衆西奔. 弟匹黎先典東落, 將赴大檀, 遇[長孫]翰軍, [長孫]翰縱騎擊之, 殺其大人數百. 大檀聞之震怖, 將其族黨, 焚燒廬舍, 絶跡西走, 莫知所至. 於是國落四散, 竄伏山谷, 畜産布野, 無人收視."

전쟁에서 승리하고 [전리품을] 노획하지 못했지만 실제로는 잃은 것이 없습니다. 이때 출동했던 부대의 내외 군마 30만 필을 헤아려 보면, 길에서 죽거나 상한 것은 8천을 채우지 못하고 해마다 야위어 죽는 것은 늘 1만보다 줄지 않으니 [총수는] 이보다 적지 않습니다. 그러나 원방(遠方)에서 허점을 노리기 위해 큰 손실을 입어 다시 떨치지 못할 것이라고 말했습니다. 지금 그들이 뜻하지 않는 틈을 노려 출격하면 작전을 생각할 사이도 없이 갑자기 대군이 도달하는 것이므로 반드시 놀라서 떠들썩하고 나갈 바를 모르게 되니 저거목건을 반드시 사로잡을 수 있습니다. 또 [저거]목건은 열약(劣弱)한 데 비해 여러 아우는 교만하고 방자하여 권력을 다투고 거침없이 방종하니 민심은 산산히 흩어졌습니다. 더구나 몇 년 전부터 천재지변(天災地變)이 모두 진주(秦州)와 양주(涼州)에서 발생했으니 멸망시킬 수 있는 나라가 되었습니다.' 세조는 '좋다. 내 뜻 또한 그러하다.'라고 말했다. 그리고 공경들에게 북량 정벌에 대해 논의하게 했다. 홍농왕(弘農王) 해근 등 30여 명은 모두 '[저거]목건은 서쪽 변방의 소국입니다. 비록 안으로는 불순한 신(臣)이지만, 부(父)[저거몽손]를 이어 조공해 왔으며 조정에서는 번례(蕃禮)로 대접하고 있습니다. 또 왕희(王姬)가 시집왔고, 죄가 아직 심하게 드러나지 않았으니 마땅히 기미(羈縻)할 뿐이라고 말할 수 있습니다. 지금 사마(士馬)가 매우 피곤하니 마땅히 조금 쉬어야 합니다. 또 그 땅에는 소금기가 많고 대개 수초(水草)도 없으므로 대군이 도착한다고 해도 오랫동안 머무를 수 없습니다. 저들은 우리 군대가 온다는 소식을 들으면 반드시 성곽을 수리하고 양식을 모아 성을 지킬 것이니, [성을] 공격한다고 하여 함락하기 어려우며 들에는 노략질할 [식량이] 없습니다.'라고 말했다. 이때 상서 고필과 이순의 무리는 모두 '온어하(溫圉河) 이서(以西)부터 고장성(姑臧城)의 남쪽에 이르기까지 천제산(天梯山) 위에는 겨울이면 적설(積雪)이 쌓여 깊이가 1장(丈)여 정도인데 봄과 여름이면 녹아서 산 아래로 흘러 냇물을 이루니 이를 끌어들여 논밭에 물을 댑니다. 저들은 우리의 군대가 온다는 소식을 듣고 이 거구(渠口)를 터트렸고 이로 인해 물은 꿰뚫고 흐르지 않게 되어 말라 버렸습니다. 성(城) 100리 안[의 땅]에는 붉은 토양에 풀이 없으니 또한 오랫동안 군마를 머무르게 할 수 없습니다. [해]근 등의 주장이 옳습니다.'라고 했다. 세조는 이에 [최]호에게 명하여 그가 전에 했던 말을 [해]근에게 하도록 하니 이기기 어려웠다. 여러 사람은 다시 다른 말을 하지 않고 다만 '그 땅에는 수초가 없다.'라고 말했다. [최]호는 '『한서』「지리지」에는 '양주의 가축은 천하에서 넉넉할 [정도로 많게] 되었다.'라고 기록했습니다. 만약 수초가 없다면 어떻게 가축을 기를 수 있다는 말입니까? 또 한인이 거주지를 만들 때 수초가 없는 땅에는 결코 성곽을 쌓고 군현을 세우지 않습니다. 또 눈이 녹아서 흙먼지를 축일 수 없다고 했지만, 그렇다면 어떻게 거(渠)를 통하게 하고 배가 다니는 물길을 만들며 수백만 경(頃)을 관개(灌漑)한답니까? 이 말은 대개 사람을 속이려는 말입니다.'라고 말했다. 이순 등은 다시 '귀로 들은 것은 눈으로 본 것만 못한데, 우리는 눈으로 보았다. 그렇다면 어떻게 함께 분명히 알지 못하겠소!'라고 말했다. [최]호는 '너희들이 적의 금전을 받고 그들을 위해 변명하려고 하여, 내가 눈으로 보지 못했다고 말하면 가히 속을 것 같더냐!'라고 말했다. 세조는 몰래 듣다가 이를 듣고 나와 친히 [해]근 등을 보며 말했다. 그 분위기가 엄숙하고 노했으며 신색(神色)을 나타내었다. 군신(群臣)은 이에 감히 말하지 못하고 옳다고 굽신거렸다. 이때 결국 양주[북량]를 토벌하여 평정했다. 수초가 많고 풍부한 것은 [최]호의 말과 같았다."[18]

18 『魏書』卷35「崔浩傳」, 822-823쪽, "是時, 河西王沮渠牧犍, 內有貳意, 世祖將討焉, 先問於[崔]浩. [崔]浩對曰: '牧犍惡心已露, 不可不誅. 官軍往年北伐, 雖不克獲, 實無所損. 于時行者內外軍馬三十萬匹, 計在道死傷不滿八千, 歲常羸死, 恒不減萬, 乃不少於此. 而遠方承虛, 便謂大損, 不能復振. 今出其不意, 不圖大軍卒至, 必驚駭騷擾, 不知所出, 擒之必

라고 했다.

위의 인용문에서는 해근과 고필 등 호인뿐 아니라 한인인 이순도 북량정벌을 반대했다. 『위서』「이순전」에 따르면 이순은 저거몽손과 저거목건 부자에게 뇌물을 받고 북량정벌을 반대하며 북량의 대변인 역할을 했다. 최호는 태무제에게 이 사실을 알렸고 이순은 이 때문에 사형에 처해졌다.[19] 해근과 고필 등 호인이 북량정벌에 미온적인 태도를 보인 것은 아마도 이순처럼 북량의 뇌물을 받았기 때문일 가능성이 있다. 어쨌든 최호는 당시

矣. 且[沮渠]牧犍劣弱, 諸弟驕恣, 爭權從橫, 民心離解. 加比年以來, 天災地變, 都在秦涼, 成滅之國也.' 世祖曰: '善, 吾意亦以爲然.' 命公卿議之. 弘農王奚斤等三十餘人皆曰: '牧犍西垂下國, 雖心不純臣, 然繼父職貢, 朝廷接以蕃禮. 又王姬釐降, 罪未甚彰, 謂宜羈縻而已. 今士馬勞止, 宜可小息. 又其地鹵斥, 略無水草, 大軍既到, 不得久停. 彼聞軍來, 必完聚城守, 攻則難拔, 野無所掠.' 於是尙書古弼李順之徒皆曰: '自溫圉河以西, 至於姑臧城南, 天梯山上冬有積雪, 深一丈餘, 至春夏消液, 下流成川, 引以漑灌. 彼聞軍至, 決此渠口, 水不通流, 則致渴乏. 去城百里之內, 赤地無草, 又不任久停軍馬. [奚]斤等議是也.' 世祖乃命[崔]浩以其前言與[奚]斤共相難抑. 諸人不復餘言, 唯曰'彼無水草' [崔]浩曰: '漢書地理志稱: 『涼州之畜, 爲天下饒.』 若無水草, 何以畜牧? 又漢人爲居, 終不於無水草之地築城郭 · 立郡縣也. 又雪之消液, 纔不斂塵, 何得通渠引漕, 漑灌數百萬頃乎? 此言大詆誣於人矣.' 李順等復曰: '耳聞不如目見, 吾曹目見, 何可共辨!' [崔]浩曰: '汝曹受人金錢, 欲爲之辭, 謂我目不見便可欺也!' 世祖隱聽, 聞之乃出, 親見[奚]斤等, 辭旨嚴厲, 形於神色. 群臣乃不敢復言, 唯唯而已. 於是遂討涼州而平之. 多饒水草, 如[崔]浩所言."

19 『魏書』卷36「李順傳」, 832-833쪽, "[李]順凡使涼州十有二返, 世祖稱其能. 而[沮渠]蒙遜數與順遊宴, 頗有悖慢之言, 恐順東還泄之朝廷, 尋以金寶納順懷中, 故[沮渠]蒙遜罪釁得不聞徹. [崔]浩知之, 密言於世祖, 世祖未之信. …… 五年, 議征涼州, [李]順議以涼州乏水草, 不宜遠征. 與崔浩庭諍, [崔]浩固執以爲宜征. 世祖從浩議. 及至姑臧, 甚豐水草. 世祖與恭宗書以言其事, 頗銜[李]順. 後謂[崔]浩曰: '卿昔所言, 今果驗矣.' [崔]浩曰. '臣之所言, 虛實皆如此類.' 初, 蒙遜有西域沙門曇無讖, 微有方術. 世祖詔順令蒙遜送之京邑. 順受蒙遜金, 聽其殺之. 世祖克涼州後, 聞而嫌順. 涼土既平, 詔[李]順差次敗臣, 賜以爵位. [李]順頗受納, 品第不平. 涼州人徐桀發其事. [崔]浩又毁之, 云: '[李]順昔受牧犍父子重賂, 每言涼州無水草, 不可行師. 及陛下至姑臧, 水草豐足. 其詐如此, 幾誤國事. 不忠若是, 反言臣讒之於陛下.' 世祖大怒, 眞君三年遂刑[李]順於城西."

북량의 내부 사정을 정확히 꿰뚫어 보았고 당시 북량이 위치한 하서회랑(河西回廊)의 기후와 풍토를 정확히 파악한 후 태무제의 북량정벌이 성공할 것이라고 판단했다. 최호의 간언을 받아들인 태무제는 친정(親征)을 감행하여 북량을 멸망시킬 수 있었다.

이 밖에 태연 2년(436) 고구려가 자기 나라로 망명한 풍홍(馮弘)을 북위로 돌려보내지 않고 북위의 명령도 거부하자 태무제는 고구려 친정을 논의했다. 그러나 『위서』 「세조기」와 「낙평왕비전(樂平王丕傳)」에 따르면 태무제는 낙평왕(樂平王) 탁발비(拓跋丕)의 간언을 듣고 고구려 원정을 포기했다.[20] 그런데 『위서』 「유결전(劉潔傳)」에 따르면 태무제가 농우의 기졸(騎卒)을 징발하여 고구려를 정벌하려 하였으나 유결이 농우지역이 불안정하여 시간이 필요하다는 이유를 들어 간언하자 태무제가 이를 받아들였다고 했다.[21] 여기에서 유결의 간언도 태무제가 고구려 원정 시도를 포기하는 데 영향을 주었음을 알 수 있다. 유결은 장락군(長樂郡) 신도현(信都縣) 사람이었으므로 한인이었다.[22] 그는 북위 전기 권력의 핵심부에 진출했던 극소수 한인관료의 한 사람이었다.

요컨대 북위 전기 황제의 친정 여부에 영향력을 행사했던 한인관료는 최호와 유결 등 극소수에 불과했다. 뛰어난 전략과 상황판단, 풍부한 지식을 바탕으로 한 최호는 태무제의 의중에 영합하여 태무제가 하, 유연, 북

---

20 『魏書』 卷4上 「世祖紀」 太延二年(436)九月條, 87쪽, “高麗不送文通, 遣使奉表, 稱當與文通俱奉王化. 帝以高麗違詔, 議將擊之. 納樂平王[元]丕計而止.”; 『北史』 卷16 「明元六王 · 樂平王丕」, 602쪽, “初, 馮弘之奔高麗, 太武詔遣送之, 高麗不遣. 太武怒, 將討之, [元]丕上疏以爲和龍新定, 宜復之, 使廣脩農殖, 以饒軍實, 然後進圖, 可一擧而滅. 帝納之, 乃止.”; 『魏書』 卷17補 「明元六王 · 樂平王丕傳」, 414쪽.

21 『魏書』 卷28 「劉潔傳」, 688쪽, “世祖將發隴右騎卒東伐高麗. [劉]潔進曰: ‘隴上新民, 始染大化, 宜賜優復以饒實之. 兵馬足食, 然後可用.’ 世祖深納之.”

22 『魏書』 卷28 「劉潔傳」, 686쪽, “劉潔, 長樂信都人也. 祖父[劉]生, 頗解卜筮.”

량 등의 친정에 영향을 주거나 찬성 여론을 만드는 데 기여했다. 반면 유결은 두 차례에 걸쳐 친정에 대한 자신의 의견을 내놓았으나 태무제에게 영향을 준 것은 한 차례였다. 바꿔 말하면 북위 전기 황제의 친정 논의에 영향을 줄 수 있는 한인관료는 거의 없었다. 이는 한인보다 호인이 무사(武事)에 밝았고, 북위 전기 한인관료의 정치적 지위가 낮았던 당시 상황과도 밀접한 관계가 있었기 때문일 것이다.[23]

3. 효문제의 순행과 한인관료의 조언

3편 3장 2절에서 살펴본 것처럼 효문제의 재위기간은 한인관료가 정치적으로 부상하던 시기였다. 한인관료는 단순히 고위직으로 진출했을 뿐 아니라 각종 정책에 영향력을 행사했으며, 정치적 발언권도 커졌다. 『위서』의 각 열전을 보면 효문제 시기에는 한인관료의 정책 의견제시나 각종 상소문이 빈출하였고 그중에는 순행에 관한 의견 개진도 보인다. 다음 〈표 22〉는 효문제의 순행에 대한 간언을 정리한 것이다.

표 22 효문제 순행에 대한 간언

시기	간언자	간언 내용
태화 17년(493)	이충(李沖)	평성으로 돌아가야 함[24]
태화 18년(494) 상반기	한현종(韓顯宗)	화북 순행 중지, 평성으로 돌아가야 함[25]
태화 18년(494) 이후	이언(李彦)	남제 친정(親征)[26]
태화 18년(494) 이후	노연(盧淵)	남제 친정(親征)[27]
태화 18년(494) 이후	유조(游肇)	남제 친정(親征)[28]
태화 19년(495) 사월	성엄(成淹)	배로 제주(濟州)에서 낙양으로 귀환함을 반대[29]
태화 19년(495) 구월	고도열(高道悅)	수로를 이용해 업으로 가는 것을 반대[30]
태화 21년(497)	고려(高閭)	남제 친정(親征)[31]

23 崔珍烈, 「北魏時代 漢人官僚의 巡幸論」, 247-253쪽.

〈표 22〉를 보면 효문제 시기 북위 전기 최호와 유결의 친정(親征) 찬반론보다 순행에 대한 논의가 상대적으로 활발했음을 확인할 수 있다. 그리고 순행에 대한 논의는 협의의 순행에 대한 의견 개진과 효문제의 친정에 대한 반대론으로 나누어진다. 전자에서는 순행의 일정과 순행 장소, 운송 수단에 대해 다루었다.

먼저 이충의 간언을 살펴보자. 이충은 낙양천도를 선언하고 남쪽에 머물러 있던 효문제에게 낙양의 토목공사는 신하에게 맡긴 후 북도(北都, 평성)로 돌아갔다가 공사가 끝나면 다시 낙양으로 옮기는 것이 낫다고 주장했다. 그러나 효문제는

> "짐은 장차 방악(方岳)을 순성(巡省)할 생각이오. 업에 이르러 잠시 쉰 후 봄에야 비로소 돌아가려고 하니, 북쪽으로 돌아가려 하지 않는 것은 아니오."

라고 대답했다.[32] 효문제는 이충에게 태화 17년(493) 겨울을 업에서 보낸 뒤 북쪽의 평성으로 돌아가겠다고 했으나, 아래의 한현종의 간언을 살펴

---

24 『魏書』 卷53 「李沖傳」, 1183-1184쪽

25 『魏書』 卷60 「韓麒麟傳附顯宗傳」, 1338쪽

26 『魏書』 卷39 「李寶傳附彦傳」, 888쪽.

27 『魏書』 卷47 「盧玄傳附淵傳」, 1047-1048쪽.

28 『魏書』 卷55 「游明根傳附肇傳」, 1215쪽.

29 『魏書』 卷79 「成淹傳」, 1754쪽.

30 『魏書』 卷62 「高道悅傳」, 1400-1401쪽.

31 『魏書』 卷54 「高閭傳」, 1206-1207쪽.

32 『魏書』 卷53 「李沖傳」, 1183-1184쪽, "高祖初謀南遷, 恐红心戀舊, 乃示爲大擧, 因以脅定賊情, 外名南伐, 其實遷也. 舊人懷土, 多所不願, 內憚南征, 無敢言者, 於是定都洛陽. [李]沖言於高祖曰: 「陛下方修周公之制, 定鼎成周. 然營建六寢, 不可遊駕待就; 興築城郛, 難以馬上營訖. 願暫還北都, 令臣下經造, 功成事訖, 然後備文物之章, 和玉鑾之響, 巡時南徙, 軌儀土中.」 高祖曰: 「朕將巡省方岳, 至鄴小停, 春始便還, 未宜遂不歸北.」"

보면 평성으로 돌아갈 생각이 없었던 것으로 보인다. 즉 효문제는 종신 이충의 간언을 받아들여 평성으로 돌아간다고 했지만 실제로는 반대로 행동하려고 했다. 이때 한현종은 효문제가 낙양천도를 정한 후 삼제(三齊, 현재의 산동성 일대) 혹은 하북의 중산(中山, 정주의 치소)으로 순행하려고 하자 이렇게 간언했다.[33]

"듣건대 폐하께서는 올 여름 삼제를 순행하려고 하시지 않으시면 중산으로 행차하려고 하십니다. 신이 살펴보건데 이는 올바른 계획이 아닙니다. 왜 그럴까요? 지금 [순행과 관련된] 요역을 마땅히 일찍 중지시켜야 낙경(洛京)[건설공사를] 속히 끝낼 수 있습니다. 비용을 줄이면 요역을 줄일 수 있고, 이 노동력을 [낙양 건설에 투입하면] 낙경은 쉽게 공사를 마칠 수 있습니다. 작년 겨울에 폐하께서는 업에 머무르셨습니다. 이때는 한가하였지만, 도리어 편호는 공봉(供奉)해야 했으므로 인력과 재물의 소모가 매우 심했습니다. 폐하께서 살펴보시고 불쌍히 여겨 걱정하시어 [백성을] 우대하시는 조서를 내리심으로 폐하의 후한 마음을 보이셨습니다. 작(爵)은 고년(高年)에게 두루 미치고 하사품은 환과(鰥寡)에게 전해졌습니다. 그러나 비록 진대(賑貸)가 널리 두루 미쳤다 하더라도 지금은 오히려 올여름 [백성이] 굶주려서 혈색 없는 누런 얼굴빛을 띨까 두렵습니다. 하물며 봄 · 여름 · 가을은 농경에서 중요한 시기인데 육군(六軍)이 구름처럼 모여들게 되면 백성의 생업 손실은 실제로 적지 않습니다. 비록 조렴(調斂)을 가볍게 하거나 줄이더라도 족히 노고를 위로할 수 없는데, 대가(大駕)가 친림(親臨)하면 누가 감히 편안하게 쉴 수 있겠습니까? 사신이 왕래하며 명령을 받들어 도로에

33 『魏書』 卷60 「韓麒麟傳附顯宗傳」, 1338쪽, "車駕南討, 兼中書侍郎. 旣定遷都, [韓]顯宗上書."

서 바쁘게 움직이고 농사와 양잠을 잠시 폐하게 되면 장차 의지할 밑천이 없습니다. 이는 나라의 가장 큰 근심입니다. 또 장차 더위가 몹시 심해지면 육군이 더위에 노출되니 아마도 전염병이 생길 것입니다. 이는 가히 두 번째 근심입니다. 신이 원컨대 폐하께서는 일찍 북경(北京)으로 돌아가시어 제주(諸州)의 공장지비(供帳之費)를 없애야 합니다. 또 노동력을 합치고 온 힘을 모아 낙읍(洛邑)을 축조해야 합니다. 그러면 남주(南州)에서는 잡요(雜徭)의 괴로움을 면할 수 있고, 북도는 이별의 한탄을 그칠 것이며 낙경(洛京, 낙양)은 계획에 맞춰 건설할 수 있으니, 옮기는 사람은 모두 때에 맞춰 돌아가게 될 것입니다."[34]

위의 인용문에 따르면 효문제는 낙양천도 선언 이후 처음에는 황하 하류의 삼제 지방(현재의 산동성 일대)이나 하북을 순행할 계획이었다. 그러나 한현종은 이 지역의 순행보다 옛 수도인 북경, 즉 평성으로 가면 순행 예정 지역에 대한 경제적 부담도 덜고 낙양 건설에도 도움된다고 설득했다. 『위서』「한기린전부현종전(韓麒麟傳附顯宗傳)」에는 효문제가 이 간언을 포함해 네 가지 상주문을 가납(嘉納)했다고 기록했다.[35] 실제 낙양천도 선언 이후 효문제의 순행 장소를 살펴볼 때 태화 17년(493)부터 태화 18년(494) 11월

34 『魏書』 卷60 「韓麒麟傳附顯宗傳」, 1338쪽, "其一曰: 竊聞輿駕今夏若不巡三齊, 當幸中山, 竊以爲非計也. 何者? 當今徭役宜早息, 洛京宜速成. 省費則徭役可簡, 幷功則洛京易就. 往冬輿駕停 是閑隙之時, 猶編戶供奉, 勞費爲劇. 聖鑒矜愍, 優旨殷勤, 爵浹高年, 賚周鰥寡, 雖賑貸普霑, 今猶恐來夏菜色. 況三農要時, 六軍雲會, 其所損業, 實爲不少. 雖調斂輕省, 未足稱勞, 然大駕親臨, 誰敢寧息? 往來承奉, 紛紛道路, 田蠶暫廢, 則將來無資. 此國之深憂也. 且向炎暑, 而六軍暴露, 恐生癘疫, 此可憂之次也. 臣願輿駕早還北京, 以省諸州供帳之費, 幷功專力, 以營洛邑. 則南州免雜徭之煩, 北都息分析之歎, 洛京可以時就, 遷者僉爾如歸."

35 『魏書』 卷60 「韓麒麟傳附顯宗傳」, 1339쪽, "高祖頗納之."

까지 잠시 업성과 낙양 서궁에 들른 것을 제외하면 효문제는 평성궁(平城宮)과 삭주(옛 경기의 서부), 육진, 음산, 영고릉 등을 순시하고 업을 거쳐 낙양으로 귀환했다. 이러한 일정을 보면 효문제는 실제로 한현종의 간언을 받아들여 순행 장소를 변경했음이 확인된다.

또 성엄은 황하 하류인 확오(碻磝)에서 배를 타고 황하를 거슬러 올라가려는 효문제에게 황하의 물살 세기 등을 거론하며 재고를 간언했다. 그러나 효문제는 수로를 통한 조운(漕運)에 관심을 보이며 모범을 보이기 위해서라도 수로를 이용할 것임을 천명했다.[36] 성엄은 효문제가 남제 친정(親征)을 마치고 회군하는 도중에 간언했다. 이때 효문제 일행의 이동경로와 일정을 정리하면 다음과 같다.

사월 경자일(5.11) 팽성을 방문함

기미일(5.30) 연주의 치소인 하구현(瑕丘縣)에 도착함

경신일(5.31) 노성(魯城)에 도착함

무진일(6.8) 확오에 도착함

오월 갑술일(6.14) 활대(滑臺)에 도착함

병자일(6.16) 석제(石濟)에 머무름

계미일(6.23) 낙양에 도착하여 태묘에 남벌을 고(告)함[37]

---

36 『魏書』 卷79 「成淹傳」, 1754쪽, “高祖幸徐州, 敕[成]淹與閭龍駒等主舟檝, 將汎泗入河, 泝流還洛. 軍次碻磝, [成]淹以黃河浚急, 慮有傾危, 乃上疏陳諫. 高祖敕[成]淹曰, ‘朕以恒代無運漕之路, 故京邑民貧. 今移都伊洛, 欲通運四方, 而黃河急浚, 人皆難涉. 我因有此行, 必須乘流, 所以開百姓之心. 知卿至誠, 而今者不得相納.」”

37 『魏書』 卷7下 「高祖紀」下 太和十九年(495)條, 177쪽, “夏四月庚子, 車駕幸彭城. …… 己未, 行幸瑕丘, 遣使以太牢祠岱岳. …… 庚申, 行幸魯城, 親祠孔子廟. …… 戊辰, 行幸碻磝. …… [五月]甲戌, 行幸滑臺. 丙子, 次于石濟. …… 癸未, 車駕至自南伐, 告于太廟.”

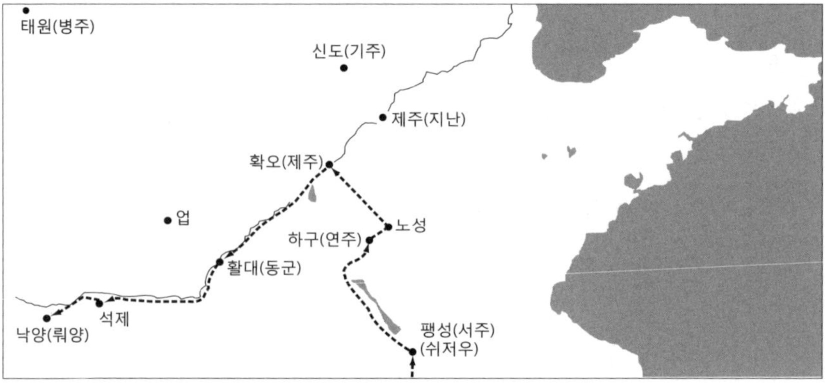

지도 22 태화 19년(495) 사오월 효문제의 이동경로

효문제는 남제(南齊) 친정(親征)에서 돌아오면서 팽성에서 낙양까지 직선 코스로 돌아간 것이 아니라 연주와 확오, 활대 등을 거쳐 황하를 거슬러 올라갔다. 『위서』의 기록과 〈지도 23〉을 비교하면 당시 효문제는 주요 수로를 따라 움직였다.
출전: 崔珍烈, 「北魏時代 漢人官僚의 巡幸論」, 257쪽 〈지도 1〉 '태화 19년(495) 4-5월 효문제의 이동경로'.

위의 일정을 지도로 표시하면 아래와 같다.

〈지도 22〉를 통해 확오(제주(濟州)의 치소)에서 낙양까지는 황하로 이어졌음을 알 수 있다. 그런데 북위 후기 수로와 각종 군사시설을 〈지도 23〉의 경로와 비교해 보면 흥미로운 사실을 발견할 수 있다.

〈지도 23〉을 보면 '서주(팽성)→연주(하구)→제주(확오)→활대(동군)→낙양'으로 이어지는 효문제의 이동경로 가운데 연주와 제주(확오) 구간을 제외한 '서주(팽성)→제주(확오)→활대(동군)→낙양'의 경로는 운하와 자연하천으로 연결되었다. 따라서 효문제는 당시 남제와의 전쟁에 필요한 전쟁물자를 운반할 운송로 혹은 조운로의 확보에 관심을 가졌기 때문에[38] 회군 도중 황하 중류의 낙양과 하류의 확오, 그리고 확오와 서주를

38 진인각(陳寅恪)은 효문제가 조운(漕運)을 중시했으며, 낙양을 수도로 정한 것도 교통과 조운의 편리함 때문이며 군국대계(軍國大計)와 관련된 문제임을 지적했다(陳寅恪, 「北魏後期的漢化(孝文帝的漢化政策)」, 萬繩楠 整理, 『陳寅恪魏晉南北朝史講演錄』, 北京: 黃山書

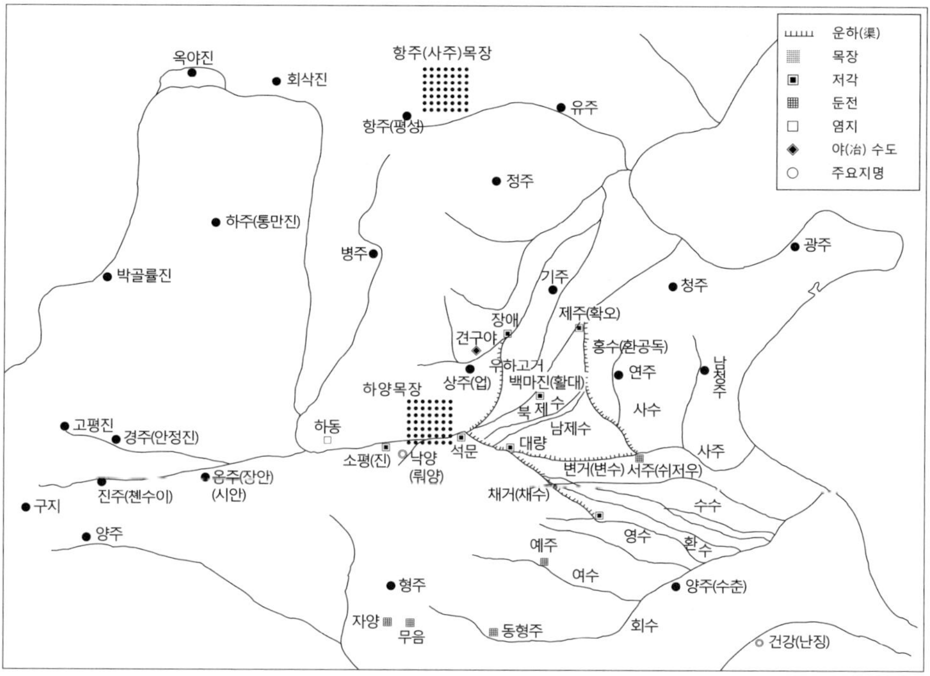

지도 23 북위 후기 저각 · 둔전 · 목장 · 수로 등 분포도

북위의 주요 경제 수단과 군사 관련 시설을 당시 수로와 함께 표시한 것이다. 이 지도를 보면 낙양천도 이후 북위는 남제 정벌을 위해 남방의 서주와 예주 등지로 물자를 수송할 수 있도록 수로를 정비하였다.
출전: 崔珍烈, 「북위의 華北支配와 그 性格」, 서울大學校 大學院 東洋史學科 文學碩士學位論文, 2002.8 45쪽.

잇는 수로와 교통로를 시찰했던 것으로 추측할 수 있다. 이는 성엄의 간언에 대한 효문제의 대답에서도 확인된다. 바꿔 말하면 효문제는 배를 타고 황하 하류에서 상류로 거슬러 올라가는 이동로가 위험한데도 불구하고, 수로 운행을 점검하기 위해 수로를 선택했고 그렇기 때문에 성엄의 반대에도 자신의 의지를 관철시켰던 것이다.

社, 1987, 255쪽).

이 밖에 고도열은 효문제가 업을 순행하면서 배를 타고 수로로 가려고 했을 때 이를 저지하고 육로행을 관철시켰다. 고도열은 낙양 건설에 필요한 목재를 업 순행에 필요한 배를 만드는 데 사용하면 낙양의 토목공사가 늦어지고 경제적 부담이 가중된다고 주장했다.[39] 〈지도 23〉에서 석문(石門)과 업에는 창고인 저각이 존재했던 것에서 확인할 수 있듯, 효문제는 '낙양→석문→업(상주)'으로 이어지는 황하와 백거(白渠)의 수로를 조운로와 병참선으로 활용할 수 있는지 검증하려고 했을 것이다. 그러나 효문제가 성엄의 간언처럼 고도열의 간언을 무시할 수 없었던 것은 목재가 부족하여 낙양의 토목공사와 선박 건조를 동시에 진행할 수 없었기 때문일 것이다.

〈표 22〉에서 보듯이 이언(李彦)과 노연(盧淵), 유조(游肇), 고려(高閭)는 효문제의 남제 친정(親征)을 반대했다. 그러나 효문제는 남제를 정복하고 중국을 통일하기 위해 통일전을 감행했으므로[40] 여러 신하의 친정(親征) 반

39 『魏書』 卷62 「高道悅傳」, 1400-1401쪽, "時宮極初基, 廟庫未構, 車駕將水路幸鄴, 已詔都水回營構之材, 以造舟檝. [高]道悅表諫曰: '臣聞博納輿言, 君上之崇務; 規箴匡正, 臣下之誠節. 是以置鼓設謗, 爰自曩日; 虛襟博聽, 義屬今辰. 臣既疏魯, 濫蒙榮貫, 司兼獻弼, 職當然否, 佩遇恩華, 願陳聞見. 竊以都作營構之材, 部別科擬, 素有定所. 工治已訖, 回付都水, 用造舟艫. 闕永固居宇之功, 作暫時遊嬉之用, 損耗殊倍, 終爲棄物. 且子來之誠, 本期營起, 今乃修繕舟楫, 更爲非務, 公私回惶, 僉深怪愕. 又欲御泛龍舟, 經由石濟, 其沿河挽道, 久以荒蕪, 舟楫之人, 素不便習. 若欲委棹正流, 深薄之危, 古今共慎; 若欲挽牽取進, 授衣之月, 裸形水陸, 恐乖視人若子之義. 且鄴洛相望, 陸路平直, 時乘沃若, 往來匪難, 更乃捨周道之安, 即涉川之殆, 此乃愚智等慮, 朝野俱惑, 進退伏思, 不見其可. 又從駕群僚, 聽將妻累, 舟楫之間, 更無限隔, 士女雜亂, 內外不分. 當今景御休明, 惟新式度, 裁禮調風, 軌物寰宇, 竊惟斯擧, 或損洪猷, 深失溥天順則之望. 又氐胡犯順, 玉帛未恭; 西戎內侵, 介冑仍襲; 南寇紛擾, 對接近畿; 蠻民疏戾, 每造不軌. 窺覦間隙, 或生慮外. 愚謂應妙選懿親, 撫寧後事, 令姦回息覬覦之望, 邊寇節窺疆之心. 臣稟性愚直, 知而無隱, 區區丹志, 冒昧以聞.' 詔曰: '省所上事, 深具乃心. 但卿之立言半非矣, 當須陳非以示謬, 稱是以彰得, 然後明所以而不用有由而爲之. 不爾, 則未相體耳. 回材都水, 暫營嬉遊, 終爲棄物, 修繕非務; 舟檝無鄣, 士女雜亂, 此則卿之失辭矣. 深薄之危, 撫後之重, 斯則卿之得言也.' 於是, 高祖遂從陸路."

40 朴漢濟, 『中國中世胡漢體制研究』, 229-234쪽.

대 주장을 물리쳤다. 다만 고려는 남제의 옹주자사(雍州刺史) 조호(曹虎)의 항복이 속임수임을 간파하고 친정(親征)에 나설 필요가 없다는 주장을 폈다. 그러나 남제 정복에 정신이 팔린 효문제는 고려의 주장을 묵살하고 군대를 보냈고 자신도 현호로 나갔으나 조호의 속임수 때문에 이기지 못했다.[41]

이상으로 효문제 시기 한인관료의 순행 혹은 친정에 관한 간언을 살펴보았다. 효문제는 자신의 정책을 실시하는 데 도움이 되는 간언은 수용했지만, 그렇지 않은 간언, 특히 남제 정벌을 위한 친정을 반대하는 주장은 과감하게 묵살했다.[42]

4. 북위 후기 순행 반대론의 성격

1절의 〈표 19〉와 2-3절에서 살펴본 것처럼 친정 반대론을 제외하면 북위 시대에 나온 순행에 대한 반대론은 선무제 시기 이평(李平)의 간언 1건 밖에 없었다. 그러면 이평이 주장한 선무제의 업 순행 비판 논거를 살펴보자.

> "엎드려 기축조서(己丑詔書)를 보건대, 행행에는 시기가 있습니다. 가까운 사이 황제께서는 장차 기수(淇水)의 북쪽과 업 · 위[군](魏郡)에서 군사훈련을 하고, 숙상(驌驦)을 타고 녹죽(綠竹)의 지역을 달리며, 인기(驎驥)를 타고 장수(漳水)와 부수(滏水)의 땅에서 질주하려 하십니다. 이에 진실로 음양이 같이 기뻐하고 사람의 성령(性靈)이 함께 기뻐합니다. 신(臣)의 어리석은 소

---

41 『魏書』 卷54 「高閭傳」, 1206-1207쪽, "蕭鸞雍州刺史曹虎據襄陽請降, 詔劉昶 · 薛眞度等四道南伐, 車駕親幸懸瓠. [高]閭表諫曰: '洛陽草創, [曹]虎既不遣質任, 必非誠心, 無宜輕擧.' 高祖不納. [曹]虎果虛詐, 諸將皆無功而還."

42 崔珍烈, 「北魏時代 漢人官僚의 巡幸論」, 253-260쪽.

견에 의혹이 있습니다. 왜 그렇겠습니까? 숭경(嵩京)이 처음 만들어지고, 낙읍이 비로소 조영되었습니다. 비록 햇수로 십 년이 넘었지만 근본적인 토대는 아직 성취되지 않았습니다. 대민(代民)이 낙양에 이르니 비로소 마음의 기울임이 다했고 자산(資産)은 옮기는 와중에 다 없어졌으며 우축(牛畜)은 운송 도중 넘어져 죽었습니다. 태행산(太行山)의 험난한 곳을 넘어가고 장진(長津)의 어려움을 돌파하여 고된 일을 하며 통과하여 경궐(京闕)에 도달할 수 있었습니다. 그러나 부자가 태반(太半)의 손실을 입었으니 빈자(貧者)의 피해 정도는 가히 알 수 있을 것입니다. 또 여러 해 동안 전쟁에 종군하다 보니 한가롭게 편히 앉아 있을 여유조차 없습니다. 경명년간 이후 조금 휴식을 얻을 수 있었지만 농업에 종사하는 자는 2년분의 식량도 저축하지 못했고 집 짓는 사람은 겨우 몇 간의 집을 가졌을 뿐입니다. 이수(伊水)와 전수(瀍水)에서 진력하지 않는 자가 없지만 사람마다 자신의 일이 급합니다. 진실로 마땅히 신인(新人)을 안정시켜야 하며 그들에게 곡식을 심고 거두는 일을 권하고, 국가에 명령하여 9년의 양식을 가질 수 있도록 하며 집에는 수해와 가뭄에 대비한 식량을 갖추도록 해야 합니다. 만약 굴레와 고삐로써 꾀하려고 하면 폐(廢)하는 바가 많을 것입니다. 일부(一夫)가 역에 종사하면 온 집안이 생업을 잃습니다. 그런데 지금 다시 가을 농작물이 밭에 가득하며 벼와 콩은 들에 퍼져 있습니다. 폐하께서 방문하시는 곳마다 반드시 곡식으로 기득 친 들판을 밟고 넘어가시게 될 것입니다. 하늘의 한복판에서 무위(無爲)로 천하를 다스리며, 앉아서 사해를 불러오고, 숭원(崧原)에서 무력을 드러내며, 이락(伊洛)에서 예사(禮射)를 행하면 사마(士馬)는 산을 넘고 물을 건너 이곳저곳 돌아다니는 노고를 하지 않게 됩니다. 이는 많은 백성이 즐거워하여 부르는 노래가 있는 것만 못할 것이니 어찌 아름답지 않겠습니까?"[43]

선무제의 업 순행을 비판한 이평은 낙양천도 이후 국가의 기틀이 아직 완성되지 않았고, 낙양으로 이주한 대민(代民), 즉 호인이 이주과정에서 궁핍해졌으며, 효문제 이래 남제 · 양과 전쟁을 치르느라 국내경제가 피폐했음을 지적했다. 이런 상황에서 국가와 백성 개개인은 각종 재난에 대비할 수 있는 물자를 저축해야 함을 강조했다. 그리고 선무제가 순행하면서 논밭을 지나가기 때문에 농작물의 피해가 생길 수 있음을 충고했다. 이처럼 이평은 당시 경제적인 현실을 바탕으로 하여 선무제의 순행이 백성에게 큰 부담과 고통을 주게 됨을 지적하며 순행을 막으려 했다. 경명 3년(502) 구월 정사일(10. 18)부터 시월 갑진일(12. 4)까지 계속된 선무제의 업 순행은 강무, 즉 군사훈련이 주된 목적이었다. 따라서 이평은 인용문 후반부에서 밝히듯 선무제에게 행동반경을 이락, 즉 낙양 주변으로 국한해야 하며 국력을 소모하는 일을 벌이지 말고 무위지치(無爲之治)에 힘쓸 것을 권했다. 이러한 이평의 논리는 앞에서 살펴본 원 세조 시기 조천린과 최경이 폈던 논리와 유사하며,[44] 한인황제 혹은 호인군주에 상관없이 유학자가 일관적으로 제기했던 논리이기도 했다. 유학자의 면모를 지녔던 이평은 실제

---

43 『魏書』 卷65 李平傳, 1451-1452쪽, "車駕將幸鄴, [李]平上表諫曰: 「伏見己丑詔書, 雲軒鑾輅, 行幸有期, 鳳服龍驂, 剋駕近日. 將欲講武淇陽, 大習鄴魏, 馳驌驦於綠竹之區, 騁驎驥於漳滏之壤. 斯誠幽顯同忻, 人靈共悅. 臣之愚管, 竊有惑焉. 何者? 嵩京創構, 洛邑俶營, 雖年跨十稔, 根基未就. 代民至洛, 始欲向盡, 資産罄於遷移, 牛畜斃於輦運, 陵太行之險, 越長津之難, 辛勤備經, 得達京闕, 富者猶損太半, 貧者可以意知. 兼歷歲從戎, 不遑啓處, 自景明已來, 差得休息. 事農者未積二年之儲, 築室者裁有數間之屋, 莫不肆力伊瀍, 人急其務. 實宜安靜新人, 勸其稼穡, 令國有九年之糧, 家有水旱之備. 若乘之以羈紲, 則所廢多矣. 一夫從役, 擧家失業. 今復秋稼盈田, 禾菽遍野, 鑾駕所幸, 騰踐必殷. 未若端拱中天, 坐招四海, 耀武崧原, 禮射伊洛, 士馬無跋涉之勞, 兆民有康哉之詠, 可不美歟?」"; 李平, 「諫幸鄴表」, 『全後魏文』(嚴可均 輯, 商務印書館, 1999), 347-348쪽.

44 『歷代名臣奏議』 卷287 「巡幸」 元世祖時條, 卷287의21뒤쪽-22뒤쪽(3747-3748쪽) 및 世祖車駕巡幸上都條, 卷287의23앞쪽(3748쪽).

로 『예기』와 『역경(譯經)』에 능통했다.[45] 따라서 이평은 유가의 정치논리로써 선무제의 업 순행을 반대한 것이다.

앞에서 살펴본 이평의 반대론에서 주목할 사실은 한인의 거주지인 화북, '한지' 순행에 대한 간언이었지, 호인이 살던 하서 · 음산 · 막남 순행에 대한 반대론이 아니었다는 점이다. 이평의 업 순행 반대론 이전, 특히 북위 전기의 한인관료는 호인군주의 순행에 대해 반대하는 주장조차 하지 않았거나 하지 못했다. 북위 전기 한인관료가 순행을 반대하는 의견을 적극 개진하지 못했던 까닭은 무엇일까? 효문제 이전 북위 전기의 황제순행이 사냥과 목축, 기타 생산 활동의 시찰, 친정(親征)이 동반된 유목민의 이동과 정복전쟁 등 호족적 성격이 강했다는 것은 주지의 사실로[46] 이는 1편의 2장에서 이미 살펴보았다. 한인관료는 북위 전기의 순행이 유목민의 이동 습관에서 비롯되었음을 알고 있었을 것이다. 따라서 한인관료가 이민족을 한화시키려고 마음먹었다면, 유목적인 이동인 북위황제의 순행을 반대하고 호인군주의 정주화를 유도하는 노력이 필요했을 것이다.

북위의 예와 비교할 수 있는 다른 이민족왕조의 경우 유목민의 계절이동과 사냥에 대해 어떤 태도를 취했을까?

금대의 순행반대론 5건 가운데 장소를 알 수 있는 곳은 4건이다. 이 가운데 금련천과 경명궁은 현재의 내몽고자치구이거나 이에 인접한 유목지역이었나. 그리고 금의 한인관료는 이를 알았다. 양양(梁襄)은 세종의 금련천 순행이 거란(요)의 날발을 본뜬 것임을 지적한 뒤 유가의 이상시대인 삼대(三代)의 정령을 행하지 않고 거란(요)의 잘못된 행동을 본받으려 했다고 비판했다.[47] 여기서 양양은 이미 세종의 순행이 거란(요)의 사시날발과 본

45 『魏書』 卷65 「李平傳」, 1451쪽, "及長, 涉獵羣書, 好禮 · 易, 頗有文才."

46 佐藤智水, 「北魏皇帝の行幸について」, 39위쪽-53쪽; 朴漢濟, 『中國中世胡漢體制硏究』, 150-162쪽.

질적으로 동일했음을 꿰뚫어 보았고 한인관료를 대표하여 여진의 유렵 습속을 반대했던 것이다. 금 세종은 양양의 반대를 수용하여 그해 금련천 행차를 중지했지만, 이후에는 금련천 행차를 계속했다.[48]

몽골(元)시대 조천린과 최경은 세조(쿠빌라이 카안)의 순행에 반대하며 대도에 정주할 것을 주장했다.[49] 이들은 쿠빌라이의 한지 순행을 반대한 것이 아니라 막남에 위치한 상도와 대도 사이를 오가는 양도 순행을 반대했다.[50]

북위와 금 · 몽골(元), 청대의 순행 반대론을 비교하면, 북위시대에는 한인관료가 한인 거주지를 오가며 역대 한인황제의 순행과 유사했던 선무제의 업 순행을 비판했다. 반면 금과 몽골(원)의 한인관료는 사시날발과 사시유행, 양도 순행처럼 계절이동의 전통을 계승한 이민족 군주의 순행을 비판했다. 이러한 차이가 생기는 이유는 무엇일까? 이는 북위 전기 한인관료의 정치적 위상과 관련지어 생각해 볼 수 있다.

주지하듯이 북위 전기 한인관료의 정치적 지위는 그다지 높지 못했으며 정치적 영향력 역시 크지 않았다. 따라서 북위황제와 호인지배층은 한인관료의 순행반대론이 있었다고 해도 무시했을 것이다. 혹은 한인관료가 유목민의 이동습관을 바꾸기 어렵다고 생각하고 그들의 풍습을 묵인하는

---

47 『金史』 卷96 「梁襄傳」, 2136쪽, "議者又謂往年遼國之君, 春水 · 秋山 · 冬夏捺鉢, 舊人猶喜談之, 以爲眞得快樂之趣, 陛下效之耳. 臣愚以謂三代之政今有不可行者, 況遼之過舉哉."; 『歷代名臣奏議』 卷287 「巡幸」 世宗將幸金蓮川條, 卷287의19뒤쪽(3746쪽).

48 劉浦江, 「春水秋山」, 311쪽.

49 『歷代名臣奏議』 卷287 「巡幸」 元世祖時條, 卷287의22뒤쪽 및 世祖車駕巡幸上都條, 卷287의23앞쪽(3748쪽).

50 최경(崔敬)이 "太祖以上都爲淸暑之地, 車駕行幸, 歲以爲常."라 언급한 것을 보면(『歷代名臣奏議』 卷287 「巡幸」 世祖車駕巡幸上都條, 卷287의23앞쪽(3748쪽)) 쿠빌라이 카안의 상도(上都) 순행은 더위를 피하기 위한 계절이동이었다.

정도에서 타협책을 강구했을 수 있다. 『위서』「최호전」을 읽어 보면 북위 시대 대표적인 유학자였던 최호는 유목민의 습속을 잘 알고 있었음을 알 수 있다.[51] 최호가 자신의 정치적 지위가 상승한 이후 본인의 이상인 한족 중심(漢族中心)의 문벌사회(門閥社會)를 실현하는 데 집착했던 것처럼,[52] 최호 등 한인관료가 순행반대론을 주장하기 위해서는 우선 자신의 정치적 지위 상승을 위해 노력할 필요가 있었을 것이다. 따라서 한인관료는 자신의 정치적 영향력이 커지기 전에는 적극적으로 순행반대를 주장하지 못하고 북위황제와 호인지배층의 유목적 습속을 '방관'하는 데 만족했을 것이다.[53]

한인관료의 정치적 발언력이 상대적으로 강해지기 시작한 효문제 시기부터 순행의 성격이 바뀌었다. 우선 순행 장소가 호인이 거주하던 음산 · 하서 · 막남 등지에서 한인 거주지인 화북으로 바뀌었다. 게다가 (성격은) 사냥과 계절이동이라는 유목민의 습관적인 이동은 민심수람과 황제의 존재를 과시하는 정치적 활동으로 변했다. 이러한 변화가 맞물리면서 한인관료는 효문제 시기의 순행에 대해 적극적으로 발언할 수 있었다. 그리고 선무제 시기에는 순행에 반대하는 주장을 펴는 관료가 등장했다. 이들이 간언하거나 반대했던 순행은 유목적인 순행이 아니라 한인왕조의 전통적인 순행이었다는 점에서 금 · 몽골(원) · 청 시기 한인관료가 반대한 순행과 그 성격이 다르다. 그러나 황제를 궁성과 도성에 가두고 황제에게 전해지는 민생 현실에 대한 정보를 차단하며, 관료의 이해를 도모한 관료주의의 산물이라는 점에서는 비슷한 양상을 보인다.[54]

---

51 앞에서 살펴본 것처럼 최호(崔浩)는 호인(유목민)들의 시각에서 명원제의 업 천도(遷都)에 반대했다(『魏書』 卷35 「崔浩傳」, 808쪽).

52 李成珪, 「北朝前期門閥貴族의 性格」, 38-44쪽.

53 崔珍烈, 「北魏時代 漢人官僚의 巡幸論」, 260-264쪽.

54 Michael G. Chang, *A court on horseback: imperial touring & the construction of Qing rule, 1680-1785*, 45-70쪽; 75-59쪽; 103-108쪽; 426-432쪽.

소결 _ 순행이 정치와 지배층 형성에 미친 영향

본편에서는 북위황제 순행의 영향을 '태자감국'('후계자 감국'), 순행과 황제 · 태자의 대립과 갈등, 순행 수행관원, 순행 반대론으로 나누어 살펴보았다.

한인왕조와는 달리 북위에는 '태자감국'이 있었다. 대개 한인왕조는 황태자의 정치참여를 가급적 배제하였다. '태자감국'은 북위만의 독특한 제도는 아니었다. 후계자에게 관직을 주고 정치에 참여케 한 관행은 멀게는 흉노까지 소급할 수 있으며, 가깝게는 오호제국에서도 보인다. 즉 오호제국에서는 군주위(位)의 안전한 계승, 양도체제의 유지, 친정(親征) · 순행으로 인한 도성공백의 보완을 이유로 차기 군주 후보자에게 관직을 겸직시켜 정치에 참여케 하거나 도성을 방어하도록 했다. 북위 역대 황제가 '태자감국'을 둔 이유도 오호제국의 그것과 비슷하다. 필자는 이 가운데 북위황제가 장기간 순행할 때 도성을 방어하고 정치를 관장하기 위해 '태자감국'('후계자 감국')을 두었음을 추론했다. 명원제와 태평왕 탁발도(훗날 태무제)의 관계가 전형적인 예이다. 북위시대 순행 중 발생한 '정변'은 태자의 '정변'이었다. 북위 태자의 '정변'은 모두 실패했다. 북위황제는 태자에게 감국을 맡기고 도성에 머무르며 국정에 참여하도록 했지만, 철저한 감시와 견제를 통해 태자의 부상을 막은 것이다.

「문성제남순비」를 분석하면, 호인이 근시관의 다수를 점했다. 특히 '내시지관' 51인은 순행 중인 문성제의 최측근이 되어 시위 · 시종 · 시봉했음을 확인할 수 있다. 근시관이 '탁발부 부족연합체' 시기(소위 '서기시대') 숙위금군과 측근의 성격을 겸한 좌우근시지직(左右近侍之職)을 계승했음을 상기하면, 근시관은 '탁발부 부족연합체'처럼 친정(親征)과 이동이 빈번한 상황에 적합한 수행관원이었기 때문에 문성제 시기까지 존속되었음을 알 수 있다. 또 「문성제남순비」 수행관원의 배열순서를 살펴보면 관직의 품계보다 황제의 측근 여부가 우선 반영되었다. 그리고 『남제서』「위로전」에 '내좌우(內左右)'와 '외좌우(外左右)'로 구분된 것처럼 문성제의 근시관은 '내좌우→외좌우→기타 측근과 숙위' 등 중층적 구조로 구성되었을 것으로 추정된다. 근시관은 각 호인집단 수령의 자제로 충임되었다. 이들은 호인집단이 북위의 지배에서 벗어나지 못하도록 인질의 역할을 수행함과 동시에 북위황제를 지근에서 보필하며 정치권력을 행사했고, 이후 왕 · 공으로 봉해지거나 고관으로 승진했다. 이러한 근시관은 일종의 출세코스였다. 호인뿐 아니라 한인호족도 근시관으로 편입되는 등 지배층의 외연확대에 기여했다.

효문제 시기 순행의 수행원은 「조비간묘문」을 통해 확인할 수 있다. 「조비간묘문」에는 「문성제남순비」에서 보였던 호족적 관명은 보이지 않고 중국식 관명이 보인다. 이는 효문제 시기 관제개혁의 영향으로 유목국가의 관명이 중국식 관명으로 대체되었기 때문이다. 「조비간묘문」의 수행관원은 호인이 우세했던 「문성제남순비」의 그것과는 달리, 실무행정을 맡은 한인관료가 대거 수행에 참가하게 되면서 호인과 한족의 비율이 거의 1:1에 육박했다. 그리고 호인이 숙위, 한족이 행정실무를 맡는 경향이 발생했다. 그러나 「조비간묘문」의 수행관원 서열은 대체로 관직의 품계와 대체로 일치한다. 이는 효문제의 관제개혁 이후 품계를 중시하는 관료제가 뿌리내렸음을 시사한다. 그러나 상위서열에 배치된 풍탄 · 원협 · 원상 등은 효문제의 어린 시절 친구였거나 아우였다. 이들은 효문제와의 친분을 바탕으로 순행 중 효문제의 측근으로 활약했다. 또 외형상 수행관원의 서열이 관직의 품계대로 정해진 것 같지만, 숙위장령인 호인의 서열이 행정실무를 담당하는 한인관료보다 높았다. 이는 근시관을 우대하고 높은 서열에 배치했던 「문성제남순비」의 서열 원칙을 변형된 형태로 계승한 것으로 보인다. 한인관료는 호어를 사용한 북위황제와 가까워질 수 없었다. 뒤집어 생각하면, 이는 호인 위주의 환경에서 한인 근시관이 황제 측근에서 활동할 수 있었던 이유이기도 했다.

북위 후기에 있었던 순행에 대한 반대논의는 유목민의 계절이동 전통을 이어받은 순행에 대한 반대가 아니라 한인왕조와 유사한 선무제의 업행차에 대한 문제제기였다. 결국 한인관료는 호족적인 성격의 순행 자체에는 반대하지 못했고, 한지, 즉 화북 순행에 대한 반대의견을 유가적 입장에서 표방한 것이었다. 이는 유가적인 관료의 정치적 발언권의 강화를 의미하며, 한인관료가 순행의 수행관원에서 차지하는 비중이 높아진 시대상황을 반영한다. 북위시대 한인관료가 호족적인 성격을 지닌 순행을 반대하지 못한 점은 거란(요) · 여진(금) · 몽골(원) 등 이민족왕조의 예와 비교해도 독특한 현상임을 지적할 수 있다.

제 3 편

순행과 호속

제 1 장 _ 북위 전기 호인의 생활과 호속

1. 의식주 생활

도무제가 후연이 지배하던 하북을 정복한 이후 한인(漢人)을 지배하게 되면서 호인이 점차 한인에 동화, 즉 한화되었다고 생각하기 쉽다. 대부분 효문제의 '한화정책' 이후 호인이 한화되었다고 간주한다. 보다 극단적인 일부 학자는 북위가 하북을 점령한 이후부터 바로 한화의 길을 걷게 되었다고 주장했다. 도무제가 부락을 해산시킨 이후[1] 각종 호인이 농경민으로 바뀌었다는 주장이[2] 대표적이다. 또 다수의 중국 학자는 북위 건국 이후의 관제 등 중국문물의 수용도 한화로 간주하곤 한다.[3] 그러나 효문제의 '한화정

1 『魏書』 卷113 「官氏志」, 3014쪽, "凡此四方諸部, 歲時朝貢, 登國初, 太祖散諸部落, 始同爲編民." 부족해산의 연구사 정리는 松下憲一, 「北魏道武帝の「部族解散」, 『史朋』 34, 2002, 17아래쪽-24아래쪽 및 崔珍烈, 「北魏의 種族政策」, 32-33쪽 주) 5~11 참조. 또 최근에 '부족해산'을 찬성하는 연구가 발표되었다(楊恩玉, 「北魏離散部落與社會轉型-就離散的時間 · 內涵及目的與唐長孺 · 周一良 · 田餘慶諸名家商榷-」, 『文史哲』 2006-6(總第 297期), 2006, 105왼쪽-110오른쪽).

2 李凭, 『北魏平城時代』, 36-60쪽; 張金龍, 『北魏政治史』 2, 186-222쪽.

책'을 뒤집어 해석하면 북위 전기 호인은 한화되지 않았음이 역설적으로 증명된다. 본 장에서는 북위 전기 호인의 생활과 문화를 살펴보면서 그들이 자신의 언어와 문화를 유지할 수 있었던 배경을 검토해 본다.

1) 호풍의 복식: 호복(胡服)·호모(胡帽)·호화(胡靴)

호풍(胡風)의 복식(服飾)은 옷[호복]과 모자[호모(胡帽)], 신발[호화(胡靴)], 각종 장식과 장신구를 지칭한다. 먼저 복식과 관련된 문헌사료를 검토해 보자. 『자치통감』에서는 천흥원년(398) 도무제의 즉위 이후의 광경을

> "[천흥원년] 십이월 기축일(399. 1. 24)에 위왕(魏王) [탁발]규가 황제로 즉위하고 대사면령을 내렸으며 연호를 천흥으로 바꾸었다. [탁발규는] 조야(朝野)에 명령을 내려 모두 머리카락을 묶어 상투를 틀고 모자[帽]를 쓰도록 했다."[4]

라고 했다. 모자, 즉 원문의 '帽(모)'는 『설문해자(說文解字)』에 따르면 만이(蠻夷)의 소아(小兒)가 쓰는 모자라고 했으므로 한족(漢族) 고유의 복식은 아니다.[5] 『수서(隋書)』「예의지(禮儀志)」에서는

> "후위(後魏)[북위를 지칭] 이래 제도가 모두 미비했다. 천흥년간에 [제도를] 처음 만들거나 기존의 것을 보완했다. 만들었던 수레와 의복은 대부분 호

3 대표적으로 管萍,「北魏平城政權的胡化與漢化」(太原: 山西大學 碩士學位論文, 2006.6) 第二章 平城政權的漢化因素 참조.

4 『資治通鑑』 卷110 「晉紀」32 安帝隆安二年條, 3483쪽, "十二月, 己丑, 魏王[拓跋]珪卽皇帝位, 大赦, 改元天興. 命朝野皆束髮加帽."

5 逯耀東,「北魏前期的文化與政治形態」, 58쪽.

제(胡制)를 참조했다. 따라서 위수(魏收)는 이를 논하여 옛 제도에 어긋났다고 논했다. 맞는 말이다."[6]

라고 했다. 위의 두 인용문에 따르면 북위 전기에도 본래 초원 유목민이 착용하던 복식, 즉 호복과 모(帽) 등을 여전히 입고 썼음이 확인된다. 또 450년 유송이 공격한다는 소식을 들은 신하들이 군대를 보내 황하 연변의 곡식과 비단을 구해야 한다고 주장하자 태무제는

"국인(國人)은 본래 양가죽으로 만든 바지[羊皮袴]를 입는데 어찌 면백(綿帛)을 사용한다는 말인가?"[7]

라고 말하였다. 이 구절에서 『자치통감』의 국인은 선비인을 주축으로 하여 군인을 포함한 유목민 지배층을 의미하므로, 당시 유목민의 주류는 호복인 바지를 입었음을 알 수 있다. 이 구절에 보이는 양가죽으로 만든 바지처럼 호복의 재료는 주로 동물의 가죽, 이 가운데 양가죽[羊皮]과 소가죽[牛皮]이 가장 보편적으로 쓰였다.[8] 따라서 3대 태무제 시기인 450년에도 북위의 호인은 여전히 호복을 입었음을 알 수 있다.[9]

호복 착용은 효문제 시기에 들어와 바뀌게 된다. '한화정책'을 추진했던 효문제는 486년 정월 처음으로 곤룡포와 면류관을 착용하고 조회에 참석했다. 호삼성은 이에 대해 중국의 제도로써 만이(蠻夷)를 변화시키려고

---

6 『隋書』 卷12 「禮儀志」7, 254쪽, "且後魏已來, 制度咸闕. 天興之歲, 草創繕修, 所造車服, 多參胡制. 故魏收論之, 稱爲違古, 是也."

7 『資治通鑑』 卷125 「宋紀」7 文帝元嘉二十七年條, 3948쪽, "魏群臣初聞有宋師, 言於魏主, 請遣兵救緣河穀帛. 魏主曰: 「…… 國人本著羊皮袴, 何用綿帛! 展至十月, 吾無憂矣.」"

8 呂一飛, 『胡族習俗與隋唐風韻』, 13쪽.

9 逯耀東, 「北魏前期的文化與政治形態」, 58-59쪽.

한 의도라고 해석했다.[10] 같은 해 사월 신유일(5. 19) 북위 조정에서는 다섯 등급의 공복(公服), 즉 조정에서 입어야 하는 복장을 제정한 데 이어, 같은 달 갑자일(5. 22)에 효문제가 법복(法服)을 착용하고 남교(南郊) 제사를 지냈다.[11] 그리고 491년에 소세(小歲)를 파했다. 소세는 북위의 풍습 가운데 하나로 신하들이 늦겨울에 조하(朝賀)하면서 고습(袴褶)을 입고 의례를 진행하는 것이었다.[12] 이 또한 호속(胡俗)의 폐지였다. 바꿔 생각하면 491년까지 신하가 조하할 때 호복인 고습을 입었음을 뜻한다. 그러나 이 조치로 고습을 완전히 없애지는 못했다. 『남제서』「위로전」에는 영평(永平) 10년(492), 즉 태화 16년에 효문제가 서교제천을 거행하는 장면이 기록되어 있다.[13] 한 학자의 지적에 따르면 이때 북위황제, 즉 효문제와 공경들은 중국식 제복(祭服)을 입지 않고 융복(戎服)을 입었다. 여기에서 융복은 고습, 즉 호복이었다.[14] 소세의 의례에서 고습 착용이 금지되었는지 알 수 없으나, 호인의 전통인 서교제천에서는 여전히 고유의 호복을 착용하고 제례를 행했음을 알 수 있다. 그런데 『자치통감』「제기(齊紀)」 명제건무이년(明帝建武二年, 495) 사월 갑자일(6. 4) 기사에 따르면 위주(魏主), 즉 효문제는 신하들을 광

10 『資治通鑑』 卷136「齊紀」2 武帝永明四年(486)條, 4270쪽, "春, 正月, 癸亥朔, 魏高祖朝會, 始服袞冕(胡注: 史言魏孝文用夏變夷)."

11 『資治通鑑』 卷136「齊紀」2 武帝永明四年(486)條, 4272쪽, "夏, 四月, 辛酉朔, 魏始制五等公服; 甲子, 初以法服 · 御輦祀南郊."

12 『資治通鑑』 卷137「齊紀」3 武帝永明九年(491)條, 4315쪽, "魏舊制, 群臣季冬朝賀, 服袴褶行事, 謂之小歲; 丙戌, 詔罷之."

13 『南齊書』 卷57「魏虜傳」, 991쪽, "[永明]十年, 上遣司徒參軍蕭琛 · 范雲北使. [拓跋]宏西郊, 卽前祠天壇處也. [拓跋]宏與僞公卿從二十餘騎戎服繞壇, [拓跋]宏一周, 公卿七匝, 謂之蹋壇. 明日, 復戎服登壇祠天, [拓跋]宏又繞三匝, 公卿七匝, 謂之繞天. 以繩相交絡, 紐木枝棖, 覆以靑繒, 形制平圓, 下容百人坐, 謂之爲'繖', 一云'百子帳'也. 於此下宴息. 次祠廟及布政明堂, 皆引朝廷使人觀視."

14 呂一飛, 『胡族習俗與隋唐風韻』, 35쪽.

극당(光極堂)에서 접견하고 관복(冠服)을 반사(頒賜)했다. 호삼성은 관복을 하사하며 호복을 중국풍의 복식으로 바꾸려고 했다고 해석하였다.[15]

지금까지 486년부터 495년까지 효문제의 복식개혁과 북위 조정이 착용한 복식에 관한 기록을 순서대로 살펴보았다. 이어서 북위 전기 호복과 호모 등 호인 복식의 실상을 고고학 발굴 성과를 통해 살펴본다.

1997년 산서성 대동시에서 남쪽으로 1.5km 떨어진 지가보촌(智家堡村)에서 발굴된 지가보(智家堡) 북위묘(北魏墓)에서는 당시 무덤 주인의 복식을 그린 관판채화(棺板彩畵)가 발견되었다. 지가보 관판채화의 인물 가운데 남성은 상의하고(上衣下褲), 즉 고습복(袴褶服)을 입었고 여성은 상의하군(上衣下裙), 즉 유군복(襦裙服)을 입었다. 그리고 남녀 모두 선비의 수군조모(垂裙皀帽)를 착용하고 있었다. 이는 안북사원(雁北師院) 송소조묘(宋紹祖墓)의 도용(陶俑), 석가채(石家寨) 사마금룡묘(司馬金龍墓)의 도용, 대동시 남쪽의 북위묘군(北魏墓群) 관판화(棺板畵), 영빈대도(迎賓大道) 벽화, 영하회족자치구 고원현(固原縣)의 칠관화(漆棺畵), 사령(沙嶺) M7, 운강석굴(雲崗石窟) 6·9·10·11·16·17굴에 조각된 공양인(供養人)의 복식과 거의 유사하다. 이러한 벽화와 조각의 복식을 통해 북위에는 낙양천도 이전부터 선비인 고유의 장식이 유지되었음을 확인할 수 있다.[16] 또 1999년 발굴된 산서성 대동시 양고현(陽高縣) 하심정향(下深井鄕)의 북위묘에서는 각종 도용이 발견되었다. 이 가운데 시자용(侍者俑)은 입용(立俑)과 기좌용(跽坐俑)으로 나뉘는데, 모두 신비의 복장이어서 선비모(鮮卑帽)를 쓰고 붉은색의 교령포삼(交領袍衫), 검은 치마를 착용했다. 이러한 복장은 운강석굴 1·2기 공

---

15 『資治通鑑』 卷140 「齊紀」6 明帝建武二年(495)十二月條, 4392쪽, “甲子, 魏主引見群臣於光極堂, 頒賜冠服(胡注: 賜冠服以易胡服).”

16 劉俊喜 · 高峰, 「大同智家堡北魏墓棺板畵」, 46왼쪽; 吳松巖, 「盛樂 · 平城地區北魏鮮卑 · 漢人墓葬比較分析」, 25왼쪽.

양인 조각에 보이며, 대동 북위 송소조묘에서 출토된 태화원년(477)의 도용, 석가채 북위 사마금룡묘에서 출토된 태화 8년(484) 채색 도용, 지가보 북위묘 석곽벽화(石椁壁畵)의 시녀(侍女) 복식과 비슷하다.[17] 평성 일대에 해당하는 오늘날의 대동시 일대에서 발견된 벽화와 도용 등의 복식이 북위 전기 평성에 거주하던 사람의 복식을 반영한 것이라면, 이를 통해 무덤 주인의 종족(種族)과 상관없이 당시 호복과 호모(선비모)가 유행했음을 확인할 수 있다. 이는 벽화와 도용이 아닌 실물에서도 확인할 수 있다. 대동시 제가파(齊家坡) 북위묘에서 발굴된 여성의 머리 위에 금편식(金片飾)과 은계(銀笄), 목 위에 호박보석항련(琥珀寶石項鏈), 손가락과 팔목에 은지환(銀指環)과 동천(銅釧)이 있다. 이러한 금은보석 세공품은 오호십육국 이전 새외(塞外)에서 활동하던 선비인의 무덤 및 부장품과 유사하다고 한다.[18]

이 밖에 운강석굴의 공양인 조각상에 나타난 복식을 연구한 논문에서도 북위 전기 운강석굴의 공양인 조각 또한 호복과 호모가 주류였음이 밝혀졌다. 효문제가 한화정책을 추진하면서 평성 지역에서 중국식 복장(漢式服裝)이 점차 유행했지만, 호인은 여전히 자신의 전통문화를 지켰고 선비복식(鮮卑服飾)은 여전히 주도적 지위를 지켰다고 한다. 오히려 중국식 복장이 널리 유행되는 과정에서 중국식 복장은 호복(선비복)의 우수한 점을 흡수하여 생활수요에 적응시켰다. 예컨대 이 시기 중국식 복장의 령(領)과 주(袖)에 연(緣)이 있는 것은 선비복의 영향을 받았기 때문이다.[19] 물론 모든 학자가 북위 전기에 호복만 통용되었다고 보는 것은 아니다. 예컨대 사

17 大同市考古硏究所, 「山西大同下深井北魏墓發掘簡報」, 『文物』 2004-6, 2004, 33왼쪽-33오른쪽.

18 王銀田 · 韓生存, 「大同市齊家坡北魏墓發掘簡報」, 『文物世界』 1995-1, 1995, 17오른쪽.

19 李雪芹, 「試論雲崗石窟供養人的服飾特點」, 『文物世界』 2004-5, 2004, 20오른쪽 및 23왼쪽.

령 북위벽화묘(沙嶺北魏壁畵墓)의 발굴보고서 작성자는 사령 벽화묘에 반영된 복장에 대해 북위초기 호인이 자신의 복장을 위주로 하되 한인(漢人) 복식의 장점을 일부 흡수했다고 보았다.[20] 이러한 반론을 감안할 때 한인 복식이나 중국식 복장이 호복에 영향을 주었음을 부인할 수 없지만, 북위 전기 평성에서 호인의 복식이 주류를 이루었던 점은 고고학의 발굴성과에서도 확인할 수 있다.[21]

앞에서 북위 전기 호복 착용의 실상을 문헌사료와 고고학 자료를 통해 살펴보았다. 그런데 북위 전기에 착용했던 호복은 어떤 외형이었을까? 먼저 고습은 바지인데, 본래 바지는 유목민 혹은 말을 타던 사람이 다리를 보호하기 위해 입었다. 앞에서도 언급된 '모(帽)'는 중국 이민족의 모자를 지칭하며, 당시 북위의 호인이 착용했던 모자를 선비모 또는 돌기모(突騎帽)라고 한다.[22] 한인(漢人)인 신소선(辛紹先)이 부친상을 당했을 때 머리카락을 풀어헤쳐 머리를 덮고 선비의 수군조모를 착용했다는 기록이 『위서』「신소선전(辛紹先傳)」에 전한다.[23] 또 북위시대 무덤에서 출토된 여러 종류의 용(俑)과 벽화, 운강석굴 · 돈황막고굴(敦煌莫高窟) · 맥적산석굴(麥積山石窟)의 불상, 각종 조각상을 보면 호복은 교령(交領), 착수(窄袖), 단고(短袴) 등의 특징을 지녔다.[24] 여기에서 학자마다 용어가 달라서, 교령(交領)은 협

20 大同市考古研究所, 「山西大同沙嶺北魏壁畵墓發掘簡報」, 『文物』 2006-10, 2006, 23왼쪽-23오른쪽.

21 북위 전기 부녀 복식을 정리한 석화(石華)도 북위 전기 평성 일대에서 호복(선비복)이 우세하지만 일부는 한인 복식의 영향을 받기도 했다고 보았다(石華, 「北魏婦女服飾硏究」, 山東大學碩士學位論文, 2008. 10. 2008, 29-30쪽).

22 逯耀東, 「北魏前期的文化與政治形態」, 58-59쪽; 石華, 「北魏婦女服飾硏究」, 68쪽.

23 『魏書』 卷45 「辛紹先傳」, 1025쪽.

24 朱大渭 등, 『魏晉南北朝社會生活史』, 北京: 中國社會科學出版社, 1998, 92쪽; 石松日奈子, 「北魏佛教美術中の胡服像」, 『中國史硏究』 35, 2005, 78-89쪽; 逯耀東, 「北魏前期的文化與政治形態」, 59-60쪽; 蘇哲, 『魏晉南北朝壁畵墓の世界』, 69-116쪽.

령(夾領), 착수(窄袖)는 소수(小袖)라고도 한다. 태화 19년(495) 효문제가 남벌에서 돌아와 조신(朝臣)을 불러 모으고 부녀(婦女)의 복장이 협령소수(夾領小袖)임을 꾸짖는 장면[25]을 통해 선비의 남녀는 소수의(小袖衣)를 입었음을 알 수 있다.[26] 또 북위의 호인이 신던 화(靴)는 몽골공화국의 낙안산(諾顔山) 6호묘에서 출토된 화(靴)와 유사했을 것으로 추정된다. 즉 흉노인처럼 피화(皮靴)나 전화(氈靴)를 신었을 것이다.[27]

앞에서 북위 전기 호복의 외양을 살펴보았다. 그런데 호인은 왜 여전히 호복 착용을 고집했을까? 이는 호복의 장점을 통해 유추할 수 있다. 첫째, 호복은 기사(騎射)에 편했다. 호복은 기사에 편하게끔 옷이 몸에 바짝 붙도록 했고 소매는 좁고, 바지는 길며 가죽신을 착용했다. 둘째, 호복은 북방의 자연환경에 적합했다. 북아시아 초원지대와 중국 북쪽의 변경 지역은 매우 추웠기 때문에 좁은 소매와 통 좁은 바지, 가죽신은 보온에 유리했다. 또 여름에 많이 자라는 풀 사이를 다니는 데 합고(合袴)와 가죽신이 편했다. 셋째, 가죽신은 주로 온도를 유지해 주었고 말을 탈 때 복사뼈를 보호해 주었을 뿐더러 여름 모기와 겨울 추위를 막아 주었다. 또 우기에는 방수의 기능을 했다.[28] 호복과 가죽신 등은 유목민의 생활인 말타기와 추운 기후, 초원 생활에 적합했기 때문에 각종 금령에도 불구하고 호인은 여전히 자신의 복식을 선호했다.

---

25 『魏書』 卷21上 「獻文六王上 · 咸陽王禧傳」, 536쪽, "又引見王公卿士, 責留京之官曰: 「昨望見婦女之服, 仍爲夾領小袖. 我徂東山, 雖不三年, 旣離寒暑, 卿等何爲而違前詔?」"; 『資治通鑑』 卷140 「齊紀」6 明帝建武二年(495)條, 4387쪽, "大責留守之官曰: '昨望見婦女猶服來領小袖, 卿等何爲不遵前詔!' 皆謝罪."

26 呂一飛, 『胡族習俗與隋唐風韻』, 13쪽.

27 위와 같음, 21쪽.

28 呂一飛, 『胡族習俗與隋唐風韻』, 21-22쪽; 朱大渭 등, 『魏晉南北朝社會生活史』, 91쪽; 石松日奈子, 「北魏佛教美術中の胡服像」, 78쪽.

도리어 농경에 종사했던 정주민인 한인(漢人)이 점차 호복을 받아들였다. 『위서』「호수전(胡叟傳)」에 따르면 호수는 권세가를 찾아갈 때 암소를 타고 헤진 가죽으로 만든 고습을 입고 찾아갔다.[29] 호수는 안정군(安定郡) 임경현(臨涇縣) 출신이었으며 서하(西夏), 즉 농우(隴右) 지역의 저성(著姓)이었으므로[30] 한인이었을 것이다. 따라서 이 일화를 통해 당시 민간의 한인 사이에서는 호복인 고습을 착용했음을 확인할 수 있다.[31] 또 농서군 적도현(狄道縣) 출신의 한인인 신소선은 선비의 수군조모를 착용했다.[32] 신소선의 예에서도 알 수 있듯 북위의 호인이 신던 가죽신은 호인뿐 아니라 화북의 한인 사이에도 널리 퍼졌으며, 특히 군인이 착용하여 융복(戎服)의 하나가 되었다.[33] 또 북위말기 낙양을 점령했던 양(梁)의 장군인 진경지(陳慶之) 부자는 호포(胡袍)와 호화(胡靴)를 착용하여 조정 대신의 질책을 받기도 했다.[34]

---

29 『魏書』 卷52 「胡叟傳」, 1151쪽, "每至貴勝之門, 恒乘一牸牛, 弊韋褲褶而已."

30 『魏書』 卷52 「胡叟傳」, 1149쪽, "胡叟, 字倫許, 安定臨涇人也. 世有冠冕, 爲西夏著姓."

31 축소은(竺小恩)에 따르면 한인(漢人)은 본래 남녀 모두 치마를 입었다. 위진남북조시대 몸의 윗부분에 습(褶), 아랫부분에 고(褲)를 입는 유목민의 '고습복(褲褶服)'이 중원지역에서 유행했고, 후에 강남의 민간에 보급되었다. 그 결과 동진남조시대(東晉南朝時代) 사서(士庶)는 모두 고습(褲褶)을 입었을 뿐 아니라 보편화되어 고습은 상복(常服)이 되었다. 이처럼 고습은 화북과 남방 모두 신분을 가리지 않고 즐겨 입는 옷이 되었다. 특히 고습복은 하층민 여성이 일할 때 편리하게 입었고, 군복(軍服)으로도 사용되었다(竺小恩, 「從北魏服飾改革看胡漢文化關係」, 『河西學院學報』 第22卷第4期, 2006, 30왼쪽-30오른쪽).

32 『魏書』 卷45 「辛紹先傳」, 1025쪽, "辛紹先, 隴西狄道人. …… 有至性, 丁父憂, 三年口不甘味, 頭不櫛沐, 髮遂落盡, 故常著垂裙皀帽."

33 竺小恩, 「從北魏服飾改革看胡漢文化關係」, 30오른쪽.

34 진경지(陳慶之)는 남조의 명장(名將)으로 일찍이 북벌하여 북위의 수도 낙양을 점령했다. 후에 강남으로 돌아온 후 북방의 인재(人才)와 경제(經濟)를 매우 찬양했다. 『문원영화(文苑英華)』에서는 진경지의 아들인 진훤(陳暄)이 호속(胡俗)에 감염되어 정월 15일 조회에 호포(胡袍)와 호화(胡靴)를 착용하여 상서복야(尙書僕射) 서릉(徐陵)에게 예법(禮法)에 따르지 않았다 하여 질책받았던 기록이 보인다(『文苑英華』 卷672 「徐陵與顧記室書」, "去

요컨대 북위 전기, 심지어 북위말기까지 호인의 복식은 여전히 유지되었고, 오히려 북위 전기 호복을 착용하는 한인이 존재했다. 복식은 종족(種族)의 정체성을 드러내기도 하지만, 그보다 일상생활에서의 편리성 여부가 착용과 유행에 더 큰 영향을 주었음을 알 수 있다.

2) 식생활과 이동식 주거

북위 전기 식생활에 대한 기록은 부족하지만, 지배층인 호인 대부분이 유목민이었으므로 사냥과 목축을 통해 식량을 확보했을 것임은 미루어 짐작할 수 있다. 북위 전기 황제와 신하의 사냥이 빈번했음은 주지의 사실이다.[35] 이는 문헌뿐 아니라 최근의 고고학 발굴 자료에서도 확인된다. 예컨대 대동시 지가보 북위묘의 관판화에서 수렵 장면을 보자. 이 관판화에는 수군조모를 착용하고 교령착수(交領窄袖)의 흑색 바탕에 남색의 옷과 홍색의 바지를 입었으며, 흑혜(黑鞋)를 신은 기사(騎士)가 말 타고 달리면서 날아가는 기러기를 쏘는 장면이 있다. 또 다른 그림에는 붉은색 옷을 입은 기사가 말을 탄 채 야수를 협격하는 모습이 보인다. 이는 무(武)와 사냥을 숭앙했던 북방 선비인의 습속을 보여 준다고 한다.[36] 사냥은 오락과 군사훈련뿐 아니라 일상생활에 필요한 고기를 얻는 생산 활동이었으므로,[37] 사냥은 목축과 아울러 북위 전기 호인이 육류를 섭취하는 방법이었음을

年正月十五日, 尙書官大朝, 元凱旣集, 丞郎肅然. 忽有陳慶之兒陳暄者, 帽籊釘額, 紅條布裏頭, 虜袍通踝, 胡靴至膝, 直來郞座, 遍相排抱, 或坐或立, 且歌且咏. 吾卽呼舍吏責列, 不答而走.”). 이 기록은 북위의 호인이 호복과 호화(胡靴)를 착용했음을 보여 준다(呂一飛, 『胡族習俗與隋唐風韻』, 36쪽).

35 崔珍烈, 『北魏皇帝의 巡幸 硏究』, 65-71쪽.

36 劉俊喜 · 高峰, 「大同智家堡北魏墓棺板畵」, 43오른쪽-45왼쪽.

37 블라디미르초프 지음, 주채혁 옮김, 『몽골 사회 제도사』, 51쪽 및 53쪽; 61쪽; 黎虎, 「北魏前期的狩獵經濟」, 154-157쪽, 張敏, 「北魏前期農牧關係的演變」, 38오른쪽-39왼쪽.

알 수 있다.

다음으로 목축에 대해 살펴보자. 북위 전기에는 가부상서, 목조상서, 도목 · 가부 2조 급사중, 용목조주사중산, 용목조, 목관중랑장, 가부교위, 타우도위, 좌목령, 전마령 · 도목령 · 도목주 등 목축과 관련 있는 기구 혹은 관직의 등장이 빈출했다.[38] 그리고 일부 근시관, 즉 내행장과 내시장이 목축업무에 종사했던 예가 산견된다.[39] 또 북위 전기 3대 목장인 기내목장 · 막남목장 · 하서목장뿐 아니라 경기 일대와 병주 · 사주 · 분주 · 하주 등지에도 소규모 목장 또는 목지가 있었다.[40] 게다가 경기 일대에는 녹원 · 야마원 · 호권 · 유남궁원유 · 북원 · 서원 · 동원,[41] 산북원 원유에서 각종 짐승을 길렀다.[42] 조세 납부 혹은 속죄(贖罪) 때 소 · 양 · 말을 바쳤다는 『위서』「식화지」[43]와 「형벌지」[44]의 기록을 보면 호인의 경제생활에서 가축이 차지하는 비중이 컸음을 알 수 있다.[45]

이상의 예에서 확인할 수 있듯 북위 전기에는 목축이 활발했다. 이는 호인이 목축을 통해 먹거리를 마련했음을 시사한다. 북위 신서 2년(415) 가을 평성에 기근이 발생하자 명원제는 업으로 천도하려고 했다. 그러나 이를 반대했던 최호의 간언[46]을 듣고 논의를 중단하였다. 그때의 간언을 들

---

38 朱大渭, 「北魏的國營畜牧業經濟」, 349-450쪽.

39 崔珍烈, 「北魏의 種族政策」, 67-68쪽.

40 朱大渭, 「北魏的國營畜牧業經濟」, 342쪽.

41 佐川英治는 北苑 · 東苑 · 西苑을 鹿苑의 일부로 파악했다(佐川英治, 「遊牧と農耕の間」, 54 아래쪽).

42 黎虎, 「北魏前期的狩獵經濟」, 150-153쪽.

43 『魏書』 卷110 「食貨志」, 2850쪽, "泰常六年, 詔六部民羊滿百口, 調戎馬一匹."

44 『魏書』 卷111 「刑罰志」, 2873쪽, "昭成建國二年: 當死者, 聽其家獻金馬以贖; …… 民相殺者, 聽與死家馬牛四十九頭, 及送葬器物以平之."

45 逯耀東, 「北魏前期的文化與政治形態」, 29쪽.

46 『魏書』 卷35 「崔浩傳」, 808쪽.

어 유(乳)와 락(酪)이 호인의 식생활에서 중요한 위치를 차지했다는 주장을 펴는 학자도 있다.[47] 이처럼 사료에는 호인이 고기와 유제품을 먹었다는 직접적인 증거는 없지만, 『낙양가람기(洛陽伽藍記)』에 낙양천도 이후 호인이 고기와 락(酪)을 먹었다는 기록이 있는 것으로 보아 북위 전기에도 호인은 고기와 유제품을 주식으로 삼았을 것이다.[48]

최근 북위의 수도 평성으로 추정되는 조장성에서 발굴 도중 사슴뿔과 호랑이 뼈 등 다량의 동물 뼈가 많이 발견되었다. 동물 뼈가 발견된 곳은 조장성 동가(東街) 대동4중(大同四中) 동남쪽 시립 체육학교(市體校) 부근이다. 이곳은 북위의 궁전 혹은 그 부근일 것으로 추정되므로, 궁중에서 버린 것으로 추정된다. 뼈의 대부분은 돼지와 소, 양이며, 뼈 무더기에서는 호랑이의 이빨로 추정되는 날카로운 이빨도 보인다. 발굴에 참여한 한 학자는 이러한 동물 뼈가 선비 탁발부가 대흥안령(大興安嶺)의 알선동(戞仙洞) 부근에서 흉노의 옛 땅(匈奴故地)으로 남천(南遷)하는 수백 년 동안 사슴, 호랑이 등의 동물과 밀접한 관계를 가졌음을 보여 준다고 분석했다. 즉 호인은 사슴을 사냥하거나 길렀고 사슴 고기와 호랑이 고기를 먹었으며, 녹용(鹿茸)과 호골(虎骨)은 약으로 사용했다. 북위의 황제 역시 마찬가지였다.[49] 또 사령 북위벽화묘 벽화에 그려진 양의 도살 장면을 통해 당시 호인이 일상생활에서 양고기를 먹던 모습을 발견할 수 있다.[50] 이는 북위 전기에 전통적인 유목민의 음식문화를 유지했음을 보여주는 것이다.

북위 전기 호인의 주거에 관한 기록도 부족한 편이다. 북위와 같은 시

---

47 呂一飛, 『胡族習俗與隋唐風韻』, 55쪽; 逯耀東, 「北魏前期的文化與政治形態」, 38쪽 및 43쪽.

48 逯耀東, 「《崔氏食經》的歷史與文化意義」, 『從平城到洛陽』, 121-122쪽.

49 殷憲, 「大同北魏宮城調査札記」, 27왼쪽-27오른쪽.

50 大同市考古研究所, 「山西大同沙嶺北魏壁畫墓發掘簡報」, 20왼쪽; 吳松巖, 「盛樂 · 平城地區北魏鮮卑 · 漢人墓葬比較分析」, 25오른쪽.

기 몽골고원에 있었던 유연(『남제서』에서는 '예예(芮芮)'라고 표기함) 사람은 궁려(穹廬)와 전장(氈帳)에서 살았다.[51] 현재 지명으로 청해(靑海)에서 활동한 토욕혼은 물과 풀을 따라다니며 성곽 없이 생활하다가 후에 궁옥(宮屋)을 세웠다. 반면 일반 백성은 여전히 전려백자장(氈廬百子帳)을 행옥(行屋)으로 삼았다.[52] 행옥은 현재에도 흔히 볼 수 있는 유목민의 이동식 천막을 지칭한다. 북위의 호인도 유연이나 토욕혼처럼 유목생활을 했기 때문에 이동식 가옥에서 생활했다고 봐도 무방할 것이다. 다만 북위황제의 상황은 조금 달랐다. 『남제서』「위로전」에서는

> "십익규[도무제]가 처음으로 평성에 수도를 정했지만, 여전히 물과 풀을 쫓아다녔기 때문에 [도성에] 성곽이 없다가 목말(木末)[명원제] 때 처음으로 고정된 거처에 머무르게 되었다."[53]

라고 했다. 이 기록을 분석하면 도무제는 물과 풀을 따라다니며 목축생활을 했기 때문에 고정된 거처가 필요하지 않았으나, 명원제 시기부터 고정된 거처를 가지게 되었다고 한다. 그러나 『위서』「태조기」의 평성 성곽 축조 기사에 따르면 이 기록은 사실로 보기 어렵다는 견해가 지배적이다.[54] 도무제 당시 토목기술의 수준이 낮았고 기존의 학설처럼 업 · 낙양 · 장안

---

51 『南齊書』 卷59 「芮芮虜傳」, 1023쪽, "土氣早寒, 所居爲穹廬氈帳."

52 『南齊書』 卷59 「河南吐谷渾氏傳」, 1026쪽, "多畜逐水草無城郭. 後稍爲宮屋 而人民猶以氈廬百子帳爲行屋."

53 『南齊書』 卷57 「魏虜傳」, 984쪽, "什翼珪始都平城, 猶逐水草, 無城郭, 木末始土著居處."

54 張增光, 「平城營造始末」, 『北朝硏究』 1990年上半年刊(總第2期), 1990, 121-222쪽; 聶曉雨 · 董成圈, 「論北魏平城的建設及其對洛陽新都的影響」, 『洛陽大學學報』 11-3, 1996, 52쪽 및 55쪽; 逯耀東, 「北魏平城對洛陽規建的影向」, 『從平城到洛陽』, 171-173쪽; 張金龍, 『北魏政治史』 150-160쪽 및 381-385쪽.

의 궁정처럼 사방 수십 리인 궁전을 건축하려면 목재 수백만 그루를 운반해야 했는데 당시로서는 실현 가능성이 없다는 주장도 있다.[55] 『위서』 「석로지(釋老志)」에 따르면 방산에 위치한 도무제의 영루(營壘)가 있던 곳에 사원사(思遠寺)를 세웠다.[56] 또 『위서』 「예지」에 따르면 백등산의 서쪽에 태조, 즉 도무제의 구유지처(舊遊之處)가 있었다.[57] 이 두 기록을 보면 도무제는 평성의 북쪽인 방산 남쪽과 백등산 서쪽에서 거처하거나 활동했다. 또 『위서』 「석로지」의 기록에서 북궁 등 궁전이 아닌 '영루'라는 단어를 사용한 것으로 보아 도무제의 거처는 이동식 가옥이었을 가능성도 높다. 이는 도무제가 평성에 있을 때도 도성 안이 아니라 도성 북쪽의 녹원, 특히 방산의 남록에서 생활했음을 시사한다.[58]

어쨌든 북위 전기 황제가 이동생활을 했던 것은 사실이며, 이는 이동식 천막의 필요성을 시사한다. 비록 전쟁의 예이지만, 태무제는 450년 유송을 정벌하러 친정(親征)했다가 과보산(瓜步山) 위에 전옥(氈屋)을 세웠다. 호삼성의 주에 따르면 『위서』에서는 '전옥'이 아닌 '행궁'으로 기록했다.[59] 이 밖에 유송과 북위가 전투하는 『송서』의 기록에는 전옥이란 단어가 빈출한다.[60] 수시로 이동해야 하는 전쟁 상황에서는 이동식 천막이 필요했겠지만, 평상시에는 그렇지 않았을 것이다. 또 전옥의 '氈(전)' 자가 모직물이라

---

55 佐川英治, 「遊牧と農耕の間」, 52아래쪽.

56 『魏書』 卷114 「釋老志」, 3039쪽, "又於方山太祖營壘之處, 建思遠寺."

57 『魏書』 卷108 「禮志」1, 2736-2737쪽, "後二年, 於白登西, 太祖舊遊之處, 立昭成 · 獻明 · 太祖廟, 常以九月 · 十月之交, 帝親祭, 牲用馬 · 牛 · 羊, 及親行貙劉之禮."

58 佐川英治, 「遊牧と農耕の間」, 53아래쪽 및 54위쪽-54아래쪽.

59 『資治通鑑』 卷124 「宋紀」 文帝元嘉二十七年(450)十二月條, 2960쪽, "魏主鑿瓜步山爲蟠道, 於其上設氈屋(胡注: 考異曰, 魏帝紀云, '癸未, 車駕臨江, 起行宮於瓜步山.' 蓋謂此也. 今從宋書)."

60 『宋書』 卷46 「張邵傳傳附暢傳」, 1397쪽, "魏主旣至, 登城南亞父塚, 於獻馬臺立氈屋."; 『宋書』 卷59 「張暢傳」, 1600쪽, "[拓跋]燾始至, 仍登城南亞父冢, 於獻馬臺立氈屋."

는 뜻이고 이는 앞에서 언급한 전장과 유사하므로 북위의 군대가 사용한 '전옥'은 평상시 유목생활을 하면서 사용했던 유목민 고유의 이동식 가옥일 것이다. 이는 호인이 자신의 이동식 천막을 휴대하고 종군했음을 보여준다.

위의 인용문에서는 2대 명원제 시기 때 고정된 거처를 만들어 거주했다면서 명원제 이후 정착생활을 한 것처럼 기록했다. 그러나 최근 북위 전기의 수도 평성으로 추정되는 조장성 유지가 발견되면서 북위황제가 고정된 궁성에 거주하지 않았다는 주장을 제기한 학자도 있었다. 한 일본 학자는 발굴보고서를 검토하고 조장성의 동반부와 서반부의 유물과 유적이 다름에 주목했다. 첫째, 조장성 대기(臺基)의 상면(上面)에는 주혈지(柱穴地)가 전혀 확인되지 않았고 대기 상면은 북고남저(北高南底)라는 경사를 지녀 평평한 면이 없다. 둘째, 조장성 대기 동쪽 지면에서 불탄 흔적[소토층(燒土層)]과 기와조각이 발견되지만 대기의 서쪽에는 이것들이 보이지 않았다. 따라서 대기의 서쪽에 이동식 게르 궁전을 세웠으나 소토층이 형성될 당시 이동식 게르 궁전은 이미 해체되어 다른 곳으로 옮겨졌기 때문에 대기 위에는 건축물이 존재하지 않았다는 추정이 가능하다고 한다. 반면 게르 공간 주변에 있는 목조건축의 공간을 상정한다면 대기 동쪽 소토(燒土)의 퇴적은 대기 동쪽에 목조건축이 존재했었음을 시사한다.[61]

또 『수경주소(水經注疏)』를 찬(撰)한 양수경(楊守敬)이 각종 지리지식을 바탕으로 재구성한 『평성도(平城圖)』를 보면 서쪽 부분은 공백이다. 또 서쪽 외곽의 바깥쪽에는 제사 공간인 시교(西郊)의 천단(天壇)이 배치되었으며 이 밖에는 어떤 것도 보이지 않는다. 「평성도」와 최근 발굴된 유물과 유적을 종합하면, 평성의 외곽 남교에는 명당, 동쪽 외곽부터 남쪽 외곽까지

61 鹽澤裕仁, 「鮮卑の都城"平城"-その都市空間の様相-」, 『法政史學』 68, 2007, 3-6쪽.

의 외연부에는 묘지구역이 존재했다.[62] 양수경의 「평성도」를 바탕으로 이 일본 학자가 고고 유적 성과를 결합하여 만든 북위 전기 평성의 모식도는 아래와 같다.

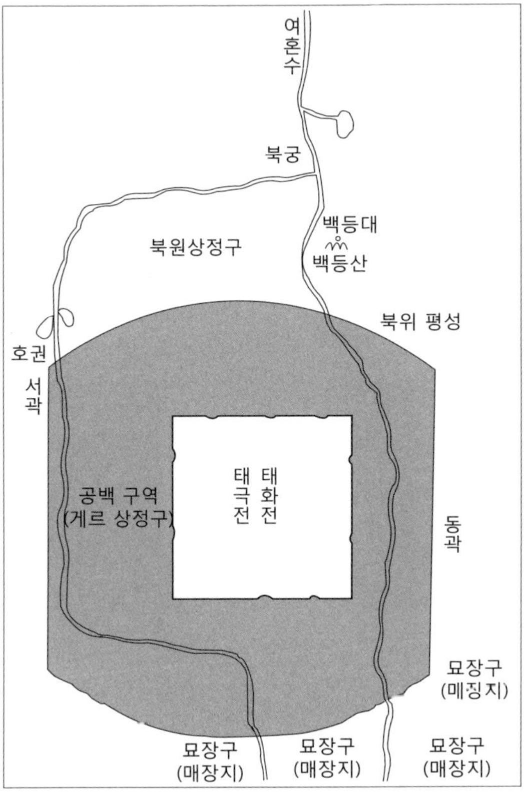

지도 24 북위 전기 평성의 모식도

이 모식도가 사실이라면 평성은 동쪽의 한인 거주 지역과 서쪽의 호인 거주지로 양분되었을 것으로 추정된다. 염택유인(鹽澤裕仁)에 따르면 서쪽의 호인 거주지에는 목조건물이 아닌 유목민의 이동식 천막(게르 혹은 유르트)이 설치되었던 고고학 유적의 단서가 발견된다고 한다.
출전: 鹽澤裕仁, 「鮮卑の都城"平城"—その都市空間の樣相—」, 『法政史學』 68, 2007, 20쪽.

〈지도 24〉에서 확인할 수 있듯, 평성의 서쪽 부분과 북쪽 부분은 공백 지역이다. 이곳에는 유목민의 이동식 천막, 즉 게르가 분포했거나 북쪽에

62 위와 같음, 20쪽.

는 원유가 있었을 것으로 추정된다. 즉 평성의 서쪽과 북쪽의 공백지역에는 유목민이, 동쪽에는 한인이 살았을 것이다. 또 궁성으로 추정되는 조장성 구역의 서쪽 부분에서도 건축과 관련된 유물이 발견되지 않았다. 이는 「평성도」의 공간구성과 일치한다.[63] 이는 북위 전기 경기지역의 서쪽과 북쪽에는 유목민이, 동쪽과 남쪽에는 한인이 분포했다는 기존의 설과도 부합한다.[64] 요컨대 북위황제와 호인지배층은 북위 전기 평성 서쪽에 분포해 있던 이동식 주거양식인 게르에 주로 거주하며 살았던 것이다.

물론 북위황제가 궁성 안의 궁전에서 생활했다는 반론을 제기할 수 있다. 최근 어하(御河)의 동안(東岸), 사령촌 동북 약 1km에서 발견된 사령 북위무덤군에서 북위 전기 호인의 주거 상황을 시사하는 벽화가 발견되었다. M7호묘의 묘실 남쪽 벽화에는 연회도(宴會圖)라고 불리는 연회 그림이 있다. 이 그림에는 중국식 목조 주거와 게르 혹은 이동식 주거가 함께 그려져 있다. 이 벽화는 선비와 몽골이 비슷한 게르를 똑같이 사용했다는 점을 확인해 준다. 이는 양자의 문화적 친연성(親緣性)을 보여 준다. 또 앞쪽에 중국식 목조건축을 배치하고 뒤쪽에 유목민의 이동식 천막인 게르를 배치하는 공간구성은 근세 몽골의 불교사원에서 발견된 상박회도(相撲繪圖)에 보이는 몽골인의 공간구성과 앞뒤만 바뀌었을 뿐 매우 유사하다.[65] 몽골의 예와 M7호묘의 연회도를 비교할 때 북위황제가 중국식 목조건축물을 지었다고 해서 반드시 그곳에서 정주한 것은 아니고 목조건축물과 병존한 이동식 가옥에서 생활했음을 시사한다.

이를 북위의 궁성 서주와 관련지을 수 있다. 북위의 궁성에도 태극전

63 위와 같음, 20-21쪽.

64 嚴耕望, 『中國地方行政制度史』 上編 · 卷中 · 下冊, 420-422쪽; 堀敏一, 「北魏における均田制の成立」, 110쪽; 朴漢濟, 「遊牧國家와 城郭」, 462-473쪽.

65 鹽澤裕仁, 「鮮卑の都城“平城”」, 6-9쪽.

(太極殿) 혹은 태화전(太和殿) 등 다양한 목조건축물이 있었겠지만, M7호묘의 연회도에서 볼 수 있는 것처럼 중국식 목조건축물과 유목민의 이동식 주거인 게르가 공존했고 황제와 측근은 이동식 천막에서 생활했을 것이다. 따라서 북위 전기 황제나 호인지배층이 중국식 정주형 목조건축물을 지었다고 하더라도 이를 주거상의 '한화'라고 볼 수 없다. 오히려 여전히 그들의 주거양식인 이동식 천막을 유지하고 살았음을 확인할 수 있다.[66]

지금까지 북위황제만 아니라 호인지배층과 일반 호인백성도 유목민의 전통적인 이동식 궁려에서 거주했음을 살펴보았다. 『위서』에는 북위시대의 이동식 천막에 관한 언급이 거의 없으나 남조계 사서에는 이동식 천막의 규모를 알 수 있는 구절이 산견된다. 효문제 시기 남제의 사신이 북위의 서교제천을 목격하고 남긴 『남제서』 「위로전」의 기록에 따르면 북위에는 100인이 앉을 수 있는 산(繖)이나 백자장(百子帳)이라 불리는 천막이 있었다.[67] 이는 토욕혼이 사용하던 전려백자장[68]을 연상시킨다. 같은 책에서는 495년 효문제가 남제 정벌에 나서 수양(壽陽)으로 진격했을 때 북위의 군중(軍中)에 설치된 흑전행전(黑氈行殿)은 20인이 앉을 수 있는 규모였다고 기록되어 있다.[69] '행전(行殿)' 두 글자에 주목하면 흑전행전은 북위황제가 친정(親征)하거나 순행할 때 사용했던 이동식 천막임을 알 수 있다. 요컨대 사서에 보이는 북위의 이동식 천막 중에는 20인에서 100인까지 수용할 수

66 도무제가 천문전(天文殿) · 천화전(天華殿) · 중천전(中天殿) 등의 궁전을 세우긴 했지만 다수는 천막식(天幕式) 건물이었다는 주장도 있다(任愛君, 「北魏鮮卑人斡魯朵遺制零拾」, 『北朝研究』 1996-3, 1996; 佐川英治, 「遊牧と農耕の間」, 52아래쪽).

67 『南齊書』 卷57 「魏虜傳」, 991쪽, "以繩相交絡, 紐木枝棖, 覆以青繒, 形制平圓, 下容百人坐, 謂之爲'繖', 一云'百子帳'也. 於此下宴息."

68 『南齊書』 卷59 「河南吐谷渾氏傳」, 1026쪽.

69 『南齊書』 卷57 「魏虜傳」, 994쪽, "[拓跋]宏自率衆至壽陽, 軍中有黑氈行殿, 容二十人坐, 輦邊皆三郎曷刺眞, 槊多白眞毦, 鐵騎爲羣, 前後相接."

있는 대규모 천막이 존재했다. 물론 이는 황제와 지배층이 주로 사용했을 것이다.

2. 상장(喪葬)과 제의

1) 호인의 상장 풍습

『송서』「삭로전」에 북위의 장례 풍습을 다음과 같이 기록했다.

> "① 사람이 죽으면 몰래 매장했으며 봉분을 세운 무덤은 만들지 않았다. 장송(葬送)할 때에 이르러 모두 관구(棺柩)를 설치하고 ② 총(冢)과 곽(槨)을 가짜로 만들었으며, ③ 생전에 사용했던 수레와 말, 각종 기물을 모두 불살라 죽은 사람을 보냈다."[70]

여기에서 북위시대 호인의 장례 풍속 가운데 잠매(潛埋, ①부분)와 허장(虛葬, ②부분), 소장(燒葬, ③부분)의 습속을 살펴보자. 한 학자는 북위의 주축이었던 선비인에게 잠매는 존재했지만 허장은 북위 호인의 풍습이 아니라고 보았다.[71] 이에 대해 잠매와 허장 모두 오환(烏桓)과 선비에서 찾아볼 수 없는 장례 풍습이라고 보는 학자도 있다.[72]

잠매와 허장의 존재 여부의 경우 논란이 있지만, 사자(死者)가 사용하

70 『宋書』 卷95 「索虜傳」, 2322쪽, "死則潛埋, 無墳壟處所, 至於葬送, 皆虛設棺柩, 立冢槨, 生時車馬器用皆燒之以送亡者."

71 呂一飛, 『胡族習俗與隋唐風韻』, 148쪽. 선비인(鮮卑人)들의 원주지인 만주와 내몽골 지역에서 최근 발견된 유물과 유적을 살펴보면 허장(虛葬)의 풍습이 없었으며, 새내(塞內)로 들어온 선비인들이 새북(塞北) 시기의 습속을 그대로 유지했다는 가정 하에 내린 결론이었다.

72 李書吉, 「北朝禮制法系研究」, 72-73쪽.

던 물건을 태우는 습속은 여러 문헌에 보이며, 『위서』에서도 발견된다. 『위서』「황후 · 문성문명황후풍씨전(文成文明皇后馮氏傳)」에서는

"고종[문성제를 지칭]이 붕어했다. 고사(故事)에 따르면, 나라에 대상(大喪)이 있으면 사흘 후 어복(御服)과 기물(器物) 모두를 불살라 태웠다. 이때 백관(百官)과 중궁(中宮)은 모두 소리를 내어 울면서 이를 지켜보았다. 후(后)[풍태후]가 슬퍼하며 소리치면서 스스로 불 속으로 뛰어들자 좌우에 있던 사람이 그녀를 구조했다. 후는 매우 오랜 시간이 지난 후에 소생했다."[73](밑줄 친 부분은 필자 강조)

라고 했다. 여기에서 '고사'는 호인의 장례 습속을 지칭한다. 위의 인용문에서는 대상 즉 황제의 장례를 치를 때만 고인이 사용했던 각종 물건을 태우는 것처럼 기록했다. 그러나 문성제 시기 고윤(高允)이 올린 상주문에서는

"전조(前朝)[태무제]의 치세에 여러 차례 조서를 내려 결혼식에 음악을 사용하지 못하게 했고 장송(葬送)하는 날에는 가요(歌謠)와 고무(鼓舞), 살생(殺牲), 소장(燒葬)을 모두 금하도록 했습니다. 비록 조지(條旨)가 반포된 지 오래되었지만, 습속이 바뀌거나 변하지 않았습니다. 장차 윗자리에 있는 사람이 깨닫고 고치지 않는다면 아랫사람은 물들어 습속이 될 것입니다. 교화가 지체되어 이 지경에 이르렀습니다."[74]

---

73 『北史』 卷13 「后妃上 · 魏文成文明皇后馮氏傳」, 495쪽, "文成崩, 故事, 國有大喪, 三日後御服器物一以燒焚, 百官及中宮皆號泣而臨之. 后悲叫自投火, 左右救之, 良久乃蘇."; 『魏書』 卷13補 「皇后 · 文成文明皇后馮氏傳」, 328쪽.

74 『魏書』 卷48 「高允傳」, 1074쪽, "前朝之世, 屢發明詔, 禁諸婚娶不得作樂, 及葬送之日歌

라고 하여 소장은 황제뿐 아니라 호인의 일반적인 풍습이었음을 지적했다. 여기서 일컫는 소장은 죽은 사람의 시체를 불태우는 화장이 아니라 사자(死者)의 물건을 불태우는 행위이다. 또 위의 인용문에서 전조, 즉 태무제 시기부터 소장을 금지하는 명령이 여러 차례 내려졌지만 이것이 지켜지지 않았다는 고윤의 지적이 주목된다. 이는 호인은 국가의 금령(禁令)에도 불구하고 여전히 장례 풍속을 지켰음을 보여 준다.[75] 고윤은 이러한 소장을 치르는 데 비용이 많이 들며 일단 불사르면 재로 바뀌기 때문에 망자에게도 도움이 되지 않는다고 주장했다.[76] 고윤의 상주문에서 문성제 시기에는 소장이 사자(死者)가 평소에 사용하던 물건이 아니라 특별히 장례용으로 만든 기물을 함께 불태웠음을 알 수 있다. 이 때문에 셀 수 없을 만큼 많은 비용이 소모되었음을 지적한 것이다.

혹자는 이러한 소장의 풍습이 북위시대 호인의 풍습이 아니라는 반론을 제기할 수도 있지만, 이는 『후한서』와 『삼국지』「오환전(烏桓傳)」에서 모두 보인다.

(가) "오환 사람은 전쟁하다 죽는 것을 영광스럽게 생각했다. [죽은 자의 시

謠·鼓舞·殺牲·燒葬, 一切禁斷. 雖條旨久頒, 而俗不革變. 將由居上者未能悛改, 爲下者習以成俗, 敎化陵遲, 一至於斯."

75 본문에 장송(葬送)하는 날 노래와 악기 연주를 금지했다는 조치가 언급되는데 이는 바꿔 생각하면 호인이 장례식에서 노래와 악기를 연주하며 일종의 축제처럼 지냈음을 보여 준다. 중국을 포함한 대부분 국가에서 장례식은 엄숙하고 애도를 표하는 것이기 때문에 선비 등 호인의 풍습은 중국인에게 독특한 것으로 비춰졌을 것이다. 이 때문에 한인관료가 금지하도록 주청했을 것이다.

76 『魏書』 卷48 「高允傳」, 1074-1075쪽, "秦始皇作爲地市, 下固三泉, 金玉寶貨不可計數, 死不旋踵, 尸焚墓掘. 由此推之, 堯舜之儉, 始皇之奢, 是非可見, 今國家營葬, 費損巨億, 一旦焚之, 以爲灰燼. 苟靡費有益於亡者, 古之臣奚獨不然. 今上爲之不輟, 而禁下民之必止, 此三異也."

체를] 관에 넣고 염했다. 사람이 막 죽었을 때 처음에는 소리 내어 울면서 슬퍼했지만, 장사 지내면서 노래 부르고 춤을 추며 사자(死者)를 보낸다. 살찌게 기른 개 한 마리에게 상여를 색깔 있는 끈으로 묶어서 끌게 하고 사자(死者)가 타던 말과 옷가지, 살았을 때의 복식을 취하여 모두 태워 장송(葬送)했으며, 개에게 의탁하여 죽은 이의 신령을 적산(赤山)까지 호송하게 한다고 말한다."[77]

(나) "오환의 풍속에서는 전쟁하다 죽는 것을 영광스럽게 생각했다. [사람이 죽으면] 관에 넣고 염하며 소리 내어 울면서 슬퍼하는데, 장사 지낼 때가 되면 노래 부르고 춤을 추며 사자(死者)를 보낸다. 살찌게 기른 개 한 마리에게 상여를 색깔 있는 끈으로 묶어 끌게 하고, 사자(死者)가 타던 말과 옷가지를 모두 태워서 장송(葬送)하는데, 개에게 의탁하여 죽은 이의 신령을 적산(赤山)으로 호송하게 한다고 말한다."[78]

(가)는 『후한서』「오환전」, (나)는 『삼국지』「오환전」의 기록이다. 자구의 일부에 차이가 있을 뿐 대체적인 내용은 동일하다. 선행연구에 따르면 오환과 선비는 사람이 죽어도 혼신(魂神)은 불멸이라고 여겼고 혼신이 수천 리 밖의 적산으로 간다고 하여 죽은 사람이 생전에 사용하던 물건을 불태워 보내는 풍습이 있었다. 이렇게 해야 혼신이 생전처럼 사용하던 옷을 입고 말을 타고 순조롭게 적산에 도달할 수 있다고 믿었다고 한다.[79]

---

77 『後漢書』 卷90 「烏桓傳」, 2980쪽, "俗貴兵死, 斂屍以棺, 有哭泣之哀, 至葬則歌舞相送. 肥養一犬, 以彩繩纓牽, 并取死者所乘馬衣物, 皆燒而送之, 言以屬累犬, 使護死者神靈歸赤山."

78 『三國志』 卷30 「魏書 · 烏丸傳」, 832쪽, "貴兵死, 斂屍有棺, 始死則哭, 葬則歌舞相送. 肥養犬, 以采繩嬰牽, 并取亡者所乘馬 · 衣物 · 生時服飾, 皆燒以送之."

79 呂一飛, 『胡族習俗與隋唐風韻』, 142-143쪽.

『후한서』와 『삼국지』「선비전」에서는 선비와 오환의 풍습이 같다고 기록했으므로[80] 앞에서 설명한 오환인의 풍습은 선비인의 풍습이기도 하다. 탁발부는 선비인을 중심으로 하여 여러 유목민 집단이 결속하여 만들어진 집단이었지만[81] 장례 의례는 오환인과 선비인의 습속이 북위 전기까지 이어져 내려왔음을 확인할 수 있다.[82]

그러나 평성이 위치한 산서성 대동시 일대에서 발굴된 북위묘를 보면 호인에게는 소장(燒葬) 이외에도 매장 풍습이 존재했음을 확인할 수 있다. 특히 호인의 무덤에서 발굴되는 부장품은 몇 가지 특징을 지닌다.

첫째, 각종 금속제품이 무덤에서 다수 발견된다. 선비묘(鮮卑墓)에서 발견되는 금속제품에는 여러 가지 장식물이 붙은 동기(銅器)와 철기가 많고, 금은 장식품은 소량이다. 그런데 한족 무덤에는 이러한 부장품이 거의 없거나 심지어 보이지 않기도 한다.[83] 반면 대동시에서 발견되었으며, 호인의 무덤으로 추정되는 제가파묘와 하심정묘, 미대촌묘(美岱村墓), 첨밀량묘(添密梁墓), 대동남교 북위묘에서도 다양한 금은기(金銀器) · 동기 · 철기 제품

---

80 『後漢書』 卷90 「鮮卑傳」, 2985쪽, "鮮卑者, 亦東胡之支也, 別依鮮卑山, 故因號焉. 其言語習俗與烏桓同."; 『三國志』 卷30 「魏書 · 鮮卑傳」 裴松之注, 836쪽, "『魏書』曰: 鮮卑亦東胡之餘也, 別保鮮卑山, 因號焉. 其言語習俗與烏丸同."

81 『위서』「관씨지(官氏志)」에서는 탁발부(拓跋部)를 나중에 7개로 나누어 탁발씨 일족을 7개 부(部)의 우두머리로 삼았다고 기록하여 탁발씨와 이 7족(七族)이 동일한 혈통인 것처럼 기록했다. 그러나 요미원(姚薇元)과 마장수(馬長壽) 등 여러 학자의 고증에 따르면 이 7족에 속하는 흘골씨(紇骨氏)와 제실십성(帝室十姓)에 속하는 을전씨는 투르크계 유목민인 고차의 한 부족이다. 원래의 탁발부는 탁발씨에서 제실십성으로 확장되었고, 후에 정복전쟁을 거쳐 몽골고원과 화북에 있던 여러 유목민 집단을 통합했다. 이처럼 탁발부는 선비인 이외에 다양한 종족(種族)으로 구성되었다(馬長壽, 『烏桓與鮮卑』, 上海人民出版社, 1962, 245-262쪽; 姚薇元, 『北朝胡姓考』, 2-24쪽).

82 심지어 이러한 풍습은 몽골과 여진, 타타르 등 북방 유목민 사이에도 광범하게 퍼졌다(呂一飛, 『胡族習俗與隋唐風韻』, 142-143쪽; 李書吉, 「北朝禮制法系硏究』, 67-68쪽).

83 吳松巖, 「盛樂 · 平城地區北魏鮮卑 · 漢人墓葬比較分析」, 24왼쪽-24오른쪽.

이 발견되었고, 심지어 도기(陶器)와 칠기(漆器)도 보인다.[84]

둘째, 부장품 가운데 동복(銅鍑)[85]과 도호반구(陶壺盤口),[86] 인룡문동패식(人龍紋銅牌飾),[87] 쌍양오륜금식패(雙羊五輪金飾牌)[88]처럼 호인(선비인)의 특색이 두드러진 유물도 있다. 또 관목(棺木)장식에 사용된 동포정(銅泡釘)과 포수(鋪首), 용기는 북위 평성 중소형 무덤에서도 자주 출토된 부장품이었다. 이러한 기물의 조합은 초기 탁발선비의 유습을 계승한 것이라고 한다.[89]

셋째, 희생(犧牲)을 순장시킨 습속, 즉 순생(殉牲) 현상이 보이며 순장하고 남은 동물의 뼈와 소량의 뼈로 만든 장식품이 보인다. 초기 선비묘에서는 소·양·말 등의 동물 뼈가 발견된다. 한족의 무덤에서는 희생을 순장시킨 뼈나 뼈 조각품이 보이지 않는다.[90] 반면 이는 한위(漢魏)시대 초기 선비묘와 탁발선비와 동부선비(東部鮮卑)의 무덤에서 자주 발견되며, 북위 전기 무덤에도 동물의 머리와 지골(肢骨)이 남아 있는 것으로 보아 오호십육국 이전 새외(塞外)의 풍습이 전승된 것이다.[91]

넷째, 학자에 따라 다인합장(多人合葬) 혹은 대가족의 '중장(衆葬)'이라

---

84 徐海峰, 「三世紀至五世紀河套及大同地區鮮卑考古遺存述論」, 『文物春秋』 2000-1(總第51期), 2000, 16왼쪽-18왼쪽; 吳松巖, 「盛樂·平城地區北魏鮮卑·漢人墓葬比較分析」, 27오른쪽.

85 徐海峰, 「三世紀至五世紀河套及大同地區鮮卑考古遺存述論」, 16오른쪽; 吳松巖, 「盛樂·平城地區北魏鮮卑·漢人墓葬比較分析」, 27오른쪽. 복(鍑)은 유목민이 상용(常用)하는 음기(飮器)이며, 초기 선비묘(鮮卑墓)에서 늘 발견되었다.

86 서해봉(徐海峰)에 따르면 도호반구(陶壺盤口)는 烏蘭察布·南楊家營子·扎賚諾爾 등의 무덤에서 발견되며, 초기 선비 유물에서 계승된 것이라고 한다(徐海峰, 「三世紀至五世紀河套及大同地區鮮卑考古遺存述論」, 16오른쪽).

87 吳松巖, 「盛樂·平城地區北魏鮮卑·漢人墓葬比較分析」, 27오른쪽.

88 徐海峰, 「三世紀至五世紀河套及大同地區鮮卑考古遺存述論」, 17왼쪽.

89 大同市考古研究所, 「山西大同迎賓大道北魏墓群」, 『文物』 2006-10, 2006, 17오른쪽.

90 吳松巖, 「盛樂·平城地區北魏鮮卑·漢人墓葬比較分析」, 24오른쪽.

91 大同市考古研究所, 「山西大同迎賓大道北魏墓群」, 71왼쪽.

부르는 무덤 형식이 보인다. 대동시 칠리촌북위묘(七里村北魏墓) M37에는 부부와 첩 3인의 합장으로 추측되며, 2세대 3인의 합장일 가능성도 있다. 5인이 매장된 M14에는 여러 차례 매장한 흔적이 있다.[92] 이러한 매장 형태는 씨족 혹은 부락(부족)연맹의 유습으로 해석되기도 한다. 아직 발굴되지 않아 단정하기는 어렵지만, 북위 전기 황제를 비롯한 황실과 호인지배층의 무덤인 금릉에도 이러한 공동묘의 전통이 계승되었다고 보기도 한다.[93]

앞에서 살펴본 네 가지는 호인(선비인) 고유의 무덤과 매장의 특징이다. 그러나 중국의 고고학자는 각종 북위묘에서 한족문화의 영향도 발견할 수 있다고 주장한다. 예컨대 4건의 남시용(男侍俑)과 4건의 도생축(陶牲畜)이 출토된 하심정묘는 중국 무덤의 영향이 컸음을 보여준다고 한다.[94] 또 일부 선비묘와 북위묘에서 출토된 유물 가운데 호인(선비인)의 전통뿐 아니라 중원 한화의 영향을 받은 유물도 존재한다.[95]

이처럼 '호한잡유'나 '호한병존'의 문화적 요소도 존재한다. 예컨대 사령 북위벽화묘의 칠피(漆皮) 가운데 제기(題記)가 있다. 이 가운데 73자가 판독 가능하다. 그런데 앞부분에서 '元年(원년)' 앞에 글자가 누락되어 있지만, '月建中呂(월건중려)'에서 사월, 卄一日丁未(입일일정미)'에서 달의 첫날[月朔]이 정해(丁亥)임을 알 수 있다. 또 진원(陳垣)의 『이십사삭윤표(二十史朔閏表)』에 따르면 '元年(원년)'과 '月建中呂(월건중려)', '卄一日丁未(입일

92 大同市考古研究所, 「山西大同七里村北魏墓發掘簡報」, 『文物』 2006-10, 2006, 44오른쪽.

93 呂一飛, 『胡族習俗與隋唐風韻』, 145쪽; 李書吉, 「北朝禮制法系研究」, 70-72쪽. 그러나 다인합장(多人合葬) 현상에 대해 위진(魏晉) 이래 씨족(氏族)과 보계(譜系)를 중시하여 채용한 가족부장(家族祔葬) 습속이 평성에 전해진 것이라고 보는 견해도 있다(大同市考古研究所, 「山西大同七里村北魏墓發掘簡報」, 44오른쪽).

94 吳松巖, 「盛樂 · 平城地區北魏鮮卑 · 漢人墓葬比較分析」, 27오른쪽.

95 徐海峰, 「三世紀至五世紀河套及大同地區鮮卑考古遺存述論」, 16왼쪽 및 18왼쪽.

일정미)'에 맞는 시기는 북위 태무제 태연원년(435)이라고 한다. 태연원년은 간지로 을해(乙亥)이므로 '歲次豕韋(세차시위)'에도 부합된다.[96] 이 무덤의 주인을 파다라씨(破多羅氏)의 어머니로 보는 견해도 있지만,[97] 이 경우 어머니와 아들이 합장 혹은 부장(祔葬)한 셈이 되어 매우 어색하다. 그러므로 벽화에서는 무덤의 주인 부부가 있는 것으로 보고 '破多羅太夫人(파다라태부인)'을 '破多羅太(파다라태)'와 '夫人(부인)'으로 끊어 읽어 무덤의 남성 주인이 파다라태(破多羅太)라고 주장하는 학자도 있다.[98] 파다라(破多羅)는 호인의 성(姓)이므로 무덤의 주인은 호인임을 알 수 있다. 그런데 이 무덤 벽화에서 보이는 여왜복희(女媧伏羲), 신수(神獸), 포주(庖廚), 타작, 양 도살, 양조(釀造) 등 일상생활 장면에 대해 한위 이래 한인 전통을 계승한 것이며, 초원민족 고유의 장속(葬俗)과 한족 장속(葬俗)이 융합한 것으로 보는 견해도 있다.[99]

또 다른 학자는 복희여왜와 거마출행도(車馬出行圖), 묘주인단좌도(墓主人端坐圖)는 위진 이래 늘 보이는 내용이며, 특히 묘 주인이 진미(麈尾)를 들고 있는 모습은 조위 정시(正始)년간 이래 청담풍기(淸談風氣)와 현학사상(玄學思想)이 반영된 것이라고 보았다. 게다가 벽화에 보이는 구전정방옥(廡殿頂房屋)이 중국의 전통 건축물이라고 했다.[100] 즉 호인인 파다라태의 무덤에서 호인의 풍속과 함께 한문화(漢文化)의 영향을 발견할 수 있다는 것이다. 또 다른 연구에 따르면, 삼도영북위묘(三道營北魏墓)와 지가보 M1 · M2의 벽화, 석곽벽화, 관판칠화의 그림 배치와 인물형상, 소재는 사

96 大同市考古硏究所, 「山西大同沙嶺北魏壁畫墓發掘簡報」, 8오른쪽-12오른쪽.

97 劉俊喜, 「山西大同沙嶺發現北魏壁畫墓」, 國家文物局 編, 『2005重要考古發現』, 北京: 文物出版社, 2006, 115-122쪽.

98 張慶捷, 「北魏破多羅氏壁畫墓所見文字考述」, 『歷史硏究』 2007-1, 2007, 179쪽.

99 大同市考古硏究所, 「山西大同沙嶺北魏壁畫墓發掘簡報」, 23오른쪽.

100 吳松巖, 「盛樂 · 平城地區北魏鮮卑 · 漢人墓葬比較分析」, 25오른쪽.

령 북위벽화묘와 유사하며, 세 무덤에 매장된 고인도 호인(선비인) 혹은 선비문화의 영향을 받은 사람이라고 한다. 그러나 여기에도 한족문화의 요소가 보인다고 한다.[101] 앞에서 소개한 네 무덤은 호인의 무덤일 가능성이 높지만, 고유의 장속과 함께 한문화의 영향이 보인다는 공통점이 있다. 그러나 파다라태의 무덤을 제외하면 무덤이 만들어진 시기를 알 수 없다. 다만 파다라태가 죽었던 태연원년(435) 전후 이미 일부 호인의 장속(葬俗)에 변화가 있었음을 확인할 수 있다.

2) 호풍의 제사와 '이례(夷禮)'

1편의 2장 1절에서 우리는 서교제천이 호인의 전통적인 제사였음을 살펴보았다. 이 서교제천 이외에도 북위 전기 한족의 제례와 다른 호속이 반영된 제사가 있다. 이를 시간의 순서대로 살펴보면, 먼저 『위서』「예지」에 나오는 제천의 축문(祝文)은 이례(夷禮), 즉 호속의 제례였다.[102] 한 학자에 따르면, 『주례(周禮)』의 기록에는 천사 2년(405) 하사월 제례 가운데 목주(木主, 신주)의 설치[103]가 보이지 않지만, 헌문제 시기 서교구사(西郊舊事) 때 목주 설치가 보이는 것으로 보아[104] 이는 선비 고유의 전통이라고 한다.[105]

다음은 태무제 시기의 제사이다. 『자치통감』「송기」 문제원가이십일년(文帝元嘉二十一年)조에는

---

101 위와 같음, 25오른쪽 및 27오른쪽.

102 李書吉, 「北朝禮制法系硏究」, 49쪽.

103 『魏書』 卷108 「禮志」1, 2736쪽, "天賜二年夏四月, 復祀天于西郊, 爲方壇一, 置木主七於上."

104 『魏書』 卷108 「禮志」1, 2740쪽, "六月, 顯祖以西郊舊事, 歲增木主七, 易世則更兆, 其事無益於神明. 初革前儀, 定置主七, 立碑於郊所."

105 李書吉, 「北朝禮制法系硏究」, 49쪽.

"북위가 중국에 들어온 이후 비록 자못 고례(古禮)에 따라 천지(天地) · 종묘 · 백신(百神)에 제사를 지냈지만, 여전히 그들의 구속(舊俗)을 따라 [제사를 지냈으며], 그들이 제사하는 호신(胡神)은 매우 많았다. 최호는 제사를 통합하여 57개만 남기고 그 나머지 중복되는 것과 소신(小神)의 제사는 모두 파하도록 청했다. 위주(魏主)는 이를 따랐다."[106]

라고 했다. 위의 인용문에 따르면 북위에는 고례, 즉 중국 전통 의례에 따라 지내는 천지 · 종묘 · 백신의 제사와 구속(舊俗), 즉 호속(胡俗)에 따라 지내는 제사가 공존했다. 최호는 호속에 따라 지내는 제사의 수를 줄이자고 청했다. 이를 통해 태무제 시기까지 호인 자신의 풍속과 신앙에 의거한 제사가 여전히 행해졌음을 확인할 수 있다. 위 인용문에는 태무제가 최호의 주장을 받아들였다고 기록했다. 그러나 태화 15년(491) 당시 제신(諸神)에 대한 제사가 1,200여 개였다는 통계가 있으므로[107] 최호의 상주(上奏)로 호풍의 제사가 감소했다고 단정하기는 어렵다.[108]

이어서 효문제 시기의 제사 기록이다. 『자치통감』에 따르면 490년 효문제와 신하가 의례문제를 논의했다. 동양왕(東陽王) 원비는

---

106 『資治通鑑』 卷124 「宋紀」6 文帝元嘉二十一年(444)六月條, 3906쪽, "魏入中國以來, 雖頗用古禮祀天地 · 宗廟 · 百神, 而猶循其舊俗, 所祀胡神甚衆. 崔浩請存合於祀典者五十七所, 其餘複重及小神悉罷之. 魏主從之."

107 『魏書』 卷108 「禮志」1, 2748쪽, "戊午詔曰: 「國家自先朝以來, 饗祀諸神, 凡有一千二百餘處. 今欲減省羣祀, 務從簡約. ……」"

108 위의 주에 있는 인용문의 '饗祀諸神(향사제신)'은 국가에서 주도하는 제사가 아니라 국가에서 인정하지 않는 제사, 즉 음사(淫祀)일 가능성이 높다. 황제(皇帝) 혹은 조정에서 지내는 제사는 제천과 사직(社稷), 종묘 제사 등을 제외하면 '제신(諸神)'과는 관련이 없기 때문이다. 『위서』 「지형지(地形志)」에서도 동위시대 각 주군현(州郡縣)의 음사(淫祀)를 기록했다. 이 가운데 대부분은 한인(漢人)의 음사(淫祀)였겠지만, 호인이 지내는 음사(淫祀)의 수는 최호(崔浩)가 남기자고 했던 57개보다는 많았을 것이다.

"신과 위원(尉元)은 다섯 황제를 두루 섬겼습니다. 반드시 서쪽에서 신령을 영접하고 북쪽에서 악기(惡氣)를 물리치는 제사를 지내며 길례(吉禮)를 갖추어 행했습니다. [북위를 건국한] 황시년간 이후 이를 고친 적은 없습니다."[109]

라고 말했다. 호삼성은 이 영신(迎神)과 양악(禳惡)의 의례가 이례(夷禮), 즉 호속임을 지적했다.[110] 다음 해인 태화 15년(491)에는 앞에서 언급한 것처럼 이전부터 존재하던 제사가 1,200여 개나 되어 이를 줄이라는 조서가 반포되었다. 또 『자치통감』 권137 「제기(齊紀)」 3 무제영명10년(武帝永明十年) 조의 기록[111]에 따르년 북위가 중월(仲月)에 제사를 지낸 것은 선비의 옛 풍속이라고 한다. 중월은 매 계절의 두 번째 달에 조상에 제사를 지내는 것을 지칭한다. 이 구절의 호주(胡注)에서 이르기를 북위 초 중월에 지낸 제사를 이례(夷禮)라고 했다.[112] 즉 중월 제조(祭祖)는 북방 유목민의 고유한 풍습이며,[113] 반면에 맹월(孟月) 제조(祭祖)는 한인의 전통이었다. 효문제 이전에는 모두 중월로 제사를 지냈다가 태화 16년(492)에 이를 바꾸도록 했다.[114] 이어서 494년 사월에는 북위에서 오월 오일과 칠월 칠일에 조고(祖考)에 향(饗)하는 의식을 없앴다고 기록했다.[115] 호삼성은 이를 모두 이례(夷禮), 즉

109 『資治通鑑』 卷137 「齊紀」 武帝永明八年(490)條, 4297쪽, "太尉[元]丕曰: 「臣與尉元歷事五帝, 必迎神於西, 禳惡於北, 具行吉禮, 自皇始以來, 未之或改.」"

110 『資治通鑑』 卷137 「齊紀」 武帝永明八年(490)條, 4297쪽, "此魏初所用夷禮也."

111 『資治通鑑』 卷137 「齊紀」 武帝永明十年正月條, 4319쪽, "魏舊制, 四時祭廟皆用中節, 丙子, 詔始用孟月, 擇日而祭."

112 위와 같음. "自漢以來, 宗廟歲五祀 · 四孟及臘是也. 魏初用中節, 夷禮也."

113 呂一飛, 『胡族習俗與隋唐風韻』, 205-206쪽.

114 李書吉, 「北朝禮制法系研究」, 64쪽

115 『資治通鑑』 卷139 「齊紀」 明帝建武元年(494)四月條, 4353쪽, "己亥, 魏罷五月五日 · 七月七日饗祖考."

호속이라고 주기(註記)했다.[116] 바꿔 말하면 효문제 시기에 호풍의 제사를 금지하는 조치를 뒤집어 생각하면 태화 14년부터 태화 16년까지 호인은 여전히 자신의 고유한 제사를 지냈다는 뜻이다.

물론 앞에서 호인의 제사만을 언급하고 이전부터 내려오던 한인의 제사를 언급하지 않았다는 반론을 제기할 수 있다. 북위시대 제사 가운데 천흥 2년(399) 정월의 상신제전(上辛祭典)처럼 주(周)의 제도에 부합하나 선비의 것은 아닌 제구(祭具)와 제기(祭器), 제품(祭品)을 사용한 제사도 있었다.[117] 그러나 중요한 것은 제사를 지내는 호인의 태도였다. 『위서』「예지」에 따르면 도무제 천흥 2년(399)에 삼가로부(三駕鹵簿)의 의례를 만들었다. 이후 동지와 하지의 천지 제사, 사절(四節)의 5제(五帝) 제사는 공경들이 대신 지냈지만 사월의 교천(郊天), 즉 서교제천은 반드시 황제가 직접 거행했다.[118] 즉 도무제 이하 역대 황제는 한인의 전통 제사를 인정했지만 그다지 중시하지 않았기 때문에 신하에게 대신 참석하여 제사를 주지(主持)하도록 했던 것이다. 반면 선비인의 고유 제례인 서교제천은 황제가 반드시 참여할 정도로 중시했음을 알 수 있다. 이 또한 호인이 고유의 제사 풍습을 유지하고 지켜 나갔던 예이다.

3. 궁중음악과 민간음악

북위 전기 음악에 관한 기록은 『위서』「악지」와 『수서』「음악지(音樂志)」에

116 『資治通鑑』 卷139「齊紀」明帝建武元年(494)四月條 胡註, 4353쪽, "魏端午 · 七夕之饗, 猶寒食之饗, 皆夷禮也."

117 李書吉, 「北朝禮制法系研究」, 46-47쪽.

118 『魏書』 卷108「禮志」4, 2813쪽, "太祖天興二年, 命禮官捃採古事, 制三駕鹵簿. …… 二至郊天地, 四節祠五帝, 或公卿行事, 唯四月郊天, 帝常親行, 樂加鍾懸, 以爲迎送之節焉."

서 찾아볼 수 있다. 먼저 『위서』「악지」의 서술을 살펴보자.

(다) "[도무제] 천흥원년(398) 겨울에 상서이부랑(尙書吏部郞) 등연(鄧淵)에게 명하여 율려(律呂)를 정하고 음악을 따르도록 했다. 추존한 황증조(皇曾祖)·황조(皇祖)·황고(皇考) 등 제제(諸帝)[에 관한 제례에 사용하는] 악은 팔일(八佾)을 사용하게 했고, 황시지무(皇始之舞)를 추도록 했다. …… (중략) …… 정월 첫째 날에 군신(羣臣)과 잔치를 즐기며 정교(政敎)를 선포했다. 이때 궁현(宮懸)의 정악(正樂)을 갖추어 늘어놓았으며 연(燕)·조(趙)·진(秦)·오(吳)의 음악(音)을 함께 연주했으니, 5방(五方)의 다른 풍속의 곡이었다("五方殊俗之曲"). 4계절의 연회에서도 이를 사용했다. 무릇 악이라는 것은 스스로 생겨난 것을 즐기는 것이며, 예는 그 근본을 잊지 않는 것이다. 액정(掖庭)에서는 진인대가(眞人代歌)를 불렀다. 위로는 [북위의] 조종(祖宗)이 나라를 창업한 유래를 서술했고, 아래로는 군신(君臣)이 흥하고 쇠한 자취에 미쳤으며, 모두 150장(章)이었다. 저녁과 새벽에 진인대가를 노래했으며, 이때 사죽(絲竹)과 합주했다. 교묘의 연회에서도 진인대가를 연주했다."[119]

인용문 (다)에서 도무제 천흥원년(389)에 도입한 율려와 음악은 중국 고유의 음악이었을 것이며, 특히 추존했던 여러 선조에 대한 제의 때 사용한 팔일은 주대(周代)에 사용됐넌 천자의 음악이므로 중국 고유의 음악

119 『魏書』 卷109 「樂志」, 2827쪽, "天興元年冬, 詔尙書吏部郞鄧淵定律呂, 協音樂. 及追尊皇曾祖·皇祖·皇考諸帝, 樂用八佾, 舞皇始之舞. …… 正月上日, 饗羣臣, 宣布政敎, 備列宮懸正樂, 兼奏燕·趙·秦·吳之音, 五方殊俗之曲. 四時饗會亦用焉. 凡樂者樂其所自生, 禮不忘其本, 掖庭中歌眞人代歌, 上敍祖宗開基所由, 下及君臣廢興之跡, 凡一百五十章, 昏晨歌之, 時與絲竹合奏. 郊廟宴饗亦用之."

이다. 이 부분만 보면 음악의 '한화'가 완성된 것처럼 보인다. 그러나 중략 이후의 부분을 보면 정월 첫째 날의 잔치에서 정악과 함께 연 · 조 · 진 · 오의 음악을 함께 연주하도록 했으며, 밑줄 친 부분의 후반부에서는 이를 5방의 다른 풍속의 곡[殊俗之曲]이라고 했다. 여기에서 '연'은 모용씨가 세운 후연, '진'은 당시 강인(羌人)이 세운 후진을 말하며, '오'는 당시 북위에서 사용되던 동진 · 남조의 비칭(卑稱)이었다. '조'는 하북 지역을 가리키거나 흉노와 갈(羯)이 세운 전조(前趙)와 후조(後趙)를 연상시킨다. 즉 인용문의 밑줄 친 부분은 중국 전통의 음악과 오호제국의 여러 음악을 연회에서 함께 연주했음을 기록한 것이다. 또 북위의 역사를 다룬 진인대가(眞人代歌)를 평상시 궁중에서 불렀을 뿐 아니라 교묘의 연회에서도 연주했다. 진인대가는 종묘악이 아니라 호인(선비인)의 음악이었다.[120] 그런데 이를 사죽, 즉 중국의 악기와 함께 연주한 것이다.

(다)의 인용문에서 북위 궁중에서는 중국 전통 음악뿐 아니라 북위가 정복했던 다양한 국가와 종족(種族)의 음악이 모두 사용되었음을 확인할 수 있다. 이는 '한화'도 '호화'도 아닌 두 문화가 뒤섞인 형태였다.[121] 이는 『수서』「음악지」의 기록에서도 확인된다. 아래의 인용문을 검토해 보자.

(라) "[북]제 신무[제 고환]가 패업(霸業)을 처음 세우고 업에 천도했지만, 여전히 ([북]위의) 신하로 칭했기 때문에 모두 [북]위의 전례(典禮)를 따랐다. 문선[제]이 처음으로 선양을 받아 [즉위했지만] 여전히 구장(舊章)을 바꾸지 않았다. …… (중략) …… 그 후 장차 제도를 새로 만들고 옛것을 바꾸려고 했다. 상약전어(尙藥典御) 조정(祖珽)은 옛날에 낙하(洛下)[북위의 수도 낙양]

120 呂一飛, 『胡族習俗與隋唐風韻』, 162-164쪽.

121 逯耀東, 「北魏前期的文化與政治形態」, 67-69쪽; 翟景雲, 「略論北魏前期音樂及其影響」, 『樂府學』 4, 2009, 27-33쪽.

에 있을 때 구악(舊樂)에 통달하고 잘 알았다고 스스로 말하고 다녔다. [조정은] '위씨(魏氏)는 운[주]과 삭[주에 있었던 시기] 처음으로 제화(諸華)를 공격하여 지배한 이래 즐거이 토풍(土風)을 취했으나 자신의 풍속은 바꾸지 않았습니다. 도무제 황시원년에 이르러 모용보(慕容寶)[의 후연을] 중산에서 격파하고 진(晉)의 악기를 획득했지만 가려서 쓸 줄을 몰라 모두 버렸습니다. (1) 천흥년간 초기 이부랑(吏部郞) 등언해(鄧彦海)[등선(鄧渼)]가 상주하여 묘악(廟樂)을 올렸으며 궁현을 창제(創制)했지만, 타악기와 관악기가 갖춰지지 않았습니다. 악장(樂章)이 모두 비었기 때문에 파라회가(簸邏迴歌)와 뒤섞이게 되었습니다. 처음에 팔일을 사용하여 황시지무(皇始之舞)를 만들었습니다. (2) 태무제가 하서[북량]를 평정하여 저거몽손의 기(伎)를 얻어 빈가대례(賓嘉大禮)에 모두 이전의 것과 섞어 사용했습니다. 이 음악이 흥한 것은 아마도 부견[전진] 말기에 여광(呂光)이 출정하여 서역을 평정한 후 호융(胡戎)의 음악을 얻었고 이것이 바뀌게 되어 진의 음악[秦聲]에 섞이게 되었기 때문이니, 소위 진한악(秦漢樂)이라 합니다. [북위 말 효무제] 영희(永熙)년간에 이르러 녹상서사(錄尙書[事]) 장손승업(長孫承業)이 신의 아버지인 태상경(太常卿) 조형(祖瑩) 등과 함께 검토하여 고치고 다듬었으며 융(戎)과 화(華)[의 음악]를 아울러 모두 채용했습니다. 종률(鍾律)에 이르러 찬란하게 크게 갖추어졌습니다. 예부터 계속 이어져 왔기 때문에 손익(損益)을 가히 알 수 있으니 현재 제도를 수립할 때 이로써 표준으로 삼을 것을 청합니다.'라고 상서(上書)했다."[122]

---

122 『隋書』 卷14 「音樂志」中, 313-314쪽, "齊神武霸跡肇創, 遷都于鄴, 猶曰人臣, 故咸遵魏典. 及文宣初禪, 尙未改舊章. …… 其後將有創革, 尙藥典御祖珽自言, 舊在洛下, 曉知舊樂. 上書曰: 「魏氏來自雲 · 朔, 肇有諸華, 樂操土風, 未移其俗. 至道武帝皇始元年, 破慕容寶于中山, 獲晉樂器, 不知采用, 皆委棄之. 天興初, 吏部郞鄧彦海, 奏上廟樂, 創制宮懸, 而鍾管不備. 樂章旣闕, 雜以簸邏迴歌. 初用八佾, 作皇始之舞. 至太武帝平河西, 得沮渠蒙遜之伎, 賓嘉大禮, 皆雜用焉. 此聲所興, 蓋苻堅之末, 呂光出平西域, 得胡戎之樂, 因

라고 했다. 위의 인용문은 북제 문선제 시기 조정(祖珽)이 음악과 관련된 제도를 바꿀 것을 청하며 북위시대 음악의 현실을 언급한 상소문이다.

먼저 (1)은 북위 초 도무제 시기의 일인데, 도무제가 중국의 궁중 음악을 채용하여 이를 도입했지만 완전하지 못하여 파라회가와 같이 사용하게 되었음을 서술했다. 『태평어람(太平御覽)』 권584 「악부」 각(角)조에 따르면, 파라회(簸邏回) 혹은 발라회(拔邏回)는 각(角)이라는 악기의 속명(俗名)이며, 호로(胡虜)의 군중에서 사용한 악기라고 한다.[123] 『수서』 「음악지」하의 기록에 따르면 파라회가는 전쟁과 관련된 내용이며[124] 호어(선비어)로 부른 선비민가(鮮卑民歌)이다.[125] 또 7개 부분으로 구성된 가곡(歌曲)으로 연주할 때 1곡을 3회 중복하여 노래를 불렀다. 또 기병의 훈련과 작전 전 과정을 서술했고 전쟁과 격앙(激昂)의 정(情)이 많았기 때문에 호인(선비인)이 좋아했고 군진(軍陣)의 음악으로 사용되었다.[126] (1)과 여러 상황을 살펴보면 북위초기에는 중국의 전통 음악과 호인의 음악이 공존했음을 알 수 있다.

이어서 밑줄 친 (2)에서는 태무제가 북량을 정복한 후 '전진→후량→북량'으로 계승된 음악을 수용했음을 알 수 있다. 이보다 앞선 428년 태무제는 하(夏)를 격파하고 하의 악공과 악기를 평성으로 가져왔다. 하는 본래 남흉노의 후예가 세웠고 서역과의 왕래가 빈번했으므로, 하의 악무

又改變, 雜以秦聲, 所謂秦漢樂也. 至永熙中, 錄尙書長孫承業, 共臣先人太常卿瑩等, 斟酌繕修, 戎華兼采, 至於鍾律, 煥然大備. 自古相襲, 損益可知, 今之創制, 請以爲準.」"

123 『太平御覽』(李昉等撰, 北京: 中華書局, 1960; 1998년重印) 卷584 「樂部」 角條, 卷584의앞쪽(2633쪽), "角長五尺, 形如竹筒, 本細末稍大, 未詳所起, 今鹵簿及軍中用之. …… 此器俗名'拔邏回', 蓋胡虜警軍之音, 所以書傳無之. 海內亂離, 至侯景圍臺城, 方用之也."

124 『隋書』 卷15 「音樂志」下, 383쪽, "大角, 第一曲起捉馬, 第二曲被馬, 第三曲騎馬, 第四曲行, 第五曲入陣, 第六曲收軍, 第七曲下營. 皆以三通爲一曲. 其辭並本之鮮卑."

125 翟景雲, 「略論北魏前期音樂及其影響」, 31쪽.

126 呂一飛, 『胡族習俗與隋唐風韻』, 166-167쪽.

(樂舞)에는 북방민족과 서역의 색채가 강했다.[127] 또 『수서』 「음악지」에 언급된 수 대업년간(大業年間)의 9부악(九部樂)[128] 가운데 서량악(西涼樂) · 구자악(龜茲樂) · 소륵악(疏勒樂) · 안국악(安國樂) · 고려악(高麗樂) 등 5부악(五部樂)이 북위 전기에 들어왔다고 한다. 이 가운데 서량악이 북위 전기 궁중 음악에서 최고의 지위를 차지했으며, 후에는 국기(國伎)로 불렸다.[129] 이처럼 중앙아시아 음악의 영향을 받은 피정복국가의 음악이 평성에 전해지면서 중앙아시아와 북방 유목민의 음악이 북위 호인의 음악에 섞이게 되었다.[130]

이러한 중앙아시아 음악의 영향은 고고 유물에서도 확인된다. 예컨대 대동 사마금룡묘 석조관상(石雕棺床)과 주초(柱礎)에서 기악연주에 조각된 것은 모두 서역 악기였다. 안북사원2호묘(M2)의 8개 악용(樂俑) 가운데 6개 악용이 연주한 것은 서역에서 전래된 악기였다. 안북사원2호묘와 송소조묘에서는 기악(伎樂)과 잡기(雜技)를 연주하고 공연하는 서역인 형상과 옷차림의 악용이 발굴되었다.[131] 특히 안북사원2호묘에서 출토된 기악호용(伎樂胡俑)에서 속특악(粟特樂, 소그드 음악) 혹은 안국악(安國樂)의 요소를 확인할 수 있다.[132] 사마금룡과 송소조는 한인(漢人)이지만, 이들의 무덤에서

127 張志忠, 「大同北魏彩繪樂俑鑑賞」, 『收藏家』 2008-12, 2008, 13가운데쪽.

128 『隋書』 卷15 「音樂志」下, 377쪽, "及大業中, 煬帝乃定淸樂 · 西涼 · 龜茲 · 天竺 · 康國 · 眞勒 · 安國 · 高麗 · 禮畢, 以爲九部. 樂器工衣創造既成, 大備於茲矣."

129 위와 같음, 378쪽, "西涼者, 起苻氏之末, 呂光 · 沮渠蒙遜等, 據有涼州, 變龜茲聲爲之, 號爲秦漢伎. 魏太武既平河西得之, 謂之西涼樂. 至魏 · 周之際, 遂謂之國伎."

130 翟景雲, 「略論北魏前期音樂及其影響」, 31쪽.

131 張志忠, 「大同北魏彩繪樂俑鑑賞」, 13오른쪽. 음악을 연주하고 잡기(雜技)를 연출하는 호인용(胡人俑)은 모두 심목고비(深目高鼻), 고액착이(高額窄頤)의 외모를 지녔고 머리에는 원형소모(圓形小帽)를 쓰고 몸에는 원령착수장포(圓領窄袖長袍)를 입었다. 이는 전형적인 서역인(西域人)의 특징이다(張志忠, 「大同北魏墓葬胡俑的粟特人象徵」, 『文物世界』 2005-6, 2005, 30오른쪽).

중앙아시아 사람의 용모를 닮은 악용이 발견된 것을 보면 당시 중앙아시아의 음악이 호인뿐 아니라 한인의 생활에도 영향을 주었음을 알 수 있다.

그런데 한 학자는 안북사원2호묘와 송소조묘에서 발견된 호인용(胡人俑)이 중앙아시아인 가운데 소그드인일 것이라고 추정했다. 이 학자의 주장에 따르면, 소그드인은 양주(涼州)에서 장사하다가 태연 5년(439)에 태무제가 북량을 멸망시킨 후 북위 군대에 사로잡혔다. 『위서』 「속특전(粟特傳)」에서는 고종 초(高宗初), 즉 문성제 초기에 소그드인의 속환(贖還)을 요구했다는 기록이 보인다.[133] 아마도 태연 5년(439) 시월 양주민(涼州民) 3만여 가를 평성으로 이주시킬 때 적지 않은 소그드인이 평성으로 이주했을 것으로 추정된다. 그리고 태안(太安) 3년(457) 소그드에서 조공했다는 기록으로 보아 문성제 초기는 태안 3년(457)일 것이다. 또 소그드인은 한인과 선비인 사이에서 잡거하면서 당시 생활방식에 적응했고, 여전히 평성에 거주했기 때문에 대동북위묘에서 호인용이 출토되었다고 한다. 따라서 이 시기 민간에서는 서역 혹은 안국의 음악이 유행했다.[134]

위의 내용을 요약하면 북위의 궁중 음악은 호인의 음악과 한족의 전통적인 궁중 음악, 중앙아시아의 음악이 혼재되었다고 할 수 있다. 한편 민간에서는 소그드 음악과 안국악이 유행했다. 심지어 한인인 사마금룡과 송소조의 무덤에서 중앙아시아인의 외모를 한 악용이 발견되는 것으로 보아[135] 일부 한인도 중앙아시아의 음악을 즐겼음을 알 수 있다.

본 절에서 호인의 복식과 음식, 주거, 상장과 제례, 의례와 예악 등을 검

---

132 張志忠, 「大同北魏墓葬胡俑的粟特人象徵」, 32왼쪽.

133 『北史』 卷97 「西域 · 粟特傳」, 3221쪽, "其國商人先多詣涼土販貨, 及魏克姑臧, 悉見虜. 文成初, 粟特王遣使請贖之, 詔聽焉. 自後無使朝獻."; 『魏書』 卷102補 「西域 · 粟特傳」, 2270쪽.

134 張志忠, 「大同北魏墓葬胡俑的粟特人象徵」, 31왼쪽 및 32왼쪽.

135 張志忠, 「大同北魏彩繪樂俑鑑賞」, 2008, 13오른쪽.

토한 결과 북위 전기의 호인은 대부분의 고유한 의식주와 상장, 제례 등을 고수했다. 그리고 한족의 제도를 받아들였다는 의례와 예악에서도 각종 호인의 의례와 기물, 음악 등이 여전히 남아 있었으며, 선비와 저 · 흉노, 중앙아시아 각 종족(種族)의 음악이 한인의 음악과 공존했음을 확인할 수 있다. 바꿔 말하면 북위 전기에는 선비인을 주류로 하는 호인의 문화가 여전히 남아 있었고, 한족의 일부 전통 문화와 여러 이민족의 문화가 공존하는 양상을 보였다.

제 2 장 _ 북위 전기 호어 사용 현상

1. 북위 전기 호어 사용 상황

북위 전기 호어 사용의 실례를 『위서』와 남조계 사서, 각종 금석문을 토대로 검토해 보자. '서기시대'와 하북을 점령하기 이전의 도무제 시기에는 한지(화북)를 거의 지배하지 않았으므로 당연히 호어를 사용했을 것이다. 예컨대, 『위서』 권24 「장곤전(張袞傳)」에는 탁발규(拓跋珪)[도무제]가 대왕(代王)에 즉위한 후 장곤(張袞)이 좌장사(左長史)에 임명되어 유연 원정에 종군했을 때의 상황을 다음과 같이 기록했다.

> "장곤은 태조[도무제]의 연연[유연] 원정에 종군했다. 연연이 도망가자 연연을 500-600리나 추격했다. 제부수(諸部帥)가 장곤을 통해 태조에게 '지금 적(賊)은 멀고 식량은 다했기 때문에 마땅히 깊숙이 들어가서는 안 됩니다. 청컨대 속히 회군하십시오.'라고 말하도록 했다. 태조는 장곤에게 명하여 제부수에게 만약 부마(副馬)를 죽이면 족히 사흘 동안 식량이 될 수 있는지 묻게 했다. [제부수들은] 모두 [사흘 식량으로] 족하다고 대답했다. 태조는 하

루에 이틀 갈 속력으로 연연을 추격하여 광막적지(廣漠赤地) 남상산(南床山) 기슭에서 연연을 대파했다. 태조는 [장]곤에게 '경들은 내가 전에 사흘치 식량에 대해 물은 뜻을 아느냐?'라고 물었다. [장곤은] '아무도 알지 못했습니다.'라고 대답했다. 태조는 '이는 알기 쉬운 것이다. 연연이 달아난 지 수일이 지났는데 연연의 남아 있는 가축은 물가에 도달하면 반드시 머물러야 한다. 그 도정(道程)을 계산해 보면 사흘이면 족히 도달할 수 있다. 경무장 기병[輕騎]이 갑자기 [연연이 있는 곳에] 이르러 상대방을 기습하면 그들은 반드시 놀라 흩어질 것인즉, 세(勢)가 그러한 것이다.'라고 말했다. [장]곤이 나와서 태조의 말을 부수들에게 고하자 모두 '성책(聖策)이 장구(長久)하여 어리석은 우리가 미치지 못하는 바다.'라고 말했다."[1]

위에서 장곤은 유연 정벌 당시 도무제와 부수들 사이에서 명령을 전달하는 역할을 맡았음을 알 수 있다. 『자치통감』에 따르면 위의 인용문은 동진 효무제 태원(太元) 16년(391), 북위의 연호로는 등국 6년에 발생한 일화이다.[2] 이 당시 북위는 하북 지방을 점령하기 전이었으므로 제부수들은 한어를 배울 필요가 없었고, 잘할 이유도 없었다. 따라서 장곤은 참모 겸 서기로서 호어를 사용하는 탁발규[태무제]와 제부수 사이에서 연락하는 임무를 맡았을 것이다. 장곤은 상곡군(上谷郡) 저양현(沮陽縣) 출신의 한인이었

---

1 『魏書』 卷24 「張袞傳」, 612쪽, "從太祖征蠕蠕. 蠕蠕遁走, 追之五六百里. 諸部帥因[張]袞言於太祖曰: 「今賊遠糧盡, 不宜深入, 請速還軍.」 太祖令[張]袞問諸部帥, 若殺副馬, 足三日食否. 皆言足也. 太祖乃倍道追之, 及於廣漠赤地南床山下, 大破之. 旣而太祖問袞, 「卿曹外人知我前問三日糧意乎!」 對曰: 「皆莫知也.」 太祖曰: 「此易知耳. 蠕蠕奔走數日, 畜産之餘, 至水必留. 計其道程, 三日足及. 輕騎卒至, 出其不意, 彼必驚散, 其勢然矣.」 [張]袞以太祖言出告部帥, 咸曰: 「聖策長遠, 非愚近所及也.」"

2 『資治通鑑』 卷107 「晉紀」 孝武帝太元十六年(391)條, 3401쪽.

다.[3] 장곤처럼 북방의 각종 유목민과 만나야 했던 변경의 한인은 의사소통을 위해 호어를 배워야 했을 것이다. 장곤의 동생 장순(張恂)도 도무제에게 비수의 전투 이후 화북이 분열하여 모용씨(후연)와 부씨(전진), 요씨(후진)가 산동[4]과 진롱(秦隴)에 할거했으니 이 기회를 이용해 대업(大業)을 이룰 것을 권했다.[5] 『위서』의 기사가 직접화법을 그대로 옮겼다는 것을 전제한다면 이는 장순도 호어로 도무제와 대화했음을 시사한다. 장곤 형제의 예는 도무제가 대왕(代王)으로 재위하던 시기(북위를 정식으로 건국하기 이전의 시기)의 일화이다. 다음으로 북위가 하북을 지배한 후의 예를 살펴보자. 다음은 조의(晁懿)에 얽힌 일화이다.

> "조의는 북인(北人)의 말에 능하여 좌우에서 내시했으며 황문시랑(黃門侍郎)이 되어 형제가 모두 현달했다. 조의는 용모 풍채 꾸미기를 좋아했고, 의복의 착용이 법도를 넘었으며, 말하는 목소리가 태조[도무제]와 비슷했다. 좌우에서 매번 그의 목소리를 듣고 놀라지 않는 사람이 없었다. 태조는 이를 알고 그를 싫어했다."[6]

위 인용문의 첫 부분에서 나오는 '북인(北人)'은 선비인을 비롯한 북방

3 『魏書』 卷24 「張袞傳」, 612쪽, "張袞, 字洪龍, 上谷沮陽人也."

4 산동(山東)은 현재 산동성(山東省)을 지칭하지만, 진한시대부터 수당시대까지 화산(華山) 동쪽, 즉 황하 중하류 지역을 지칭하였다. 함곡관(函谷關) 동쪽을 뜻하는 관동도 같은 뜻이다.

5 『魏書』 卷88 「良吏 · 張恂傳」, 1900쪽, "張恂, 字洪讓, 上谷沮陽人也. 隨兄[張]袞歸國, 參代王軍事. [張]恂言於太祖曰: 「金運失御, 劉石紛紜, 慕容竊號山東, 苻姚盜器秦隴, 遂使三靈乏饗, 九域曠君. 大王樹基玄朔, 重明積聖, 自北而南, 化被燕趙. 今中土遺民, 望雲冀潤. 宜因斯會, 以建大業.」"

6 『魏書』 卷91 「術藝 · 晁崇傳附懿傳」, 1944쪽, "以善北人語內侍左右, 爲黃門侍郎, 兄弟並顯. [晁]懿好矜容儀, 被服僭度, 言音類太祖. 左右每聞其聲, 莫不驚竦. 太祖知而惡之."

유목민을 지칭한다. 한인의 북쪽에 살기 때문에 붙여진 명칭이다. 따라서 조의가 북인의 말에 능했다는 말은 유목민이 사용했던 호어에도 능했다는 뜻이다. 즉 조의는 호어에 능했기 때문에 도무제의 측근이 되었다. 바꿔 말하면 이는 도무제가 호어를 사용했음을 시사한다. 혹자는 도무제가 전진에 억류되어 중국문화의 영향을 강하게 받았고[7] 한어에도 능했기 때문에 위의 상황에서 도무제는 한어를 사용했을 수 있다는 이의를 제기할 수 있다. 도무제가 한어와 한문화에 대해 어떤 태도를 취했는지 『위서』「하적간전(賀狄干傳)」의 일화를 살펴보자.

> "[하]적간이 장안에서 유폐되었다. 이때 서(書) · 사(史)를 습독(習讀)하여 『논어(論語)』와 『상서』 등 제경(諸經)에 능통했고 거지(擧止)와 풍류(風流)가 유자(儒者)와 비슷한 점이 있었다. 이전에 태조[도무제]가 대거 공신을 봉(封)했을 때 [하]적간은 비록 요흥에게 억류되었지만 [후진의 요흥은] 양무후(襄武侯)라는 작위를 하사했고 관직에 진병장군(秦兵將軍)을 덧붙여 주었다. [하]적간이 귀국하자 태조[도무제]는 그의 언어와 의복이 강속(羌俗)과 유사함을 보고 그가 [강속을] 흠모하여 배웠다고 생각하여 노여워하다가 결국 살해했다."[8]

위의 인용문에서 도무제는 하적간(賀狄干)의 언어와 의복이 강의 풍속[羌俗]과 비슷하고, 그가 이를 모방하려 했다고 오해하여 그를 살해했다. 그러나 앞의 문장에서는 하적간이 『논어』와 『상서』, 기타 사서 등 중국문화

7 李凭, 『北魏平城時代』, 17-32쪽.

8 『魏書』 卷28 「賀狄干傳」, 686쪽, "[賀]狄干在長安幽閉, 因習讀書史, 通論語 · 尙書諸經, 擧止風流, 有似儒者. 初, 太祖普封功臣, [賀]狄干雖爲姚興所留, 遙賜爵襄武侯, 加秦兵將軍. 及[賀]狄干至, 太祖見其言語衣服, 有類羌俗, 以爲慕而習之, 故忿焉, 旣而殺之."

를 배웠고 유자와 비슷했다고 기록된 것을 보면 강속은 한문화를 가리킨다고 보는 것이 타당하다. 즉 도무제는 '한화'된 하적간을 증오하여 살해했던 것이다. 도무제가 이전에는 중국문물을 접했다 하더라도 이 시점에서는 중국문물을 싫어했음을 알 수 있다.

또 도무제가 개인적으로 중국문물을 선호한다고 해도 이를 공공연히 드러낼 수 있는 정치적인 상황이 아니었다. 일찍이 서진(西晉)의 인질로 잡혀 있는 동안 중국의 문화를 배운 사막한(沙漠汗)이 중국에서 배운 탄환(彈丸) 사용법을 이용하여 새를 잡자 대인(大人)이 중국문화의 수용을 두려워하여 사막한을 살해한 사실이나[9] '서기시대'에 구인((舊人)=호인)과 신인((新人)=진인(晉人)=한인)이 정치적으로 대립한 사건[10]은 호인지배층이 중국문물 수용에 대한 거부감을 지녔음을 보여 준다. 이러한 상황에서 유복자로 태어나 정치적 기반이 없었으며 숙부 탁발굴돌(拓跋窟咄)과 계승분쟁을 벌였던[11] 도무제가 한어와 중국문화에 익숙했다면 '한화'에 거부감이 있었던 호인이 도무제를 지지했을 가능성은 적다. 북위초기 중국 관제가 도입되었으나 천사 2년(405) 상서계 관제의 폐지와 서교제천의 부활, 대가노부(大駕鹵簿), 복색(服色)의 복구 등 중국의 제도 대신 선비의 구속(舊俗)이 채택되었다. 이는 제실십족(帝室十族)과 빈국제부대인(賓國諸部大人) 등 호인지배층이 황제권에 저항하여 후자가 승리했기 때문이라고 한다.[12] 이러한 선행연구를 참조하면 도무제의 개인적 · 정치적 성향을 호인지배층에게 강요할 수 없는 상황이었음을 알 수 있다. 오히려 중국문화를 접하지 않은

9 『魏書』 卷1 「序紀」, 4-5쪽.

10 唐長孺, 「拓跋國家的建立及其封建化」, 193-201쪽.

11 張繼昊, 「拓跋珪的崛起與北魏王朝的肇建」, 『從拓跋到北魏』, 臺北: 稻鄉出版社, 2003, 235-248쪽.

12 何德章, 「北魏初年的漢化制度與天賜二年的倒退」, 17-26쪽.

호인을 통치하기 위해 한어와 한문화를 싫어하는 정치적인 태도를 취했을 수도 있다.[13]

이어서 도무제 초기인 천흥 4년(401) 상서 36조(曹)에 대인령사(代人令史)·역령사(譯令史)·서령사(書令史)를 설치한 기록을 살펴보자.[14] 대인령사와 역령사는 호어와 한어를 통역 혹은 번역하는 관원일 것으로 추정된다. 이는 이 시기에도 도무제와 호인지배층이 여전히 호어를 사용했음을 의미한다.[15] 바꿔 말하면, 도무제 재위시기에는 도무제와 호인지배층이 아직 호어를 사용했고, 장곤·장순 형제와 조의 등 호어에 능한 일부 한인관료는 언어를 무기로 하여 황제의 신임을 얻었다.

사실 도무제 재위시기는 북위가 새외에 있던 '탁발부 부족연합체', 즉 대국(代國)이 하북을 점령하여 한인과 본격적으로 접촉하기 전이었다. 탁발씨를 정점으로 한 호인지배층이 아직 한인과 중국문화에 익숙하지 않아 자신의 말과 문화를 여전히 유지했음은 당시 상황을 이해하면 수긍할 수 있다. 즉 하북을 지배한 후 수십 년이 지나면서 중국 문화에 익숙해지고 차차 통치를 위해 한어를 배우게 되었을 것이라는 가정도 가능하다. 이러한 가정이 옳은지 살펴보자.

『수서』「경적지(經籍志)」에서는 북위초기에 중원을 평정한 후 군대의 호령(號令)은 모두 이어(夷語), 즉 호어를 사용하여 전달했다고 기록했다.[16] 이는 북위시대 군인 대다수가 호인이었고 호어를 사용했기 때문이다. 또 『수서』「경적지」에는

---

13 崔珍烈, 「北魏前期 胡語 사용 현상과 그 배경」, 『동아시아문화연구』(『韓國學論集』 改題) 46집, 2009, 211-212쪽.

14 『魏書』 卷113 「官氏志」, 2973쪽.

15 鄭欽仁, 「譯人與官僚機構-北魏政治制度史研究的前提之一-」, 『北魏官僚機構研究續編』, 臺北: 稻禾出版社, 1995, 223-224쪽.

16 『隋書』 卷32 「經籍志」 經·小學條, 947쪽, "又後魏初定中原, 軍容號令, 皆以夷語."

"또 말하기를, 위씨[북위]가 낙양천도했을 때 아직 화어(華語)에 통달하지 않았다. 효문제는 후복후가실릉(侯伏侯可悉陵)에게 명하여 이언(夷言)으로 『효경(孝經)』의 요지를 번역하여 국인에게 가르치게 했다. 이를 『국어효경(國語孝經)』이라 칭했다."[17]

라고 했다. 여기에서 한인의 『효경』을 문자가 아닌 이언(夷言), 즉 호어로 번역했다는 말이 잘 이해되지 않지만,[18] 위의 기록을 보면 호인 대부분이 낙양천도 이전에는 한어를 구사하지 못했음을 알 수 있다.

이는 여문조(呂文祖)의 예에서 확인된다. 여문조는 현조(顯祖) 즉 헌문제 시기에 용목조주사중산에 임명되었다가 후에 무천진으로 유배되었으나, 구어(舊語)로 『황고(皇誥)』를 역주(譯注)하여 양평태수(陽平太守)로 발탁되었다가 외도조주사중산(外都曹奏事中散)에 임명되었다.[19] 『황고』는 풍태후가 지은 글이었으며,[20] 『위서』「고조기」에 따르면 태화 9년(485)에 공포

17 『隋書』 卷32 「經籍志」 經 · 孝經條, 935쪽, "又云魏氏遷洛, 未達華語, 孝文帝命侯伏侯可悉陵, 以夷言譯孝經之旨, 敎于國人, 謂之國語孝經."

18 유목민은 구술문화의 전통이 강하므로 『효경(孝經)』을 호어로 번역하여 이를 호인에게 알려 입에서 입으로 전했을 가능성을 상정해 볼 수 있다. 반면, 이를 『국어효경(國語孝經)』이란 책으로 편찬했다는 것으로 보아 호어의 발음을 한자로 표기한 책을 펴냈을 지도 모른다.

19 『魏書』 卷30 「呂洛拔傳附文祖傳」, 732쪽, "長子文祖, 顯祖以其勳臣子, 補龍牧曹奏事中散. 以牧產不滋, 坐徙於武川鎮. 後[呂]文祖以舊語譯注皇誥, 辭義通辯, 超授陽平太守. 未拜, 轉爲外都曹奏事中散." 『南齊書』 「魏虜傳」에서도 馮太后가 『皇誥』를 지었으며 李沖이 注解했다고 기록했다(『南齊書』 卷57 「魏虜傳」, 990쪽, "至七年, 遣使邢產 · 侯靈紹復通好. 先是劉纘再使虜, 太后馮氏悅而親之. 馮氏有計略, 作皇誥十八篇, 僞左僕射李思沖稱史臣注解. 是歲, 馮氏死."). 그렇다면 『황고(皇誥)』의 한문본(漢文本)은 이충이, 구어(舊語) 즉 호어본(胡語本)은 여문조(呂文祖)가 각각 주해(注解)했다고 이해할 수 있다.

20 『北史』 卷13 「后妃上 · 魏文成文明皇后馮氏傳」, 495쪽, "太后以帝富於春秋, 乃作勸戒歌三百餘章, 又作皇誥十八篇, 文多不載."; 『魏書』 卷13補 「皇后 · 文成文明皇后馮氏傳」,

되었다.[21] 후자의 기록을 보면 여문조가 구어(舊語)로 『황고』를 역주한 것은 적어도 태화 9년 이전의 일이다. 여문조의 선조 여락발(呂洛拔)은 대인(代人)이었다.[22] 대인은 탁발부에 편입된 각종 호인을 지칭하므로, 여문조는 호인이었음을 알 수 있다. 그리고 여기서 '구어(舊語)'는 호어를 지칭함을 알 수 있다. 문맥상으로 보아 여문조는 호어와 한어를 모두 구사할 줄 알았다고 유추할 수 있다. 그리고 여문조가 굳이 호어로 『황고』를 번역하고 역주한 것은 효문제 초기까지 호인이 한어와 한문에 능하지 못했음을 보여주는 증거이다. 이는 위의 인용문 내용과 부합한다.

또 『구당서』 「음악지」에는 북위 전기, 즉 평성시대 후궁과 궁녀가 밤낮으로 진인대가를 노래했다는 기록이 있다.[23] 진인대가는 호인 사이에 전해오는 일종의 서사시이고 노랫말은 호어였다.[24] 따라서 진인대가를 늘 불렀다는 일화를 통해 궁중에서도 여전히 호어를 사용했음을 알 수 있다.[25]

이 밖에 태무제 시기 사용된 '노(奴)'의 용법에서도 호어 사용의 흔적을 찾아볼 수 있다. 『송서』 「노상전(魯爽傳)」에 따르면 노상(魯爽)이 태무제에게 자신을 칭할 때 '노(奴)'라고 했다. 이를 북위에서는 신하가 군주에게 자신을 '노(奴)'라고 칭했으며, 이는 중국의 칭신(稱臣)과 같다고 했다.[26] 『송서』 「노상전」은 노상이 어려서 다른 습속[殊俗], 즉 호속에 물들었으며 다

329쪽.

21 『魏書』 卷7上 「高祖紀」上 太和九年春正月條, 155쪽, "癸未, 大饗羣臣于太華殿, 班賜皇誥."

22 『魏書』 卷30 「呂洛拔傳」, 732쪽, "呂洛拔, 代人也."

23 『舊唐書』 卷29 「音樂志」2 四夷之樂 · 北狄之樂條, 1071쪽, "後魏樂府始有北歌, 卽魏史所謂眞人代歌是也. 代都時, 命掖庭宮女晨夕歌之."

24 呂一飛, 『胡族習俗與隋唐風韻』, 162쪽.

25 崔珍烈, 「北魏前期 胡語 사용 현상과 그 배경」, 213-214쪽.

26 『宋書』 卷74 「魯爽傳」, 1923쪽.

시 화풍(華風)을 회복하지 못했다고 기록했다.[27] 이는 노상이 한인이었지만 호인처럼 생활했고 호어를 사용했음을 보여 준다. 이 일화에서 [한인의] '노(奴)' 사용을 볼 수 있다. 이는 호어의 용법이므로, 노상은 태무제에게 호어로 말했음을 알 수 있다. 또한 이는 태무제 시기의 궁중 언어가 호어였음을 보여 준다.

앞에서 제시한 예를 살펴보면 북위의 궁정과 군대에서 호어를 사용했음을 확인할 수 있다. 물론 일부 호인이 한어와 한문을 배웠을 수 있지만, 궁중과 군대에 있었던 다수의 호인은 여전히 호어를 사용하며 살아갈 수 있었다. 따라서 하북 혹은 화북 지배와 한어 습득 사이에는 직접적인 관계가 없었다고 볼 수 있다.

2. 호어 사용의 실례

1) 사서에 보이는 호어 단어와 성명

북위를 세운 탁발부에는 선비계통의 탁발씨뿐 아니라 흘골씨 · 을전씨 등 고차인이 포함되었다. 게다가 북위를 건국하기 이전 하뢰부(賀賴部, 하란부(賀蘭部)라고도 한다)와 독고부(獨孤部) 등 흉노 계통의 유목민 집단과 서로 통혼했다.[28] 따라서 탁발부는 선비 · 고차 · 흉노 등 다양한 유목민 집단의 혈통이 섞인 혼성집단이었다. 이러한 혼혈관계에 있었던 탁발씨와 제실십성은 어떤 언어를 사용했을까? 이들이 남긴 몇 개의 단어에서 이들의 어족을 유추할 수 있지만, 명확하지 않다. 그리고 탁발씨 등이 사용한 언어가 선비어인지, 흉노어 혹은 투르크계 언어인지 현재로서는 알 수 없다. 다만

27 위와 같음, 1922쪽, "[魯]爽少有武藝, 虜主拓跋燾知之, 常置左右. 元嘉二十六年, [魯]軌死, [魯]爽爲寧南將軍 · 荊州刺史 · 襄陽公, 鎭長社. 幼染殊俗, 無復華風."

28 姚薇元, 『北朝胡姓考』, 5-24쪽; 馬長壽, 『烏桓與鮮卑』, 245-248쪽.

미국의 한 학자는 탁발씨가 사용한 언어에 대해 투르크어 계통이라고 주장하며 몽골어와의 관련성도 일부 인정했다.[29] 중국 학자는 이 호어가 흉노어 · 몽골어와 계승관계에 있다고 추정했다.[30]

어쨌든 사서에 기록된 호어의 예를 살펴보자. 『남제서』「위로전」에는 호어의 음사로 추정되는 관명이 보인다.

> "국중(國中)에서는 내좌우(內左右)를 '直眞(직진)', 외좌우(外左右)를 '烏矮眞(오왜진)', 조국(曹局)의 문서리(文書吏)를 '比德眞(비덕진)', 옷을 짊어지는 사람을 '樸大眞(박대진)', 무기를 휴대한 사람을 '胡洛眞(호락진)', 통사인(通事人)을 '乞萬眞(걸만진)', 문(門)을 지키는 사람을 '可薄眞(가박진)', 대(臺)의 승역(乘驛)을 담당한 천인(賤人)을 '拂竹眞(불죽진)', 제주(諸州)의 승역(乘驛)을 담당한 사람을 '咸眞(함진)', 사람을 죽이는 사람을 '契害眞(계해진)', 주인을 위하여 나가서 전언(傳言)을 받아 오는 사람을 '折潰眞(절궤진)', 귀인(貴人)의 음식을 만드는 사람을 '附眞(부진)'이라 한다. 삼공(三公)과 귀인을 통칭하여 '羊眞(양진)'이라 한다. 佛狸(불리)[태무제]는 삼공 · 태재(太宰) · 상서령 · 복야(僕射) · 시중(侍中)을 설치했으며, 태자와 공동으로 국사(國事)를 결정했다. 전중상서(殿中尙書)는 전내(殿內)의 병마(兵馬)와 창고(倉庫)에 관한 일을 관장했고, 악부상서(樂部尙書)는 기악(伎樂)과 각사(角史) · 오백(伍伯)에 관한 사무를 담당했으며, 가부상서는 소 · 말 · 나귀 · 노새를 관리했다. 남부상서(南部尙書)는 남변(南邊)의 주군(州郡)을 관할했으며, 북부상서

---

29 Boodberg, "The Language of the To-Pa Wei", 170쪽 및 172-175쪽 참조.

30 烏其拉圖, 「部分匈奴語詞之復原考釋」, 『內蒙古大學學報(人文社會科學版)』 31-4, 1999, 56-58쪽; 朱學淵, 「鮮卑民族及其語言」(上), 『滿語研究』 2000-1(總第30期), 2000; 烏其拉圖, 「《南齊書》中部分拓跋鮮卑語名詞的復原考釋」, 『內蒙古社會科學(漢文版)』 23-6, 2002 참조.

(北部尙書)는 북변(北邊)의 주군을 관할했다. 또 俟懃地何(사근지하)는 상서에 해당했다. 그리고 莫堤(막제)는 자사(刺史)에, 郁若(욱약)은 이천석(二千石) 즉 태수(太守)에, 受別官(수별관)은 제후에 해당했다. …… (중략) …… 또 九豆和官(구두화관)을 두어 궁성 3리 안에 있으며 호적이 제군수(諸軍戍)에 속하지 않는 백성을 관리하게 했다."[31]

위 인용문 가운데 "佛狸(불리)[태무제]는 삼공 · 태재 · 상서령 · 복야 · 시중을 설치했으며, 태자와 공동으로 국사를 결정했다."는 구절에서 이 관제가 적어도 태무제 시기에 통용되었던 관제의 일부임을 알 수 있다. 또 관명 · 관직이 위진남조(魏晉南朝) 계열로 이어지는 중국 고유의 관제와 다름을 확인할 수 있다.

먼저 육안으로 보기에 호족계통의 관명이 태무제 무렵 존재했음을 알 수 있다. 위의 인용문에서 直眞(직진) · 烏矮眞(오왜진) · 比德眞(비덕진) · 樸大眞(박대진) · 胡洛眞(호락진) · 乞萬眞(걸만진) · 可薄眞(가박진) · 拂竹眞(불죽진) · 咸眞(함진) · 契害眞(계해진) · 折潰眞(절궤진) · 附眞(부진) · 羊眞(양진) 등 '○○眞(진)'으로 표기되는 관명이 존재했음을 알 수 있다. 이는 몽골계 관명을 음역한 '○○赤(적)'과 유사하다. 몽골어 접미사 '赤(적, či)'은 사람을 뜻한다고 한다. 원문에도 '○○人(인)'이 '○○眞(진)'에 해당한다고

---

31 『南齊書』 卷57 「魏虜傳」, 985쪽, "國中呼內左右爲'直眞', 外左右爲'烏矮眞', 曹局文書吏爲'比德眞', 樸衣人爲'樸大眞', 帶仗人爲'胡洛眞', 通事人爲'乞萬眞', 守門人爲'可薄眞', 僞臺乘驛賤人爲'拂竹眞', 諸州乘驛人爲'咸眞', 殺人者爲'契害眞', 爲主出受辭人爲'折潰眞', 貴人作食人爲'附眞'. 三公貴人, 通謂之'羊眞'. 佛狸置三公 · 太宰 · 尙書令 · 僕射 · 侍中, 與太子共決國事. 殿中尙書知殿內兵馬倉庫, 樂部尙書知伎樂及角史伍伯, 駕部尙書知牛馬驢騾, 南部尙書知南邊州郡, 北部尙書知北邊州郡. 又有俟懃地何, 比尙書; 莫堤, 比刺史; 郁若, 比二千石; 受別官比諸侯. …… 又置九豆和官, 宮城三里內民戶籍不屬諸軍戍者, 悉屬之."

기술하여 '-眞(진)' 역시 사람을 뜻하는 선비어계 접미사일 가능성이 높다. 학자는 이를 몽골어 · 투르크어와 대조하여 위 단어의 음을 복원하려고 시도했다.[32]

이 가운데 比德眞(비덕진)을 살펴보자. 比德眞(비덕진)은 흉노의 관명인 畢臺者(필대기) · 比車者(비차기) · 北車者(북차기)와 동일한 단어이며, 몽원시대(蒙元時代)에는 必闍赤(필도적) · 畢徹赤(필철적), 청대에는 筆帖齊(필첩제) · 筆帖式(필첩식)으로 음사(音寫)되었다고 한다.[33] 실제 몽골제국의 必闍赤(필도적)은 서기(書記)를 맡았던 몽골의 관명이고,[34] 청대의 筆帖式(필첩식, 만주어 bithesi)은 문서(文書)라는 뜻의 관직으로, 이 둘은 부(部) · 원(院) · 시(寺) · 감(監) 등 중앙의 주요관청에 배치되었다.[35] 양자의 발음과 구체적인 직장(職掌)을 보면 각 조국(曹局)에 배치되었던 서기라는 比德眞(비덕진)과 유사함을 발견할 수 있다. 따라서 比德眞(비덕진)이 흉노와 선비 · 몽골, 심지어 청대에도 존재하던 서기였다는 추정은 타당성이 있어 보인다.

위의 인용문에 보이는 俟懃地何(사근지하) · 莫堤(막제) · 郁若(욱약)은 각 단어에 대응되는 몽골어를 찾을 수 없지만, 호어로 표기된 북위의 호인 관제임은 확실하다. 한 학자는 俟勤(사근)[俟懃(사근)]은 유연의 俟斤(사근)이며, 이는 유연과 탁발이 제도와 전통상 친연성이 있음을 보여 주는 것이

---

32 Boodberg, "The Language of the To-Pa Wei", 170-175쪽; 白鳥庫吉, 「東胡民族考」, 170-176쪽; 朱學淵, 「鮮卑民族及其語言」(上), 59쪽; 烏其拉圖, 「《南齊書》中部分拓跋鮮卑語名詞的復原考釋」, 103왼쪽-107왼쪽.

33 烏其拉圖, 「部分匈奴語詞之復原考釋」, 56-58쪽; 烏其拉圖, 「《南齊書》中部分拓跋鮮卑語名詞的復原考釋」, 105왼쪽.

34 坂本勉, 「モンゴル帝國における必闍赤=bitikči-憲宗メングの時代を中心として-」, 『史學』 42-4, 1970, 81위쪽-81아래쪽.

35 楊志玖 主編, 『中國古代官制講座』, 中華書局, 1995, 396쪽.

라고 주장했다. 왜냐하면 俟斤(사근)은 유연이 복속된 유목민 집단의 수령에게 준 칭호였기 때문이다.[36] 그렇다면 '○○眞(진)'과 俟懃地何(사근지하) 이하의 관직은 북위의 정치제도 · 언어가 북아시아 유목민의 초원문화와 밀접한 관계가 있음을 보여 준다.

이 밖에도 『남제서』「위로전」에서 당시 호인이 사용하던 단어를 찾아 볼 수 있다. 아래에서 살펴본다.

> "음식주(飮食廚)는 阿眞廚(아진주)라 한다. 서쪽의 (가) 皇后可孫(황후가손)은 늘 이 주(廚)에 나와 먹을 것을 구했다. 이전에 [후진의] 요홍은 새외로(塞外虜) 혁련발발을 안북장군(安北將軍)으로 삼아 5부호(五部胡)를 거느리고 대성(大城)에 주둔하게 했다. [혁련발발은] 요홍이 패망한 후 장안을 점령했다. 佛狸(불리)는 혁련발발의 아들 혁련창을 공파(攻破)했으며, 혁련발발의 딸을 취하여 황후로 삼았다. 의희(義熙)년간에 구지공(仇池公) 양성(楊盛)의 표에 보이는 '삭로(索虜) [혁련]발발은 흉노의 정윤(正胤)입니다.'라는 구절은 이를 지칭한다. (나) 可孫(가손)은 옛날에 그녀를 잉첩(媵妾)으로 삼았었다."[37]

36 羅新, 「柔然官制續考」, 『中古北族名號硏究』, 147-148쪽. 이 밖에 『수서(隋書)』에 따르면 철륵 제부(鐵勒諸部)는 모두 사근(俟斤)이라 칭했고, 고막해 5부(庫莫奚五部)는 부(部)마다 사근(俟斤) 1인을 우두머리로 삼았던 기사(『隋書』 卷84 「鐵勒傳」, 1879쪽 및 卷84 「奚傳」, 1881쪽)를 보면, 사근은 여러 유목민 집단의 수령(首領)이란 뜻으로 사용되었음을 알 수 있다.

37 『南齊書』 卷57 「魏虜傳」, 984쪽, "飮食廚名'阿眞廚', 在西, 皇后可孫恒出此廚求食. 初, 姚興以塞外虜赫連勃勃爲安北將軍, 領五部胡, 屯大城, 姚泓敗後, 入長安. 佛狸攻破勃勃子昌, 娶勃勃女爲皇后. 義熙中, 仇池公楊盛表云, '索虜勃勃, 匈奴正胤' 是也. 可孫昔妾媵之."

위의 인용문에서 '可孫(가손)'은 카툰이라고 발음되며, 이는 카간의 아내를 뜻한다고 한다.[38] 따라서 원문의 '황후가손(皇后可孫)'은 '황후=可孫(가손)'으로 해석할 수 있다. 그러나 '可孫(가손)', 즉 카툰이 카간의 아내만을 뜻하는 것은 아니다. 위의 인용문을 꼼꼼히 읽어 보면 (가)의 '皇后可孫(황후가손)'과 (나)의 '可孫(가손)'이 다른 인물임을 알 수 있다. (가)의 '可孫'은 혁련발발의 딸이자 훗날 황후가 된 '皇后可孫(황후가손)'으로 처음에는 잉첩이었다. 당시 태무제에게는 혁련씨를 제외한 황후가 없었으므로, (나)의 '可孫(가손)'은 태무제의 보모(保母, 북위시대에는 보태후(保太后)라고 불렸음)이자 황태후였던 두씨(竇氏)[39]일 것이다. 혹은 태무제 후궁의 본래 칭호일 수도 있다.[40]

38 Boodberg, "The Language of the T'o-Pa Wei", 169-170쪽.

39 『北史』卷13「后妃上 · 魏明元密皇后杜氏傳附太武惠太后竇氏傳」, 494쪽, "及卽位, 尊爲皇太后, 封其弟[竇]漏頭爲遼東王."; 『魏書』卷13補「皇后傳 · 太武惠太后竇氏傳」, 326쪽.

40 몽골의 경우 황후(皇后)를 뜻하는 카툰의 인원수는 1인이 아니라 2~4인이었다. 중국에서는 황후 혹은 처가 1인이었지만, 유목민에게는 다처(多妻) 풍습이 있었다. 예컨대 흉노의 묵돌선우(冒頓單于)에게는 백등산에서 한고조(漢高祖)를 포위할 때, 한고조의 뇌물을 받고 포위망을 풀어 줄 것을 간언했던 연지(閼氏)가 있었다(『史記』卷110「匈奴列傳」, 2894쪽, "高帝乃使使閒厚遺閼氏, 閼氏乃謂冒頓曰: '兩主不相困. 今得漢地, 而單于終非能居之也. 且漢王亦有神, 單于察之.' 冒頓與韓王信之將王黃 · 趙利期, 而黃 · 利兵又不來, 疑其與漢有謀, 亦取閼氏之言."). 백등산의 포위를 푼 이후 한고조는 유경(劉敬)의 건의로 종실녀(宗室女)를 공주(公主)로 가장하여 묵특(冒頓)의 연지(閼氏)로 보냈다(『史記』卷110「匈奴列傳」, 2895쪽, "是時匈奴以漢將衆往降, 故冒頓常往來侵盜代地. 於是漢患之, 高帝乃使劉敬奉宗室女公主爲單于閼氏, 歲奉匈奴絮繒酒米食物各有數, 約爲昆弟以和親, 冒頓乃少止."). 앞서 서술한 연지(閼氏)가 죽지 않았다면, 묵특선우(冒頓單于)는 적어도 2인의 연지(閼氏)를 거느린 셈이다. 『한서(漢書)』「흉노전(匈奴傳)」은 호한야선우(呼韓邪單于)와 결혼한 왕소군(王昭君)의 자식을 설명하면서 "它閼氏子十餘人(『漢書』卷94下 匈奴傳, 3807쪽)"이라 기록했다. 이는 왕소군 외에 다른 연지가 있었음을 시사한다. 오주류선우(烏珠留單于)는 즉위 후 둘째 연지(第二閼氏)의 아들 락(樂)을 좌현왕(左賢王)으로, 다섯째 연지(第五閼氏)의 아들 여(輿)를 우현왕(右賢王)으로 삼았다(『漢書』卷94下 匈奴傳, 3810쪽, "珠留單于立, 以第二閼氏子樂爲左賢

카툰의 남편인 可汗(가한)이란 용어도 당시에 사용되었을 것이다. 박한제(朴漢濟) 교수의 고증에 따르면 탁발부 군주의 원래 칭호는 '可汗(가한)'이었다. 즉 호인이 애송했던「목란시(木蘭詩)」에서 북위황제를 '可汗(가한)'으로 불렀다는 용례가 확인되는 것으로 보아 적어도 민간에서는 북위황제를 '可汗(가한)'이라고 불렀음을 알 수 있다.[41] 그러므로 태무제 당시에 可

王, 以第五閼氏子輿爲右賢王, 遣子右股奴王烏鞮牙斯入侍侍."). 안사고(顔師古)는 이 두 사람이 모두 오주류선우의 아우이며, 둘째 연지는 대연지(大閼氏)이며, 다섯째 연지(第五閼氏)는 호한야선우의 연지라고 주석했다(『漢書』 卷94下「匈奴傳」 顔師古注, 3810쪽, "師古曰:「此二人皆烏珠留之弟也. 第二閼氏, 卽上所謂大閼氏也. 第五閼氏, 亦呼韓邪單于之閼氏."). 오주류선우가 둘째 연지와 다섯째 연지를 처로 삼았는지는 확실하지 않으나, 좌현왕 락과 우현왕 여가 오주류선우의 아우이기 때문에 둘째 연지와 다섯째 연지는 오주류선우의 아버지인 호한야선우의 처임은 분명하다. 이 경우 호한야선우는 적어도 5인 이상의 연지를 거느린 셈인데, 앞에서 왕소군의 자식 이외에 다른 연지의 자식이 10여 명이라는 기록과 부합한다. 십육국시대 한(漢)의 유총(劉聰)은 황후 근씨(靳氏)를 상황후(上皇后)로 삼고, 귀비(貴妃) 유씨(劉氏)를 좌황후(左皇后), 우귀빈(右貴嬪) 근씨(靳氏)를 우황후(右皇后)로 세웠다(『晉書』 卷102「劉聰載記」, 2668쪽). 또 생모인 장씨(張氏)의 시비(侍婢)를 상황후(上皇后)로 세워 모두 4인의 황후가 있었다. 또 이외에 황후의 새수(璽綬)를 가진 이가 일곱 명 더 있었다(『晉書』 卷102「劉聰載記」, 2673쪽). 유총은 중상시(中常侍) 왕침(王沈)의 양녀를 좌황후(左皇后)로 삼았고(『晉書』 卷102「劉聰載記」, 2676쪽), 중상시 선회(宣懷)의 양녀를 중황후(中皇后)로 삼았다(『晉書』 卷102「劉聰載記」, 2677쪽). 이 기록만으로도 유총은 6인의 황후를 두었는데 이 밖에 황후의 새수(璽綬)를 가지고 황후로 자칭하는 지 7인이므로 모두 13인이 황후였거나 황후로 행세했다. 요컨대 유총은 복수의 황후를 두었다. 주적명(周積明)은 북주 선제(宣帝)가 5인의 황후를 두었던 사실도 다처 풍습으로 이해했다. 북위의 대표적인 호인 문벌이었던 육씨(陸氏, 步六孤氏) 가문에서도 다처 풍습이 보인다. 즉 육려와 육정국(陸定國) 부자는 모두 2인의 처를 두었다(周積明,「魏晉南北朝時期的胡漢文化衝突」, 武漢:『中南民族學院學報 · 哲社版』, 1991(K22 1991-8), 9쪽). 이러한 예를 보면 북위에도 다처 풍습이 있었으며, 이는 황실도 마찬가지였을 것이다.

41 박한제(朴漢濟) 교수는 알선동(戛仙洞)에서 발견된 북위 태무제시대의 제문(祭文)을 분석하며 태무제는 조상을 '선가한(先可寒)', '선가돈(先可敦)'이라 불렀으며, 이는 현 황제는 '후가한(後可寒)'으로 볼 수 있다고 추측했다(朴漢濟, 『中國中世胡漢體制硏究』, 170-182쪽).

汗(가한) 역시 可孫(카툰)과 함께 사용되었을 것이다. 『구당서』와 『신당서』 「악지」에 선비인의 노래인 대가(代歌) 53장의 명칭 일부가 남아 있다. 이 가운데 '모용가한(慕容可汗)'이라는 노래 이름이 보인다.[42] 이는 모용부의 군주 역시 자신을 '可汗(가한)'으로 칭했으며, 선비어(호어)에 可汗(가한)과 可孫(가손)이 존재했다는 증거이다. 따라서 북위 태무제 당시 카간과 카툰은 사료상의 용어인 황제와 황후 · 황태후와는 별도로 호인 사이에서 사용되었고, 이 가운데 카툰(可孫)이란 단어가 남조 사신의 귀에 들어가 『남제서』 「위로전」에 수록되었음을 알 수 있다. 그러나 카툰이 황후라는 뜻임을 몰랐기 때문에 '皇后可孫(황후가손)'이라 표기했을 것이다. 뒤에서 자세히 서술하겠지만, 카툰과 카간 이외에 『송시』 「삭로전」에는 투르크 등의 나라에서 카간 일족의 남성에게 붙이는 '直勤(직근)'이란 단어가 빈출한다. 이 세 단어를 보면 북위황실에서는 이미 투르크에서 먼저 사용했다고 알려진 카간과 카툰, 直勤(티긴 혹은 테긴)이란 카간 일족과 관련된 용어가 사용되고 있었음을 확인할 수 있다.

호어 사용의 흔적은 관명뿐 아니라 성씨(姓氏)에서도 알 수 있다. 『위서』 「관씨지(官氏志)」에는 효문제가 호성(胡姓)을 한성(漢姓)으로 고치게 한 이전과 이후의 성씨가 나열되었다. 예컨대 제실십성인 탁발씨는 원씨(元氏), 흘골씨는 호씨(胡氏), 拔拔氏(발발씨)는 장손씨(長孫氏), 達奚氏(달해씨)는 해씨(奚氏), 伊婁氏(이루씨)는 이씨(伊氏), 丘敦氏(구돈씨)는 구씨(丘氏), 侯氏(후씨)는 해씨(亥氏), 乙旃氏(을전씨)는 숙손씨(叔孫氏), 車焜氏(차혼씨)는 차씨(車氏)로 바뀌었다. 또 훈신8성(勳臣八姓) 가운데 丘穆陵氏(구목릉씨) 혹은 丘目陵氏(구목릉씨)는 목씨(穆氏), 步六孤氏(보육고씨)는 육씨(陸氏), 賀賴

42 田餘慶, 「《代歌》·《代記》和北魏國史-國史之獄的史學史的考察-」, 『拓跋史探』, 三聯書店, 2003, 218-219쪽.

氏(하뢰씨) 혹은 賀蘭氏(하란씨)는 하씨(賀氏), 獨孤氏(독고씨)는 유씨(劉氏), 賀樓氏(하루씨)는 루씨(樓氏), 勿忸于氏(물뉴우씨) 혹은 万忸于氏(만뉴우씨)는 우씨(于氏), 尉遲氏(위지씨)는 위씨(尉氏)로 바뀌었다.[43] 여기에서 두 글자 이상의 복성(複姓)은 한자만으로는 뜻을 짐작할 수 없다. 이는 호인의 호어를 음사(音寫)했기 때문이다. 이 가운데 보육고(步六孤)는 『남제서』「위로전」에 '伏鹿孤(복록고)'라고 표기되었으며, 뜻은 bilge(현명함)라고 한다.[44] 이처럼 원래 호성(胡姓)은 유목민이 사용하던 언어를 한자로 음역한 것이기 때문에 호성의 존재는 호어 사용의 방증이 될 수 있다.

성(姓)뿐 아니라 이름에서도 호어 사용을 확인할 수 있다. 북위와 전쟁을 치르고 외교사신을 주고받았던 남조의 사서에서는 북위 호인의 성명이 표기되었다. 태무제의 이름은 『위서』에 따르면 '도(燾)'이지만, 『송서』「삭로전」에는 북위 태무제의 이름을 佛狸(불리) 혹은 佛狸伐(불리벌),[45] 「장질전(臧質傳)」에서는 狸伐(리벌)이라고 기록했다.[46] 「삭로전」의 사신왈(史臣曰)에 보이는 狸伐(리벌)은[47] 佛狸伐(불리벌)의 약칭이다. 佛狸(불리)는 돌궐의 附離(böri)와 같으며 늑대 혹은 이리의 뜻이다. '伐(벌)'은 유목민 집단의 수령을 지칭하는 bäg의 음차이다. 따라서 '佛狸伐(불리벌)'의 음은 böri bäg으로 복원되며, 탁발부의 핵심 집단이 일찍이 '이리(狼)'를 관호(官號)로 사용했음을 보여 준다.[48]

이 밖에 『위서』와 『북제서(北齊書)』, 『주서(周書)』 등에서도 호인의 이름

43 이상 호성의 한성 개칭(改稱)은 『魏書』 卷113 「官氏志」, 3006-3014쪽 참조.

44 羅新, 「高句麗兄系官職的內亞淵源」, 『中古北族名號硏究』, 190쪽.

45 『宋書』 卷75 「索虜傳」, 2352쪽.

46 『宋書』 卷74 「臧質傳」, 1913쪽.

47 『宋書』 卷75 「索虜傳」 史臣曰, 2358쪽, "至於狸伐篡僞, 彌煽凶威, 英圖武略, 事駕前古, 雖冒頓之鷙勇, 纍石之驍強, 不能及也."

48 羅新, 「北魏太武帝的鮮卑本名」, 『中古北族名號硏究』, 167-172쪽.

을 확인할 수 있다. 한 학자는 이를 정리하여 『위서』에 중국식으로 표기된 이름과 대조했다. 예컨대 『위서』의 乙弗代題(을불대제)는 을돌(乙突), 『북사(北史)』의 乙弗莫瓌(을불막괴)는 을괴(乙瓌), 『송서』 「삭로전」의 伏鹿孤賀鹿渾(복록고하록혼)과 吐奚愛弼(토해애필)은 각각 육예(陸叡)와 고필이다.[49] 『위서』에는 한족식 이름을 주로 표기했지만, 일부 열전에는 호어 이름을 기록했고 남조계 사서에도 호인의 본래 이름을 기록했다. 현재로서는 호인의 이름이 무슨 뜻이며 어떤 발음인지 대부분 파악하기 어렵지만, 태무제의 이름처럼 호인에게 유행하던 용맹 혹은 가상(嘉祥)의 뜻을 취해 이름을 지었을 것이다.

2) 각종 금석문에 보이는 호어 성명과 관명

앞에서는 주로 사서에 보이는 호어의 예를 살펴보았다. 「문성제남순비」, 「태무제동순비」, 「조비간묘문」 등 금석문에서도 호어 관명과 성명(姓名)을 찾아볼 수 있다.

먼저 「문성제남순비」를 살펴보자. 1980년대 중반 발견된 「문성제남순비」에는 문성제를 수행한 관원의 관명과 성명이 나열되어 있어 당시의 언어 사용을 살펴볼 수 있다. 먼저 인명을 살펴보자. 비문에 보이는 '征西將軍 常山王 直懃 □□連戊烈(정서장군 상산왕 직근 □□련무열)'과 '侍中 安南大將軍 殿中尚書 □□ 東安王 獨孤侯尼須(시중 안남대장군 전중상서 □□ 동안왕 독고후니수)'[50]는 각각 『위서』에서 원소(元素)와 유니로 표기되었다. 문성제 시기는 아직 호성인 복성을 주로 1자 성(姓)인 한성으로 바꾸기 전이었으므로 호성은 당연히 존재했다. 이름도 중국식 이름이 아니라 호인 고유

49 이상 姚薇元, 『北朝胡姓考』, 401-415쪽.

50 이상 山西省考古研究所 · 靈丘縣文物局, 「山西靈丘北魏文成帝《南巡碑》」, 72오른쪽 및 73오른쪽 참조.

의 이름을 사용했고, 단지 음을 한자로 바꾼 것에 불과했음을 알 수 있다. 또 □□連戊烈(□□련무열) 앞에 붙은 '直勤(직근)'은 카간의 남성일족에 붙였던 투르크계 단어이다. 북위에서는 탁발씨뿐 아니라 탁발씨에서 갈라져 나와 남량을 세웠던 독발씨(禿髮氏: 원씨(源氏)로 바뀜)도 直勤(직근)이라 칭했다.[51] 따라서 카간의 남성일족을 지칭하는 直勤(직근)이 문성제 시기까지 사용되었음을 알 수 있다. 또 관명 가운데 內阿干(내아간)·內行令(내행령)·內三郎(내삼랑)·折紇眞(절흘진)·賀渾吐略渥(하혼토략악)·斛洛眞(곡락진)·羽眞(우진)[52] 등의 관명은 중국 고유의 관명이 아니라는 것이 이미 여러 학자의 연구에서 밝혀졌다.[53] 이 가운데 折紇眞(절흘진)·賀渾吐略渥(하혼토략악)·斛洛眞(곡락진)·羽眞(우진)은 호족계 관명을 음사(音寫)한 것으로 보인다. 내행령과 내삼랑은 한자의 의미를 살린 관명처럼 보이지만 기존 위진남조의 관명에는 보이지 않기 때문에 호족계 관명을 의역(意譯)한 것으로 보인다. 內阿干(내아간)은 뜻을 지닌 '내(內)'와 형(兄)을 뜻하는 '阿干(아간)'이 합쳐졌으므로 음역(音譯)과 의역(意譯)이 혼합된 것이다. 요컨대 문성제 시기에도 호어로 표기된 관명이 존재했음을 알 수 있다.

최근 태무제 시기 하북 일대를 순행한 후 세운 「태무제동순비」에도 호인의 이름이 보인다. 예를 들면 '武衛將軍 昌黎公 丘眷(무위장군 창려공 구권)', '前軍將軍 浮陽侯 阿齊(전군장군 부양후 아제)', '中堅將軍 藍田侯 代田(중견장군 남전후 대전)', '射聲校尉 安武子 □元興(사성교위 안무자 □元興)', '次

51 羅新, 「北魏直勤考」, 24-38쪽.

52 이상 山西省考古研究所·靈丘縣文物局, 「山西靈丘北魏文成帝《南巡碑》」, 72오른쪽-78왼쪽 참조.

53 張慶捷, 「北魏文成帝《南巡碑》碑文考證」, 83오른-86왼쪽; 張慶捷·郭春梅, 「北魏文成帝《南巡碑》所見拓跋職官初探」, 『中國史研究』 1999-2(K22 1999-5), 29-41쪽; 張金龍, 「北魏文成帝《南巡碑》所見禁衛武官制度」, 『魏晉南北朝禁衛武官制度研究』, 713-745쪽; 川本芳昭, 「北魏文成帝南巡碑について」, 25-49쪽.

飛督 安熹子 李蓋(차비독 안희자 이개)' 등 성명(姓名)을 알 수 있는 수행관원 5인이 보인다.[54] 한 학자의 고증에 따르면 丘眷(구권)은 원구(元丘), 阿齊(아제)는 원제(元齊), 代田(대전)은 두대전(豆代田)으로 비정되며, □元興(□元興)은 한무(韓茂)이며 이개(李蓋)는 외척 이혜(李惠)의 아버지이다.[55] 5인 가운데 □원흥과 이개는 한인이고, 모두 성을 가진 반면 丘眷(구권)·阿齊(아제)·代田(대전)은 호인이며 성(姓)을 표기하지 않았다. 물론 종실의 성원인 경우 성을 생략하는 예가 있기는 하지만 두대전(豆代田)은 북위의 종실이 아니었기 때문에 호인 3인이 성을 표기하지 않은 것은 당시 호인에게 중국식 성이 없었기 때문이라고 해석할 수도 있다.[56] 어쨌든 丘眷(구권)과 阿齊(아제), 代田(대전)의 이름은 중국식 이름과 다르며, 아마 호인의 이름이었을 것이다. 즉 이러한 이름은 당시 호인이 사용하던 호어를 한자로 음사했을 것이다.

또 화평 2년(461)에 만든 「문성제남순비」에서는 呂河一西(여하일서), 尉遲其地(위지기지), 斛骨乙莫干(곡골을막간), 乙旃惠也拔(을전혜야발), 代伏云右子尼(대복운우자니), 乙旃阿奴(을전아노), 蓋婁太拔(개루태발), 社利幡乃婁(사리번내루), 是婁勅万斯(시루칙만사), 尉遲沓亦干(위지답역간), 若干若周(약간약주), 吐難子如剴(토난자여개), 一佛阿伏眞(일불아복진), 賀若盤大羅(하약반대라), 賀若貸別(하약대별), 步六孤龍成(보육고용성), 賀賴去本(하뢰거본), 素和莫各豆(소화막각두), 乙旃伏洛汗(을전복락한), 伊樓諾(이루낙), 挾庫仁眞(협고인진), 叱羅騏(질라기), 吐伏盧大引(토복로대인), 步六孤羅(보육고라), 乙旃俟俟(을전사사), 直懃(직근) 何良(하량), 茹茹常友(여여상우), 素和勅俟伏(소화칙

54 본문에서 인용한 「태무제동순비」의 원문은 羅新, 「跋北魏太武帝東巡碑」, 179쪽에서 재인용했다.

55 羅新, 「跋北魏太武帝東巡碑」, 180-182쪽.

56 崔珍烈, 『北魏皇帝의 巡幸 研究』, 102쪽.

사부), 獨孤侯尼須(독고후니수), 素和其奴(소화기노), 比子乙得(비자을득), 拔拔俟俟頭(발발사사두), 袁紇尉斛(원흘위곡), 宜懃(의근)[57] 渴侯(갈후), 熱阿久仁(열아구인), 直懃(직근) 郁豆眷(욱두권), 豆連求周(두련구주), 慕容白曜(모용백요), 斛律諾斗拔(곡률낙두발), 斛律頞拔(곡률알발), 素和匹于堤(소화필우제), 素和使若須(소화사약수), 蓋婁內亦干(개루내역간), 越勤右以斤(월근우이근), 慕容男吳都(모용남오도), 胡翼以吉智(호익이길지), 胡比他紇(호비타흘), 拔烈蘭眞樹(발열란진수), 出大汗僖德(출대한희덕), 莫那婁愛仁(막나루애인), 斛骨呈羯(곡골정갈), 斛律莫烈(곡률막렬), 其連受洛拔(기련수락발), 拔烈蘭黃頭(발열란황두), 斛律羽都居(곡률우도거), 万忸于忿提(만뉴우분제), 直懃(직근) 苟黃(구황), 直懃(직근) 烏地延(오지연), 斛律出六拔(곡률출육발), 獨孤去頹(독고거퇴), 達奚屈居陵(달해굴거릉), 達奚庫句(달해고구), 契胡庫力延(계호고력연), 黃毛萬言眞(황모만언진), 直懃(직근) 烏地干(오지간), 直懃(직근) 解愁(해수), 和稽乞魚提(화계걸어제), 獨孤他突(독고타돌), 素和具文(소화구문), 步六孤步斗官(보육고보두관), 直懃(직근) 他莫行(타막행), 拔烈蘭步愛(발열란보애), 獨孤乙以愛(독고을이애), 茹茹命以斤(여여명이근), 斛律西婼(곡률서야), 直懃(직근) 斛盧(곡로), 勅煩阿六敦(칙번아육돈), 叱羅吳提(질라오제), 斛律伏和眞(곡률복화진), 袁紇退賀拔(원흘퇴하발), 侯莫陳烏孤(후막진오고), 契胡烏已(계호오이), 折枋俠提(절방협제), 素和斛提(소화곡제), 怡吳提(이오제), 直懃(직근) 阿各拔(아각발), 直懃(직근) 來豆眷(내두권), 叱干幡引(질간번인), 丘目陵吳提(구목릉오제), 王右右引(왕우우인), 泣利傉但(읍리녹단), 俟文出六于(사문출육우), 獨孤平城(독고평성) 등의 성명을 확인할 수 있다.[58] 이 이름을 보면 대부분 호성과 한자로 음사한 고유의 이름을 사용했음을 알 수 있다.

---

57 본문의 '宜懃(의근)'은 '直懃(직근)'의 오기이다.

58 山西省考古硏究所 · 靈丘縣文物局, 「山西靈丘北魏文成帝《南巡碑》」, 72오른쪽-78왼쪽.

이 가운데 出大汗(출대한) 혹은 出大干(출대간)은 모용씨(慕容氏)에 복속했던 庫傉官氏(고녹관씨), 庫褥官(고욕관), 庫傉管((고녹관)으로도 표기), 『수경주(水經注)』에 보이는 苦力干城(고력간성)[59]의 '苦力干(고력간)', 『북사』에 보이는 窟略寒(굴략한)[60]과 서진(西秦)의 장군 庫洛干(고락간)[61]과 함께 qurïqan/kurikan의 발음을 한자로 옮긴 것이라고 한다.[62] 또 斛律出六拔(곡률출육발)의 '斛律(곡률)'은 屈律(küli)이니, '出六拔'은 곧 '處羅拔(kül bäg)'이다. 즉 斛律出六拔(곡률출육발)의 이름은 küli kül bäg으로 복원된다.[63] 이어서 泣利傉但(읍리녹단)의 泣利(읍리)는 kül 혹은 küli의 음차이다.[64] 이 밖에 앞에서 열거한 성명의 발음과 뜻은 대부분 아직 알 수 없다. 하지만, 「문성제남순비」는 화평 3년 당시에도 호인이 자신의 성과 이름을 사용했음을 보여 주는 중요한 증거이며, 이를 통해 유목민이 사용했던 투르크어와 몽골어 사이에 친연성(親緣性)이 있었음을 확인할 수 있다.

호인의 성과 이름이 그대로 기록된 자료로 「조비간묘문」이 있다. 효문제가 순행 도중 비간묘(比干墓)를 지나다 지은 「조비간묘문」[65]에는 비석을 세우게 된 과정과 순행을 수행한 관원 82인의 명단이 열거되어 있다. 이 「조비간묘문」에는 호성이나 중국식 이름뿐 아니라 호인 고유의 이름도 보인다. 예컨대 万忸乎吐拔(만뉴호토발), 乙旃阿各仁(을전아각인), 俟呂阿兒(사여아아), 叱羅吐盖(질라토개), 若干侯莫仁(약간후막인), 乙旃侯莫干(을전후막

59 『水經注』(段熙仲 點校, 陳橋驛 復校, 『水經注疏』, 南京: 江蘇古籍出版社, 1989) 卷13, 1157쪽.
60 『北史』 卷96 「吐谷渾傳」, 3181쪽.
61 『資治通鑑』 卷120 「宋紀」 宋文帝元嘉三年條, 3789 및 元嘉四年條, 3795쪽.
62 羅新, 「高昌文書中的柔然政治名號」, 『中古北族名號硏究』, 162-163쪽.
63 羅新, 「論闕特勤之闕」, 『中古北族名號硏究』, 206쪽.
64 위와 같음, 212쪽.
65 『金石萃編』 卷27 「孝文弔比干墓文」, 5뒤쪽-10앞쪽.

간)[66] 등의 성명을 보면 효문제가 한화정책을 실시했던 태화 18년(494)부터 태화 20년(496) 사이에도 여전히 호어를 사용했음을 알 수 있는 흔적을 발견할 수 있다.

이 밖에 묘지명에서도 호어를 사용해 지은 이름을 발견할 수 있다. 예컨대 520년 전후 사망한 숙손협(叔孫協)은 '협(協)'이라는 중국식 이름을 지니고 있다. 그런데 여기서 숙손협의 자(字)가 '地力勲(지력근)'이었음을 주목해 보자.[67] 『송서』「삭로전」에서는

"탁발사(拓跋嗣)가 죽자 시호를 명원황제(明元皇帝)라고 했고, 자(字)를 佛貍(불리)라고 하는 아들 탁발도(拓跋燾)가 뒤를 이어 즉위했다."

라고 했다.[68] 『남제서』「위로전」에서는 탁발도, 즉 태무제의 자(字)를 佛狸(불리)라고 적었다.[69] 『송서』「삭로전」과 『남제서』「위로전」에서는 태무제를 佛貍(불리) 혹은 佛狸(불리)라고 표기하는 것으로 보아 佛狸(불리)는 태무제의 본명이었을 가능성이 크다. 이처럼 호인의 이름 외에 호어로 추정되는 자(字)가 있으면 그것은 해당 인물의 본명일 것이며, 숙손협 역시 그러하므로 그의 본명은 地力勲(지력근)이었을 것이다. 또 숙손협의 조부(祖父)는 叔孫渴羅侯(숙손갈라후), 아버지는 敕俟堤(칙사제), 아내 百字文氏(백우문씨)[우문씨(宇文氏)]의 아버지는 胡活撥(호활발)이라 불렸다.[70] 이는 효문제가 한성(漢姓) 사용을 강제한 이후의 묘지명(墓誌銘)이기 때문에 성은 한

66 『金石萃編』 卷27 「孝文弔比干墓文」, 5뒤쪽-10앞쪽.

67 「叔孫協墓誌銘」, 『漢魏南北朝墓誌彙編』, 117쪽.

68 『宋書』 卷95 「索虜傳」, 2330쪽, "[拓跋]嗣死, 謚曰明元皇帝, 子[拓跋]燾字佛貍代立."

69 『南齊書』 卷57 「魏虜傳」, 983쪽, "子[拓跋]燾, 字佛狸代立, 年號太平眞君."

70 「叔孫協墓誌銘」, 117쪽.

성이지만, 숙손협의 조 · 부와 장인의 이름은 호어를 사용해 지은 이름을 음사한 것이다. 이처럼 묘지명에서도 호인식 이름이 산견된다.

앞에서 살펴본 것처럼 북위 전기 각종 호인이 호어를 사용한 흔적을 발견할 수 있다. 이러한 증거들은 1항에서 살펴본 북위 전기 호어 사용과 관련된 기록이 현실에 부합함을 증명했다. 그렇다면, 이민족인 호인이 호어를 사용하면 한인과 어떻게 의사를 소통했을까? 이는 다음 항에서 살펴보자.

3. 통역과 번역: 호인과 한인의 의사소통

앞에서 살펴본 것처럼 호인과 한인의 의사소통은 각자 상대방의 말을 하면 간단하다. 그러나 호인과 한인이 상대방의 말을 이해하지 못한다면 두 언어에 능숙한 제삼자가 통역해야 서로의 의사를 전달할 수 있을 것이다. 현재로서는 일반 호인과 한인이 통역을 사용했는지는 알 수 없다. 다만 주로 황제와 관청에서 통역관이나 번역자를 고용했음을 확인할 수 있다.

도무제 초기인 천흥 4년(401) 상서 36조에 대인령사 · 역령사 · 서령사를 설치한 기록이 보인다.[71] 『남제서』「위로전」에서는

> "조(曹)와 부(府)는 모두 창고(倉庫)를 가지고 있었으며, (1) 통역관을 두어(悉置比官) (2) 모두 노어(虜語)와 한어(漢語)의 통역을 거쳐 전하게 했다(皆使通虜漢語, 以爲傳驛)."[72]

---

71 『魏書』 卷113 「官氏志」, 2973쪽, "[天興四年(401)]十二月, 復尚書三十六曹, 曹置代人令史一人, 譯令史一人, 書令史二人."

72 『南齊書』 卷57 「魏虜傳」, 985쪽, "諸曹府有倉庫, 悉置比官, 皆使通虜漢語, 以爲傳驛."

라고 했다. 이 인용문에서 나타나는 통역문제를 두 가지 측면에서 살펴본다.

첫째, 한 학자는 (1)의 원문 "悉置比官(실치비관)" 가운데 '比(비)' 혹은 '比官(비관)'을 대인영사와 역영사처럼 호어와 한어의 번역에 관계되는 관직으로 보았다. 위의 '比(비)' 혹은 '比官(비관)'을 '양관(兩官)의 대치(對置)'로 해석한다면 대인영사와 역영사를 둔 상황과 같은 것이다.[73]

둘째, (2)의 구절의 원문 '皆使通虜漢語, 以爲傳驛(개사통로한어, 이위전역)'의 '驛(역)' 자(字)를 '譯(역)'의 오기(誤記)로 본다. 이 경우 '虜(로)'가 '漢(한)'보다 앞에 놓인 것으로 보아 호어[로어(虜語)]를 한어로 번역한 것으로 볼 수 있다. 즉 당시 북위 관계(官界)에서는 호어를 주로 사용했다고 한다.[74]

그런데 위의 인용문 앞에는 다음과 같은 기록이 있다.

> "국중(國中)에서는 내좌우(內左右)를 '直眞(직진)', 외좌우(外左右)를 '烏矮眞(오왜진)'이라 한다. 조국(曹局)의 문서리(文書吏)를 '比德眞(비덕진)'이라 부른다. …… (중략) …… 통사인을 '乞萬眞(걸만진)'이라고 한다. 문을 지키는 사람을 '可薄眞(가박진)', 조정의 승역을 담당한 천인을 '拂竹眞(불죽진)', 제주의 승역을 담당한 사람을 '咸眞(함진)'이라고 한다. …… (중략) …… 주인을 위하여 나가서 전언을 받아오는 사람을 '절궤진'이라고 한다. …… (후략) …… ."[75]

위의 인용문에서 통사인(通事人)이라 불린 乞萬眞(걸만진)의 존재가 주목된다. 한 중국 학자는 통사인을 번역관으로 보았다.[76] 한 미국 학자는 乞

73 鄭欽仁, 「譯人與官僚機構」, 223-224쪽.

74 위와 같음, 224쪽.

75 『南齊書』 卷57 「魏虜傳」, 985쪽.

萬眞(걸만진)의 뜻을 통역을 뜻하는 몽골어의 kälmärčin으로 추정했다.[77] 다른 중국 학자는 乞萬眞(걸만진)이 『화이역어(華夷譯語)』「군관문(君官門)」에서 통사(通事)의 음사로 표기된 '乞里覓赤(걸리멱적)'[kilimitʃi]과 동일한 것으로 보았고 乞萬眞(걸만진)의 음을 ḱĭəmĭɐwntɕĭěn으로 추정했다.[78] 다른 중국 학자는 乞萬眞(걸만진)이 몽골어의 khelmerch(역원(譯員)의 뜻)에 대응된다고 보았다.[79] 몽골어를 모르는 필자로서는 세 학자의 음운 복원의 시비를 가릴 방법이 없다. 그러나 통사인의 뜻을 검증해 볼 수는 있다.

고려시대 『노걸대(老乞大)』와 함께 대표적인 중국어 교재로 꼽히는 『박통사(朴通事)』의 '통사'는 통역관을 지칭한다. 이는 위진남북조 이후 어느 시점부터 중국에서 통용되었던 뜻이다. 그러나 통사에는 통역관 이외에 문서와 명령을 출납하는 관리라는 뜻도 있다. 대표적인 것이 남조의 중서통사사인(中書通事舍人)이다.[80] 위진남북조시대에는 통사의 뜻이 두 가지였으므로 꼼꼼한 검증이 필요하다.

만약 위의 인용문에서 통사인이 남조의 중서통사사인의 '통사'처럼 문서나 명령의 전달을 맡았다면 이와 중복되는 관명이 등장해서는 안 된다. 그런 점에서 조정과 지방 제주(諸州)의 승역(乘驛)을 담당한 拂竹眞(불죽진)과 咸眞(함진)이 주목된다. 양자가 역전(驛傳) 조직의 관리뿐 아니라 역전 사이의 문서전달을 맡았을 가능성을 상정해 볼 수 있다. 그렇다면 拂竹眞

76 烏其拉圖, 「《南齊書》中部分拓跋鮮卑語名詞的復原考釋」, 105오른쪽.

77 Boodberg, "The Language of the T'o-Pa Wei", 170쪽.

78 烏其拉圖, 「《南齊書》中部分拓跋鮮卑語名詞的復原考釋」, 105오른쪽.

79 朱學淵, 「鮮卑民族及其語言」(上), 59쪽.

80 『宋書』 卷40 「百官志」下, 1245-1246쪽, "中書通事舍人, 四人. …… 晉初置舍人一人, 通事一人. 江左初, 合舍人通事謂之通事舍人, 掌呈奏案章. 後省通事, 中書差侍郎一人直西省, 又掌詔命. 宋初又置通事舍人, 而侍郎之任輕矣. 舍人直閤內, 隸中書. 其下有主事, 本用武官, 宋改用文吏."

(불죽진)과 咸眞(함진)의 일은 '통사'의 범주에 들어갈 것이다. 그렇지 않다 하더라도 주인을 위해 전언을 받아 오는 일을 하는 折潰眞(절궤진)은 명령의 전달을 맡았다는 점에서 '통사'의 역할에 적합하다. 따라서 통사인을 반복해 사용할 필요가 없다. 즉, 문서나 명령을 전달하는 뜻의 '통사'에 해당하는 관명에 折潰眞(절궤진) 또는 拂竹眞(불죽진)·咸眞(함진)이 있으므로 '통사인'은 이와 다른 뜻을 지녔다고 볼 수 있다. 즉 통역관의 뜻으로 해석할 수 있다.

그렇다면 『남제서』「위로전」에 따르면 통역을 담당하는 乞萬眞(걸만진)과 각 관청의 서리 역할을 하는 比德眞(비덕진)이 각각 존재하는 셈이다. 이는 천흥 4년(401) 상서 36조(曹)에 각각 설치한 대인영사·역영사·서영사와 유사하다. 즉 乞萬眞(걸만진)이 대인영사와 역영사, 比德眞(비덕진)이 서영사에 해당하는 호어였거나 대인영사·역영사·서영사가 乞萬眞(걸만진)과 比德眞(비덕진)을 중국 관제처럼 옮긴 관명이었을 것이다.[81]

그렇다면 호인과 한인관료가 상대방의 언어를 모른 채 통역관을 매개로 정사를 논의한 모습을 『위서』에서 찾을 수 있을까? 『위서』「관씨지」 태평진군 5년 기사에 주목해 보자. 『위서』「관씨지」에 따르면, 태평진군 5년(444) 정월 태무제는 시중 중서감(中書監) 의도왕(宜都王) 목수와 사도(司徒) 동군공(東郡公) 최호, 시중 광평공(廣平公) 장려(張黎)에게 보정(輔政)하도록 하고 통사 4인을 두도록 했다.[82] 이는 태무제가 태자 탁발황에게 정치를 이양한 이후 취한 조치이다. 즉 태무제는 태평진군 4년(443) 유연 원정에서 돌아오면서 태자 탁발황에게 정치를 위임하고 태무제의 공신을 일선에서 후퇴시킬 것을 천명했다.[83] 이어 황태자 탁발황에게 백규(百揆)를 총괄케

---

81 崔珍烈, 「北魏前期 胡語 사용 현상과 그 배경」, 218쪽.

82 『魏書』 卷113 「官氏志」, 2975쪽, "眞君五年正月, 侍中·中書監·宜都王穆壽, 司徒·東郡公崔浩, 侍中·廣平公張黎輔政, 置通事四人."

하고 목수 · 최호 · 장려 · 고필 등 대신에게 태자를 도와 서정(庶政)을 처리하도록 했다.[84] 『위서』 「관씨지」에 언급된 보정대신(輔政大臣)은 3인, 통사는 4인이다. 『위서』 「세조기」의 기록을 보면 고필이 누락되었음을 알 수 있다.

여기에서 목수와 고필은 대인(代人), 즉 호인이었고 최호와 장려는 한인이었다. 『위서』 「고필전(古弼傳)」을 보면 고필은 독서를 좋아하고 후진의 수도 장안에 사신으로 파견되었으며 문하주사(門下奏事)를 처리했고, 유결과 기요(機要)를 나누어 처리했다고 되어 있어[85] 한어와 한문에 능숙했던 인물로 보인다. 그러나 목수는 훈신팔성에 속하는 구목릉씨이며, 북위황실의 부마였던 인물이었으므로, 그가 한어를 배웠을 가능성은 적다. 도무제 · 명원제 · 태무제를 섬기며 기묘한 전략과 계책을 헌상했던 최호는 호어를 몰랐을 가능성이 높다. 최호가 국사 필화사건으로 심문을 받던 장면이 『위서』 「고윤전(高允傳)」에 보인다. 태무제는 "이때 최호를 불러 앞에 두고 다른 사람에게 최호를 따져 묻도록 했다. 최호는 두려워하여 어찌할 바를 모르고 능히 응답하지 못했다."[86] 이 장면에서 태무제가 최호를 자기 앞에 불러 놓고 직접 심문하지 않고 제삼자를 개입시킨 이 상황을 태무제와 최호 사이에 의사소통을 돕는 통역이 필요했던 것으로 이해할 수 있다.[87] 만약 최호가 호어를 구사하지 못했다면 그에게 배당된 통사는 통역 혹은 번역을 담당하는 정도였을 것이다. 즉 한어를 몰랐던 목수, 호어를 몰랐던

---

83 『魏書』 卷4上 「世祖紀」下 太平眞君四年(443)冬十一月甲子條, 96쪽.

84 『魏書』 卷4上 「世祖紀」下 太平眞君五年(444)春正月壬寅條, 96쪽.

85 『魏書』 卷28 「古弼傳」, 689쪽, "古弼, 代人也. 少忠謹, 好讀書, 又善騎射. 初爲獵郎, 使長安, 稱旨, 轉門下奏事, 以敏正著稱. 太宗嘉之, 賜名曰筆, 取其直而有用, 後改名弼, 言其輔佐材也. 令弼典西部, 與劉潔等分綰機要, 敷奏百揆."

86 『魏書』 卷48 「高允傳」, 1070쪽, "於是召[崔]浩前, 使人詰[崔]浩. [崔]浩惶惑不能對."

87 崔珍烈, 「北魏前期 胡語 사용 현상과 그 배경」, 114쪽.

최호와 장려가 통역을 통해 태자 탁발황의 감국을 보필했던 것이다.

북위황제와 호인 출신의 신하가 호어를 사용하게 되면서 문서행정은 이를 한자와 한문으로 기록하는 단순업무로 전락했다. 게다가 문서로 작성된 조서가 아닌 구두조서(口頭詔書)가 일반적으로 사용되었다. 태무제는 북량을 정벌할 때 목수에게 태자 탁발황을 보좌하여 국정을 총괄하고 내외 관리가 그의 말을 듣도록 명했다. 그리고 친정(親征)에 앞서 사도 최호와 상서 이순(李順)이 배석한 자리에서 목수에게 자신의 북량 친정(親征)으로 인하여 평성을 비운 동안 유연이 침입할 우려가 있으므로, 이를 대비하기 위해 막남에 복병을 두어 방어에 만전을 기할 것을 당부했다. 이때 목수는 "머리를 굽혀 절하며 조(詔)를 받았다."[88] 여기에서 목수가 '頓首受詔(돈수수조)'했다고 한 것은 당시 상황상 정식 조서를 받았다는 뜻이 아니라 태무제에게 구두명령을 받았다는 뜻으로 이해해야 자연스럽다. 또 주사중산(奏事中散) 산강(山强)이 헌문제를 따라 방산(方山)으로 사냥 나갔을 때, 헌문제 앞에 여우 두 마리가 나타나자 헌문제는 산강에게 여우를 쏠 것을 '詔(조)'하니 산강이 100보 안에서 여우 두 마리를 사로잡았다.[89] 이 기사의 '조(詔)'를 보자. 여기서 '조(詔)'를 명령의 뜻으로 해석할 수 있겠지만, 일반적으로 이 경우 '명(命)'이나 '령(令)'을 사용하므로, 그보다는 구두명령이나 구조(口詔, 구두조서)의 뜻으로 보는 것이 더 적합하다. 한 일본 학자는 태

---

88 『魏書』 卷27 「穆崇傳附壽傳」, 665쪽, "輿駕征涼州, 命[穆]壽輔恭宗, 總錄要機, 內外聽焉. 行次雲中, 將濟河 宴諸將於宮. 世祖別御靜室, 召[穆]壽及司徒崔浩 · 尙書李順, 世祖謂[穆]壽曰: '蠕蠕吳提與牧犍連和, 今聞朕征涼州, 必來犯塞, 若伏兵漠南, 殄之爲易. 朕故留壯兵肥馬, 使卿輔佐太子. 收田旣訖, 便可分伏要害, 以待虜至, 引使深入, 然後擊之, 擒之必矣. 涼州路遠, 朕不得救. 卿若違朕指授, 爲虜侵害, 朕還斬卿. 崔浩 · 李順爲證, 非虛言也.' [穆]壽頓首受詔."

89 『魏書』 卷81 「山偉傳」, 1792쪽, "祖[山]强, 美容貌, 身長八尺五寸, 工騎射, 彎弓五石. 爲奏事中散, 從顯祖獵方山, 有兩狐起於御前, 詔强射之, 百步內二狐俱獲. 位內行長."

무제가 국사필화(國史筆禍) 사건을 이유로 최호를 주살하기로 결정하고 고윤에게 조서 작성을 명령했으나 고윤이 조서를 작성하지 않자 '자주 조(詔)하여 심하게 재촉했다('頻詔催切').'[90]는 구절에서 태무제가 고윤에게 전달했던 명령인 조(詔) 또한 구조였음을 지적했다. 그는 또 이 구조에 대해 호어를 한어로 통역하는 근시관이 전달한 것으로 보았다.[91]

마지막으로 『위서』 「형벌지(刑罰志)」에 따르면 구두로 조칙(詔勅)을 전함에 따라 명령을 왜곡하거나 자의로 해석하는 예가 발생하자 연흥 4년(474)에 이를 문서로 처리하도록 했다.[92] 이를 통해 적어도 연흥 4년까지 재판 관련 사무가 황제의 구두명령으로 전달되고 처리되었으며, 앞에서 설명한 구조가 이 시기에도 여전히 존재했음을 알 수 있다.[93]

---

90 『魏書』 卷48 「高允傳」, 1071쪽, "時世祖怒甚, 勅[高]允爲詔, 自[崔]浩已下 · 僮吏已上百二十八人皆夷五族. [高]允持疑不爲, 頻詔催切."

91 川本芳昭, 『中國の歷史』 5 中華の崩壞と擴大(魏晉南北朝), 講談社, 2005, 216-217쪽.

92 『魏書』 卷111 「刑罰志」, 2876쪽, "延興四年, 詔自非大逆干紀者, 皆止其身, 罷門房之誅. 自獄付中書覆案, 後頗上下法, 遂罷之, 獄有大疑, 乃平議焉. 先是諸曹奏事, 多有疑請, 又口傳詔勅, 或致矯擅. 於是事無大小, 皆令據律正名, 不得疑奏. 合則制可, 失衷則彈詰之, 盡從中墨詔. 自是事咸精詳, 下莫敢相罔."

93 崔珍烈, 「北魏前期 胡語 사용 현상과 그 배경」, 220-221쪽.

제 3 장 _ 북위 전기 호속 유지의 배경

1. 평성과 경기지역의 지리적 특징

지금까지 북위 전기 호인은 자신의 언어를 사용했으며 의식주와 장례, 제례 등 고유의 호속을 여전히 유지하며 살았던 증거를 살펴보았다. 본 절에서는 북위 전기 호인의 호속 유지 배경을 북위황제와 지배층이 주로 거주했던 평성과 경기지역의 환경과 북위황제의 순행이라는 측면에서 분석해 보고자 한다.

1) 평성 일대의 유목문화와 종족(種族) 분포

북위가 수도로 정한 평성은 중국 땅이기는 하지만 진한제국(秦漢帝國) 이래 중국과 북방 유목민족이 충돌하는 변경지대였다. 따라서 중국이 이 지역을 지배하고 한인을 이주시켰다고 해서 한문화(漢文化)가 통용되는 곳은 아니었다. 일찍이 『사기』「화식열전(貨殖列傳)」에서는

"종(種)과 대(代)는 석읍현(石[邑縣])의 북쪽이며,[1] 그 땅의 변방에 있는 호

(胡)는 여러 차례 [중국을] 침입했다. 인민(人民)은 사나움과 포악함을 자랑스러워하며, 용기를 뽐내고, 임협(任俠)이 되어 간악한 짓을 저지를 뿐 아니라 농경과 상업에 종사하지 않는다. 그러나 북이(北夷)에 가까이 있기 때문에 군대가 빨리 출동하며, 중국에서 물자를 [이곳으로] 운송하기 때문에 늘 남은 재물이 있다."[2]

라고 했다. 『한서』「지리지」에서도

"종(種) · 대(代) · 석(石) · 북(北)은 호(胡)의 침입을 가까이에서 맞이하는 곳이다. 백성은 사납고 포악하며 용기를 뽐내며 간악할 뿐 아니라 농경과 상업에 종사하지 않았다. [춘추시대] 진(晉) 시기에는 이미 나라에서 그들의 사납고 강인함을 근심했으며 후에 [전국시대 조(趙)] 무령왕(武靈王)이 또 더욱 엄격하게 대했다."[3]

라고 했다. 두 인용문의 종(種)과 대(代)는 북위시대 평성 일대에 해당했다. 두 인용문에서 모두 이 지역 사람이 농경과 상업에 종사하지 않는다는 구절이 있어 주목된다. 『사기』「화식열전」에는 용문(龍門)과 갈석(碣石)의 북쪽에는 말·소·양·전구(旃裘)·근각(筋角)이 많이 산출된다고 기록했다.[4] 이

---

1 『사기집해(史記集解)』에서는 석북(石北)을 석읍현(石邑縣)의 북쪽이라고 보았다(『史記』 卷129 「貨殖列傳」 注引『集解』, 3263쪽, "徐廣曰:「石邑縣也, 在常山.」" 본문에서는 이 주석에 의거하여 번역했다).

2 『史記』 卷129 「貨殖列傳」, 3263쪽, "種 · 代, 石北也, 地邊胡, 數被寇. 人民矜懻忮, 好氣, 任俠爲姦, 不事農商. 然迫近北夷, 師旅亟往, 中國委輸時有奇羨."

3 『漢書』 卷28下 「地理志」下, 1656쪽, "鍾 · 代 · 石 · 北, 迫近胡寇, 民俗懻忮, 好氣爲姦, 不事農商, 自全晉時, 已患其剽悍, 而武靈王又益厲之."

4 『史記』 卷129 「貨殖列傳」, 3254쪽, "龍門 · 碣石北多馬 · 牛 · 羊 · 旃裘 · 筋角."

러한 가축과 가축 제품은 주로 유목민이 목축과 사냥을 하여 생산하거나 획득했다.

또 북위 전기 경기지역에 속하는 한대의 정양군 · 운중군 · 오원군 지역을 『한서』「지리지」에서는

> "정양[군] · 운중[군] · 오원[군]은 본래 융적(戎狄)의 땅이었으며, 조(趙) · 제(齊) · 위(衛) · 초(楚)의 무리가 있었다. 이 지역의 백성은 질박했지만 예(禮)와 문(文)을 아는 자가 적었고 사렵을 좋아했다. 안문군(雁門[郡]) 또한 이 지역과 풍속이 같았지만, 천문(天文)에서는 따로 연(燕)[의 분야(分野)]에 속했다."[5]

라고 기록했다. 한대의 정양군과 오원군 지역은 북위시대 성락이며 평성의 북서부 지역에 해당했다. 위의 인용문을 보면 당시 이 세 개의 군에는 아직 한문화가 보급되지 않았고, 유목민처럼 활쏘기와 사냥을 좋아하는 '융적의 땅'이었다. 즉 중국의 영토이며, 사민(徙民)정책에 따라 내지의 한인이 이곳으로 이주해 살았다고 하더라도 이 지역에 살던 유목민의 풍습과 경제생활은 크게 변하지 않았음을 알 수 있다.

후한시대의 상황은 알 수 없으나 삼국시대(三國時代)의 조위는 병주(현재의 산서성 북부)와 오르도스 지역으로 흉노를 이주시켜 감시를 강화했다. 이후 흉노는 점차 남쪽까지 거주 지역을 확대했고 서진 말(西晉末) 유연(劉淵)이 독립하여 나라를 세웠다. 오호십육국시대에는 현재의 산서성 북부지역에 흉노와 선비 등 북방의 유목민이 다수 거주하며 활동했다.[6] 따라서 북

5 『漢書』 卷28下 「地理志」下, 1656쪽, "定襄 · 雲中 · 五原, 本戎狄地, 頗有趙 · 齊 · 衛 · 楚之徒. 其民鄙朴, 少禮文, 好射獵. 雁門亦同俗, 於天文別屬燕."

6 前田正名, 『平城の歷史地理學的硏究』, 68-99쪽.

위 건국 이전의 평성 일대에는 한문화보다 각종 호인의 문화가 만연했음은 쉽게 짐작할 수 있다.

북위의 도무제가 후연의 수도 중산성을 함락시키고 호 · 한의 피정복민을 대거 평성 일대로 사민한 이후에도 종족(種族)의 수에서는 호인의 우세가 여전히 지속되었다. 기존의 연구에 따르면, 북위는 각종 피정복민을 수도인 평성 등 경기와 6진 일대로 이주시켰고, 남조와의 전쟁에서 생포한 백성을 하북으로 강제이주시켰다. 또 호인이 이주할 경우 대부분 6진으로 유배되었다.[7] 아래의 〈지도 25〉에서 알 수 있듯 북위 전기 경기지역은 지형상 동부와 남부의 군현지역(대개 농경지역), 팔부대부(八部大夫) · 영민추장(領民酋長) · 호군(護軍)이 통치하는 서부, 북부지역(대개 유목지역)으로 구분되었다.[8] 이는 평성과 경기의 서쪽과 남쪽에는 한인이, 북쪽과 서쪽에는 각

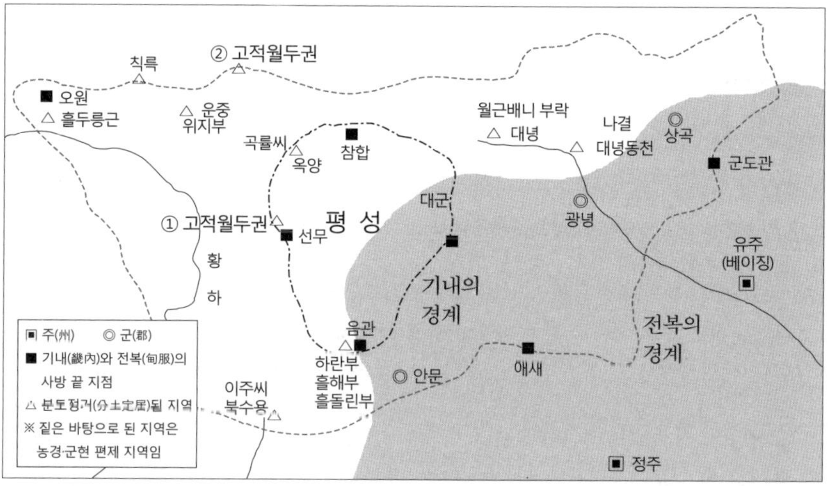

지도 25 북위초기의 경기지역 지도

학자들의 연구 결과를 바탕으로 북위 전기 경기를 호인 거주지인 목축 지역과 한인 거주지인 농경지역으로 나누었다. 그리고 『위서』의 유목민 부족 거주 지역을 조사하여 지도에 표시하였다. 현재의 자료를 보면 북위 전기 경기지역을 평성처럼 동쪽의 한인과 서쪽의 호인이 따로 거주했던 것 같다.
출전: 崔珍烈, 「북위의 華北支配와 그 性格」, 서울大學校 大學院 東洋私學科 文學碩士學位論文, 2002.8, 6쪽.

종 호인이 거주했음을 시사한다. 이는 최근 고고학 성과를 종합한 연구결과에서도 재확인되었다.[9]

이처럼 평성과 경기지역에서 호인과 한인이 분리 거주했다면 호인과 한인의 접촉과 대면 기회가 적었을 것이며, 이는 양국이 서로의 문화를 접할 가능성을 봉쇄했을 것이다. 즉 평성과 경기의 서쪽 · 북쪽에 거주하던 호인은 특별한 일이 아니면 한인과 만날 기회가 없었으며, 이 때문에 중국문화를 받아들일 가능성도 적었을 것이다.[10]

앞에서 한대부터 북위시대까지 평성과 경기 일대의 종족 분포를 살펴보았다. 역사적으로 평성은 한문화의 영향이 적고 유목민의 풍습과 목축경제가 여전히 유지되는 땅이었다. 북위의 호인지배층이 급격한 '한화'를 경계했던 측면에서 본다면 평성 일대는 자신의 습속을 유지하고 한문화의 영향을 최소화할 수 있는 최선의 지역이었을 것이다. 비록 『위서』「태조

7 古賀昭岑, 「北魏における徙民と計口受田について」, 『九州大學東洋史論集』 1, 1973; 葛劍雄, 『中國移民史』 第二卷 先秦至魏晉南北朝時期, 福州: 福建人民出版社, 1997, 533-580쪽; 崔珍烈, 「북위의 地域支配方式과 그 性格」, 118-124쪽; 朴漢濟, 「遊牧國家와 城郭」, 465-472쪽.

8 嚴耕望, 『中國地方行政制度史』 上編 · 卷中 · 下冊, 420-422쪽; 堀敏一, 「北魏における均田制の成立」, 110쪽; 崔珍烈, 「북위의 華北支配와 그 性格」, 5쪽.

9 朴漢濟, 「遊牧國家와 城郭」, 462-473쪽.

10 『수서(隋書)』「지리지」에는 군현의 연혁과 호구통계뿐 아니라 우공구주(禹貢九州)의 주(州) 단위로 각 지역의 풍속과 사람의 성정(性情)을 기록했다. 북위 전기 경기와 인근지역에 해당하는 이석(離石) · 안문(雁門) · 마읍(馬邑) · 정양 · 누번(樓煩) · 탁군(涿郡) · 상곡(上谷) · 어양(漁陽) 등지는 인성(人性)이 경한(勁悍)하고 융마(戎馬)에 익숙했으며 용협(勇俠)의 기질이 있었다고 한다(『隋書』 卷30 「地理志」中, 860쪽, "太原山川重複, 實一都之會, 本雖後齊別都, 人物殷阜, 然不甚機巧. 俗與上黨頗同, 人性勁悍, 習於戎馬. 離石 · 雁門 · 馬邑 · 定襄 · 樓煩 · 涿郡 · 上谷 · 漁陽 · 北平 · 安樂 · 遼西, 皆連接邊郡, 習尙與太原同俗, 故自古言勇俠者, 皆推幽 · 贈云"). 이 기록을 본문의 『사기』 · 『한서』와 비교해 보면 유사한 점이 발견된다. 흉노와 선비(鮮卑) · 고차 등 유목민이 이 지역에 거주했고 북위시대 한인 역시 이 지역에 천사(遷徙)되었지만 풍속의 변화는 그리 크지 않았다.

기」에 북위 도무제가 업으로 행차하여 대사(臺榭)에 올라 궁성을 살펴본 뒤 정도(定都)할 뜻을 품었다고 기록되어 있지만,[11] 이후 다시 업을 방문하지 않았다. 즉 도무제는 중산성에서 평성으로 돌아온 후 하북지역을 방문하지 않았기 때문에 그가 업으로 정도하려는 의사를 표출했던 것은 단순한 '립 서비스'에 불과했을 것이다.[12]

2) 평성의 지정학적 위치: 농경문화와 유목문화의 점이지대

평성이 수도로 정해진 것은 앞에서 서술한 문화적 동질감 밖에도 지정학적 요인이 크게 작용했다. 명원제 신서 2년(415)에 흉년이 들어 태사령(太史令) 왕량(王亮)과 소원(蘇垣), 화음공주(華陰公主) 등이 업으로의 천도를 건의하자 이를 반대한 최호의 논리가 『위서』 「최호전(崔浩傳)」에 다음과 같이 기록되어 있다.

> "지금 국가의 업 천도는 올해의 기근을 없앨 수는 있어도 장구지책(長久之策)은 아닙니다. ① 동주인(東州人)은 늘 국가가 광막한 땅(廣漠之地)에 거하며 백성과 가축이 헤아릴 수 없을 정도로 많아 우모지중(牛毛之衆)으로 칭한다고 말합니다. 지금 구도(舊都)[평성]를 유수(留守)하고 무리를 나누어 남쪽으로 옮긴다고 해도 아마 제주(諸州)의 땅을 채울 수 없을 것입니다. ② 군현에 참거(參居)하고 잡목이 우거진 숲 사이에 거처하면 수토(水土)에 익숙하지 않아 질역(疾疫)이 발생하여 죽거나 상하게 됩니다. 또 ③ [국가의] 사성이 드러나게 되면 백성은 국가의 무능함을 알게 됩니다. 그리고 ④ 사방[의 국가]이 이를 듣고 [우리를] 경모하는 마음을 품게 되어 [혁련]굴개와

---

11 『魏書』 卷2 「太祖紀」 天興元年春正月條, 31쪽.

12 崔珍烈, 『北魏皇帝의 巡幸 硏究』, 115-116쪽 주) 63.

연연이 반드시 드러내 놓고 쳐들어와 운중과 평성이 곧 위태해지리라 생각되고 항대(恒代)의 천리지험(千里之險)이 가로막아 비록 구원하고자 해도 항대까지 가기가 매우 어려우니 이렇게 되면 명(名)과 실(實)을 모두 잃게 됩니다. ⑤ 지금 북방에 거하면서 만약 산동에 변(變)이 발생하여 경무장 기병을 이끌고 남쪽으로 나아가면 [경무장 기병의] 위세가 산동의 향리 가운데 비치게 되니 누가 경무장 기병의 수효를 알겠습니까? 백성은 먼지 일어나는 것을 바라보며 두려워하고 복종하게 됩니다. 이는 곧 국가가 위세로 제하(諸夏)를 제압하는 훌륭한 계책입니다."[13]

앞에서 인용한 최호의 말을 보면 하북지역이 아닌 평성에 수도를 정한 이유는 ① 호인의 수적 열세, ② 호인의 하북 풍토에 대한 적응 어려움, ③ 호인에 대한 정보와 기밀이 누설될 우려, ④ 북방과 오르도스 유목민 세력의 공격에 대처하는 지정학적 위치, ⑤ 하북의 한인을 제압할 수 있는 현재의 무력과 위세 등으로 요약할 수 있다.

최호는 ② 호인이 하북지역의 기후와 풍토에 대한 적응이 어려움을 지적했다. 바꿔 말하면 평성은 호인이 살기에 적합한 기후와 풍토라는 뜻으로 해석할 수 있다. 또 ④와 ⑤의 상황을 종합하면 평성은 북방과 하서(오르도스) 유목세력과 남방 한인의 침략에 대처하거나 정복 또는 통제하기 위

13 『魏書』 卷35 「崔浩傳」, 808쪽, "神瑞二年, 秋穀不登, 太史令王亮 · 蘇垣因華陰公主等言讖書國家當治鄴, 應大樂五十年, 勸太宗遷都. [崔]浩與特進周澹言於太宗曰: 「今國家遷都於鄴, 可救今年之飢, 非長久之策也. 東州之人, 常謂國家居廣漠之地, 民畜無算, 號稱牛毛之衆. 今留守舊都, 分家南徙, 恐不滿諸州之地. 參居郡縣, 處榛林之間, 不便水土, 疾疫死傷, 情見事露, 則百姓意沮. 四方聞之, 有輕侮之意, 屈丐,蠕蠕必提挈而來, 雲中,平城則有危殆之慮, 阻隔恒代千里之險, 雖欲救援, 赴之甚難 如此則聲實俱損矣. 今居北方, 假令山東有變, 輕騎南出, 燿威桑梓之中, 誰知多少? 百姓見之, 望塵震服. 此是國家威制諸夏之長策也. ……」"

한 지정학적 중심에 위치했음을 확인할 수 있다. 금 · 원 · 청 등 이민족왕조는 지정학적으로 농업 · 유목접경선에 위치해 있어 한지의 농경지역 통제와 몽골고원 등 북방 유목민의 통치와 외교적 정치기능을 동시에 수행할 수 있었던 현재의 북경(北京)을 수도로 정했다.[14] 평성 역시 북경처럼 농업과 유목의 점이지대 혹은 농목 복합지대에 위치했다.[15] 또 도무제와 명원제 당시에는 음산 일대의 유목지역과 하북을, 태무제 시기에는 막남 · 음산 · 오르도스 등 유목지역과 화북 지역을 동시에 지배했기 때문에 평성은 양자를 통치하기 위한 지정학적 요충지였다. 최호는 평성이 지닌 이러한 장점을 잘 알았던 것이다.

이처럼 평성이라는 공간만 놓고 보면 북위 전기 호인지배층은 외형적으로는 호인과 한인 사이에서 균형추 역할을 시도했던 것 같다. 그러나 평성과 인근의 경기지역 종족(種族) 분포를 보면 호인의 우세가 여전했으며 호속이 유지될 수 있었고, 실제로도 그러했다. 앞에서 필자는 평성이 북위 전기 종족(種族) 분포와 유목세력과 한족을 동시에 통치할 수 있는 지정학적 우위, 급격한 한화를 막을 수 있는 완충지대라고 했다. 그리고 이는 호인이 여전히 호속을 유지할 수 있었던 배경이 되었다고 했다. 그러나 북위의 도무제가 하북을 점령한 후 천흥원년(398) 정월에 각각 산동 6주 민 · 리, 도하(모용씨 세력), 고구려, 잡이(雜夷) 등 36만, 백공기교 10만여 구, 6주 22군의 지방관, 호걸, 이 · 민(吏民) 2천 가(家)를 강제이주시켜 하북의 토착세력 약화와 평성지역의 충실을 도모했다.[16] 그리고 이들 을 상대로 계구수

14 세오 다쓰히코 지음, 최재영 옮김, 『장안은 어떻게 세계의 수도가 되었나』, 황금가지, 2006, 83-84쪽.

15 최근에 좌천영치(佐川英治)가 이 점에 주목했다(佐川英治, 「北魏の平城」, 『アジア遊學』 78, 2005; 佐川英治, 「遊牧と農耕の間」, 49위쪽-72위쪽 참조).

16 『魏書』 卷2 「太祖紀」 天興元年春正月條, 31-32쪽, "辛酉, 車駕發自中山, 至于望都堯山. 徙山東六州民吏及徒何 · 高麗雜夷三十六萬, 百工伎巧十萬餘口, 以充京師."

전을 실시했다.[17] 이후 정복전쟁을 통해 피정복민을 평성으로 이주시켰다. 이들 가운데는 호인뿐 아니라 오호제국의 지배를 받던 한인도 많았다. 이처럼 한인이 평성에 대량으로 거주하면서 농업에 종사했다면 평성 일대는 유목지역이 아니라 농경지역으로 변했다는 반론을 펼 수 있다. 또 '부락해산'으로 편호가 된 유목민도 농경에 종사하게 되었으므로 경제적 측면에서 '한화'되었다는 주장도 가능하다.[18] 그러나 이는 당시 기후변동을 고려하지 않은 주장이다. 이는 아래에서 살펴보자.

3) 위진남북조시대 기후변동과 농경 북한계선의 남하

앞에서 지적한 것처럼 한인이 평성으로 천사되었다고 하더라도 경기의 동쪽과 남쪽에 거주하며 호인과 분리거주했기 때문에 양자의 교류는 적었다고 볼 수 있다. 또 평성과 경기지역의 농업이 발달했다는 주장[19]은 검토의 여지가 있다. 『위서』「식화지」의 계구수전 기록을 보면 북위 초부터 국가적으로 평성과 경기지역의 농업 개발을 시도한 점은 인정된다. 그러나 아래의 〈지도 26〉에서 보듯 현재의 학자는 이 기록을 근거로, 전국시대부터 전한시대(前漢時代)까지는 경수(涇水)와 위수(渭水)부터 산서성의 용문산(龍門山)과 여량산(呂梁山), 항산(恒山)과 장성, 요녕성(遼寧省) 일대를 잇는 선을 중심으로 선의 남쪽은 농경, 북쪽은 목축을 주업으로 삼는다고 보았다. 그리고 이 선을 농경과 목축의 경계선이라고 했다.[20] 또 이 선은 〈지도 27〉에서 보듯 당대의 농경과 목축의 한계선이기도 했다.[21]

---

17 『魏書』 卷110 「食貨志」, 2849-2850쪽, "旣定中山, 分徙吏民及徒何種人 · 工伎巧十萬餘家以充京都, 各給耕牛, 計口授田."

18 李凭, 『北魏平城時代』, 36-60쪽 및 346-364쪽; 張金龍, 『北魏政治史』 2, 186-222쪽.

19 李凭, 「道武帝時期的大移民與雁北的開發」, 『北魏平城時代』, 356-357쪽.

20 류제헌, 『중국역사지리』, 문학과지성사, 1999, 140-141쪽.

21 史念海, 「隋唐時期重要的自然環境的變遷及其與人爲作用的關係」, 『唐代歷史地理硏究』,

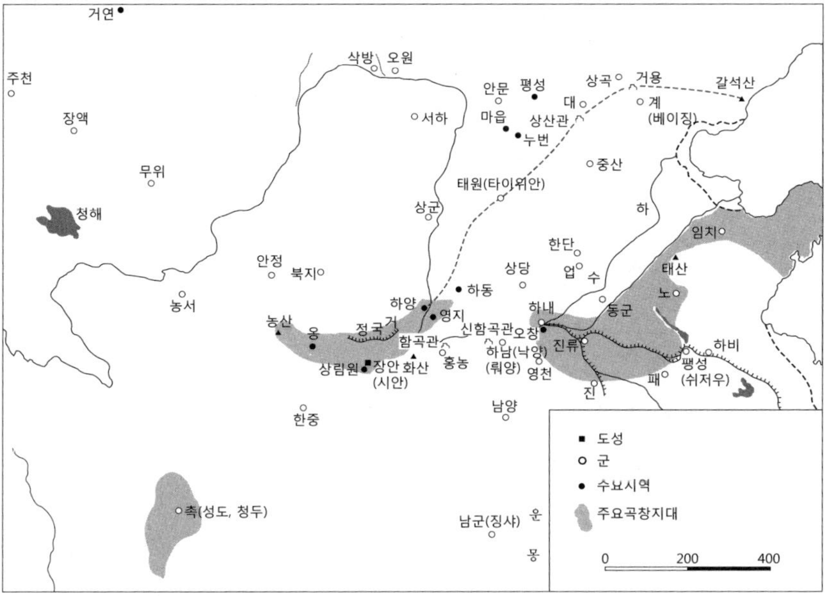

지도 26 한대 농경과 목축의 경계선

다음의 〈지도 27〉과 비교하면 한대와 당대의 농경과 목축의 경계선은 대체로 일치한다.
출전: 程光裕 · 徐聖謨 主編 『中國歷史地圖』 下册, 臺北: 中國文化大學出版部, 1984, 21위쪽

〈지도 26〉에서 볼 수 있듯 평성, 즉 한대의 대(代)는 이 경계선의 북쪽에 위치하므로 주로 목축을 생업으로 했음을 알 수 있다. 이는 앞에서 살펴본 『사기』 「화식열전」과 『한서』 「지리지」에서 농경에 종사하지 않는다고[22] 기술한 것과 일치한다. 그리고 평성은 바로 그 북쪽에 해당했다. 이 지도에서 농경과 목축의 경계선 북쪽에 있는 지역이라 해도 농경이 불가능했던 것은 아니다. 지리학에서는 이러한 경계선 일대를 점이지대라고 부르며, 경계선의 일정한 범위 안에서는 두 가지 요소가 혼합되어 나타난다고 보았

北京: 中國社會科學出版社, 1998, 77-81쪽.

22 『史記』 卷129 「貨殖列傳」, 3254쪽; 『漢書』 卷28下 「地理志」下, 1656쪽.

다. 중국의 농경과 목축에 국한하여 말한다면 이를 농목 복합지역이라고 표현하기도 한다.[23] 이러한 지리학적 지식을 감안하면 평성에서 농경이 불가능한 것은 아니다.

그러나 이는 위진남북조시대 기후변동을 간과한 것이다. 중국기후 연구자에 따르면 전한 성제 건시(建始) 4년(B.C. 29)부터 수문제 개황 20년(600) 혹은 후한 초(後漢初)부터 6세기 상반기까지 중국은 소위 2차 한랭기에 속했다.[24] 구체적으로 살펴보면 남북조시대(南北朝時代)에는 여름의 눈과 서리, 겨울과 봄의 눈, 큰 추위, 큰 가뭄에 관한 기사가 빈출하며 코끼리의 분포가 이전의 황하 유역에서 회수 이남으로 축소되었음을 보여 준다. 뿐만 아니라 『위서』의 기록을 보면 남북조시대의 물후(物候)도 춘추전국시대(春秋戰國時代)보다 늦어졌다. 예컨대 『일주서(逸周書)』와 『예기(禮記)』「월령(月令)」에서는 북숭아꽃 피는 것이 경칩의 첫 번째 징후라고 했지만, 『위서』에서는 경칩의 두 번째 징후라고 했다. 『위서』에서는 청명의 세 징후로 기록된 것이 『예기』「월령」에서는 중춘(仲春)의 징후로 기록되었다. 양자를 비교하면 북위시대의 기후가 춘추전국시대 혹은 『예기』의 실제 편찬연대라고 하는 한대보다 상대적으로 추웠음을 시사한다. 또 『제민요술(齊民要術)』에 서술된 곡식의 파종과 재배시기를 현재와 비교하면 북위 때 15~30일 늦었음을 알 수 있다. 황하 유역에서 쌀을 재배하지 않았음도 확인된다. 이는 남북조시대가 추웠음을 말해 주는 것으로, 연평균 온도의 경우 현재보다 최소 0.82℃, 최대 2.66℃ 낮았을 것으로 추정된다.[25] 또 한 학자는 당

23 세오 다쓰히코 지음, 최재영 옮김, 『장안은 어떻게 세계의 수도가 되었나』, 41-42쪽.

24 竺可楨, 「中國近五千年來氣候變遷的初步硏究」, 15-16쪽; 劉昭民 지음, 박기수 · 차경애 옮김, 『기후의 반역』, 59-62쪽 및 115-133쪽.

25 張丕遠 主編, 『中国历史气候变化』, 濟南: 山東科學技術出版社, 1996; 竺可楨, 「中國近五千年來氣候變遷」, 葛劍雄 · 華林甫 編, 『歷史地理硏究』, 武漢: 湖北教育出版社, 2002, 61쪽(原載 『考古學報』 1972-1, 1972); 布雷特 · 辛斯基 編, 「氣候變遷和中國歷史」, 『中國

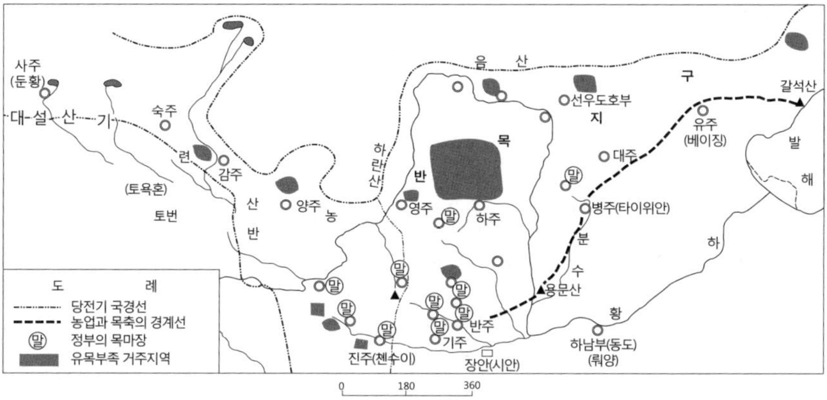

지도 27 당대 농경과 목축의 경계선

〈지도 26〉에서 언급한 것처럼 한대와 당대의 농경과 목축의 경계선은 거의 일치한다.
출전: 史念海, 「隋唐時期重要的自然環境的變遷及其與人爲作用的關係」, 『唐代歷史地理硏究』, 北京: 中國社會科學出版社, 1998, 79쪽

시 복숭아의 개화 시기가 이전 시대보다 2~4주 늦었으며, 석류 재배를 기준으로 하면 하남성과 산동성 지역은 6세기 전반까지 현재의 하남성과 산동성(山東省)보다 추웠다고 한다.[26]

위진남북조시대 기후문제에 관한 선행연구 결과에서 알 수 있듯, 농작물의 재배는 기온의 영향을 받으므로, 북위 전기 농작물의 북한계선은 춘추전국시대부터 한대까지의 '경수-위수-용문산과 여량산-항산-장성-요서(遼西)·요동(遼東)'으로 이어지는 선보다 훨씬 남쪽으로 후퇴한 것으로 추정할 수 있다. 따라서 평성과 경기 일대의 농작물 경작 환경은 한대에 비

歷史地理論叢』 2003-2, 2003, 59쪽; 徐勝一, 「北魏孝文帝遷都洛陽與氣候變化之硏究」, 『臺灣師大地理硏究報告』 38, 2003, 1-12쪽; 劉昭民 지음, 박기수·차경애 옮김, 『기후의 반역』, 성균관대학교출판부, 2005, 59-62쪽 및 134-146쪽; 吳宏岐, 『西安歷史地理硏究』, 西安: 西安地圖出版社, 2006, 99-104쪽.

26 竺可楨, 「中國近五千年來氣候變遷的初步硏究」, 15-16쪽.

해 악화되었고 경작 가능한 작물의 종류도 제한되었을 것이다. 앞에서 살펴본 것처럼 『사기』 「화식열전」과 『한서』 「지리지」를 참조하면 북위 전기 평성에 해당하는 대(代)와 종(種) 일대의 주민은 농경에 종사하지 않았다.[27] 이 기록만 볼 때 그 이유는 기후나 자연환경보다는 풍속의 영향을 강하게 받았기 때문인 것 같다. 북위 전기에 풍속은 논외로 하더라도 기후와 기온으로 비교해 볼 때 농업환경이 한대보다 열악했음을 알 수 있다.

통계수치 등으로 평성 일대 농경의 열악한 상황을 알 수 없으나, 박골률진장이었던 조옹의 상소에 따르면 태무제 시기 박골률·고평·안정·통만 4진의 곡물을 옥야진으로 운반했던 관행이 있었음을 알 수 있다.[28] 지리상으로는 평성과 옥야진의 거리가 가까웠음에도 불구하고 오르도스와 황하 상류에서 음산 일대까지 곡물의 장거리 운송을 시도했던 이유는 평성과 경기 일대의 식량 생산이 용이하지 않았음을 간접적으로 드러내는 것이라고 할 수 있다.

이처럼 평성과 경기지역은 농경에 적합하지 않은 기후였으므로 수렵과 목축에 종사하던 호인이 농경으로 생업을 바꿀 가능성이 적었을 것이다. 즉 대부분의 호인은 예전처럼 목축과 수렵으로 생계를 유지했다는 뜻이다. 따라서 호인의 풍습 가운데 목축생활에서 직접적인 관계가 있는 호복과 음식, 주거, 각종 풍습은 그대로 유지될 수밖에 없었을 것이다. 예컨대 당시 호인이 착용한 좁은 소매의 상의와 통이 좁은 바지, 가죽신[皮靴]은 보온에 유리했다.[29] 한랭 기후였던 북위 전기 때 사람이 추위를 견디기 위해 보온과 방한(防寒)에 유리한 호복을 선호한 것은 자연스러운 현상이

27 『史記』 卷129 「貨殖列傳」, 3263쪽; 『漢書』 卷28下 「地理志」下, 1656쪽.

28 『魏書』 卷38 「刁雍傳」, 868쪽.

29 呂一飛, 『胡族習俗與隋唐風韻』, 21-22쪽; 朱大渭 등, 『魏晉南北朝社會生活史』, 91쪽; 石松日奈子, 「北魏佛教美術中の胡服像」, 78쪽.

었을 것이다.

2. 순행 장소와 호화 · 한화

1) 호지 순행과 호속 유지

1항에서 북위 전기 호인이 자신의 문화를 유지할 수 있었던 배경을 평성과 경기 일대의 종족(種族) 분포, 지정학적 위치, 기후, 목축과 농경의 분포 등으로 나누어 살펴보았다. 이에 따르면 평성과 경기 일대는 호인이 자신의 생활양식과 문화를 유지하는 데 적합한 공간이었다. 게다가 북위 전기 태무제를 제외하면 대부분의 황제는 수도 평성에서 머물렀다. 여기에서 북위황제가 한인이 거주하는 하북이나 화북 지역으로 순행했다면 한문화를 받아들일 가능성이 있었다는 반론을 제기할 수 있다. 본항에서는 북위 전기, 특히 헌문제 이전 북위황제가 순행했던 지역을 검토해 보자.

표 23 도무제－헌문제 시기 지역별 순행 횟수 비교

황제	경기	호인 거주 지역					하북	기타	합계
		하서	음산	새외	막남	합계			
도무제	8(8)	3		1	1	5		3	16(16)
	33(24)			5	1	6		6	45(36)
명원제	106(72)			11		11		2	119(85)
태무제	21(17)	10	2	5	1	18	2	2	43(39)
	9(6)	3	7	2	1	13	4	4	30(27)
문성제	13(10)	7	6			13	13	7	46(43)
헌문제	6(3)	1	1			2		2	10(7)
	2(0)	1	2			3	1	0	6(4)

비고: 〈표 5〉 '북위 역대 황제의 광역별 순행 장소'를 다시 정리한 것이다.

〈표 23〉은 도무제부터 헌문제까지 주요 순행 장소를 경기와 유목민이 주로 거주하는 호지, 한족(漢族)이 주로 거주하는 한지(하북), 기타(애매한 경우)로 나누어 순행 횟수를 정리한 것이다. 이 표는 행차 지점의 횟수를 정리한 통계이므로 행차지역에서의 체류기간이 누락되었다는 한계가 있다.

〈표 23〉에서 도무제와 명원제가 주로 행차한 지역은 경기지역이었으며, 태무제 시기에는 하서 · 음산 · 막남 · 새외 등 호지의 순행 횟수가 많았음을 발견할 수 있다. 반면 문성제는 경기와 호지, 한지를 같은 비율로 행차했다. 헌문제는 재위 시에는 경기를, 태상황제 시기에는 호지를 많이 방문했지만 수치상 의미는 없다. 1항에서 살펴본 것처럼 경기는 주로 호인이 거주하는 지역이었으므로, 사실상 도무제부터 태무제까지는 호인이 다수 거주하는 지역을 주로 순행했음을 알 수 있다. 헌문제 시기에도 비슷한 추세를 발견할 수 있다. 다만 문성제 시기에는 한지로의 행차 비율이 다른 황제 때보다는 높지만, 전반적으로 주로 호지를 방문했던 추세는 동일하다. 요컨대 〈표 23〉에서 도무제-헌문제 시기의 북위황제는 주로 호지를 순행했으며 한지인 하북을 순행했던 예는 적다. 이는 한인과의 접촉이 적었고 따라서 북위황제와 호인지배층이 한문화의 영향을 받았을 가능성이 적었음을 뜻한다.

그러나 앞에서 지적한 것처럼 〈표 23〉은 순행지역의 횟수이므로 실제 순행의 정확한 지역별 비교를 위해서는 순행지역에 머물렀던 기간까지 아울러 살펴봐야 실제 순행 지역별 비교가 더 정확하다. 이를 감안하여 〈표 24〉에서는 음산 · 막남 · 하서 · 하북을 순행하여 머물렀던 기간을 계산했다.

〈표 23〉과 달리 〈표 24〉에서 통계의 시기를 태무제부터 헌무제까지로 잡은 것은 도무제와 명원제의 경우 전쟁이나 독군(督軍)을 제외할 때 음산 · 막남 · 하서 · 하북으로 행차한 기록이 없기 때문이다. 또 오른쪽에 순

표 24 태무제 · 문성제 · 헌문제 시기(423~476) 음산 · 막남 · 하서 · 하북 순행 통계

순행 지역	순행 횟수(회)	순행기간이 명시된 순행의 횟수(회)	순행기간이 명시된 순행기간 합계(일)	순행기간이 명시된 평균 순행 기간(일/회)	추산 평균 순행기간 (일/회)	연평균 추산 순행기간(일/년)
음산	22	16	1,508	94.25	129.59	52.8
막남	3	3	213	71	71	3.9
하서	23	20	2,028	101.4	116.61	49.7
하북	13	9	476	52.89	76.40	18.4

출전: [부록 1] '북위시대 순행표'

행기간을 추산한 것은 순행기사에서 전체 순행기간을 알 수 없는 기록도 있기 때문이다.

〈표 24〉의 오른쪽 마지막 칸은 태무제-헌문제 시기 황제가 순행하거나 머물렀던 기간을 연평균으로 환산한 것이다. 이 시기의 황제가 1년 동안 음산 · 막남 · 하서 · 하북에서 머물렀던 정도는 각각 약 53일과 4일, 50일, 19일이라는 뜻이다. 앞의 세 지명, 즉 음산 · 막남 · 하서는 호인 거주 지역이고, 하북은 한인 거주 지역에 해당하므로 태무제-헌문제 시기의 54년 동안 호지에서 머물렀던 기간은 연평균 약 107일, 한지에서 머물렀던 기간은 약 19일이다. 이 수치는 평성에 머물렀거나 경기지역을 순행했던 약 239일 이외의 기간 동안 한지에서 순행했거나 머물렀던 기간보다 호지에서 체류한 기간이 약 5.6배 많았음을 보여 준다.

앞에서 살펴본 것처럼 평성과 경기지역은 호인이 자신의 문화와 생활을 유지할 수 있는 공간이었다. 북위황제와 대부분 호인이었던 수행원들은 1년 중 나머지 기간 가운데 85%에 해당하는 약 107일을 호인의 거주 지역에 머물렀다. 이를 합산하면 호인이 자신의 생활환경과 다른 생활환경을 접할 기회와 기간이 적었음을 알 수 있다.

또 1편 3장에서 살펴본 것처럼 북위황제는 경기지역 가운데 호인이 사는 북쪽과 서쪽, 하서, 음산 지역을 순행했다. 이때 사냥을 했다는 기록이 빈출했다. 또 북위황제가 직접 목축을 시찰했다는 기사는 없으나 각종 목장이 있던 지역을 순행했으므로 호지의 순행 동안 호인의 목축 상황도 살폈을 것이다.[30] 한 중국 학자는 태무제가 장기간 음산과 그 이북지역에 거주하며 호인 귀족과 그들을 호종하는 일반 호인에게 유목생활을 유지하게 하여 호인의 한화를 지연시켰다고 평가하기도 한다. 태무제 이전인 도무제와 명원제의 북순(北巡: 주로 경기와 경계지역으로의 순행) 역시 호인의 구속(舊俗) 유지에 영향을 주었다고 지적했다.[31] 이는 북위 전기 호인이 호속을 유지한 이유 가운데 하나로서, 호인 거주지로의 빈번한 그리고 장기간 이어진 순행 때문이었다는 필자의 견해와 일치한다.

2) 하북 순행과 사냥: 한문화 영향의 한계

앞에서 유목문화의 영향을 받는 도성의 입지조건과 함께 북위황제와 호인 지배층의 호지 순행은 호속 유지의 중요한 요인이었음을 살펴보았다. 그러나 여기에서 순행기간보다 순행 동안의 활동이 더 중요하다는 반론을 제기할 수 있을 것이다. 북위황제는 한인이 주로 거주했던 하북지역의 지역 지배를 공고히 하기 위해 하북 순행을 단행했다. 북위황제는 한인의 민심을 확보하려는 다양한 유화 조치를 취하면서 백성에게 이민족인 북위황제가 하북의 지배자임을 선언하거나 과시하는 정치적 효과도 거두었다.[32]

그런데 하북 순행의 시기가 주로 특정 시기에 집중된 현상이 있어 주목된다. 아래 〈표 25〉는 북위황제의 하북 순행기간을 월별로 표시한 것이다.

---

30 崔珍烈, 『北魏皇帝의 巡幸 硏究』, 65-71쪽.

31 何德章, 「"陰山却霜"之俗解」, 106쪽 및 109-110쪽.

32 崔珍烈, 「北魏의 華北支配와 그 性格」, 12-19쪽 및 「北魏의 地域支配方式과 그 性格」, 118-121쪽.

표 25 태무제 · 문성제 · 헌문제 · 효문제의 하북 순행

순행시기		전체 순행기간	하북 순행기간											
			1	2	3	4	5	6	7	8	9	10	11	12
태무제	427년 십이월~십이월 계묘(428. 1. 6)													○
	435년 시월 계묘(11. 25)~436년 정월 갑인(2. 4)	110일	○									○	○	○
	439년 정월 경인(2. 24)~삼월 신미(4. 6)	42일	○	○	○									
	443년 정월 경오(3. 15)~삼월 경신(4. 18)	51일	○	○										
	445년 정월 신해(2. 13)~삼월 경신(4. 23)	34일	○	○	○									
	447년 이월 계미(3. 7)~오월			○	○	○	○							
	448년 이월 계묘(5. 22)~삼월			○	○									
문성제	454년 십일월 신유(454. 1. 7)~십이월 갑오(454. 2. 9)	34일											○	○
	454년 십일월 무술(12. 10)~십이월 경진(455. 1. 21)	43일											○	○
	458년 이월 무인(3. 4)~삼월 병진(4. 11)	39일		○	○									
	461년 이월 신묘(3. 1)~삼월 신사(4. 20)	51일		○	○									
헌문제	473년 십일월 계사(12. 25)~474년 이월 갑진(3. 6)	72일	○	○										○
효문제	493년 팔월 병술(9.4)~494년 이월 임신(2. 17)		○	○					○	○	○	○	○	○
월별 순행 횟수 합계			6	9	6	1	1	0	0	1	1	2	5	6

출전: [부록 1] '북위시대 순행표'

〈표 25〉를 보면 북위황제의 하북 순행시기가 정월과 삼월 사이, 십일월과 십이월 사이에 집중되었음을 확인할 수 있다. 이는 하서 순행이 유월~십일월, 음산 · 막북 순행이 오월~십일월에 집중되었던 현상과 대비된다. 또 하북 지방은 하서 · 음산 · 막북보다 남쪽에 위치했기 때문에 봄 · 겨울에 해당하는 정월과 삼월 사이, 십일월과 십이월 사이에는 하서 · 음산 · 막북보다 상대적으로 따뜻했을 것이다. 이처럼 순행의 시기와 지리적인 위치를 살펴보면 북위황제는 봄 · 겨울에 상대적으로 따뜻한 지역인 하북 지방을 방문했다고 추측할 수 있다.

그런데 『위서』 본기에 따르면 태무제는 태연원년(435) 십일월, 문성제가 태안 4년(458) 이월 모두 광천에서 사냥했다.[33] 13회의 하북 순행기사 가운데 사냥기사는 2회에 불과하다. 그러나 『위서』 본기에는 보이지 않지만 사냥을 했을 것으로 추정되는 기록이 있다. 문성제는 화평 2년(461) 이월에 하북의 정주(중산)와 기주(신도)를 순행하였다. 『위서』 본기의 기사[34]를 보면 사냥기사는 없지만 같은 해 하북 순행을 기록한 「문성제남순비」에는 문성제가 광평의 들에서 활을 쐈다는 기사[35]가 있다. 원문의 '射于廣平之野(사우광평지야)'에서 활쏘기를 뜻하는 '射(사)'라는 글자를 쓴 것으로 보아 군사훈련인 강무라기보다 사냥일 가능성이 많다. 이를 통해 『위서』 본

33 『魏書』 卷4上 「世祖紀」 太延元年(435)條, 86쪽, "太延元年十有一月乙丑, 行幸冀州. 己巳, 校獵于廣川."; 『魏書』 卷5 「高宗紀」 太安四年(458)二月條, 116, "戊寅, 南幸信都, 畋遊於廣川."

34 『魏書』 卷5 「高宗紀」 和平二年(461)條, 119쪽, "二月辛卯, 行幸中山. 丙午, 至于鄴, 遂幸信都. 三月, 劉駿遣使朝貢. 輿駕所過, 皆親對高年, 問民疾苦. 詔民年八十以上, 一子不從役. 靈丘南有山, 高四百餘丈. 乃詔群官仰射山峰, 無能踰者. 帝彎弧發矢, 出山三十餘丈, 過山南二百二十步, 遂刊石勒銘. 是月, 發并 · 肆州五千人治河西獵道. 辛巳, 輿駕還宮."

35 山西省考古研究所 · 靈丘縣文物局, 「山西靈丘北魏文成帝《南巡碑》」, 72오른쪽, "維和平二年, 歲在辛丑, 三月丁巳朔□, 皇帝南巡, 自定州至鄴都所過郡國. 禊于衡水之濱, 射于廣平之野."

기에 문성제의 사냥기사가 누락되었음을 확인할 수 있다. 이처럼 태연원년(435) 십일월과 태안 4년(458) 이월의 사냥기사와 사냥으로 추측되는 화평 2년(461) 이월의 「문성제남순비」에 기록된 음력 이월과 십일월은 시기상 봄과 겨울이지만 하북이 하서 · 음산 · 막북보다 상대적으로 덜 추운 환경이었으므로 이때 일부 동물이 활동할 수 있었고 북위황제와 수행관원은 하북에서 사냥할 수 있었을 것이다. 따라서 사냥기사가 없는 10회의 하북순행에서도 사냥기사가 누락되었을 가능성이 높다.

『위서』「고종기」와 「문성제남순비」에서 문성제가 친히 활을 쏜 후 이를 기념하여 비석을 세웠다는 점이 언급되어 주목된다. 『위서』 본기에는 선무제가 업에 순행했을 때 친히 1리 50보나 되는 먼 거리까지 활을 쏘자 이를 기념하기 위해 비석을 세웠다는 기사가 보인다.[36] 이처럼 황제의 활쏘기를 기념하여 세운 비석을 어사비(御射碑)라고 한다. 각종 비문과 지리지에는 〈태무제동순비〉와 〈후위북순비(後魏北巡碑)〉(혹은 〈후위북순비음(後魏北巡碑陰)〉이라고도 함), 북위 전기 기주 북부(후에 영주(瀛州)로 분리)에서 발견된 세 개의 비석 등이 보인다.[37] 활쏘기를 기념하여 비석을 세우는 풍습이 몽골시대에도 있었음이 확인되는 것으로 보아[38] 이는 유목민의 풍습일 가능성이 있다.

이 밖에 한인(漢人)의 영춘(迎春)의식인 계례(禊禮)[39]를 행했다는 기록이 「문성제남순비」에 보이지만, 『위서』「고종기」와 「문성제남순비」를 종합하

---

36 『魏書』 卷8 世宗紀 景明二年條, 194-195쪽, "九月正史, 車駕行幸鄴. …… 戊寅, 閱武於鄴南. 帝親射, 遠及一里五十步, 羣臣勒銘於射所."

37 羅新, 「跋北魏太武帝東巡碑」, 177-186쪽.

38 칭기즈칸 일족인 몽골인이 활쏘기를 하며 이를 기념하기 위해 새긴 비석이 남아 있다(Cleaves, Franscis Woodman., "The Sino-mongolian Inscription of 1338: In Memory of Jigmtei", 53쪽 및 67쪽).

39 張慶捷, 「北魏文成帝《南巡碑》碑文考證」, 82왼쪽-83왼쪽.

면, 화평 2년의 하북 순행은 민심수람뿐 아니라 '유행(遊幸)'의 목적이 강했다. 특히 유목민의 취미인 사냥과 활쏘기, 활쏘기를 기념한 비석 세우기 등을 보면 북위 황제가 다수의 한인이 거주하는 하북에 체류했다고 해서 한문화의 영향을 받았다고 단정할 수는 없다. 물론 문성제가 계례를 행했다는 기록을 근거로 하여 문성제의 한화를 주장하는 반론도 가능하다.[40] 그러나 황제는 호인 고유의 서교제천[41]을 친히 주관하였지만, 동지와 하지의 천지 제사나 5제의 사시(四時) 제사 등은 직접 행하지 않고 신하에게 시킨 것으로 보아[42] 문성제의 계례 참여는 군주의 형식적인 참여를 통해 현지 풍습에 대한 존중을 보여 주는 과시적인 행위였을 뿐, 이를 제례상의 '한화'로 받아들이기 어렵다. 바꿔 말하면 문성제의 화평 2년 하북 순행 시 한문화의 수용이 없지는 않았지만, 하북에서도 자신의 호속을 유지하고 지켰음을 확인할 수 있다.

요컨대 북위 전기 북위황제의 순행 장소를 살펴보면 주로 음산 · 하서 · 막남 등 호인의 거주 지역으로 순행했다. 이 지역에 살던 호인은 초원문화를 유지했기 때문에 북위황제도 자신의 호속(胡俗)을 그대로 유지할 수 있었다. 물론 하북지역도 순행하긴 했지만, 하북 순행의 기간이나 횟수, 실례 분석을 바탕으로 살펴보면 호인황제(胡人皇帝)에 대한 한문화의 영향이 제한적이었음을 알 수 있다.

40 위와 같음, 82왼쪽-83왼쪽.

41 呂一飛, 『胡族習俗與隋唐風韻』, 202-205쪽; 李書吉, 「北朝禮制法系硏究」, 51쪽.

42 『魏書』 卷108 「禮志」4, 2813쪽, "二至郊天地, 四節祠五帝, 或公卿行事, 唯四月郊天, 帝常親行, 樂加鍾懸, 以爲迎送之節焉."

제 4 장_북위 후기 호어 사용과 효문제의 순행·친정(親征)

1. 낙양천도 이후 낙양 거주 호인의 호어 사용

1) 호어금지 조치의 예외 대상자

효문제는 태화 19년(495) 유월 기해일(7.9)에 조서를 내려

> "조정(朝廷)에서 북속의 어언(北俗之語言)을 사용하지 못하도록 하라. 만약 어기는 자가 있으면 관직에서 물러나도록 조치하라."[1]

라고 했다. '북속지어언(北俗之語言)'은 북인(北人)이 사용하는 언어라는 뜻이며 당시 북인은 탁발씨를 비롯한 이민족을 지칭하는 용어였다.[2] 따라서 '북속지어언'은 호어를 뜻한다. 즉 위의 조서는 호어 사용의 금지를 천명한 것이다. 그러나 이에 대한 호인의 반발이 거셌을 것임은 쉽게 짐작할 수 있

1 『魏書』 卷7下 「高祖紀」 太和十九年條, 177쪽, "六月己亥, 詔不得以北俗之語言於朝廷, 若有違者, 免所居官."

2 川本芳昭, 「北魏における身分制について」, 『魏晋南北朝時代の民族問題』, 345-352쪽.

다. 『위서』「함양왕희전(咸陽王禧傳)」에는 이에 얽힌 일화가 효문제와 아우 함양왕 원희, 총신 이충 등의 대화체로 기록되어 있다.

> "고조[효문제]는 '상고(上古)로부터 여러 경적(經籍)에 미치기까지 어찌 먼저 명(名)을 바르게 하지 않고 예를 행할 수 있겠는가? 지금 여러 북어(北語)를 금지시키고 모두 정음(正音)을 따르게 하려고 한다. 나이 30세 이상은 습성(習性)이 오래되어 갑자기 바꿀 수 없을 것이다. 현재 조정에 있는 30세 이하의 사람[朝廷之人]은 어음(語音)을 예전처럼 [사용하도록] 허락하지 않는다. 만약 고의로 [이전의 어음(語音)을] 사용하는 자가 있으면 작위와 관직을 강등할 것이다. 각자 마땅히 깊이 경계할지어다. 만약 이에 차츰 익숙해지면 풍속과 교화는 가히 새로워질 수 있다. 만약 구속(舊俗)을 유지한다면 아마 몇 세대 후에는 이수(伊水)와 낙수(洛水) 주변은 다시 피발(被髮)한 사람들로 [가득차게 될 것이]다. 왕 · 공 · 경사(王公卿士)는 모두 그렇게 생각하지 않는가!'라고 말했다. [함양왕] [원]희는 '진실로 성지(聖旨)를 따라 마땅히 바꾸어야 합니다.'라고 응대(應對)했다. 고조[효문제]는 '짐(朕)이 일찍이 이충과 함께 이를 논했을 때, [이]충은 '사방의 말 가운데 마침내 무엇이 옳은지 알겠습니까? 제왕(帝王)이 하는 말이 곧 바릅니다. 어찌 옛것을 바꾸어 새것를 따르려 하십니까?'라고 대답하였으나, [이]충의 이 말은 사죄(死罪)에 합당하다.'라고 말했다. 이에 [효문제가] [이]충에게 '경은 실로 사직(社稷)을 저버렸으니 어사(御史)에게 명하여 끌어내도록 하라.'라고 말했다. 이에 [이]충은 관(冠)을 벗고 사죄했다."[3]

3 『魏書』卷21上「獻文六王上 · 咸陽王禧傳」, 536쪽, "高祖曰: '自上古以來及諸經籍, 焉有不先正名, 而得行禮乎? 今欲斷諸北語, 一從正音. 年三十以上, 習性已久, 容或不可卒革; 三十以下, 見在朝廷之人, 語音不聽仍舊. 若有故爲, 當降爵黜官. 各宜深戒. 如此漸習, 風化可新. 若仍舊俗, 恐數世之後, 伊洛之下復成被髮之人. 王公卿士, 咸以然不?' [元]禧對

이 인용문은 태화 19년(495) 호어금지 조치를 취했을 때 효문제가 신하와 나눈 대화이다. 이 인용문에서 효문제는 조정에서 북어(北語), 즉 호어 사용을 금지하고 정음(正音), 즉 한어를 사용하되, 다만 호인의 반발과 어학 습득 능력 등을 고려하여 30세 이상의 호어 사용을 용인하고 30세 이하의 호어 사용을 금했던 것으로 이해된다.[4]

먼저 유의할 점은 호어 사용 금지가 조정에서 근무하는 사람에게 한정된 것이다. 『위서』「함양왕희전」의 관련 기록에서도 "30세 이하 중 현재 조정에 있는 사람[朝廷之人]은 어음(語音)을 예전처럼 [사용하도록] 허락하지 않는다."라고 하여 호어금지 조치의 대상이 '조정지인(朝廷之人)', 즉 조정에서 근무 또는 활동하는 사람에 한정되었음을 명시했다. '조정지인(朝廷之人)'의 범위는 현재로서는 알 수 없으나 최소한 중앙정부(조정)의 품관 즉 유내관(流內官)을 지칭하는 것으로 볼 수 있다. 나아가 최대한으로 해석하면, 품관(유내관), 궁녀, 환관, 위사(衛士)나 각종 군사(軍士) 등 조정과 관련된 업무를 하는 광범위한 사람을 지칭하는 것으로 이해할 수도 있다.

두 기록의 공통점을 살피면 '조정지인(朝廷之人)'을 제외한 사람, 즉 관직에 종사하지 않던 호인 남성[5]과 여성, 자녀들은 여전히 호어를 사용해도

曰: '實如聖旨, 宜應改易.' 高祖曰: '朕嘗與李沖論此, [李]沖言: 「四方之語, 竟知誰是? 帝者言之, 卽爲正矣, 何必改舊從新.」 [李]沖之此言, 應合死罪.' 乃謂[李]沖曰: '卿實負社稷, 合令御史牽下.' [李]沖免冠陳謝."

4 당장유(唐長孺)는 "30세 이상인 사람의 호어 사용은 쉽게 바꿀 수 없어 호어금지를 위반해도 처벌하지 않지만, 30세 이하이면서 조정에서 벼슬하는 탁발족인(拓跋族人)이 예전처럼 호어를 한어(漢語)로 바꾸지 않는다면 관작(官爵)을 강등하도록 했다."라고 하여 필자와 비슷하게 이해했다(唐長孺, 「拓跋族的漢化過程」, 『魏晋南北朝史論叢續編』, 三聯書店, 1959, 145쪽).

5 현재까지 발견된 묘지명(墓誌銘) 가운데 제실십성에 포함되는 해지(奚智)와 해진(奚眞)의 묘지명에는 두 사람의 관력(官歷)이 보이지 않는다(「奚智墓誌」 및 「奚眞墓誌銘」(이상 『漢魏南北朝墓誌彙編』의 50쪽 및 142쪽 참조). 해지(奚智)의 선조가 복회가한(僕膾可汗)이었고(「奚智

된다는 논리가 성립한다. 또 두 기록의 내용을 조정에서만 호어 사용을 금지하는 것으로 해석할 경우, 6진 등 북변뿐 아니라 낙양천도 이후 낙양 일대에 거주하게 된 호인도 일상적으로 호어를 사용했다고 할 수 있다. 따라서 효문제의 호어금지는 일부 호인 관리에게 적용되는 제한적인 것이며, 호인의 호어 사용 자체에 큰 영향을 준 것은 아니었다고 해석할 수 있다. 그러나 현재 거의 대부분 개설서 · 통사류와 대부분의 학자는 이 점을 간과하여 태화 19년의 호어금지 조치가 호인 생활 전반에까지 미쳤다고 이해하고 있다.[6]

기존의 통설대로 해석하더라도, 『위서』「함양왕희전」에 따르면 호어금지 조치에도 불구하고 호어 사용을 허락받았던 수혜자가 존재한다. 이는 원회(源懷)와 우찬(于纂), 우열(于烈)의 예에서도 확인된다. 즉 태화 19년 당시 30세 이상의 '조정지인(朝廷之人)'은 호어를 사용하더라도 여전히 조정에서 근무 또는 활동할 수 있었다.[7]

이처럼 유예조항 덕분에 495년 이후에도 여전히 호어를 사용했던 사람을 검토해 보자. 필자는 이를 파악하기 위해 『위서』 · 『북제서』 · 『주서』와 각종 묘지명에 언급된 사람의 생몰연대를 조사하여 495년 현재 30세가 넘는 사람을 유형별로 정리해 보았다(괄호 안의 나이는 태화 19년(495) 호어금지

墓誌」, 50쪽, "始與大魏同先, 僕膾可汗之後裔中古遷移, 分領部衆, 遂因所居, 改爲達奚氏焉. 逮皇業徒嵩, 更新道制, 勅姓奚氏."), 조(祖) 내역간(內亦干)이 내행우진(內行羽眞) 산기상시(散騎常侍) 진서장군(鎭西將軍) 운중진대장(雲中鎭大將), 부(父) 보락한(步洛汗)이 연주치중(兗州治中) 위장군부장사(衛將軍府長史)를 역임했던 것과 대조적이다). 이들이 벼슬길에 나서지 않은 이유를 묘지명에서 찾을 수는 없으나 속세와 거리를 두려고 하는 개인적인 취향 때문일지도 모른다.

6 대표적으로 陳寅恪, 「北魏後期的漢化(孝文帝的漢化政策)」, 256-260쪽; 唐長孺, 「拓跋族的漢化過程」, 145-146쪽. 당장유(唐長孺)는 효문제의 호어금지 조치가 한어(漢語)를 관청언어로 사용하는 데 목적이 있었지만 오래되지 않아 선비귀족(鮮卑貴族)은 자신의 언어, 즉 호어를 깡그리 잊어버렸다고 기록했다.

7 崔珍烈, 「北魏後期 胡語사용 현상과 그 배경」, 『中國古中世史研究』 23, 2010, 200-203쪽.

조치 당시 나이임).[8] 먼저 광의의 종실, 즉 원씨(元氏)와 제실십성, 원씨의 방계 원씨(源氏, 禿髮氏)이다. 원씨는 원비(422~503, 74세), 원소(元昭, 463~522, 33세),[9] 원휘(元暉, 465~519, 31세),[10] 원현(元顯, 457~500, 39세),[11] 원감(元鑒, 464~506, 32세),[12] 원계(元繼, 465~528, 31세),[13] 원필(元弼, 453~499, 43세),[14] 원빈(元彬, 464~499, 32세),[15] 원서(元緖, 449~507, 47세),[16] 원인(元引, 458~500, 38세),[17] 원부(元敷, 463~522, 33세),[18] 원녕(元寧, 464~524, 32세),[19] 원숙(元淑, 447~507, 49세)[20] 등 13인이다. 원씨 이외에 제실십성에 속하는 사람은 해지(奚智, 435~507, 61세),[21] 해진(奚眞, 464?~523?, 32세 전후),[22] 장손진(長孫瑱, 457~512, 39세)[23] 3인이고, 방계인 원회(源懷, 444~506, 52세)를 포함하면 4인이다. 광의의 종실은 모두 17인이다.

다음으로 훈신팔성을 비롯한 기타 호인이 있으며, 목량(穆亮, 451~502,

8 이하 성명(姓名) 뒤의 괄호 안의 표기는 생몰연대이다. 별도의 주가 없는 사람은 『위서』 열전에서 생몰연대를 파악했으며, 출전표기는 생략했다. 반면 생몰연대를 묘지명에서 확인할 수 있는 경우에는 일일이 출전을 적었다.

9 「元昭墓誌」, 『漢魏南北朝墓誌彙編』, 144-146쪽.

10 「元徽墓誌」, 『漢魏南北朝墓誌彙編』, 110-112쪽.

11 「元顯墓誌」, 『漢魏南北朝墓誌彙編』, 359-360쪽.

12 「元鑑墓誌」, 『漢魏南北朝墓誌彙編』, 51쪽.

13 「元繼墓誌」, 『漢魏南北朝墓誌彙編』, 259-260쪽.

14 「元弼墓誌」, 『漢魏南北朝墓誌彙編』, 37-38쪽.

15 「元彬墓誌」, 『漢魏南北朝墓誌彙編』, 38-39쪽.

16 「元緖墓誌」, 『漢魏南北朝墓誌彙編』, 52-54쪽.

17 「元引墓誌」, 『漢魏南北朝墓誌彙編』, 135쪽.

18 「元敷墓誌」, 『漢魏南北朝墓誌彙編』, 136쪽.

19 「元寧墓誌」, 『漢魏南北朝墓誌彙編』, 157쪽.

20 「元淑墓志」, 『新出魏晉南北朝墓志疏證』(羅新 · 葉煒, 中華書局, 2005), 61-63쪽.

21 「奚智墓誌」, 『漢魏南北朝墓誌彙編』, 50쪽.

22 「奚眞墓誌」, 『漢魏南北朝墓誌彙編』, 142쪽.

23 「長孫瑱墓誌」, 『漢魏南北朝墓誌彙編』, 74-75쪽

45세), 우열(437~501, 59세), 우충(于忠, 464~520, 32세), 설봉자(薛鳳子, 456?~504?, 40세 전후), 봉화돌(封和突, 438~501, 58세),[24] 후강(侯剛, 466~526, 30세),[25] 우찬(458~527, 38세),[26] 목순(穆循, 457~509, 39세)[27] 등 8인이 있다.

이어서 역대황제의 후궁이다. 즉 헌문제의 비빈 후부인(侯夫人, 451~503, 45세)[28]과 문성제 부인 우선희(于仙姬, 437~526, 59세)[29] 2인이 그렇다. 마지막으로 일반 호인의 아내인데, 목씨의 아내 위태비(尉太妃, 454~519, 42세)[30] 1인이 존재한다.

이 네 유형의 호어 사용자는 모두 28인이다. 이 밖에 생몰연대와 495년 당시 나이를 알 수 없는 사람을 포함하면 그 숫자는 더 늘어난다.

또 앞서 언급된 호인이 호어를 사용했다면 이들과 의사소통했던 사람도 호어를 사용했다고 볼 수 있을 것이다. 즉, 30세 이상의 호인과 대화했던 호인 · 한인은 규정에 따라 한어를 사용했더라도 호어를 구사할 수 있었다는 논리가 성립한다. 필자가 『위서』와 묘지명을 토대로 살펴본 바에 따르면 동양왕 원비와 우열 · 우충 부자, 문성제의 우선희, 헌문제의 후부인 등 495년 호어금지 면제자, 즉 호어 사용자와 접촉했던 호인과 한인, 즉 선무제, 함양왕 원희, 팽성왕(彭城王) 원협, 효명제, 호태후, 원계 · 원차(元叉) 부자, 원희의 가노(家奴), 영군부(領軍府)와 군대의 장령(將領) · 사병(군인), 궁녀, 환관 등은 규정상 한어 사용을 면제받고 호어를 사용했던 사람과 대화할 때 호어를 사용했음을 명확히 알 수 있다. 또 정황상 호어를 사

24 「封和突墓誌」, 『漢魏南北朝墓誌彙編』, 44쪽.
25 「侯剛墓誌」, 『漢魏南北朝墓誌彙編』, 188-190쪽.
26 「于纂墓誌」, 『漢魏南北朝墓誌彙編』, 208-209쪽.
27 「穆循墓誌」, 『新出魏晉南北朝墓志疏證』, 66-67쪽.
28 「侯夫人墓誌」, 『漢魏南北朝墓誌彙編』, 42쪽.
29 「于仙姬墓誌」, 『漢魏南北朝墓誌彙編』, 180쪽.
30 「故太尉公穆妻尉太妃墓誌銘」, 『漢魏南北朝墓誌彙編』, 112쪽.

용해야 하는 사람도 많았을 것으로 추측된다.[31] 물론 이들 가운데 다수는 한어를 쓴다는 전제 하에 있었기에 한어와 호어를 모두 사용했을 것이다. 이는 효문제 이후 호인 사이의 호어 사용이 금지되고 한어만 사용되었다는 기존의 설과 반대되는 현상임을 알 수 있다.

2) 호어금지 이후의 호어 사용자

본 항에서는 낙양에 거주한 호인 · 한인의 사례를 검토해 보고자 한다. 『북제서』와 『주서』에는 북위 말부터 동위 · 북제와 서위 · 북주(西魏北周)의 분열 시기에 호어, 즉 선비어에 능한 호인과 한인의 예가 보인다. 이를 호인과 한인으로 나누어 살펴본다.

서위북주 개국공신의 한 사람인 우근(于謹, 493~568)은 하남군 낙양인(河南洛陽人)이다.[32] 우씨는 본래 훈신팔성의 하나인 물뉴우씨(勿忸于氏)였고, 본적이 하남 낙양(河南洛陽)인 것으로 보아 낙양천도 후 낙양으로 이주한 호인이었음을 알 수 있다. 우근은 정광(正光) 5년(524) 32세의 나이로 광양왕(廣陽王) 원연(元淵)[33]의 참모가 되어 6진의 난 토벌에 종군했던 인물이다. 그는 '제국어(諸國語)'에 능하여 호인이 주축이 된 군도(群盜)들 틈에 단기(單騎)로 들어가 설득했다.[34] 여기서 '제국어'란 호인이 썼던 말을 총칭한

---

31 崔珍烈, 「北魏後期 胡語사용 현상과 그 배경」, 204-210쪽.

32 『周書』 卷15 「于謹傳」, 234쪽, "于謹字思敬, 河南洛陽人也. 小名巨彌."

33 원문에 잘못된 부분이 있다. 『周書』 校勘記에 따르면 정광(正光) 4년이 아니라 정광 5년이고, 광양왕(廣陽王) 심(深)은 당고조(唐高祖)의 이름을 피휘(避諱)한 것으로 본래 이름은 연(淵)이다.

34 『周書』 卷15 「于謹傳」, 244쪽, "正光四年, 行臺廣陽王元深治兵北伐, 引[于]謹爲長流參軍, 特相禮接. 所有謀議, 皆與謹參之. 乃使其子[元]佛陁拜焉, 其見待如此. 遂與廣陽王破賊主斛律野穀祿等. 時魏末亂, 羣盜蜂起, [于]謹乃從容謂廣陽王曰: '自正光以後, 海內沸騰, 郡國荒殘, 農商廢業. 今殿下奉義行誅, 遠臨關塞, 然醜類蟻聚, 其徒實繁, 若極武窮兵, 恐非計之上者. 謹願禀大王之威略, 馳往喻之, 必不勞兵甲, 可致清蕩.' 廣陽王然之. [于]謹

다. 6진에는 선비·흉노·고차 등 각종 호인이 거주했기 때문에 이들이 사용한 언어는 현재의 몽골어나 투르크어와 유사했을 것이다. 그런데 우근은 그가 세 살 때였던 495년에 호어금지 조치가 공포되어 통용되었으므로 원칙적으로는 호어를 배울 수 없었다. 495년 금지조항의 '조정지인(朝廷之人)'을 관료 전체로 확장하여 해석한다고 해도 그의 아버지 우제(于提)는 호어 대신 한어를 사용해야 했다. 그럼에도 불구하고 우근이 호어를 사용할 수 있었던 것은 집안에서 사적으로 호어를 사용했거나[35] 호어를 사용하는 사람의 집단 속에서 유년시절과 청년시절을 보냈기 때문일 것이다. 그러나 우근이 호어만 사용했던 것은 아니다. 젊어서 경(經)과 사서, 『손자병법(孫子兵法)』을 즐겨 읽었으므로[36] 한어와 한문에도 능통했을 것이다.[37] 따라서 우근은 한어와 호어 2개 언어를 구사할 수 있었던 인물이었을 것이다.

『북제서』에 원문요(元文遙)가 호어에 능숙했다는 구체적인 표현은 없으나 고양(高洋, 북제 문선제) 휘하에서 문무호령(文武號令)을 담당했으므로,[38]

兼解諸國語, 乃單騎入賊, 示以恩信."

35 위의 주에서 인용한 『주서(周書)』「우근전(于謹傳)」의 기록을 보면 증조(曾祖)부터 아버지까지 그의 집안은 호인이 많이 살았던 회황(懷荒)·고량(高涼)·고평과 저(氐)·강(羌)이 잡거(雜居)했던 농서(隴西) 등지의 지방관을 역임했다(『周書』 卷15 「于謹傳」, 234쪽, "曾祖[于]婆, 魏懷荒鎮將. 祖[于]安定, 平涼郡守·高平郡將. 父[于]提, 隴西郡守, 荏平縣伯. 保定二年, 以謹著勳, 追贈使持節·柱國大將軍·太保·建平郡公."). 이는 원회(源懷)와 우찬처럼 우씨(于氏) 일족 역시 언어 구사에 편한 지역의 지방관으로 보내졌을 가능성이 있음을 시사한다. 즉 대대로 호어를 사용했기 때문에 우근(于謹)이 호어를 배울 수 있는 환경이 되었을 것이다.

36 『周書』 卷15 「于謹傳」, 234쪽, "[于]謹性沉深, 有識量, 略窺經史, 尤好孫子兵書."

37 이는 호어·호문(胡文)으로 유가(儒家)의 경전과 사서, 병서(兵書)류가 번역되지 않았음을 전제로 했을 경우의 가정이다.

38 『北齊書』 卷38 「元文遙傳」, 503쪽, "武定中, 文襄徵爲大將軍府功曹. 齊受禪, 於登壇所受中書舍人, 宣傳文武號令."

호어에 능했다고 추정하기도 한다.[39] 동위북제 시기 문무호령을 호어, 즉 선비어로 전달했던 예로 보아[40] 원문요가 호어에 능했으리라는 추정은 타당하다. 우근과는 달리 원문요의 생몰연대는 알 수 없다. 원문요는 원외산기상시(員外散騎常侍)로 기가(起家)한 후 부친상을 치르고 태위동각제주(太尉東閣祭酒)에 임명되었다. 이때 북위에 반란이 일어나자 그는 벼슬을 버리고 임려산(林慮山)에 숨었다.[41] 원문(原文)에 보이는 '천하방란(天下方亂)'의 구체적 내용은 알 수 없으나 북위 말 6진의 난 이후 하음(河陰)의 변이 발생했던 시기, 즉 524년부터 528년 사이일 것이다. 원씨가 대개 20세 전후에 기가했다고 가정하면 원문요는 호어금지 이후인 500년 전후 태어났을 것이나. 즉 495년 호어금지 이후에 태어나 유년기와 청년기를 보냈을 것이다. 따라서 원문요가 호어에 능숙했던 것은 집 안에서 그의 부모와 친척이 호어를 사용했기 때문일 것이다.

장손검(長孫儉) 역시 본적이 하남 낙양이었다.[42] 장손씨는 제실십성의 하나였다. 장손검은 원외산기시랑(員外散騎侍郎)으로 벼슬을 시작했고 이주천광(爾朱天光) 휘하에서 종군하여 관중으로 들어갔으며 후에 우문태를 섬겼으므로 관중으로 가기 전 낙양에서 생활했음을 알 수 있다.[43] 장손검

---

39 鄭欽仁, 「譯人與官僚機構」, 236쪽.

40 예컨대 동위 시기 손건(孫搴)은 선비어(鮮卑語)에 능하여 호령(號令)의 선전(宣傳)을 맡았다(『北齊書』 卷24 「孫搴傳」, 341쪽, "又能通鮮卑語, 兼宣傳號令, 當煩劇之任, 大見賞重.").

41 『北齊書』 卷38 「元文遙傳」, 503쪽, "起家員外散騎常侍. 遭父喪, 服闋, 除太尉東閤祭酒. 以天下方亂, 遂解官侍養, 隱於林慮山."

42 『周書』 卷26 「長孫儉傳」, 427쪽, "長孫儉, 河南洛陽人也. 本名慶明. 其先, 魏之枝族, 姓托拔氏. 孝文遷洛, 改爲長孫. 五世祖[長孫]嵩, 魏太尉 · 北平王."

43 『周書』 卷26 「長孫儉傳」, 427쪽, "孝昌中, 起家員外散騎侍郎, 從爾朱天光破隴右. 太祖臨夏州, 以[長孫]儉爲錄事, 深器敬之. 賀拔岳被害, 太祖赴平涼, 凡有經綸謀策, [長孫]儉皆參預."

역시 선비어(호어)를 구사했다.[44] 전후 사정으로 보아 낙양에서 선비어(호어)를 배웠을 것이다. 원문요처럼 가족과 친척 그리고 교제집단이 호어, 즉 선비어(호어)를 사용했기 때문에 자연스럽게 호어에 익숙해졌거나, 우근처럼 관직생활을 위해 배웠을 수도 있다. 그런데 서위(西魏)의 형주자사(荊州刺史)로 재임한 장손검이 양(梁)의 소찰(蕭詧)이 보낸 사신에게 한어가 아닌 선비어(호어)로 말하고 이를 다른 사람에게 통역하도록 했던 기사가 있어 주목된다.[45] 이 기사에서 한인인 양의 사신에게 한어가 아닌 선비어(호어)로 말했던 것으로 보아 장손검은 한어에는 서투르고 선비어(호어)에 더 능숙했던 인물로 여겨진다. 호어와 한어에 모두 능통했던 우근과는 달리 한어에 서툴렀을 장손검의 사례를 보면 호어금지 이후에도 호어금지를 지켜야 하는 관료계에 입신했던 호인 중 일부는 여전히 호어를 사용했었음을 확인할 수 있다.

앞에서 살펴본 우근과 원문요, 장손검은 낙양천도 이후 낙양으로 이주했던 대천호(代遷戶)이며, 아버지 대에도 벼슬을 했던 집안 출신이다. 원씨는 북위종실이며, 장손씨는 원씨 등과 함께 제실십성에 포함되고, 우씨는 선비 최고문벌인 8족(八族, 훈신팔성)에 속한다. 이들은 효문제의 호어금지 선언 이후 유년기와 청년기를 보냈기 때문에 규정상 호어를 접할 수 없었다. 일반적으로 대천호는 효문제의 한화정책에 순응했고 점차 한화되었다고 보는 것이 기존의 통설이다. 따라서 호인의 최고문벌에 속하는 이들이 호어를 사용한 것은 이러한 통념이 잘못되었음을 보여 준다. 이들의 호어 사용은 '조정지인'에 속하는 그들의 아버지와 가족이 사석에서는 여전히

44 『周書』 卷26 「長孫儉傳」, 428쪽.

45 『周書』 卷26 「長孫儉傳」, 428쪽, "又除行臺僕射 · 荊州刺史. 時梁岳陽王蕭詧內附, 初遣使入朝, 至荊州. [長孫]儉於廳事列軍儀, 具戎服, 與使人以賓主禮相見. [長孫]儉容貌魁偉, 音聲如鐘, 大爲鮮卑語, 遣人傳譯以問客. 客惶恐不敢仰視."

호어를 사용했기 때문에 가능했을 것이다.

호어에 능했던 한인도 보인다. 예컨대 장찬(張纂)과 장화원(張華原)은 대군(代郡) 평성현(平城縣) 사람이기 때문에 호어를 사용하는 호인 · 한인과 살면서 자연스럽게 호어를 구사했을 것으로 추정된다.[46]

6진과 북위 전기 경기지역 등 북변이 아닌 황하 유역 출신 가운데 호어에 능한 한인이 있었다. 먼저 맹위(孟威)를 살펴보자. 맹위는 『위서』에 하남 낙양 사람이라 기록되어[47] 있어 호인일 수 있으나 『위서』 「관씨지」와 요미원(姚薇元)의 『북조호성고(北朝胡姓考)』[48]에는 맹씨(孟氏)를 호성(胡姓)으로 기록하지 않아 한인일 가능성이 높다. 『위서』에 따르면, 맹위는 북토(北土)의 풍속에 밝았고 북인의 말에 능했다. 그는 북변 4진의 고차가 유연에 항복하려 하자 이를 설득하러 파견되었다.[49] 이후 그의 이력을 보면 호어에 능했던 장점이 직무 수행과 승진에 도움이 되었다. 그는 선무제 영평(永平)년간(508~511) 고창(高昌)에 외교사절로 파견되었다가 귀국하여 성문교위(城門校尉)와 직합장군(直閤將軍)을 거쳐 옥야진장(沃野鎭將)에 임명되었다. 정광년간(520~525) 초 유연 카간 아나괴(阿那瓌)가 북위에 항복하자 사주(使主) 육희도(陸希道)의 부사(副使)가 되어 그를 맞아들이는 일을 맡았고, 아나괴가 다시 유연으로 돌아가자 사주가 되어 호송을 맡았다.[50] 맹위

---

46 崔珍烈, 「北魏後期 胡語사용 현상과 그 배경」, 216-217쪽.

47 『魏書』 卷44 「孟威傳」, 1005-1006쪽, "孟威, 字能重, 河南洛陽人."

48 姚薇元, 『北朝胡姓考』, 1-399쪽.

49 『魏書』 卷44 「孟威傳」, 1005-1006쪽, "頗有氣尙, 尤曉北土風俗. 歷東宮齋帥 · 羽林監. 時四鎭高車叛投蠕蠕, 高祖詔[孟]威曉喩禍福, 追還逃散, 分配爲民. 後以明解北人之語, 敕在著作, 以備推訪."

50 『魏書』 卷44 「孟威傳」, 1006쪽, "永平中, 自鎭遠將軍 · 前軍將軍 · 左右直長, 加龍驤將軍, 出使高昌. 還, 遷城門校尉 · 直閤將軍 · 沃野鎭將. 正光初, 蠕蠕主阿那瓌歸國, 詔遣前郢州刺史陸希道兼侍中爲使主, 以威兼散騎常侍爲副, 遠畿迎接. 阿那瓌之還國也, 復以[孟]威爲平北將軍 · 光祿大夫, 假員外常侍, 爲使主護送之. 前後頻使遠蕃, 粗皆稱旨. 復

의 활동을 보면 그는 고차인을 설득시켰다는 점에서 고차인의 언어에 능했고, 유연의 카간을 응대했던 점을 보아 유연의 말에도 능통했다. 또 옥야진장으로 근무했으므로 6진에서 사용했던 여러 종류의 호어에도 능했을 것이다. 또 고창 등지에 사신으로 파견되었기 때문에 서역의 언어에도 밝았을 것이다. 뿐만 아니라 영군부 장령이 호어를 사용했다 해도 그가 직합장군을 역임했으므로 의사소통에는 문제가 없었을 것이다. 이처럼 맹위는 각종 호어에 능했으며, 이러한 재주를 인정받아 외교사절과 호어가 필요한 북변의 진장(鎭將)이 될 수 있었다. 또 맹위의 정사(正使)였던 육희도 역시 유연의 말에 능했기 때문에 외교사절로 활동했을 것이다. 맹위의 예는 특이한 사례이지만, 효문제가 호어를 금지했던 495년 이후에도 각종 호어는 여전히 필요했고, 호어에 능한 한인이 존재했음을 보여 준다.

또 동위 시기 고환의 막료로 활약한 손건(孫搴)도 주목된다. 그는 낙안군(樂安郡) 사람으로 효명제 정광 3년(522)과 4년(523) 사이[51] 수국사(修國史)에 임용되었고, 그 이전에 검교어사(檢校御史)와 국자조교(國子助教)를 역임했다.[52] 그가 역임했던 어사 · 국자조교 · 수국사는 주로 한어와 한문을 사용했을 것이므로 호어를 몰라도 상관없었을 것이다. 그런데 손건은 북위 말부터 동위시대까지 고환의 주부(主簿)로 일하면서 선비어에 능통하여 호령(號令)의 선전을 맡아 고환의 신임을 얻었다.[53] 선비어에 능통한 고환과

加撫軍將軍.”

51 원문에 태보(太保) 최광(崔光)이 보인다. 최광은 정광(正光) 3년(522)에 태보에 임명되어(『北齊書』 卷9 「肅宗紀」 正光三年十二月乙酉條, 233쪽, “乙酉, 以車騎大將軍 · 尙書右僕射元欽爲儀同三司, 太保 · 京兆王[元]繼爲太傅, 司徒崔光爲太保.”) 정광 4년(523)에 사망할 때까지 태보의 지위를 유지했다(『北齊書』 卷9 「肅宗紀」 正光四年十一月丁酉條, 235쪽, “丁酉, 太保崔光薨.”).

52 『北齊書』 卷24 「孫搴傳」, 341쪽, “孫搴, 字彦舉, 樂安人也. 少厲志勤學, 自檢校御史再遷國子助教. 太保崔光引修國史, 頻歷行臺郎, 以文才著稱.”

의사소통을 자유롭게 하고 호령을 분명하게 전달할 정도라면 손건이 선비어에 능했음을 알 수 있다. 외국어 습득과 나이의 관계를 고려하면 북위 후기, 6진의 난 이전에 선비어를 배웠을 가능성도 배제할 수 없다.[54]

요컨대 맹위와 손건의 예에서 보이듯 효문제가 조정에서 호어 사용을 금지시켰어도 '공식적으로' 호어를 사용해야 하는 관리가 필요했고, 호어를 사용할 수 있는 호인과 한인 모두 이 일에 종사했음이 확인된다.

3) 효명제의 호어 구사와 궁중

논의 대상을 낙양천도 이후의 북위황실로 바꿔 보자. 『위서』와 『역대삼보기(歷代三寶記)』 등의 기록에 따르면 선무제는 호어와 한어뿐 아니라 불경의 원어인 인도어나 중앙아시아의 언어도 모두 구사했을 것으로 추정된다.[55]

선무제의 아들 효명제(510~528)는 어떠했을까? 효명제는 일찍이 호태후(胡太后)와 함께 화림원에서 잔치를 베풀 때 호태후의 칠언시(七言詩)에 역시 칠언시로 화답했다.[56] 이는 효명제에게 한문 작문 능력이 있었음을 보여 준다.[57] 효명제는 호어금지 조치가 시행된 지 16년 후인 영평 3년(510)

---

53 『北齊書』 卷24 「孫搴傳」, 341쪽, "高祖引[孫]搴入帳, 自爲吹火, 催促之. 搴援筆立成, 其文甚美. 高祖大悅, 卽署相府主簿, 專典文筆. 又能通鮮卑語, 兼宣傳號令, 當煩劇之任, 大見賞重."

54 崔珍烈, 「北魏後期 胡語사용 현상과 그 배경」, 215쪽 주) 83.

55 위의 같음, 220-222쪽.

56 『北史』 卷13 「后妃上 · 魏宣武靈皇后胡氏傳」, 504쪽, "太后與明帝幸華林園, 宴羣臣于都亭曲水, 令王公已下賦七言詩. 太后詩曰: '化光造物含氣貞.' 明帝詩曰: '恭己無爲賴慈英.' 王公已下賜帛有差."

57 위 구절을 꼼꼼히 살펴보면 두 사람의 일곱 자(七字)의 시(詩)가 대구(對句)가 아니고 운율에도 맞지 않는다. 이것만으로 판단하기 어렵지만, 효명제의 문학적 능력은 뛰어나다고 평가하기 어렵다.

에 태어났기 때문에 원칙상 궁중과 조정에서 호어를 사용하지 않는 언어 환경에서 자랐고, 따라서 한어만을 사용해야 했을 것으로 보인다. 그러나 『위서』에 효명제가 '호어'를 사용했음을 시사하는 기록이 있다.

> "[호]태후는 스스로 행실을 닦지 못하여 종실의 미움을 받을까 두려워하여 이때 안으로 붕당을 만들고 [황제의] 이목(耳目)을 가리고 막았으며, 숙종(肅宗)[효명제]이 친히 총애하는 신하에게는 대개 일을 꾸며 해(害)를 입혔다. 밀다도인(蜜多道人)이 '호어'에 능했기 때문에 숙종[효명제]은 그를 좌우(左右)에 두었다. 태후는 밀다도인이 [호태후에 대한] 동정을 전할까 두려워하여 [효창(孝昌) 4년(528)][58] 삼월 삼일(4. 7.) [낙양] 성남의 대항(大巷)에서 그를 살해했다. 그리고 현상금을 걸어 살해범을 잡으려[는 시늉을 했다.][59] 또 금중(禁中)에서 영좌우(領左右) 곡회(谷會)와 홍려소경(鴻臚少卿) 소달(紹達)[곡사회(谷士恢)][60]을 죽였다. 모두 [효명]제가 총애하던 자였다."[61]

이 인용문을 통해 효명제 대신 임조칭제(臨朝稱制)를 맡아 부패와 비리

---

58 이 구절과 동일한 구절이 『資治通鑑』 梁武帝大通二年條에 실려 있다(『資治通鑑』 卷152 「梁紀」 武帝大通二年二月條, 4737쪽, "有蜜多道人, 能胡語, 帝常置左右. 太后使人殺之於城南而懸賞購賊, 由是母子之間, 嫌隙日深."). 대통(大通) 2년은 효창(孝昌) 4년 혹은 무태원년(武泰元年)에 해당하며, 서기로는 528년이다.

59 원문은 '方懸賞募賊(방현상모적)'인데, 문맥상 부자연스럽다. 『자치통감』에는 '懸賞購賊(현상구적)'이라 적었다(『資治通鑑』 卷152 梁紀 武帝大通二年二月條, 4737쪽). 후자의 구절이 문맥상 자연스럽다. 본문에서는 『자치통감』의 구절에 따라 번역했다.

60 『위서』 「곡혼전부사회전(谷渾傳附士恢傳)」에 따르면 소달(紹達)은 곡사회(谷士恢)의 자(字)이다(『魏書』 卷33 「谷渾傳附士恢傳」, 782쪽, "[谷]纂弟[谷]士恢, 字紹達.)"

61 『魏書』 卷13 「皇后下 · 宣武靈皇后胡氏傳,」 339-340쪽, "太后自以行不修, 懼宗室所嫌, 於是內爲朋黨, 防蔽耳目, 肅宗所親幸者, 太后多以事害焉. 有蜜多道人, 能胡語, 肅宗置於左右. 太后慮其傳致消息, 三月三日於城南大巷中殺之. 方懸賞募賊, 又於禁中殺領左右 · 鴻臚少卿谷會 · 紹達, 並帝所親也."

를 일삼은 호태후가 자신의 비리 소식이 효명제에게 들어가는 것을 막기 위해 수단과 방법을 가리지 않았음을 알 수 있다. 한 학자는 위의 구절에서 호태후가 '호어',[62] 즉 선비어를 사용하는 밀다도인이 자신의 부패와 비리를 누설할까 두려워하여 살해했다고 해석했다.[63] 이 주장이 맞는지 자세히 검토해 보자.

먼저 '도인(道人)'은 도교(道敎) 혹은 신선술(神仙術)과 관계있는 사람처럼 이해될 수 있지만, 위진남북조 당시 도인은 불교의 승려와 도교의 도사(道士) 모두 지칭하는 말이었다. 예컨대 사문(沙門) 법과(法果)와 사문 사현(師賢)은 도인통(道人統)으로 임명되었다. 당시 도인통은 불교 승려를 총괄하는 직책이었다.[64] 그러나 '밀다(蜜多)'는 승려의 법명(法名)처럼 느껴지지 않는다. 『위서』「석로지」에는 효문제 때의 유명한 승려로 사문 도순(道順)·혜각(惠覺)·승의(僧意)·혜기(惠紀)·승범(僧範)·도변(道弁)·혜탁(惠度)·지탄(智誕)·승현(僧顯)·승의(僧義)·승리(僧利)가 있고,[65] 선무제 때의 유명한 승려로 사문 혜맹(惠猛)·혜변(惠辨)·혜심(惠深)·승섬(僧暹)·도흠(道欽)·승헌(僧獻)·도희(僧獻)·승심(僧深)·혜광(惠光)·혜현(惠顯)·법영(法榮)·도장(道長)[66]이 있다고 했다. 여기에 열거된 불교 승려

---

62 본문에서 사용한 호어는 선비어·탁발어(拓跋語)·북어(北語) 등 탁발씨 등 호인지배층이 썼을 것으로 생각되는 언어를 지칭한다. 따라서 사료에 나오는 호어는 '호어'로 구별하어 표기한다.

63 古賀昭岑,「北魏の部族解散について」, 64아래쪽.

64 『魏書』 卷114 「釋老志」, 3030쪽, "初, 皇始中, 趙郡有沙門法果, 誡行精至, 開演法籍. 太祖聞其名, 詔以禮徵赴京師. 後以爲道人統, 綰攝僧徒."; 『魏書』 卷114 「釋老志」, 3036쪽, "京師沙門師賢, 本罽賓國王種人 …… 師賢仍爲道人統."

65 『魏書』 卷114 「釋老志」, 3040쪽, "高祖時, 沙門道順·惠覺·僧意·惠紀·僧範·道弁·惠度·智誕·僧顯·僧義·僧利 並以義行知重."

66 『魏書』 卷114 「釋老志」, 3047쪽, "世宗以來至武定末, 沙門知名者, 有惠猛·惠辨·惠深·僧暹·道欽·僧獻·道晞·僧深·惠光·惠顯·法榮·道長, 並見重於當世."

의 법명을 살펴보면 대개 첫 글자에 '道(도)', '惠(혜)', '僧(승)', '智(지)', '法(법)' 등의 글자를 붙였다. 혹은 불교도라는 의미에서 '釋(석)' 자나 '佛(불)' 자를 붙이거나 외국 승려인 경우 '支(지, 월지(月氏)의 약칭)', '竺(축, 천축(天竺)의 약칭)' 등 원래의 출신 국명을 붙이기도 했다. 이러한 불교 승려의 표기법에 따라서 '밀다도인'의 이름을 볼 때, '사문'이란 단어를 붙이지 않은 데다 '밀다' 또한 법명처럼 보이지 않는다. 만약 밀다도인이 도교의 도사라고 한다면, 당시의 도교는 도가 사상과 중국 고유의 신선술 · 불로장생, 각종 미신을 혼합하여 만든 중국적인 종교이므로 그는 한인(漢人) 출신이었을 것이다. 이 경우 밀다도인은 효명제와 여러 호인에게 도교를 전파하기 위해 호어를 배워 유창하게 말하게 되었을 것이다. 이는 효명제와 주변의 호인관료가 호어를 사용했음을 시사한다.

이와는 달리 밀다도인이 불교 승려였다고 하더라도 '밀다도인이 호어에 능하다(能胡語).'는 기록으로 보아 원래 '호어'를 사용하지는 않았음을 알 수 있다. 즉 선비 계통의 유목민이 아니었으며, 당시 인도와 중앙아시아 등 타국 출신의 승려 앞에 붙는 국명의 약칭 또한 없는 것으로 보아 한인이었을 가능성이 높다.

다음으로 효명제가 '호어'에 능한 밀다도인을 좌우에 두었다는 표현의 의미에 주목해 보자. 효명제가 밀다도인을 측근으로 삼은 이유는 그가 '호어'에 능했고 효명제와 '호어'로 의사소통할 수 있었기 때문이다. 여기에서 밀다도인이 주변 호인의 비리나 상황을 호어로 듣고 효명제에게 한어로 말했을 수 있다는 반론이 제기될 수 있다. 그러나 한 학자의 분석에 따르면 호태후의 측근으로 활동한 인물에는 애인인 정엄(鄭儼)과 서흘(徐紇), 이신궤(李神軌), 원번(袁翻), 배연준(裴延儁) 등 한인관료(漢人官僚)와 원략(元略, 486~528), 성양왕(城陽王) 원휘(元徽, 490~530), 고양왕(高陽王) 원옹(元雍), 임회왕(臨淮王) 원욱(元彧) 등의 종실, 환관인 성궤(成軌)와 평계(平季) 등이 있었다.[67] 원략과 원휘는 효문제의 호어금지 조치에 따라 한어를 사용해야 하는 인물이었고, 원옹과 원욱의 생몰연대는 미상이지만 이 두 사람과 비슷한 연령대였을 것으로 추정된다. 즉 규칙대로라면 한어를 사용해야 하는 북위종실인 호인과 한인이 호태후의 측근으로 활동했기 때문에 호태후 일파가 호어를 사용했을 가능성은 거의 없다고 봐야 할 것이다. 따라서 호태후는 효명제와 밀다도인이 '호어'로 대화하면서 자신의 비리를 폭로할까 두려워하여 밀다도인을 죽인 것이라고 이해하는 편이 자연스럽다. 본문에는 '能胡語(능호어)'라는 구절이 없지만 효명제의 총애를 받았던 곡회와 곡소달(곡사회)도 '호어'를 할 줄 알았을 것이다.[68]

마지막으로 '호어'가 어느 말을 지칭하는가 하는 문제가 남는다. 『위서』에는 탁발씨 등 호인을 지칭할 때 '호(胡)'와 '선비'라는 글자를 사용하지 않았다. 대신 호족 · 호인은 '북인(北引)', '구인(舊人)', 한족 · 한인은 '남인(南人)', '신인(新人)'으로 지칭되었다.[69] 논리상 호인, 즉 '북인'이 사용하는 언어는 '북어(北語)' 혹은 '북언(北言)'이라 표기해야 한다. 그러나 『위서』에서 '북어'의 용례는 한 건에 불과하며,[70] '북언'은 『위서』에는 보이지 않고 『북사』 「이주영전(介朱榮傳)」에 보인다.[71] 또 '북어'와 '북언' 이외에 '북속

67 張金龍, 『北魏政治史』 9, 蘭州: 甘肅教育出版社, 2008, 307-325쪽.

68 곡회(谷會) 형제의 선조인 곡혼(谷渾)은 창려(昌黎) 사람이다(『北史』 卷27 「谷渾傳」, 973쪽, "谷渾, 字元冲, 昌黎人也."; 『魏書』 卷33補 「谷渾傳附士恢傳」, 780쪽). 창려(昌黎)는 모용씨(慕容氏)와 관련이 있는 지명이므로, 선비인일 가능성이 높다. 요미원(姚薇元)은 '곡씨(谷氏)'가 '토욕혼'의 약칭임을 밝혔으며 서부 선비(西部鮮卑)로 보았다(姚薇元, 『北朝胡姓考』, 90쪽). 이들은 본래부터 호인이었기 때문에 자신의 언어를 계속 사용했을 것이다.

69 川本芳昭, 「北魏における身分制について」, 345-352쪽.

70 『위서』에서 '북어(北語)'의 용례는 다음 한 구절에서만 보인다. 『魏書』 卷21上 「獻文六王上 · 咸陽王禧傳」, 536쪽, "高祖曰: 「…… 今欲斷諸北語 一從正音. ……」"

71 『北史』 卷48 「介朱榮傳」, 1760쪽, "又北人語訛, 語'介朱'爲'人主'. 上又聞其在北言, 我姓人主."

지어언(北俗之語言)'이라는 표기가 있기는 하다.[72] 그러나 호어를 '北(북)'으로 표시한 예가 3건이므로 『위서』와 『북사』에서 일반적으로 사용되었다고 보기 어렵다. '호어'의 용례 역시 위의 인용문이 유일하다. 용례대로라면 일단 '호어'가 '북어' 등과는 달리 탁발씨 등 호인이 사용했던 말이 아닐 수 있다. 이 경우의 '호어'는 산호 혹은 계호(稽胡)의 말이나 서역호(西域胡)의 말일 것이다. 이렇게 가정하면, 효명제와 밀다도인이 왜 산호나 계호 혹은 서역호의 말을 배워야 했는지 하는 의문이 생긴다. 당시 산호는 황하 상류와 분수 사이에 거주했던 유목민 집단이었지만, 북위의 호인지배층에 정치적 · 군사적 · 문화적인 영향을 거의 끼치지 못했다. 따라서 두 사람 모두 산호의 말을 배워야 할 이유를 생각하기 어렵다. 다만 밀다도인이 불교 승려라면 불교경전의 번역이나 구법(求法)을 위한 서역 여행을 준비하는 차원에서 서역의 언어를 배웠을 수 있다. 그렇다면 효명제가 굳이 서역의 언어를 배운 이유는 무엇일까? 불교에 심취한 효명제였지만[73] 당시 불경이 한문으로 번역되었기 때문에 굳이 서역의 언어를 배울 필요가 없었을 것이다. 또 밀다도인이 불교의 포교를 위해 효명제를 만났다면, 효명제가 쓰는 언어로 말하는 것이 호소력 있었을 것이다. 따라서 효명제가 서역의 언어를 사용했을 가능성은 거의 없다.

효명제의 언어 문제와 관련해서라면 이미 앞에서 살펴본 호대후와 효명제가 호어금지 면제자인 강양왕 원계의 집에 가서 연회를 즐겼던 예[74]를 상기할 필요가 있다. 필자는 495년 호어금지가 시행될 당시 원계는 31세였으므로 규정에 따라 여전히 호어를 사용했을 것으로 추정했다.[75] 이 경우

72 『魏書』 卷7下 「高祖紀」 太和十九年條, 177쪽.

73 『資治通鑑』 卷148 「梁紀」 武帝天監十七年(518)條, 4636쪽, "[張]普惠又以魏主好遊騁苑囿, 不親視朝, 過崇佛法, 郊廟之事多委有司, 上疏切諫, ……"

74 『魏書』 卷16 「道武七王傳附江陽王繼傳」, 402쪽.

원계와 연회를 즐기면서 사적인 대화를 나눴을 호태후와 효명제는 원계를 위해 호어를 사용했을 것임을 추론할 수 있다. 따라서 효명제가 사용한 '호어'는 호어, 즉 탁발씨 등 북방 유목민이 사용한 선비어 · 북어 등으로 보는 것이 자연스럽다. 이 경우 밀다도인이 '호어'에 능통했던 이유도 명확해진다. 밀다도인이 불교 승려였건, 도교의 도사였건 간에 북위 후기 호어를 사용하는 호인을 포교하려면 '호어'를 유창하게 구사할 현실적 필요성이 있었던 것이다.

이상의 세 가지 사항, 즉 밀다도인의 정체, 효명제의 '호어' 사용 여부, '호어'의 실체를 검토하면 기존의 해석대로 효명제는 북위 전기부터 탁발씨가 사용해 오던 호어를 사용했음을 확인할 수 있다. 그런데 효명제는 누구인가? 바로 '한화정책', 특히 호어를 금지시켰던 효문제의 손자였다. 효명제의 호어 사용은 북위 후기에 시행된 호어금지 조치가 무력해졌음을 상징한다.

여기서 호어금지 조치 16년 후 호태후라는 한인(漢人) 여성을 생모로 하여 태어난 효명제가 호어를 배운 배경, 바꿔 말하면 효명제가 호어를 사용하는 언어 환경에 노출된 이유가 궁금해진다. 당시 궁정에는 495년 당시 30세가 넘어 호어금지에서 면제된 헌문제의 비빈인 후부인과 문성제의 비빈인 우선희 등 역대황제의 비빈이 존재했고 이들을 시중드는 궁녀와 환관이 있었다. 궁중에는 일정 부분의 호속이 유지되었고 호어를 사용하는 사람이 존재했을 것이다. 호태후는 중국의 유가 전통과는 달리 북위 전기 · 북제 · 북주의 황후들처럼[76] 각종 제사에 참여했고 호태후와 청하왕(淸河王) 원역(元懌), 여동생 호씨와 남편 원차의 동생 원라(元羅)가 유목민

---

75 崔珍烈, 「北魏後期 胡語사용 현상과 그 배경」, 209쪽.

76 이 밖에 호태후(胡太后)는 효명제 대신 재판과 상계(上計), 시험 감독 등을 직접 주관했다(崔珍烈, 「北魏後期 胡語사용 현상과 그 배경」, 229쪽 주) 134).

고유의 수계혼제(收繼婚制, levirate)의 유습을 따랐다.[77] 이처럼 궁중, 호속에 젖은 외척(호씨), 그리고 일부 북위종실에서 호속이 유지된 점은 호인이 효문제의 '한화정책'을 제대로 실천하지 않았음을 시사하는 것으로 볼 수 있다. 따라서 궁중에서 근무하는 궁녀와 환관 이외에도 당시 분수 이북에서 유목 혹은 목축생활을 유지하면서 호어와 호속을 유지했던 이주영(尒朱榮) 등의 호인이 낙양의 궁중에 숙위하러 파견된 데다, '한화에 불철저한 한편' 각종 호속을 유지했던 북위종실과 호인이 궁중에 출입했기 때문에 궁중에서 호어가 사용될 언어 환경이 여전히 조성되어 있었다고 봐도 무방할 것이다.[78]

요컨대 효명제는 495년의 호어금지 규정 이후에 태어났기에 한어만을 사용해야 하는 언어환경에서 생활했을 것 같지만 실제로는 호어도 사용하는 환경에서 살았다. 이는 당시 호어를 사용하는 호인과 한인이 궁중에 남아 있었고, 그가 접촉할 수 있는 종실 중 일부가 여전히 호어를 사용하는 등 호어를 사용하는 언어환경이 조성되어 있었음을 보여 준다. 물론 효명제가 호어만 사용했다는 뜻은 아니다. 『위서』에 효명제가 국자당(國子堂)에서 공부했으며,[79] 한인 유학자에게서 『효경』과 『두씨춘추(杜氏春秋)』를 배웠고,[80] 한인관료와 대화한 기록이 있으므로[81] 한어와 한문에 익숙했던 것

77 Jennifer Holmgren, "Empress Dowager Ling of the Northern Wei and the T'o-pa Sinicization Quertim", *Papers on Far Eastern History* 18, 1978, 154-159쪽; 崔珍烈, 「北魏後期 胡語사용 현상과 그 배경」, 228-229쪽.

78 崔珍烈, 「北魏後期 胡語사용 현상과 그 배경」, 215-220쪽 및 229-230쪽.

79 『魏書』 卷36 「李順傳附憲傳」, 835쪽, "正光二年二月, 肅宗講於國子堂, 召憲預聽, 又以子騫爲國子生."

80 『魏書』 卷38 「王慧龍傳附遵業傳」, 879쪽, "及[崔]光爲肅宗講孝經, [王]遵業預講, [王]延業錄義, 並應詔作釋奠侍宴詩."; 『魏書』 卷72 「賈思伯傳」, 1615쪽, "時太保崔光疾甚, 表薦[賈]思伯爲侍講, 中書舍人馮元興爲侍讀. [賈]思伯遂入授肅宗杜氏春秋."; 『魏書』 卷79 「馮元興傳」, 1760쪽, "及太保崔光臨薨, 薦[馮]元興爲侍讀. 尙書賈思伯爲侍講, 授肅宗杜

같다. 즉 효명제는 한어와 호어 2개 언어에 능통했을 것이다. 그럼에도 불구하고 호어금지와 한어를 강제했던 효문제의 손자 효명제가 사적인 자리에서 호어로 의사소통했다는 사실은 효문제의 호어금지 정책이 그다지 효과가 없었음을 보여 주는 점에서 상징적인 의미가 크다.[82]

2. 호어 통용의 환경과 배경

1) 효문제의 잦은 순행과 수행 군사의 호어 학습 미비

앞에서 살펴본 것처럼, 효문제의 호어금지 조치에도 불구하고 북위 후기와 밀기에 호어를 사용했던 사람의 존재를 확인할 수 있다. 이는 효문제의 호어금지와 한어 강요 조치를 호인이 잘 따르지 않았다는 뜻이다. 어떻게 이런 현상이 가능했을까? 그 단서를 『위서』「고조기」의 남제 친정(親征)과 각지 순행기록에서 찾을 수 있다.

한 중국 학자는 효문제의 체류지역과 기간을 조사하였다. 효문제가 낙양천도의 지지를 이끌어 내기 위해 남벌을 계획하여 평성을 떠난 태화 17년(493) 팔월부터 효문제가 사망한 태화 23년(499) 사월까지 효문제가 머무른 장소와 기간을 바탕으로 산출한 것이다. 이를 바탕으로 각 지역에 머물렀던 기간을 나타내면 다음의 표와 같다.

〈표 26〉에서 유의할 점은 신야(新野)와 현호, 곡당원(穀塘原) 방문은 순행의 성격보다 남제 친정(親征)을 위해 들른 '경유지' 성격이 더 강한 점이

氏春秋於式乾殿, [馮]元興常爲摘句, 儒者榮之."

81 『魏書』 卷77 「辛雄傳」, 1694쪽, "肅宗謂[辛]雄曰: 「誨, 朕家諸子, 摽以親懿. 籌策機計, 仗卿取勝耳.」"; 『魏書』 卷79 「董紹傳」, 1759쪽, "蕭寶夤反於長安也, [董]紹上書求擊之, 云: '臣當出瞎巴三千, 生噉蜀子.' 肅宗謂黃門徐紇曰: '此巴真瞎也!' [徐]紇曰: '此是紹之壯辭, 云巴人勁勇, 見敵無所畏懼, 非實瞎也.' 帝大笑, 敕[董]紹速行."

82 崔珍烈, 「北魏後期 胡語사용 현상과 그 배경」, 220-230쪽.

표 26 태화 17~23년(493~499) 효문제의 체류지역과 기간

체류지	기간	체류 비율	체류지	기간	체류 비율	체류지	기간	체류 비율
낙양	760일	38.7%	장안	18일	0.9%	곡당원(穀塘原)	6일	0.3%
업	146일	7.4%	신야(新野)	103일	5.2%	이동기간	595일	30.4%
평성	180일	9.2%	현호(懸瓠)	155일	7.9%	전체	1,963일	100%

비고: 장금룡(張金龍)은 낙양 체류기간을 1일 누락했고 이동기간 항목에 제시한 자료에는 없는 89일을 추가했다. 본 표에서는 이를 바로잡아 계산했다.

출전: 張金龍,『北魏政治史硏究』, 蘭州: 甘肅敎育出版社, 1996, 210-212쪽

다. 그리고 태화 17년(493)부터 태화 23년(499)까지 효문제의 순행과 친정(親征)이 섞여 있기 때문에 수도인 낙양에 체류한 기간이 짧을 수밖에 없는 점이다. 즉 전쟁이란 요인 때문에 체류기간이 비정상적으로 길게 보일 수도 있다는 뜻이다. 뿐만 아니라 효문제가 하루 일정으로 도성 밖을 나간 단거리 방문, 그리고 각각 17일과 6일이 소요된 숭고와 소평진(小平津) 방문은 생략되었다. 따라서 실제 낙양에 머무른 기간은 〈표 26〉보다 적다. 또 이동기간에는 효문제가 전국순행을 위해 돌아다니며 여러 주진(州鎭)에 머물렀던 기간까지 포함되어 있다. 이처럼 〈표 26〉에는 통계수치상 한계가 있음을 먼저 밝힌다.

〈표 26〉에서 두드러진 특징은 천도 이후 낙양에 머물렀던 기간이 760일로 2년이 넘는다는 사실이다. 이는 해당 시기의 약 40%에 해당한다. 그리고 순행이나 친정(親征)을 위해 길에서 허비한 기간과 여러 주 · 진(州鎭)에 들렀던 기간, 즉 〈표 26〉에서 '이동기간'이 약 1/3에 해당할 정도로 긴 점이다. 그리고 주요 전장이나 군사적 요충지였던 신야와 현호의 체류 기간이 길다. 바꿔 말하면 효문제는 낙양천도 이후 낙양에 정주하지 않았으

며, 화북 전체의 민심 확보를 위한 전국순행과 남제 친정(親征)을 위해 여러 지역을 오가는 데 많은 시간을 썼다.[83] 이처럼 효문제가 순행과 친정(親征)을 자주 했고 낙양을 비운 기간이 길었기 때문에, 효문제를 수행하던 관리 역시 오랫동안 낙양을 비웠다. 이는 특히 한어를 모르는 호인에게 한어를 습득할 시간이 많지 않았다는 상황논리로 해석될 수 있다. 반면 〈표 26〉에는 구체적인 시기가 명시되지 않았기 때문에 낙양 이외 지역에서의 거주기간이 낙양천도 이후부터 효문제 사후까지 5년여 세월의 40%에 불과하다고 해서, 이를 단순히 한어를 배울 언어적 환경이 조성되지 못했다고 단정하기 어렵다는 반론을 펼 수도 있다.

이러한 반론을 검토하기 위해 효문제가 호어금지를 선언한 이후 효문제의 낙양 체류나 순행, 또는 친정 여부를 날짜별로 검토해 보자.

표 27 호어금지 전후부터 효문제 사후까지 효문제의 동선

날짜	기간	효문제의 동선	사건
태화 18년(494) 시월 신해(11. 23)~태화 19년(495) 오월 계미(6. 23)	213일	중산 당호(唐湖) → 업 → 낙양 → 현호 → 여수(汝水) 서쪽 → 팔공산(八公山) → 종리(鍾離) → 소양(邵陽) → 하비(下邳) → 팽성(彭城) → 소패(小沛) → 하구(瑕丘) → 노성(魯城) → 확오(碻磝) → 활대(滑臺) → 석제(石濟) → 귀환	1차 남제 친정(親征)
태화 19년(495) 유월 기해(7. 9)	당일	낙양	호어금지 조치
태화 19년(495) 구월 병술(10. 24)~시월 병진(11. 23)	30일	낙양→업→낙양	업 순행
태화 20년(496) 八月 戊戌(8. 31)~八月 甲寅(9. 16)	17일	낙양→숭고→환궁	숭고산(崇高山) 행차

83 崔珍烈, 「북위의 華北支配와 그 性格」, 19쪽 및 「북위의 地域支配方式과 그 性格」, 126-127쪽.

태화 20년(496) 九月 戊辰(9. 30)~九月 癸酉(10. 5)	6일	낙양→소평진→환궁	소평진(小平津) 방문
태화 21년(497) 正月 乙巳(3. 6)~六月 庚申(7. 19)	136일	태원 → 평성 → 영고릉 → 운중 → 금릉→이석→용문→포판→장안→위수→황하→귀환	영고릉(永固陵)과 금릉(金陵) 참배
태화 21년(497) 팔월 임신(9. 29)~태화 23년(499) 정월 무술(2. 17)	507일	하남궁(河南宮) → 화림원 → 완성(宛城) → 남양(南陽) → 신야 → 면수(沔水) → 신야 → 남양 → 완북성(宛北城) → 신야 → 번성(樊城) → 호양(湖陽) →비양(比陽)→현호→업→귀환	2차 남제 친정(親征)
태화 23년(499) 삼월 경진(3. 31)~사월 병오삭(4. 26)	27일	남벌 → 양성(梁城) → 마권(馬圈) → 곡당원	3차 남제 친정(親征)

출전: [부록 1] '북위시대 순행표'

〈표 27〉에 따르면 효문제는 태화 19년(495) 오월 계미일(6. 23), 213일이 소요된 남제 친정(親征)에서 돌아와 16일 후, 유명한 호어금지 조치를 취했다. 그리고 47일 이후, 구월 병술일(10. 24)부터 30일 동안 업을 방문했다. 이후 태화 21년(497) 정월 을사일(3. 6)부터 136일까지 영고릉과 금릉을 참배하고 같은 해 팔월, 507일에 걸친 2차 남제 친정(親征)을 감행했다. 그 사이 하루 일정의 행차나 17일과 6일이 걸린 짧은 이동을 제외하면, 태화 19년(495) 시월 병진일(丙辰, 11. 23)부터 태화 21년(497) 정월 을사일(3. 6)까지 448일 동안 낙양에 머물렀다. 이 사이 효문제는 대천호(평성에서 낙양으로 옮긴 호인)의 평성 천장(遷葬)을 금지하고 호적을 하남군 낙양현으로 바꾸도록 조치했고, 탁발씨 등 여러 호인의 성(姓)에 대해서는 한인의 성처럼 1자 성[단성(單姓)]으로 바꾸도록 하는 조치를 취했다.[84]

순행과 정치 일정표를 살펴보면 낙양으로 옮긴 호인에게 호어 사용을

84 『魏書』 卷7下 「高祖紀」下 太和十九年六月條, 178쪽, "丙辰, 詔遷洛之民, 死葬河南, 不得還北. 於是代人南遷者, 悉爲河南洛陽人."; 『魏書』 卷7下 高祖紀下 太和二十年春正月條, 179, "二十年春正月丁卯, 詔改姓爲元氏."

금지하고 한어를 사용하도록 한 효문제의 조치를 충분히 실행할 시간이 있었던 것처럼 보인다. 효문제의 순행이나 친정(親征)에 참여하지 않은 일부 호인지배층의 경우 낙양에 머무르며 한인과 접촉하거나 한어를 배울 시간이 있었을 것이다.

반면 효문제를 호위하거나 남제 친정에 종군했던 우림(羽林) · 호분(虎賁) 등 호인 출신의 군사의 상황은 달랐다. 『수서』「경적지」에 따르면 북위 초 군대에서는 이어(夷語), 즉 호어를 사용했다.[85] 따라서 효문제가 호어를 금지하기 전까지 여전히 호어를 사용했을 것이다. 이들 가운데 30세 이하의 호인은 효문제의 한어 사용 조치 이후 한어를 배우고 구사해야 했다. 그러나 1년 남는 기간 사이 한어를 배울 수 있는 정도로 군사들은 한가하지 않았다. 『남제서』「위로전」을 보면 495년부터 효문제의 2차 남제 친정을 하던 499년까지 수많은 전투가 지속되었다. 호인 가운데 일부는 이미 남쪽 변경에 파견되어 남제와의 전쟁에 종사했을 것이다. 남제 친정은 호어금지의 시행 2년 후 재개되었지만, 낙양 일대에 잔류했던 군사의 경우 그동안 전쟁준비와 훈련에 몰두해야 했음은 당연하다. 그리고 태화 21년(497)년부터 효문제가 죽을 때까지 북위의 군사는 회수와 한수(漢水) 일대에서 남제의 군사와 싸워야 했을 것이다.

그런데 태화 21년 2차 남제 친정(親征) 당시 효문제는 36군(軍)을 거느렸다. 이때 자칭하기를 북위 군대의 수를 100만이라고 했다.[86] 이보다 2년 전 효문제는 1차 남제 친정(親征) 당시 군인을 포함해 30만 명을 거느리고 선생터로 향했었다.[87] 이 기록을 보면 2차 남제 친정(親征) 당시 군인의 수

85 『隋書』 卷32 「經籍志」 經 · 小學條, 947쪽, “又後魏初定中原, 軍容號令, 皆以夷語.”

86 『南齊書』 卷57 「魏虜傳」, 997쪽, “[元]宏時大擧南寇, 僞咸陽王元憘 · 彭城王元勰 · 常侍王元嵩 · 寶掌王元麗 · 廣陵侯元燮 · 都督大將軍劉昶 · 王肅 · 楊大眼 · 奚康生 · 長孫稚等三十六軍, 前後相繼, 衆號百萬.”

가 100만 명이라고 한 것은 과장으로 볼 수 있다. 필자는 북위와 남제의 전쟁에 동원된 북위의 군대 수효를 정리해 보았다.

표 28 북위 후기 대(對) 남제전쟁에 동원된 군대의 종류와 수

시기(년)	전 장	군대 수	군대의 종류	출 전
497	?	20만	졸(卒)?	『魏書』 卷7下 高祖紀下 太和二十一年壬戌條, 182쪽.
497	?	100만?	?	『南齊書』 卷57 「魏虜傳」, 997쪽
497	형주(남양)	4만		『梁書』 卷9 「曹景宗傳」, 178쪽
497	남 양	수만	기 병	『南齊書』 卷57 「魏虜傳」, 996쪽
497	구산(朐山)	10만	?	『南齊書』 卷57 「魏虜傳」, 987쪽
497?	의양(義陽)	20만	?	『南齊書』 卷57 「魏虜傳」, 994쪽
497?	남정(南鄭)[한중(漢中)]	10만	?	『南齊書』 卷57 「魏虜傳」, 995
497~498	번성[양양(襄陽)]	20만	기 병	『南齊書』 卷57 「魏虜傳」, 998쪽
498	등성(鄧城)[남양]	10만	기 병	『梁書』 卷1 「武帝紀」上, 2-3쪽
498	용항수(龍亢戍[마두군(馬頭郡)]	2만 5천	보병(2만?)과 기병(5천)	『南齊書』 卷51 「裴叔業傳」, 871쪽
499	남양 · 일대	10만여	기 병	『南齊書』 卷26 「陳顯達傳」, 491쪽

〈표 28〉은 효문제의 2차 남제 친정(親征)이 행해진 497년부터 효문제의 3차 남제 친정이 있던 499년까지 남제의 군대와 싸운 북위 군대의 수와 종류를 정리한 것이다. 북위의 군대가 각 지역을 공격하기 위해 분산되었던 점을 감안한다고 하더라도 10만-20만의 대군이 남제 원정에 동원되었음을 확인할 수 있다. 그렇다면 이때 효문제의 남제 친정에 동원된 군사의 규모는 10만과 100만 사이, 즉 뭉뚱그려 수십만 명에 해당하는 대군이었

87 『南齊書』 卷57 「魏虜傳」, 997쪽, "[元]宏自率衆至壽陽, 軍中有黑氈行殿, 容二十人坐, 輦邊皆三郎曷剌真, 槊多白真毦, 鐵騎爲羣, 前後相接. 步軍皆烏楯槊, 綴接以黑蝦蟆幡. 牛車及驢駱駝載軍資妓女, 三十許萬人."

다고 추산할 수 있다.

여기에서 효문제가 같은 해 무용지사(武勇之士) 15만 명을 우림 · 호분으로 선발하는 조서를 반포했던 점을 상기하자.[88] 효문제는 이 조서를 반포한 다음 해인 496년 대천지사(代遷之士)를 우림과 호분으로 임명했다.[89] 그런데 현재 학계에서는 양자를 동일시하여 대천호 15만 명이 우림과 호분으로 임명되었고 15만 명이 평성에서 낙양으로 이주한 성인남성 호인으로 파악하는 것이 일반적이다.[90] 따라서 효문제의 남제 친정(親征)에는 평성에서 낙양으로 이주했던 소위 대천호의 남성 대부분이 군인으로 참전했음을 추정할 수 있다.

세 차례의 남제 친정(親征)은 모두 1,708일이었고, 호어금지 이후 벌어진 2차와 3차 남제 친정(親征)은 모두 합하여 534일 동안 지속되었다.[91] 과연 이러한 상황에서 대다수의 호인 군사가 군사훈련과 실전에 참여하면서

88 『魏書』 卷7下 「高祖紀」下 太和十九年八月乙巳條, 178쪽, "詔選天下武勇之士十五萬人爲羽林 · 虎賁, 以充宿衛."

89 『魏書』 卷7下 「高祖紀」下 太和二十年條, 180쪽, "冬十月戊戌, 以代遷之士皆爲羽林 · 虎賁."

90 辛聖坤, 「北朝 兵戶制의 變遷과 丁兵制의 性格」, 『慶尙史學』 11, 1995, 6쪽 주) 34; 葛劍雄, 『中國移民史』 第二卷 先秦至魏晉南北朝時期, 591쪽.

91 〈주표 1〉 효문제의 남제(南齊) 친정(親征) 전체 기간

장소	장소	기간
太和 18년(494) 十月 辛亥(11. 23)~19년(495) 五月 癸未(6. 23)	中山 唐湖 → 鄴 → 洛陽 → 懸瓠 → 汝水 西 → 八公山 → 鍾離 → 邵陽 → 下邳 → 彭城 → 小沛 → 瑕丘 → 魯城 → 碻磝 → 滑臺 → 石濟 → 귀환	213일
太和 21년(497) 八月 壬申(9. 29)~23년(499) 正月 戊戌(2. 17)	河南宮 → 華林園 → 宛城 → 南陽 → 新野 → 沔水 → 新野 → 南陽 → 宛北城 → 新野 → 樊城 → 湖陽 → 比陽 → 懸瓠 → 鄴 → 귀환	507일
太和 23년(499) 三月 庚辰(3. 31)~四月 丙午朔(4. 26)	南伐 → 梁城 → 馬圈 → 穀塘原	27일
남제 친정(親征) 기간		1,708일

출전: [부록 1] '북위시대(北魏時代) 순행표(巡幸表)'

한어와 한문을 배울 수 있었을까? 탁발씨 등 호인이 사용했던 언어는 아마도 현재의 몽골어나 투르크어와 유사한 문법과 어휘를 지녔을 것으로 추정된다.[92] 이러한 우랄알타이어 사용자가 어순이 다른 한어를 단시일 내에 배우는 것은 쉽지 않았을 것이다. 호어금지와 한어 사용 조치가 취해진 태화 19년 이후 호인이 효문제처럼 낙양 일대에 체류했다고 하더라도 1년 조금 넘는 기간 동안 한어를 완전히 습득하기란 불가능했을 것이다. 게다가 전쟁에 참전하여 1년 반 정도의 시간을 보냈다면 그 전에 한어를 배웠다고 하더라도 이를 여전히 기억하고 구사하는 것이 쉽지는 않았을 것이다.

또 〈표 28〉을 보면 북위 군대의 병종(兵種)은 기병이 주류였음을 알 수 있다. 남제와의 국경인 회수와 한수 이남이 기병이 위력을 발휘할 수 없는 늪과 호수, 강이 많은 지형이었음을 고려할 때, 중국 사정에 밝은 효문제가 다수의 기병을 거느리고 남제를 공격한 이유를 이해할 수 없다. 어쨌든 호인 위주의 기병이 다수 동원되었던 것으로 보아 이들이 유목민이나 기마민(騎馬民)의 기질과 풍습을 여전히 유지했고 더욱이 북위 전기 때처럼 군령(軍令) 또는 호령(號令) 시 호어를 사용했을 것으로 보인다. 효명제 시기 우림과 호분이 승진 문제에 불만을 가지고 소란을 일으키자 최량(崔亮)은 정년격(停年格)을 만들었다. 그는 이로 인해 한인관료의 비난을 받았다. 그는 외생(外甥)인 유경안(劉景安)에게 보낸 답서에서 우림과 호분은 서계(書計)를 이해하지 못한다고 지적했다.[93] 이는 효문제가 붕어한 지 20여 년 후

92 북위시대 탁발씨 등 호인이 사용했던 언어가 어떤 어족 계통인지는 남아 있는 자료가 부족하여 명확하게 밝힐 수 없다. 혹자는 탁발씨가 사용한 언어가 투르크 계통이었음을 논증하기도 하지만(Boodberg, Peter A., "The Language of the T'o-Pa Wei", 170쪽 및 167-185쪽) 몽골어 혹은 고(古)몽골어 계통으로 보는 견해(白鳥庫吉, 「東胡民族考」; 朱學淵, 「鮮卑民族及其語言」(上); 烏其拉圖, 「《南齊書》中部分拓跋鮮卑語名詞的復原考釋」; 羅新, 『中古北族名號研究』)가 우세하다.

93 『魏書』 卷66 「崔亮傳」, 1479-1480쪽, "尋除殿中尙書, 遷吏部尙書. 時羽林新害張彝之後,

인 효명제 시기 호인군인이 주축이 된 우림과 호분이 한문에 능하지 못한 문맹이었음을 보여 준다. 이는 문맹이라고 한어를 못하는 것은 아니었겠지만, 당시 호인 군사의 어학 실력이 형편없었다는 사실을 보여 주는 방증이다.

이상 필자의 주장을 요약하면 효문제의 남제 친정(親征)과 그 밖의 순행에 동원된 호인 병사는 친정이나 행차, 특히 장기간 지속된 남제와의 전쟁 중 한어와 한문을 익히는 것이 가능하지 않았을 것이다.

2) 효문제의 장기간 도성 부재와 한화 개혁의 미비

앞에서 남제와의 전쟁에 차출되었던 호인 병사가 수년간 지속된 효문제의 남제 친정(親征) 때문에 한어를 배울 수 없는 환경에 처해 있었음을 살펴보았다. 반면 낙양에 잔류했던 호인은 어떠했을까? 호어금지 조치를 취했던 태화 19년 당시 30세 이상의 호인은 굳이 호어를 배울 필요가 없음을 앞에서 자세히 살펴보았다. 그러나 이들은 효문제가 순행과 친정(親征)으로 인하여 자주 낙양을 비웠기 때문에 효문제의 감시 소홀을 악용할 수 있었을 것이다. 이를 언어문제와 관련짓기는 쉽지 않으나 방증의 예로 제시할 수는 있을 것이다.

『자치통감』「제기」 동혼후영원원년춘정월무술(東昏侯永元元年春正月戊戌)조에는 이날(499. 2. 17) 위주(魏主), 즉 효문제가 낙양성으로 돌아와 대모(戴帽)를 쓰고 소오(小襖)를 입은 부인(婦人)이 수레를 타고 가는 모습을

靈太后令武官得依資入選. 官員既少, 應選者多, 前尙書李韶循常擢人, 百姓大爲嗟怨. [崔]亮乃奏爲格制, 不問士之賢愚, 專以停解日月爲斷. 雖復官須此人, 停日後者終於不得; 庸才下品, 年月久者灼然先用. 沉滯者皆稱其能. [崔]亮外甥司空諮議劉景安書規[崔]亮曰: …… [崔]亮答書曰:「…… 今勳人甚多, 又羽林入選, 武夫崛起, 不解書計, 唯可彍弩前驅, 指蹤捕噬而已. ……」")

보고 임성왕(任城王) 원징(元澄)에게 아직 호복을 입고 다니는 사람이 있냐며 꾸중했다는 기록이 있다. 임성왕 원징은 이러한 복장으로 다니는 사람이 적다고 대답하여 상황을 모면하려고 했다.[94] 여기서 호삼성은 모(帽)와 소오(小襖)를 대북(代北) 부인의 복장("此代北婦人之服也")이라고 주석했다.[95] 효문제는 낙양에서 호복을 입고 다니는 사람을 보고 '한화정책'을 총괄하는 임성왕 원징을 질책했던 것이다. 그런데, 이 사건이 발생한 499년은 효문제의 의복 개혁 조치가 발표된 지 5년이 지난 때였으며, 효문제가 사망한 해이다. 이는 효문제의 호복금지 정책이 그가 죽던 해까지 수도 낙양에서 지켜지지 않았음을 상징적으로 보여 주는 사건이다. 위의 기록만으로는 효문제가 발견한 호복을 입은 부녀가 예외적인 소수인지 혹은 다수인지 판단하기 어렵다. 그러나 효문제가 전쟁터에서 군대를 지휘하는 동안 낙양에 있던 일부 호인은 효문제의 부재를 틈 타 호복 착용 금지 조치를 어겼다는 것을 알 수 있다. 이는 신임하는 신하에게 '한화정책'의 총괄을 맡겼음에도 불구하고 호인의 '방종'과 '탈선'은 막지 못했음을 나타내는 증거이다.[96]

또 효문제는 예제(禮制) 방면에서도 '한화'를 추진했다. 실제 성과는 어땠을까? 『위서』「예지」1에서는

---

94 『資治通鑑』卷142「齊紀」東昏侯永元元年(499)春正月戊戌條, 4434쪽, "魏主爲任城王[元]澄曰 '朕離京以來, 舊俗少變不?' 對曰, '聖化日新.' 帝曰 '朕入城, 見車上婦人有戴帽, 著小襖(胡注: 此代北婦人之服也.), 何謂日新!' 對曰 '著者少, 不著者多.' 帝曰 '任城, 此欲使滿城盡著邪?' [元]澄與留守官皆免冠謝."

95 『資治通鑑』卷142「齊紀」東昏侯永元元年(499)春正月戊戌條 胡註, 4434쪽, "此代北婦人之服也." 이 부인(婦人)이 모(帽)를 쓴 것에 대해 북방의 기후가 건조하고 풍사(風沙)가 심하여서 머리를 꼼꼼하게 빗기 어렵기 때문이라고 보는 견해도 있다(張承宗 · 魏向東, 『中國風俗通史』魏晉南北朝卷, 上海文藝出版社, 2006, 81쪽).

96 崔珍烈, 「北魏後期 洛陽거주 胡人들의 생활과 문화-孝文帝의 '漢化政策'의 재검토-」, 『中國古中世史硏究』 24, 2010, 396-398쪽.

"영가(永嘉)[년간에] 혼란이 발생하니 신주(神州)에 잡초가 무성하여 거칠고 지저분하게 변했으며, 예와 악이 무너지고 사람과 신(神)은 사라져 없어졌다. 태조[도무제]께서 남쪽으로 연·조(燕趙)를 평정했지만, 하루도 쉴 겨를이 없었으며, 여전히 대대로 정벌(征伐)에 종사하여 강우(疆宇)를 확장하는데 힘썼다. 비록 말 앞에서 다스렸지만 아직 [예악제도를] 만들 겨를이 없었기 때문에 나라를 다스리는 의제(儀制)에 이르러서는 번갈아 큰 것을 사용했다. 그러나 사(事)가 대개 조략(粗略)했고 아울러 빠져 없어지거나 분실되었다. 고조[효문제]께서 옛 제도를 자세히 살펴보시어 구칙(舊則)을 따르고 전왕(前王)[의 제도를] 헤아려서 그 가운데 좋은 전장(典章)과 법도를 택하니 조정의 전장과 국가의 법규에 빛이 나고 다시 떨쳐졌다. [그러나 효문제께서] 젊어서 돌아가시어 성려(聖慮)를 따르지 못했으니, 이와 같지 않다면 유·마(劉馬)의 자취를 어찌 족히 헤아릴 만할 것인가! 세종(世宗)[선무제]께서 제위(帝位)에 올라 조용히 한가롭게 지내며 만족했고 현문(玄門)에 관심을 기울이니, 유업(儒業)과 문풍(文風)은 다만 넉넉하게 퍼지지 못했고 예를 무너뜨리고 성(聲)을 잠기게 하니 이후에도 이러한 상태가 계속되었다. 숙종[효명제] 이후 위도(魏道)가 쇠하고 약해져서 태화지풍(太和之風)이 누세에 걸쳐 쇠락하여 해내(海內)가 꺼지고 무너지는 상황에 이르렀으니, 강기(綱紀)는 완전히 사라져 버렸다."[97]

라고 했다. 위의 인용문을 통해 효문제 이전에는 예악 등의 전장제도가 갖

97 『魏書』 卷108 「禮志」1, 2733-2734쪽, "自永嘉擾攘, 神州無穢, 禮壞樂崩, 人神殲殄. 太祖南定燕趙, 日不暇給, 仍世征伐, 務恢疆宇. 雖馬上治之, 未遑制作, 至於經國軌儀, 互擧其大, 但事多粗略, 且兼闕遺. 高祖稽古, 率由舊則, 斟酌前王, 擇其令典, 朝章國範, 煥乎復振. 早年厭世, 叡慮未從, 不爾劉馬之迹夫何足數! 世宗優遊在上, 致意玄門, 儒業文風, 顧有未洽, 墜禮淪聲, 因之而往. 肅宗已降, 魏道衰羸, 太和之風, 仍世凋落, 以至於海內傾圮, 綱紀泯然."

추어지지 않았으며 효문제가 중국 전통의 예제 등을 부활시켰음을 알 수 있다. 그러나 효문제 사후 즉위한 선무제[세종]와 효명제[숙종] 시기에는 유학과 예악이 널리 퍼지지 않았었음을 확인할 수 있다. 『위서』「예지」4에서도

> "태조[도무제] 천흥원년(398) 겨울에 의조랑(儀曹郞) 동밀(董謐)에게 명하여 조근(朝覲)과 향연(饗宴), 교묘, 사직에 관한 의례를 만들어 기록하게 했다. 또 천흥 6년(403)에 유사(有司)에게 조서를 내려 관복(冠服)을 제정하여 품질(品秩)에 따라 차등을 두도록 했으나 시사(時事) 때문에 겨를이 없어 대부분 고례(古禮)[의 면모]를 잃었다. 세조[태무제]는 사방을 경영하느라 아직 능히 예에 뜻을 두지 못했고 대대로 전쟁을 일삼으니 익숙한 것을 취할 뿐이었다. 고조[효문제] 태화 년간에 처음으로 구전(舊典)을 참고하여 관복을 제정하고 백료(百僚)와 육궁[의 관복에] 각각 차등이 있도록 했다. 그러나 일찍 승하하시는 바람에 여전히 두루 퍼지지 못했다. 숙종[효명제] 시기에 또 조서를 내려 시중 최광(崔光)과 안풍왕(安豐王) 원연명(元延明), 조정의 이름난 학자에게 다시 의례를 논의하도록 명하니 조장(條章)이 거칠게나마 갖추어졌다."[98]

앞의 인용문에서도 효문제가 구전(舊典), 즉 유교경전이나 의례서를 참조하여 관복(冠服)을 제정했으나 일찍 죽는 바람에 널리 확산되지 못했음

98 『魏書』 卷108「禮志」4, 2817쪽, "太祖天興元年冬, 詔儀曹郞董謐撰朝覲 · 饗宴 · 郊廟 · 社稷之儀. 六年, 又詔有司制冠服, 隨品秩各有差, 時事未暇, 多失古禮. 世祖經營四方, 未能留意, 仍世以武力爲事, 取於便習而已. 至高祖太和中, 始考舊典, 以制冠服, 百僚六宮, 各有差次. 早世升遐, 猶未周洽. 肅宗時, 又詔侍中崔光 · 安豐王延明及在朝名學更議之, 條章粗備焉."

을 기록했다. 위의 인용문을 통해 효문제 사후부터 효명제가 다시 의례를 제정하도록 하기 전까지 관복 등 의례가 효문제의 계획대로 실행되지 못했음을 알 수 있다. 앞에서 인용한『위서』「예지」의 두 기록은 모두 효문제의 예제 개혁이 효문제 생전에 완성되지 못했음을 공통적으로 지적했다. 여러 이유가 있겠지만, 두 인용문에서는 효문제가 일찍 죽었기 때문이라고 기록했다. 효문제는 태화 23년(499) 33세의 젊은 나이로 세상을 떠났다.『위서』본기에는 정확한 사인(死因)을 기록하지 않았으나, 전쟁 중 병환으로 붕어하였음이 확실하다.[99] 또 다른 이유를 찾으라면, 앞에서 언급한 호복문제처럼 효문제가 낙양을 자주 비우게 되면서 자신의 지시사항에 관심을 가지고 제대로 챙기지 못했기 때문일 것이다.

언어문제 역시 호복금지 조치와 중국식 예제개혁이 사실상 실행되지 못했던 것처럼, 낙양에 잔류했던 일부 호인은 효문제의 감시가 소홀한 틈새로 한어와 한문 습득을 소홀히 하였고 결국 효문제의 개혁은 성공하지 못했던 것으로 보인다. 효문제의 손자인 효명제가 호어를 사용했던 사실은 효명제를 둘러싼 궁중에서도 호어가 여전히 통용되었음을 나타내는 증거이다. 만약 효문제가 낙양에 눌러앉았다면 환관이나 궁녀 등 궁중 사람이 함부로 호어를 말하고 다닐 수 있었을까? 효문제의 의도와는 상관없이 장기간의 순행과 남제 친정(親征), '한화정책'에 대한 소홀한 감시가 호어금지 등을 철저히 관철시키지 못하게 한 요인이었다고 봐도 대과 없을 것이다.

99『魏書』卷7下「高祖紀」下 太和二十三年條, 185쪽, "三月庚辰, 車駕南伐. 癸未, 次梁城. 甲申, 以順陽被圍危急, 詔振武將軍慕容平城率騎五千赴之. 丙戌, 帝不豫, 司徒·彭城王[元]勰侍疾禁中, 且攝百揆."

소결 _ 북위 전기 · 후기 호속의 유지와 순행의 역할

3편에서 북위 전기의 호인이 언어와 의식주 등 자신의 고유한 생활과 풍속[호속(胡俗)]을 유지했으며, 효문제의 호어금지 정책에도 불구하고 북위 후기 여전히 호어를 사용하는 일부 호인이 존재했던 현상과 그 배경에 대해 살펴보았다.

1장과 2장에서 북위 전기 호인의 생활과 풍속, 언어 사용 문제를 살펴보았다. 호어의 사용, 호풍(胡風)의 복식, 즉 호복 · 호모(胡帽) · 호화(胡靴)와 식생활, 이동식 주거, 문성제 · 헌문제 시기까지 이어진 오환 · 선비 전통의 소장(燒葬) 풍습, 서교제천, 기타 호풍의 제사와 '이례(夷禮)' 등의 사례를 살펴보면 북위 전기 호인이 '한화'되지 않았고 자신의 문화를 여전히 유지했었음을 알 수 있다.[1] 이처럼 북위 전기 호인이 자신의 언어와 생활양식을 유지할 수 있었던 원인에 대해 목축(혹은 유목)과 농경의 경계선 북쪽에 위치한 북위 전기 수도인 평성과 경기의 지리적 환경, 북위황제 · 호인지

1 崔珍烈, 「北魏前期 胡語 사용 현상과 그 배경」, 205-230쪽 및 「北魏 平城時代 胡人들의 생활과 습속-胡俗 유지와 그 배경을 중심으로-」, 『東方學志』 149, 2010, 286-323쪽.

배층의 순행 장소와 관련지어 생각해 볼 수 있다. 이는 3장에서 다루었다.

북위 전기 때 경기는 농경의 북한계선 북쪽에 위치했다. 그렇다고 해서 농경이 불가능했던 것은 아니다. 양자의 생산활동이 공존하는 지역을 지리학에서는 점이지대라고 부르며, 일부 학자는 농목 복합지대라고 칭하기도 하는데 수도 평성도 점이지대였다. 평성은 금·원·청의 수도였던 현재의 북경처럼 한인이 다수 거주하는 농경지역과 기타 이민족의 거주 지역 가운데에 위치하여 양자를 동시에 통제하며 균형추 역할을 할 수 있었다. 문화적 측면에서도 일방적인 한화를 피할 수 있는 지리적인 요충지였다. 또 북위시대 농경의 북한계선이 북쪽으로 전진했는지 반대로 후퇴했는지에 관한 기록은 없지만, 현재 기후학의 연구 결과에 따르면 남북조시대 기후는 한대나 수당시대보다 상대적으로 추웠다는 것이 정설이다. 따라서 이 시기 각종 농작물과 식물의 북한계선은 명백하게 남쪽으로 후퇴했다. 북위 전기 경기지역은 한대보다 농경에 더욱 부적절한 환경이었다. 이는 유목민의 유목이나 목축에 적합했던 환경임을 시사해 준다. 이처럼 생산양식을 바꾸지 않았던 호인이 자신의 생활방식을 바꾸었을 가능성은 적다. 또 경기의 북쪽과 서쪽에는 각종 호인, 동쪽과 남쪽은 한인이 살게끔 분리거주시켰던 것도 호인의 한문화 수용에 부정적인 영향을 끼쳤을 것이다.

경기지역의 지리적 환경보다는 덜했지만 북위 전기 황제와 호인지배층의 활동반경 역시 자신의 언어와 문화 보존에 영향을 주었다. 황제에 따라 다소 차이는 있지만, 북위 전기 황제의 주요 순행 장소는 경기 북쪽과 서쪽, 하서(오르도스), 음산, 막남 등이었다. 여기서 열거한 지역의 공통점은 호인이 유목이나 목축생활을 영위하면서 거주하였던 곳이라는 점이다. 북위황제와 호인지배층이 농경과 목축의 점이지대인 경기 지방 이외에 한인이 다수 거주하는 하북 등으로 자주 순행했다면 한문화의 영향을 더 많이 받았겠지만, 자신과 비슷한 언어와 생활방식이 존재하는 지역을 주로 돌아다녔기에 생활방식을 바꾸어야 할 필요성을 조금 느꼈을 것이다.

4장에서는 북위 후기의 호어 사용 현상과 그 배경을 다루었다. 태화 19년(495)의 호어금지와 한어 사용 조치가 있었으므로 모든 호인이 한어를 사용한 것처럼 생각하기 쉽지만, 사실 효문제의 호어금지 정책에는 규정상 빈틈이 있었다. 기존 학계에서는 주목하지 않았지만 효문제의 호어금지는 조정에서 벼슬하는 사람에 한정되었다. 또 30세 이상의 호어 사용자에게 한어 사용을 강제하지 않았다. 이러한 규정의 빈틈 때문에 조정이 아닌 사적인 자리에서는 호어를 사용할 수 있었다. 또한 30세 이상의 호인 상관이나 상전(후궁)과 접촉하는 사람은 한어를 사용하지 못하는 상관이나 상전을 위해 어쩔 수 없이 호어를 사용해야 했을 것이다. 또 조정에서 벼슬하지 않는 호인, 특히 낙양천도와 한화정책에 반발하여 평성과 6진 일대에 남아 있었던 북변의 호인도 여전히 호어를 사용할 수 있었다. 이 밖에 낙양에 거주했던 호인과 일부 한인 가운데 선무제와 효명제, 팽성왕 원협, 원욱, 호태후, 원차와 원라, 북변의 호인 이주영, 대천호인 우근 · 원문요 · 장손검, 함양왕 원희의 가노(家奴), 한인인 장찬 · 장화원 · 맹위 · 손건 등이 호어에 능통했거나 호어를 사용했던 사람이 될 것이다. 이 밖에 구체적인 수를 알 수 없는 영군부 장령과 우림 · 호분, 궁녀와 환관, 이주씨 등의 일족도 북위 후기 호어를 사용했을 것으로 추정된다. 현재로서는 호인 가운데 한어만 사용하는 사람, 한어와 호어를 동시에 사용하는 사람, 호어만 사용하는 사람의 비율을 정확하게 알 수 없기 때문에 호어 사용자의 존재만을 가지고 '한화' 여부를 논하기는 쉽지 않다. 그러나 효문제의 한화정책 가운데 중요한 정책인 호어금지와 한어 강제 사용 정책이 그다지 성공적이지 않았던 점과, 효문제의 손자 효명제가 호어를 사용했다는 점이 이를 상징하는 것이라고 잠정적으로 결론을 내릴 수 있다.

그렇다면 북위 후기에 호어를 사용했던 사람이 상당수 존재했던 배경은 무엇일까? 효문제는 낙양천도를 선언한 후 낙양에 머물지 않고 전국순행과 세 차례의 남제 친정(親征)을 하며 여러 지역을 오갔다. 이에 따라 북위 군대의 주력이었던 호인은 남제 원정을 위한 군사훈련과 참전으로 인하여 한어를 제대로 배울 수 있는 상황이 안 되었다. 게다가 늪과 호수, 강이 많은 남제를 공격했던 북위의 군대는 보병이 아니라 호인 위주의 기병이 다수였다. 북위 후기에도 호인이 군대 인력의 대다수를 차지했던 현상은 북위 전기 호어로 군령과 호령을 전하던 관행이 여전히 유지되었을 것임을 시사한다. 또 효문제는 각 지역의 순방과 남제 친정(親征)으로 수도 낙양을 자주 비우는 바람에 '한화정책'을 제대로 감독하지 못했다. 예컨대 효문제가 사망하던 태화 23년(499)에도 호복을 착용한 호인 여성이 낙양을 활보했고, 미처 예제와 관제도 제대로 완성되지 못했다. 이처럼 효문제의 개혁 가운데 일부가 미완으로 끝난 것은 효문제의 감독 소홀과 추진하던 관리의 미온적인 태도가 결합되어 만들어진 합작품이었을 것이다. 낙양에 남아 있던 일부 호인이 여전히 호어를 사용했고 한어와 한문의 습득에 소극적이었던 것도 아마 이러한 배경과 사회적 분위기와 무관하지 않았던 것으로 추정할 수 있다.[2]

요컨대 북위황제의 순행이나 친정(親征)은 북위 전기 호어와 호속 유지에 영향을 준 여러 요인의 하나였으며, 북위 후기 호어 사용에는 상대적으로 큰 영향을 미쳤다고 평가할 수 있다.

2 崔珍烈, 「北魏後期 胡語사용 현상과 그 배경」, 230-239쪽.

종장 _ 북위와 다른 왕조 순행의 비교

본문에서 북위시대 황제 순행의 성격과 순행이 북위사회에 미친 영향에 대해 호인의 생활과 정치 · 제도의 측면에서 살펴보았다. 이는 순행의 성격 자체에만 주목했던 선행연구와는 달리 순행이 북위의 정치 · 제도와 지배층인 호인의 생활에도 영향을 주었음을 논증했다는 점에서 연구사적 의의를 지닌다. 북위황제와 호인지배층이 주로 호인 거주지인 음산 · 하서(오르도스) · 막남 · 경기(평성의 서부와 북부) 등지를 오가며 생활했던 방식은 이들이 급격히 '한화'되는 것을 막고 자신의 고유한 문화와 생활, 습속을 오랫동안 유지하는 데 기여했다.[1] 여기에 수도인 평성이 농경의 북한계선 이북에 위치한 데다 한인이 사는 중국본토와 유목민의 거주지 경계선에 위치한 점이지대였기 때문에 한족문화의 영향을 덜 받을 수 있었던 지정학적 위치도 큰 영향을 주었다.[2] 본고의 2편과 3편에서 북위 전기 호인의 언어와 의식주, 상장, 제의 등 풍속과 태자 혹은 제위 계승 후계자의 정치참

1 何德章,「"陰山却霜"之俗解」, 106 및 109-110쪽; 崔珍烈,「北魏 平城時代 호인의 생활과 습속」, 286-317쪽.

2 崔珍烈,「北魏 平城時代 胡人들의 생활과 습속」, 318-321쪽.

여인 '태자감국', 황제의 측근집단인 근시관 등은 '서기시대' 혹은 대국시대(代國時代)부터 이어져 내려온 풍습과 정치적 관행임을 논증했다. 이처럼 순행은 탁발부를 정점으로 한 호인의 정치 · 사회 · 생활에 큰 영향을 끼쳤다. 이는 이민족왕조에서 보이는 공통된 현상으로,[3] 이들의 일방적이고 급속한 '한화'를 막는 완충적인 장치로 기능했을 것이다.

북위황제 순행이 북위사회에 끼친 영향도 앞에서 살펴보았다. 북위 자체의 문제에서 벗어나 북위시대 순행이 지니는 특징을 객관적으로 살펴보기 위해서(는) 다른 시대 혹은 다른 왕조와의 비교를 통한 상대화 작업이 필요하다. 본장에서는 북위시대 순행의 성격을 역대왕조의 순행과 비교하여 북위 순행의 상대적인 특징과 역사적 의의를 이해하고자 한다.

순행빈도

먼저 북위시대 순행빈도를 다른 왕조의 순행빈도와 비교해 보자. 아래의 〈표 29〉는 이 의문을 해결하기 위해 진한시대부터 수당시대까지 역대 왕조의 순행빈도를 정리한 것이다.

표 29 진한(秦漢)—수당(隋唐) 역대왕조의 순행빈도 비교

왕조	존속기간	순행1		순행2	
		총횟수	연평균 횟수	총횟수	연평균 횟수
신(秦)	16	9	0.56	8	0.50
전한(前漢)	214	111	0.51	101	0.47
후한(後漢)	196	92	0.47	57	0.29

3 청대의 연구를 보면 청 황제의 열하(熱河) 피서산장(避暑山莊)과 무란 위장 행차 및 사냥이 만주인의 정체성을 유지하여 한화를 막는 역할을 담당했다고 한다(송미령, 「淸 康熙帝 東巡의 목적과 의미」, 243-250쪽; 同氏, 「康熙帝의 淸 帝國 구상과 滿洲族의 정체성」, 142-151쪽; 이시바시 다카오 지음, 홍성구 옮김, 『대청제국 1616~1799』, 64-68쪽; 마크 C. 엘리엇 지음, 이훈 · 김선민 옮김, 『만주족의 청제국』, 267-285쪽).

조위(曹魏)	44	31	0.70	15	0.34
서진(西晉)	53	16	0.30	6	0.11
동진(東晉)	104	20	0.19	6	0.06
유송(劉宋)	60	77	1.28	17	0.28
남제(南齊)	24	47	1.96	9	0.38
양(梁)	56	72	1.29	3	0.05
진(陳)	33	73	2.21	2	0.06
북위(北魏)	149	349	2.34	174	1.17
북제(北齊)	28	55	2	30	1.07
북주(北周)	25	108	4.32	43	1.72
수(隋)	38	60	1.58	35	0.92
당(唐)	290	338	1.17	186	0.64

출전: 〈표 1〉 '북위황제 순행 빈도'와 [부록 2] '진(秦)-당 순행 정리표(순행1)'

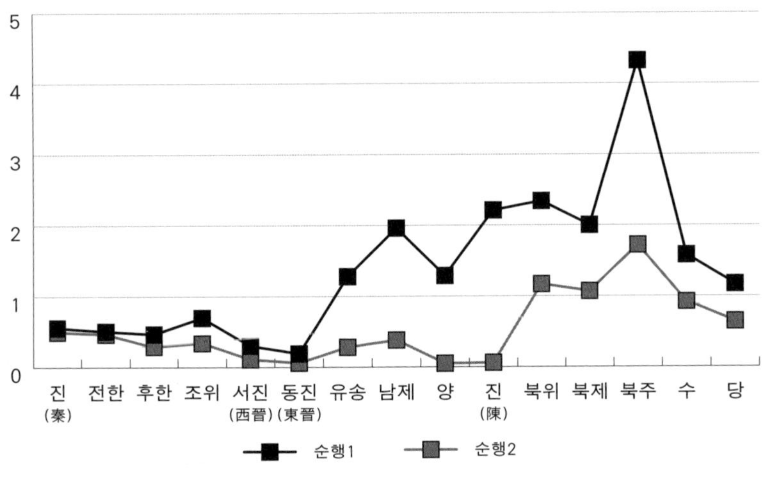

그래프 7 진한－수당 행차와 순행 연평균 횟수

출전: 〈표 29〉 '진한(秦漢)-수당(隋唐) 역대왕조의 순행빈도 비교'

먼저 표와 그래프를 설명하기에 앞서 〈표 29〉와 〈그래프 7〉에서 총횟수가 아닌 연평균 횟수로 비교한 이유는 왕조의 존속기간에 큰 차이가 있기 때문이다. 따라서 누적통계(총횟수)보다 평균적인 통계수치(연평균 횟수)가 비교에 용이하다.

먼저 '순행1'을 살펴보면 진(秦)부터 동진까지 연평균 순행빈도는 1회를 넘지 않는다. 이후 남조시대에는 최소 1.28회(유송), 최대 2.21회(진(陳))로 증가한다. 그러나 남조의 연평균 순행빈도는 북조보다 적다. 북조에서는 순행빈도가 가장 적은 북제가 2회, 가장 많은 북주가 4.32회이다. 북위의 연평균 순행빈도는 남조에서 가장 많은 진(陳)보다 많다. 수(隋)와 당(唐)의 수치는 남조와 비슷한 경향을 보인다. 대체적으로 한인왕조인 남조보다 이민족왕조인 북조의 연평균 순행빈도가 많음을 확인할 수 있다.

이어서 '순행2' 횟수를 비교하면 진(秦)부터 남조 진(陳)까지 역대 한인왕조의 연평균 순행빈도는 0.5를 넘지 않는데 비해 이민족왕조인 북조의 연평균 순행빈도는 1-2회이다. 수와 당은 각각 0.92회와 0.56회로 1회 미만이지만, 진한-남조의 연평균 순행빈도보다 많다.

역대왕조별 연평균 순행빈도(순행1과 순행2)를 비교한 결과 이민족왕조인 북조의 순행빈도가 한인왕조인 진한-남조의 그것보다 많았다. 이는 북조의 호인 황제가 자주 돌아다녔다는 뜻이다. 북위 역시 마찬가지이다. 이는 유목민의 습속인 이동이라는 관성이 국가를 세운 다음에도 계속되었기 때문일 것이다.[4]

〈표 29〉에서는 필자의 한계상 소위 정복왕조인 요 · 금 · 원 · 청의 순행빈도를 조사하지 못했다. 기존 선행연구의 단편적인 수치를 인용하여

4 예컨대 거란군주(契丹君主)의 사시날발이 거란인의 사계유렵(四季遊獵)에서 유래된 것처럼(谷文雙, 「遼代捺鉢制度硏究」, 93왼쪽-93오른쪽), 유목민의 이동 습속이 이민족왕조를 세운 다음에도 계속 유지되었음을 알 수 있다.

북위와 이민족왕조인 요와 청 강희제 및 건륭제의 순행 횟수를 비교해 보자. 요 황제의 순행인 날발을 집계한 연구에 따르면, 거란 황제는 220년 동안 1,187회 이동했다.[5] 연평균 약 5.4회 각지를 이동한 셈이다. 이는 북위황제의 연평균 순행빈도보다 2.2배(순행1) 혹은 3.6배(순행2) 많은 것이며, 연평균 순행빈도가 가장 많은 명원제(순행1은 4.53회, 순행2는 2.07회)보다도 많다. 또 청 강희제는 재위 61년 동안 150-160회, 건륭제는 60년 동안 적어도 183회 순행했다.[6] 즉 강희제는 연평균 2.46-2.62회, 건륭제는 최소 3.05회이다. 순행의 총횟수는 강희제와 건륭제가 어떤 북위황제보다도 많다. 이는 재위기간이 길기 때문이다. 이들의 연평균 순행빈도는 북위의 수치인 2.44회(순행1)와 1.17회(순행2)보다 많으며, 가장 많았던 명원제 다음으로 많았다. 최소치인 순행의 수치와 비교하면 강희제와 건륭제는 어떤 북위황제보다도 자주 순행했다. 청대(清代) 다른 황제의 순행빈도를 파악하지 못해 정확한 비교는 불가능하지만, 청대 가장 많이 순행한 강희제와 건륭제의 순행빈도를 합한 횟수는 북위황제의 총 순행빈도와 연평균 순행빈도보다 많다. 이처럼 북위와 요 · 청의 순행빈도를 비교하면 전자의 연평균 순행빈도가 후자보다 적다. 그러나 북위를 포함한 이민족왕조 황제의 순행의 빈도가 한인왕조보다 많다는 공통점을 지적할 수 있다. 이를 이민족왕조의 일반적 또는 공통적인 특징으로 봐도 좋을 것이다.

북위의 순행에서 보이는 추세, 즉 왕조의 전반기보다 후반기에 순행빈도가 줄어드는 현상은 한인왕조와 이민족왕조에서 공통적으로 발견된다.

---

5 傅樂煥,「遼代四時捺鉢考」, 285-336쪽.

6 청 강희제와 건륭제의 순행 횟수는 何平立,『巡狩與封禪』, 449쪽과 462쪽 참조. Michael Chang은 강희제의 순행 횟수를 1681년부터 1722년까지 128회, 건륭제는 60년 동안 150회 이상이었다고 기록했다(Michael G. Chang, *A court on horseback: imperial touring & the construction of Qing rule, 1680-1785*, 73-74쪽). 이는 본문의 수치와 차이가 있지만, 연간 순행 횟수는 2-3회로 대략 비슷하다.

전한의 경우 성제 건시 1년(B.C. 32)과 2년(B.C. 31)에 각각 옹현(雍縣)의 오치(五畤), 감천(甘泉)의 태치(泰畤), 분음(汾陰)의 후토(后土) 제사를 폐지하였다. 이 조치는 순행 횟수의 격감에 기여했다.[7] 당대의 경우 안사의 난 이후 피난(몽진)을 제외한 황제의 장안 밖 이동은 거의 사라졌다.[8] 안사의 난 이후 당의 황제는 전각(殿閣)이나 문, 루(樓)에서 의례적인 행사를 거행했다. 예컨대 숙종(肅宗)과 대종(代宗)은 명봉문(明鳳門)과 단봉문(丹鳳門), 단봉루(丹鳳樓)에서 사면 조치를 내렸다.[9] 북송시대에도 황제의 순행과 강무, 전렵(畋獵) 혹은 수렵(狩獵)의 횟수가 왕조 후반부로 갈수록 줄어들었다.[10] 원]대 후반기에는 양도 순행과 사계유행(四季游幸)의 습속이 변질되어 심지어 유목적 성격을 잃고 형해화(形骸化)했다.[11] 명대의 경우 정덕제 이전의 황제는 각지를 자주 순행했으나, 정덕제 이후의 황제는 거의 순행하지 않았다.[12] 북위의 경우 낙양천도 이후 처음으로 즉위한 선무제 시기부터 순행빈도가 줄어들어 이 현상을 왕조의 쇠퇴 현상의 하나로 설명하기도 한다.[13] 외형

7 金子修一, 「漢代の郊祀と宗廟と明堂及び封禪」, 86-99쪽; 同氏, 『漢代における郊祀 · 宗廟制度の形成とその運用」, 『中國古代皇帝祭祀の硏究』, 142-154쪽; 劉俊虎, 「西漢諸帝巡幸與社會政治」, 4-30쪽. 이후 오치(五畤)와 태치(泰畤), 후토(后土) 제사는 잠깐 부활했다가 결국 없어졌다.

8 陳揚, 「唐代長安政治權力中樞位置的變遷與"三大內"機能的嬗變」, 13왼쪽; 崔珍烈, 「唐代皇帝 巡幸의 성격」, 310-312쪽. 당 후기(唐後期) 순행 횟수의 감소 원인은 서장의 주) 80 참조.

9 『舊唐書』 卷10 「肅宗紀」 至德二年條, 249쪽, "十二月戊午朔, 上御丹鳳門, 下制大赦."; 上同, 至德三載(758)二月條, 251쪽, "丁未, 御明鳳門, 大赦天下, 改至德三載爲乾元元年."; 『舊唐書』 卷11 代宗紀 寶慶元年五月條, 269쪽, "丁酉, 御丹鳳樓, 大赦."

10 久保田和男, 「北宋の皇帝行幸について」; 丸橋充拓, 「唐宋變革期の軍禮と秩序」, 35-60쪽; 久保田和男, 「宋代の「畋獵」をめぐって」, 487-504쪽.

11 金浩東, 「몽골帝國 君主들의 兩都巡幸과 遊牧的 習俗」, 22-23쪽.

12 Michael G. Chang, *A court on horseback: imperial touring & the construction of Qing rule, 1680-1785*, 65-70쪽.

적인 측면을 보면 이민족왕조와 한인왕조를 막론하고 왕조 후반기의 순행 감소와 국력의 쇠락이 대체적으로 일치하는 것처럼 보인다.

그러면 북위 후기의 순행빈도가 감소한 이유는 무엇일까? 필자는 낙양천도 이후 즉위한 북위황제가 이전과는 달리 낙양 일대에서 벗어나지 않았던 현상을 '하양목장'과 사직의 파견 등 순행을 대체할 장치가 있었기 때문이라고 보았다. 효문제는 낙양천도 이후 우문복(宇文福)에게 말을 사육할 장소를 조사하라는 조치를 명하였고, 우문복은 석제(石濟) 이서(以西)와 하내 이동(以東) 사이 황하의 남북 1천 리를 목지(牧地)로 정했다. 이곳은 북제시대에도 마장(馬場)으로 불렸다.[14] 다음 지도는 『위서』「우문복전(宇文福傳)」의 기록을 바탕으로 '하양목장'의 범위를 지도에 표시한 것이다.

소위 '하양목장'은 군용 융마를 공급했을 뿐 아니라 북위황실과 관료 다수에게 필요한 우유 · 고기 · 털 등을 공급했다.[15] 또 광평왕(廣平王) 원회(元懷)가 하북의 마장에서 사냥했다. 태복경 양춘(楊椿)이 훔친 종목전(種牧田)도 마장의 전지(田地)에 속했다.[16] 이처럼 '하양목장'은 목축과 사냥 등 낙양천도 이후 호인지배층의 의식주와 사냥을 충족시킬 수 있었다. 유목생활을 만족시켜 주는 대체 장소가 있었기 때문에 선무제 이후 황제가 호인거주지인 음산 · 하서 · 막남 일대를 순행할 필요는 없었을 것이다.

---

13 洪吉, 「北魏皇帝的巡幸」, 30-31쪽.

14 『魏書』 卷44 「宇文福傳」, 1000쪽, "時時仍遷洛, 敕福[宇文]檢行牧馬之所. [宇文]福規石濟以西 · 河內以東, 拒黃河南北千里爲牧地. 事尋施行, 今之馬場是也."

15 朱大渭, 「北魏的國營畜牧業經濟」, 348쪽. 효명제 정광년간(正光年間) 해마다 낙양(洛陽)의 대소관원에게 제공된 고기는 약 3,199,712근(斤)인데, 이는 712,736kg에 해당한다. 이처럼 막대한 육류 소비는 당시 사회에서는 사람의 육식이 일반적이었음을 의미한다(張敏, 「北魏前期農牧關係的演變」, 39왼쪽).

16 周一良, 「馬場」, 『周一良集』 第貳卷 魏晋南北朝史札記, 565-566쪽. 태복경(太僕卿)은 황제의 마차와 수레, 가마 등 탈것과 말 등의 가축을 관장하는 태복시(太僕寺)의 장관이다. 양춘(楊椿)은 지위를 이용하여 태복시의 공공재산인 종목전(種牧田)을 횡령한 것이다.

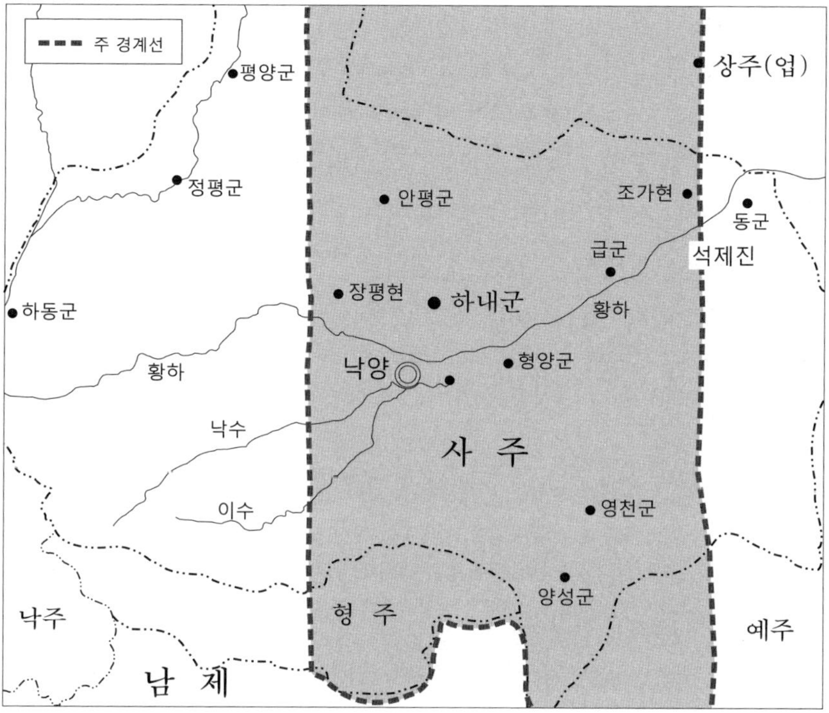

지도 28 하양목장 위치

점선 안이 하양목장의 범위이다. 『위서』「우문복전」에 따르면 황하의 남쪽과 북쪽으로 각각 500리에 걸친 지역이 하양목장이다. 이를 지도에 표시하면 하양목장은 북위 후기 경기인 사주의 동쪽 대부분과 다른 주까지 걸쳐 있었던 넓은 지역의 목장이었음을 알 수 있다. 그러나 하양목장이 너무 넓어서 이를 사실로 믿을 수 있을지 의문이다. 그래서 『자치통감』에서는 범위를 '10리'로 범위를 축소하여 기록하였다.

중요한 정치적 행위의 하나였던 지방의 순시와 백성의 위로 등의 활동도 사자 혹은 사신의 파견으로 대체할 수 있었다. 전통적으로 한인왕조에서는 황제의 순행 대신 사자를 파견하여 지방의 실정을 파악했다. 한대의 예를 살펴보면 황제는 가신(家臣)의 성격이 강한 측근 비서와 고문을 지방에 파견하여 재해지역의 위문, 민정 시찰, 노약자의 구제, 수리시설의 감독 등을 행했다. 이는 정규 관료기구와 군현 조직을 대신하여 직접 지방을 통제하려 했던 의지로 해석된다.[17] 지방을 거의 순행하지 않았던 서진(西晉)

과 동진남조의 황제도 대신 사자를 지방으로 파견하는, 소위 견사순성(遣使巡省) 제도를 실시했다.[18] 북위 후기에도 '○○대사(大使)/사(使)'로 표기되는 사직(使職)이 지방감찰과 민정 파악, 백성의 노고 치하, 전쟁 준비, 경제문제 등을 위해 자주 혹은 정기적으로 파견되었다.[19] 따라서 선무제 이후의 북위황제는 사자(사신)를 대신 파견했기 때문에 지방과 민정 시찰을 목적으로 각 지방을 방문할 필요가 없었다.

이처럼 위에서 살펴본 여러 장치 덕분에 낙양천도 이후 즉위한 황제는 먼곳까지 왕래할 필요가 없었고 낙양과 그 부근 지역에서 필요한 일을 처리할 수 있었다.

순행기간

역대왕조의 순행기간을 비교해 보기 위해 필자는 후한(後漢)부터 당대(唐代)까지 연평균 순행기간(순행1과 순행2)을 계산하여 표로 제시하였다.

〈표 30〉에서 진(秦)과 전한(前漢)의 순행기간을 비교대상에서 제외한 이유는 『사기』와 『한서(漢書)』에 행차 혹은 순행의 시작과 종료를 모두 기록한 기사가 거의 없어서 기간 산출이 불가능했기 때문이다. 후한과 수·당은 2개의 통계수치가 있다. 이는 『후한서(後漢書)』와 『구당서(舊唐書)』·

17 李成珪,「中國 古代 帝國의 統合性 提高와 그 機制-民·官의 異同과 '帝國意識'의 형성을 중심으로-」,『中國古代史硏究』 11, 2004, 56-63쪽.

18 何平立,『巡狩與封禪』, 258-266쪽; 譚書龍,「宋文帝遣使與元嘉之治」,『西華師範大學學報(哲學社會科學版)』 2005-5, 2005, 48-51쪽; 井紅波·楊鈺俠,「劉宋的遣使出巡與地方政務管理」,『宿州學院學報』 21-6, 2006, 12왼쪽-16오른쪽; 武劍靑,「南朝劉宋遣使救災述論」,『西南交通大學學報(社會科學版)』 7-1, 2006, 87왼쪽-91오른쪽; 武劍靑,「南朝遣使巡行初探」,『西南交通大學學報(社會科學版)』 8-6, 2007, 125왼쪽-131왼쪽.

19 楊鈺俠,「北魏大使出巡評議」,『安徽史學』 1999-4, 1999; 秦冬梅,「略論北朝遣使制度」,『靑海民族硏究』 2003-2, 2003; 崔珍烈,「北朝時代 使職의 출현과 그 의의-北朝使職의 試論的 考察-」,『中國古代史硏究』(『中國古中世史硏究』로 변경) 14, 2005, 75-119쪽.

표 30 후한-당 순행기간 비교

왕조	순행1				순행2			
	순행일수가 명확한 경우		추산일수		순행일수가 명확한 경우		추산일수	
	총 기간	연평균	총 추산일	연평균	총 기간	연평균 행차일	총 추산일	연평균
후한	2,728일(72/92)	13.9일	3,486일	17.8일	2,165일(41/57)	11.0일	3,010일	15.4일
	2,731일(72/92)	13.9일	3,490일	17.8일	2,168일(41/57)	11.1일	3,015일	15.4일
조위	1,514일(21/31)	34.3일	2,235일	50.8일	794일(9/15)	18.0일	1,324일	30.1일
서진	783일(14/16)	14.8일	895일	16.9일	31일(4/6)	0.6일	47일	0.9일
동진	337일(10/20)	3.2일	674일	6.5일	?(0/6)	-	-	-
유송	377일(73/77)	6.3일	398일	6.6일	257일(15/17)	4.3일	292일	4.9일
남제	47일(40/47)	2.0일	56일	2.3일	13일(7/9)	0.5일	17일	0.7일
양	297일(63/72)	5.3일	345일	6.2일	49일(3/3)	0.9일	49일	0.9일
진(陳)	82일(69/73)	2.5일	87일	2.6일	14일(2/2)	0.4일	14일	0.4일
북위	9,076일 (282/363)	61.0일	10,228일	69일	6,074일 (117/174)	40.8일	9,034일	61일
북제	3,305일(45/55)	118.1일	4,040일	144.3일	2,402(23/30)	85.8일	3,134일	111.9일
	369일(7/8)	92.3일	422일	105.4일	369일(7/8)	92.3일	422일	105.4일
북주	1,869일 (101/108)	74.8일	1999일	80.0일	1,576일(36/43)	63.0일	1883일	75.3일
수	6,067일(57/60)	160.0일	6,387일	168.1일	4,891일(20/23)	128.7일	5,350일	148.1일
	6,162일(57/60)	162.2일	6,487일	170.7일	4,979일(20/23)	131.0일	5,446일	150.7일
당	18,662일 (324/338)	64.4일	19,432일	67.0일	13,648일 (177/186)	47.1일	14,342일	49.5일
	18,877일 (324/338)	65.1일	19,654일	67.8일	13,818일 (177/186)	47.6일	14,521일	50.1일

주기: 수와 당의 순행기간이 눌인 것은 사료의 차이 때문이며, 본 표에서는 두 개의 수치를 모두 병기했다.

출전: 〈표 2〉 '북위황제 순행기간(순행1)'과 〈표 3〉 '북위황제 순행기간(순행2)', [부록 2] '진-당 순행표(순행1)'

『신당서(新唐書)』 등 정사류 본기와 『자치통감』 등의 기사에 차이가 있기 때문이다. 〈그래프 7〉과 〈그래프 8〉에서는 이 가운데 최소값을 대입했다.

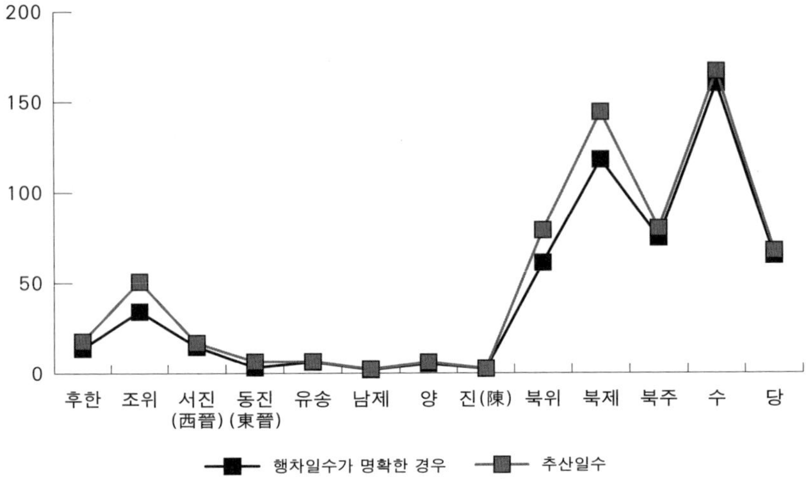

그래프 8-1 후한-당 연평균 순행기간(순행1)

출전: 崔珍烈, 「唐代 皇帝 巡幸의 성격」, 308 〈그래프 2〉 後漢~唐 연평균 순행기간('巡幸(광)')

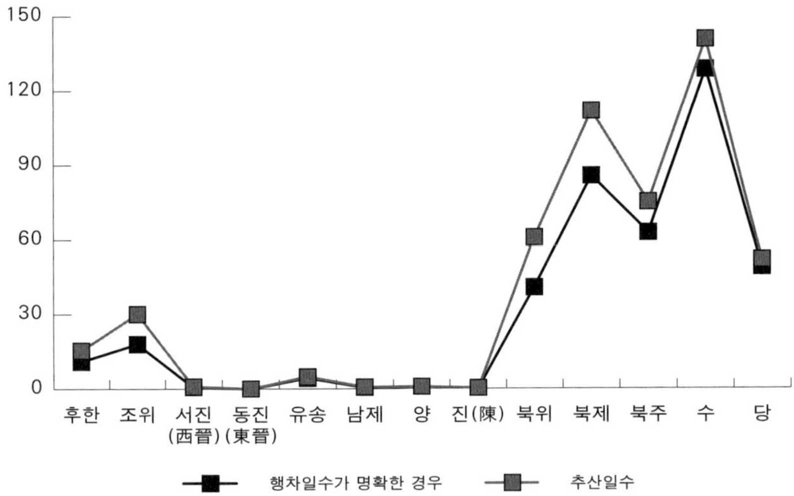

그래프 8-2 후한-당 연평균 순행기간(순행2)

출전: 崔珍烈, 「唐代 皇帝 巡幸의 성격」, 308쪽 〈그래프 2〉 '後漢~唐 연평균 순행기간('巡幸(협)')'

〈표 30〉에서 확인할 수 있듯, 한인왕조와 북위 등 이민족왕조의 연평균 순행기간(순행1)과 연평균 순행기간(순행2)을 비교하면 후자의 수치가 훨씬 크다. 남조와 북조를 비교하면 그 차이는 더욱 확연하다. 〈표 29〉에서 연평균 순행빈도(순행1 혹은 순행2)는 수치상 남조와 북조의 차이가 명확하지 않았지만, 〈표 30〉에서 기간을 비교하면 차이가 심함을 알 수 있다. 이는 남조의 '순행1'과 '순행2'는 교외(郊外)에서 하루 혹은 이틀 동안 거행된 제사와 강무(열무(閱武)라고도 한다)가 대부분이었기 때문이다. 유송 효무제가 대명 7년(463) 이삼월, 시월~십이월에 각각 19일과 76일 동안 남예주 · 남연주 등 남조의 경기에 해당하는 양주(揚州)와 가까운 지역을 방문한 것이 '장기간'이다(서장의 〈지도 4〉 참조). 이런 '장기간' 순행은 남조 전체에서 보기 드물다.[20] 반면 북위의 추산 연평균 '순행1'기간은 79일, 추산 연평균 '순행2'기간은 61일로 남조의 장기간 순행보다 길거나 약간 짧다. 그리고 순행기간이 길었던 황제가 2~3개월 혹은 3~4개월 동안 음산 · 하서 등지에서 장기간 체류했던 것과 비교하면 확실히 북위의 순행기간이 남조와 현격한 차이를 보임을 확인할 수 있다.

북위의 연평균 순행기간(순행1과 순행2)을 다른 왕조와 대조해 보면 북위황제는 한인왕조보다 긴 기간 동안 도성 이외 지역을 돌아다니거나 체류했다. 이는 북위뿐 아니라 다른 북조의 왕조에게도 해당된다. '순행1'과 '순행2'의 연평균 순행기간이라는 두 개의 통계수치에 한정한다면, 이민족왕조인 북조의 여러 황제는 한인왕조보다 더 긴 시간 동안 여러 지역을 방

20 양무제(梁武帝)가 동태사(同泰寺)에 오랫동안 머물다 환궁한 기록이 있다. 동태사가 도성(都城) 안과 밖의 어디, 혹은 밖에 위치했는지에 대해서는 논란의 여지가 있지만, 궁전에서 하루 안에 왕래할 수 있는 지근(至近)의 거리에 위치했다. 따라서 동태사 행차는 순행('순행2')에서 제외했다. 만약 이를 포함하면 남조의 최장기 순행은 동태사에 54일 동안 머물렀던 것이 되는 셈이다.

문했거나 체류했음을 알 수 있다. 바꿔 말해 상대적으로 긴 장기간의 순행은 이민족왕조의 특징이라고 볼 수 있을 것이다.[21]

다만 북위와 다른 이민족왕조를 비교하면 전자의 순행기간이 짧기는 하다. 사시날발 혹은 사계유행(四季游幸)의 성격을 지닌 요(거란), 금(여진), 원(몽골) 등 이민족왕조의 군주는 장기간 수도 밖의 '여름수도'나 기타 초원지역에서 지냈다. 서장(序章)에서 언급한 것처럼 강희제는 강희 53년(1714) 자금성에서 18일, 창춘원(북경성 밖 서북쪽에 위치한 별궁)에서 131일, 승덕과 그 인근 지역에서 139일을 보냈다. 건륭제는 건륭 27년(1762) 한 해의 절반 가량을 별궁과 승덕의 피서산장에서 보냈고 1년의 1/3을 자금성에서 머물렀다.[22] 청대 황제의 평균적인 순행기간 통계는 아니지만, 청대 황제가 수도 밖의 지역에서 지낸 기간이 북위황제보다 길었음을 알 수 있다. 북위는 순행기간에서도 소위 정복왕조로 불리는 다른 이민족왕조와 달랐음을 확인할 수 있다.

순행 장소와 순행패턴

중국 역대왕조와 순행 장소 혹은 순행패턴을 유형별로 살펴보면 다음과 같이 정리할 수 있다. 첫째, 정기적으로 방문하는 고정 지역이 없는 형태이다. 예컨대 진 시황제[23]와 수양제[24]는 정치적 · 군사적 목적에 필요한 지역

21 수당(隋唐)의 경우 낙양과 강도(江都) 등지에 수년 이상 장기간 체류한 것이 순행기간에 포함되었기 때문에 북조와 비슷한 통계수치를 보인다. 예컨대 고종과 무측천 시기 약 24년간 낙양에 머물렀다(崔珍烈, 「唐代 皇帝 巡幸의 성격」, 313-314쪽).

22 이블린 S. 로스키 지음, 구범진 옮김, 『최후의 황제들』, 60-61쪽.

23 鄭夏賢, 「秦始皇의 巡行에 對한 一檢討」, 1115-1139쪽; 王承宗 · 李家釗, 「秦始皇東巡會稽與江南運河的開鑿」, 『浙江學刊』 1999-6, 1999, 145왼쪽-147오른쪽과 154왼쪽. 일본의 진(秦) 시황제(始皇帝) 연구성과는 大櫛敦弘, 「後漢時代の行幸」, 85쪽의 주) 2 참조.

을 방문했다. 두 황제에게 선호하는 순행 장소가 있지만 정기적 · 고정적인 순행 장소는 없었다. 둘째, 제사와 각종 의례를 위해 정기적으로 방문하는 지역이 정해진 경우이다. 전한시대 황제가 제사를 위해 옹현 · 감천 · 분음을 순행했던 예가[25] 대표적이다. 해마다 도성의 교외에서 지내는 각종 제사와 절기(節氣) 행사를 위한 순행도 여기에 속한다.[26] 셋째, 도성과 고정된 한 장소(대부분 부도(副都) 혹은 부도의 지위를 가진 정치적 중심지)를 주기적으로 오가는 형태이다. 이를 '양도 순행'이라 한다. 예컨대 동위의 고환 · 고징과 북제황제는 공식적인 수도인 업과 그들이 자주 머물던 진양을 오가며 통치했다.[27] 서위의 우문태와 북주의 우문호는 수도인 장안과 패부(覇府)인 동주(同州)를 오가며 황제와 다름없는 권력을 행사했다.[28] 몽골제국(원) 시기에도 대도와 상도를 오가는 양도 순행이 존재했다.[29] 청대에는 여름 피서지인 승덕(열하)과 북경을 왕래하는 패턴이 지속되었다.[30] 넷째, 유목민이 목축을 위해 계절별로 이동했던 사계영지 이동에서 유래한 계절이동의 형태이다. 거란(요) · 카라키타이(西遼) · 금 · 몽골(원) · 청 등 이민족

24 丁載勳, 「隋 煬帝(604-617)의 對外政策과 天下 巡行」, 25-68쪽; 韓樂學, 「隋煬帝出巡考辨」, 3왼쪽-7오른쪽; 何平立, 「隋煬帝巡狩政治軍事戰略析論」, 92-98쪽; 張國强, 「隋煬帝巡遊目的新探」, 28왼쪽-29오른쪽; 石冬梅, 「再論隋煬帝的巡狩」, 73왼쪽-77왼쪽; 김선민, 「제국 경략에 미친 고대 순행의 유산」, 37-69쪽.

25 金子修一, 「漢代の郊祀と宗廟と明堂及び封禪」, 86-99쪽; 同氏, 『漢代における郊祀 · 宗廟制度の形成とその運用』, 142-154쪽; 劉俊虎, 「西漢諸帝巡幸與社會政治」, 4-30쪽.

26 周良霄, 『皇帝與皇權』, 102-105쪽 및 106-107쪽; 金子修一, 「漢代の郊祀と宗廟と明堂及び封禪」, 86-94쪽.

27 谷川道雄, 「兩魏齊周時代の覇府と王都」, 85-88쪽; 朴漢濟, 「東魏-北齊時代의 胡漢體制의 展開」, 157-169쪽.

28 谷川道雄, 「兩魏齊周時代の覇府と王都」, 85-88쪽; 辛聖坤, 「北周 宇文護 執政期의 王都와 覇府」, 227-260쪽.

29 金浩東, 「몽골제국 君主들의 兩都巡幸과 遊牧的 習俗」, 1-23쪽.

30 彭俊波, 「北巡 · 避署 · 懷柔 · 綏靖及其它」, 18왼쪽-20오른쪽.

왕조에서 사시날발 혹은 사계영지 이동 형태가 보인다고 했다.[31]

1편 1장에서 살펴본 것처럼 북위의 순행시기와 순행 장소의 규칙성이 발견되지 않았다. 도무제와 명원제 시기의 순행을 살펴보면 계절별 순행 장소의 차이 혹은 규칙성이 발견되지 않았다. 반면 태무제가 하(夏)를 정복한 이후 여름이나 가을에 하서 · 음산 · 막북으로 순행하고, 겨울이나 봄에 하북으로 순행하는 이동의 패턴이 자주 보인다. 이는 여름의 더위를 피해 승덕(무란 위장 포함)으로 순행했던 청황제의 순행과 유사하다. 그러나 승덕-북경이라는 고정된 두 지점을 주기적으로 왕복했던 청과는 달리 북위는 고정된 두 지점만 왕복하지는 않았다. 이처럼 순행 중 활동은 다른 유목국가 혹은 이민족왕조의 그것과 비슷하지만, 계절이동의 패턴이 보이지 않는 점에서 북위황제의 순행은 다르다. 이는 몽골고원을 통일했거나 사실상 지배 하에 두었던 거란(요) · 금 · 몽골(원) 등 다른 이민족왕조와는 달랐던 북위의 대외적 · 군사적 상황 때문이었을 것이다. 예컨대 유라시아 초원지대를 통일한 몽골제국은 직접 상대할 적이 없었기 때문에 카라코룸에 수도를 정했을 때와 대도로 천도한 이후 모두 수도를 중심으로 사계영지를 왕복하는 이동패턴을 지킬 수 있었다. 반면 북위는 초기부터 오르도스의 하와 몽골고원의 유연과 대치하면서 늘 이들과의 전쟁에 대비해야 했기 때문에 고정된 사계영지를 왕복하는 순행이 불가능했을 것이다.

그러나 호인 거주지로의 순행이 가져온 정치적 영향은 다른 이민족왕조의 그것과 비슷한 양상을 보인다. 1편 3장 1절에서는 경기 · 하서 · 음산 · 막남 등 초원지대 혹은 호지 순행이 호인의 지배를 이끌어 내고 결속력을 다지는 계기가 되었음을 살펴보았다. 이는 금대에도 있었다. 금 군주

---

31 金浩東,「몽골제국 君主들의 兩都巡幸과 遊牧的 習俗」, 1-23쪽; 傅樂煥,「遼代四時捺鉢考」, 223-347쪽; 白俊瑞 · 李波,「析契丹語的“捺鉢”」, 70-74쪽; 黃鳳岐,『契丹史硏究』, 81-114쪽; 李錫厚,「論遼朝的政治體制」, 8-14쪽; 谷文雙,「遼代捺鉢制度硏究」, 93왼쪽.

(황제)의 금련천(경명궁) 방문은 북변의 유목민 복속을 위한 정치적 지도였다.[32] 청대 순행에도 비슷한 정치적 기능이 있었다. 청 강희제는 내몽골 지역을 자주 순행했고 무란 위장 등지에서 만주인 및 몽골인과 함께 자주 사냥했다. 이는 사냥을 통한 군사훈련과 만주인 · 몽골인과의 유대를 강화하고 만주인의 정체성 강화와 초원세계와의 정서적 일체성 형성에도 기여했다고 한다.[33] 이처럼 북위 전기 황제가 경기 · 하서 · 음산 · 막남 등 초원지대를 순행한 목적은 자신의 정체성 유지와 함께 초원지대에 거주하는 호인을 정치적으로 통합하기 위해서였을 것이다.

순행과 감국

태자(太子)가 나가서 군대를 지휘하면 무군(撫軍)이라고 하고 조정과 국정을 지키면 감국이라 칭했다는 춘추시대 진(晉)의 대부(大夫) 이극(里克)의 말에서[34] 태자의 국정 참여가 이미 선진시대에도 존재했음을 알 수 있다. 그러나 이극은 태자의 군대 지휘가 결국 태자에게도 불행한 결과를 초래할 것이라며 진헌공(晉獻公)의 조치를 비판하였다.[35] 결국 태자 신생은 군

---

32 陳高華 · 史衛民, 『元代大都上都硏究』, 146-147쪽.

33 송미령, 「清 康熙帝 東巡의 목적과 의미」, 243-250쪽; 同氏, 「康熙帝의 清 帝國 구상과 滿洲族의 정체성」, 142-151쪽; 이시바시 다카오 지음, 홍성구 옮김, 『대청제국 1616~1799』, 64-68쪽; 마크 C. 엘리엇 지음, 이훈 · 김선민 옮김, 『만주족의 청제국』, 267-285쪽.

34 『左傳』 閔公二年條, "里克諫曰, 「…… 從曰撫軍, 守曰監國, 古之制也. ……」"

35 『左傳』 閔公二年條, "晉侯使大子申生伐東山皐落氏. 里克諫曰, 「大子奉冢祀 · 社稷之粢盛, 以朝夕視君膳者也, 故曰冢子. 君行則守, 有守則從. 從曰撫軍, 守曰監國, 古之制也. 夫帥師, 專行謀, 誓軍旅, 君與國政之所圖也. 非大子之事也. 師在制命而已, 稟命則不威, 專命則不孝, 故君之嗣適不可以帥師. 君失其官, 帥師不威, 將焉用之? 且臣聞皐落氏將戰. 君其舍之!」 公曰, 「寡人有子, 未知其誰立焉!」 不對而退. 見大子. 大子曰, "吾其廢乎?" 對曰, "告之以臨民, 敎之以軍旅, 不共是懼, 何故廢乎? 且子懼不孝, 無懼弗得立. 修己而不責人, 則免於難.」"

주가 되지 못하고 권력투쟁의 희생양이 되었다. 이처럼 미래의 권력인 태자(황태자)가 군대를 지휘하거나 국정에 참여하면 황제파와 태자파의 권력투쟁으로 발전하게 된다. 따라서 대부분의 한인왕조의 황제는 황태자와 종실제왕의 정치 간여를 차단하려고 하였다.[36]

반면 흉노 등 유목국가와 오호제국에서는 양자의 정치참여 현상이 빈출했다. 이를 '가산제(家産制)'로 규정하는 데는 논란이 있지만 국가를 군주 씨족의 공유물로 인식했기 때문이다.[37] 필자는 일찍이 북위의 '태자감국'을 몽골고원의 유목국가와 오호제국 · 북조시대 황태자의 정치참여 즉, 유목민이 세운 국가의 정치적 행태의 연장선상에서 이해함과 동시에 장기간의 잦은 순행으로 인한 공백 시 도성 방어 및 국정 처리와 밀접한 관계가 있음을 논증했다. 특히 명원제의 후계자 탁발도와 태무제의 태자 탁발황이 감국에 임명되고 정사에 참여하게 된 배경은 명원제와 태무제의 잦은

36 李成珪, 「中國 古代 皇帝權의 性格」, 32-34쪽. 그러나 서진(西晉)과 남조시대에는 종실제왕(宗室諸王)을 장군(將軍), 도독(都督), 지방관(州刺史)으로 임명하여 중앙과 지방의 정치에 참여하게 했다(唐長孺, 「西晉分封與宗王出鎭」, 『魏晉南北朝史拾遺』, 北京: 中華書局, 1983, 123-140쪽; 唐春生, 「宗王出鎭與南朝文化」, 『貴州文史叢刊』 2004-4, 2004, 58-62쪽; 張興成, 「西晉的宗室仕進制度」, 北京: 『北京師範大學學報(人文社科版)』 2000-3, 2000(K22 魏晉南北朝隋唐史 2000-5, 2000), 12-17쪽). 이는 잦은 왕조교체에 대비하여 황실의 번병(藩屛)으로 삼으려 하는 조치였으나, 결과는 8왕(八王)의 난 등 종실제왕 사이 혹은 황제와 종실제왕의 싸움으로 나타났다(唐長孺, 「西晉分封與宗王出鎭」, 123-140쪽; 「北魏的靑齊士民」, 『魏晉南北朝史拾遺』, 92-122쪽; 福原啓郎, 「八王の亂の本質」, 『東洋史硏究』, 41-3, 1982, 1-22쪽; 唐長孺, 「北魏的靑齊士民」, 92-122쪽; 羅宏曾, 「"八王之亂"暴發原因芻議」, 天津: 『天津社會科學』 1985-5, 1985(K22 魏晉南北朝隋唐史 1985-11, 1985), 37-42쪽; 景有泉 · 李春祥, 「西晉"八王之亂"暴發原因硏究述要」, 『中國史硏究動態』 1997-5, 1997, 6-9쪽).

37 護雅夫, 「北アジア古代遊牧國家の構造」, 『岩波講座世界歷史』 岩波書店, 1970, 365쪽; 金浩東, 「蒙古帝國의 形成과 展開, 280-284쪽; 谷川道雄, 「拓跋國家の展開と貴族制の再編」, 『岩波講座世界歷史』 5, 東京: 岩波書店, 1970, 204-205쪽; 崔珍烈, 「五胡諸國 · 北朝 후계자의 國政 참여와 그 배경」, 285-292쪽.

순행과 관련이 있었다.[38]

본문 2편 1장에서 살펴본 것처럼 후진과 북위에서 태자 혹은 후계자가 상시적으로 국정을 담당하며 권력을 행사했던 현상은[39] 다른 이민족왕조 혹은 유목국가에서도 확인된다. 예컨대 원 세조(元世祖) 쿠빌라이의 황태자 친킴(진김)도 쿠빌라이가 상도로 순행하는 동안 대도를 지키며 국정을 처리했다.[40] 금장한국(金帳汗國)에서도 군주가 장기간 수도를 떠날 때 대개 세자인 섭정이 군주의 업무를 수행했다.[41] 금장한국은 정주지역인 러시아 초원을 지배했음에도, 본래의 유목적 성격을 여전히 유지했다.[42] 따라서 후진(後秦) · 북위처럼 원주지에서 화북으로 들어와 정주지역을 지배했던 오호제국 · 북조부터 원주지를 유지한 채 정주지역을 지배했지만 유목적 성격을 여전히 유지했던 몽골제국(원)과 금장한국까지, 유목민이 세운 다양한 성격의 국가에서는 호인군주가 순행 등의 이유로 도성을 떠날 경우 2인자에 해당하는 군주위 계승후보자는 도성에 남아 국정을 처리하는 관례가 있었음을 알 수 있다.[43]

---

38 崔珍烈, 「五胡諸國 · 北朝 후계자의 國政 참여와 그 배경」, 313-317쪽.

39 위와 같음, 292-293쪽.

40 崔珍烈, 「쿠빌라이 시기 皇太子制度와 그 성격」, 8-10쪽. 이 글에서 필자는 『동방견문록』의 구절 이외에 쿠빌라이의 양도 순행 당시 친킴이 국정을 담당했다는 직접적인 자료를 제시하지 못했다. 그후 『추간집(秋澗集)』 권84 「오대필보(烏臺筆補)」 왕운(王惲)의 「황태자친정사장(皇太子親政事狀)」에 "매년 봄 황제가 상도(上都)로 순행하면 연왕전하(燕王殿下, 친킴(진김)을 지칭)가 배경(陪京)을 거수(居守)하며 한지를 무림(撫臨)했다."라는 구절을 이치안(李治安)의 글에서 발견했다(『秋澗集』 卷84 「烏臺筆補」, "如每歲春車駕巡幸上都, 燕王殿下居守陪京, 撫臨漢地"; 李治安, 『元代政治制度研究』, 人民出版社, 2004, 43쪽에서 재인용). 이는 필자의 추론이 옳음을 보여 준다.

41 룩 콴텐 지음, 宋基中 옮김, 『遊牧民族帝國史: 中央아시아史, 500-1500AD』, 321쪽.

42 르네 그루쎄 지음, 김호동 · 유원수 · 정재훈 옮김, 『유라시아 유목제국사』, 사계절, 1998, 557-573쪽.

43 崔珍烈, 「五胡諸國 · 北朝 후계자의 國政 참여와 그 배경」, 303-317쪽. 그러나 금(金)

순행과 정변

역대왕조의 황제 순행 도중 정변이나 사고가 여러 차례 발생하였다. 아래에서 유형별로 살펴보자.

첫째 유형은 황제가 순행 장소에서 체류하는 도중 발생한 사건이다. 한무제의 비극적인 가정사인 무고(巫蠱)의 화(禍)는 정화(征和) 2년(B.C. 91) 한 무제가 감천궁에서 병 치료 차 체류할 때 발생했다.[44] 무제 말년 무제의 신임을 얻었던 강충(江充)은 태자 유거(劉據)를 제거하고자 태자궁에도 고(蠱)를 파묻어 모함했다. 장안에 있던 태자 유거는 강충을 체포하여 죽이고 군사를 동원하여 무제의 지휘를 받은 승상 유굴리(劉屈氂)와 시가전을 벌이다가 패하여 도망가다 자살했다.[45] 이어서 북주 건덕(建德) 3년(574) 무제(武帝)가 운양궁(雲陽宮)에 행차한 사이 위왕(衛王) 우문직(宇文直)이 장안에서 반란을 일으켜 숙장문(肅章門)을 뚫고 궁성 안으로 진입하려다가 실패한 사건이 발생하기도 했다.[46] 수대에는 세 차례의 정변이 있었다. 수문제가 인수(仁壽) 4년(604) 인수궁에서 태자 양광(楊廣, 훗날의 양제)에게 살해되

은 사정이 달라서 태자와 황자(皇子)들이 춘수추산(春水秋山)을 호종했다(劉浦江, 「春水秋山」, 322-323쪽). 금(金)을 세운 여진인(女眞人)은 순수 유목민이 아니라 반농 · 반수렵 · 반목축의 경제활동을 영위하는 종족(種族)이었다. 금(金)의 관행이 다른 유목국가 혹은 유목민이 세운 이민족왕조와 다른 이유가 다양한 문화의 영향을 받아서인지 혹은 금(金)의 정치적 특수성 때문인지 가리기 위해 보다 정치(精緻)한 연구가 필요하다.

44 『漢書』 卷63 「武五子傳 · 戾太子據傳」, 2742-2743쪽, "[江]充典治巫蠱, 既知上意, 白言宮中有蠱氣, 入宮至省中, 壞御座掘地. 上使按道侯韓說御史章贛黃門蘇文等助[江]充. [江]充遂至太子宮掘蠱, 得桐木人. 時上疾, 辟暑甘泉宮, 獨皇后太子在."

45 『漢書』 卷6 「武帝紀」 征和二年條, 208-209쪽, "秋七月, 按道侯韓說 · 使者江充等掘蠱太子宮. 壬午, 太子與皇后謀斬充, 以節發兵與丞相劉屈氂大戰長安, 死者數萬人. 庚寅, 太子亡, 皇后自殺. 初置城門屯兵. 更節加黃旄. 御史大夫暴勝之 · 司直田仁坐失縱, [暴]勝之自殺, [田]仁要斬. 八月辛亥, 太子自殺于湖."

46 『周書』 卷5 「武帝紀」 建德三年條, 85쪽, "秋七月庚申, 行幸雲陽宮. 乙酉, 衛王直在京師舉兵反, 欲突入肅章門. 司武尉遲運等拒守. 直敗, 率百餘騎遁走."

었고,[47] 양제도 대업(大業) 12년(616) 강도(江都) 체류 중에 우문화급(宇文化及) 등 장령의 쿠데타로 시해되었다.[48] 양제가 시해되기 전 태원유수(太原留守) 이연(李淵)이 군대를 일으켜 수도 대흥성(수대 장안의 명칭)을 점령하였다.[49] 이후 이연은 찬탈하고 당왕조를 세웠다. 당대에도 순행 도중 세 차례의 정변이 있었다. 당초 무덕(武德) 7년(624) 태자 이건성(李建成)이 고조가 인지궁(仁智宮)에 행차하고 자신이 장안에 유수(留守)하던 기회를 노려 군대를 동원하여 정변을 일으키려다 실패한 사건이 일어났다.[50] 돌궐의 군주 씨족이었던 아사나결사솔(阿史那結社率)이 정관(貞觀) 13년(639) 구성궁(九成宮)에서 태종을 암살하려다 실패한 사건도 있었다.[51] 마지막으로 개원

---

47 『資治通鑑』 卷180 「隋紀」4 文帝仁壽四年條, 5602-5604쪽, "初, 文獻皇后旣崩, 宣華夫人陳氏·容華夫人蔡氏皆有寵. 陳氏, 陳高宗之女; 蔡氏, 丹陽人也. 上寢疾於仁壽宮, 尙書左僕楊素·兵部尙書柳述·黃門侍郞元巖皆入閤侍疾, 召皇太子入居大寶殿. 太子慮上有不諱, 須預防擬, 手自爲書, 封出問素; 素條錄事狀以報太子. 宮人誤送上所, 上覽而大恚. 陳夫人平旦出更衣, 爲太子所逼, 拒之, 得免, 歸於上所; 上怪其神色有異, 問其故. 夫人泫然曰: '太子無禮!' 上恚, 抵床曰: '畜生何足付大事! 獨孤誤我!' 乃呼柳述·元巖曰: '召我兒!' 述等將呼太子, 上曰: '勇也.' [柳]述·[元]巖出閤爲敕書. 楊素聞之, 以白太子, 矯詔執[柳]述·[元]巖, 繫大理獄; 追東宮兵士帖上臺宿衛, 門禁出入, 並取宇文述·郭衍節度; 令右庶子張衡入寢殿侍疾, 盡遣後宮出就別室; 俄而上崩. 故中外頗有異論. 陳夫人與後宮聞變, 相顧戰栗失色. 晡後, 太子遣使者齎小金合, 帖紙於際, 親署封字, 以賜夫人. 夫人見之, 惶懼, 以爲鴆毒, 不敢發. 使者促之, 乃發, 合中有同心結數枚, 宮人咸悅, 相謂曰: '得免死矣!' 陳陳氏恚而卻坐, 不肯致謝; 諸宮人共逼之, 乃拜使者. 其夜, 太子蒸焉."

48 『隋書』 卷4 「煬帝紀」下, 93쪽, "[義寧]二年三月, 右屯衛將軍宇文化及, 武賁郞將司馬德戡·元禮, 監門直閣裴虔通, 將作少監宇文智及, 武勇郞將趙行樞, 鷹揚郞將孟景, 內史舍人元敏, 符璽郞李覆·牛方裕, 千牛左右李孝本·弟孝質, 直長許弘仁·薛世良, 城門郞唐奉義, 醫正張愷等, 以驍果作亂, 入犯宮闈. 上崩于溫室, 時年五十."

49 『隋書』 卷4 「煬帝紀」下 大業十三年條, 92-93쪽, "五月辛酉, 夜有流星如甕, 墜於江都. 甲子, 唐公起義師於太原. …… 十一月丙辰, 唐公入京師. 辛酉, 遙尊帝爲太上皇, 立代王[楊]侑爲帝, 改元義寧."

50 吳宏岐, 「隋唐行宮制度與宮廷革命」, 102오른쪽-103오른쪽.

51 『舊唐書』 卷194上 「突厥傳」上, 5161쪽, "突利弟結社率, 貞觀初入朝, 歷位中郞將. 十三

(開元) 9년(721) 현종(玄宗)의 동도(낙양) 행차 당시 권양산(權梁山)이 좌우둔영(左右屯營)의 무관과 함께 반란을 일으켜 궁성에 난입하자 경조윤(京兆尹) 왕지음(王志愔)이 도망한 사건이 발생하기도 하였다.[52]

둘째 유형은 황제가 이동하는 도중 당한 봉변이다. 대표적인 예가 전국(戰國)시대 한(韓)의 재상 가문 출신인 장량(張良)이 창해(滄海)의 역사(力士)를 동원해 진(秦) 시황제를 암살하려다 실패한 사건이다.[53] 또 시황제 31년(B.C. 216) 시황제가 무사(武士) 4인을 대동하고 함양(咸陽)과 그 주변을 미행(微行)하다가 난지(蘭池)에서 도(盜)를 만나 수행했던 무사가 이를 제거하여 목숨을 건지기도 했다.[54] 이 밖에 양제는 세 차례에 걸친 고구려 원정에 실패하고 대업 11년(615) 북새(北塞)를 순찰하던 중 돌궐 시필가한(始畢可汗)이 이끄는 수십 만의 기병에게 안문(雁門)에서 포위당하는 수모를 겪기

年, 從幸九成宮, 陰結部落得四十餘人, 并擁賀邏鶻, 相與夜犯御營, 踰第四重幕, 引弓亂發, 殺衛士數十人. 折衝孫武開率兵奮擊, 乃退, 北走渡渭水, 欲奔其部落. 尋皆捕而斬之, 詔原賀邏鶻, 流于嶺外.";『新唐書』卷215上「突厥傳」上, 6039쪽, "帝幸九成宮, 突利弟結社率以郎將宿衛, 陰結種人謀反, 劫賀邏鶻北還, 謂其黨曰: '我聞晉王丁夜得辟仗出, 我乘間突進, 可犯行在.' 是夕, 大風冥, 王不出, 結社率恐謀漏, 卽射中營, 譟而殺人, 衛士等共擊之, 乃走, 殺廐人盜馬, 欲度渭, 徼邏禽斬之, 赦賀邏鶻, 投嶺外. 於是賊臣更言處突厥中國非是, 帝亦患之, 乃立阿史那思摩爲乙彌泥孰俟利苾可汗, 賜氏李, 樹牙河北, 悉徙突厥還故地."

52 『舊唐書』卷100「王志愔傳」, 3123쪽, "開元九年, 上幸東都, 令充京師留守. 十年, 有京兆人權梁山僞稱襄王男, 自號光帝, 與其黨及左右屯營押官謀反. 夜半時擁左屯營兵百餘人自景風 · 長樂等門斬關入宮城, 將殺[王]志愔, [王]志愔踰牆避賊. 俄而屯營兵潰散, 翻殺[權]梁山等五人, 傳首東都, [王]志愔遂以駭卒.";『新唐書』卷128「王志愔傳」, 4464쪽.

53 『史記』卷6「秦始皇本紀」二十九年條, 249쪽, "二十九年, 始皇東游. 至陽武博狼沙中, 爲盜所驚. 求弗得, 乃令天下大索十日.";『史記』卷55「留侯世家」, 2034쪽, "[張]良嘗學禮淮陽. 東見倉海君. 得力士, 爲鐵椎重百二十斤. 秦皇帝東游, [張]良與客狙擊秦皇帝博浪沙中, 誤中副車. 秦皇帝大怒, 大索天下, 求賊甚急, 爲張良故也. [張]良乃更名姓, 亡匿下邳."

54 『史記』卷6「秦始皇本紀」三十一年十二月條, 251쪽, "始皇爲微行咸陽, 與武士四人俱, 夜出逢盜蘭池, 見窘, 武士擊殺盜, 關中大索二十日."

도 했다.[55] 또 정관 15년(641) 당 태종이 낙양궁(洛陽宮)으로 행차하는 도중에 온탕에 머물 때 행역(行役)을 꺼려 하던 위사(衛士) 최경(崔卿)과 조문의(刁文懿)가 행궁에 화살을 쏘는 소란을 일으켰다.[56] 그 밖에 안사(安史)의 난을 피해 몽진하던 현종을 호위하던 군사들이 소요를 일으켜 안록산의 반란을 자초한 양국충(楊國忠)과 현종이 총애하던 양귀비(楊貴妃)를 죽였던 마외(馬嵬)의 변(變)[57]도 이 유형에 해당한다.

셋째 유형은 사냥 도중 발생한 쿠데타 혹은 반란이다. 조위 폐제(廢帝, 제왕(齊王) 조방(曹芳)을 지칭) 가평원년(嘉平元年, 249) 정월에 발생한 고평릉 사변(高平陵事變)은 보정을 담당하던 조상(曹爽)이 황제(조방)와 함께 고평릉(高平陵)에서 사냥하던 때 반대파인 사마의(司馬懿) 부자가 도성을 점거하고 권력을 탈취한 사건이다.[58] 또 경명(景明) 2년(501)에 북위 선무제가 사냥을 나간 사이 숙부인 함양왕 원희가 쿠데타를 일으켰다가 미수에 그

55 『隋書』 卷4 「煬帝紀」下 大業十一年條, 89쪽, "八月乙丑, 巡北塞. 戊辰, 突厥始畢可汗率騎數十萬, 謀襲乘輿, 義成公主遣使告變. 壬申, 車駕馳幸雁門. 癸酉, 突厥圍城, 官軍頻戰不利. 上大懼, 欲率精騎潰圍而出, 民部尙書樊子蓋固諫乃止. 齊王暕以後軍保于崞縣. 甲申, 詔天下諸郡募兵, 於是守令各來赴難."

56 『新唐書』 卷2 「太宗紀」 貞觀十五年條, 40쪽, "十五年正月辛巳, 如洛陽宮, 次溫湯. 衛士崔卿 · 刁文懿謀反, 伏誅."; 『資治通鑑』 卷196 「唐紀」12 太宗貞觀十五年正月條, 6165쪽, "上將幸洛陽, 命皇太子監國, 留右僕射高士廉輔之. 辛巳, 行及溫湯. 衛士崔卿 · 刁文懿憚於行役, 冀上驚而止, 乃夜射行宮, 矢及寢庭者五; 皆以大逆論."

57 『舊唐書』 卷9 「玄宗紀」下 天寶十五載六月條, 232쪽, "丙辰, 次馬嵬驛, 諸衛頓軍不進. 龍武大將軍陳玄禮奏曰: '逆胡指闕, 以誅國忠爲名, 然中外羣情, 不無嫌怨. 今國步艱阻, 乘輿震蕩, 陛下宜徇羣情, 爲社稷大計, [楊]國忠之徒, 可置之于法.' 會吐蕃使二十一人遮[楊]國忠告訴於驛門, 衆呼曰: '楊國忠連蕃人謀逆!' 兵士圍驛四合, 及誅楊國忠 , 魏方進一族, 兵猶未解. 上令高力士詰之, 迴奏曰: '諸將旣誅國忠, 以貴妃在宮, 人情恐懼.' 上卽命力士賜[楊]貴妃自盡. [陳]玄禮等見上請罪, 命釋之."

58 이상 고평릉(高平陵) 사변의 과정은 김석우, 「曹魏時期 中軍과 高平陵 政變」, 35-40쪽 및 王曉毅, 「正始改制與高平陵政變」, 北京: 『中國史研究』 1990-4, 1990(復印報刊資料 魏晉南北朝隋唐史(K22) 1990-2, 1990), 23-31쪽 참조.

친 사건도 있었다.[59]

넷째 유형은 황제의 친정 도중 발생한 정변이다. 2편 1장 3절에서 살펴본 것처럼 정평원년(正平元年, 451) 태무제가 유송을 친정할 때 태자 탁발황이 일으킨 '정평사변'과 효문제의 남제(南齊) 친정 때 태자 원순이 옛 수도 평성으로 도주하려고 했던 사건이 있었다. 두 사건 모두 황제파의 일방적인 승리로 끝났다. 다음으로 수양제가 고구려를 침공하는 도중 후방에서 병참업무를 맡았던 양현감(楊玄感)이 반란을 일으켰다. 양제는 우문술(宇文述)을 보내 두 달도 되기 전 양현감의 반란을 진압하였다.[60]

이상에서 살펴본 것처럼 순행이나 미행 도중 발생한 크고 작은 정변과 사고는 진(秦) 시황제 2회, 전한 무제 1회, 조위와 북주시대 각각 1회, 수대 4회, 당대 5회였다. 그리고 북위시대 3회였다. 16회의 정변 가운데 성공한 것은 조위시대 1회와 수대 2회였다(사마의의 고평릉사변과 양광(양제)의 문제 시해, 이연의 태원 기병). 황제는 순행 도중 정변에 대처하기 위해 만반의 준비를 했기 때문에 순행을 이용한 반란이 성공할 확률은 18.8%(16회 중 3회)에 불과하였다. 그러나 이 가운데 2회는 왕조 교체로 이어졌던 점을 보면 황제순행 도중 반란의 성공은 황제 혹은 왕조 교체로 이어질 정도로 파급력이 컸다. 순행 도중 일어난 정변의 성공률이 낮았던 것은 역대 황제가 막강한 군사력을 장악했고 동호부(銅虎符) 등을 이용해 군대를 통제했기 때문이있다. 이는 장안에 주둔시킨 좌우둔영(左右屯營)의 군대, 동어부(銅魚符) 등을 활용한 당대의 부절(符節) 제도와 엄격한 문서행정 규정에서도 확

59 崔珍烈, 「五胡諸國 · 北朝 후계자의 國政 참여와 그 배경」, 304-306쪽.

60 『隋書』 卷4 「煬帝紀」下 大業九年條, 84쪽, "六月乙巳, 禮部尙書楊玄感反於黎陽. 丙辰, [楊]玄感逼東都. 河南贊務裴弘策拒之, 反爲賊所敗. 戊辰, 兵部侍郎斛斯政奔于高麗. 庚午, 上班師. 高麗犯後軍, 勑右武衛大將軍李景爲後拒. 遣左翊衛大將軍宇文述 · 左候衛將軍屈突通等馳傳發兵, 以討[楊]玄感. …… 八月壬寅, 左翊衛大將軍宇文述等破楊玄感於閿鄉, 斬之. 餘黨悉平."

인된다.[61]

또 정변의 주체를 살펴보면 태자와 종실제왕이 대부분이었다. 이 가운데 북위시대 태자가 2회(탁발황과 원순), 종실제왕 1회(함양왕 원희)였고, 3차례의 정변은 모두 실패하였다. 이는 북위의 황제권이 강했고 또 북위황제가 순행을 위해 태자에게 권력의 일부를 넘겨 주더라도 태자에 대한 감시를 소홀히 하지 않았고, 태자의 불온한 움직임에 단호하게 대처했음을 보여 준다. 태자에게도 권력의 일부를 나눠 주는 것이 북위를 포함한 이민족왕조 혹은 유목국가의 공통된 특징이라고 해도 군주(황제)의 후계자(태자)에 대한 견제는 호·한에 상관없이 권력의 본질적인 속성이었을 것이다.

순행과 근시관

2편 2장 1절에서 살펴본 것처럼 호인 위주의 근시관이 북위 전기 정치의 중심세력이 된 배경에는 북위황제의 순행이 있었다. 즉, '서기시대'부터 존재했던 근시관은 몽골의 케식처럼 황제의 경호와 개인적인 일상사, 군국정사 등 다양한 일을 처리했다. 따라서 황제를 숙위하고 황제의 정치를 지근에서 보좌했던 이들이 북위의 정치와 군사의 핵심집단이 되었다. 반대로 한인관료는 부차적인 존재였다. 이는 실무행정을 맡았던 한인관료가 순행에는 다수 수행하지 못했기 때문이다.[62] 이는 거란(요)의 예에서도 확인된다. 거란(요)에서도 사시날발 중 거란 관원 전체와 한인선휘원(漢人宣徽院)의 소속관청 전부, 한인추밀원(漢人樞密院)과 중서성(中書省)의 재상 1원(員)과 추밀원도부승지(樞密院都副承旨) 2원, 영사(令史) 10인, 중서령사(中書令史) 1인, 어사대와 대리시(大理寺)의 1인이 순행을 수행했으며, 재상 이

61 崔珍烈, 「唐前期 皇帝 巡幸의 隨行官員과 都城 留守」, 『西江人文論叢』 30, 2011, 361-362쪽.

62 崔珍烈, 「北魏前期 近侍官의 性格」, 53-58쪽.

하 한관(漢官)은 중경(中京)에 머물며 한인과 관련된 사무를 처리했다. 이는 사시날발 중 처리한 일이 궁장(宮帳)·부족(部族)·속국(屬國) 등 거란을 포함한 유목민과 관련된 일이었기 때문이라고 한다.[63]

또 거란(요)에서는 황제를 윤번으로 숙위했던 집단의 존재가 확인된다.[64] 이는 몽골의 케식과 외형이나 기능이 동일하며,[65] 북위의 근시관과도 비슷한 것으로 보인다. 여기에서 이민족왕조에 호인이 카간 혹은 황제를 숙위하며 측근으로 고관을 차지하거나 정책결정을 독점하는 정치적 장치가 존재했음을 알 수 있다. 즉 북위에서 근시관이 정치적 중심이 된 것은 황제의 순행과 밀접한 관계가 있으며, 이는 유목국가와 이민족왕조의 공통적인 현상으로 이해할 수 있다.[66]

최근 연구에 따르면, 효문제가 중국식 관제를 도입한 북위 후기에도 친위부대인 영군부 장령이 정치에 개입하여 영군장군이 사실상 정치의 실권자가 되었다.[67] 또 유력한 호인일족(胡人一族)과 부족 수령의 자제로 구성된 '직위(直衛)'가 북위 전기 근시관과 비슷한 성격이었다고 한다. 이는 황제 측근인 근시관이 북위 후기에도 영군부 장령으로 명칭만 바뀐 채 여전히 권력을 행사했음을 뜻한다.[68] 바꿔 말하면 순행을 거의 하지 않아 외형상

---

63 傅樂煥,「遼代四時捺鉢考」, 271-275쪽.

64『遼史』卷32「營衛志」中 行營·冬捺鉢條, 375쪽, "宮用契丹兵四千人, 每日輪番千人祗直."

65 현재 학계에서는『요사(遼史)』「영위지(營衛志)」에 인용한 사료가 동날발(冬捺鉢)에만 해당하는 것이 아니라 사시날발에 모두 해당한다고 보고 있으며, 특히 부락환(傅樂煥)은 4개 조로 나누어 윤번으로 숙위하는 몽골의 케식이 요(거란)의 제도를 모방한 것으로 보았다(尤李,「遼金元捺鉢硏究評述」, 12쪽과 14쪽).

66 崔珍烈,「北魏前期 近侍官의 性格」, 37-66쪽.

67 張金龍,「領軍將軍與北魏政治」,『北魏政治與制度論稿』, 蘭州: 甘肅教育出版社, 2003 350-360쪽.

68 崔珍烈,「北魏後期 친위부대의 정치개입과 그 배경-領軍府의 구조·인적구성·정치개

'정주화'된 북위 후기에도 호인지배층은 친위부대를 기반으로 정치에 참여하여 영향력을 행사하는 지배방식을 유지했다.

한인왕조, 즉 전한이나 당의 경우 황제가 순행할 때 각종 기관에서 파견된 관리가 수행관원이 되어 황제의 정사를 보좌하였다. 당대에는 태자의 수도 유수(留守)나 감국을 보좌하는 신하, 즉 재상과 대신들이 실권을 행사하였다.[69] 양자를 비교하면 군주(황제)와 친위부대의 인적 결합과 유대를 통해 권력을 행사하는 이민족왕조 혹은 유목국가의 통치방식은 관료제를 통해 관료와 신하를 지배했던 중국 역대왕조의 통치체제보다 후진적이었음을 의미한다.

북위와 역대왕조의 순행론

북위 전기에 최호(崔浩) 등 한인관료의 친정(親征) 반대는 친정보다 전쟁에 대한 것이었다. 그리고 북위 전기에는 한인관료들의 정치적 발언이 영향력을 발휘했다고 보기 어렵다. 그러나 효문제 재위시기에 한인관료의 순행에 대한 간언이 증가하였다. 이충, 한현종 등의 한인관료는 효문제의 순행 일정이나 교통 수단 혹은 효문제의 친정에 대해 간언하였다. 효문제 시기 순행이나 친정에 대한 한인관료의 증언이 간언이 증가하는 것은 이 시기 한인관료의 정치적 부상과 밀접한 관계가 있을 것이다.[70]

이평(李平)은 선무제 일행 때문에 백성의 농작물 피해가 우려된다며 순행을 반대하였다. 이평이 반대한 선무제의 업 순행은 한인이 사는 지역에 행차하는 것이었고 강무 즉 군사훈련에 주목적이 있었다. 즉 유목민의 계절이동이라는 성격이 남아 있었던 북위 전기의 순행과 성격이 달랐다. 반

입방식을 중심으로-」, 『역사문화연구』 30, 2008, 279-310쪽.

69 崔珍烈, 「唐前期 皇帝 巡幸의 隨行官員과 都城 留守」, 341-349쪽; 355-362쪽; 363쪽.

70 崔珍烈, 「北魏時代 漢人官僚의 巡幸論」, 247-259쪽.

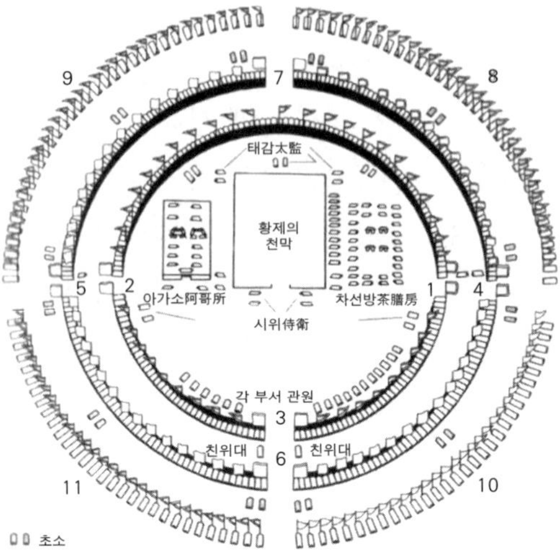

그림 2 청 황제 야영의 천막 배치

청대 황제가 사냥 등의 이유로 야영할 때 황제를 보호하기 위해 호위병과 관원의 천막을 배치하였다. 중앙의 황제의 천막 주위에 황자의 처소인 아가소(阿哥所, 그림의 가운데 왼쪽)와 음식을 준비하는 차선방(茶膳房, 그림의 가운데 오른쪽), 환관(태감(太監), 그림의 가운데 위쪽), 시위(그림의 가운데 아래쪽)의 천막이 존재했다. 그 주변에는 각 부서 관원과 친위대의 천막이 겹겹이 배치되었다.
출전: 『대청회전도(大淸會典圖)』 권104(1818); 마크 C. 엘리엇 지음, 이훈 · 김선민 옮김, 『만주족의 청제국』, 푸른역사, 2009, 175쪽에서 재인용.

면 금 · 몽골(元), 청 등 이민족왕조의 경우 한인관료는 사시날발과 사시유행, 양도 순행처럼 계절이동의 전통을 계승한 이민족 군주의 순행을 비판했다. 심지어 몽골(元)시대 조천린과 최경은 막남에 위치한 상도와 대도 사이를 오가는 세조(쿠빌라이 카안)의 양도 순행에 반대하며 대도에 정주할 것을 주장했다.[71]

다른 이민족 왕조 치하 한인관료의 순행반대론에 비하면 북위시대에는 한인관료가 유목적 성격이 강했던 순행에는 반대하지 못하였다. 이는 북위 전기 한인관료의 정치적 지위와 영향력이 높거나 크지 않았기 때문일 것이다. 또는 유목민의 습속을 잘 알았던 최호 등의 한인관료가 유목민의 이동습관을 바꾸기 어렵다고 생각하고 순행을 반대할 생각조차 못했을 것이다. 효문제 시기의 순행과 친정에 대한 간언이 빈발했던 것을 한인관료

71 『歷代名臣奏議』 卷287 「巡幸」 元世祖時條, 卷287의22뒤쪽(3748쪽) 및 世祖車駕巡幸上都條, 卷287의23앞쪽(3748쪽).

의 정치적 부상과 관련지어 설명할 수 있다면 북위 전기 한인관료는 자신의 정치적 영향력이 커지기 전까지 적극적인 순행반대를 주장하지 못하다가 북위황제와 호인지배층의 유목적 습속을 '방관'하는 데 만족했을 것이다.[72]

태산봉선(泰山封禪)의 유무(有無)

북위시대 순행에는 태산봉선이 없었다. 봉선은 천하의 태평을 과시하기 위해 태산으로 행차하여 천지에 이를 고하고 제사를 지내는 특수한 의식이었다. 진 시황제가 처음 시작한 이후 전한 무제와 후한 광무제, 당 고종과 현종, 송 진종 등 소수의 황제만이 거행했던 것이다.[73] 봉선은 한인왕조가 세운 통일왕조에서 거행했다는 공통된 사항이 있다.[74] 다만 청대 강희제와 건륭제는 태산에서 제례를 거행했다는 예가 있다.[75] 그러나 『청사고(淸史稿)』 등 전통 문헌이나 학자는 이를 봉선이라고 표기하거나 부르지 않았다. 청대 황제가 참석한 태산 제례의식을 '봉선'이라고 칭하지 않는 이유는 알 수 없으나, 일단 기존의 견해를 따른다면 이민족 군주의 태산'봉선'은 없었다고 봐야 할 것이다. 그러나 북위 효문제 시기의 한인관료 고려가

---

72 崔珍烈, 「北魏時代 漢人官僚의 巡幸論」, 260-264쪽.

73 周良霄, 『皇帝與皇權』, 105-106쪽; 詹鄞鑫, 『神靈與祭祀: 中國傳統宗教綜論』, 南京: 江蘇古籍出版社, 2000, 431쪽; 何平立, 『巡狩與封禪』, 155-234쪽; 332-377쪽; 397-420쪽. 무측천 역시 봉선의식(封禪儀式)을 거행했으나 장소는 태산이 아닌 숭산(嵩山)이었다(何平立, 『巡狩與封禪』, 340-357쪽; 唐明貴, 「武則天封禪嵩山論略」, 『山東科技大學學報(社會科學版)』 6-3, 2004, 41왼쪽-45오른쪽). 이 밖에 조위 명제(明帝)와 서진(西晉) 무제(武帝), 유송 문제(文帝), 양무제(梁武帝), 수문제(隋文帝), 당 태종, 송 태종(宋太宗)이 봉선을 계획했으나 실행에 옮기지 못했다(詹鄞鑫, 위의 글, 431쪽; 何平立, 『巡狩與封禪』, 316-317쪽).

74 당(唐)의 황실(皇室)은 순수 한인이 아니라 유목민의 피가 일부 섞였고, 심지어 원래 호인이었으나 농서이씨(隴西李氏)를 모칭(冒稱)했다고 의심하는 주장도 있다. 본문에서는 현재의 통설대로 한인왕조로 보았다.

75 Chang, Michael G., *A court on horseback: imperial touring & the construction of Qing rule, 1680-1785*, 72-73쪽 및 85쪽, 95쪽.

태산봉선의 거행을 주장했지만, 효문제는 아직 통일하지 못했다는 이유로 이를 거부했던 사례[76]가 있었다. 여기에서 효문제도 봉선이 통일왕조의 군주(황제)만이 거행할 수 있는 의식이라는 인식을 공유하고 있었음을 확인할 수 있다. 이 밖에 전진의 부견 시기와 북제시대에도 봉선에 관한 논의가 있었다.[77] 즉, 오호십육국 · 북조시대 일부 군주는 봉선에 관심이 있었으나 통일하지 못하여 실행에 옮기지 못했던 것도 확인된다. 즉 외형상 그리고 결과적으로는 이민족왕조에서 봉선의식을 거행하지 못한 것은 맞다. 그러나 과정을 보면 이민족왕조가 태산봉선에 관심이 없었던 것은 아니었다. 바꿔 말하면 오호십육국 · 북조시대의 일부 호인군주는 '종족(種族)'과 혈통을 이유로 봉선을 거행할 수 없다고 생각한 것은 아니었다. 다만 중국을 통일하지 못해 자격이 없다고 생각했을 뿐이다.

북위와 한인왕조 · 이민족왕조 순행의 성격 비교

북위시대 순행은 한인왕조의 순행과 여러 방면에서 다른 특징을 보였다. 특히 북위시대 순행을 동시대의 동진 · 남조의 순행과 비교하면 전자가 동적인데 비해 후자는 정적인 성격을 지닌다. 이는 순행빈도와 순행기간뿐 아니라 순행 장소에서도 확인된다. 또 북위황제가 각지를 돌아다니며 사냥뿐 아니라 친정(親征), 서교제천, '생산의 독과', 민심 수람, 지방 시찰 등 다양한 활동을 벌인데 비해 동진남조의 황제는 선제(先帝)의 능 참배와 남교 · 북교의 제사, 강무 참관, 화림원 청송(聽訟) 등 의례적인 활동에 치우친

76 『魏書』 卷54 「高閭傳」, 1208쪽, "[高]閭曰: 「司馬相如臨終恨不見封禪. 今雖江介不賓, 小賊未殄, 然中州之地, 略亦盡平, 豈可於聖明之辰, 而闕盛禮. 齊桓公霸諸侯, 猶欲封禪, 而況萬乘.」 高祖曰: 「由此桓公屈於管仲. 荊揚未一, 豈得如卿言也.」 [高]閭曰: 「漢之名臣, 皆不以江南爲中國. 且三代之境, 亦不能遠.」 高祖曰: 「淮海惟揚州, 荊及衡陽惟荊州, 此非近中國乎?」"

77 何平立, 『巡狩與封禪』, 317-319쪽.

활동을 보였다. 사실 동진남조의 순행은 같은 한인왕조인 진한시대 혹은 조위시대의 순행과 비교해도 상대적으로 정적이고 수동적이다. 이는 '형양지쟁(荊揚之爭)'으로 대변되는 중앙정부의 약화와 중앙 대 지방의 대립구도, 강남에 치우친 피난정권의 한계가 반영된 것일지도 모른다.

또 북위시대의 순행은 다른 이민족왕조의 순행과 유사한 특징을 공유하지만 세부적으로는 다른 점이 있다. 예컨대 후자가 사시날발 혹은 사계유행, 양도 순행 등 일정한 순행패턴을 지닌 데 비해 북위의 경우 불규칙한 면을 보이기 때문이다. 그러나 북위 전기의 수도 평성은 금, 몽골(원), 청의 수도 북경처럼 농경의 북한계선의 북쪽, 혹은 농경과 유목의 점이지대에 속했다. 그리고 주요 순행 장소가 유목민의 거주 지역이었다는 점도 비슷하다. 그럼에도 불구하고 북위에 일정한 순행패턴이 보이지 않는 것은 북위가 몽골고원의 유목민 세력을 굴복시키지 못했기 때문일 것이다. 이는 북위뿐만 아니라 다른 북조 국가인 북주와 북제에게도 해당된다. 우연의 일치인지 모르겠으나 순행에 한정하여 말하면 순행패턴이 규칙적인 정복왕조와 달리 북위를 포함한 북조의 이민족왕조(소위 침투왕조)는 그렇지 못했다.

부록

1. 북위시대 순행표

2. 진-당(秦-唐) 순행표(순행1)

3. 「문성제남순비」 원문과 역주

4. 「조비간묘문」의 수행관원 명단(원문)

부록 1. 북위시대 순행표

	순행시기	기간	순행 장소	기타
道武帝	登國元年(386) 正月戊申-二月		牛川→定襄의 盛樂	卽位, 大會(牛川)
	登國元年(386)五月-七月己酉	?	陵石→盛樂	
	登國元年(386)八月-十月	1-3개월	賀蘭部→弩山→于延水→代谷→高柳	窟咄과의 계승분쟁
	登國二年(387)二月	1-3개월	寧川	
	登國二年(387)六月-八月	2-3개월	馬邑→彌澤→回軍	劉顯 親征
	登國二年(387)十月-十二月	2-3개월	濡源→赤城→松漠→牛川	
	登國三年(388)二月-七月	5-6개월	東巡→東赤城→庫莫奚→弱落水→赤城	庫莫奚 親征
	登國三年(388)十二月辛卯-四年(389)四月	4-5개월	西征→女水→解如部 →高車 →女水→吐突隣部→赤城	解如部·高車·吐突隣部 親征
	登國五年(390)三月甲申-六月	2-4개월	西征→鹿渾海→意辛山→牛川	袁紇部와 賀蘭 등 토벌
	登國五年(390)七月丙子-八月	?	羊山→牛川	劉衛辰 공격
	登國五年(390)九月-十二月	2-4개월	叱奴部(囊曲河)→雲中→狼山(豆陳部; 十月)→白漠(十二月)	叱奴部·高車豆陳部 토벌
	登國六年(391)二月		紐垤川	講武(牛川)
	登國六年(391)六月		赤城?	賀訥 구원
	登國六年(391)七月壬申-?	?	牛川→紐垤川	講武(牛川)
	登國六年(391)九月		五原→紐垤川/棝楊塞北	後燕 공격
	登國六年(391)十月戊戌-十一月戊辰	31일	大磧南床山→紐垤川	柔然 親征
	登國六年(391)十一月己卯-7년(392)三月甲子	106일	南討→鐵歧山→五原 金津→悅跋城→鹽池→木根山→黑鹽池→美水→河南宮	劉衛辰部 親征, 잔치(美水)
	登國七年(392)八月-?	?	漠南	巡臺 축조
	登國八年(393)正月-五月	4-5개월	南巡→羖羊原→苦水→白樓	侯呂鄰部 토벌
	登國八年(393)六月	1개월 이하	北巡→類拔部	類拔部 토벌
	登國八年(393)七月-九月	2-3개월	新壇→三城(薛干部)→河南宮	薛干部 원정
	登國九年(394)三月-七月	3-5개월	北巡→河東→河南宮	사냥(河東)
	登國十年(395)五月-六月	?	鹽池→河南宮	
	登國十年(395)八月-十二月	3-5개월	河南→參合陂→雲中 盛樂	後燕 慕容寶의 공격
	皇始元年(396)正月-?	?	定襄 虎山→善無北陂	後燕 慕容垂의 공격
	皇始元年(396)八月庚寅-天興元年(398)二月	1.6년?	東郊→馬邑→中山→鄴→中山→繁畤宮	後燕 정벌, 河北 점령
	天興元年(398)二月壬午	1일	白登山	사냥(通鑑, 110, 3465)

	天興元年(398)四月壬戌(?)	1일	西郊	祠天
	天興元年(398)七月		平城	遷都
	天興二年(399)正月甲子	1일	南郊	
	天興二年(399)正月庚午-三月己未	50일	北巡→駮髥水→牛川→高車→牛川, 薄山→回軍	高車 원정
	天興二年(399)七月辛酉	1일	鹿苑	사열, 잔치
	天興三年(400)正月癸亥	1일	北郊	제사
	天興三年(400)二月丁亥	1일	東郊	제사
	天興三年(400)五月己巳-七月壬子	44일	涿鹿→馬邑→灅源→還宮	제사(涿鹿)
	天興五年(402)六月-十二月辛亥	5-6개월	東郊→柴壁→蒙坑→晉陽→還宮	後秦 원정
	天興六年(403)七月戊子-九月辛未	45일	北巡→豺山→參合·代谷→南平城→還宮	사냥(豺山 등)
	天賜元年(404)十一月	1일	西宮	
	天賜元年(404)十二月戊辰-2년(405)二月癸亥	44일	豺山宮→還宮	
	天賜二年(405)四月	1일	西郊	제사
	天賜三年(406)正月甲申-三月庚子	47일	豺山宮→屋孤山→代園山→還宮	사냥(豺山宮, 屋孤山)
	天賜三年(406)四月庚申-甲午(×)	36일	豺山宮→定襄 角史山→馬城→還宮	
	天賜三年(406)八月甲辰-十月庚申	47일	豺山宮→青牛山→武要北原→石漠→漠南鹽池→漠中 天鹽池→吐鹽池→長川→長陂	
	天賜四年(407)五月-七月	1-3개월	北巡→參合陂→蟠羊山→石漠→長川→濡源→參合陂→還宮	
	天賜四年(407)八月-十一月	2-4개월	豺山宮→還宮	
	天賜五年(408)正月-?	?	豺山宮→參合陂→於延水→寧川	고기잡이 구경(於延水)
明元帝	永興二年(410)五月壬申-七月乙丑	55일	北伐→參合陂→회군	柔然 親征, 講武(參合陂)
	永興二年(410)九月甲寅	1일	盛樂 金陵	道武帝 장례
	永興三年(411)三月	1개월 이하	武周山, 車輪山	제사 (魏, 108-1, 2736)
	永興三年(411)五月丁卯	1일	盛樂 金陵	道武帝陵 참배
	永興四年(412)二月癸未	1일	虎圈	사냥
	永興四年(412)七月己巳-八月庚戌	42일	東巡→石會山→去畿陂→濡源→北部諸落	고기잡이 구경(去畿陂)
	永興四年(412)八月壬子	1일	西宮	잔치, 사냥물 분배
	永興四年(412)十二月丁巳-?	?	北巡→長城→귀환	
	永興四年(412)	?	白登山	太祖廟제사 (魏, 108-1, 2736)
	永興五年(413)正月己卯	1일	西宮	
	永興五年(413)正月庚寅-二月甲寅	25일	東郊→白登→高柳川→還宮	군사훈련(東郊)

	永興五年(413)四月乙卯-八月癸卯	109일	雲中 舊宮→五原 · 骨羅山→薄山→雲中 서남 諸部落→定襄 大落城→善無川→還宮	사냥(骨羅山), 연회(薄山)
	永興五年(413)八月丁丑-癸未	7일	豺山宮→還宮	
	神瑞元年(414)正月辛巳-二月戊戌	18일	繁畤→還宮	下賜(繁畤)
	神瑞元年(414)二月庚戌-五月辛酉	72일	豺山宮→還宮	
	神瑞元年(414)六月戊申-丁亥	40일	豺山宮→還宮	
	神瑞元年(414)九月과 十月사이	?	白登山	昭成·獻明·道武 등 해마다 제사 지냄
	神瑞元年(414)十二月丙申-二年(415)正月丙辰	21일	北伐	柔然 원정
	神瑞二年(415)四月己卯-七月	2-4개월	參合陂→大寧→四岬山→去畿陂→濡源→頹牛山→赤城→上谷→涿鹿→廣寧→歷山→還宮	사냥(四岬山, 頹牛山), 고기잡이 시찰(去畿陂)
	神瑞二年(415)十月辛酉-癸亥	3일	沮洳城→還宮	
	神瑞二年(415)十一月丁亥-庚子	14일	豺山宮→還宮	
	泰常元年(416)正月甲中 戊了	5일	豺山宮→還宮	
	泰常元年(416)六月丁巳-七月戊戌	42일	北巡→白鹿陂→牛川→釜山→殷繁水→還宮	사냥(牛川)
	泰常元年(416)十月壬戌-十一月甲戌	13일	豺山宮→還宮	
	泰常二年(417)四月丁巳-壬戌	6일	高柳→還宮	
	泰常二年(417)五月乙未-十二月癸亥	209일	西巡→雲中→大漠→西山→還宮	사냥(大漠, 西山)
	泰常二年(417)十二月壬申-3년(418)三月庚戌	99일	大寧長川→西宮	
	泰常三年(418)五月壬子-七月戊午	67일	東巡→濡源, 甘松→突門嶺→京師	北燕 親征
	泰常四年(419)正月壬辰-癸卯	12일	犢渚→還宮	사냥(犢渚)
	泰常四年(419)四月庚辰	1일	東廟	제사
	泰常四年(419)四月辛巳-五月己亥	19일	南巡→雁門→灅水→還宮	고기잡이 구경(灅水)
	泰常四年(419)八月辛未-甲申	14일	東巡→還宮	사자 보내 제사(恒岳)
	泰常四年(419)八月	1개월 이하	白登山(白登廟)	제사(魏, 108-1, 2737)
	泰常四年(419)十二月癸亥-5년(420)正月己亥	37일	雲中→辱孤山→君子津→薛林山→屋竇城→還宮	사냥(雲中, 辱孤山, 薛林山), 班賜와 잔치(屋竇城)
	泰常五年(420)六月丙寅-八月癸亥	58일	翳犢山→馮滷池→五原→雲中 大室→還宮	사냥(馮滷池), 연회(雲中大室)(通鑑, 119, 3731)
	泰常六年(421)正月辛未-九月庚戌	221일	公陽→蟠羊山→柞山→犢渚→還宮	사냥(柞山, 犢渚)
	泰常六年(421)九月	1개월 이하	橋山	사자 보내 제사(魏, 108-1, 2737)

	泰常六年(421)十月己亥-7년(422)二月丙戌	108일	代→西巡→雲中→屋竇城→還宮(西宮)	사냥(雲中), 잔치(屋竇城)
	泰常七年(422)九月乙巳-十月甲戌	44일	灅南宮→廣寧→橋山→幽州→還宮	
	泰常七年(422)十月壬辰-8년(423)五月庚寅	239일	天門嶺→鄴→汲郡→陳留 · 東郡→成皐城·虎牢→洛陽→河內→太行山高都→晉陽→雁門→京師	사냥(鄴南韓陵山), 전쟁 독려(虎牢)
	泰常八年(423)六月丙辰-九月乙亥	80일	北巡→參合陂→蟠羊山→三會屋俟泉→馬邑·灅源→還宮	
太武帝	泰常八年(423)十二月庚子	1일	雲中 金陵	明元帝 장례
	始光元年(424)四月甲辰-七月	2-4개월	大寧→還宮	
	始光元年(424)九月		東郊	治兵(東郊)
	始光元年(424)十二月-2년(425)正月己卯	?	柞山→회군	柔然 親征
	始光二年(425)十月-3년(426)正月壬申	2-4개월	西郊→北伐→회군	柔然 親征(十月癸卯 시작)
	始光三年(426)六月-八月	2-3개월	雲中舊宮→五原→陰山(?)→和兜山→長川→還宮	사냥(陰山), 騎射(長川)
	始光三年(426)十月丁巳-四年(427)正月乙酉	89일	雲中→君子津→統萬城→祚山→회군	夏원정, 班賜(柞山)
	始光四年(427)正月己亥-二月	?	幽州→還宮	
	始光四年(427)五月-八月壬子	2-4개월	君子津→拔鄰山→統萬城(六月)→祚嶺(七月)→회군(八月)	夏의 統萬城 점령
	始光四年(427)十二月-十二月癸卯	1개월 이하	中山→還宮	지방관 비리 적발 (中山)
	神䴥元年(428)四月壬子-七月	2-4개월	西巡→河西→長川→還宮	사냥(河西)
	神䴥元年(428)八月-九月	?	廣寧→還宮	溫泉 구경
	神䴥元年(428)十月甲辰-十月	1개월 이하	北巡→牛川→還宮	사냥(牛川)
	神䴥元年(428)十一月-十二月甲申	?	河西→還宮	사냥(大校獵; 河西)
	神䴥二年(429)四月-十月	5-7개월	南郊→沙漠→栗水→東轅, 黑山→京師	柔然, 高車 원정
	神䴥二年(429)十一月-3년(430)正月庚子	1-3개월	河西→柞山→還宮	사냥(河西, 祚山)
	神䴥三年(430)正月癸卯-二月戊辰	26일	廣寧→還宮	온천(廣寧)
	神䴥三年(430)四月甲子-?	?	雲中	
	神䴥三年(430)八月甲戌-?	?	南宮→南山	사냥(南山)
	神䴥三年(430)九月甲辰-4년(431)二月癸酉	150일	漠南→平涼→安定→平涼→細城→木根山→還宮	夏의 平涼城 점령, 잔치(木根山)(魏, 2402)
	神䴥四年(431)二月丁丑-?	1일	南宮	
	神䴥四年(431)五月庚寅-九月癸丑	144일	雲中→河西→還宮	
	神䴥四年(431)十月戊寅-十二月丁丑	59일	漠南→還宮	사냥(漠南)
	延和元年(432)二月丙子	1일	南宮	

	延和元年(432)五月-十一月乙巳	5-7개월	南郊→濡水→遼西→和龍→濡水→회군	北燕 원정, 治兵(南郊)
	延和二年(433)二月壬午-三月壬子	31일	河西→還宮	
	延和二年(433)五月己亥-十一月甲寅	196일	山北→還宮	
	延和二年(433)十二月辛未-3년(434)二月辛卯	81일	陰山之北→女水→還宮	잔치(女水)
	延和三年(434)三月甲寅-己卯	26일	河西→還宮	
	延和三年(434)四月丁未-六月甲辰	58일	河西→還宮	
	延和三年(434)七月壬午-十一月	3-5개월	美稷→隰城→還宮	山胡 白龍 토벌
	延和三年(434)十二月甲辰-太延元年(435)二月丁未	34일	雲中→還宮	
	太延元年(435)五月甲戌-九月甲戌	121일	雲中→棝楊→河西→還宮	사냥(棝楊)
	太延元年(435)十月癸卯-2년(436)正月甲寅	110일	定州→新城宮→冀州(十一月)→廣川→鄴→還宮(正月)	사냥(廣川)
	太延二年(436)五月丁卯-閏月(十一月 다음)壬子	196일	河西(五月)→棝楊(十一月己酉)→雲中(十一月己酉)→還宮	사냥(河西, 棝楊)
	太延三年(437)二月乙卯-三月己卯	25일	幽州→上谷→代→還宮	
	太延三年(437)五月丙申-九月甲申	109일	雲中→河西(八月甲辰)→還宮	
	太延三年(437)十月癸卯-十一月壬申	30일	雲中→還宮	
	太延四年(438)五月丙申-十二月丁巳	202일	五原→북벌→浚稽山→회군	柔然 親征
	太延五年(439)正月庚寅-三月辛未	42일	定州→還宮	
	太延五年(439)五月丁丑-十二月壬午	186일	西郊→上郡屬國城→姑臧→회군	北涼 親征
	眞君元年(440)五月辛卯-丙辰	26일	北部→還宮	
	眞君元年(440)七月-九月壬寅	2-3개월	陰山→還宮	
	眞君元年(440)十一月丁亥-十二月	?	山北→還宮	
	眞君二年(441)正月甲辰-二月壬戌	19일	溫泉→還宮	
	眞君二年(441)三月辛卯	1일	崞山	竇太后 장례
	眞君二年(441)五月辛卯-十二月甲戌	224일	山北→河西(八月辛亥)→還宮	
	眞君三年(442)五月-十二月丁酉	4-6개월	陰山之北→還宮	
	眞君四年(443)正月庚午-三月庚申	51일	中山→恒山之陽(二月)→還宮	
	眞君四年(443)四月己亥-?	?	陰山→?	
	眞君四年(443)六月癸巳	1일	西郊	
	眞君四年(443)九月辛丑-十二月辛卯	111일	漠南→朔方→회군	柔然 親征
	眞君五年(444)二月庚辰-三月甲辰	25일	廬ㅁ→那南池→還宮	
	眞君五年(444)五月丁酉-九月己亥	123일	陰山之北→河西→馬邑→崞川→還宮	사냥(河西)
	眞君五年(444)九月丁未-十二月丙戌	100일	漠南→還宮	
	眞君六年(445)正月辛亥-三月庚申	34일	定州→上黨→泫氏→吐京→還宮	민생시찰, 叛胡 토벌
	眞君六年(445)六月壬辰-十一月辛未	160일	北巡→陰山之北→廣德宮→還宮	
	眞君六年(445)十一月癸未-7년(446)四月甲申	122일	西巡→東雍州→汾陰→長安→昆明池→盩厔→晉昌→雍城→岐山之陽→洛水→회군	蓋吳의 반란 진압, 사냥(岐山之陽)

	眞君八年(447)二月癸未-五月	2-4개월	中山→還宮	班賜(中山)
	眞君九年(448)二月癸卯-三月	?	定州→上黨→還宮	潞 叛民 제거(上黨)
	眞君九年(448)六月辛酉-?	?	廣德宮	
	眞君九年(448)九月乙酉-10년(449)三月庚寅	186일	西郊→陰山→漠南→河西→還宮	柔然 親征(漠南)
	眞君十年(449)五月庚寅-十二月戊申	199일	陰山→北伐→회군	柔然 親征
	眞君十一年(450)正月乙酉-四月癸卯	79일	洛陽→梁川→懸瓠→還宮	劉宋 親征, 사냥(梁川)
	眞君十一年(450)六月辛丑-八月癸未	103일	陰山→河西→西郊	사냥(河西)
	眞君十一年(450)八月癸未-正平元年三月己亥	197일	西郊→南伐→枋頭→鄒山→彭城→盱眙→項城→淮西→瓜步山→魯口→회군	劉宋 원정, 班賜(長江)
	正平元年(451)七月丁亥-九月癸巳	37일	陰山→還宮	
	正平元年(451)十月庚申-十二月丁丑	78일	陰山→還宮	
文成帝	興安二年(453)五月乙酉-五月辛卯	7일	崞山→還宮	
	興安二年(453)七月辛亥-己巳	19일	陰山→還宮	
	興安二年(453)九月壬子-?	?	南郊	閱武(南郊)
	興安二年(453)十一月辛酉-十二月甲午	34일	信都, 中山→還宮	河間 鄚縣民 주살
	興光元年(454)六月丙寅-八月乙亥	70일	陰山→還宮	
	興光元年(454)十一月戊戌-十二月庚辰	43일	中山→信都→靈丘→溫泉宮→還宮	
	太安元年(455)六月戊寅-甲申	27일	犢倪山→還宮	
	太安元年(455)七月丙辰-八月丁亥	32일	河西→還宮	
	太安二年(456)八月甲申-十月甲申	60일	河西→還宮	사냥(河西)
	太安三年(457)正月壬戌-戊辰	7일	崞山→還宮	사냥(崞山)
	太安三年(457)五月庚申-己巳	10일	松山→還宮	사냥(松山)[1]
	太安三年(457)六月癸卯-八月己亥	57일	陰山→陰山之北→還宮	사냥(陰山之北)
	太安三年(457)十月-4년(458)三月丙辰	4-6개월	東巡→廣寧溫泉宮→遼西黃山宮→碣石山→信都→廣川→中山→還宮	잔치, 민생시찰(遼西黃山宮), 사냥(廣川)
	太安四年(458)六月丙申-?	?	松山	사냥(松山)
	太安四年(458)七月庚午-九月乙巳	36일	河西→還宮	
	太安四年(458)十月甲戌-?	?	北巡→陰山→車輪山→사막 횡단	柔然 親征
	太安五年(459)六月戊申-八月壬戌	75일	陰山→雲中→還宮	
	和平元年(460)正月-?	?	橋山→遼西→冀州→中山→恒岳→還宮	제사(橋山, 醫無閭山)[2]

1 『資治通鑑』에는 3월로 기록(『資治通鑑』 卷128 「宋紀」10 孝武帝大明元年條, 4030쪽, "三月, 庚申, 魏主畋于松山; 己巳, 還平城.")

2 『魏書』 卷108 「禮志」1, 2739쪽.

	和平元年(460)四月戊戌-?	?	廣寧 鳴雞山	皇太后 常氏 장례.
	和平元年(460)七月壬午-九月庚午	49일	河西→還宮	
	和平二年(461)二月辛卯-三月辛巳	51일	中山→鄴→信都→還宮	활쏘기(靈丘), 南巡碑
	和平二年(461)七月壬午-八月丁丑	56일	山北→還宮	
	和平三年(462)二月癸酉-?	?	崞山→旋鴻池	사냥(崞山), 고기잡이 구경(旋鴻池)
	和平三年(462)六月庚申-十一月壬寅	163일	陰山→河西→還宮	
	和平四年(463)四月癸亥	1일	西苑	사냥(西苑)
	和平四年(463)五月壬寅-九月辛巳	100일	陰山(五月)→河西→還宮	사냥(河西)
	和平五年(464)六月丁亥-九月辛丑	75일	河西→還宮	
	和平六年(465)二月丁丑-三月乙巳	29일	樓煩宮→還宮	
獻文帝	皇興元年(467)十月	?	那南池	사냥(那南池)
	皇興二年(468)二月癸未	1일	西山	사냥(西山)
	皇興二年(468)五月乙卯-辛酉	7일	崞山→繁畤→還宮	사냥(崞山)
	皇興二年(468)十月辛丑	1일	冷泉	사냥(冷泉)
	皇興三年(469)四月丁酉-?	?	崞山	사냥(崞山)
	皇興四年(470)九月丙寅-壬申	7일	北伐	柔然 親征
	皇興四年(470)十二月甲辰	1일	鹿野苑, 石窟寺	
	皇興五年(471)六月丁未-八月丁亥	41일	河西→陰山→還宮	
孝文帝	延興二年(472)二月乙巳-三月	?	[獻]北郊→北伐	柔然 親征
	延興二年(472)閏月戊午-九月辛巳	84일	[獻?]陰山→還宮	
	延興二年(472)十一月-三年(473)二月戊午	2-4개월	[獻]북벌→雲中→회군	柔然 親征
	延興三年(473)七月乙亥-九月辛巳	67일	[獻?]陰山→[獻, 孝]河西→還宮	
	延興三年(473)十一月癸巳-四年(474)二月甲辰	72일	[獻]南巡→懷州→귀환	
	延興四年(474)八月戊申	1일	[獻?]北郊	閱武(北郊)
	延興五年(475)五月丁未	1일	武州山	
	延興五年(475)四月辛酉	1일	車輪山	
	延興五年(475)十月	?	[獻]北郊	閱武(北郊)
	承明元年(476)八月	?	永寧寺	獻文帝 추도 (魏, 114, 3039)
	承明元年(476)十月辛未	1일	建明佛寺	
	太和元年(477)二月	?	永寧寺	(魏, 114, 3039)
	太和元年(477)三月	?	永寧寺	(魏, 114, 3039)
	太和元年(477)四月丁卯	1일	白登山	
	太和元年(477)四月壬申-?	?	崞山	
	太和元年(477)五月乙酉	1일	武州山	祈雨(武州山)
	太和二年(478)二月丁亥-癸卯	17일	代의 湯泉→還宮	
	太和二年(478)四月甲申-丁亥	4일	崞山→還宮	

	太和二年(478)四月甲辰	1일	北苑	기도
	太和二年(478)六月己丑	1일	鹿野苑	
	太和三年(479)二月辛巳-己亥	19일	代郡 溫泉→還宮	馮太后도 동행
	太和三年(479)四月丙申-己亥	4일	崞山→還宮	
	太和三年(479)八月乙亥-丁丑	3일	方山→還宮	
	太和四年(480)四月己卯	1일	廷尉, 籍坊	죄수 引見
	太和四年(480)四月辛巳	1일	白登山	
	太和四年(480)五月丙申朔-五月壬寅	7일	火山→還宮	
	太和四年(480)七月辛亥-?	?	火山	
	太和四年(480)閏月丁亥	1일	虎圈	형벌감면
	太和四年(480)八月甲辰-庚戌	7일	方山→武周山 石窟寺→還宮	
	太和五年(481)正月己卯-二月庚戌	32일	中山→信都→中山→唐水之陽→還都	存問(中山, 信都), 講武(唐水之陽)
	太和五年(481)三月辛酉朔-己巳	9일	肆州→雲水之陽→還宮	講武(雲水之陽)
	太和五年(481)四月己亥	1일	方山	
	太和五年(481)九月庚子-?	?	南郊	閱武, 잔치
	太和六年(482)三月庚辰	1일	虎圈	
	太和六年(482)三月辛巳	1일	武州 石窟寺	
	太和六年(482)三月壬午	1일	方山	
	太和七年(483)四月庚子-壬寅	3일	崞山→還宮	
	太和七年(483)五月戊寅朔	1일	武州山 石窟佛寺	
	太和七年(483)七月丁丑-甲申	8일	神淵池→方山	馮太后 동행
	太和八年(484)四月甲寅-戊午	5일	方山→還宮	
	太和八年(484)四月庚申-丁卯	8일	旋鴻池→崞山→還宮	
	太和八年(484)七月乙未	1일	方山 石窟寺	
	太和九年(485)四月癸丑-甲寅	2일	方山→還宮	
	太和九年(485)六月辛亥-丁巳	7일	方山→靈泉池→還宮	
	太和九年(485)七月戊子-甲午	7일	魚池→青原岡→還宮	
	太和九年(485)八月己亥-甲子	26일	彌澤→牛頭山→還宮	
	太和十年(486)四月甲子	1일	西郊	제사(西郊)
	太和十年(486)四月癸酉-四月戊寅	6일	靈泉池→還宮	
	太和十年(486)六月辛酉	1일	方山	
	太和十年(486)七月戊戌	1일	方山	
	太和十一年(487)五月壬辰-甲午	3일	靈泉池→方山→還宮	
	太和十二年(488)四月乙丑-己巳	5일	靈泉池→方山→還宮	
	太和十二年(488)七月己丑-己亥	11일	靈泉池→方山→還宮	
	太和十二年(488)閏月甲子	1일	南郊	圓丘 건축 시찰
	太和十二年(488)閏月辛未-癸酉	3일	靈泉池→還宮	
	太和十三年(489)正月辛亥	1일	圓丘(南郊)	제사
	太和十三年(489)四月丁亥-己丑	3일	靈泉池→方山→還宮	
	太和十三年(489)七月丙寅	1일	靈泉池	뱃놀이와 詩賦

	太和十四年(490)正月乙丑-二月壬申	8일	方山→靈泉池→還宮	
	太和十四年(490)七月丙午-八月丙寅朔	21일	方山→靈泉池→還宮	
	太和十四年(490)十月癸酉	1일	永固陵	馮太后 장례
	太和十四年(490)十月甲戌	1일	永固陵	永固陵 참배
	太和十四年(490)十月己卯	1일	永固陵	永固陵 참배
	太和十五年(491)三月甲辰	1일	永固陵	永固陵 참배
	太和十五年(491)四月乙丑	1일	永固陵	永固陵 참배
	太和十五年(491)七月乙丑	1일	永固陵	참배, 壽陵 축조
	太和十五年(491)七月乙酉	1일	京邑	巡省(京邑)
	太和十五年(491)十月庚寅	1일	永固陵	永固陵 참배
	太和十五年(491)十二月癸巳	1일	平城 동쪽의 行宮	高句麗 長壽王 哀悼
	太和十五年(491)十二月己酉	1일	東郊	迎春 의식(東郊)
	太和十六年(492)二月壬辰	1일	北部曹→京邑	관청 · 지방시찰, 재판
	太和十六年(492)二月甲午	1일	東郊	朝日
	太和十六年(492)二月丙午	1일	千畝	親耕
	太和十六年(492)三月丁卯	1일	京邑	巡省(京邑)
	太和十六年(492)三月乙亥	1일	南郊	迎氣
	太和十六年(492)八月庚寅	1일	西郊	秋分의 夕月 의식
	太和十六年(492)九月甲寅-甲戌	21일	明堂→永固陵	馮太后 喪[3]
	太和十七年(493)二月己丑	1일	都南(平城 남쪽)	籍田의식
	太和十七年(493)三月戊辰	1일	永興園	
	太和十七年(493)七月丙戌	1일	尉元 저택	上帝 제사, 尉元 초상
	太和十七年(493)八月丙戌-18년(494)正月癸亥	158일	永固陵→南伐→肆州→并州→洛陽→金墉城→河南城→豫州→石濟→滑臺→鄴城	洛陽遷都
	太和十八年(494)正月癸亥-二月乙亥	13일	比干墓→洛陽西宮	
	太和十八年(494)二月乙丑	1일	河陰	方澤 건설 시찰
	太和十八年(494)二月壬寅-十一月己丑	288일	句注陘南→平城宮→金陵→朔州→陰山→閱武臺→懷朔鎭→武川鎭→撫冥鎭→柔玄鎭→旋鴻池→永固陵→平城宮→中山 唐湖→鄴→洛陽	六鎭과 御夷鎭 城人 위무, 永固陵 참배
	太和十八年(494)十二月辛亥-19년(495)五月癸未	153일	縣瓠→汝水 西→八公山→鍾離→邵陽→下邳→彭城→小沛→瑕丘→魯城→碻磝→滑臺→石濟→귀환	
	太和十九年(495)八月甲辰	1일	洛陽 西宮	

3 『資治通鑑』 卷137 「齊紀」3 武帝永明十年九月甲寅條, 4323쪽.

	太和十九年(495)九月丙戌-十月丙辰	30일	鄴→還宮→洛陽 도착	
	太和十九年(495)十一月	1일	委粟山(圓丘)	
	太和十九年(495)十一月甲申	1일	圓丘	제사
	太和二十年(496)五月丁亥	1일	河陰 方澤	제사
	太和二十年(496)八月戊戌-甲寅	17일	嵩高→還宮	
	太和二十年(496)九月戊辰-癸酉	6일	小平津→還宮	
	太和 21년(497)正月乙巳-六月庚申	136일	太原→平城→永固陵→雲中→金陵→離石→龍門→蒲坂→長安→渭水→黃河→귀환	永固陵과 金陵 참배
	太和 21년(497)八月壬申-太和 23년(499)正月戊戌	507일	河南城→華林園→宛城→南陽→新野→沔水→新野→南陽→宛北城→新野→樊城→湖陽→比陽→懸瓠→鄴→귀환	講武(華林園), 南齊親征, 高車반란으로 회군
	太和 23년(499)三月庚辰-四月丙午朔	27일	南伐→梁城→馬圈→穀塘原	南齊 親征, 孝文帝 사망
宣武帝	太和 23년(499)四月丁巳-?	?	魯陽→洛陽	孝文帝 운구, 즉위(魯陽)
	太和 23년(499)五月丙申	1일	長陵	孝文帝 장례
	太和 23년(499)十月丙戌	1일	長陵	참배
	景明元年(500)正月壬寅	1일	長陵	참배
	景明元年(500)十月丁卯朔	1일	長陵	참배
	景明二年(501)正月丙申朔	1일	長陵	참배
	景明二年(501)五月壬戌	1일	北邙山	사냥, 咸陽王 禧 모반사건[4]
	景明二年(501)十一月乙卯	1일	伊水之陽(圓丘)	제사
	景明三年(502)九月丁巳-十月甲辰	46일	鄴→還宮	閱武(鄴南)
	景明四年(503)正月乙亥	1일	千畝	親耕
	景明四年(503)八月辛丑	1일	河南城 離宮	
	正始元年(504)十二月己亥	1일	伊闕	
	?	?	?	遊獵(通典, 2, 27)
孝明帝	延昌四年(515)二月甲午	1일	景陵	宣武帝 제사
	延昌四年(515)十二月丁卯	1일	景陵	참배(胡太后 동행)
	神龜元年(518)四月		苑囿	말타기[5]
	正光三年(522)正月辛亥	1일	籍田	親耕
	正光三年(522)十一月乙巳	1일	圓丘	제사
	孝昌二年(526)八月戊寅	1일	南石窟寺	
孝莊帝	建義元年(528)四月戊戌-辛丑	4일	河陽→入宮	즉위(河陽), 河陰의 變
	建義元年(528)五月辛酉	1일	邙陰	尒朱榮 환송

4『資治通鑑』卷144「齊紀」10 和帝中興元年條, 4487쪽.

5『資治通鑑』卷148「齊紀」4 武帝天監十七年條, 4636쪽.

	永安二年(529)五月甲戌-七月辛巳	68일	北巡→河內→長子→河內→華林園→大夏門→宮內	梁軍의 洛陽점령, 피난
	永安三年(530)十二月甲辰-甲子	21일	雲龍門→永寧佛寺→晉陽→三級佛寺	介朱兆에게 사로잡혀 晉陽에서 죽음
後廢帝	中興二年(532)? - 三月丁丑	?	信都→鄴	高歡을 따라 鄴으로 옮김
	中興二年(532)? - 四月辛巳	?	鄴→河陽→邙山	高歡을 따라 낙양으로 옮김. 폐위됨
孝武帝	永熙元年(532)四月戊子	1일	東郭之外→太極前殿	즉위
	永熙元年(532)四月壬辰	1일	乾脯山	高歡 배웅
	永熙元年(532)九月乙巳-己酉	5일	都水→洛汭→瀍澗→北原	사냥(北原)
	永熙元年(532)九月乙卯	1일	山陵	배알
	永熙二年(533)正月己亥	1일	嵩高 石窟 靈巖寺	
	永熙二年(533)正月庚子	1일	嵩高 石窟 靈巖寺?	散施
	永熙二年(533)八月戊辰	1일	河梁	잔치(高澄 접대)
	永熙二年(533)十二月丁巳-丁丑	21일	嵩陽→溫湯→還宮	사냥(嵩陽)
	永熙三年(534)二月辛巳	1일	鴻池陂	사냥
	永熙三年(534)七月己丑-丁未	19일	河橋→長安	孝武帝의 西遷(長安)

범례: 1. 이 표는『위서』본기를 토대로 만들었으며, 일일이 출처를 밝히지 않는다. 다만『魏書』列傳,『資治通鑑』등에서 인용했을 경우 '기타'란에 (책 제목, 권수, 쪽)의 형태로 출처를 밝혔다.

2. 순행시기 · 기간 · 순행 장소의 '?'는 해당 사항이 사서에 적혀 있지 않아 알 수 없는 경우를 뜻한다.

부록 2. 진-당(秦-唐) 순행표(순행1)

(1) 진(秦) 순행표(巡幸表)

시기	순행 지역	활동 및 기타
秦始皇二十七年(B.C. 220)	隴西→北地→鷄頭山→回中(北地郡)	통일 다음 해
秦始皇二十八年(B.C. 219)	鄒嶧山→泰山→之罘→琅邪→彭城→衡山→南郡→武關→귀환	封(泰山), 禪(梁父), 비석(梁父·琅邪臺), 제사(湘山)
秦始皇二十九年(B.C. 218)	陽武 博狼沙→之罘→琅琊→上黨→귀환	암살미수(博狼沙), 刻石(之罘)
秦始皇三十一年(B.C. 216)	咸陽	微行, 蘭池에서 도적 만남
秦始皇三十二年(B.C. 215)	碣石→북변→上郡→귀환	碣石門 만듦. 불사약 집착
秦始皇三十七年(B.C. 210)十月癸丑-七月丙寅	雲夢→丹陽→錢塘→吳縣→江乘→琅琊→榮成山→之罘→平原津→沙丘 平臺	병듦(平原津), 사망(沙丘 平臺)
二世皇帝 秦始皇三十七年(B.C. 210)	沙丘→井陘→九原→咸陽	直道로 咸陽으로 이동
二世皇帝元年(B.C. 209)	碣石→泰山→會稽→遼東→귀환	
二世皇帝三年(B.C. 207)	望夷宮	제사(涇水)

출전: 『冊府元龜』 卷205 「閏位部」24 巡幸門, 2300-2302쪽; 『史記』 「秦始皇本紀」

(2) 전한(前漢) 순행표

시기	순행 지역	기간/활동 및 기타
高帝四年(B.C. 203)正月-5년 五月 이전)	廣武→陽夏 남쪽→固陵→垓下→穀城→定陶→氾水之陽→洛陽	垓下의 전투, 即位(氾水之陽), 낙양에 도읍을 정함
高帝五年(B.C. 202)五月	洛陽→長安	長安 천도
高帝五年(B.C. 202)七月-九月	燕國	燕王 장도 親征
高帝五年(B.C. 202)九月	洛陽	利幾의 반란 親征
高帝六年(B.C. 201)十月-十二月	雲夢→陳	제후 회합, 楚王韓信 생포
高帝七年(B.C. 200)夏四月	洛陽	
高帝七年(B.C. 200)十月-二月	銅鞮→晉陽→樓煩→平城(白登山)→趙國→長安	匈奴 군대와 싸우다 白登山에서 포위됨
高帝七年(B.C. 200)四月-8년 九月	洛陽→東垣→趙國→洛陽→長安	韓王 信 토벌

高帝九年(B.C. 198)十二月-二月	洛陽→長安	
高帝十年(B.C. 197)九月-十一年(B.C. 196)四月	邯鄲→洛陽→長安	代相國 陳豨 반란 親征, 劉恒을 代王으로 봉함
高帝 11년(B.C. 196)七月-十二年十月	淮南國→蘄縣 會缶→沛→魯→洛陽	淮南王 英布의 반란 親征
惠帝	離宮	
文帝二年(B.C. 178)正月丁亥	籍田	籍田 詔書+실행
文帝三年(B.C. 177)五月	甘泉(雲陽縣)→高奴→太原(10여일)→長安	匈奴 침입 대비, 太原에서 옛 羣臣臣을 만남
文帝十年(B.C. 170)冬	甘泉	
文帝十一年(B.C. 169)正月-正月	代	
文帝十三年(B.C. 167)二月甲寅		親耕과 親桑 詔書
文帝十四年(B.C. 166)冬	渭北 or 上郡 · 北地 · 隴西?	勞軍
文帝十五年(B.C. 165)四月	雍	五帝 郊祭, 天下 사면
文帝十六年(B.C. 164)四月	渭陽(覇渭之會)	五帝 郊祀
文帝後元二年(B.C. 162)夏	雍→棫陽宮	
文帝後元三年(B.C. 161)二月	代	
文帝後元四年(B.C. 160)五月	雍	
文帝後元五年(B.C. 159)正月-七月	隴西→雍→代	
文帝後元六年(B.C. 158)正月-七月	霸上 · 棘門 · 細柳	勞軍, 周亞夫의 엄격한 군율 보고 감탄
景帝中元二年(B.C. 148)十月	雍	五畤 郊祀
景帝後元二年(B.C. 142)四月	籍田	親耕과 親桑 詔書
武帝 建元三年(B.C. 138)	池陽(북)-黃山(서)-長楊(남)-宜春(동), [終]南山, 柏谷, 宣曲 이남 12所, 長楊 · 五柞 등 諸宮	처음으로 微行, 사냥(長楊)
武帝 元光二年(B.C. 133)十月	雍	五畤 제사
武帝 元光六年(B.C. 129)六月	雍	
武帝 元朔四年(B.C. 125)冬	甘泉	
武帝 元狩元年(B.C. 122)十月	雍	五畤 제사
武帝 元狩二年(B.C. 121)十月	雍	五畤 제사
武帝 元狩五年(B.C. 118)	甘泉	
武帝 元鼎四年(B.C. 113)十月-正月	雍→夏陽→汾陰→滎陽→洛陽	五畤 제사(雍), 后土 제사(汾陰)
武帝 元鼎五年(B.C. 112)十月	雍→隴→空同[山]→祖厲河(?)	五畤 제사(雍)
武帝 元鼎五年(B.C. 112)十一月辛巳朔(冬至)	甘泉	泰畤 설치 및 제사
武帝 元鼎五年(B.C. 112)十一月丁酉	?	郊祭?
武帝 元鼎六年(B.C. 111)十月-春	緱氏→左邑 桐鄕→汲縣 新中鄕	
武帝 元封元年(B.C. 110)十月-?	雲陽→上郡 · 西河 · 五原→長城 북쪽 單于臺→ 朔方→橋山→甘泉	黃帝 제사(橋山)

武帝 元封元年(B.C. 110)正月-四月	緱氏→中嶽→海上→泰山→碣石→北邊→九原→甘泉	華山 제사(緱氏), 封(泰山). 甘泉이 이동의 중심
武帝 元封二年(B.C. 109)十月-?	雍	
武帝 元封二年(B.C. 109)春-四月	緱氏→東萊→泰山→瓠子	제사(泰山), 황하 둑 막기(瓠子)
武帝 元封四年(B.C. 107)十月-三月	雍→回中道→蕭關→獨鹿[山], 鳴澤→代→河東→中都宮	后土 제사(河東)
武帝 元封五年(B.C. 106)?-三月	盛唐→九嶷山→灊縣 天柱山→潯陽→樅陽→琅琊→泰山→甘泉	長江 도하 및 蛟 포획(潯陽), 封(泰山), 泰畤 제사(甘泉)
武帝 元封六年(B.C. 105)冬	回中	后土 제사
武帝 元封六年(B.C. 105)六年 三月	河東	后土 제사
武帝 太初元年(B.C. 104)十月-八月	泰山→檀高里→渤海(바다)→甘泉	后土 제사(檀高里), 受計(甘泉)
武帝 太初元年(B.C. 104)八月	安定	
武帝 太初二年(B.C. 103)三月	河東	后土 제사
武帝 太初三年(B.C. 102)正月-四月	동해 海上→泰山(四月)→石閭[山]	封(泰山), 禪(石閭)
武帝 太初四年(B.C. 101)冬	回中	
武帝 天漢元年(B.C. 100)正月	甘泉	泰畤 제사(甘泉)
武帝 天漢元年(B.C. 100)三月	河東	后土 제사
武帝 天漢二年(B.C. 99)春	東海郡→回中	
武帝 天漢三年(B.C. 98)三月	泰山→常山→北地	明堂 封祀 및 受計(泰山), 常山 제사
武帝 天漢四年(B.C. 97)正月	甘泉宮	諸侯王 조회
武帝 太始二年(B.C. 95)正月	回中	
武帝 太始三年(B.C. 94)正月	甘泉宮	外國客과 연회
武帝 太始三年(B.C. 94)	東海→琅琊→之罘	禮日(成山), 바다구경(之罘)
武帝 太始四年(B.C. 93)三月-五月	泰山→不其→建章宮(還宮)	交門宮에서 神人제사(不其), 受計 · 景帝제사(明堂)
武帝 太始四年(B.C. 93)十二月-征和元年(B.C. 92)正月	雍→安定 · 北地→建章宮(還宮)	五畤 제사(雍)
武帝 征和二年(B.C. 91)夏	甘泉	'巫蠱의 禍' 발생
武帝 征和三年(B.C. 90)正月	雍→安定	
武帝 征和四年(B.C. 89)正月-六月	東萊→鉅定→泰山→甘泉	親耕(鉅定), 封(泰山)
武帝後元元年(B.C. 88)正月	甘泉→安定	泰畤 제사(甘泉)
武帝後元二年(B.C. 87)正月	甘泉宮	諸侯王 조회
武帝後元二年(B.C. 87)二月	盩厔 五柞宮	乙丑日에 弗陵을 皇太子로 세움. 丁卯日 사망함
昭帝 始元六年(B.C. 81)正月	上林	親耕
昭帝 元鳳二年(B.C. 79)	建章宮→未央宮	
宣帝 神爵元年(B.C. 61)正月	甘泉	泰畤 제사
宣帝 神爵元年(B.C. 61)三月	河東	后土 제사
宣帝 五鳳元年(B.C. 57)正月	甘泉	泰畤 제사

宣帝 五鳳二年(B.C. 56)三月	雍	五畤 제사
宣帝 五鳳三年(B.C. 55)三月	河東	后土 제사
宣帝 甘露元年(B.C. 53)正月	甘泉	泰畤 제사
宣帝 甘露二年(B.C. 52)十二月	萯陽宮 屬玉觀	泰畤 제사, 呼韓邪單于 조회(『漢書』「郊祀志」)
宣帝 甘露三年(B.C. 51)正月	甘泉	
宣帝 甘露三年(B.C. 51)正月?	甘泉→池陽宮→長平阪→渭橋→建章宮	呼韓邪 單于 마중 및 접대(甘泉宮:『漢書』「郊祀志」)
宣帝 黃龍元年(B.C. 49)	甘泉	泰畤 제사
元帝 初元二年(B.C. 47)正月	甘泉	泰畤 제사
元帝 初元四年(B.C. 45)正月	甘泉	泰畤 제사
元帝 初元四年(B.C. 45)三月	河東	后土 제사
元帝 初元五年(B.C. 44)三月	雍	五畤 제사
元帝 永光元年(B.C. 43)正月	甘泉	泰畤 제사
元帝 永光四年(B.C. 40)三月	雍	五畤 제사
元帝 永光五年(B.C. 39)正月	甘泉	泰畤 제사
元帝 永光五年(B.C. 39)三月	河東	后土 제사
元帝 永光五年(B.C. 39)冬	長楊 射熊館	車騎를 풀어 大獵
元帝 建昭元年(B.C. 38)三月	雍	五畤 제사
元帝 建昭二年(B.C. 37)正月	甘泉	泰畤 제사
元帝 建昭二年(B.C. 37)三月	河東	后土 제사
成帝 建始二年(B.C. 31)正月辛巳	長安 南郊	처음으로 郊祀. 泰畤와 后土를 南郊와 北郊로 옮긴다는 조서 반포
成帝 建始二年(B.C. 31)三月辛丑	北郊	后土 제사
成帝 鴻嘉元年(B.C. 20)二月壬午	初陵	作徒 사면, 新豐 戲鄕을 昌陵縣으로 고침
成帝 鴻嘉元年(B.C. 20)	?	처음으로 微行
成帝 鴻嘉二年(B.C. 19)春	雲陽	
成帝 鴻嘉二年(B.C. 19)正月	雍	五畤 제사
成帝 永始二年(B.C. 18)正月	雍	五畤 제사
成帝 永始四年(B.C. 16)正月	甘泉	泰畤 제사
成帝 永始四年(B.C. 16)三月	河東→介山→安邑→龍門→鹽池→歷觀	后土 제사(河東), 시찰(鹽池)
成帝 元延元年(B.C. 12)三月	雍	五畤 제사
成帝 元延二年(B.C. 11)正月	甘泉	泰畤 제사
成帝 元延二年(B.C. 11)三月	河東	后土 제사
成帝 元延二年(B.C. 11)冬	長楊宮→萯陽宮	胡客과 함께 大校獵(長楊宮), 숙박(萯陽宮)
成帝 元延三年(B.C. 10)三月	雍	五畤 제사
成帝 元延四年(B.C. 9)正月	甘泉	泰畤 제사

成帝 元延四年(B.C.9)三月	河東	后土 제사
成帝 綏和元年(B.C.8)三月	雍	五畤 제사
成帝 綏和二年(B.C.8)正月	甘泉	泰畤 제사
成帝 綏和二年(B.C.8)正月	河東	后土 제사

출전:『漢書』卷1-12 本紀 및 卷25上下「郊祀志」;『冊府元龜』卷112「帝王部」巡幸門, 1214-1217쪽, 卷115「帝王部」籍田門, 1252쪽, 卷115「帝王部」蒐狩門, 1256쪽, 卷116「帝王部」親征門, 1264쪽; 大櫛敦弘, 「前漢武帝期の行幸」,『日本秦漢史學會會報』5, 2004, 114-115쪽 표; 劉俊虎,「西漢諸帝巡幸與社會政治」, 南京師範大學 碩士學位論文, 2005.4, 2005, 7쪽 및 12-13쪽.

(3) 후한(後漢) 순행표

시기	순행 지역	기간	활동 및 기타
光武帝 建武元年(25)六月己亥-十月癸丑	薊→范陽→中山→南平棘→鄗→懷→河陽→洛陽 南宮 却非殿	135일	즉위식(鄗縣 남쪽 千秋亭 五成陌, 六月己亥), 洛陽 定都
光武帝 建武元年(25)十一月甲午-十二月丙戌	懷縣	53일	
光武帝 建武二年(26)二月己酉-辛卯[6]	修武		
光武帝 建武二年(26)八月丙辰-九月壬戌	內黃→蒲[茀]陽	7일	五校(高扈의 河北 침입) 토벌 親征
光武帝 建武三年(27)閏正月己亥-五月己酉	宜陽→懷→堵陽→小長安	131일	赤眉賊과 鄧奉 토벌 親征
光武帝 建武三年(27)十月壬申-十一月乙未	舂陵	24일	園廟 제사, 舊宅에서 주연
光武帝 建武四年(28)二月壬子-壬申	懷縣	21일	
光武帝 建武四年(28)四月丁巳-六月辛亥	鄴縣→臨平→元氏→盧奴→還宮	55일	
光武帝 建武四年(28)七月丁亥-十月甲寅	譙縣→壽春→還宮	88일	馬成을 보내 李憲 토벌
光武帝 建武四年(28)十一月丙申-5년(29)正月癸巳	宛縣→黎丘→還宮	58일	朱祐를 보내 秦豐 토벌
光武帝 建武五年(29)二月乙丑-十月	沛→湖陵→蕃→郯縣→彭城→河內→魯→臨淄→劇縣→還宮		高廟 제사(沛), 大司空에게 孔子 제사 명령(魯)
光武帝 建武六年(30)四月丙子-五月己未	長安	44일	高廟 알현, 제사
光武帝 建武八年(32)閏4月-九月	高平→上邽→洛陽→潁川		隗囂 親征. 도중 潁川 도적과 河東 守兵 반란으로 京師 騷動
光武帝 建武八年(32)九月庚申-戊寅	潁川	19일	潁川 도적 토벌

6 己酉-辛卯은 43일 차이, 간지 誤記.

光武帝 建武八年(32)十月丙午-十一月乙丑	懷	20일	
光武帝 建武九年(33)六月丙戌-?	緱氏→轘轅山		등산
光武帝 建武十年(34)八月己亥-十月庚寅	長安→汧→還宮	52일	高廟와 11릉 제사(長安)
光武帝 建武 11년(35)三月己酉-二月庚午	南陽→章陵→還宮	22일	園陵 제사(章陵)
光武帝 建武 11년(35)六月-七月	長安		公孫述 親征, 岑彭과 臧宮이 公孫述 군대 격파
光武帝 建武 17년(41)四月乙卯-五月乙卯	潁川→葉 · 章陵→還宮	61일	南巡狩
光武帝 建武 17년(41)十月甲申-十二月	章陵		園廟 수축, 田廬 시찰, 연회, 賞賜
光武帝 建武 18년(42)二月甲寅-四月癸酉	長安→馮翊→蒲坂→還宮	80일	西巡狩. 高廟 제사(長安), 后土 제사(蒲坂)
光武帝 建武 18년(42)四月甲申-戊子	河內郡	5일	
光武帝 建武 18년(42)十月庚辰-十二月乙丑	宜城→章陵→還宮	46일	제사(章陵)
光武帝 建武 19년(43)九月壬申-建武 20년 二月戊子	南陽→汝南 南頓縣舍→淮陽 · 梁 · 沛→還宮	17일	南巡狩. 吏人에게 하사, 田租 면제(南頓)
光武帝 建武 20년(44)十月甲午-十二月壬寅	魯→東海 · 楚 · 沛國→還宮	9일	東巡狩
光武帝 建武 22년(44)閏正月丙戌-二月己巳	長安→河東	44일	高廟 제사
光武帝 建武 30년(54)二月-閏月癸丑	魯→濟南→還宮		
光武帝 建武 30년(54)七月丁酉-十一月丁酉	魯國	121일	東巡狩. 濟陽縣 요역 면제
光武帝 中元元年(56)正月丁卯-四月癸酉	魯→泰山→梁父→還宮	67일	東巡狩. 封(泰山), 禪(梁父)
光武帝 中元元年(56)四月己卯-五月乙丑	長安→長陵	47일	長陵 제사
明帝 永平二年(59)正月癸未	明堂	1일	光武帝 宗祀
明帝 永平二年(59)三月	辟雍	1일	처음으로 大射禮
明帝 永平二年(59)十月壬子	辟雍	1일	처음으로 養老禮
明帝 永平二年(59)十月甲子-十一月癸卯	長安→河東→還宮	40일	西巡狩. 高廟 제사(長安), 11릉 제사
明帝 永平二年(59)	郊外	1일	五郊에서 처음으로 迎氣
明帝 永平三年(60)十月甲子-十二月戊辰	章陵	64일	太后와 함께 舊廬 시찰
明帝 永平四年(61)二月辛亥	籍田	1일	籍田 親耕 詔書
明帝 永平五年(62)十月	鄴縣		趙王 栩와 鄴에서 만남
明帝 永平六年(63)十月-十二月壬午	魯→陽城→還宮		諸侯王들과 만남
明帝 永平八年(65)十月丙子	辟雍	1일	三老 · 五更 현창, 죄인 감형

明帝 永平十年(67)閏四月甲午-十二月甲午	南陽→南頓→平輿→睢陽→還宮	241일	章陵과 舊宅 제사, 諸侯王들과 만남
明帝 永平 13년(70)二月	籍田	1일	親耕 의례
明帝 永平 13년(70)四月辛巳-壬寅	滎陽→太行山→上黨→還宮	22일	汴渠 완성 기념 순시(滎陽)
明帝 永平 15년(72)二月庚子-四月庚子	偃師→睢陽→彭城→下邳→良城→陽都→孔子宅→東平→大梁→定陶→還宮	61일	東巡狩. 親耕(下邳)
明帝 永平 15년(72)冬	上林苑		校獵
章帝 建初七年(82)九月甲戌-辛卯	偃師→卷津→河內→鄴縣→還宮	18일	
章帝 建初七年(82)十月癸丑-十二月丁亥	長安→槐里→長平→池陽宮→高陵→涇水	35일	西巡. 高廟 제사(長安)
章帝 建初八年(83)十二月甲午-十二月戊申	陳留 · 梁國 · 淮陽 · 潁陽	15일	東巡狩
章帝 元和元年(84)八月丁酉-十一月己丑	章陵→江陵→宛縣→還宮	113일	南巡狩
章帝 元和二年(85)二月丙辰-四月乙卯	定陶→泰山→奉高→濟南→魯→東平→東阿→太行山→天井關→還宮	60일	東巡狩. 親耕(定陶), 岱宗에 柴告(泰山), 汶上明堂에 五帝 宗祀(奉高)
章帝 元和三年(86)正月丙申-三月辛卯	懷縣→?→中山→元氏→趙→靈壽(庚辰)→還宮	56일	北巡狩. 親耕(懷縣)
章帝 元和三年(86)八月己丑-九月	安邑		鹽池 시찰
章帝 章和元年(87)八月癸酉-十月丙子	睢陽→梁→沛→彭城→壽春→汝陰→還宮	64일	南巡狩
和帝 永元三年(91)十月癸未-十一月庚辰	長安	58일	高廟 제사
和帝 永元四年(92)六月庚申	北宮	1일	竇憲 일당 체포
和帝 永元五年(93)正月乙亥	明堂/靈臺	1일	五帝 宗祀/天下 大赦
和帝 永元六年(94)七月丁巳	洛陽 官寺	1일	囚徒 관찰, 冤獄 파악
和帝 永元 14년(102)三月戊辰	辟雍	1일	饗射, 天下 大赦
和帝 永元 15년(103)九月壬午-十一月甲申	章陵→雲夢	3일	南巡狩
和帝 永元 16년(104)十一月己丑	緱氏 百岯山(栢邳山)		
安帝 建光元年(121)九月戊子	衛尉 馮石府의 집	1일	寶劍·玉玦·雜繒布 등 賞賜
安帝 延光二年(123)十一月甲辰	上林苑		校獵
安帝 延光三年(124)二月丙子-四月乙丑	泰山→東平 · 魏郡 · 河內→還京→太學→入宮	50일	東巡狩. 柴告(泰山)과 五帝 宗祀(汶上明堂)
安帝 延光三年(124)十月-十一月乙丑	長安→上林 · 昆明池		三輔의 守令과 掾吏를 장안에 모아 作樂. 高廟와 11릉 제사
安帝 延光四年(125)二月甲辰-三月丁卯	宛縣→葉→상여 환궁	24일(27일)	南巡狩. 不豫(宛), 乘輿에서 붕어(葉), 皇后도 동행
順帝 陽嘉元年(132)三月庚寅	辟雍	1일	饗射, 天下 大赦, 改元

順帝 良家二年(133)正月庚午	辟雍	1일	行禮
順帝 永和二年(137)十月甲申-十二月乙亥	長安→未央宮	52일	未央宮에서 三輔郡守 · 都尉·官屬 위로·하사·作樂
順帝 永和四年(139)十月戊午-?	上林苑→函谷關		校獵
順帝 永和四年(139)十一月丙寅	廣成苑		
桓帝 建和二年(148)三月戊辰	大將軍府	1일	皇太后를 따라 梁冀 방문
桓帝 建和二年(148)五月癸丑	南宮	1일	北宮 掖庭의 德陽殿과 左掖門에 불이 나서 移宮
桓帝 和平元年(150)三月	北宮	1일	北宮으로 옮김
桓帝 永興元年(153)三月丁亥	鴻池	1일	
桓帝 永興二年(154)十一月甲辰	上林苑→函谷關		校獵(上林-函谷關)
桓帝 延熹元年(158)十月	廣成→上林苑		校獵(廣成)
桓帝 延熹二年(159)十月壬申-十二月己巳	長安→未央宮	58일	高廟 제사, 11릉 제사
廣成→函谷關, 上林苑	校獵(廣成)		
桓帝 延熹七年(164)十月壬寅-十二月辛丑	章陵→雲夢→新野	60일	南巡狩. 舊宅 제사(章陵)
靈帝 熹平六年(177)十月	辟雍	1일	
靈帝 光和五年(182)十月-十二月	上林苑→函谷關→廣成苑→太學		校獵(上林苑-函谷關), 巡狩(廣成苑)
靈帝 中平五年(188)十月甲子	平樂觀(洛陽城 서쪽)	1일	無上將軍 자칭, 燿兵
少帝 中平六年 八月庚午-辛未	北宮 德陽殿→小平津	2일	
獻帝 初平元年(190)二月丁亥-三月乙巳	長安→未央宮	19일	董卓의 강요로 遷都
獻帝 興平元年(194)二月丁亥	籍田	1일	
獻帝 興平二年(195)四月丁酉	北塢	1일	李傕의 강요로 옮김
獻帝 興平二年(195)七月甲子-建安元年(196)七月甲子	新豐→華陰→東澗→曹陽→陝→도하→安邑→聞喜→洛陽 故中常侍 趙忠 宅	361일	낙양으로 돌아옴
獻帝 建安元年(196)七月丁丑	?	1일	上帝 郊祀, 天下 사면
獻帝 建安元年(196)八月辛丑	南宮 楊安殿	1일	
獻帝 建安元年(196)八月己巳	曹操 營	1일	許 遷都

출전: 『後漢書』 卷1-9 「本紀」; 『冊府元龜』 卷112 「帝王部」 巡幸門, 1217-1220쪽 및 卷115 「帝王部」 籍田門, 1253쪽, 卷115 「帝王部」 蒐狩門, 1256-1257쪽, 卷116 「帝王部」 親征門, 1265-1266쪽.

(4) 조위(曹魏) 순행표

시 기	순행 지역	기간	활동 및 기타
文帝 黃初元年(220)十月辛未-十二月戊午	繁陽→洛陽	48일	繁陽 체류? 十二月戊午日에 낙양에 도착
文帝 黃初二年(221)正月	明堂	1일	天地 郊祀
文帝 黃初二年(221)正月乙亥	東郊	1일	朝日
文帝 黃初二年(221)正月甲戌	洛陽→原陵		校獵

文帝 黃初三年(222)正月庚午	許昌宮		東巡
文帝 黃初三年(222)三月甲午-四月癸亥	襄邑→許昌宮	30일	
文帝 黃初三年(222)十月-黃初四年三月丙申	許昌宮→宛縣→洛陽宮		孫吳 親征, 南巡臺 축조(宛)
文帝 黃初四年(223)八月辛未黃初五年(224)三月	滎陽→東巡→許昌宮→洛陽宮		校獵(滎陽)
文帝 黃初五年(224)七月-十月乙卯	東巡→許昌宮→潁水·淮水→壽春→廣陵→許昌宮		吳 정벌. 龍舟를 타고 출전
文帝 黃初六年(225)三月-三月乙巳	(許昌宮)→召陵→許昌宮		討虜渠 개통
文帝 黃初六年(225)三月辛未-黃初七年 正月壬子	東征→譙→淮水→徐州→廣陵故城→譙→梁→(許昌)→洛陽宮	282일	水軍을 거느리고 출전, 군사 시찰(廣陵)
明帝 太和元年(227)二月辛未	籍田	1일	親耕
明帝 太和元年(227)二月丁亥	東郊	1일	朝日
明帝 太和元年(227)八月	西郊	1일	夕月
明帝 太和元年(227)十月丙寅	東郊	1일	治兵
明帝 太和二年(228)正月丁未-四月丁酉	長安→洛陽宮	111일	
明帝 太和四年(230)八月辛巳-十月乙卯	繁昌→許昌宮→洛陽宮	65일	許昌 체류(81일)
明帝 太和五年(231)正月	籍田	1일	親耕
明帝 太和六年(232)三月癸酉-四月壬寅	東巡→許昌宮	30일	
明帝 太和六年(232)九月-十二月	摩陂→許昌宮		許昌宮 공사
明帝 青龍元年(233)二月丁酉-?	摩陂(龍陂)		
明帝 青龍二年(234)七月壬寅-3년(235)八月丁巳	東征→壽春→許昌宮→洛陽宮	376일	東征
明帝 青龍三年(235)十一月丁酉-青龍四年(236)十月己卯	許昌宮→洛陽宮	353일	대부분 許昌 체류
明帝 青龍四年(236)十二月乙未-景初元年(237)五月己巳	許昌宮→洛陽宮	155일	대부분 許昌 체류
明帝 景初元年(237)十二月壬子	圜丘	1일	冬至, 제사
齊王 正始元年(240)八月	낙양 인근		낙양 경계의 秋稼 巡省
齊王 嘉平元年(249)正月甲午	高平陵	1일	사냥. 司馬懿의 쿠데타
高貴鄉公 甘露元年(256)四月丙辰	太學	1일	
高貴鄉公 甘露二年(257)五月辛未	辟雍	1일	신하와 賦詩를 지음
高貴鄉公 甘露二年(257)正月丁丑-3년 二月	項→壽春		諸葛誕의 반란 진압 親征
陳留王 咸熙元年(264)正月甲子-二月丙辰	長安	53일	蜀 멸망 후 鍾會 문제로 司馬昭와 元帝(陳留王)가 장안 방문

출전: 『三國志』「魏書」 卷1-4「本紀」; 『資治通鑑』; 『冊府元龜』 卷112「帝王部」 巡幸門, 1220-1221쪽 및 卷115

「帝王部」籍田門, 1253쪽, 卷115「帝王部」蒐狩門, 1257쪽, 卷116「帝王部」親征門, 1266-1267쪽.

(5) 촉(蜀) 순행표

시기	순행 지역	기간	활동 및 기타
先主 章武元年(221)七月-八月	秭歸→夷道 猇亭→秭歸→魚腹→巫		孫吳 親征
後主 建興 14년(236)四月	湔→觀阪→成都	10일	

출전: 『三國志』「蜀書」; 『冊府元龜』 卷205「閏位部」24 巡幸門, 2302쪽

(6) 오(吳) 순행표

시기	순행 지역	활동 및 기타
大帝 黃龍元年(229)四月丙申	武昌	즉위(南郊)
大帝 黃龍元年(229)九月	建業	遷都
大帝 嘉禾二年(233)?	合肥新城	曹魏 공격
大帝 嘉禾三年(234)五月	合肥新城→壽春	사냥 자주 함. 少府 潘濬의 간언으로 중지
大帝	??	평 사냥 좋아하여 하루 종일 사냥하러 나감
景帝	東關	
後主 孫皓 寶鼎三年(268)四月		
後主 甘露元年(265)九月-寶鼎元年(266)十二月	建業→武昌→建業	武昌 遷都; 建業-武昌(九月-正月)

출전: 『三國志』「吳書」; 『冊府元龜』 卷205「閏位部」24 巡幸門, 2302쪽 및 畋遊門, 2307쪽

(7) 서진(西晉) 순행표

시기	순행 지역	기간	활동 및 기타
武帝 泰始四年(268)正月丁亥	籍田	1일	
武帝 泰始四年(268)十二月庚寅	聽訟觀	1일	訴訟 판결
武帝 泰始八年(272)正月癸亥	籍田	1일	
武帝 泰始九年(273)十一月丁酉-甲辰	宣武觀	8일	諸軍 大閱
武帝 泰始十年(274)正月辛亥	籍田	1일	
武帝 泰始十年(274)十一月庚午	宣武觀		諸軍 大閱
武帝 咸寧元年(275)十一月癸亥-己巳	宣武觀	6일	大閱
武帝 咸寧三年(277)十一月丙戌-壬辰	宣武觀	7일	大閱
武帝 太康四年(283)十二月庚午	宣武觀		大閱
武帝 太康六年(285)十二月甲申-癸巳	宣武觀	10일	大閱
惠帝 永寧元年(301)正月丙寅-四月辛酉	金墉城→還宮	116일	趙王 倫 즉위 후 金墉城 유폐
惠帝 太安二年(303)八月乙丑-十月壬寅	十三里橋→宣武場→石樓→河橋→芒山→偃師→豆田→緱氏→還宮	38일	

惠帝 永興元年(304)七月己亥-八月戊辰	安陽→鄴→獲嘉→溫→洛陽	30일	
惠帝 永興元年(304)十一月乙未-光熙元年(306)六月丙辰	新安→霸上→長安	562일	장안 체류
懷帝 永嘉五年(311)五月	西掖門→銅駝街→還宮	1일	劉聰 공격받고 도망치려다 실패
懷帝 永嘉五年(311)六月丁酉	華林園 門→河陰 藕池→平陽	1일	장안으로 도망가려다가 사로잡힘(藕池)

출전:『晉書』卷3-5「本紀」;『冊府元龜』卷115「帝王部」籍田門, 1253쪽.

(8) 동진(東晉) 순행표

시 기	순행 지역	기 간	활동 및 기타
元帝 永昌元年(322)三月甲午	郊外		王敦이 建康 공격하자 군대 이끌고 교외 주둔
明帝 太寧二年(324)十二月壬子	建平陵	1일	大祥之禮 행함
成帝 咸和元年(326)十一月壬子	南郊		大閱
成帝 咸和三年(328)五月乙未-四年(329)二月丙戌	石頭城	292일	蘇峻의 강요
成帝 咸康元年(335)四月癸丑	廣莫門	1일	觀兵, 石虎 공격 대비
成帝 咸康六年(340)七月乙卯	東堂	1일	聽政
哀帝 興寧二年(364)二月癸卯	籍田	1일	皇太后와 함께 참배
穆帝 永和九年(353)正月丙寅	建平陵		
孝武帝 太元元年(376)正月甲子	建平陵 등 4陵		참배
孝武帝 太元三年(378)二月乙巳-七月辛巳	會稽王 邸	37일	新宮 공사기간 동안 임시 거처
孝武帝 太元四年(379)正月丙子	建平陵 등 7陵		참배
孝武帝 太元五年(380)正月乙巳	崇平陵		
孝武帝 太元九年(384)正月辛亥	建平陵 등 4陵		참배
孝武帝 太元十年(385)正月甲午	諸陵		참배
孝武帝 太元 11년(386)正月乙酉	諸陵		참배
安帝 元興元年(402)二月丙午	西池	1일	司馬元顯 환송 및 접대
安帝 元興二年(403)十一月壬午	永安宮	1일	桓玄 칭제 전 이주시킴
安帝 元興二年(403)十二月辛亥-義熙元年(405)三月	潯陽→江陵→하류로→江陵→江津→劉道規 배→江陵→建康		桓玄 稱帝 이후 강제 이주

출전:『晉書』卷6-10「本紀」;『冊府元龜』卷112「帝王部」巡幸門, 1220-1221쪽 및 卷115「帝王部」籍田門, 1253쪽.

(9) 유송(劉宋) 순행표

시 기	순행 지역	기간	활동 및 기타
武帝 永初元年(420)七月戊申	太廟	1일	제사
武帝 永初二年(421)正月辛酉	南郊	1일	제사, 天下 大赦
武帝 永初二年(421)四月戊申	華林園	1일	聽訟
武帝 永初二年(421)五月甲戌	華林園	1일	聽訟
武帝 永初二年(421)八月壬辰	華林園	1일	聽訟
武帝 永初中	館	1일	周續之 방문
少帝 景平元年(423)正月辛丑	南郊	1일	제사
少帝 景平二年(424)五月乙酉	華林園, 天淵池	1일	酤賣
文帝 景平二年(424)七月丁酉	初寧陵→中堂	1일	즉위
文帝 元嘉二年(425)正月辛未	南郊	1일	제사
文帝 元嘉三年(426)二月庚申-三月辛巳	西征→蕪湖	22일	荊州刺史 謝晦 토벌. 二月庚申日에 수도에서 출발
文帝 元嘉四年(427)正月辛巳	南郊	1일	제사
文帝 元嘉四年(427)二月乙卯-三月丁亥	丹徒→丹徒 離宮, 京城 北顧→還宮	33일	京陵 참배
文帝 元嘉五年(428)正月甲申(-乙酉)	白下	2일	閱武
文帝 元嘉六年(429)正月辛丑	南郊	1일	제사
文帝 元嘉 12년(435)正月辛未	南郊	1일	제사
文帝 元嘉 14년(437)正月辛卯	南郊	1일	제사
文帝 元嘉 16년(439)正月戊寅(-己卯)	北郊	2일	閱武
文帝 元嘉 19년(442)四月甲戌	礿祠	1일	제사
文帝 元嘉 20년(443)正月辛亥	南郊	1일	제사
文帝 元嘉 20년(443)二月甲申(-乙酉)	白下	2일	閱武
文帝 元嘉 20년(443)十二月壬午	籍田	1일	親耕?
文帝 元嘉 21년(444)春	籍田	1일	親耕
文帝 元嘉 23년(446)九月己卯	國子學	1일	諸生 策試
文帝 元嘉 25년(448)閏二月[閏月己酉][7]	宣武場		사냥
文帝 元嘉 25년(448)三月庚辰	?		校獵
文帝 元嘉 25년(448)四月丙辰	江寧	1일	
文帝 元嘉 26년(449)正月辛巳	南郊	1일	제사
文帝 元嘉 26년(449)二月己亥-五月壬午	丹徒→京陵→京師	104일	京陵 참배, 수로로 귀환

7 元嘉 25년 二月庚寅日 詔書에서는 校獵을 시사하는 기록이 있으나(『宋書』 卷5 「文帝紀」 元嘉二十五年條, 95-96쪽, "二月庚寅, 詔曰: '安不忘虞, 經世之所同; 治兵教戰, 有國之恒典. 故服訓明恥, 然後少長知禁. 頃戎政雖修, 而號令未審. 今宣武場始成, 便可剋日大習衆軍. 當因校獵, 肄武講事.'") 당일 실행되었는지는확인되지 않았다.

文帝 元嘉 28년(451)二月壬午-三月乙酉	瓜步→還宮	4일	北魏 태무제가 瓜步에서 후퇴하자 계엄 해제
孝武帝 元嘉 30년(453)五月辛巳-六月丙午	東府城→還宮	26일	
孝武帝 孝建元年(454)正月己亥	南郊	1일	제사, 改元, 天下 大赦
孝武帝 孝建二年(455)九月丁亥(-戊子)	宣武場	2일	閱武
孝武帝 孝建三年(456)正月辛丑	南郊	1일	親祭
孝武帝 孝建三年(456)六月	華林園	1일	聽訟
孝武帝 大明元年(457)五月癸酉	華林園	1일	聽訟
孝武帝 大明元年(457)八月壬寅	華林園	1일	聽訟
孝武帝 大明元年(457)十二月戊戌	華林園	1일	聽訟
孝武帝 大明二年(458)正月辛亥	南郊	1일	제사
孝武帝 大明二年(458)三月丁卯	華林園	1일	聽訟
孝武帝 大明二年(458)九月癸卯	華林園	1일	聽訟
孝武帝 大明二年(458)閏十二月庚申	華林園	1일	聽訟
孝武帝 大明三年(459)四月癸卯	華林園	1일	聽訟
孝武帝 大明三年(459)十二月戊午	華林園	1일	聽訟
孝武帝 大明四年(460)正月辛未	南郊	1일	제사
孝武帝 大明四年(460)正月乙亥	籍田	1일	親耕
孝武帝 大明四年(460)五月庚辰	華林園	1일	聽訟
孝武帝 大明四年(460)九月甲申	華林園	1일	聽訟
孝武帝 大明四年(460)十二月乙未	華林園	1일	聽訟
孝武帝 大明四年(460)十二月辛丑	廷尉寺	1일	죄수 석방
孝武帝 大明四年(460)十二月丁未	建康縣	1일	죄수 석방
孝武帝 大明五年(461)二月癸巳(-甲午)	2일		閱武
孝武帝 大明五年(461)三月甲戌	江乘	1일	
孝武帝 大明五年(461)九月丁卯	琅邪郡	1일	죄수 석방
孝武帝 大明六年(462)正月辛卯	南郊 明堂	1일	제사 宗祀
孝武帝 大明七年(463)二月甲寅-三月壬申	南豫州 · 南兗州→歷陽 烏江縣→烏江縣 六合山→還宮	19일	사자를 보내 霍山에 제사, 校獵
孝武帝 大明七年(463)八月乙丑	建康 秣陵縣	1일	죄수 심문
孝武帝 大明七年(463)十月戊申-十二月癸亥	南豫州→江寧縣→姑孰→梁山→歷陽→還宮	76일	죄수 심문(江寧 · 溧陽 · 永世 · 丹陽), 校獵(姑孰), 水軍 훈련(梁山)
孝武帝 大明八年(464)正月辛巳	明堂	1일	제사
孝武帝 大明末年	江右, 南州		校獵
孝武帝?	南山 宣貴妃 殷氏墓	1일	羣臣들이 말 타고 따라감
孝武帝?	江夏王 劉義恭 저택	1일	畵輪車를 타고 감

前廢帝 景和元年(464)九月癸巳-戊戌	湖熟→還宮	6일	鼓吹 연주
前廢帝 景和元年(464)九月己酉-十月丙寅	瓜步(戊午)	18일	義陽王 劉昶 征討
前廢帝 景和元年(464)十一月戊午	華林園 竹林堂	1일	射鬼하다가 壽寂之에게 살해됨
明帝 泰始元年(465)十二月壬午	太廟	1일	제사
明帝 泰始二年(466)七月	二廟	1일	嘗祀
明帝 泰始二年(466)十月己巳	華林 天淵池	1일	
明帝 泰始四年(468)正月己未	南郊	1일	제사
明帝 泰始五年(469)正月癸亥	籍田	1일	親耕
明帝 泰始七年(471)二月	巖山	1일	꿩 사냥(射雉)
後廢帝 元徽二年(474)十月	太廟	1일	제사
後廢帝 元徽三年(475)正月辛巳	南郊, 明堂	1일	제사
後廢帝 元徽四年(476)正月己亥	籍田	1일	親耕
後廢帝 元徽五年(477)春	江乘縣		꿩 사냥

출전: 『宋書』 卷3-10 「本紀」; 『冊府元龜』 卷205 「閏位部」24 巡幸門, 2302 2303쪽 및 畋游門, 2307쪽; 『南朝宋會要』(朱銘盤 撰, 上海: 上海古籍出版社, 2006) 「吉禮 · 親行禮」 70-78쪽, 「軍禮 · 籍田」, 91-93쪽 「軍禮 · 講武」, 139-143쪽 및 「軍禮 · 射雉」, 145-146쪽, 「巡狩/巡行」 151-153쪽.

(10) 남제(南齊) 순행표

시 기	순행 지역	기간	활동 및 기타
高帝 建元元年(479)十月己卯	太廟	1일	殷祠
高帝 建元二年(480)正月辛丑	南郊	1일	제사
高帝 建元二年(480)三月己亥	樂遊苑	1일	연회, 王公 이하 賦詩
高帝 建元二年(480)	太廟六室		제사
高帝 建元三年(481)六月	東府	1일	豫章王 蕭嶷 병문안
高帝 建元三年(481)七月	?		嘗酎
高帝	安樂寺		
武帝 永明元年(483)正月辛亥	南郊	1일	제사, 사면, 改元
武帝 永明元年(483)	玄武湖	2일	水軍과 步軍 講武
武帝 永明二年(484)八月丙午	淸溪 舊宮	1일	연회, 시 짓기
武帝 永明二年(484)八月戊申(-己酉)	玄武湖	2일	講武
武帝 永明三年(485)正月辛卯	南郊	1일	제사
武帝 永明三年(485)二月辛丑	北郊	1일	제사
武帝 永明四年(486)閏正月戊午(-己未)	宣武堂	2일	講武
武帝 永明四年(486)閏正月辛亥	籍田	1일	籍田
武帝 永明四年(486)三月辛亥	國子學	1일	國子學에서 孝經 강의
武帝 永明五年(487)三月戊子	芳林園	1일	禊宴
武帝 永明五年(487)四月庚午	太廟	1일	殷祠
武帝 永明五年(487)九月辛卯	商颷館		

武帝 永明六年(488)九月壬寅(-癸卯)	琅邪城	2일	講武(水軍과 步軍)
武帝 永明七年(489)正月辛亥	南郊	1일	제사, 大赦
武帝 永明七年(489)六月丁亥	琅琊		
武帝 永明九年(491)正月辛丑	南郊	1일	제사
武帝 永明九年(491)九月戊辰(-己巳)	琅邪城	2일	講武
武帝 永明九年(491)	石頭城	1일	始興王 蕭鑑 만남
武帝 永明十年(492)十月乙丑(-丙寅)	玄武湖	2일	講武
武帝 永明十年(492)十月甲午	太廟	1일	殷祠
武帝 永明中	白下城	2일	講武
武帝	豫章王 蕭嶷 東田	1일	諸王과 연회
武帝	華林園	1일	武陵王 蕭曄 등과 賭射
武帝	郊外	1일	꿩 사냥(射雉)
武帝	禪靈寺	1일	기공 시찰
武帝	孫陵→冶		
武帝	鍾山		
武帝	烽火樓	1일	신하와 賦詩
武帝	方山	1일	徐孝嗣 수행
鬱林王 隆昌元年(494)正月辛亥	南郊	1일	제사
鬱林王 隆昌元年(494)正月戊午	崇安陵	1일	참배
鬱林王 隆昌元年(494)二月辛卯	明堂	1일	제사
明帝 建武二年(495)六月	華林園	1일	
東昏侯 永元元年(499)正月辛卯	南郊	1일	제사
東昏侯 永元二年(500)六月庚寅	樂遊苑	1일	內會
東昏侯 永元三年(501)正月辛亥	南郊	1일	제사, 天下 大赦
和帝 中興元年(501)五月乙卯	竹林寺	1일	신하와 연회
和帝 中興二年(502)三月甲午	姑孰		선양 준비

출전: 『南齊書』「本紀」; 『冊府元龜』 卷205 「閏位部」24 巡幸門, 2303쪽; 『南朝齊會要』(朱銘盤, 上海: 上海古籍出版社, 2006)「吉禮 · 親行禮」 43-46쪽 및, 「吉禮 · 籍田」 55-56쪽, 「軍禮 · 講武」, 99-100쪽, 「軍禮 · 射」 101쪽, 「軍禮 · 射雉」 101-102쪽, 「嘉禮 · 巡幸」 107-109쪽

(11) 양(梁) 순행표

시 기	순행 지역	기간	활동 및 기타
武帝 天監二年(503)正月辛酉	南郊	1일	제사
武帝 天監二年(503)六月	謝朏 저택	1일	
武帝 天監四年(505)正月辛亥	南郊	1일	제사
武帝 天監八年(509)正月辛巳	南郊	1일	제사
武帝 天監九年(510)三月己丑	國子學	1일	
武帝 天監九年(510)十二月癸未	國子學	1일	冑子 策試
武帝 天監十年(511)正月辛丑	南郊	1일	제사, 天下 大赦
武帝 天監十年(511)正月辛酉	明堂	1일	제사

武帝 天監 12년(513)正月辛卯	南郊	1일	제사, 大辟 이하 사면
武帝 天監 13년(514)二月丁亥	籍田	1일	親耕
武帝 天監 14년(515)正月辛亥	南郊	1일	제사
武帝 天監 16년(517)正月辛未	南郊	1일	제사
武帝 天監 16년(517)二月辛亥	籍田	1일	親耕
武帝 天監 17년(518)	光宅寺	1일	
武帝 天監 18년(519)正月辛卯	南郊	1일	제사
武帝 普通元年(520)正月	二廟	1일	제사
武帝 普通二年(521)正月辛巳	南郊	1일	제사, 조서 반포
武帝 普通二年(521)二月辛丑	明堂	1일	제사
武帝 普通四年(523)正月辛卯	南郊	1일	제사, 天下 大赦
武帝 普通四年(523)正月丙午	明堂	1일	제사
武帝 普通四年(523)二月乙亥	籍田	1일	親耕
武帝 普通六年(525)正月辛亥	南郊	1일	제사, 天下 大赦
武帝 普通六年 三月己酉	白下城	1일	六軍 頓所 시찰
武帝 大通元年(527)正月辛未	南郊	1일	제사
武帝 大通元年(527)三月辛未-三月甲戌	同泰寺	4일	捨身, 天下 사면, 改元
武帝 中大通元年(529)正月辛酉	南郊	1일	제사, 天下 大赦
武帝 中大通元年(529)正月辛巳	明堂	1일	제사
武帝 中大通元年(529)九月癸巳-十月己酉	同泰寺	17일	捨身, 還宮 후 大赦, 改元
武帝 中大通二年(530)四月癸丑	同泰寺		
武帝 中大通三年(531)正月辛巳	南郊	1일	제사, 天下 大赦
武帝 中大通三年(531)二月辛丑	明堂	1일	제사
武帝 中大通三年(531)十月己酉-十月乙卯	同泰寺	7일	
武帝 中大通三年(531)十一月乙未-十二月辛丑	同泰寺	54일	『摩訶般若波羅密經』 설법 청강, 四部大會
武帝 中大通五年(533)正月辛卯	南郊	1일	제사, 天下 大赦
武帝 中大通五年(533)正月辛亥	明堂	1일	제사
武帝 中大通五年(533)二月癸未-二月癸丑	同泰寺	30일	四部大會
武帝 中大通六年(534)二月癸亥	籍田	1일	제사, 天下 大赦
武帝 大同元年(535)二月辛巳	明堂	1일	제사
武帝 大同元年(535)二月丁亥	籍田	1일	親耕
武帝 大同元年(535)三月丙寅	同泰寺		
武帝 大同元年(535)四月壬戌	同泰寺		
武帝 大同二年(536)二月乙亥	籍田	1일	親耕
武帝 大同二年(536)三月戊寅	同泰寺		
武帝 大同二年(536)九月辛亥	同泰寺		
武帝 大同二年(536)十月壬午	同泰寺		

武帝 大同三年(537)正月辛丑	南郊	1일	제사, 天下 大赦.
武帝 大同三年(537)二月丁亥	籍田	1일	親耕
武帝 大同三年(537)五月癸未	同泰寺		
武帝 大同三年(537)八月辛卯	阿育王寺		天下 사면
武帝 大同三年(537)	樂遊苑		
武帝 大統四年(538)二月己亥	籍田	1일	親耕
武帝 大同四年(538)九月	樂遊苑	2일	閱武
武帝 大同五年(539)正月辛未	南郊	1일	제사
武帝 大同六年(540)二月己亥	籍田	1일	親耕
武帝 大同七年(541)正月辛巳	南郊	1일	제사, 天下 사면
武帝 大同七年(541)正月辛丑	明堂	1일	제사
武帝 大同七年(541)二月辛亥	籍田	1일	親耕
武帝 大同十年(544)三月甲午-四月己卯	蘭陵→脩陵→京口城 北固樓→回賓亭→還宮	45일	성묘(建寧陵), 皇基寺에서 法會(壬寅), 잔치(回賓亭)
武帝 中大同元年(546)三月庚戌-四月丙戌	同泰寺	36일	법회, 大赦, 改元
武帝 太清元年(547)正月辛酉	南郊	1일	제사
武帝 太清元年(547)正月甲子	明堂	1일	제사
武帝 太清元年(547)二月丁亥	籍田	1일	親耕
武帝 太清元年(547)三月庚子-四月丁亥	同泰寺→太極殿	47일	無遮大會, 捨身, 改元
武帝 太清元年(547)九月癸卯	王遊苑	1일	완공 기념 시찰
武帝	華林園	1일	蕭孝儼이 수행
簡文帝 大寶元年(550)二月丙午	西州城	1일	侯景의 강요
簡文帝 大寶元年(550)十月乙未	西州城	1일	侯景의 강요, 曲宴
元帝 承聖三年(554)十月丁卯	都柵 밖	1일	순찰, 西魏 침략 대비
元帝 承聖三年(554)十一月丙戌	都柵	1일	元帝 순찰
元帝 承聖三年(554)十一月甲申	津陽門 밖	2일	講武
敬帝 紹泰二年(556)五月癸卯	長樂寺	1일	北齊軍 방어 위해 주둔

출전: 『梁書』「本紀」; 『冊府元龜』 卷205 「閏位部」24 巡幸門, 2303쪽; 『南朝梁會要』(朱銘盤, 上海: 上海古籍出版社, 2006)「吉禮 · 親行禮」 43-44쪽 및 「吉禮 · 籍田」 49-50쪽, 「軍禮 · 講武」 101쪽, 「軍禮 · 親征」 102쪽, 「軍禮 · 巡軍」 103쪽, 「嘉禮 · 巡幸」 109-110쪽.

(12) 진(陳) 순행표

시 기	순행 지역	기간	활동 및 기타
武帝 永定元年(557)十月丙子	鍾山	1일	蔣帝廟 제사
武帝 永定元年(557)十月戊寅	華林園	1일	재판 親覽
武帝 永定元年(557)十月庚辰	杜로 저택	1일	無遮大會 참석
武帝 永定二年(558)正月辛丑	南郊	1일	제사
武帝 永定二年(558)正月乙巳	北郊	1일	제사

武帝 永定二年(558)正月戊午	明堂	1일	제사
武帝 永定二年(558)三月乙卯	後堂	1일	
武帝 永定二年(558)四月甲子	太廟	1일	제사
武帝 永定二年(558)四月丙寅	石頭城	1일	侯瑱과 연회
武帝 永定二年(558)五月辛酉-五月壬戌	大莊嚴寺	2일	捨身
武帝 永定二年(558)七月戊戌	石頭城	1일	侯瑱 환송
武帝 永定二年(558)八月辛未	冶城寺	1일	王琳 토벌하는 臨川王 환송
武帝 永定二年(558)十月乙亥	莊嚴寺	1일	
武帝 永定二年(558)十二月丙寅	太極殿 東堂	1일	羣臣들과 연회
武帝 永定二年(558)十二月甲子	莊嚴寺(大莊嚴寺)	1일	法會, 無遮大會
武帝 永定三年(559)閏四月丙午	鍾山 蔣帝廟	1일	기우제, 당일 비 옴
武帝 永定三年(559)閏四月戊寅	華林園	1일	詞訟 親覽, 죄수 사면
文帝 天嘉元年(560)正月辛酉	南郊	1일	제사
文帝 天嘉元年(560)正月辛未	北郊	1일	제사
文帝 天嘉三年(562)正月辛亥	南郊	1일	제사
文帝 天嘉三年(562)正月辛酉	北郊	1일	제사
文帝 ???	司空 徐度 저택	1일	
廢帝 天康元年(566)十月庚申	太廟	1일	제사
廢帝 光大元年(567)正月辛卯	南郊	1일	제사
廢帝 光大元年(567)十月甲申	太廟	1일	제사
廢帝 光大二年(568)七月丙午	太廟	1일	제사
廢帝 光大二年(568)十月庚午	太廟	1일	제사
宣帝 太建元年(569)正月乙未	太廟	1일	참배
宣帝 太建元年(569)正月辛丑	南郊	1일	제사
宣帝 太建元年(569)正月戊午	太廟	1일	제사
宣帝 太建元年(569)二月乙亥	籍田	1일	親耕
宣帝 太建元年(569)十月壬午	太廟	1일	제사
宣帝 太建二年(570)正月丙午	太廟	1일	제사
宣帝 太建二年(570)閏四月戊申	太廟	1일	제사
宣帝 太建二年(570)十月乙酉	太廟	1일	제사
宣帝 太建三年(571)正月辛酉	南郊	1일	제사
宣帝 太建三年(571)正月辛未	北郊	1일	제사
宣帝 太建三年(571)二月辛巳	明堂	1일	제사
宣帝 太建三年(571)二月丁酉	籍田	1일	親耕
宣帝 太建三年(571)十月甲申	太廟	1일	제사
宣帝 太建四年(572)正月庚午	太廟	1일	제사
宣帝 太建四年(572)十月乙酉	太廟	1일	제사
宣帝 太建四年(572)十二月甲辰	樂遊苑	1일	
宣帝 太建五年(573)正月辛巳	南郊	1일	제사
宣帝 太建五年(573)正月甲午	太廟	1일	제사

宣帝 太建五年(573)二月辛丑	明堂	1일	제사
宣帝 太建五年(573)	玄武觀		
宣帝 太建六年(574)正月壬午	太廟	1일	제사
宣帝 太建六年(574)二月辛亥	籍田	1일	親耕
宣帝 太建六年(574)	吳明徹 저택	1일	
宣帝 太建七年(575)正月辛未	南郊	1일	제사
宣帝 太建七年(575)正月辛巳	北郊	1일	제사
宣帝 太建七年(575)四月甲午	太廟	1일	제사
宣帝 太建七年(575)四月甲寅	樂遊苑	1일	연회
宣帝 太建七年(575)閏九月丁未	樂遊苑		
宣帝 太建八年(576)四月己未	太廟	1일	제사
宣帝 太建九年(577)正月辛卯	北郊	1일	제사
宣帝 太建九年(577)二月壬子	籍田	1일	親耕
宣帝 太建十年(578)九月甲寅	婁湖	1일	
宣帝 太建 11년(579)二月癸亥	籍田	1일	親耕
宣帝 太建 11년(579)八月丁卯-戊寅	大壯觀	12일	大閱武 구경(大壯觀, 玄武門觀)
宣帝 太建 11년(579)八月?	樂遊苑→大壯觀		
宣帝 太建 13년(581)二月乙亥	籍田	1일	親耕
宣帝 太建 14년(582)正月甲戌	太極前殿	1일	法會
宣帝 太建 14년(582)九月丙午	太極殿	1일	無遮大會, 捨身, 天下 大赦
後主 至德三年(585)	延陵季子廟	1일	
後主 至德三年(585)十一月辛巳	長干寺	1일	
後主 至德四年(586)九月甲午	玄武湖	2일	閱武
後主 禎明二年(588)十月己酉	莫府山	1일	大校獵
後主?	鍾山 開善寺		

출전: 『陳書』「本紀」; 『冊府元龜』 卷205 「閏位部」24 巡幸門, 2303쪽 및 畋遊門, 2307쪽; 『南朝陳會要』(朱銘盤, 上海: 上海古籍出版社, 2006)「吉禮·親行禮」 27-28쪽, 「吉禮·祈雨」 32-33쪽, 「吉禮·籍田」 33쪽, 「吉禮·雜祠祀」, 34-35쪽, 「軍禮·講武」 63쪽, 「嘉禮·行幸」 67-68쪽.

(13) 북제(北齊) 순행표

시 기	순행 지역	기간	활동 및 기타
文宣帝 天保元年(550)九月庚午-十二月辛丑	(鄴)→晉陽→晉陽宮→鄴	92일	山陵 참배
文宣帝 天保二年(551)正月辛亥	圓丘	1일	제사
文宣帝 天保二年(551)正月癸亥	東郊	1일	親耕
文宣帝 天保二年(551)正月甲戌	城東	1일	泛舟
文宣帝 天保二年(551)九月癸巳-三年(552)六月丁未	(鄴)→趙州·定州→晉陽	?	
文宣帝 天保三年(552)正月丙申	庫莫奚	?	庫莫奚 親征

文宣帝 天保三年(552)六月乙卯-十二月壬子	(鄴)→晉陽→(幷州)→離石→黃櫨嶺→還宮	178일	黃櫨嶺에서 長城 축조
文宣帝 天保三年(552)十二月戊午-4년(553)四月戊戌	(鄴)→晉陽→離石→還宮	101일	山胡 토벌, 三堆戍 순행, 사냥
文宣帝 天保四年(553)五月庚午-戊子	(鄴)→林慮山→鄴	19일	사냥
文宣帝 天保四年(553)九月壬午-5년(554)七月庚戌	冀州 · 定州 · 幽州 · 安州→平州→白狼城→昌黎城→陽師水→營州→碣石山→晉陽→馬邑川→朔州→離石道→石樓→鄴	329일	거란 親征, 突厥 親征, 柔然을 馬邑川에 안치, 山胡 토벌, 柔然 菴羅辰 토벌, 柔然 親征
文宣帝 天保五年(554)八月丁丑-6년(555)三月丙申	(鄴)→晉陽→北周와의 국경→晉陽→達速嶺→晉陽→鄴	200일	西魏 親征(무위), 北巡(達速嶺)및 長城 축조 계획
文宣帝 天保六年(555)四月庚申-五月庚寅	(鄴)→晉陽→鄴	31일	晉陽 체류
文宣帝 天保六年(555)六月丁卯-九月乙卯	(鄴)→晉陽→祁連池→厙狄谷→白道→懷朔鎭→沃野鎭→晉陽→鄴	109일	柔然 親征, 祁連池에서 군사 모임
文宣帝 天保六年(555)十月辛亥-7년(556)正月甲辰	(鄴)→晉陽→鄴	114일	鄴으로 돌아와 馬射(鄴城 서쪽)
文宣帝 天保七年(556)八月庚申-天保九年(558)三月丁酉	(鄴)→晉陽→鄴	158일	晉陽 체류
文宣帝 天保九年(558)六月乙丑-八月乙丑	(鄴)→晉陽→祁連池→晉陽→鄴	61일	北巡
文宣帝 天保九年(558)八月甲戌-十一月甲午	(鄴)→晉陽→鄴	81일	鄴 체류
文宣帝 天保十年(559)正月甲寅-三月丙辰	遼陽 甘露寺→鄴	63일	
文宣帝 天保十年(559)九月己巳-十月甲午	(鄴)→晉陽	26일	十月에 붕어, 죽을 때까지 晉陽에 26일 체류
廢帝 天保十年(559)十月癸卯-乾明元年(560)正月	晉陽→鄴	?	즉위(宣德殿): 재위 중 鄴 체류
廢帝 乾明元年(560)二月甲辰	芳林園	1일	囚徒 親錄, 減罪
孝昭帝 皇建元年(560)正月-十二月丙午	(晉陽)→長城→厙莫奚→晉陽	?	
孝昭帝 皇建二年(561)正月辛亥	圓丘(晉陽?)	1일	제사
武成帝 太寧元年(561)十一月癸丑-河淸元年(562)正月乙亥	晉陽→鄴	83일	즉위(十一月癸丑), 대부분 晉陽 체류
武成帝 河淸元年(562)正月辛巳	南郊	1일	제사
武成帝 河淸元年(562)七月癸亥-十二月丙辰	(鄴)→晉陽→鄴	174일	
武成帝 河淸二年(563)正月乙亥	朝堂	1일	秀才 策試
武成帝 河淸二年(563)正月丁丑	北郊	1일	武明皇后 제사
武成帝 河淸二年(563)正月辛卯	都亭	1일	囚人 錄見

武成帝 河淸二年(563)十二月戊午-五月甲子	(鄴)→晉陽→鄴	127일	
武成帝 河淸三年(564)五月壬辰-十二月丙子	(鄴)→晉陽→洛陽→武牢→滑臺→黎陽→洛陽→鄴	225일	北周 親征
武成帝 河淸四年(565)正月辛未-四月丙子	(鄴)→晉陽	66일	晉陽 체류. 四月에 皇太子에 傳位
後主 天統元年(565)四月丙子-十二月丁卯	晉陽→鄴	232일	四月丙子 즉위
後主 天統二年(566)正月辛卯	圓丘	1일	제사
後主 天統二年(566)正月庚子-?	(鄴)→晉陽→鄴		晉陽 체류
後主 天統五年(569)三月-四月乙丑	(鄴)→晉陽→鄴		晉陽 체류
後主 武平元年(570)八月辛卯-十二月丁亥	鄴→晉陽→鄴	117일	晉陽 체류
後主 武平二年(571)八月己亥-十月己亥	鄴→晉陽→鄴	61일	晉陽 체류
後主 武平三年(572)正月己巳	南郊	1일	제사
後主 武平三年(572)八月癸巳-?	鄴→晉陽→鄴	?	晉陽 체류
後主 武平四年 二月丁巳-三月庚辰	鄴→晉陽→鄴[8]	24일	
後主 武平四年(573)六月壬子	南苑	1일	
後主 武平四年(573)九月	鄴 동쪽		校獵
後主 武平四年(573)十月癸卯-5년(574)二月乙未	鄴→晉陽→鄴	113일	
後主 武平五年(574)二月辛丑-丁未	鄴→晉陽→鄴	7일	
後主 武平五年(574)八月癸卯-武平六年 三月乙亥	鄴→晉陽→鄴	213일	
後主 武平六年(575)七月甲戌-武平七年 正月乙卯	鄴→晉陽→鄴	162일	
後主 武平七年(576)八月丁卯-十二月庚申	鄴→晉陽→祁連池→晉陽→晉州→晉陽→鄴	114일	北周와 전쟁, 후퇴
幼主 隆化二年(577)正月乙亥-癸未	鄴	9일	즉위(乙亥)
幼主 隆化二年(577)正月癸未-乙亥	鄴 동쪽→濟州→青州	?일	
武成帝] 天統元年(565)四月丙子-十一月癸未	晉陽→鄴	188일	傳位 이후 晉陽 체류
[武成帝] 天統元年(565)十二月庚戌	北郊	1일	사냥
[武成帝] 天統元年(565)十二月壬子	南郊	1일	사냥
[武成帝] 天統元年(565)十二月乙卯	西郊	1일	사냥
[武成帝] 天統元年(565)十二月壬戌-2년(566)二月庚戌	(鄴)→晉陽→鄴	49일	
[武成帝] 天統二年(566)八月-天統三年 正月壬辰	(鄴)→晉陽→鄴	?	

8 원문은 "庚辰, 車駕至晉陽"인데, '至' 뒤에 '自' 字가 생략된 듯하다.

[武成帝] 天統三年(567)九月丁巳-十一月癸未	(鄴)→晉陽→鄴	87일	
[武成帝] 天統四年(568)四月辛巳-五月壬戌	(鄴)→晉陽→鄴	42일	

출전: 『冊府元龜』 卷205 「閏位部」24 巡幸門, 2303-2304쪽 및 畋遊門, 2307-2308쪽

(14) 북주(北周) 순행표

시기	순행 지역	기간	활동 및 기타
孝閔帝 元年(557)正月壬寅	圓丘	1일	제사
孝閔帝 元年(557)正月癸卯	方丘	1일	제사
孝閔帝 元年(557)正月辛亥	南郊	1일	제사
孝閔帝 元年(557)正月癸亥	籍田	1일	親耕
孝閔帝 元年(557)二月癸酉	東郊	1일	朝日
孝閔帝 元年(557)四月壬午-乙酉	成陵	4일	
孝閔帝 元年(557)七月壬寅	右寢	1일	聽訟
明帝 元年(557)十月乙酉	圓丘	1일	제사
明帝 元年(557)十月丙戌	方丘	1일	제사
明帝 元年(557)十一月丁未	圓丘	1일	
明帝 元年(557)十二月庚午-癸酉	成陵	4일	
明帝二年(558)正月辛亥	籍田	1일	親耕
明帝二年(558)六月辛未	昆明池	1일	
明帝二年(558)九月丁未-十月辛酉	同州	15일	故宅에서 詩를 지음
武帝 保定元年(561)正月庚戌	圓丘	1일	제사
武帝 保定元年(561)正月壬子	方丘	1일	제사
武帝 保定元年(561)正月甲寅	南郊	1일	제사
武帝 保定元年(561)正月乙亥	籍田	1일	親耕
武帝 保定元年(561)二月甲午	東郊	1일	朝日
武帝 保定元年(561)十一月丁巳-十二月壬午	岐陽	26일	사냥(狩)
武帝 保定二年(562)十月戊午	小陵原		講武
武帝 保定三年(563)四月戊午	太學	1일	제사
武帝 保定三年(563) 七月戊辰-十二月辛卯	原州→津門→隴山→同州	144일	
武帝 保定四年(564)十月丁卯-癸酉	沙苑	7일	북제 정벌군 위로
武帝 保定五年(565)二月壬申-八月丙子	岐州→秦州	185일	
武帝 天和元年(566)正月辛巳	露寢	1일	露寢 완공 기념
武帝 天和元年(566)正月己亥	籍田	1일	親耕
武帝 天和元年(566)三月丙午	南郊	1일	제사
武帝 天和元年(566)十一月丙戌-十二月庚申	武功·郿·斜谷·武都·留谷·津坑 등 새로 쌓은 성[新城]	35일	새로 성 쌓은 곳

武帝 天和二年(567)正月己亥	籍田	1일	親耕
武帝 天和三年(568)正月	南郊	1일	제사
武帝 天和三年(568)二月丁卯-二月丁亥	武功	21일	
武帝 天和三年(568)五月庚申-七月戊午	醴泉宮	59일	
武帝 天和三年(568)十月丁亥	城南		六軍 講武
武帝 天和三年(568)十一月甲辰-十二月丁丑	岐陽	34일	
武帝 天和四年(569)五月庚戌-七月辛亥	醴泉宮	62일	
武帝 天和五年(570)四月甲寅-七月乙卯	醴泉宮	62일	
武帝 天和六年(571)十月壬寅	城南		六軍 거느리고 講武
武帝 天和六年(571)十一月丁巳-十二月己丑	散關	33일	
武帝 建德元年(572)正月戊午	玄都觀→還宮	1일	法座 講說
武帝 建德元年(572)十一月丙午-乙卯	城南→羌橋	10일	講武(城南)
武帝 建德元年(572)十二月壬申-丙戌	斜谷	15일	
武帝 建德元年(572)十二月庚寅	道會苑	1일	
武帝 建德二年(573)正月辛丑	南郊	1일	제사
武帝 建德二年(573)六月丙辰	露寢(?)	1일	軍將 소집, 戎事
武帝 建德二年(573)七月己巳	太廟	1일	제사
武帝 建德二年(573)十一月辛巳	城東		六軍 거느리고 講武
武帝 建德三年(574)正月壬戌	露門	1일	조회
武帝 建德三年(574)正月乙亥	籍田	1일	親耕
武帝 建德三年(574)二月乙卯-三月辛酉	雲陽宮	7일	皇太后 不豫
武帝 建德三年(574)五月庚申	永固陵	1일	宣武皇后 제사
武帝 建德三年(574)七月庚申-戊子	雲陽宮	29일	衛王 宇文直이 장안에서 반란을 일으킴
武帝 建德三年(574)八月丙申-十一月甲戌	雲陽宮→同州 蒲州→同州→城東	99일	大閱(城東)
武帝 建德三年(574)十二月癸卯	臨皐驛		講武
武帝 建德四年(575)正月癸酉-三月丙寅	同州	54일	
武帝 建德四年(575)七月丙辰-丁卯	雲陽宮	12일	銅錢 유통정책 반포
武帝 建德四年(575)七月壬午-九月戊寅	河陰	57일	親征
武帝 建德四年(575)十月甲午-十二月庚午	同州	37일	
武帝 建德五年(576)正月癸未-三月壬寅	同州→河東 涑川(正月辛卯)→同州(正月甲午)	80일	關中 · 河東 諸軍을 소집하여 校獵

武帝 建德五年(576)四月乙卯-五月壬辰	同州	38일	
武帝 建德五年(576)六月丁巳-八月乙卯	雲陽宮	59일	
武帝 建德五年(576)十月己酉-十一月癸巳	晉州 · 汾曲	45일	北齊 親征
武帝 建德五年(576)十一月丁酉-建德六年(577)四月乙巳	晉州→介休→幷州→鄴→還京	129일	武帝 鄴 입성
武帝 建德六年(577)四月庚戌	露寢	1일	
武帝 建德六年(577)五月己丑	方丘	1일	제사
武帝 建德六年(577)五月癸巳-六月丁未	雲陽宮	15일	陳의 사자 來聘
武帝 建德六年(577)六月甲子-宣政元年(578)二月丁巳	東巡→洛州→鄴宮→幷州宮→鄴宮→懷州→洛州→還宮	234일	幷州 반란 평정, 幷州 군인 4萬戶를 關中으로 옮김
武帝 宣政元年(578)五月己丑-六月丁酉	北伐→雲陽宮→還京	9일	병이 나서 雲陽宮에 머무름, 장안으로 오던 중 乘輿에서 사망
宣帝 宣政元年(578)七月丙午	圓丘	1일	제사
宣帝 宣政元年(578)七月戊申	方丘	1일	제사
宣帝 宣政元年(578)八月丙寅	西郊	1일	夕日
宣帝 宣政元年(578)八月壬申-十月癸酉	同州	62일	
宣帝 宣政元年(578)十一月己亥	道會苑		講武, 甲胄 착용
宣帝 大象元年(579)正月癸巳	露門	1일	朝會, 漢服(漢魏)착용, 大赦, 改元
宣帝 大象元年(579)正月甲辰-三月庚申	東巡狩→洛陽→鄴	77일	東巡狩. 宇文衍을 皇太子로 세움, 太子에게 傳位하는 조서 반포
[宣帝] 大象元年(579)八月庚申-壬申	同州	13일	
[宣帝] 大象元年(579)十月壬戌	道會苑	1일	大醮
[宣帝] 大象元年(579)十一月乙未-壬寅	溫湯→同州	8일	
[宣帝] 大象元年(579)十二月戊午-甲子	路寢→天興宮→還宮→正武殿	7일	路寢에서 百官 알현
[宣帝] 大象元年(579)十二月乙丑-己卯	洛陽	15일	4皇后와 文武侍衛 수백인 등도 함께 감
[宣帝] 大象二年(580)正月丁亥	道會苑	1일	受朝
[宣帝] 大象二年(580)二月丁巳	露門學	1일	釋奠之禮 행함
[宣帝] 大象二年(580)二月辛卯	同州		
[宣帝] 大象二年(580)四月壬午-甲申	仲山→咸陽宮→還宮	3일	祈雨(仲山)
[宣帝] 大象二年(580)五月甲午-乙未	天興宮→還宮	2일	天興宮에서 병에 걸리자 환궁

출전: 『周書』本紀 및 『冊府元龜』卷115 「帝王部」籍田門, 1254쪽, 卷115 「帝王部」蒐狩門, 1258쪽.

(15) 수(隋) 순행표

시기	순행 지역	기간	활동 및 기타
文帝 開皇元年(581)二月甲子	臨光殿→南郊	1일	즉위식
文帝 開皇元年(581)十月壬辰-十二月庚子	岐州	69일	
文帝 開皇二年(582)十二月辛未	後園		講武
文帝 開皇三年(583)三月丙辰	新都로 이동	1일	大興城 遷都
文帝 開皇三年(583)四月甲申	國城의 서남쪽	1일	雨師 제사(가뭄)
文帝 開皇三年(583)五月辛酉	方澤	1일	제사
文帝 開皇三年(583)九月壬子	城東	1일	稼穀 시찰
文帝 開皇四年(584)正月辛未	南郊	1일	제사
文帝 開皇四年(584)正月甲戌	北庭	10일	大射
文帝 開皇四年(584)二月乙巳	灞上	1일	입조하고 귀국하는 梁主 환송연(통)
文帝 開皇四年(584)二月庚戌-?	隴州		
文帝 開皇四年(584)九月乙丑	霸水	1일	漕渠 시찰
文帝 開皇四年(584)九月甲戌-開皇五年 四月(?)戌申	洛陽	215일	關內 기근 때문
文帝 開皇五年(585)八月己酉-九月丁巳	栗園	9일	
文帝 開皇七年(587)二月丁巳	東郊	1일	朝日 제사
文帝 開皇七年(587)二月壬申-?	醴泉宮		
文帝 開皇七年(587)十月庚申-十一月戊戌	同州→蒲州→馮翊	39일	父老와 잔치(蒲州), 故社 親祠(馮翊)
文帝 開皇八年(588)十一月丁卯-十二月庚子	定城→河東(蒲州)	34일	군대 송별(餞師)
文帝 開皇九年(589)四月己亥[9]	驪山	1일	회군하는 군사 치하
文帝 開皇十年(590)二月庚申-四月辛酉	幷州(晉陽)	62일	
文帝 開皇十年(590)十一月辛卯	國學	1일	차등 頒賜
文帝 開皇十年(590)十一月辛丑	南郊	1일	제사
文帝 開皇 11년(591)八月壬申-乙亥	栗園	4일	楊瓚이 동행했다가 피살됨
文帝 開皇 12년(592)七月壬戌	昆明池	1일	
文帝 開皇 12년(592)八月乙亥	龍首池	1일	
文帝 開皇 12년(592)十一月辛亥[10]	南郊	1일	제사

9 『資治通鑑』에서는 '己亥'日이 아니라 '辛亥'日이라 했음(『資治通鑑』卷177 「隋紀」1 文帝開皇九年條, 5516쪽.

10 『資治通鑑』에 따르면 辛亥日의 일(『資治通鑑』卷178 「隋紀」2 文帝開皇十二年(592)條, 5538쪽).

文帝 開皇 13년(593)正月壬戌-二月丁亥	岐州	26일	仁壽宮 축조(二月丙子)
文帝 開皇 13년(593)七月丁巳	昆明池	1일	
文帝 開皇 14년(594)八月辛未-十二月乙未	洛陽	145일	關中의 戶口 거느리고 就食
文帝 開皇 14년(594)閏十月甲寅	邙山	1일	陳叔寶도 참여
文帝 開皇 14년(594)十二月乙未-開皇 15년 三月己未	洛陽→濟州[11]→王符山→泰山→洛陽	85일	東巡狩, 泰山 제사
文帝 開皇 15년(595)三月丁亥-七月戊寅	仁壽宮	112일	
文帝 開皇 15년(595)十一月辛酉-乙丑	溫湯	5일	
文帝 開皇 16년(596)十月己丑-十一月壬子	長春宮	24일	
文帝 開皇 17년(597)正月庚寅-九月甲申[12]	仁壽宮	235일	
文帝 開皇 18년(598)二月甲辰-九月辛卯	仁壽宮	228일	高句麗에 出兵
文帝 開皇 18년(598)十一月癸未	南郊	1일	제사
文帝 開皇 19년(599)二月甲寅-開皇 20년(600)九月丁未[13]	仁壽宮	594일	
文帝 開皇 19년(599)六月?	秦王 楊俊 저택	1일	高熲도 배석하여 侍宴
文帝 仁壽元年(601)十一月己丑	南郊	1일	제사
文帝 仁壽二年(602)三月己亥-九月丙戌	仁壽宮	168일	皇后 獨孤氏 사망
文帝 仁壽四年(604)正月甲子-七月丁未	仁壽宮	164일	文帝 不豫, 大寶殿에서 사망
煬帝 仁壽四年(604)七月丁未-八月丁卯	仁壽宮→長安	21일	
煬帝 仁壽四年(604)十一月乙未-大業元年(605)八月壬寅	洛陽	248일	洛陽을 東京으로 개칭
煬帝 大業元年(605)八月壬寅-三年(607)三月辛亥	洛陽→江都→伊闕→洛陽	550일	江都 巡幸. 龍舟 타고 이동
煬帝 大業三年(607)四月丙申-九月己巳	赤岸澤→連谷→楡林郡→北樓→楡林→啓民可汗帳과 義成公主 帳→樓煩關→太原→濟源→東都	154일	北巡狩; 사냥(連谷), 啓民可汗 來朝, 長城 축조 고기잡이 시찰, 晉陽宮 축조 명령(太原)

11 『資治通鑑』에서는 '濟州'를 '齊州'로 표기했음(『資治通鑑』 卷178 「隋紀」2 文帝開皇十五年(595)春正月壬戌條, 5548쪽).

12 五月과 六月 사이 윤달이 있다.

13 『資治通鑑』에서는 '丁未'를 '壬子'라고 함. 胡三省은 『隋書』 楊勇傳에 따라 壬子日로 표기했다고 지적함(『資治通鑑』 卷179 「隋紀」3 文帝開皇二十年(600)秋七月壬子條 및 胡註, 5578쪽).

煬帝 大業四年(608)三月乙丑-5년(609)二月戊申	五原→長城→恒岳→洛陽→閿鄉→長安	344일	汾陽宮 축조, 長城 축조 명령, 恒岳 제사
煬帝 大業五年(609)三月己巳-七月丁卯/九月乙未(通)[14]	長安→扶風 舊宅→隴西→狄道→臨津關→西平→拔延山→長寧谷→星嶺→大斗拔谷→張掖→燕支山→大斗拔谷→長安	119일/207일	西巡, 大獵(隴西, 拔延山), 講武(西平), 吐谷渾 공격, 高昌來朝, 高昌王 麴伯雅와 伊吾吐屯設을 불러 觀風行殿에서 연회
煬帝 大業五年(609)十一月丙子-6년(610)三月癸亥?	長安→東都	108일	대부분 낙양 체류
煬帝 大業六年(610)正月丁丑	端門街	1일	微服으로 角抵大戲 구경
煬帝 大業六年(610)三月癸亥-7년(611)二月乙亥[15]	江都宮→釣臺, 揚子津	313일	江淮이남의 父老와 잔치, 차등 頒賜
煬帝 大業七年(611)二月乙亥-8년(612)九月庚辰(庚寅?)[16]	江都→通濟渠→涿郡→涿郡 臨朔宮→遼水의 다리→遼水 건넘→遼東→회군→東都	546일/540일	1차 高句麗 親征. 江都에서 涿郡까지 龍舟타고 通濟渠로 감
煬帝 大業九年(613)三月戊寅-?	長安→遼水 도하→회군→上谷→博陵	390일	2차 高句麗 親征
煬帝 大業十年(614)三月壬子-十月己丑	涿郡→臨渝宮→北平→懷遠鎭→회군→東都→長安	218일	3차 高句麗 親征
煬帝 大業十年(614)十一月乙巳	南郊	1일	제사
煬帝 大業十年(614)十二月壬申-戊子	長安→東都	17일	
煬帝 大業 11년(615)三月己酉-八月乙丑	東都→太原	137일	汾陽宮 피서
煬帝 大業 11년(615)八月乙丑-十月壬戌	太原→雁門→東都	58일	北塞 순찰, 雁門에서 돌궐에 포위됨. 九月甲辰 突厥의 포위 풀고 감
煬帝 大業 12년(616)三月上巳	西苑水	1일	羣臣과 음주
煬帝 大業 12년(616)四月丁巳	西苑	1일	
煬帝 大業 12년(616)五月壬午	景華宮	1일	螢火을 구해 夜出遊山
煬帝 大業 12년(616)七月甲子-義寧二年(618)三月丙辰	江都宮→汜水(己巳)	593일	

출전: 『隋書』 本紀 및 『資治通鑑』, 『冊府元龜』 卷115 「帝王部」 蒐狩門, 1258쪽.

14 『資治通鑑』 卷181 「隋紀」5 煬帝 大業五年(609)九月乙未條, 5646쪽.

15 실제 江都를 떠난 시간은 二月乙亥보다 이전이었다.

16 『資治通鑑』에는 '庚辰'대신 '庚寅'으로 표기됨(『資治通鑑』 卷181 「隋紀」5 煬帝大業八年九月庚寅條, 5666쪽).

(16) 당(唐) 순행표

시기	순행 지역	기간	활동 및 기타
高祖 武德元年(618)十二月乙酉-丁亥	周氏陂, 故墅	3일	
高祖 武德二年(619)閏二月庚戌	長安	1일	微行
高祖 武德二年(619)十月乙卯-3년(620)正月癸巳	華陰→長春宮→華岳→華山→蒲州	99일	劉武周 토벌군 환송(華陰, 長春宮)
高祖 武德三年(620)二月庚子-四月壬寅	華陰→華岳	63일	華山 제사
高祖 武德四年(621)閏十一月乙卯-壬申[17]	稷州→武功 舊墅→好畤→九嵕→仲山→清水谷·三原→周氏陂	18일	사냥(好畤, 九嵕, 仲山, 清水谷)
高祖 武德四年(621)十一月甲申	圜丘	1일	昊天上帝 제사(冬至)
高祖 武德五年(622)四月庚戌	長樂宮	1일	회군한 秦王 노고 치하
高祖 武德五年(622)十一月丙申-十二月庚申	宜州→華池→長安(舊)/宜州→富平 北原→萬壽原→長安(新)	25일	皇太子에게 劉黑闥 토벌 명령, 군사 점검(宜州)
高祖 武德六年(623)二月辛亥(舊)/庚戌-甲寅(新)	驪山(溫湯)(舊)/溫湯→驪山(新)	1일/5일	校獵(驪山)
高祖 武德六年(623)三月乙未	昆明池	1일	百官과 잔치
高祖 武德六年(623)十月己未-十二月甲寅	華陰→白鹿原→華陰→沙苑→伏龍原	56일	校獵(白鹿原, 沙苑, 伏龍原)
高祖 武德七年(624)六月辛丑-七月甲午	仁智宮	54일	피서, 太子 建成 쿠데타 모의
高祖 武德七年(624)十月丁卯-十一月庚午	慶善宮→鄠縣 남쪽→終南山→樓觀 老子祠→圍川→龍躍宮→高陵	34일	老子廟 방문, 사냥(鄠南, 圍川, 高陵)
高祖 武德八年(625)四月甲申-丙戌	鄠縣→甘谷	3일	校獵(甘谷)
高祖 武德八年(625)六月甲子-七月丙午	太和宮	43일	피서
高祖 武德八年(625)十月辛巳-十二月辛酉	周氏陂→龍躍宮→宜州→同官縣→華池	41일	사냥(周氏陂 北原, 宜州 西原, 華池 北原), 講武(同官)
高祖 武德八年(625)十二月庚辰-辛巳	鳴犢泉	2일	校獵
高祖 武德九年(626)二月戊寅	社稷	1일	親祠
高祖 武德九年(626)三月辛卯(舊)/庚寅(新)-壬辰[18]	昆明池	2일/3일	水戰 훈련
高祖 武德九年(626)三月丙午-乙卯[19]	周氏陂	10일	
太宗 武德九年(626)八月癸未	玄武門→渭水	1일	돌궐 頡利可汗이 渭水 便橋에 침입

17『資治通鑑』卷189「唐紀」5 高祖武德四年閏月條, 5937쪽.

18『資治通鑑』卷 191「唐紀」7 高祖武德九年三月條, 6000쪽.

19『資治通鑑』卷 191「唐紀」7 高祖武德九年三月條, 6000쪽.

太宗 武德九年(626)八月乙酉	長安城 서쪽→便橋之上	1일	돌궐 頡利可汗과 盟
太宗 貞觀二年(628)四月辛卯	玄武門→禁苑	1일	
太宗 貞觀二年(628)十一月辛酉	圓丘	1일	제사
太宗 貞觀三年(629)正月癸亥	籍田	1일	親耕
太宗 貞觀四年(630)二月己亥-丙午	溫湯	8일	
太宗 貞觀四年(630)九月己卯(新)/十月壬辰(舊)-十一月甲子	隴州→貴泉谷(辛丑)→魚龍川(甲辰)	46일/33일	校獵(貴泉谷, 魚龍川)
太宗 貞觀四年(630)十二月甲辰-乙巳	鹿苑	2일	사냥
太宗 貞觀五年(631)正月癸酉-丙子	昆明池→還宮→大安宮	4일	사냥, 蕃夷君長들이 수행
太宗 貞觀五年(631)十月丙午	後苑	1일	토끼사냥, 執失思力의 간언
太宗 貞觀五年(631)十一月丙子	圓丘	1일	제사
太宗 貞觀五年(631)十二月壬寅-戊申	[驪山]溫湯→驪山(癸卯)	7일	사냥(驪山)
太宗 貞觀六年 三月戊辰-十月乙卯	九成宮 행차	228일	
太宗 貞觀六年 七月[20]	慶善宮		賦詩
太宗 貞觀七年(633)五月癸未-十月庚申	九成宮	158일	
太宗 貞觀七年(633)十二月甲寅-戊午	芙蓉園→小陵原→還宮→故漢未央宮	5일	사냥(小陵原)
太宗 貞觀八年(634)三月庚辰-十月甲子	九成宮	225일	皇太子 來朝. 十月에 大明宮 축조를 명령함
太宗 貞觀八年(634)十二月乙卯(新)/丁卯(舊)	城西		太上皇(高祖)과 함께 閱武
太宗 貞觀十一年(637)二月甲子-十二年(638)閏二月丙戌	洛陽宮	383일	
太宗 貞觀十二年(638)十月己卯-乙未	始平	17일	사냥
太宗 貞觀十三年(639)正月乙巳朔-丁未	獻陵	3일	
太宗 貞觀十三年(639)四月戊寅-十月甲申	九成宮	187일	四月甲申日에 阿史那結社爾 御營 범하다 伏誅
太宗 貞觀十三年(639)十二月壬辰-癸巳	咸陽	2일	사냥
太宗 貞觀十四年(640)二月壬午-辛卯	[驪山] 溫湯	10일	
太宗 貞觀十四年(640)閏十月乙未-庚戌	同州	16일	사냥(甲辰, 堯山)
太宗 貞觀十四年(640)十一月甲子朔	圓丘/南郊(新·通)	1일	제사(日南至)
太宗 貞觀十四年(640)十二月癸卯-乙巳	樊川	3일	사냥
太宗 貞觀十五年(641)正月辛巳-十二月戊子朔	洛陽宮	308일	衛士 崔卿과 刁文懿의 난동

20『唐會要』卷27「行幸」, 597쪽, "其年七月, 幸慶善宮, 賦詩."

太宗 貞觀十六年(642)十一月丙辰-庚午	岐山→岐州	15일	사냥 [舊]
武功→岐山之陽→慶善宮	사냥(武功, 岐陽)		
太宗 貞觀十六年(642)十二月癸卯-乙巳	[驪山]溫湯→驪山	3일	사냥(驪山)
太宗 貞觀十七年(643)十一月己卯	圓丘(舊)/南郊(新)	1일	제사
太宗 貞觀十七年(643)十一月庚申-庚午	溫湯	11일	
太宗 貞觀十八年(644)正月乙未-二月乙卯	鍾官城→鄠縣→驪山溫湯→靈口/零口[21]	21일	
太宗 貞觀十八年(644)四月辛亥-八月甲子	九成宮	194일	
太宗 貞觀十八年(644)十月癸卯	上林苑	1일	雍州 父老와 잔치, 粟帛 하사
太宗 貞觀十八年(644)十月甲寅-十一月壬寅(舊)/壬申(通)	澠池(己巳)→洛陽宮	49일(舊)/19일(通)	房玄齡에게 장안을 留守하도록 명령. 사냥(澠池의 天池)
太宗 貞觀十八年(644)十一月壬寅(舊)/壬申-19년(645)二月庚戌	洛陽 天池	69일(舊)/99일(新·通)	낙양 체류 기간
太宗 貞觀十九年(645)二月庚戌-二十年(646)三月己巳	洛陽→定州→幽州→安市城→臨渝關→靈武臺→幽州→定州→幷州→長安	380일	高句麗 親征, 蕭瑀를 洛陽宮 留守로 임명
太宗 貞觀二十年(646)八月己巳-十月丙戌	漢故甘泉宮→涇州→隴山[關]→西瓦亭→靈州→涇陽頓	78일	鐵勒諸部가 태종에게 可汗칭호 바침, 馬牧시찰(西瓦亭)
太宗 貞觀二十一年(647)正月辛卯	高士廉 저택→興安門→東苑→橫橋→長安故城	1일	高士廉 병문안 및 슬픔 표현
太宗 貞觀二十一年(647)五月戊子-七月庚戌	翠微宮	83일	피서, 太子에게 百司決事 명함
太宗 貞觀二十二年(648)正月戊戌-戊申	[驪山]溫湯	11일	
太宗 貞觀二十二年(648)二月乙亥-十月癸亥(舊)/癸丑(新·通)	玉華宮→華原	229일/219일	사냥(華原)
太宗 貞觀二十三年(649)四月己亥-五月己巳[22]	翠微宮	31일	당태종 사망(53세)

21 靈口/零口: 『資治通鑑』 卷197 「唐紀」13 太宗貞觀十八年二月己酉條胡註, 6207쪽, "新書作'零口'. 九域志: 京兆臨潼縣有零口鎭. 臨潼, 唐之昭應縣; 昭應, 唐初之新豐縣縣. 按宋白續通典: 京兆新豐縣界有零水. 零口蓋零水之口."

22 『자치통감』에서는 四月丁卯日에 붕어했다고 기록함(『資治通鑑』 卷199 「唐紀」15 太宗貞觀二十三年四月丁卯條, 6267쪽).

高宗 永徽元年(650)九月癸亥	?	1일	사냥
高宗 永徽二年(651)十一月辛酉	南郊	1일	제사
高宗 永徽三年(652)正月丁亥	東郊	1일	先農 親享, 籍田 躬耕
高宗 永徽四年(653)十月庚子-乙巳	新豐[驪山] 溫湯	6일	
高宗 永徽五年(654)三月戊午-九月丁酉	萬年宮	160일	
高宗 永徽五年(654)三月乙丑-己[乙]巳[23]	萬年宮→鳳泉湯→萬年宮	5일	
高宗 永徽六年(655)正月壬申朔-甲戌	昭陵	3일	昭陵 참배, 醴泉縣 면제
高宗 顯慶二年(657)正月庚寅(舊)/閏正月壬寅(新·通)-3년(658)二月甲戌	洛陽	405일/393일	洛陽宮을 東都로 개칭
高宗 顯慶四年(659)閏十月戊寅-五年(660)四月癸巳	長安→東都→幷州→東都	196일	皇太子 監國
高宗 顯慶五年(660)四月癸巳-龍朔二年(662)四月庚申	洛陽	748일	洛陽 체류 기간
高宗 龍朔二年(662)十月丁酉-丁未	[驪山]溫湯	11일	皇太子 監國
高宗 龍朔三年(663)四月丙午	蓬萊宮	1일	
高宗 麟德元年(664)二月戊子-八月丙子朔	福昌宮→萬年宮→長安舊宅	169일	
高宗 麟德二年(665)二月壬午-3년(=乾封元年, 666)四月甲辰	合璧宮→東都→濮陽→壽張→齊州→靈巖頓, 泰山→曲阜縣→東都→合璧宮→長安→太廟	443일	講武(邙山 남쪽), 泰山 체류, 돌아오는 길에 東都에서 6일 체류, 酋長 隨從
高宗 乾封二年(667)正月18일	籍田	1일	籍田之禮
高宗 總章元年(668)二月戊寅-八月癸酉	九成宮	176일	
高宗 總章元年(668)十二月丁卯	南郊	1일	高句麗 평정 보고
高宗 總章二年(669)四月乙酉(舊)/己酉(新·通)-十月丁巳	九成宮→華林頓→岐州(舊)/(新)	153일(舊)/189일(新·通)	사냥(岐), 敎習
高宗 咸亨元年(670)四月庚午-八月甲子(舊)/丁巳(新)	九成宮	115일/108일	
高宗 咸亨二年(671)正月乙巳-3년(672)十一月甲辰	東都	660일	就食. 皇太子 監國 명령
高宗 咸亨四年(673)四月丙子-十月乙巳	九成宮	210일	九成宮→長安
高宗 上元元年(674)十一月丙午朔-儀鳳元年(676)四月戊申	東都	543일	사냥(華山 曲武原)

23『資治通鑑』에는 '乙巳'라고 적었으나 三月乙丑日부터 乙巳日까지 40일이므로 乙巳는 오류이다. 교감주에서 '乙'은 '己'의 오류라고 했는데, 본서도 이를 따랐다(『資治通鑑』 卷199「唐紀」15 高宗永徽五年三月條, 6284쪽, "乙丑, 上幸鳳泉湯; 乙巳, 還萬年."

高宗 儀鳳元年(676)四月戊午-九月甲子朔(舊)/十月乙未(新)	九成宮	127일/158일	
高宗 儀鳳二年(677)正月壬辰	司竹園	1일	
高宗 儀鳳二年(677)正月乙亥	東郊 籍田	1일	親耕
高宗 儀鳳三年(678)五月	籍田	1일	씨 뿌리기
高宗 儀鳳三年(678)五月壬戌-九月辛酉	九成宮	120일	
高宗 調露元年(679)正月己酉(舊)/戊子(新)-永隆元年(680)十月己酉(舊)/戊辰(新)	東都	601일/641일	太子 監國
高宗 永淳元年(682)四月丙寅-乙酉	長安→滻池의 紫桂宮→東都	20일	中宗 神龍二年(706)十月 長安 還都까지 약 24년 이상 洛陽에 定居
睿宗 垂拱四年(688)十二月己酉	洛水		太后 따라감
武則天 天授二年(691)正月乙酉	明堂	1일	昊天上帝 제사
武則天 長壽元年(692)正月戊辰朔	萬象神宮	1일	제사
武則天 長壽二年(693)正月壬辰朔	萬象神宮	1일	제사
武則天 長壽二年(693)五月乙未	萬象神宮	1일	
武則天 延載元年(693)正月丙戌	萬象神宮	1일	제사
武則天 天冊萬歲元年(695)正月乙未	明堂	1일	無遮大會
武則天 天冊萬歲元年(695)九月甲寅	南郊	1일	天地 合祭, 天下 사면, 改元
武則天 證聖元年(695)九月	南郊	1일	親祀
武則天 萬歲登封元年(695)臘月(十二月)[24] 甲申(舊)/甲戌(新)-癸巳	嵩嶽(=中岳)→少室山	10일/20일	封(嵩岳), 禪(少室山)
武則天 神功元年(697)正月己亥朔	通天宮	1일	제사
武則天 神功元年(697)九月壬辰	通天宮	1일	제사
武則天 聖歷元年(698)正月甲子朔(冬至)	通天宮	1일	제사, 天下 사면, 改元
武則天 聖歷二年(699)正月丁卯朔	通天宮	1일	告朔
武則天 聖歷二年(699)二月戊子(舊)/己丑(新·通)-丁酉	嵩山→緱山/嵩山→緱氏→少室山	10일/9일	
武則天 聖歷二年(699)十月乙亥-戊寅[25]	福昌縣	4일	
武則天 久視元年(700)臘月(十二月)乙巳-正月戊寅	嵩山→汝州 溫湯	34일	
武則天 久視元年(700)四月戊申-閏七月戊寅	三陽宮	91일	피서
武則天 久視元年(700)十月丁卯-壬申	新安[隴澗山]	6일	

24 正月: 원래 正月, 臘月은 十二月. 正月, 臘月, 春一月 등의 순서임

25『資治通鑑』에 따르면 戊寅日에 還宮함(『資治通鑑』 卷206「唐紀」22 則天聖歷二年條, 6542쪽)

武則天 長安元年(701)五月乙亥[26]-七月甲戌	三陽宮	60일	
武則天 長安元年(701)十月壬寅-長安三年(703)十月乙酉	神都→西京(長安)→神都	764일	大赦. 長安 체류(726일)
武則天 長安元年(701)十月壬寅-辛酉	神都→長安	20일	
武則天 長安二年(702)十一月戊子	南郊	1일	제사, 天下 사면
武則天 長安三年(703)十月丙寅-乙酉	長安→神都	20일	
武則天 長安三年(703)十一月丙寅	宿羽臺	1일	잔치
武則天 長安四年(704)四月丙子(舊·新)/壬戌(通)-七月甲午	興泰宮[27]	79일/93일	
中宗 神龍元年(705)二月辛亥	上陽宮	1일	百官을 거느리고 무측천 문병(사서에 따르면 이후 열흘에 한 번 왕래)
中宗 神龍元年(705)九月壬午	明堂	1일	昊天上帝와 皇地祇 제사
中宗 神龍元年(705)十月癸亥-乙丑	龍門→新安(乙丑)	3일	사냥(新安)
中宗 神龍二年(706)九月壬寅	白馬寺	1일	
中宗 神龍二年(706)十月己卯-戊戌	東都→長安	20일	長安 還都
中宗 景龍二年(708)四月己丑	長樂公主 莊	1일	
中宗 景龍三年(709)七月辛酉	梨園亭	1일	侍臣·學士와 잔치
中宗 景龍三年(709)八月乙巳	安樂公主 山亭	1일	侍臣·學士와 잔치
中宗 景龍三年(709)八月己[乙?]巳	定昆池	1일	從官 賦詩
中宗 景龍三年(709)九月壬戌	九曲亭子	1일	侍臣·學士와 잔치
中宗 景龍三年(709)十一月乙丑	南郊	1일	天下 사면
中宗 景龍三年(709)十一月壬申	見子陵	1일	
中宗 景龍三年(709)十二月甲午(通)-乙巳	新豐[驪山] 溫湯→兵部尙書 韋嗣立 莊→驪山	12일	新豐縣 曲赦, 조세 1년 면제, 수행관 勳1轉 하사
中宗 景龍四年(710)正月乙卯(舊)/己卯(新)-二月癸未	始平	29일/5일	吐蕃에 보낼 金城公主 환송
中宗 景龍四年(710)二月庚戌	梨園 毬場	1일	
中宗 景龍四年(710)三月甲寅	臨渭亭	1일	禊飮
中宗 景龍四年(710)三月丙辰	桃花園	1일	遊宴
中宗 景龍四年(710)四月丙戌	芳林園	1일	
中宗 景龍四年(710)四月丁亥	櫻桃園	1일	遊幸
中宗 景龍四年(710)四月	南郊	1일	제사 전 臨淄王이 來朝
睿宗 景雲三年(712)正月辛巳	南郊	1일	제사
睿宗 景雲三年(712)正月戊子	滻水 동쪽	1일	籍田 親耕, 先農 제사

26 『資治通鑑』에 따르면 乙亥日에 三陽宮으로 행차함(『資治通鑑』 卷207 「唐紀」23 則天久長安元年條, 6555쪽, "夏, 五月, 乙亥, 太后幸三陽宮.").

27 『資治通鑑』 卷207 「唐紀」23 則天長安四年條, 6569쪽, "丁未, 毁三陽宮, 以其材作興泰宮於萬安山(胡註: 萬安山在洛州壽安縣西南四十里), 二宮皆武三思建議爲之, 請太后每歲臨幸, 功費甚廣, 百姓苦之."

睿宗 先天元年(712)正月辛巳	南郊	1일	제사
睿宗 先天元年(712)五月戊寅	北郊	1일	제사
[睿宗] 先天元年(712)十月癸卯(舊)/辛卯(新)	新豐[驪山] 溫湯→渭川	1일	校獵(渭川 또는 驪山)[28]
玄宗 開元元年(713)十一月甲申-乙巳(舊)/十月己亥-乙巳(新)	新豐[驪山] 溫湯→驪山(癸卯)→渭川(甲辰)	22일/7일	講武, 사냥(渭川)
玄宗 開元二年(714)九月戊申-十月戊午	新豐[驪山] 溫泉	11일	
玄宗 開元三年(715)十月癸亥-十一月己卯	郿縣→鳳泉湯(甲子)	17일	十月24일 사냥
玄宗 開元三年(715)十一月乙酉-甲午	新豐[驪山] 溫湯	10일	
玄宗 開元四年(716)正月戊寅	西宮	1일	
玄宗 開元四年(716)二月丙辰-丁卯	新豐[驪山] 溫湯	12일	
玄宗 開元四年(716)十二月乙卯(舊)/丙辰(新)-乙丑	新豐[驪山] 溫湯	11일/10일	
玄宗 開元五年(717)正月辛亥-6년(718)十一月辛卯	東都	671일	
玄宗 開元七年(719)十月辛卯-癸卯	新豐 溫湯	13일	
玄宗 開元八年(720)十月辛巳-十一月乙丑(舊)/乙卯(新·通)	長春宮→下邽→溫湯	45일/35일	사냥
玄宗 開元九年(721)正月丙寅-乙亥(新·通)	新豐[驪山] 溫湯	10일	
玄宗 開元九年(721)十二月乙酉-壬辰	新豐[驪山] 溫湯	8일	
玄宗 開元十年(722)正月丁巳-十一年(723)正月己巳	東都(체류)	373일	張說은 汾陰 后土제사 부활건의
玄宗 開元十一年(723)正月己巳-三月庚午(舊)/辛未(新)	潞州→幷州→晉州→汾陰→長安	62일/63일	北都 巡狩. 幷州를 太原府로 改置. 后土 제사(汾陰)
玄宗 開元十一年(723)十月丁酉-甲寅	新豐[驪山] 溫泉宮	18일	
玄宗 開元十一年(723)十一月戊寅	南郊	1일	제사, 사면
玄宗 開元十一年(723)十二月甲午-戊申	鳳泉湯	15일	
玄宗 開元十二年(724)十一月庚申(舊)/庚午(新·通)-15년 十月己卯	長安→東都→長安	1100일/1090일	東都 체류
玄宗 開元十五年(727)十一月丁卯	城南	1일	사냥
玄宗 開元十五年(727)十二月乙亥-丙戌	溫泉宮	12일	
玄宗 開元十六年(728)十月己卯-己丑	溫泉宮	11일	
玄宗 開元十六年(728)十二月丁卯-丁丑	溫泉宮	11일	

28 『唐會要』에서는 驪山에서 사냥했다고 기록함(『唐會要』 卷28 「蒐狩」, 614-615쪽, "先天元年(712)十月七日, 幸新豐, 獵于驪山之下.")

玄宗 開元十七年(729)八月癸亥	花蕚樓	1일	生日宴
玄宗 開元十七年(729)十一月辛卯-戊申	長安→橋陵→定陵→獻陵→昭陵→獻陵→還宮	18일	陵墓 참배
玄宗 開元十七年(729)十二月辛酉-壬申	溫泉宮	12일	校獵(渭濱)
玄宗 開元十八年(730)八月丁亥	花蕚樓	1일	
玄宗 開元十八年(730)十月庚寅-癸卯	岐州 鳳泉湯	14일	
玄宗 開元十八年(730)十一月丁卯-丁丑	新豐 溫泉宮	11일	
玄宗 開元十九年(731)十月丙申-二十年(732)十月壬午	東都 체류	347일	
玄宗 開元二十年(732)十月壬午-十二月壬申(舊)/辛未(新)	東都→潞州→潞州 飛龍宮→北都→汾陰→長安	51일/50일	순행하던 곳의 인재 추천 명령, 后土 제사
玄宗 開元二十一年(733)正月丁巳-癸亥(舊)/二月丁亥(新)	溫泉宮	7일/31일	
玄宗 開元二十一年(733)十月庚戌-己未[29]	溫泉宮	10일	
玄宗 開元二十二年(734)正月己巳-二十四年(736)十月丁丑(舊)/丁卯(新·通)	長安→東都→華州→長安	969일/1019일	
玄宗 開元二十五年(737)十一月壬申-乙酉[30]	溫泉宮	14일	
玄宗 開元二十六年(738)正月丁丑	東郊/滻水 동쪽[滻東]	1일	迎氣, 靑帝 제사, 繫囚 감형
玄宗 開元二十六年(738)十月戊寅-壬辰[31]	溫泉宮	15일	開元 26년에 西京 · 東都 往來之路에 행궁 千餘間을 지음
玄宗 開元二十七年(739)十月戊戌-辛丑(舊)/十月丙戌-十一月辛丑(新·通)	溫泉宮	4일/16일	
玄宗 開元二十八年(740)正月癸巳-庚子	溫泉宮	8일	
玄宗 開元二十八年(740)十月甲子-辛巳	溫泉宮	18일	
玄宗 開元二十九年(741)正月癸巳-庚子	溫泉宮	8일	
玄宗 開元二十九年(741)十月丙申-十一月辛酉	溫泉宮	26일	

29 『資治通鑑』에 따르면 己未日에 還宮함(『資治通鑑』 卷213 「唐紀」29 玄宗開元二十一年條, 6803쪽, "冬, 十月, 庚戌, 上幸驪山溫泉; 己未, 還宮.")

30 『資治通鑑』에 따르면 乙酉日에 還宮함(『資治通鑑』 卷214 「唐紀」30 玄宗開元二十五年條, 6831쪽, "壬申, 上幸驪山溫泉. 乙酉, 還宮.")

31 『資治通鑑』에 따르면 壬辰日에 還宮함(『資治通鑑』 卷214 「唐紀」30 玄宗開元二十五年條, 6836쪽, "冬, 十月, 戊寅, 上幸驪山溫泉, 壬辰, 上還宮.")

玄宗 天寶元年(742)二月辛卯	新廟	1일	玄元皇帝 親享
玄宗 天寶元年(742)二月丙申	南郊	1일	天地 合祭
玄宗 天寶元年(742)十月丁酉-十一月己巳	溫泉宮	33일	
玄宗 天寶 2년(743) 三月 丙寅	廣運樓/望春樓	1일	韋堅이 공사한 廣運潭 시찰
玄宗 天寶二年(743)十月戊寅-十一月乙卯	溫泉宮	38일	
玄宗 天寶二年(743)十二月戊申-丙辰	溫泉宮	9일	
玄宗 天寶三載(744)正月壬寅-二月己巳(舊)/正月辛丑-二月庚午(新·通)	溫泉宮	28일/30일	
玄宗 天寶三載(744)十月癸巳-十一月癸卯(舊)/十月甲午-十一月丁卯(新·通)	溫泉宮	11일/34일	
玄宗 天寶三載(744)十二月甲寅(舊)/癸丑(新 通)	東郊	1일	九宮鬼神 親祀, 天下 大赦
玄宗 天寶四載(745)十月丁酉(舊)/戊戌(新·通)-十二月戊戌	溫泉宮	62일/61일	
玄宗 天寶五載(746)十月丁酉-十一月己巳(舊)/十月戊戌-十一月乙巳(新·通)	溫泉宮	33일/8일	
玄宗 天寶六載(747)正月戊子	南郊	1일	天地 合祭, 天下 사면
玄宗 天寶六載(747)十月戊申-十二月壬戌(舊)/十月戊申-十二月癸丑(新)/十月己酉-十二月癸亥(通)	溫泉宮(華淸宮)	75일/66일/75일	
玄宗 天寶七載(748)十月庚午(舊)/庚戌(新·通)-十二月辛酉	華淸宮	52일/72일	
玄宗 天寶八載(749)四月	華淸宮 觀風樓	1일	
玄宗 天寶八載(749)十月丙寅(舊)/乙丑(新·通)-九載 正月己亥	華淸宮, 御史中丞 楊釗 莊	94일/95일	華淸宮에서 受朝
玄宗 天寶九載(750)十一月庚寅(舊)/十月庚申(新·通)-十二月乙亥	華淸宮, 楊國忠 亭子	46일/76일	
玄宗 天寶十載(751)正月甲子	南郊	1일	天地 合祭, 大赦
玄宗 天寶十載(751)十月辛亥-十一載正月辛亥(舊)/十載 十月壬子-十一載正月丁亥(新·通)	華淸宮, 楊國忠 저택	61일/96일	
玄宗 天寶十一載(752)十月戊寅-十二月己亥(舊)/丁亥(新·通)	華淸宮	82일/70일	
玄宗 天寶十二載(753)十月戊申(舊)/戊寅(新·通)-十三載(754)正月丙午	華淸宮	119일/89일	朝賀
玄宗 天寶十三載(754)十月壬寅-戊午(舊)/十月乙酉-十二月戊午(新)	華淸宮	17일/34일	

玄宗 天寶十四載(755)十月壬辰-十一月戊寅(舊)/十月庚寅-十一月丙子(新·通)	華淸宮	47일/47일	安祿山의 반란 소식을 들음
玄宗 天寶十五載(756)六月乙未-七月庚辰	延秋門→馬嵬驛→扶風縣→扶風郡→陳倉→散關→河池郡→益昌縣→普安郡→巴西郡→蜀郡	46일	蜀 蒙塵(蜀까지 따라온 관리와 군사 1,300인, 궁녀 24인)
肅宗 至德元年(756)九月戊辰-2載(757)十月丁卯	靈武→順化→彭原郡→保定郡→鳳翔郡→望賢宮→長安	420일	長安 수복 환도, 至德 2載 彭原郡에서 朝賀 받음, 大閱, 鳳翔郡 체류
肅宗 至德 2載(757)十月癸酉	長樂驛(滻東)→宣政殿	1일	
肅宗 至德 2載(757)十一月庚子(新)/庚寅(通)	長樂殿	1일	朝享
肅宗 至德 2載(757)十二月丙午	望賢宮(咸陽)→長安	1일	望賢宮에서 玄宗과 만나 함께 귀경
肅宗 乾元元年(758)正月庚寅	???	1일	大閱
肅宗 乾元元年(758)四月甲寅	太廟, 圓丘	1일	九廟와 圓丘 제사
肅宗 乾元元年(758)七月甲子	咸陽	1일	寧國公主 환송
肅宗 乾元元年(758)十月甲寅	灞上	1일	華淸宮 행차하는 玄宗 환송
肅宗 乾元元年(758)十一月丁丑	灞上	1일	華淸宮에서 돌아오는 玄宗 마중
肅宗 乾元二年(759)正月丁丑	九宮?	1일	九宮貴神 親祀
肅宗 乾元二年(759)正月戊寅	籍田	1일	제사
肅宗 上元二年(761)建丑月辛亥朔	圓丘, 太一壇	1일	제사
代宗 廣德元年(763)十月丙子-十二月甲午	華州→陜州	79일	吐蕃 침입과 몽진
代宗 廣德二年(764)二月乙亥	圓丘	1일	昊天上帝 제사
代宗 廣德二年(764)十一月丁未	安福寺	1일	郭子儀 入朝 환영
代宗 永泰元年(765)九月己酉	苑內	1일	吐蕃軍이 장안 근처까지 침입, 京師 계엄
代宗 大曆二年(767)二月壬午	昆明池	1일	踏靑
代宗 大曆三年(768)正月乙丑	章敬寺	1일	
代宗 大曆七年(772)十月壬子	禁苑	1일	
德宗 建中元年(780)正月辛未	郊丘	1일	제사
德宗 建中 2년(781) 2월 乙卯	望春樓	1일	京西 防秋兵 잔치 · 위로
德宗 建中四年(783)十月丁未-興元元年(784)七月壬午	咸陽→奉天→成固→梁州→鳳翔府→長安	276일	涇原軍의 반란
德宗 貞元元年(785)十一月癸卯[32]	圓丘	1일	昊天上帝 제사
德宗 貞元三年(787)七月丙寅	章敬寺	1일	

32 『資治通鑑』에서는 十月癸卯日의 기사로 기록함(『資治通鑑』 卷232 「唐紀」48 「德宗貞元元年冬十月癸卯條, 7467쪽)

德宗 貞元三年(787)十二月庚辰	新店	1일	
德宗 貞元六年(790)十一月庚午	郊丘	1일	昊天上帝 제사
德宗 貞元七年(791)七月癸酉	章敬寺	1일	시 짓기
德宗 貞元八年(792)七月	章敬寺		
德宗 貞元八年(792)十二月甲辰	城南(舊)/城東(新)		사냥
德宗 貞元九年(793)十一月乙酉	圓丘	1일	제사
德宗 貞元十年(794)十月丙辰	城南	1일	사냥
德宗 貞元 11년(795)二月乙巳?	苑中	1일	사냥
德宗 貞元 11년(795)十二月戊辰	苑中	1일	사냥
德宗 貞元 11년(795)겨울	諸營(左右十軍)	1일	
德宗 貞元 12년(796)九月庚戌	魚藻宮	1일	
德宗 貞元 13년(797)七月	魚藻宮	1일	祈雨
憲宗 元和二年(807)正月辛卯	郊丘	1일	昊天上帝
憲宗 元和三年(808)七月	苑中		사냥, 李吉甫 간언
憲宗 元和五年(810)正月	??		자주 사냥함, 柳公綽 간언
憲宗 元和 13년(818)十二月庚戌	鳳翔	?	佛骨 맞이
穆宗 元和 15년(820)二月丁亥	左神策軍	1일	角抵戲와 雜戲 구경
穆宗 元和 15년(820)六月	左神策軍	1일	차등 下賜
穆宗 元和 15년(820)七月乙卯	安國寺	1일	盂蘭盆 관람
穆宗 元和 15년(820)八月壬辰	魚藻池	1일	
穆宗 元和 15년(820)九月辛丑	魚藻宮	1일	大合樂, 競渡 구경
穆宗 元和 15년(820)十一月乙卯	金吾將軍 郭鏦城 南莊	1일	郭鏦城이 南莊 바침
穆宗 元和 15년(820)十一月己未	華淸宮	2일	複道를 통해 성을 나감
穆宗 元和 15년(820)十二月庚辰	城南	1일	臘日, 사냥
穆宗 元和 15년(820)十二月壬午	右[神策]軍, 城西	1일	擊鞠, 사냥(城西)
穆宗 元和 15년(820)十二月甲申	苑北	1일	사냥
穆宗 長慶元年(821)正月己亥朔	南郊		朝賀
穆宗 長慶元年(821)正月辛丑	圓丘	1일	昊天上帝 제사
穆宗 長慶二年(822)十月己卯	咸陽, 善因佛寺	1일	複道를 통해 이동
穆宗 長慶二年(822)十一月癸酉[33]	華淸宮→驪山	1일	皇太后 마중, 사냥(驪山)
敬宗 寶曆元年(825)正月辛亥	南郊	1일	昊天上帝 제사
敬宗 寶曆元年(825)五月庚戌	魚藻宮	1일	競渡 구경
敬宗 寶曆元年(825)十一月庚寅	溫湯	1일	
敬宗 寶曆二年(826)三月戊寅	魚藻宮	1일	競渡 구경
敬宗 寶曆二年(826)五月戊寅	魚藻宮	1일	競渡 구경
敬宗 寶曆二年(826)六月辛酉	凝碧池	1일	觀漁, 물고기 新池로 옮김
敬宗 寶曆二年(826)八月丙午	新池	1일	競渡 구경
敬宗 寶曆二年(826)十月丁未?	城南 華嚴寺	1일	연회, 百戲

33 『資治通鑑』에서는 十一月辛未日 기사로 보았음(『資治通鑑』 卷242 「唐紀」58 穆宗長慶二年條, 7822쪽)

敬宗 寶曆二年(826)十二月	夜獵→還宮	1일	打毬, 軍將들과 음주, 敬宗 살해(18세)
文宗 寶曆二年(826)十二月丙午	西宮	1일	喪服
文宗 大和三年(829)十一月甲申	南郊	1일	昊天上帝
文宗 大和三年(829)十一月甲午	圓丘	1일	제사, 天下 사면
文宗 大和四年(830)八月戊辰[34]	梨園亭, 會昌殿	1일	新樂 연주
文宗 大和七年(833)十二月庚子	望春宮	1일	병듦
文宗 大和九年(835)八月丁丑	左軍 龍首殿, 梨園, 含元殿	1일	大合樂(含元殿)
文宗 開成元年(836)三月庚申	龍首池	1일	시 짓기 등
武宗 開成五年(840)十一月癸酉朔	雲陽		校獵
武宗 會昌元年(841)正月庚戌(舊)/辛巳(新)[35]	郊廟(舊)/南郊(新)/圓丘(通)	1일	제사
武宗 會昌元年(841)二月壬寅	昆明池	1일	仇士良紀功碑 하사
武宗 會昌元年(841)十月	咸陽		校獵
武宗 會昌二年(842)七月	左神策軍	1일	閱武
武宗 會昌二年(842)十月	太白原[涇陽]	1일	校獵, 高少逸 간언
武宗 會昌二年(842)正月	白鹿原		
武宗 會昌四年(844)十月戊子?	鄠縣		사냥
武宗 會昌四年(844)正月(舊)/十二月(新·通)[36]	雲陽		校獵
武宗 會昌五年(845)正月辛亥	郊廟(舊)/南郊(新)	1일	제사
武宗 會昌五年(845)十二月	咸陽	1일	
武宗 會昌六年(846)十一月	涇陽	?	校獵(白兎原)
宣宗 大中元年(847)正月戊申(舊)/甲寅(新·通)[37]	郊廟	1일	제사
宣宗 大中八年(854)九月丙戌?	苑北	1일	樵夫 李行言과 대화
宣宗 大中九年(855)二月?	渭上	1일	
懿宗 咸通元年(860)十一月丁未(舊)/丁丑(新·通)[38]	郊廟	1일	제사
懿宗 咸通四年(863)正月庚午	圓丘	1일	제사
懿宗 咸通四年(863)二月甲午朔	16陵		참배
懿宗 咸通七年(866)?	?		잦은 宴遊(通)

34 『唐會要』에서는 七月의 일로 기록했음(『唐會要』 卷??? "太和四年(830)七月, 幸梨園會昌殿, 觀新樂.")

35 『資治通鑑』에서는 辛巳日에 圓丘에서 제사하고 天下에 사면했으며 改元했다고 기록했음(『資治通鑑』 卷246 「唐紀」62 武宗會昌元年條, 7948쪽, "春, 正月, 辛巳, 上祀圓丘, 赦天下, 改元.")

36 『資治通鑑』에서는 十二月의 일로 기록했음(『資治通鑑』 卷248 「唐紀」64 武宗會昌四年條, 8013쪽)

37 『資治通鑑』에서는 甲寅日 기사에 기록함(『資治通鑑』 卷248 「唐紀」64 宣宗大中元年條, 8028쪽, "春, 正月, 甲寅, 上祀圓丘, 赦天下, 改元.")

38 『資治通鑑』에서는 丁丑日 기사로 기록함(『資治通鑑』 卷250 「唐紀」66 懿宗咸通二年條, 8092쪽, "十一月, 丁丑, 上祀圓丘, 赦, 改元.")

僖宗 乾符二年(875)正月辛巳	圓丘(舊)/南郊(新)	1일	제사, 사면
僖宗 廣明元年(880)十一月壬戌	左神策軍	1일	閱武
僖宗 廣明元年(880)十二月甲申-光啓元年(885)三月丁卯	山南→興元→成都府→鳳翔 咸陽→鳳翔→興元→成都(新)	1544일	成都 몽진, 黃巢 입성(壬辰)
僖宗 光啓元年(885)十二月乙亥-文德元年(888)二月己丑	鳳翔→寶鷄→散關→興元→鳳翔→長安	795일	僖宗이 병에 걸리자 장안으로 환궁
昭宗 龍紀元年(889)十一月己丑朔(舊)/己酉(新)	圓丘(舊)/南郊(新)	1일	제사
昭宗 龍紀元年(889)十一月甲寅	圓丘	1일	제사
昭宗 乾寧二年(895)七月癸亥(舊)/庚申(新·通)-八月辛亥	承天門→永興坊 李筠 軍營→莎城鎭→石門	49일/52일	李克用의 공격, 피난
昭宗 乾寧三年(896)七月壬辰-光化元年(898)八月壬戌	渭北→富平→下邽→華州	751일	李茂貞의 장안 공격, 韓建의 수중에 넘어감
昭宗 光化元年(898)四月庚子	陟屺寺, 御莊(韓建 南莊)	1일	연회(韓建이 바친 御莊)
昭宗 光化元年(898)六月	西溪	1일	競渡 구경
昭宗 光化元年(898)四月	陟屺寺	1일	從官과 연회
昭宗 光化三年(900)十一月庚寅	苑中	1일	사냥
昭宗 天復元年(901)十一月壬子-3년(903)正月己巳	壽春殿→思政殿→鄠縣→鳳翔→朱全忠의 軍營→扶風→武功→興平→咸陽→長安	438일	韓全誨의 협박으로 李茂貞에게 의탁
昭宗 天復三年(903)正月己巳	長樂樓	1일	大赦, 百僚 稱賀
昭宗 天祐元年(904)正月丁巳(舊)/壬戌(通)-閏四月甲辰	陜州→穀水 行宮→徽安門/正殿	108일/103일	朱全忠의 강요로 낙양천도. 陜州에서 昭宗의 측근 제거, 朝賀(正殿)

출전: 『舊唐書』와 『新唐書』 本紀; 『唐會要』; 『資治通鑑』

부록 3. 「문성제남순비」 원문과 역주

1. 「문성제남순비」의 원문은 산서성고고연구소(山西省考古研究所) · 영구현문물국(靈丘縣文物局)의 보고서[1]에 실린 판독문을 따랐다.
2. 순행 수행관원의 명단은 지면 관계상 한문 원문만 나열하였다.
3. 주요 인물의 인적사항은 『北朝五史辭典』上 · 下(簡修煒 主編, 濟南: 山東敎育出版社, 2000)와 『中國歷史大辭典 · 魏晉南北朝卷』(中國歷史大辭典 · 魏晉南北朝史卷編纂委員會 編, 上海: 上海辭書出版社, 2000)을 참고하였다.
4. 사람과 사람 사이를 구분하기 위해 ,를 사용하였고, 한 사람이 복수의 관직과 작위를 가졌을 경우 한 칸을 띄어 구별하였다.

維和平二年, 歲在辛丑, 三月丁巳朔□, 皇帝南巡, 自定州至鄴都所過郡國. 禊于衡水之濱, 射于廣平之野. 于時, 皇宋[遣]使慶□□[報]修聘問之義, 貢殊方之□濱, 舞□□之舞, 奏金石之樂, 樂成禮畢. 謳歌之聲, 野夫有擊壤之歡[焉]. [刃]興安二年, 嘗[拉射]于此山. 復□安南將軍南鄭公毛□[仁] · 寧南前將軍魯陽侯韓道仁 · 內[阿]□宗[等數]百人, 皆出山數丈, 然□而射之……

화평 2년(461), 즉 간지로 신축년(辛丑年) 삼월 정사삭(丁巳朔, 3. 27)에 (누락글자 해석불능). 황제께서 남순(南巡)하셨다. 정주부터 업도(鄴都)[2]까지 관내 군국(郡國)을 지나가셨다. 형수(衡水)의 물가에서 계례(禊禮)[3]를 행하셨다. 광평(廣平)의 들에서 활을 쏘셨다. 이때 송(宋)이 사자를 보내 □□을 경축했고, 빙문지의(聘問之義)를 닦고, 수방(殊方)의 □□을(를) 바칠 것을 아뢰었다. □□의 무(舞)를 추게 했고, 악기를 이용하는 음악을 연주하게 하셨다. 음악이 끝나자 예도 끝났다. 황제의 공덕을 칭송하는 소리가 있었고, 야부(野夫)에게는 격양(擊壤)의 즐거움이 있었다. 흥안 2년(453)에 일찍이 이 산에서 활을 쏘셨다. 다시 안남장군(安南將軍) 남정공(南鄭公) 모□인(毛□[仁])[4]과 영남전장군(寧南前將軍) 노양후(魯陽侯) 한도인(韓道仁), 내[아]□종(內

---

1 山西省考古硏究所 · 靈丘縣文物局, 「山西靈丘北魏文成帝《南巡碑》」(『文物』 1997-12, 1997), 72오른쪽-78왼쪽.

2 북위시대 상주의 치소인 업이다.

3 장경첩(張慶捷)에 의하면 禊禮는 漢族 고유의 迎春의식이라고 한다(張慶捷, 「北魏文成帝《南巡碑》碑文考證」, 『考古』 1998-4, 1998, 82왼쪽-83왼쪽).

4 '毛□[仁]'은 모법인(毛法仁)으로 추정된다. 비석에서는 모법인의 벼슬을 '散騎常侍 安南將軍 尙書 羽眞 南

[阿]□宗) [등 수]백인이 모두 활을 쏘니 산 너머 수 장(丈)이나 날아갔다. …… (글자 누락으로 해석 불능) …… 활을 쐈다.[5]

侍中 撫軍大將軍 太子太傅 司徒公 平原王 步六孤伊□,[6] 侍中 特進 車騎大將軍 □太子太保 尙書 太原王 一佛步□□,[7] 六□將軍 羽眞 襄邑子 呂河一西,[8] 中常侍 寧東將軍 太子太保 尙書 西郡公 尉遲其地, 中常侍 寧西將軍 儀曹尙書 領中秘書 太子少師 彭城公 張益宗,[9] 中常侍 寧南將軍 太子少傅 尙書 平涼公 林金閭,[10] 散騎常侍 寧東將軍 西起部尙書 東海公 楊保年,[11]

郡公'이라고 표기하였다(山西省考古研究所 · 靈丘縣文物局, 「山西靈丘北魏文成帝《南巡碑》」, 73오른쪽; 張慶捷, 「北魏文成帝《南巡碑》碑文考證」, 81왼쪽).

5 『위서』 본기의 해당 부분 기록이다: "[화평 2년(461)] 이월 신묘일(2. 28)에 중산을 방문했다. 병오일(3. 17) 업에 이르렀으며, 드디어 신도를 순행했다. 3월 유준[유송의 효무제]이 사신을 파견해 조공(朝貢)했다. 여가가 지나는 곳마다 모두 친히 노인을 대면하고 백성의 질고(疾苦)를 물어보았다. 나이 80세 이상의 백성이 있으면, 아들 1인은 요역에 종사하지 못하도록 조서를 내렸다. 영구현(靈丘[縣]) 남쪽에 높이 400여 장(丈)인 산이 있었다. 여러 관리에게 산봉우리를 향해 활을 쏘게 명했지만, [화살은] 산봉우리를 넘길 수 없었다. 황제가 활을 당겨 화살을 쏘아 산을 30여 장(丈)이나 넘겼고 산 남쪽으로 220보를 지났다. 마침내 돌에 이 사실을 문자로 새기도록 했다. 이 달[즉 3월] 병주와 사주의 백성 5천 인을 징발하여 하서엽도(河西獵道)를 닦도록 했다. 신사일(4. 20)에 환궁했다(『魏書』 卷5 「高宗紀」 和平二年(461)條, 119쪽, "二月辛卯, 行幸中山. 丙午, 至于鄴, 遂幸信都. 三月, 劉駿遣使朝貢. 輿駕所過, 皆親對高年, 問民疾苦. 詔民年八十以上, 一子不從役. 靈丘南有山, 高四百餘丈. 乃詔群官仰射山峰, 無能踰者. 帝彎弧發矢, 出山三十餘丈, 過山南二百二十步, 遂刊石勒銘. 是月, 發幷 · 肆州五千人治河西獵道. 辛巳, 輿駕還宮.")."

6 『위서』의 육려이다(山西省考古研究所 · 靈丘縣文物局, 「山西靈丘北魏文成帝《南巡碑》」, 79오른쪽). 육려(?~465)는 대인(선비인)으로 육사(陸俟)의 아들이다. 태무제가 종애에게 살해된 후 전중상서(殿中尙書) 장손갈후(長孫渴侯) 등과 함께 문성제를 즉위시켰고, 그 공으로 평원왕(平原王)에 봉해졌다. 헌문제 초기에 을혼(乙渾)에게 살해되었다.

7 『위서』의 을혼(乙渾)이다(山西省考古研究所 · 靈丘縣文物局, 「山西靈丘北魏文成帝《南巡碑》」, 79오른쪽). 을혼(?-466)은 문성제 · 헌문제 시기에 활동하였다. 화평 6년(465) 문성제가 죽자 을혼은 조서를 위조하여 상서 양보년(楊保年) 등 조신들을 죽였다. 태위 승상에 임명되며 전권을 휘두르다가 천안원년(天安元年, 466) 풍태후에게 제거되었다.

8 장금룡(張金龍)에 따르면 여하(呂河)는 저인(氐人)의 여씨(呂氏)이다(張金龍, 「北魏文成帝《南巡碑》所見禁衛武官制度」, 『魏晉南北朝禁衛武官制度研究』, 北京: 中華書局, 2004, 714쪽).

9 장익종(張益宗)은 『위서』 권94 「엄관(閹官) · 장종지전(張宗之傳)」에 보인다(張金龍, 「北魏文成帝《南巡碑》所見禁衛武官制度」, 714쪽 주) 1; 松下憲一, 「北魏石刻史料に見える內朝官-「北魏文成帝南巡碑」の分析を中心に-」(附 北魏文成帝南巡碑碑陰), 『北魏胡族體制論』, 札幌: 北海道大學出版會, 2007, 75쪽).

10 임금려(林金閭)는 평원군(平原郡) 사람으로 효문정황후(孝文貞皇后) 임씨(林氏)의 숙부이다. 상태후(常太后)의 총애를 받았다. 벼슬은 상서에 이르렀으며 평량공(平涼公)에 봉해졌다. 헌문제 시기 을혼(乙渾)에게 살해되었다.

11 양보년(?~465)은 양보년(楊寶年)이라고도 한다. 북위에 귀순한 저인(氐人) 수령 양보종(楊保宗)과 양보현(楊保顯)의 형제이다. 상서(尙書)에 임명되었다. 화평 6년(465) 거기대장군(車騎大將軍) 을혼(乙渾)에게 살해되었다.

寧南將軍 殿中尙書 日南公 斛骨乙莫干, 左衛將軍 內都幢將 福祿子 乙旃惠也拔,[12] 寧□將軍 宰官內阿干[13] 魏昌男 代伏云右子尼, 左衛將軍 內阿干 太子左衛帥[14] 安吳子 乙旃阿奴, □□將軍 太子庶子 內阿干 晉安男 蓋婁太拔,[15] 揚烈將軍 內阿干 陰陵男 社利幡乃婁,[16] 安北將軍 內阿干 東平公 是婁勅萬斯, 寧東將軍 內阿干 建安男 尉遲沓亦干, 中常侍 寧南將軍 太子率更令 內阿干 南陽公 張天度,[17] 中常侍 □□□ 寧南將軍 太子家令 平陽公 賈愛仁,[18] 散□□□[19] 內阿干 嘉寧男 若干若周,[20] □□□□□□拔忍昕, □□□□□□□□普陵, □□□□□□□□陽男 吐難子如剔, □□□□□□□□□ 江乘男 一佛阿伏眞, 寧朔將軍 □□ 范陽子 韓天愛,[21] 中堅將軍 □□□□ □武子 賀若盤大羅, 庫部內阿干 □□庫蘭,[22] 內行內三郞 高平國, 內行內三郞

12 송하헌일은 을전혜야발(乙旃惠也拔)을 『위서』의 숙손발(叔孫拔)로 추정하였다(松下憲一, 「北魏石刻史料に見える內朝官」(附 北魏文成帝南巡碑碑陰), 75쪽).

13 '阿干(아간)'은 형(兄)을 뜻하는 선비어다. 돌궐어(突厥語)와 몽골어에도 형을 뜻하는 'aqa(n)'가 있다. 신라의 18대 임금인 실성니사금(實聖尼師今)의 장인 '석등보아간(昔登保阿干)'의 '阿干(아간)'이 관직명이라고 추정하기도 한다. 즉 고구려와 신라에서도 '兄(형)'이 관직명으로 사용되었을 가능성이 있다는 것이다(宋基中, 「新羅 前半期의 官職名 · 人名과 北方民族語」, 『震檀學報』 61, 1986, 150쪽).

14 원문에서는 '太子左衛帥(태자좌위수)'라 하였으나 '帥(수)'는 '率(솔)'의 오기(誤記)인 듯하다. 현대 중국어 발음은 모두 [shuai]이다. 태자좌위솔(太子左衛率)은 태화전직령(太和前職令)에는 없지만 후직령(後職令)에 따르면 종제3품(從第三品)의 벼슬이었다.

15 개루태발(蓋婁太拔)의 '개루(蓋婁)'는 개루(蓋樓)라고도 표기한다. 요미원(姚薇元)은 개루씨(蓋樓氏)가 노수호(盧水胡, 갈호(羯胡)라고도 함)의 성씨라고 보았고, 진련경(陳連慶)은 고구려의 성씨라고 보았다(張金龍, 「北魏文成帝《南巡碑》所見禁衛武官制度」, 733쪽).

16 장금룡은 사리(社利)가 질리씨(叱利氏)와 동일하다고 추정하였다. 질리(叱利)는 질렬(叱列)이라고도 하며 후에 리(利)로 바꾸었다(張金龍, 「北魏文成帝《南巡碑》所見禁衛武官制度」, 734쪽).

17 장천탁(張天度, ?~530)은 환관(閹官)일 가능성이 높다(張金龍, 「北魏文成帝《南巡碑》所見禁衛武官制度」, 733쪽). 화평 6년(465) 거기대장군 을혼(乙渾)에게 살해되었다.

18 가애인(賈愛仁)은 사서에 보이지만 구체적인 정보는 없다. 환관(閹官)일 가능성이 높다(張金龍, 「北魏文成帝《南巡碑》所見禁衛武官制度」, 733쪽). 화평 6년(465) 거기대장군 을혼(乙渾)에게 살해되었다.

19 『위서』 권44 「구퇴전(苟頹傳)」에 따르면 약간약주는 산기상시 상서를 거쳐 태화년간에 안남장군 예주자사 영천후(潁川侯)에 임명되었다. 따라서 본문의 '散□□□'의 누락된 세 글자는 산기상시의 '騎常侍(기상시)'이나(張金龍, 「北魏文成帝《南巡碑》所見禁衛武官制度」, 732쪽; 川本芳昭, 「北魏文成帝南巡碑について」, 『九州大學東洋史論集』 28, 2000, 27위쪽).

20 약간약주(若干若周)는 『위서』의 구약주(苟若周)이며 구퇴(苟頹)[약간퇴(若干頹)]의 아우이다(張金龍, 「北魏文成帝《南巡碑》所見禁衛武官制度」, 732쪽; 松下憲一, 「北魏石刻史料に見える內朝官」(附 北魏文成帝南巡碑碑陰), 76쪽).

21 한천애(韓天愛)는 『위서』 권51 「한균전(韓均傳)」에 보인다(松下憲一, 「北魏石刻史料に見える內朝官」(附 北魏文成帝南巡碑碑陰), 76쪽).

22 庫部內阿干(고부내아간) □□庫蘭(□□고란)이 『위서』 권44 「이불전(伊馛傳)」에 보이는 이불(伊馛)의 아들 이란(伊蘭)이다(松下憲一, 「北魏石刻史料に見える內朝官」(附 北魏文成帝南巡碑碑陰), 76쪽). 이란은 고부상서(庫部尙書)를 역임하였으며 '이(伊)'는 효문제 시기 호성(胡姓)의 한성(漢姓) 개칭 이전에 이루씨(伊婁氏)였다(張金龍, 「北魏文成帝《南巡碑》所見禁衛武官制度」, 732쪽).

段魚陽, 寧朔將軍 內行令 水平子 胡墨田, 廣威將軍 建德子 內行內小 賀若貸別, 內行內小 步六孤龍成[23] 內行內小 賀賴去本, 內行內小 素和莫各豆 內行內小 □金□, 內行內小 乙旃伏洛汗 內行內小 □□□□, 內行內小 □□他仁, 內行內小 伊樓諾, 內行內小 挾庫仁眞, 內行內小 馬槖,[24] 內行內小 高□各拔,[25] 內行內小 叱羅騏, 內行內小 吐伏盧大引 內行內小 步六孤羅, 內行內小 衛道溫,[26] 內行內小 乙旃俟俟, 內行內小 同□各拔,[27] 內行內小 呂□,[28] 內行內小 韓□生,[29] 內行內小 莫耐, 鷹揚將軍 內行令 蔡陽男 宿六斤阿□,[30] 內行令 勅懃[31] □六孤. 右五十一人內侍之官. (이상 第1列)

□□□□□□□□□□□□□, 右將□□□□□□□□□□□□, □材將□□□□□□□□□□懃天□, …… (93字 판독 불능) ……, □□將軍□列□□□王□□提折閭□, 衛大將軍 樂安王 直懃[32]

---

23 보육고용성(步六孤龍成)은 『위서』(권40)의 육용성(陸龍成)이다(松下憲一, 「北魏石刻史料に見える內朝官」(附 北魏文成帝南巡碑碑陰), 76쪽). 육용성은 육사(陸俟)의 아들로 젊어서 공신의 자제로서 중산(中散)에 임명되었고 산기상시(散騎常侍), 안남장군(安南將軍), 청주자사(靑州刺史) 등을 역임하였으며 영안자(永安子)에 봉해졌다.

24 '마탁(馬槖)'의 마씨(馬氏)는 고구려인의 성씨라고 한다(陳連慶, 『中國古代少數民族姓氏硏究』, 長春: 吉林文史出版社, 1993, 271-272쪽; 張金龍, 「北魏文成帝《南巡碑》所見禁衛武官制度」, 735쪽).

25 '高□各拔(고□각발)'의 고씨(高氏)는 고구려의 성씨이므로(陳連慶, 『中國古代少數民族姓氏硏究』, 271-272쪽) 고□각발은 고구려 출신이라고 한다(張金龍, 「北魏文成帝《南巡碑》所見禁衛武官制度」, 735쪽).

26 장금룡은 위도온(衛道溫)이 위조(衛操) 혹은 친척의 후손이라고 보았다(張金龍, 「北魏文成帝《南巡碑》所見禁衛武官制度」, 735쪽).

27 강인(羌人)에 본래 동제씨(同蹄氏)인 동씨(同氏)가 있기 때문에(陳連慶, 『中國古代少數民族姓氏硏究』, 271-272쪽) 장금룡은 '同□各拔(동□각발)'이 본래 강인(羌人)에 속한다고 추정하였다(張金龍, 「北魏文成帝《南巡碑》所見禁衛武官制度」, 735쪽).

28 장금룡은 저인(氐人)의 여씨(呂氏)로 추정하였다(張金龍, 「北魏文成帝《南巡碑》所見禁衛武官制度」, 735쪽).

29 장금룡은 흉노의 한씨(韓氏)로 추정하였다(張金龍, 「北魏文成帝《南巡碑》所見禁衛武官制度」, 735쪽).

30 『위서』(권30)의 숙석이다(山西省考古硏究所 · 靈丘縣文物局, 「山西靈丘北魏文成帝《南巡碑》」, 79오른쪽; 松下憲一, 「北魏石刻史料に見える內朝官」(附 北魏文成帝南巡碑碑陰), 77쪽). 숙석(433-471)의 본성은 혁련(赫連)이며 조부 때 숙(숙육근 혹은 숙근)으로 사성되었다. 13세에 한안남(漢安男)의 작위를 이어받았고 중산(中散)에 임명되었다. 벼슬은 이부상서(吏部尙書)에 이르렀고 태산공(太山公)에 봉해졌다. 사후 태원왕(太原王)으로 추증되었다.

31 '勅懃(칙근)'은 '直懃(직근)'의 오기로 보인다.

32 直懃(직근)은 '直勤(직근)' 혹은 '直勒(직륵)'이라고도 표기되며 당대(唐代)에는 '特勤(특근, 오르콘 비문의 tegin의 音譯)'으로 표기되었다. 직근은 황실(皇室)의 남성 혹은 중국의 어감으로는 종실제왕(宗室諸王)을 뜻한다(Boodberg, Peter A., "The Language of the T'o-Pa Wei", *Harvard Journal of Asiatic Studies*, Vol. 1 No. 2, 1936, 172쪽 및 176쪽; 羅新, 「北魏直勤考」, 『歷史硏究』 2004-5, 2004, 24-38쪽). 송하헌일은 직근(直懃)이 『남제서』 「위로전」에 보이는 '直眞(직진)'과 동일한 뜻으로 보았다. 즉 '內左右(내좌우)=直懃(직근)=直眞(직진)=종실(宗室)'의 등식이 성립한다(松下憲一, 「北魏石刻史料に見える內朝官」(附 北魏文成帝南巡碑碑陰), 70쪽).

何良,[33] 平東將軍 樂良王 直懃 出大汗□,[34] 征西將軍 常山王 直懃 □□連戊烈,[35] 散騎常侍 征東將軍 光祿□□ 中山公 杜豐,[36] 散騎常侍 平西將軍 駕部尙書 □陽公 □□尸婆, 征東大將軍 駙馬都尉 □□郡王 茹茹常友, 散騎常侍 龍□將軍 □□公 素和勅侯伏, 侍中 安南大將軍 殿中尙書 □□ 東安王 獨孤侯尼須,[37] 侍中 尙書左僕射 安南將軍 □□□ 平昌公 素和其奴,[38] 平東將軍 選部尙書 □□ 陽樂侯 常伯夫,[39] 散騎常侍 安南將軍 尙書 羽眞 南郡公[40] 毛法仁,[41] 武威

33 『위서』(권17)의 낙안왕(樂安王) 원량(元良)이다(山西省考古硏究所 · 靈丘縣文物局, 「山西靈丘北魏文成帝《南巡碑》」, 79오른쪽; 松下憲一, 「北魏石刻史料に見える內朝官」(附 北魏文成帝南巡碑碑陰), 77쪽). 원범(元範)의 장자이다. 용맹하고 지식이 많아 군국대계(軍國大計)의 결정에 참여하였다. 문성제 시기에 낙안왕의 작위를 세습하였다. 장안진도대장(長安鎭都大將), 옹주자사(雍州刺史), 내도대관(內都大官) 등을 역임하였다.

34 『위서』(권19상)의 낙량왕(樂良王) 원만수(元萬壽)이다(山西省考古硏究所 · 靈丘縣文物局, 「山西靈丘北魏文成帝《南巡碑》」, 79오른쪽). 원만수(?~462)는 탁발황의 아들이다. 화평 2년(461) 낙랑왕(樂浪王, 낙량왕(樂良王)이라고도 함)에 봉해졌다. 진동대장군(鎭東大將軍)에 임명되어 화룡(和龍)에 주둔하였다. 탐욕하고 포악하여 평성으로 소환되는 도중 사망하였다. 송하헌일은 낙량왕 책봉이 화평 3년의 일로 보았다(松下憲一, 「北魏石刻史料に見える內朝官」(附 北魏文成帝南巡碑碑陰), 77쪽).

35 『위서』(권15)의 상산왕(常山王) 원소(元素)이다(山西省考古硏究所 · 靈丘縣文物局, 「山西靈丘北魏文成帝《南巡碑》」, 79오른쪽; 松下憲一, 「北魏石刻史料に見える內朝官」(附 北魏文成帝南巡碑碑陰), 77쪽). 원소(?-462)는 원준(元遵)의 아들이다. 태무제초에 상산왕(常山王)의 작위를 세습하였다. 휴도(休屠) 욱원(郁原)의 반란을 평정하였다. 하(夏)의 통만성(統萬城)을 평정한 후 가절(假節) 진서대장군(鎭西大將軍)에 임명되어 통만성에 주둔하였다. 후에 내도대관(內都大官)에 임명되었다.

36 두풍(杜豐)은 태무제 시기에 중산공(中山公)에 봉해졌다. 태평진군 6년(445) 정예 기병을 이끌고 토욕혼을 추격하여 격파하였다.

37 『위서』(권30)의 유니이다(山西省考古硏究所 · 靈丘縣文物局, 「山西靈丘北魏文成帝《南巡碑》」, 79오른쪽; 松下憲一, 「北魏石刻史料に見える內朝官」(附 北魏文成帝南巡碑碑陰), 78쪽). 유니(?~474)의 원래의 성은 독고씨(獨孤氏)이며, 유루(劉婁)의 아들이다. 종애를 제거하고 문성제를 세운 공으로 내행장에 임명되었다. 후에 동안왕(東安王)으로 진봉(進封)되었고 문성제 말년에는 사도(司徒)에 임명되었다.

38 '소화기노(素和其奴)'는 『위서』(권44)의 화기노(和其奴)이다(『魏書』 卷44 「和其奴傳」, 993쪽; 松下憲一, 「北魏石刻史料に見える內朝官」(附 北魏文成帝南巡碑碑陰), 78쪽). 화기노(?~469)는 우림중랑(羽林中郞)으로 벼슬을 시작하였고, 문성제 시기에는 산기상시(散騎常侍)에 임명되고 평창공(平昌公)에 봉해졌다. 후에 사공(司空) 시중(侍中)을 역임하였다.

39 상백부(常伯夫)는 문성제의 보태후(保太后) 상씨(常氏)의 일족이다. 산기상시(散騎常侍), 선부상서(選部尙書), 낙주자사(洛州刺史)를 역임하였다(『魏書』 卷83上 「外戚 · 常英傳」, 1817-1818쪽).

40 비문의 앞부분에서는 모법인의 관작을 '안남장군(安南將軍) 남정공(南鄭公)'이라 표기하였다(山西省考古硏究所 · 靈丘縣文物局, 「山西靈丘北魏文成帝《南巡碑》」, 72오른쪽, "…… 復□安南將軍南鄭公毛□[仁] ……"). 본문의 관작과 비교하면 '안남장군 남정공'은 약칭이며, 남정공(南鄭公)은 본문의 남군공(南郡公)과 차이가 있다.

41 모법인(毛法仁, ?~465)은 형양군(滎陽郡) 양무현(陽武縣) 사람이며, 모수지(毛脩之)의 아들이다. 문성제 시기에 금부상서(金部尙書), 전중상서(殿中尙書), 산기상시(散騎常侍)를 역임하였다. 사후 남군왕(南郡王)으로 추봉되었고 시호는 위(威)이다.

將軍 特□[42] □城子 比子乙得, 散騎常侍 □□□□□部尚書 丹陽公 符眞衛, 寧東將□□□□□侯胡優比西□陀,[43] 散騎常侍 □□□□□□ 安復侯 拔拔俟俟頭, 散騎常侍 □□□□□ 太子少保 儀曹尙書 扶風公 李眞奴,[44] 散騎常侍 □□□□ □□尙書 汝南公 袁紇尉斛, 散騎常侍 □□□□□ □部尙書 興平侯 宜懃[45] 渴侯, 寧□將軍 □□□□□□□ 永興侯 熱阿久仁, □□□□□□□□□□□□[46] 順陽公 直懃 郁豆眷,[47] □□□□□□□□□□□□ 選部尙書 長廣公 豆連求周,[48] □□□□□□□□□□尙書[49] 東□公 黃盧頭,[50] □□□□□□□□□□□□□書 高都公 慕容白曜,[51] □□□□□□□□□□[52] 魯陽侯 韓道仁,[53] □□□□□□□□□□□拔□地

---

42 천본방소는 원문 '特ㅁ'의 '特(특)' 자 뒤에 누락된 글자가 '進(진)'이라고 추정하였다(川本芳昭, 「北魏文成帝南巡碑について」, 28위쪽). 특진(特進)은 관명(당대의 용어로는 산관(散官)임)이다.

43 천본방소는 '寧東將(영동장)' 뒤의 누락된 글자가 '軍(군)' 자로 추정하였다(川本芳昭, 「北魏文成帝南巡碑について」, 28위쪽).

44 이진노(李眞奴)는 『위서』 권46 「이흔전(李訢傳)」에 보인다(松下憲一, 「北魏石刻史料に見える內朝官」(附 北魏文成帝南巡碑碑陰), 78쪽).

45 '宜懃(의근)'은 '直懃(직근)'의 오기이다. 북위의 황실 탁발씨 일족을 지칭한다.

46 원욱은 문성제 시기에 전중상서에 임명되었다(『魏書』 卷14 「神元平文諸帝子孫 · 順陽公郁傳」, 347쪽, "高宗時, 位殿中尙書. 從高宗東巡臨海, 以勞賜爵順陽公."). 따라서 『위서』 원욱전을 통해 순양공 앞에 누락된 단어 가운데 '殿中尙書(전중상서)'가 있었을 것이다.

47 『위서』(권14)의 원욱(元郁)이다(山西省考古硏究所 · 靈丘縣文物局, 「山西靈丘北魏文成帝《南巡碑》」, 79오른쪽; 松下憲一, 「北魏石刻史料に見える內朝官」(附 北魏文成帝南巡碑碑陰), 78쪽). 원욱(?~465?)은 환제(桓帝) 의타(猗㐌)의 후손이다. 문성제 시기 전중상서(殿中尙書)에 임명되었고 순양공(順陽公)의 작위를 받았다. 문성제가 죽고 을혼이 권력을 휘두르자 전중위사(殿中衛士) 수백 명을 이끌고 들어가 을혼을 제거하려 했으나 을혼이 헌문제에게 권력을 넘겼다. 후에 다시 을혼을 살해하려고 모의하다가 을혼에게 주살되었다.

48 두련구주(豆連求周)는 『위서』 권30 「두구주전(豆求周傳)」의 두구주(豆求周)이다(松下憲一, 「北魏石刻史料に見える內朝官」(附 北魏文成帝南巡碑碑陰), 78쪽). 두구주는 두주구(豆周求)라고도 한다. 두대전(豆代田)의 아들이다. 내삼랑(內三郞)으로 벼슬을 시작하였고 장광공(長廣公)을 습작(襲爵)하였다. 벼슬은 이부상서(吏部尙書)에 이르렀다.

49 『위서』(119쪽)에는 '南部尙書黃盧頭(남부상서황로두)'라고 하였다(松下憲一, 「北魏石刻史料に見える內朝官」(附 北魏文成帝南巡碑碑陰), 78쪽). 따라서 '尙書(상서)' 앞에 누락된 단어는 '南部(남부)'일 것이다.

50 황로두(黃盧頭)는 문성제 시기에 남부상서(南部尙書)를 역임하였다. 화평 2년(461) 조서를 받아 제주(諸州)의 고과(考課) 업무를 처리하였다.

51 모용백요(慕容白曜)는 『위서』 권50 「모용백요전(慕容白曜傳)」 참조(松下憲一, 「北魏石刻史料に見える內朝官」(附 北魏文成帝南巡碑碑陰), 78쪽). 모용백요(?~470)는 창려군(昌黎郡) 극성현(棘城縣) 출신의 선비인이며 모용황(慕容皝)의 현손(玄孫)이다. 문성제 시기에 북부상서(北部尙書)에 임명되었고, 문성제 사후 을혼(乙渾)과 공동으로 조정(朝政)을 처리하였다. 유송의 청주(靑州) 일대를 점령하였다. 이 공으로 청주자사(靑州刺史)에 임명되고 제남왕(濟南王)에 봉해졌다. 후에 을혼에게 살해되었다.

52 한도인(韓道仁)은 아버지의 작위(노양후)를 세습하였고 벼슬이 전중상서(殿中尙書)에 이르렀다(松下憲一, 「北魏石刻史料に見える內朝官」(附 北魏文成帝南巡碑碑陰), 78쪽). 그러나 〈문성제남순비〉에서는 '영남전장군(寧南前將軍) 노양후(魯陽侯) 한도인(韓道仁)'이라 표기하였다(山西省考古硏究所 · 靈丘縣文物局, 「山西靈丘北魏文成帝《南巡碑》」, 72오른쪽, "……寧南前將軍魯陽侯韓道仁……"). 따라서 누락된 관명

力勳眞, □□□□□□□□□□□ 野王侯 呂羅漢,[54] □□□□□□□□□ 斛律諾斗拔, □□□□□□□□□□ □□侯 斛律頞拔, □□□□□□□□□□□中 濟陽男 孔伯恭,[55] □□□□□□□□ □□男 胡莫那, □□□□□□□□□□□ 素和匹于堤, □□□□□□□□□□□□□右以斤, □□□□□□□□□□□□□勳 倍斤, □□□□□□□□□□□□□□天愛, □□□□□□□□□□□□□□□乾, □□□□□□□□□□□□□□□兒, □□□□□□□□□□□□□□□(이상 第2列)

中堅將軍 內三郎□將 南□□□□, 折衝將軍 內三郎□□□□□□□□□, □□將軍 內三郎□□ 特士何□□, 右將軍 內三郎□□□□ 素□[56]與娥鷲, □□將軍 內三郎□□□□□□□□, 鷹揚將軍 內三郎□□ 賀□□婁, 中壘將軍 □□□□ 素和使若須, 寧朔將軍 都長史 給事中 河中□□子 蓋婁內亦干, 威遠將軍 都長史 給事中 高平男 楊丑頽, 左將軍 給事 夷都將 越勳右以斤, 鷹揚將軍 太官給事 慕容男吳都, 右衛將軍 駕部給事 □惕乙二小, 寧遠將軍 駕部給事 □□□□進蒙, 右軍將軍 殿中給事 □□子 丘目陵□仁,[57] 振武將軍 殿中給事 □□□□烏地干, □□將軍 殿中給事 壽張子 胡翼以吉智, 綏遠將軍 中書給事 李何思, 驍騎將軍 給事 新安子 趙騰, 驍騎將軍 給事 武安子 任玄通, 鷹揚將軍 給事 馳魚男 楊思福, 折衝將軍 給事 南□男 胡比他紇, 東鉀杖庫給事 拔烈蘭眞樹,[58] 宣威將軍 殿中給事 出大汗僖德, 驍騎將軍 殿中給事 武原子 屋引立眞□, 驍騎將軍 殿中給事 新安子 莫那婁愛仁, 驤威將軍 內三郎 斛骨呈羯, 輕車將軍 內三郎 泰昌男 趙三月, 武毅將軍 內三郎 斛律莫烈, 內三郎 高長城, 內三郎 其連受

에 '영남전장군(寧南前將軍)'이 포함될 것이다.

53 한도인(韓道仁)은 남양군(南陽郡) 자양현(赭陽縣) 사람이며, 한연지(韓延之)의 아들이다. 태무제 시기 노양후(魯陽侯)의 작위를 습봉(襲封)하였고 전중상서(殿中尙書)에 임명되었다. 후에 서평후(西平侯)에 봉해졌다.

54 여나한(呂羅漢, ?~482)은 동평군(東平郡) 수장현(壽張縣) 사람이며, 여온(呂溫)의 아들이다. 젊어서 용감하고 무예가 뛰어나 이름이 알려졌다. 군공(軍功)을 세워 우림중랑(羽林中郎), 진서장군(鎭西將軍), 진익2주자사(秦益二州刺史)에 임명되었고, 오정자(烏程子), 야왕후(野王侯), 산양공(山陽公) 등의 작위를 받았다. 시호는 장공(莊公)이다.

55 공백공(孔伯恭, ?~469)은 위군(魏郡) 업현(鄴縣) 사람이며 공소(孔昭)의 둘째 아들이다. 급사중으로 벼슬을 시작하여 제주자사(濟州刺史), 진동장군(鎭東將軍)을 역임하였다. 여러 차례 유송의 군대를 격파하였다.

56 천본방소는 '素(소)' 다음의 누락된 글자가 '和(화)'라고 추정하였다(川本芳昭, 「北魏文成帝南巡碑について」, 29위쪽). '소화(素和)'는 호인의 성 가운데 하나이다.

57 송하헌일은 '전중급사(殿中給事)'에 주목하여 '丘目陵□仁(구목릉□인)'이 『위서』(권27)의 목다후(穆多侯)로 추정하였다. 목다후는 전중급사, 좌장군(左將軍)을 역임하였으며 장녕자(長寧子)에 봉해졌다(松下憲一, 「北魏石刻史料に見える內朝官」(附 北魏文成帝南巡碑碑陰), 79쪽).

58 발열란씨(拔烈蘭氏)는 오락란씨(烏洛蘭氏)라고도 하며 효문제 시기에 난씨(蘭氏)라고 바꾸었다. 이는 흉노(도각) 4성의 하나인 난씨(蘭氏)와 밀접한 관계가 있다고 한다(姚薇元, 『北朝胡姓考』, 中華書局, 1962, 230-232쪽; 張金龍, 「北魏文成帝《南巡碑》所見禁衛武官制度」, 738쪽).

洛拔, 內三郎 獨孤□□, 宣威將軍 典弩庫 內三郎 拔烈蘭黃頭, 前將軍 內三郎 鍾離侯 斛律羽都居, 明威將軍 斛洛眞軍將 內三郎 万忸于忿提,[59] 奮威將軍 內三郎 永寧子 直懃 苟黃, 後軍將軍 內三郎 遂安子 直懃 烏地延, 明威將軍 內三郎 殷普陵, 寧朔將軍 內三郎 晉安子 斛律出六拔, 折衝將軍 內三郎 沙渠男 獨孤去頹, 厲威將軍 內三郎 達奚屈居陵, 厲威將軍 內三郎 封平吳, 厲威將軍 內三郎 三次, 威烈將軍 內三郎 大□長命, 伏波將軍 內三郎 比陽男 達奚庫句, 威寇將軍 內三郎 契胡庫力延, 威寇將軍 內三郎 蓋毛萬言眞, 內三郎 直懃 烏地干, 威寇將軍 內三郎 直懃 解愁,[60] 威虜將軍 賀渾吐略渥 和稽乞魚提, 威武將軍 內三郎 獨孤他突, 廣威將軍 內三郎 素和具文, 廣威將軍 內三郎 步六孤步斗官(이상 第3列)

折衝將軍 內三郎 北德男 □□匹和以斤, 右將軍 內三郎 □□男 □和拔□□, □□將軍 內三郎 □比首□□, 輕車將軍 內三郎 王□□, 武烈將軍 內三郎 □□尉□, 武烈將軍 內三郎 直懃 他莫行, 輕車將軍 內三郎 野陟男 □□□懃, 寧遠將軍 內三郎 比陽男 拔烈蘭步愛, 武烈將軍 內三郎 獨孤乙以愛, 奮武將軍 內三郎 趙道生, 輕車將軍 內三郎 夾道男 獨孤□□, 武毅將軍 內三郎 □壬去右, 揚烈將軍 內三郎 □□男 段去斤, 揚烈將軍 內三郎 祁陽男 大野□石頂, 揚烈將軍 內三郎 靈開男 茹茹命以斤, 揚烈將軍 內三郎 永寧男 斛律西婼, 宣威將軍 內三郎 直懃 斛盧, 武毅將軍 內三郎 勅煩阿六敦, 武毅將軍 內三郎 叱羅吳提, 武毅將軍 內三郎 斛律伏和眞, 內三郎 袁紇退賀拔, 內三郎 侯莫陳烏孤, 內三郎 契胡烏已, 內三郎 折枋俠提, 內三郎 素和斛提, 內三郎 怡吳提, 內三郎 奚斗孤男□,[61] 內三郎 直懃 阿各拔, 內三郎 直懃 來豆眷, 內三郎 叱干幡引, 內三郎 孟菩薩, 內三郎 丘目陵吳提, 內三郎 王右右引, 內三郎 張仆蘭, 內三郎 王洛生, 揚鷹將軍 北部折紇眞 宣道男 泣利傳但, 左衛將軍 南部折紇眞 平棘子 李敷,[62] 宣威將軍 主客折紇眞 侯文出六于, 建威將軍 □□折紇眞 建德子 獨孤平城, 游擊將軍 內都坐折紇眞 曲梁子 叱奴地□, 宣威將軍 折紇眞 直懃 □, 中都坐折紇眞, 外都坐折紇眞, 宣威將軍 □, 賀渾吐略渥 厙狄□, 征虜將軍 令方興侯 素和, 中堅將軍 庫部內小幢將 都, 揚威將軍 內小幢將□,

---

59 장금룡은 만뉴우분제(万忸于忿提)를 『위서』의 우열(于烈)이라고 추측하였다. 『위서』 권31 「우열전(于烈傳)」에 우열이 우림중랑(羽林中郎)과 우림중랑장(羽林中郎將)을 역임하였으며, 화평 2년 당시 25세로 내삼랑(內三郎)에 적합한 나이라는 것이다(張金龍, 「北魏文成帝《南巡碑》所見禁衛武官制度」, 720쪽). 우열(437~501)은 선비인이었다. 효문제가 낙양으로 천도할 때 명을 받들어 옛 수도 평성을 지켰다. 영군장군(領軍將軍)에 임명되었고, 선무제가 즉위한 후 조서를 받들어 함양왕 원희의 권력을 빼앗는 친위쿠데타에 참여하였다. 이어 원희의 반란을 진압하였다.

60 송하헌일은 해수(解愁)를 『위서』(130쪽)의 원해수(元解愁)로 보았다(松下憲一, 「北魏石刻史料に見える內朝官」(附 北魏文成帝南巡碑碑陰), 80쪽). 원해수는 북위 종실이며 팽성진장(彭城鎭將)에 임명되었으나 성 안으로 들어온 군도(群盜)에게 살해되었다.

61 해두고씨(奚斗孤氏)는 해두로씨(奚斗盧氏)의 오기라고 한다. 해두로는 후에 삭로(索盧)[노(盧)]로 바꾸었다.

62 이부(李敷, ?~470)는 조군 평극현(平棘縣) 사람이다. 이순(李順)의 아들이며 자는 경문(景文)이다. 문성제와 풍태후의 총애를 받아 국정에 참여하였다. 후에 이흔(李訢)의 참소를 받아 헌문제에게 살해되었다.

宣威將軍 內小幢將, 中堅將軍 身侯樂, 前軍將軍, 鷹揚將軍, 太, 奮武, 威虜, 中壘. (이상 第4列)

宣威將軍 □□□□, 宣威將軍 □□ 三郎幢將, 宣威將軍 三郎幢將, 三郎幢將, 三郎幢將, 三郎幢將, 宣威將軍 三郎幢將, 三郎幢將 □□, 陵江將軍 三郎幢將 □□□□, 折衝將軍 三郎幢將 □□□□, 鷹揚將軍 三郎幢將 □□□□, 宣威將軍 三郎幢將 □□□□□, 宣威將軍 三郎幢將 □□□□□□□□, 三郎幢將 拔拔古斤□□, 折衝將軍 三郎幢將 □□□□□□□折, 三郎幢將 獨孤□眞, 雅樂眞幢將 堂賓侯其惠, 前軍將軍 雅樂眞幢將 □□ 素和□思拔, 宣威將軍 雅樂眞幢將 直懃 木□, 後軍將軍 雅樂眞幢將 □□子 □, 雅樂眞幢將 步六孤, 宣威將軍 雅樂眞, 雅樂眞幢將, 陵江將軍, 威遠將軍, 宣威將軍, 宣威將軍, 揚武將軍, 後軍將軍, 宣威將, 後軍□□□□□□□□□□□□□□□, □西將軍 □□, □將軍 □□□□以, □將軍 □□□□□, □將軍 直懃 乳樹, 三郎幢將 尉□□□, □□軍[63] 三郎幢將 張壙比, 三郎幢將 □□子 長兒大食勤, 三郎幢將 采洛生, □□□□□□□. (이상 제 5列)

威, 威□, 丹東將, 輕車將, 折衝將, □軍史□□□, □□□□招子□□□□, □□將軍 □□□□□□□□□□□□史□□, □□將軍 □□□□□□□, □□將軍, 宣威將軍 □令尸□那□于□, □□將軍 □□□□□愛□, 右軍將軍 □□□拔天封河光, 後軍將軍 □都令□拔扎□有□, 宣威將軍 □大□令紇莫成, 都長史 □□ 杖庫令 怡長命, 建中將, □□將軍. (이상 第6列)

宣威將, 宣威將軍, 宣威將軍, 宣威將軍, 威□將軍 斛洛眞, 斛洛眞 □□, 斛洛眞 □叱, 斛洛眞 紇紇□, 宣威將軍 斛洛眞, 斛洛眞 糸名直, 斛洛眞 □賀賴內□□, 斛洛眞 □□□. (이상 第7列)

爾頭, 豆豆歸, 受禮也□. (이상 一列)[64]

鷹揚將軍 斛, 鷹揚將軍 斛, 宣威將軍, 鷹揚. (이상 또다른 列)[65]

---

63 천본방소는 '軍(군)' 앞의 누락된 두 글자 가운데 뒤의 글자가 '將(장)'이라고 추정하였다(川本芳昭, 「北魏文成帝南巡碑について」, 32위쪽).

64 잔비(殘碑)에 적힌 내용으로 내용으로 볼 때 제 6열 혹은 7열로 추정된다(山西省考古研究所 · 靈丘縣文物局, 「山西靈丘北魏文成帝《南巡碑》」, 78왼쪽).

65 잔비(殘碑)에 적힌 내용으로 볼 때 제 6열 혹은 7열로 추정된다(위와 같음).

부록 4.「조비간묘문」의 수행관원 명단(원문)

1.「弔比干墓文(弔比干墓文)」의 수행관원 명단은 『금석췌편(金石萃編)』에 수록된 「효문조비간묘문(孝文弔比干墓文)」에 의거하였다.[1]

2. 띄어쓰기는 필자의 표점이다.

3. 주요 인물의 인적사항은 『北朝五史辭典』上 · 下(簡修煒 主編, 濟南: 山東教育出版社, 2000)와 『中國歷史大辭典 · 魏晉南北朝卷』(中國歷史大辭典 · 魏晉南北朝史卷編纂委員會 編, 上海: 上海辭書出版社, 2000)을 참고하였다.

使持節 驃騎大將軍 都督司豫荊郢洛東荊六州諸軍事 開府 司州牧 咸陽王 口(?) 河南郡 元木[2]

侍中 司徒公 都督中外諸軍事 太子太師 駙馬 長樂郡開國公 臣 長樂郡 馮誕[3]

使持節 司空公 太子太傅 長樂公 河南郡 丘目陵亮[4]

特進 太子太保 廣陵王 臣 河南郡 元羽[5]

侍中 始平王 臣 河南郡 元勰[6]

兼尙書右僕射 吏部尙書 任城王 臣 河南郡 元澄[7]

---

1 『金石萃編』(『石刻史料叢書』(臺北 : 藝文印書館, 1980) 卷 27 「孝文弔比干墓文」, 5뒤쪽~10앞쪽.

2 원문에는 좌부방에 '木(목)' 자만 있으나 관명으로 보면 효문제의 아우인 함양왕 원희를 지칭한다. 원희(?~501)의 자(字)는 영수(永壽), 혹은 사영(思永)이며, 효문제의 아우이다. 효문제가 사망할 때 조카인 선무제의 보정대신에 임명되었으나, 선무제의 친위쿠데타로 권력을 빼앗겼고, 후에 선무제를 폐하려고 반란을 일으키다가 실패하여 피살되었다.

3 풍탄(馮誕, ?~495)의 자는 사정(思政)이며, 장락군(長樂郡) 신도현(信都縣) 사람이다. 고모 풍태후 덕분에 효문제의 누이와 결혼하여 부마가 되었고 고관이 되었다. 태화 19년(495) 효문제의 남벌에 종군했다가 종리(鍾離)에서 병들어 죽었다.

4 요미원(姚薇元)에 따르면 '구목릉량(丘目陵亮)'은 『위서』(권27 「목량전(穆亮傳)」)의 목량(穆亮)이다(姚薇元, 「胡人姓名對照表」, 『北朝胡姓考』, 401쪽). 목량(穆亮, 451~502)의 자는 유보(幼輔), 처음의 자는 노생(老生)이다. 낙양천도 이후 형 목비(穆羆)가 효문제의 정책에 반대하는 반란에 참여하자 표를 올려 스스로를 탄핵하였다.

5 원우(370~501)는 헌문제의 아들이며 효문제의 아우이다. 효문제와 선무제 시기에 활약하였다. 시호는 혜(惠)이다.

6 원협(元勰, ?~508)의 자는 언화(彦和)이며, 효문제의 여섯째 아우이다. 효문제의 남제(南齊) 친정(親征) 때 지근에서 보필하였다. 선무제 때 경조왕(京兆王) 원유(元愉)와 함께 모반한다는 모함을 받고 독살되었다. 『요략(要略)』 30권(卷) 등을 편찬하였다.

散騎常侍 祭酒 光祿勳卿 高陽伯 臣 河南郡 元徵[徽][8]

太子右詹事 姑臧伯 臣 隴西郡 李韶[9]

散騎常侍 北海王 臣 河南郡 元祥[10]

散騎常侍 領司宗中大夫 臣 河南郡 元景[11]

散騎常侍 臣 河南郡 元慕

右衛將軍 臣 河南郡 元翰

光祿大夫 錄太僕少卿 臣 高陽郡 李堅[12]

中常侍中尹 高都子 臣 上黨郡 秦松[13]

龍驤將軍 臣 河南郡 大野憨

司衛監 臣 河南郡 元虯

司衛監 臣 河南郡 万忸于勁[14]

員外散騎常侍 光祿勳少卿 黃平子 臣 河南郡 丘目陵純[15]

兼司衛監 少府少卿 臣 魏郡 □□

給事黃門侍郎 臣 太原郡 郭祚[16]

---

7 원징(元澄, ?~519)의 자는 도경(道鏡)이다. 효문제의 당숙이었으며 임성왕(任城王)의 작위를 세습하였다. 효문제의 신임을 받았고 목태(穆泰)의 난을 진압하였다. 시호는 문선왕(文宣王)이다.

8 장금룡(張金龍)은 '徵(징)'을 '徽(휘)'의 오기로 보았다(張金龍, 「北魏後期禁衛武官制度」, 『魏晉南北朝禁衛武官制度研究』, 北京: 中華書局, 2004, 751쪽).

9 이소(李韶, 453~524)는 농서군 적도현(狄道縣) 사람으로 자는 원백(元伯)이다. 효문제 초기에 벼슬을 시작하여 선무제와 효명제 시기에 고관을 역임하였다.

10 원상(元詳, ?~504)은 헌문제의 아들이자 효문제의 아우이다. 자는 계예(季豫)이다. 선무제 시기 고조(高肇)의 모함을 받아 서인(庶人)으로 폐해졌으며 며칠 후 갑자기 죽었다. 시호는 평왕(平王)이다.

11 원경(元景)은 효문제 시기의 관리이다. 효문제 때 산기상시가 되었으나 후에 중대부(中大夫) 수상시(守常侍)로 강등되었다.

12 이견(李堅, 생몰연대 미상)은 고양군(高陽郡) 역현(易縣) 사람이며 자는 차수(次壽)이다. 문성제 때 엄인(閹人)이 되었다. 선무제초 경조왕(京兆王) 원유(元愉)가 기주(冀州)에서 반란을 일으키자 원유를 공격했으나 도리어 패하였다.

13 진송(秦松)은 북위시대 환관이다. 효문제 때 중윤(中允), 장추경(長秋卿)을 역임하였고 고도자(高都子)에 봉해졌다. 선무제 시기 벼슬이 병주자사(幷州刺史)에 이르렀다.

14 요미원에 따르면 만뉴우경(万忸于勁)은 『위서』의 우경(于勁)이다(『위서』 권83 「우경전(于勁傳)」; 姚薇元, 「胡人姓名對照表」, 401쪽). 우경은 대인(선비인)이며 자는 종규(鍾葵)이다. 태위 우락발(于洛拔)의 아내이다. 경명(景明) 2년(501) 딸이 황후로 간택되어 태원군공(太原郡公)에 봉해졌다. 사후 사공(司空)에 추증되었다.

15 『위서』의 목순(穆純)이다. 대인(선비인)이며 목돈(穆敦)의 아들이다. 헌문제와 효문제 시기 산기상시(散騎常侍), 광록훈(光祿勳), 우위장군(右衛將軍), 우장군(右將軍), 하주자사(河州刺史) 등을 역임하였다.

16 곽조(郭祚, 450~516)는 태원군(太原郡) 진양현(晉陽縣) 사람이며, 자는 계우(季祐)이다. 효문제 초에 수재(秀才)로 천거되어 대책(對策)에서 상제(上第)의 성적을 올려 중서박사(中書博士)에 임명되었다. 효문제의 신임을 얻었고, 낙양천도에 찬성하였다. 효명제 시기에 상서우복야(尙書右僕射)에 임명되어 법령 제정

給事黃門侍郎 領著作郎 臣 淸河郡 崔光[17]
典命中大夫 太子中庶子 臣 廣平郡 游肇[18]
羽林中郎將 臣 河南郡 侯莫陳益
員外散騎常侍 帶呂輿 給事中 臣 河南郡 丘目陵惠
太子率更令 襄陽伯 臣 河南郡 元尉
給事中 臣 河南郡 乙旃恬
給事中 臣 河南郡 乙旃免
給事中 臣 河南郡 郁久閭麟
以上第一列

右軍將軍 臣 河南郡 元宜
太樂給事 臣 長樂郡 衛況
給事 領太醫令 臣 高平郡 李循
給事 臣 河南郡 侯文福
給事 臣 河南郡 万忸乎紵
中給事 錄大官令 臣 上黨郡 白勅
中給事 臣 高陽郡 劇多鳥
射聲校尉 臣 河南郡 元洛平
顯武將軍 臣 河南郡 万忸乎吐拔
直閤 武衛中臣 高車部人 斛律慮
直閤 武衛中臣 河南郡 乙旃阿各仁
直閤 武衛中臣 河南郡 侯呂阿兒
直閤 武衛中臣 河南郡 叱羅吐盖
直閤 武衛中臣 上谷郡 董明惠
直閤 武衛中臣 代郡 若干侯莫仁
直閤 武衛中臣 河南郡 乙旃應仁
直閤 武衛中臣 河南郡 吐難萇命
直閤 武衛中臣 上谷郡 張代連

에 참여하였다. 후에 우충(于忠)에게 살해되었다.

17 최광(崔光, 451~523)은 동청하군(東淸河郡) 유현(鄃縣) 사람으로 본명은 효백(孝伯), 자는 장인(長仁)이다. 헌문제 때 아버지와 함께 평성으로 옮겨져 평제민(平齊民)으로 전락하였다. 후에 관리가 되었고, 효명제의 즉위에 공을 세워 호태후(胡太后)의 신임을 받았으며 삼공(三公)의 지위에 올랐다.

18 유조(452~520)는 광평군(廣平郡) 임현(任縣) 사람이며 자는 백시(伯始)이고 유명근(游明根)의 아들이다. 효문제 초에 내비서시어중산(內秘書侍御中散)에 임명되었고 효명제 시기에는 상서우복야(尚書右僕射)에 이르렀다. 저서에는 『역집해(易集解)』, 『관혼의(冠婚儀)』, 『백규론(白珪論)』, 『유기(儒碁)』 등이 있다.

長兼典命下大夫 齊郡王友 臣 趙郡 李預
兼給事黃門侍郎 員外散騎常侍 □屬國下大夫 臣 太原郡 王翔[19]
白衣守尙書左丞 遼東郡 公孫良[20]
散騎侍郎 東郡公 臣 河南郡 陸昕
散騎侍郎 臣 河南郡 郁久閭敏
散騎侍郎 臣 中山郡 甄琛[21]
中壘將軍 帶□聞令 臣 廣平郡 游綏
中黃門令 帶典農令 臣 □德郡 雙蒙[22]
以上第二列

宰官令 臣 河南郡 伊婁願
大官令 鉅鹿伯 臣 □□魏祐
監御令 臣 河南郡 莫耐婁悅
符節令 臣 代郡 賀拔舍
通直 散騎侍郎 臣 河澗郡 邢巒[23]
通直 散騎侍郎 臣 京兆郡 韋纘[24]
武騎侍郞 □□陵令 臣 高平郡 徐丹
武騎侍郎 臣 河南郡 獨孤遙
武騎侍郎 臣 上谷郡 張覃

---

19 왕상(王翔)은 태원군(太原郡) 진양현(晉陽縣)이며 자는 원봉(元鳳)이고 왕담(王湛)의 아들이다. 풍태후가 임조칭제(臨朝稱制)할 때 이충과 함께 정사를 처리하였다. 급사황무시랑(給事黃門侍郎), 상서좌승(尙書左丞), 태부소경(太府少卿), 제주자사(濟州刺史) 등을 역임하였다.

20 공손량(公孫良)은 연군(燕郡) 광양현(廣陽縣) 사람이며 자는 준백(遵伯)이고 공손예(公孫睿)의 아들이다. 효문제 때 상서좌승(尙書左丞)을 역임하였다.

21 견침(甄琛, ?~524)은 중산군(中山郡) 무극현(無極縣) 사람이며 자는 사백(思伯)이다. 중서박사(中書博士)를 시작으로 이부상서(吏部尙書), 거기장군(車騎將軍), 시중(侍中) 등을 역임하였다. 저서에는 『책사성(磔四聲)』, 『성족폐흥(姓族廢興)』, 『회통치소삼론(會通緇素三論)』, 『가회(家誨)』 20편, 『독학문(篤學問)』 등이 있다.

22 쌍몽(雙蒙)은 효문제 시기의 엄관(閹官)이다. 중상시(中常侍)를 역임하였고 효문유황후(孝文幽皇后) 풍씨(馮氏)의 심복으로 활동하였다.

23 형만(邢巒, 464~514)은 하간현(河間郡) 막현(鄚縣) 사람으로 자는 홍빈(洪賓)이다. 정시(正始) 2년(505) 양(梁)의 한중태수(漢中太守) 하후도천(夏侯道遷)을 초납(招納)하였고, 무흥저(武興氐)를 평정하였으며 양의 군대를 격파하는 등 여러 차례 전공을 세웠다.

24 위찬(韋纘, 466~510)은 경조군(京兆郡) 두릉현(杜陵縣) 사람이며 자는 준언(遵彦)이다. 젊어서 총명하여 박사 이표(李彪)의 칭찬을 받았다. 비서중산(祕書中散)을 거쳐 사도우장사(司徒右長史), 상서좌승(尙書左丞), 양주장사(揚州長史) 등을 역임하였다. 양군에 패해 면관되었다.

武騎侍郎 臣 河南郡 乙旃侯莫干[25]

武騎侍郎 臣 河南郡 万忸于澄

武騎侍郎 臣 趙郡 李華[26]

符璽郎中 臣 河南郡 拔拔臻

符璽郎中 臣 上谷郡 張慶

員外散騎侍郎 臣 博陵郡 崔廣[27]

員外散騎侍郎 臣 博陵郡 崔逸[28]

員外散騎侍郎 臣 河南郡 陸怖道[29]

尙書郎中 貝丘男 臣 淸河郡 傅脩期

尙書郎中 臣 滎陽郡 鄭長遊

尙書郎中 臣 淸河郡 崔哲

尙書郎中 臣 河東郡 裴映

尙書郎中 臣 遼東郡 高觀

尙書郎中 臣 趙郡 李引

尙書郎中 臣 河內郡 司馬定

尙書郎中 南陽郡 朱孟孫

尙書郎中 臣 蘭陵郡 蕭彦[30]

尙書郎中 臣 趙郡 李良軌

---

25 요미원에 따르면 을전후막간(乙旃侯莫干)은 『위서』 권31 「우열전(于烈傳)」의 숙손건(叔孫建)이다(姚薇元, 「胡人姓名對照表」, 401쪽).

26 이화(李華)는 조군 평극현(平棘縣) 사람이며 자는 영하(寧夏)이고 이회(李恢)의 아들이다. 우림중랑(羽林中郞)으로 벼슬을 시작하여 무기시랑(武騎侍郎), 보병교위(步兵校尉), 직합장군(直閤將軍), 무위장군(武衛將軍) 등을 역임하였다. 장략(將略)이 있었고 참전할 때마다 전공을 세웠다. 사후 전장군(前將軍) 유주자사(幽州刺史)에 추증되었다.

27 최광(崔廣, ?-503)은 박릉군(博陵郡) 안평현(安平縣) 사람이며, 자는 중경(仲慶)이다. 전중낭중(殿中郞中)으로 벼슬을 시작하여 상서좌승(尙書左丞)으로 승진하였다. 후에 모친이 연로하다는 이유로 벼슬을 그만두었다.

28 최일(崔逸)은 박릉군(博陵郡) 안평현(安平縣) 사람이며, 본명은 경준(景儁)이며, '일(逸)'은 효문제가 하사한 이름이다. 박학하고 경전에 통달하였다. 중서박사(中書博士)로 벼슬을 시작하였고 시어사(侍御史), 국자박사(國子博士), 통직산기상시(通直散騎常侍) 등을 역임하였다. 조의제도(朝儀制度)의 수정에 참여하여 효문제의 인정을 받았다.

29 육포도(陸怖道)는 『위서』의 육희도(陸希道)이다. 자는 홍도(洪度)이며 육예(陸叡)의 아들이다. 일찍이 위령(魏令) 제정에 참여하였고 변정(邊政) 통제에 능해 이름이 높았다.

30 소언(蕭彦, ?~528)의 초명(初名)은 소초업(蕭超業)이다. 어려서 고모를 따라 남조에서 북위로 투항하였다. 이홍지(李洪之)의 딸을 아내로 맞았다. 태위장사(太尉長史), 무위장군(武衛將軍), 제주자사(齊州刺史), 산기상시(散騎常侍), 중군장군(中軍將軍), 금자광록대부(金紫光祿大夫) 등을 역임하였다. 하음(河陰)의 변 때 피살되었다.

尙書郎中臣 河東郡 柳崇[31]
以上第三列

31 유숭(柳崇)은 하동군(河東郡) 해현(解縣) 사람이며 자는 승생(僧生)이다. 태위주부(太尉主簿), 태자세마(太子洗馬), 하북태수(河北太守) 등을 역임하였다.

참고문헌

1. 사료(史料)

■ 한문

『史記』

『漢書』

『後漢書』

『三國志』

『晉書』

『宋書』

『南齊書』

『梁書』

『陳書』

『魏書』

『北齊書』

『周書』

『北史』

『隋書』

『舊唐書』

『新唐書』

『遼史』

『金史』

『元史』

『資治通鑑』

『通典』(이상 北京中華書局 標點校勘本)

『尙書』, 『左傳』, 『孟子』(이상, 阮元, 十三經注疏本)

『全後魏文』(嚴可均 輯, 上海: 商務印書館, 1999)

『唐會要』(王溥(宋)撰, 上海: 上海古籍出版社, 1998)

『唐六典』(李林甫(唐)等 撰, 陳仲夫 點校, 北京: 中華書局, 2005)

『十六國春秋輯補』(崔鴻 撰, 湯球 輯補, 王魯一 · 王立華 點校(『二十五別史』 所收), 濟南: 齊魯書社, 2000)
『歷代名臣奏議』(黃淮 · 楊士奇 編, 上海: 上海古籍出版社, 1989)
『太平御覽』(李昉等撰, 北京: 中華書局, 1960; 1998년重印)
『水經注』(段熙仲 點校, 陳橋驛 復校, 『水經注疏』, 南京: 江蘇古籍出版社, 1989)
『漢魏南北朝墓誌彙編』(趙超, 天津: 天津古籍出版社, 1992)
『新出魏晉南北朝墓志疏證』(羅新 · 葉煒, 北京: 中華書局, 2005)
『敦煌懸泉漢簡釋粹』(胡平生 · 張德芳 編撰, 上海: 上海古籍出版社, 2001)
『金石萃編』(『石刻史料叢書』(臺北: 藝文印書館, 1980)
『金石萃編』(王昶, 西安: 陝西人民美術出版社, 1990, 影印掃葉山房)
『北朝五史辭典』上 · 下(簡修煒 主編, 濟南: 山東敎育出版社, 2000)
『中國歷史大辭典 · 魏晉南北朝卷』(中國歷史大辭典 · 魏晉南北朝史卷編纂委員會 編, 上海: 上海辭書出版社, 2000)

■ 국문
『동방견문록』(金浩東 역주, 『마르코 폴로의 동방견문록』, 사계절, 2000)
『熱河日記』(박지원 지음, 김혈조 옮김, 『열하일기』 1, 돌베개, 2009)

2. 연구서(研究書)

■ 국문 연구서
高國抗 지음, 오상훈 · 이개석 · 조병한 옮김, 『중국사학사』(下), 풀빛, 1998
룩 콴텐 지음, 宋基中 옮김, 『遊牧民族帝國史: 中央아시아史, 500-1500AD』, 民音社, 1984
류제헌, 『중국역사지리』, 문학과지성사, 1999
르네 그루쎄 지음, 김호동 · 유원수 · 정재훈 옮김, 『유라시아 유목제국사』, 사계절, 1998
마크 C. 엘리엇 지음, 이훈 · 김선민 옮김, 『만주족의 청제국』, 푸른역사, 2009
박원길, 『몽골의 문화와 자연지리』, 민속원, 1999
朴漢濟, 『中國中世胡漢體制研究』, 一潮閣, 1988
박한제 등, 『유라시아 천년을 가다』, 사계절, 2002
블라디미르초프 지음, 주채혁 옮김, 『몽골 사회 제도사』, 대한교과서주식회사, 1993
세오 다쓰히코 지음, 최재영 옮김, 『장안은 어떻게 세계의 수도가 되었나』, 황금가지, 2006
劉昭民 지음, 박기수 · 차경애 옮김, 『기후의 반역』, 성균관대학교출판부, 2005
이블린 S. 로스키 지음, 구범진 옮김, 『최후의 황제들-청 황실의 사회사-』, 까치글방, 2010
이시바시 다카오 지음, 홍성구 옮김, 『대청제국 1616~1799 -100만의 만주족은 어떻게 1억의 한족을 지배하였을까?-』, 휴머니스트, 2009
J. 캐힐, 조선미 역, 『中國繪畵史』, 열화당, 1978

■ 중문 연구서
葛劍雄,『中國移民史』第二卷 先秦至魏晉南北朝時期, 福州: 福建人民出版社, 1997
康樂,『從西郊到南郊-國家祭典與北魏政治-』, 臺北: 稻鄉出版社, 1995
邱永明,『中國監察制度史』, 上海: 華東師範大學出版社, 1992
譚其驤 主編,『中國歷史地圖集』第四冊 東晉十六國 · 南北朝時期, 北京: 地圖出版社, 1982
唐長孺,『唐書兵志箋正』, 北京: 中華書局, 1962
杜士鐸 主編,『北魏史』, 太原: 山西高校聯合出版社, 1992
潘鏞,『隋唐時期的運河和漕運』, 西安: 三秦出版社, 1987
白翠琴,『魏晉南北朝民族史』, 成都: 四川民族出版社, 1996
楊志玖 主編,『中國古代官制講座』, 北京: 中華書局, 1995
嚴耕望,『中國地方行政制度史』上編 · 卷中 魏晉南北朝地方行政制度 下冊, 臺北: 臺灣商務印書館, 1963
嚴耀中,『北魏前期政治制度』, 長春: 吉林教育出版社, 1990
呂一飛,『胡族習俗與隋唐風韻-魏晉北朝北方少數民族社會風俗及其對隋唐的影向』, 北京: 書目文獻出版社, 1994
吳宏岐,『西安歷史地理研究』, 西安: 西安地圖出版社, 2006
王壽南,『唐代人物與政治』, 臺北: 文津出版社, 1999
王天順,『河套史』, 北京: 人民出版社, 2006
姚薇元,『北朝胡姓考』, 北京: 中華書局, 1962
李凭,『北魏平城時代』, 北京: 社會科學文獻出版社, 2000
李書吉,「北朝禮制法系研究』, 北京: 人民出版社, 2002
李治安,『元代政治制度研究』, 北京: 人民出版社, 2004
岑仲勉,『隋唐史』, 石家莊: 河北敎育出版社, 2001(初版 2000)
張金龍,『北魏政治史研究』, 蘭州: 甘肅敎育出版社, 1996
______,『北魏政治史』2 · 4 · 5 · 6, 蘭州: 甘肅敎育出版社, 2008
張丕遠 主編,『中國歷史氣候變化』, 濟南: 山東科學技術出版社, 1996
張承宗 · 魏向東,『中國風俗通史』魏晉南北朝卷, 上海: 上海文藝出版社, 2006
程光裕 · 徐聖謨 主編,『中國歷史地圖』下冊, 臺北: 中國文化大學出版部, 1984
鄭欽仁,『北魏官僚機構研究』, 臺北: 稻禾出版社, 1995
朱大渭 등,『魏晉南北朝社會生活史』, 北京: 中國社會科學出版社, 1998
周良霄,『忽必烈』, 長春: 吉林敎育出版社, 1986
______,「皇帝與皇權』, 上海: 上海古籍出版社, 1999
周偉洲,『敕勒與柔然』, 桂林 : 廣西師範大學出版社, 2006
陳高華 · 史衛民,『中國政治制度通史』第八卷(元代), 北京: 人民出版社, 1996
______,『元代大都上都研究』, 北京: 中國人民大學出版社, 2010

陳爽,『世家大族與北朝政治』, 北京: 中國社會科學出版社, 1998
陳垣,『二十史朔閏表』, 北京: 中華書局, 1999(重印)
陳仲安 · 王素,『漢唐職官制度研究』, 北京: 中華書局, 1993
祝總斌,『兩晉魏晉南北朝宰相制度研究』, 北京: 社會科學出版社, 1990
詹鄞鑫,『神靈與祭祀: 中國傳統宗教綜論』, 南京: 江蘇古籍出版社, 2000
何平立,『巡狩與封禪-封建政治的文化軌迹』, 濟南: 齊魯書社, 2003
黃鳳岐,『契丹史研究』, 赤峰: 內蒙古科學技術出版社, 1999

■ 일문 연구서
堀敏一,『中國と古代東アジア世界-中華的世界と諸民族-』, 東京: 岩波書店, 1993
宮崎市定,『九品官人法の研究-科擧前史-』, 京都: 同朋舍, 1956
蘇哲,『魏晉南北朝壁畵墓の世界-繪に描かれた群雄割據と民族移動の時代-』, 東京: 白帝社, 2007
日本高崎市敎育委員會,『中國山西北朝文物展圖錄』, 荒瀨印刷株式會社, 1990
前田正名,『平城の歷史地理學的硏究』, 東京: 風間書房, 1979
川本芳昭,『中國の歷史 5』 中華の崩壞と擴大(魏晉南北朝), 東京: 講談社, 2005
護雅夫,『古代トルコ民族史研究』 III, 東京: 山川出版社, 1997

■ 영문 연구서
Chang, Michael G., *A court on horseback: imperial touring & the construction of Qing rule, 1680-1785*, Cambridge, Mass. ; London: Harvard University Press, 2007
Hsiao, Ch'i-ch'ing(蕭啓慶), *The Military Establishment of The Yuan Dynasty*, Cambridge(Massachusetts)& London: Harvard University Press, 1978
Rawski, Evelyn S., *The Last Emperors: A Social History of Qing Imperial Institutions*, Berkeley: Univerity of California Press, 1998
Forêt, Philippe, *Mapping Chengde: the Qing Landscape Enterprise*, Honolulu: University of Hawaii Press, 2000

3. 연구논문(研究論文)

■ 국문 논문
강희정,「南北朝時代 佛敎美術의 漢族 傳統」,『美術史學研究』 238 · 239, 2003
______,「龍樹, 龍華樹, 連理木」,『中國史研究』 35, 2005
김석우,「曹魏時期 中軍과 高平陵 政變」, 동북아시아 문화학회,『동북아 문화연구』 7, 2004
김선민,「제국 경략에 미친 고대 순행의 유산-황제 · 관료 · 군대의 대규모 집단여행-」, 임

성모 외 지음, 『동아시아 역사 속의 여행-네트워크, 정체성-』 2, 도서출판 산처럼, 2008
김성희, 「北魏의 門下侍中-그 性格과 役割 變化를 중심으로-」, 『中國學報』 42, 2000
김영하, 「新羅時代 巡守의 性格」, 고려대학교 민족문화연구소, 『민족문화연구』 14, 1979
김한규, 「東魏 高氏의 霸府와 晉陽」, 『梨大史苑』 22, 1988
김호, 「唐 前期 皇帝 行幸의 威儀」, 『中國古中世史硏究』 20, 2008
金浩東, 「蒙古帝國의 形成과 展開」, 『講座中國史』 III, 知識産業社, 1989
______, 「北아시아 遊牧國家의 君主權」, 東洋史學會 編, 『東亞史上의 王權』, 도서출판 한울, 1993
______, 「몽골제국 君主들의 兩都巡幸과 遊牧的 習俗」, 『중앙아시아연구』 7, 2002
朴漢濟, 「東魏-北齊時代의 胡漢體制의 展開-胡漢葛藤과 二重構造-」, 서울大學校東洋史學硏究室 編, 『分裂과 統合-中國 中世의 諸相-』, 知識産業社, 1998
______, 「北魏 均田制 成立의 前提-征服君主의 資源確保策과 督課制-」, 『東亞文化』 37, 1999
______, 「五胡赫連夏國의 도시 統萬城의 選址와 그 구조-一胡族國家의 都城經營方式-」, 『東洋史學硏究』 69, 2000
______, 「胡族의 中原統治構造와 北魏 均田制」, 『魏晉隋唐史硏究』 8, 2001
______, 「北魏의 對民政策과 均田制」, 『東亞文化』 39, 2001
______, 「遊牧國家와 城郭-坊墻制의 出現과 그 背景-」, 『歷史學報』 200, 2008
______, 「隋唐代 洛陽의 都城構造와 그 性格-'中世的' 都城構造의 終焉-」, 『中國古中世史硏究』 22, 2009
宋基中, 「新羅 前半期의 官職名 · 人名과 北方民族語」, 『震檀學報』 61, 1986
송미령, 「清 康熙帝 東巡의 목적과 의미」, 『明清史硏究』 24, 2005
______, 「康熙帝의 清 帝國 구상과 滿洲族의 정체성-예수회 선교사들의 기록을 중심으로-」, 『歷史學報』 196, 2007
辛聖坤, 「北朝 兵戶制의 變遷과 丁兵制의 性格」, 『경상사학』 11, 1995
______, 「北周 宇文護 執政期의 王都와 霸府」, 『中國古中世史硏究』 17, 2007
李成珪, 「北朝前期門閥貴族의 性格-清河의 崔浩와 그 一門을 中心으로-」, 『東洋史學硏究』 11, 1977
______, 「中國古代 皇帝權의 性格」, 東洋史學會 編, 『東亞史上의 王權』, 한울, 1993
______, 「前漢 縣長吏의 任用方式: 東海郡의 例-尹灣漢牘〈東海郡下轄長吏名籍〉의 분석-」, 『歷史學報』 160, 1998
______, 「中國 古代 帝國의 統合性 提高와 그 機制-民 · 官의 異同과 '帝國意識'의 형성을 중심으로-」, 『中國古代史硏究』 11, 2004
이용범, 「遼代春遊考」, 『中世 滿洲 · 蒙古史의 연구』, 同和出版公社, 1988(原載 『東國史學』 5,

1957)
임계순, 「18세기 清朝 제2의 政治中心地, 承德 避暑山莊」, 『明淸史硏究』 21, 2004
丁載勳, 「隋 煬帝(604-617)의 對外政策과 天下 巡行」, 『中國史硏究』 30, 2004
鄭夏賢, 「秦始皇의 巡行에 對한 一檢討-封禪과 祭禮 문제를 중심으로-」, 『邊太燮博士華甲紀念史學論叢』, 三英社, 1985
조영헌, 「원 · 명 · 청 시대 首都 북경과 陪都의 변천」, 『歷史學報』 209, 2011
崔珍烈, 「北魏의 華北支配와 그 性格」, 서울大學校 大學院 東洋史學科 文學碩士學位論文, 2002.8
______, 「北魏의 種族政策-'부족해산'의 실상과 對'部落首領'정책을 중심으로 -」, 『魏晉隋唐史硏究』 10, 2003
______, 「쿠빌라이 시기 皇太子制度와 그 성격」, 『서울大 東洋史學科論集』 27집, 2003
______, 「北魏의 地域支配方式과 그 性格-華北지역을 중심으로-」, 『東洋史學硏究』 92, 2005
______, 「北朝時代 使職의 출현과 그 의의-北朝使職의 試論的 考察-」, 『中國古代史硏究』 14, 2005
______, 「雲崗石窟 曇曜五窟 五帝의 재해석-廟號와 國號로 본 北魏의 정체성-」 『中央아시아硏究』 10, 2005
______, 『北魏皇帝의 巡幸 硏究-'遊牧的 君主'의 통치행위와 그 변천과정을 중심으로-』, 서울大學校 大學院 東洋史學科 文學博士學位論文, 2007
______, 「北魏前期 近侍官의 性格-「文成帝南巡碑」의 분석을 중심으로-」, 『역사문화연구』 28, 2007
______, 「北魏後期 친위부대의 정치개입과 그 배경-領軍府의 구조 · 인적구성 · 정치개입방식을 중심으로-」, 『역사문화연구』 30, 2008
______, 「五胡諸國 · 北朝 후계자의 國政 참여와 그 배경」, 『中國古中世史硏究』 21, 2009
______, 「北魏前期 胡語 사용 현상과 그 배경」, 한양대학교 동아시아문화연구소, 『동아시아문화연구』(『韓國學論集』 改題)46집, 2009
______, 「北魏後期 胡語사용 현상과 그 배경」, 중국고중세사학회, 『中國古中世史硏究』 23, 2010
______, 「北魏時代 漢人官僚의 巡幸論」, 역사와교육학회, 『역사와 교육』 10집, 2010
______, 「北魏 平城時代 胡人들의 생활과 습속-胡俗 유지와 그 배경을 중심으로-」, 『東方學志』 149, 2010
______, 「北魏後期 洛陽거주 胡人들의 생활과 문화-孝文帝의 '漢化政策'의 재검토-」, 중국고중세사학회, 『中國古中世史硏究』 24, 2010
______, 「唐代 皇帝 巡幸의 성격-巡幸 빈도 · 기간 · 장소 · 활동의 통계적 분석을 중심으로-」, 『대동문화연구』 72, 2010
______, 「唐前期 皇帝 巡幸의 隨行官員과 都城 留守」, 『西江人文論叢』 30, 2011

______,「北魏 皇帝 巡幸의 統計的 性格-巡幸頻度 · 巡幸期間 · 순행활동의 통계적 분석을 중심으로-」,『中國古中世史硏究』 26, 2011

■ 중문 논문

姜志翰 · 黃一農,「星占對中國古代戰爭的影響-以北魏後秦之柴壁戰役爲例-」, 北京:『自然科學史硏究』, 1999(復印報刊資料 魏晉南北朝隋唐史(K22) 2000-2)

介永强,「關中唐代行宮考」,『中國歷史地理論叢』 3, 2000

______,「唐代行宮考逸」,『中國歷史地理論叢』 16-2, 2001

______,「唐代行宮三題」,『唐都學刊』 17(總第70期), 2001

高敏,「《南齊書 · 魏虜傳》書後」,『魏晉南北朝史發微』, 北京: 中華書局, 2005

谷文雙,「遼代捺鉢制度硏究」,『黑龍江民族叢刊』 總第 70期(2002-3), 2002

關樹東,「遼朝御帳官考」, 中國社會科學院歷史硏究所 編,『古史文存』(隋唐宋遼金元卷), 北京: 社會科學文獻出版社, 2004(原載『故宮博物院院刊』 1981-3, 1981)

管萍,「北魏平城政權的胡化與漢化」, 山西大學 碩士學位論文, 2006.6

權家玉,「試析曹魏時期許昌政治地位的變遷」,『魏晋南北朝隋唐史資料』 25, 2009

靳生禾 · 謝鴻喜,「北魏皇帝《南巡之頌》碑考察報告」,『山西大學學報 · 哲學社會科學版』 1994-2, 1994

祁遠虎,「離宮 · 行宮辨」,『西安文理學院學報(社會科學版) 13-2, 2010

羅宏曾,「"八王之亂"暴發原因芻議」, 天津:『天津社會科學』 1985-5, 1985(復印報刊資料 魏晉南北朝隋唐史(K22) 1985-11, 1985)

羅新,「北魏直勤考」,『歷史硏究』 2004-5, 2004

______,「高句麗兄系官職的內亞淵源」,『中古北族名號硏究』, 北京: 北京大學出版社, 2009

______,「高昌文書中的柔然政治名號」,『中古北族名號硏究』, 北京: 北京大學出版社, 2009(原載『吐魯番學硏究』 2008-1, 2008)

______,「論闕特勤之闕」,『中古北族名號硏究』, 北京: 北京大學出版社, 2009(原載『中國社會科學』 2008-3, 2008)

______,「跋北魏太武帝東巡碑」,『北大史學』 11, 北京: 北京大學出版社, 2005

______,「北魏太武帝的鮮卑本名」,『中古北族名號硏究』, 北京: 北京大學出版社, 2009(原載『民族硏究』 2006-4, 2006)

______,「北魏孝文帝弔比干碑的立碑時間」, 北京: 北京大學出版社, 2009(原載『文史』 2005-4, 2005),『中古北族名號硏究』

______,「柔然官制續考」,『中古北族名號硏究』, 北京: 北京大學出版社, 2009(原載『中華文史論叢』 2007-1, 2007)

逯耀東,「北魏前期的文化與政治形態」,「從平城到洛陽-拓跋魏文化轉變的歷程-』, 北京: 中華書局, 2006

______, 「《崔氏食經》的歷史與文化意義」, 「從平城到洛陽-拓跋魏文化轉變的歷程-』, 北京: 中華書局, 2006
______, 「北魏平城對洛陽規建的影向」, 「從平城到洛陽-拓跋魏文化轉變的歷程-』, 北京: 中華書局, 2006
______, 「北魏孝文帝遷都與家庭悲劇」, 『從平城到洛陽』-拓跋魏文化轉變的歷程-』, 北京: 中華書局, 2006
譚書龍, 「宋文帝遣使與元嘉之治」, 『西華師範大學學報(哲學社會科學版)』 2005-5, 2005
唐明貴, 「武則天封禪嵩山論略」, 『山東科技大學學報(社會科學版)』 6-3, 2004
唐長孺, 「拓跋國家的建立及其封建化」, 『魏晋南北朝史論叢』, 北京: 三聯書店, 1955
______, 「北魏末期的山胡敕勒起義」, 『山居存稿』, 北京: 中華書局, 1989
______, 「北魏的青齊士民」, 『魏晉南北朝史拾遺』, 北京: 中華書局, 1983
------, 「西晉分封與宗王出鎭」, 『魏晉南北朝史拾遺』, 北京: 中華書局, 1983
______, 「拓跋族的漢化過程」, 『魏晋南北朝史論叢續編』, 北京: 三聯書店, 1959
唐春生, 「宗王出鎭與南朝文化」, 『貴州文史叢刊』 2004-4, 2004
大同市考古研究所, 「山西大同沙嶺北魏壁畵墓發掘簡報」, 『文物』 2006-10, 2006
______, 「山西大同迎賓大道北魏墓群」, 『文物』 2006-10, 2006
______, 「山西大同七里村北魏墓發掘簡報」, 『文物』 2006-10, 2006
______, 「山西大同下深井北魏墓發掘簡報」, 『文物』 2004-6, 2004
東湖, 「元朝帝王巡幸上都的原因」, 『中國歷史地理論叢』 1994-3(總32輯), 1994
力高才 · 殷憲, 「北魏平城京畿地名考釋」上, 『北朝研究』 1989-1, 1989
力高才 · 殷憲 · 高平, 「北魏平城京畿地名考釋」下, 『北朝研究』 3, 1990
馬寶記, 「曹魏時期許昌政治地位的變遷」, 『許昌學院學報』 28-3, 2009
牟發松, 「六鎭起義前的北魏行臺」, 『魏晉南北朝隋唐史資料』 11, 1991
武劍靑, 「南朝劉宋遣使救災述論」, 『西南交通大學學報(社會科學版)』 7-1, 2006
______, 「南朝遣使巡行初探」, 『西南交通大學學報(社會科學版)』 8-6, 2007
白俊瑞 · 李波, 「析契丹語的“捺鉢”」, 『內蒙古大學學報(人文社會科學版)』 1998-4, 1998
傅樂煥, 「遼代四時捺鉢考」, 『歷史語言研究所集刊』 10-2, 1942
傅義漢, 「從太子恂被殺看北魏的遷都鬪爭」, 『大同職業技術學院學報』 17-3, 2003
______, 「論平城兵變與廢太子恂被殺」, 『山西廣播電視大學學報』 3(總第40期), 2004
史念海, 「隋唐時期重要的自然環境的變遷及其與人爲作用的關係」, 『唐代歷史地理研究』, 北京: 中國社會科學出版社, 1998
______, 「開皇天寶之間黃河流域及其附近地區農業的發展」, 『唐代歷史地理研究』, 北京: 中國社會科學出版社, 1998
史衛, 「北魏平城政權動態的財政平衡」, 『青海師範大學學報(哲學社會科學版)』 2004-3(總第 104期), 2004

徐勝一,「北魏孝文帝遷都洛陽與氣候變化之研究」,『臺灣師大地理研究報告』38, 2003
徐海峰,「三世紀至五世紀河套及大同地區鮮卑考古遺存述論」,『文物春秋』2000-1(總第51期), 2000
石冬梅,「再論隋煬帝的巡狩」,『保定師範專科學校學報』18-3, 2005
石華,「北魏婦女服飾研究」, 山東大學碩士學位論文, 2008. 10. 2008
聶曉雨 · 董成圈,「論北魏平城的建設及其對洛陽新都的影響」,『洛陽大學學報』11-3, 1996
楊永俊,「論北魏的西郊祭天制度」,『浙江學刊』2002-3, 2002(K22, 2002-5, 2002)
楊鈺俠,「北魏大使出巡評議」,『安徽史學』1999-4, 1999
楊恩玉,「北魏離散部落與社會轉型-就離散的時間 · 內涵及目的與唐長孺 · 周一良 · 田餘慶諸名家商榷-」,『文史哲』2006-6(總第 297期), 2006
嚴耕望,「北魏尚書制度考」,『歷史語言研究所集刊』18, 1948
______,「唐兩京館驛考」,『唐史研究叢稿』, 香港: 新亞研究所出版, 1969
______,「唐代長安洛陽道驛程述」,『唐史研究叢稿』, 香港: 新亞研究所出版, 1969
嚴耀中,「北魏內行官試探」, 中國魏晉南北朝史學會 編,『魏晉南北朝史研究』, 成都: 四川社會科學院出版社, 1986
______,「北齊政治與尚書幷省」,『上海師範大學學報(哲社版)』1990-4, 1990
呂克勤,「淺論北魏孝文帝太子元恂之死」,『菏澤師專學報』1997-1, 1997
黎虎,「北魏前期的狩獵經濟」,『魏晉南北朝史論』, 北京: 學苑出版社, 1999(原載『歷史研究』1992-1, 1992)
葉新民,「兩都巡幸制與上都的宮廷生活」,『元上都硏究』, 呼和浩特: 內蒙古大學出版社, 1998(原載『元史論叢』4, 中華書局, 1992)
吳宏岐,「隋唐行宮制度與宮廷革命」,『陝西師範大學學報(哲學社會科學版)』37-3, 2008
烏其拉圖,「部分匈奴語詞之復原考釋」,『內蒙古大學學報(人文社會科學版)』31-4, 1999
______,「《南齊書》中部分拓跋鮮卑語名詞的復原考釋」,『內蒙古社會科學(漢文版)』23-6, 2002
吳松巖,「盛樂 · 平城地區北魏鮮卑 · 漢人墓葬比較分析」,『北方文物』2008-4, 2008
窪添慶文,「文成帝期的胡族與內朝官」,『黎虎教授古稀記念中國古代史論叢』, 北京: 知識出版社, 2006
王慶憲,「拓跋燾鞏固北魏政權的內外政策措施」,『內蒙古大學學報(人文社會科學版)』2000-1, 2000
王承宗 · 李家釗,「秦始皇東巡會稽與江南運河的開鑿」,『浙江學刊』1999-6, 1999
王新迎,「從遼聖宗前期捺鉢看南京城的職能及地位」,『首都師範大學學報(社會科學版)』, 2004年增刊, 2004
王銀田 · 韓生存,「大同市齊家坡北魏墓發掘簡報」,『文物世界』1995-1, 1995
王仲犖,「鮮卑姓氏考」,『䊸華山館叢稿後編』, 濟南: 山東大學出版社, 1995
王曉毅,「正始改制與高平陵政變」, 北京:『中國史研究』1990-4, 1990(復印報刊資料 魏晉南北朝

隋唐史(K22) 1990-2, 1990)
尤李,「遼金元捺鉢硏究評述」,『中國史硏究動態』 2005-2, 2005
魏鵬擧,「北魏前期內朝機構考略」, 中國魏晋南北朝史學會 大同平城北朝硏究會 編『北朝硏究』, 北京燕山出版社, 2000
兪鹿年,「北魏前期的內侍官」, 曾憲義 編,『法律文化硏究』 1, 北京: 中國人民大學出版社, 2005
劉美雲 · 魏海淸,「狩獵習俗對北魏前期政權的影響」, 殷憲 主編,『北朝史硏究』, 北京: 商務印書館, 2004
劉俊虎,「西漢諸帝巡幸與社會政治」, 南京師範大學 碩士學位論文, 2005.4
劉俊喜,「山西大同沙嶺發現北魏壁畵墓」, 國家文物局 編,『2005重要考古發現』, 北京: 文物出版社, 2006
劉俊喜 · 高峰,「大同智家堡北魏墓棺板畵」,『文物』 2004-12, 2004
劉浦江,「春水秋山-金代捺鉢硏究-」,『松漠之間-遼金契丹女眞史硏究-』, 北京: 中華書局, 2008(原載「金代捺鉢硏究」,『文史』 49 · 50, 1999 · 2000)
殷憲,「大同北魏宮城調査札記」,『大同職業技術學院學報』 17-1, 2003
李幷成,「〈魏書 · 食貨志〉"河西"地望考辨」, 李幷成 · 李春元,『瓜沙史地硏究』, 蘭州: 甘肅文化出版社, 1996
李凭,「道武帝時期的大移民與雁北的開發」,『北魏平城時代』, 北京: 社會科學文獻出版社, 2000
______,「論宗主督護」,『北魏平城時代』, 北京: 社會科學文獻出版社, 2000
李錫厚,「論遼朝的政治體制」,『臨潢集』, 保定: 河北大學出版社, 2001
______,「遼中期以後的捺鉢及其與斡魯朶中京的關係」,『臨潢集』, 保定: 河北大學出版社, 2001
李雪芹,「試論雲崗石窟供養人的服飾特點」,『文物世界』 2004-5, 2004
李俊方,「兩漢皇帝巡幸禮儀的政治屬性」,『理論界』 2008-4, 2008
李治亭,「避暑山莊: 淸朝第二個政治中心」,『人民論壇』 2004-9, 2004
任愛君,「北魏鮮卑人斡魯朶遺制零拾」,『北朝硏究』 1996-3, 1996
張慶捷,「北魏文成帝《南巡碑》碑文考證」,『考古』 1998-4, 1998
______,「北魏破多羅氏壁畵墓所見文字考述」,『歷史硏究』 2007-1, 2007
張慶捷 · 郭春梅,「北魏文成帝《南巡碑》所見拓跋職官初探」,『中國史硏究』 1999-2, 1999(復印報刊資料 魏晉南北朝隋唐史(K22) 1999-5, 1999)
張慶捷 · 張童心 · 劉俊喜 · 師月菊,「北魏文成帝《南巡碑》所錄部分漢族職官硏究」, 殷憲 主編,『北朝史硏究』, 北京: 商務印書館, 2004
張國强,「隋煬帝巡遊目的新探」,『南都學壇(哲學社會科學版)』 19, 1999
張繼昊,「拓跋珪的崛起與北魏王朝的肇建」,『從拓跋到北魏』, 臺北: 稻鄕出版社, 2003
張國慶,「遼代契丹貴族漁獵活動考述」, 瀋陽:『社會科學輯刊』, 1993-3, 1993(復印報刊資料 宋

遼金元史(K23) 1993-4)
張金龍,「領軍將軍與北魏政治」,『北魏政治與制度論稿』, 蘭州: 甘肅教育出版社, 2003(原載『中國史研究』1995-1, 1995)
______,「文成帝時期的北魏政治-以統治集團構成爲中心-」,『黎虎教授古稀記念中國古代史論叢』, 北京: 知識出版社, 2006
______,「北魏文成帝《南巡碑》所見禁衛武官制度」,『魏晉南北朝禁衛武官制度研究』, 北京: 中華書局, 2004
______,「北魏後期禁衛武官制度」,『魏晉南北朝禁衛武官制度研究』, 北京: 中華書局, 2004
______,「史籍所見北魏前期禁衛武官制度」,『魏晉南北朝禁衛武官制度研究』, 北京: 中華書局, 2004
張德壽,「高閭民族觀述論」,『中國邊疆史地研究』13-2, 2003
張敏,「北魏前期農牧關係的演變」,『許昌學院學報』24-4, 2005
張小穩,「魏晉南北朝時期行臺性質的演變-兼論地方行臺制度的淵源-」,『人文雜誌』2008-3, 2008
章義和 · 洪吉,「北魏諸帝巡行的歷史意義」,『文化學刊』2008-1(總第9期), 2008
張增光,「平城營造始末」,『北朝研究』1990年上半年刊(總第2期), 1990
張志忠,「大同北魏墓葬胡俑的粟特人象徵」,『文物世界』2005-6, 2005
______,「大同北魏彩繪樂俑鑑賞」,『收藏家』2008-12, 2008
張興成,「西晉的宗室仕進制度」, 北京:『北京師範大學學報(人文社科版)』2000-3, 2000(復印報刊資料 魏晉南北朝隋唐史(K22) 2000-5, 2000)
翟景雲,「略論北魏前期音樂及其影響」,『樂府學』4, 2009
田餘慶,「《代歌》·《代記》和北魏國史-國史之獄的史學史的考察-」,『拓跋史探』, 北京: 三聯書店, 2003
全漢昇,「唐宋帝國與運河」,『中國經濟史研究』上冊, 香港: 新亞研究所, 1975
丁福林,「《南齊書》卷五十七《索虜傳》校議」,『鹽城師範學院學報(人文社會科學版)』27-3, 2007
井紅波 · 楊鈺俠,「劉宋的遣使出巡與地方政務管理」,『宿州學院學報』21-6, 2006
鄭欽仁,「譯人與官僚機構-北魏政治制度史研究的前提之一-」,『北魏官僚機構研究續編』, 臺北: 稻禾出版社, 1995
曹文柱,「北魏明元 · 太武兩朝的世子監國」,『北京師範大學學報(社會科學版)』1991-4, 1991
趙世超,「巡守制度試探」,『歷史研究』1995-3, 1995
朱大渭,「北魏的國營畜牧業經濟」,『六朝史論』, 北京: 中華書局, 1998
周一良,「北朝的民族問題與民族政策」,『周一良集』第壹卷 魏晉南北朝史論, 瀋陽: 遼寧教育出版社, 1998
______,「馬場」,『周一良集』第貳卷 魏晉南北朝史札記, 瀋陽: 遼寧教育出版社, 1998
______,「北魏用人兼容併包」,『周一良集』第貳卷 魏晉南北朝史札記, 瀋陽: 遼寧教育出版社,

1998
______,「中中山鄴信都三城」,『周一良集』第貳卷 魏晋南北朝史札記, 瀋陽: 遼寧教育出版社, 1998
______,「皇后預祭宗廟」,『周一良集』第貳卷 魏晉南北朝史札記, 瀋陽: 遼寧教育出版社, 1998
周積明,「魏晉南北朝時期的胡漢文化衝突」, 武漢,『中南民族學院學報 · 哲社版』, 1991(復印報刊資料 魏晉南北朝隋唐史(K22) 1991-8)
朱學淵,「鮮卑民族及其語言」(上),『滿語研究』2000-1(總第30期), 2000
秦冬梅,「略論北朝遣使制度」,『青海民族研究』2003-2, 2003
陳琳國,「北魏前期中央官制述略」, 朱東潤 等 主編,『中華文史論叢』1985-2, 上海: 上海古籍出版社, 1985
陳揚,「唐代長安政治權力中樞位置的變遷與"三大內"機能的嬗變」,『西安文理學院學報(社會科學版)』13-2, 2010
陳寅恪,「北魏後期的漢化(孝文帝的漢化政策)」, 萬繩楠 정리,『陳寅恪魏晉南北朝史講演錄』, 黃山書社, 1987
竺可楨,「中國近五千年來氣候變遷的初步研究」,『歷史地理學讀本』, 北京: 北京大學出版社, 2006(原載『考古學報』1972-1, 1972)
竺小恩,「從北魏服飾改革看胡漢文化關係」,『河西學院學報』第22卷 第4期, 2006
彭明生,「承德在康乾盛世中的第二政治中心作用」,『承德民族師專學報』20-3, 2000
彭俊波,「北巡 · 避署 · 懷柔 · 綏靖及其它-避署山莊文化的現實意義-」,『承德民族師專學報』2003-8(第23卷第3期), 2003
彭浩,「讀張家山漢簡《行書律》」,『文物』2002-9, 2002
布雷特 · 辛斯基 編,「氣候變遷和中國歷史」,『中國歷史地理論叢』2003-2, 2003
何德章,「"陰山却霜"之俗解」,『魏晉南北朝隋唐史資料』12, 1993
______,「北魏初年的漢化制度與天賜二年的倒退」,『中國史研究』2001-2, 2001(復印報刊資料 魏晉南北朝隋唐史(K22) 2001-6)
______,「北朝鮮卑族人名的漢化-讀北朝碑誌札記之一-」,『魏晉南北朝隋唐史資料』14, 1996
何平立,「隋煬帝巡狩政治軍事戰略析論」,『軍事歷史研究』2004-1
韓樂學,「隋煬帝出巡考辨」,『高師函授學刊』1995-1, 1995
胡如雷,「唐代租庸調制的作用及意義」,『隋唐五代社會經濟史論稿』, 北京: 中國社會科學出版社, 1996(原載『河北天津師範學員學報』1957-2, 1957)
胡廷榮,「遼中京至廣平甸捺鉢間驛館考略」,『中國邊疆史地研究』14-1, 2004
洪吉,「北魏皇帝的巡幸」, 2007屆研究生碩士學位論文, 華東師範大學, 2007.4, 2007
黃鳳岐,「契丹捺鉢文化探論」,『社會科學輯刊』2004-4(總第129期), 2004
侯甬堅,「北魏時期鄂爾多斯高原的自然-人文景觀」,『歷史地理學探索』, 中國社會科學出版社, 2004

■ 일문 논문
江上波夫,「匈奴の祭祀」,『ユウラシア古代北方文化: 匈奴文化論攷』, 東京: 山川出版社, 1950
古賀昭岑,「北魏における徙民と計口受田について」,『九州大學東洋史論集』1, 1973
______,「北朝の行臺についてその一」,『九州大學東洋史論集』3, 1974
______,「北魏の部族解散について」,『東方學』59, 1980
谷川道雄,「拓跋國家の展開と貴族制の再編」,『岩波講座世界歷史』5, 東京: 岩波書店, 1970
______,「兩魏齊周時代の覇府と王都」, 唐代史研究會 編,『中國都市の歴史的研究』, 1988
久保田和男,「北宋の皇帝行幸について」,『宋代社會の空間とコミュニケーション』, 東京: 汲古書院, 2006
______,「宋代の「畋獵」をめぐって-文治政治確立の一側面-」, 記念論集刊行會 編,『福井重雅先生古稀・退職記念論集 古代東アジアの社會と文化』, 東京: 汲古書院, 2007
堀敏一,「北魏における 均田制の成立」,『均田制の研究』, 岩波書店, 1975
金子修一,「漢代の郊祀と宗廟と明堂及び封禪」,『古代中國と皇帝祭祀』, 東京: 汲古書院, 2001
______,『漢代における郊祀・宗廟制度の形成とその運用」,『中國古代皇帝祭祀の研究』, 東京: 岩波書店, 2006
______,「唐代における郊祀・宗廟の制度」,『中國古代皇帝祭祀の研究』, 東京: 岩波書店, 2006(原載「魏晉より隋唐に至る郊祀・宗廟の制度について」,『史學研究』88-10, 1979)
______,「唐代皇帝祭祀の親祭と有司攝事」,『中國古代皇帝祭祀の研究』, 東京: 岩波書店, 2006(原載『東洋史研究』47-2, 1988)
______,「唐代における郊祀・宗廟の運用」,『中國古代皇帝祭祀の研究』, 東京: 岩波書店, 2006(原載「唐太宗-睿宗の郊廟親祭について-唐代における皇帝の郊廟親祭 その(1)」, 唐代史研究會 編,『中國の都市と農村』, 汲古書院, 1992;「玄宗朝の皇帝親祭について」, 池田温 編,『中國禮法と日本律令制』, 東方書店, 1992;「唐後半期の郊廟親祭について-唐代における皇帝の郊廟親祭 その(3)-」,『東洋史研究』55-2, 1996)
今井秀周,「北魏における西郊について-鮮卑拓跋部の祭天形態か語るもの-」,『東海女子短期大學紀要』25, 1999
大櫛敦弘,「後漢時代の行幸」, 高知大學人文學部,『人文科學研究』7, 2000
______,「前漢武帝期の行幸」,『日本秦漢史學會會報』5, 2004
牟發松(古賀昭岑譯),「北朝行臺の地方官化についての考察」,『九州大學東洋史論集』25, 1997
白鳥庫吉,「東胡民族考」,『白鳥庫吉全集』4, 岩波書店, 1970
福原啓郎,「八王の亂の本質」,『東洋史研究』, 41-3, 1982
濱口重國,「漢代に於ける地方官の任用と本籍地の關係」,『秦漢隋唐史の研究』, 東京: 東京大學出版會, 1980
石松日奈子,「北魏佛教美術中の胡服像」,『中國史研究』35, 2005

小林聰,「慕容政權の支配構造の特質-政治過程の檢討と支配層の分析を通して-」,『九州大學東洋史論集』16, 1988
松井嘉德,「經巡る王」,『古代王權の誕生』I(東アジア篇), 東京: 角川書店, 2002
松下憲一,「北魏の洛陽遷都」,『史朋』32, 1999
______,「北魏道武帝の「部族解散」,『史朋』34, 2002
______,「北魏石刻史料に見える內朝官-「北魏文成帝南巡碑」の分析を中心に-」,『北魏胡族體制論』, 札幌: 北海道大學出版會, 2007
勝畑冬實,「北魏の郊甸と'畿上塞圍' - 胡族政權による長城建築の意義-」,『東方學』90, 1995
新宮學,「北京遷都-永樂遷都プロジェクトの諸段階-」,『北京遷都の研究-近世中國の首都移轉-』, 東京: 汲古書院, 2004(原載「永樂北京遷都プロジェクトの諸段階-南北兩京體制の施行-」,『東北大學東洋史論集』9, 2003;「永樂十三年乙未科について-行在北京で最初に行われた會試と殿試について-」,『明代史研究會創立三十五年記念論文集』, 東京: 汲古書院, 2003)
______,「北京巡狩と南京監國」,『北京遷都の研究-近世中國の首都移轉-』, 東京: 汲古書院, 2004(原載「北京巡狩と南京監國-『太宗實錄』編纂にみる北京遷都の影-」,『東北大學東洋史論集』6, 1995;「北京巡狩與南京監國-永樂遷都的歷史軌跡」,『北京師範大學學報(社會科學版)』1995增刊, 1996)
______,「洪熙から宣德へ-北京定都への道-」,『北京遷都の研究-近世中國の首都移轉-』, 東京: 汲古書院, 2004(原載「洪熙から宣德へ-北京定都への道-」,『中國史學』3, 1993)
窪添慶文,「魏晉南北朝における地方官の本籍地任用について」,『魏晉南北朝官僚制研究』, 東京: 汲古書院, 2003(原載『史學雜誌』83-1 · 2, 1974)
______,「北魏の太子監國制度」,『魏晉南北朝官僚制研究』, 東京: 汲古書院, 2003(原載 池田溫 編,『中國禮法と日本律令制』, 東方書店, 1992)
鹽澤裕仁,「鮮卑の都城"平城"-その都市空間の樣相-」,『法政史學』68, 2007
佐藤智水,「北魏皇帝の行幸について」,『岡山大 · 文 · 紀要』5(通卷45), 1984
佐藤賢,「北魏內某官制度の考察」,『東洋學報』86-1, 2004
佐川英治,「北魏の編戶制と徵兵制度」,『東洋文庫和文紀要 東洋學報』81-1, 1999
______,「北魏の平城」,『アジア遊學』78, 2005
______,「遊牧と農耕の間-北魏平城の鹿苑の機能とその変遷-」,『岡山大學文學部紀要』47, 2007
池內宏,「遼代春水考」,『滿鮮史研究』第一冊(中世), 東京: 吉川弘文館, 1976(原載『東洋學報』6-2, 1919)
川本芳昭,「五胡十六國 · 北朝時代における華夷觀の變遷」,『魏晉南北朝時代の民族問題』, 東京: 汲古書院, 1998
______,「內朝制度」,『魏晉南北朝時代の民族問題』, 東京: 汲古書院, 1998
______,「北族社會の變質と孝文帝の改革」,『魏晉南北朝時代の民族問題』, 東京: 汲古書院,

1998
______,「四 · 五世紀の中國と朝鮮 · 日本」,『魏晋南北朝時代の民族問題』, 東京: 汲古書院, 1998
______,「北魏における身分制について」,『魏晋南北朝時代の民族問題』, 東京: 汲古書院, 1998
______,「北魏文成帝南巡碑について」,『九州大學東洋史論集』28, 2000
坂本勉,「モンゴル帝國における必闍赤=bitikči-憲宗メングの時代を中心として-」,『史學』42-4, 1970
鶴間和幸,「秦始皇帝長城傳說とその舞臺-秦碣石宮と孟姜女傳說をつなぐもの-」, 東京: 學習院大學,『東洋文化研究』1, 1999
護雅夫,「北アジア古代遊牧國家の構造」,『岩波講座世界歷史』, 東京: 岩波書店, 1970
丸橋充拓,「唐宋變革期の軍禮と秩序」,『東洋史研究』64-3, 2005

■영문 논문

Boodberg, Peter A., "The Language of the T'o-Pa Wei", *Harvard Journal of Asiatic Studies*, Vol. 1 No. 2, 1936
Cleaves, Franscis Woodman., "The Sino-mongolian Inscription of 1338: In Memory of Jig mtei, *Harvard Journal of Asiatic Studies* 14:1-2, 1951
Holmgren, Jennifer., "Empress Dowager Ling of the Northern Wei and the T'o-pa Sinicization Quertim", *Papers on Far Eastern History* 18, 1978

중문개요(中文提要)

本文研究的是北魏皇帝的巡幸性质。目前关于北魏皇帝巡幸的论文只有一篇，这是因为『魏書』的巡幸资料不足之故。笔者为了弥补不足的资料，最大限度地活用了「文成帝南巡碑」和「弔比干墓文」、才得以研究过去的研究中没有能涉及到的内容。

第1編以巡幸的概念和巡幸期間、巡幸場所、巡幸中的活动为中心，考察了北魏皇帝巡幸的特征。如『南齊書』魏虜傳的记录，占领漢地河北以后，北魏皇帝和大臣一直维持着跟着水草移動的遊牧生活習俗。从频繁的巡幸次数可以确认巡幸是受到了遊牧民移動的影响。从北魏支配河北的398年开始到孝武帝时期，巡幸的总次数和年平均次数，'廣義的巡幸'为289次和1.94次，'狹義的巡幸(除親征和移動一日日程的巡幸)'为134次和0.9次。北魏皇帝的巡幸期間为年平均59.2日('廣義的巡幸')，或是31.6日('狹義的巡幸')，如果把没有明示巡幸期間的也包括在内推算的话，季平均巡幸日可达75.5日('廣義的巡幸')，或是64.7日('狹義的巡幸')。巡幸期間最长的是太武帝，长达4-5.5个月，也就是把1年中1/3-1/2左右的时间花费到巡幸当中。从道武帝到孝文帝时期北魏皇帝的巡幸期間至少是1个月以上、多则达120-160日左右，如此每年持续地長期的巡幸现象在其他漢族王朝是很难发现的，相反在契丹、蒙古、清等异民族王朝来说是很普遍的现象。

象巡幸的次数和期间，时期一样能规定巡幸性质的要素是巡幸的地区。分析道武帝到孝文帝时期的巡幸地，可以看出巡幸地区的范围在逐渐地扩大，根据巡幸地的变化可以分为五个时期。第一个时期(398-427)从占领河北的道武帝天興元年(398)到消灭赫連夏的太武帝始光4年(427)。这一时期北魏皇帝主要巡幸了北魏前期的京畿地区，还有極少數巡幸了京畿北部。第二个时期(428-476)从消灭赫連夏后的神䴥元年(428)到太上皇帝獻文帝驾崩的承明元年(476)。这一时期的巡幸地由京畿扩大到河西、陰山、漠北、河北一带，这是因为北魏征服北魏包围圈的一员赫連夏，对柔然采取主攻的战略以后，北魏皇帝的行动范围自然而然地扩大之故。第三个时期(476-493)相当于馮太后的臨朝稱制时期和孝文帝的親政初期，这一时期的巡幸地区是平城近郊的畿內地区，比第一个时期巡幸地区的范围缩小了。第四个时期(493-499)从企图南伐却最终决定洛陽遷都的太和17年(493)到孝文帝驾崩的太和23年(499)。这一时期的巡幸地区事實上是北魏全國，只巡幸華北地区的河北一地的以前皇帝有很大的差別。第五个时期(499-534)从孝文帝死后到北魏末，这一时期北魏皇帝的巡幸次数比以前大幅度地减少了，除三次例外以后，都没有脱离洛陽附近。

北魏皇帝巡幸时，下賜巡幸地区的百姓官爵或各種物資，或祭祀中國古代的聖王、聖賢、山川，采取了确保民心的政策，而且北魏皇帝在平城近郊举行祭天儀式来图谋胡族支配層的团结。这些措施有助于支配漢人和胡人。从『魏書』本紀的记录中可以发现，北魏皇帝以打猎为目的往来于很多地区，这是因为还保留着遊牧民的狩獵活動習俗。北魏皇帝親征总次数为58次、年平均数为0.5次、相当于全部戰爭次数的46.8%。这表明北魏皇帝親征次数和比重很高，这和漢族皇帝除一些創業君主外，差不多不親征的事实成鲜明的对比。親征中道武帝和太武帝毫不保留地表现出了督勵軍隊，在第一线战斗的戰士王的形象，这和親征中只停留在后方的漢族皇帝有很大的差别。而且北魏皇帝在巡幸中还视察了牧畜和盐的生产状况。通过考察北魏皇帝巡幸中的活動可以发现，他们不仅具有傳統的漢族皇帝的形象，而且还具有‘遊牧君主’的形像，但是北魏前期前者的形象更强。

再三章考察了巡幸和地区支配的关系。第一是巡幸和胡地·胡人的支配。北魏皇帝的主要巡幸地陰山·河西一带大多是胡族居住的地区。北魏皇帝巡幸胡地时不仅和胡人一起打猎、下賜胡人財貨，而且还讨伐叛乱集團等，采取‘软硬兼施’的方法来企图掌握胡人。对胡地是頻繁地巡幸，企图積極地支配胡地，而对漢地(=華北)却采取了漸進支配的方法。北魏不是从开始就积极地支配漢地，而是通过阶段、渐进的方法逐渐地支配了漢地，北魏皇帝的巡幸实际上是对外宣言已经完全支配北魏地区的最终手续。但是孝文帝以前的漢地巡幸只局限于河北，到了孝文帝时才得以巡幸全華北地区。这是对外显示河北以外的北魏疆域已经完全进入北魏的支配。如果考虑洛陽遷都以后孝文帝的关心在征伐南齊，末年时的关心集中在親征南齊的话，就可以认为孝文帝的華北巡幸是为了南齊征伐、而得到華北漢人豪族和一般百姓的協助和支持进行的政治性宣传工作。当然華北巡幸和洛陽遷都，南齊遠征的最終目標都是指向統一的。

第2編考察了北魏前期鮮卑人、匈奴人等各種北方遊牧民卽胡人們保持了自己的言語、風俗、習慣、其他文化的因素，筆者認爲这箇現象的北原因是除了巡幸以外，魏前期平城一帶的種族分布、農耕和牧畜的界線、魏晉南北朝時期氣候變動和農耕北限界線的南下等等。北魏後期住洛陽的胡人們卽召爲‘代遷戶’也說胡語，一部分漢人官僚說胡語。因爲洛陽遷都和禁止胡語發表以后孝文帝的不斷頻繁的巡幸和親征南齊，所爲孝文帝經常沒有管理和監視‘漢化政策’，有的胡人肯定說胡語(鮮卑語、匈奴語等北亞諸民族的言語)。

第3編通过‘太子監國’和近侍官、巡幸論，漢人官僚对巡幸的反應考察了巡幸对北魏的政治、制度起的影響。首先考察了巡幸和‘太子監國’的關係。北魏皇帝巡幸和親征时，为了阻挡敌人的进攻、使行政空白最小化，设置了留臺这一臨時性的行政機構，并让皇太子或宗室諸王、大臣留守都城。皇太子定下来以后，他们留守都城，在皇帝指定的大臣的辅左下，起了行政和防御都城的作用。巡幸中北魏皇帝采取的措施北魏的‘太子監國’不仅有减少帝位繼承紛爭的意图，同时还有弥补巡幸中發生的行政、軍事空白的機能。这是在匈奴、蒙古、金帳汗國和五胡諸國中共同发现的現象。如此北魏维持了遊牧國家，或是異民族王朝的特徵。

‘序紀時代’就已经存在的‘近侍官’象蒙古的怯薛一样处理皇帝的宿衞和日常琐事，軍國政事等多种事物。因此宿衛皇帝、在皇帝的左右輔佐政治的‘近侍官’成了北魏政治和軍事的核心集團，而漢人官僚成了次要的存在。分析「文成帝南巡碑」可以确认，大多数近侍官是胡族，特别是‘內侍之官’51人成了巡幸中文成帝的亲信，侍衛、侍從、侍奉皇帝。近侍官象‘拓跋部族聯合體’一样适合于親征和移動頻繁的狀況，所以才维持到了文成帝時期，可以说这是遊牧國家和異民族王朝中普遍存在的現象。孝文帝時期巡幸的隨行員可通过「弔比干墓文」确认到。「弔比干墓文」的隨行官員随着担任實務行政的漢人官僚大举参加以后，胡族和漢族的比率差不多达1:1，于是出现了胡族管宿衛，漢族管行政實務的傾向。「弔比干墓文」的隨行官員序列和官職的品階大體一致，虽然外形上好象是按官職的品階定隨行官員的序列，但是宿衛將領胡人的序列要比担任行政實務的漢人官僚高。这好象是优待近侍官、把他们排在前序列的「文成帝南巡碑」的序列原則變形以后维持下来的形態。

最后考察了北魏后期漢人官僚們的巡幸論。在北魏前期漢人官僚們沒有對皇帝們諫言巡幸，因爲他們沒有政治上的影響力，所以皇帝和胡族支配層沒有反對巡幸。在北魏后期也漢人官僚反對巡幸只是一次，跟北魏前期的情況差不多一樣。可是在北魏后期漢人官僚對孝文帝助言巡幸地、方法、親征等等，这是反映了北魏后期漢人官僚的政治的浮上和發言力。

以上简单地考察了本文的内容，由于是要約，所以没有能综合地叙述出北魏皇帝巡幸特徵。最后比较以下一下北魏時代巡幸的特徵与其他異民族王朝，或漢族王朝的巡幸。考察北魏皇帝巡幸中的活動可發现太武帝時期前后出现了变化。卽太武帝征服赫連夏以前‘遊牧君主’的形象更强，巡幸途中进行打猎和親征，对胡人班賜等等。以后随着河北巡幸的正规化，和百姓接触，视察風俗和民情，并下賜社會的弱者(鰥寡孤獨)官爵和粟帛等的措施，这和后漢等中國歷代王朝巡幸时皇帝采取的措施很相似。考察孝文帝洛陽遷都前后巡幸華北全域时采取的措施可发现，孝文帝后期‘遊牧君主’的形象变弱，而‘中華皇帝’的形象则变强。这表明北魏皇帝的統治对象由胡族变成漢族以后出现了的重视后者的倾向。

獻文帝以前時期的北魏皇帝主要巡幸胡地，这使隨行的很多胡人维持游牧生活，遲延了鮮卑人的漢化速度，保持了他们遊牧的習俗。这是其他異民族王朝也存在的现象。但是北魏皇帝的巡幸中却没有蒙古和西遼等遊牧國家和遼·金·元等異民族王朝中常见的四時捺鉢或四季營地移動的季節移動样式，这一点就是北魏皇帝的巡幸与其他異民族王朝的巡幸不同之処。这是因为北魏對外的、軍事的狀況和统一或事實上已经支配蒙古高原的遼·金·元等其他異民族王朝不同。因为北魏初期就开始和河西的赫連夏、蒙古高原的柔然對峙要准备战争，因此不可能进行往复于固定的四季營地的巡幸。北魏皇帝的巡幸虽然和契丹(遼)·蒙古(元)等異民族王朝的巡幸有很多共同點，但也存在不同点，那就是没有季節移動和固定場所的反覆移動。就算如此，特别是北魏前期的巡幸有很强的胡族的特徵，这是很难否认的。

찾아보기

[ㄷ]

[ㅁ]

[ㅂ]

[ㅅ]

[ㅇ]

[ㅈ]

[ㅊ]

용어 해설

- 가손(可孫) : 유목국가 군주(kaghan)의 아내를 지칭하는 카툰(khatun)의 한자 음차이다. 『남제서(南齊書)』 「위로전(魏虜傳)」에 따르면 북위의 황태후(보태후)와 황후를 가툰(可孫)이라 지칭하였다.
- 감국(監國) : 태자가 황제 대신 국정을 감독하는 행위를 뜻한다. 태자감국(太子監國)이라고도 한다. 『좌전(左傳)』에 실린 진대부(晉大夫) 이극(里克)의 말에 따르면 태자(太子)가 나가서 군대를 지휘하면 무군(撫軍)이라고 칭하고 조정과 국정을 지키면 감국(監國)이라 불렀다. 본래 일시적인 국정 대행이었지만, 오호십육국시대 후진(後秦)의 태자 요홍(姚泓)이 감국이 된 이후 북위시대 여러 태자나 후계자가 평상시에도 감국이 되어 정사를 처리하였다.
- 강무(講武) : 군사훈련 혹은 군대 사열을 지칭한다. 북위황제는 교외나 음산, 막남 등지에서 전쟁 전에 군사훈련을 실시하였다.
- 게르(ger) : 몽골인의 이동식 천막을 지칭한다. 중국어로는 파오(包, 혹은 몽고포(蒙古包)라고도 함)라고 하며 투르크어로는 유르트(Yurt)라고 한다.
- 경기(京畿, 북위 전기의 경기) : 수도인 평성(平城)을 중심으로 현재의 산서성(山西省) 북부와 내몽고자치구(內蒙古自治區) 중남부 지역에 해당한다. 효문제(孝文帝)의 낙양천도(洛陽遷都) 이후 삭주(朔州) · 항주(恒州) · 연주(燕州)로 분할되었다.
- 고조(高祖) : 북위의 6대 황제 효문제(孝文帝)의 묘호(廟號).
- 고종(高宗) : 북위의 4대 황제 문성제(文成帝)의 묘호(廟號).
- 고차인(高車人) : 투르크계 유목민으로 정령(丁零), 칙륵(敕勒)이라고도 부른다. 주로 몽골 공화국 북방 바이칼 호수부터 서쪽 중앙아시아까지 그리고 몽골 초원 등 광범한 지역에 거주하였다. 주로 유연과 북위의 지배를 받았다. 북위의 지배를 받은 고차는 부족(부락) 해산에서 제외되었던 반독립적인 집단이었다.
- 관롱(關隴) : 관중(關中)과 농산(隴山) 일대의 지역이다. 현재의 섬서성(陝西省) 중부와 감숙성(甘肅省) 동부 지역에 해당한다.
- 구조(口詔) : 황제의 구두 명령을 지칭한다. 북위전기 황제는 대부분 문서로 작성된 조서가 아니라 구도로 행정사무의 처리, 특히 형벌과 관련된 사항을 지시하였다.
- 구칙(口敕) : 구조(口詔) 참조.
- 근시관(近侍官) : 북위황제를 호위하며 황제의 개인사 혹은 정사에 참여했던 핵심 측근 관료들을 지칭한다. 서기시대부터 존재했으며, 효문제의 관제개혁 이전까지 권력의 중추였

다. 명칭은 다르지만, 유목민의 친병집단(親兵集團), 예컨대 돌궐 카간의 측근인 böri(돌궐어이며, 한자로 '符離(부리)'로 표기됨)와 몽골 카안의 측근인 케식(keshiq, 몽골어이며 한자로 겁설(怯薛)로 표기) 등도 근시관과 유사하다.

• 금장한국(金帳汗國, 1243~1502) : 킵차크한국 혹은 조치울루스이라고도 한다. 금장한국은 군주가 황금색 장막에서 거주하여 붙여진 명칭이다. 서방 원정을 지휘했던 바투가 남러시아 킵차크초원에 정착하며 몽골제국의 서부를 지배하였다. 후에 바투 후손의 금장한국과 오르다 후손의 백장한국(白帳汗國), 청장한국(靑帳汗國)으로 분열되었다. 14세기 말 티무르의 침입으로 급속히 쇠퇴하였고, 카잔 · 크림 · 아스트라한의 3한국으로 분열되었다가 1502년 모스크바 공국의 이반 3세에게 멸망당하였다.

• 남제(南齊, 479~502) : 유송(劉宋) 승명(昇明) 3년(479)에 소도성(蕭道成)이 순제(順帝)의 선양을 받아 즉위하였다. 수도는 건강(建康, 현재 강소성(江蘇省) 남경시(南京市)에 해당)에 도읍하였다. 고환(高歡) 부자가 세운 제(북제)와 구별하기 위해 남제(南齊) 혹은 소제(蕭齊)라고 한다. 7대 24년 만에 화제(和帝) 소보융(蕭寶融)이 중흥(中興) 2년(503)에 소연(蕭衍, 훗날 양무제(梁武帝)라고 함)에게 선양하여 망하였다.

• 내시지관(內侍之官) : 문성제의 핵심 측근으로 추정되는 51인을 지칭한다. '右五十一人內侍之官(우오십일인내시지관)'이라는 「문성제남순비(文成帝南巡碑)」의 구절에서 유래하였다. 내시지관은 품계에 따른 구분이 아니라 문성제의 측근 여부에 따라 구분된 것으로 보인다.

• 내입제성(內入諸姓) : 북위 탁발씨의 실제적인 창시자 역미(力微, 후에 신원황제(神元皇帝)로 추증됨) 시기, 탁발부에 복속한 집단이다. 『북위』 권113 「관씨지」의 '神元皇帝時, 餘部諸姓內入者.(신원황제시, 여부제성내입자.)'라는 구절에서 따왔다. 학자에 따라 이 중에서 훈신 8성(勳臣八姓)을 제외한 집단으로 정의하기도 한다.

• 내행장류 : 본문에서 내행장(內行長) · 내행령(內行令) · 내행장자(內行長者) · 내행아간(內行阿干) · 시어장(侍御長) · 내시장(內侍長)을 통칭한 단어이다. 북위황제의 측근이며 호위와 개인사, 정사를 처리하였다.

• 녹상서사(錄尙書事) : 상서(尙書)의 직무를 수행한다는 뜻이다. 전한시대에는 영상서사(領尙書事)라 불렸지만, 후한시대부터 녹상서사라고 불렸다. 주로 장군이나 삼공(三公) 등이 겸직했으며, 상서성(尙書省)의 장관인 상서령(尙書令)과 직무는 같았지만 지위는 상서령보다 더 높았다.

• 다인합장(多人合葬) : 대가족의 '중장(衆葬)'이라고 한다. 한 무덤에 여러 사람의 시체를 함께 매장하는 방식이다.

• 대국(代國, 315~376) : 북위의 옛 이름. 탁발부(拓跋部)의 우두머리 탁발의로(拓跋猗盧)가 대공(代公)에 봉해졌다가 315년 대왕(代王)으로 봉해진 것이 시초이다. 십익건(什翼犍)이 수도를 성락(盛樂)으로 옮겼고 현재의 내몽고자치구와 산서성 북부 지역을 지배하였다. 6대 62년 만인 376년 전진의 부견에게 망하였다. 오호십육국에는 포함되지 않는다.

• 대국시대(代國時代) : 북위의 전신인 대국(代國)이 존재했던 315~376년의 62년의 기간을

지칭한다.

- 대인(代人) : 북위전기 지배층인 이민족, 즉 호인(胡人)을 지칭한다. 학자에 따라 호인과 정권에 참여한 일부 한인(漢人)도 포함하여 지배계층으로 정의하기도 한다.
- 도인(道人) : 일반적으로 도교의 성직자 혹은 도(道) 수행자를 뜻하지만, 당시에는 불교의 승려를 지칭하였다.
- 동궁관(東宮官) : 태자의 속관을 지칭하며, 동궁(東宮)은 태자(太子)를 지칭한다. 동궁은 궁성의 동쪽에 위치하여 붙여진 명칭이다. 태자의 스승 혹은 고문(顧問)에 해당하는 태자태사(太子太師)·태자태부(太子太傅)·태자태보(太子太保)와 태자궁의 실무를 담당하는 태자첨사(太子詹事) 등 관명 앞에 '태자(太子)' 자가 붙는다.
- 동진(東晉, 317~420) : 서진이 흉노가 세운 한(전조)에 망하자 강남으로 피난한 사마예(司馬睿, 원제(元帝)라 함)가 건무원년(建武元年, 317) 즉위하여 국호를 여전히 진(晉)이라 하였다. 수도 건강이 이전 진의 수도였던 낙양보다 동쪽에 있다 하여 후세에 동진(東晉)이라 불렸다. 11대 104년 만인 원희(元熙) 2년(420) 공제(恭帝)가 북벌의 공을 세운 유유(劉裕)에게 황제의 자리를 빼앗겼다.
- 막남(漠南)과 막북(漠北) : 사막, 즉 고비 사막의 남쪽과 북쪽 지역을 지칭한다. 현재는 대체로 중국과 몽골의 경계선을 이룬다.
- 망사(望祀) : 황제가 사자를 보내 명산대천(名山大川)에 제사 지내는 것을 지켜보는 형태의 제사이다.
- 무란(Muran, 木蘭) 위장(圍場) : 청 황제의 전용사냥터로 승덕(承德, 열하)에서 북쪽 117km 떨어진 곳에 있었다. 무란은 만주어이며 '사슴을 부르다'라는 뜻이다. 사슴의 울음 소리를 흉내 내서 사슴을 잡는 만주인의 사냥 방식 때문에 붙여졌다.
- 문성제남순비(文成帝南巡碑) : 문성제가 화평 2년(461) 하북에서 평성으로 돌아오다가 영구현(靈丘縣)에 세운 비석. 문성제의 하북 순행과 수행관원의 명단, 문성제와 수행관원의 활쏘기 등에 대한 기사를 비석에 새겼다. 『위서』「고종기」에 언급되지 않은 사실도 기록된 문성제 시대 정치사 연구의 중요한 사료이다.
- 봉선(封禪) : 중국 황제가 천지(天地)에 제사 지내는 의식이며 봉(封)과 선(禪)의 합칭이다. 태산(泰山) 위에 흙으로 단을 쌓아 제사 지내 하늘의 공에 보답하는 것을 봉(封), 태산 아래의 양보산(梁父山)에서 땅에 제사 지내어 땅의 덕을 기리는 것을 선(禪)이라 한다.
- 북제(北齊, 550~570) : 북위말(北魏末) 고환(高歡)이 권력을 잡은 후 둘째 아들 고징(高澄)이 동위(東魏) 효정제(孝靜帝)로부터 제위를 찬탈하고 국호를 제(齊)라고 하였다. 남조 제(齊)와 구별하기 위해 북제(北齊)라고 하였다. 6대 28년 만에 북주(北周) 무제(武帝)에게 망하였다.
- 북주(北周, 556~581) : 서위(西魏)의 실력자 우문태(宇文泰)의 아들 우문각(宇文覺)이 세웠다. 570년 무제(武帝)가 북제(北齊)를 정복하여 화북을 통일하였다. 6대 26년 만에 외척 양견(楊堅)이 손자 정제(靜帝)의 제위를 빼앗아 망하였다.
- 사시날발(四時捺鉢) : 거란의 군주가 계절에 따라 장소를 옮기며 추위와 더위를 피하고 수

렵 등의 활동을 하는 행위이다. 금(여진)과 원(몽골), 청(만주)의 군주(황제, 카안)도 사시날발을 행했다고 보는 학자도 있다. 비슷한 개념으로 사계유행(四季游幸)이 있다.

- 산동(山東) : 현재는 산동성(山東省)을 지칭하지만, 진한시대(秦漢時代)부터 수당시대(隋唐時代)까지 화산(華山) 동쪽, 즉 황하 중하류 지역을 지칭하였다. 함곡관(函谷關) 동쪽을 뜻하는 관동(關東)도 같은 뜻이다.
- 새외(塞外) : 새(塞)는 변방 혹은 장성을 지칭하며, 새외는 중국의 북쪽 변방의 북쪽 지역, 즉 주로 유목민이 사는 지역을 지칭한다.
- 서교제천(西郊祭天) : 평성의 서쪽 교외에서 북위황제와 호인지배층이 모여 하늘에 제사 지내는 의식. 효문제 시기에 남교(南郊) 제사로 대체되었다.
- 서기시대(序紀時代) : 북위(北魏) 건국 이전 탁발부의 여러 군장이 활동했던 시기를 지칭한다. 이 이름은 『위서(魏書)』의 첫 부분에 북위의 실질적인 건국자인 태조(太祖) 도무제(道武帝)의 본기 앞에 탁발부 군장들의 기록을 모은 「서기(序紀)」가 배치되어 붙여졌다. 여진인이 세운 금(金)의 역사를 다룬 『금사(金史)』에서도 건국 이전의 완안부(完顔部) 추장의 기록을 모아 '서기(序紀)'라 칭하였다.
- 세조(世祖) : 북위의 3대 황제 태무제(太武帝)의 묘호(廟號).
- 세종(世宗) : 북위의 7대 황제 선무제(宣武帝)의 묘호(廟號).
- 소장(燒葬) : 사자(死者)가 평소 사용했던 물건들을 불태우는 장례의식이다. 오환과 선비에게 발견되며, 북위전기에도 지속되었던 풍습이다. 사자의 신체를 불태우는 화장(火葬)과 다르다.
- 숙종(肅宗) : 북위의 8대 황제 효명제(孝明帝)의 묘호(廟號).
- 순성(巡省) : 순행과 동의어. 지방을 시찰하고 감찰하는 뉘앙스가 강한 뜻이다.
- 순수(巡狩) : 순행과 동의어. 본래 임금이 국내 각지를 돌아다니며 사냥했기 때문에 붙여진 명칭이다.
- 순행(循行) : 황제가 파견한 사자가 지방관의 감찰, 각종 정보 수집, 빈민 구제 등을 목적으로 각 지방에 파견되는 행위를 지칭한다. '순행(巡幸)'과 동음이의어이다.
- 순행(巡幸) : 황제의 지방 시찰. 순수(巡狩), 순수(巡守), 순유(巡遊), 순성(巡省)라고도 한다. 황제가 직접 전쟁에 참전하는 친정(親征)과 도성을 버리고 도망가는 몽진(蒙塵), 제사를 위해 교외(郊外)에 행차하는 것의 순행 포함 여부에는 논란이 있다. 본서에서는 특히 순행빈도와 순행기간의 통계수치를 산출할 때 이것들을 포함한 순행을 '순행1', 그렇지 않은 순행을 '순행2'로 구별하였다.
- 양도 순행(兩都巡幸) : 몽골(원)의 카안(황제)이 두 수도인 대도와 상도를 번갈아 이동하며 생활하는 방식을 지칭한다. 북제의 황제가 업과 진양을 왕복한 것도 양도 순행으로 볼 수 있다.
- 양도 체제(兩都體制) : 두 개의 수도를 유지하는 것을 뜻한다. 본래 중국에서는 한 개의 수도를 두었지만, 서위 · 북주 초와 동위 분립기에는 명목상의 황제가 거주하는 수도(서위 ·

북주는 장안, 동위는 업)보다 실질적인 권력자인 우문태(宇文泰)와 고환(高歡)이 주둔했던 동주(同州)와 진양(晉陽)이 사실상 수도의 기능을 하였다. 북주 무제가 권력자 우문호(宇文護)를 제거한 이후 장안과 동주의 양도 체제는 없어졌지만, 북제는 망할 때까지 황제가 대부분 진양에 머물고 공식적인 수도인 업으로 순행하는 양도 체제가 유지되었다.

- 역전(驛傳) : 문서 전달과 관리의 통행, 숙박을 위해 만든 체신 시설의 일종. 전한시대에는 우(郵)와 전(傳)이라 불렀다.
- 오치(五畤) : 천자가 교외에 나가서 친히 제사하는 5곳의 제사 장소이다. 휴치(畦畤), 밀치(密畤), 상치(上畤), 하치(下畤), 북치(北畤)를 지칭한다.
- 유대(留臺) : 황제의 친정(親征)이나 순행 때 도성에 남은 관료기구를 지칭한다.
- 유목국가 : 유목민 집단이 몽골고원이나 유라시아 초원지대에 세운 나라를 지칭한다. 본고에서는 유목민 혹은 수렵채취민(여진인 및 만주인)이 중국의 일부 혹은 전부를 지배하며 세운 이민족왕조와 정주지역을 지배하지 않은 유목국가를 구분하여 사용하였다.
- 유송(劉宋, 420~479) : 남조(南朝)의 첫 왕조이다. 동진(東晉) 원희(元熙) 2년(420)에 유유(劉裕)가 동진(東晉) 공제(恭帝)의 선양을 받아 세위에 올라 국호를 송(宋), 연호를 영초(永初)라 정했으며, 수도를 건강(建康: 현재 강소성(江蘇省) 남경시(南京市)에 해당)으로 정했다. 유유의 성을 따서 훗날 조광윤이 세운 송과 구별하기 위해 유송(劉宋)이라고 부른다. 8대 60년 만에 소도성(蕭道成)에게 제위를 빼앗겼다.
- 유수(留守) : 태자(太子)나 중신(重臣)이 황제의 도성 부재 시 도성을 지키는 행위이다. 수당시대 이후에는 점차 수도와 주요 정치적인 도시(수도 이외의 경(京)이라 불린 도시)의 지방관의 명칭으로 사용되었다.
- 유연(柔然) : 예예(芮芮), 연연(蠕蠕), 유연(蝚蠕), 여여(茹茹), 예예로(芮芮虜)라고도 불렸다. 북위시대에는 연연(蠕蠕)이라 불렸다. 북위를 세운 탁발부(拓跋部)의 지배를 받았으나 5세기 초 사륜(社崙)이 무리를 이끌고 막북(漠北)으로 도망가 나라를 세웠다. 북위와 대결 관계에 있었으며 지배층 내부 분쟁과 칙륵부(敕勒部, 고차라고도 함)의 잦은 반란으로 점차 쇠퇴하여 6세기 중엽에는 돌궐(突厥)에게 망하였다.
- 이례(夷禮) : 유목민의 장례와 제의, 의례 등을 지칭한다.
- 이민족왕조 : 선비 · 흉노 · 갈 · 강 · 저 등 오호십육국과 북조, 거란 · 여진 · 몽골 · 만주 등 한인이 아닌 북방 유목민과 만주의 수렵채취민이 세웠고 중국의 일부 혹은 전부를 지배한 나라 혹은 왕조를 지칭한다.
- 잠매(潛埋) : 도굴을 피하기 위해 사람의 눈에 띄지 않도록 시체를 땅에 몰래 파묻는 유목민의 매장풍습이다.
- 재이론(災異論) : 천인감응론(天人感應論), 천인상관론(天人相關論)이라고도 한다. 하늘로부터 지상을 통치하라는 천명(天命)을 위임받은 천자(황제)가 정치를 잘하지 못하면 하늘이 먼저 자연재해 등으로 경고하니, 천자(황제)는 이를 계기로 정치를 바로잡아야 한다는 주장이다. 전한 무제 시기의 동중서(董仲舒)가 대표적인 이론가이다.

• 전직령(前職令) : 태화전직령(太和前職令), 태화전령(太和前令), 직원령(職員令)이라고도 한다. 효문제 태화년간에 제정되었다. 관품을 9개의 숫자와 정(正)과 종(從)으로 나누고 품 아래는 상 · 중 · 하(上中下) 3개의 품계로 나누었다. 즉 위로부터 제1품상(第一品上), 제1품중(第一品中), 제1품하(第一品下), 종제1품상(從第一品上), 종제2품중(從第二品中), …… 종제9품상(從第九品上), 종제9품중(從第九品中), 종제9품하(從第九品下) 등 54개 품계로 분리되었다.

• 전진(前秦, 350~394) : 오호십육국(五胡十六國)의 한 나라이다. 저인(氐人) 부건(苻健)이 351년 관중(關中)을 점령하고 천왕(天王) 대선우(大單于)의 자리에 올라 국호를 대진(大秦), 연호를 황시(皇始)라고 정하고 장안(長安: 현재의 섬서성(陝西省) 서안시(西安市)에 해당)에 도읍을 정하였다. 강(羌) 요씨(姚氏)가 세운 진(후진)과 구별하기 위해 전진(前秦) 혹은 성을 붙여 부진(苻秦)이라 칭한다. 부건의 조카 부견(苻堅)은 전연(前燕)과 전량(前涼), 구지(仇池), 대(代, 북위의 전신) 등을 멸하고 화북(華北)을 통일하였다. 그러나 383년에 전진의 군대가 비수(淝水)에서 동진의 군대에 패하자 각 이민족의 수령이 독립하여 와해되었고, 부견도 385년에 요장(姚萇)의 공격을 받아 살해되었다. 이후 394년에 후진에게 망하였다.

• 점이지대 : 지리학 용어로 성격이 다른 두 지역 사이에 위치하여 두 지역의 성격이 동시에 나타나는 지역이다. 예컨대 농경과 목축의 점이지대는 농경과 목축이 함께 나타나는 지역을 뜻하며, 이 경우 '농목 복합지대'라고도 한다.

• 정복왕조(征服王朝, Conquest Dynasties) : 중국의 일부 또는 전부를 정복하여 북방 유목민 등 이민족이 세운 왕조, 즉 요(遼) · 금(金) · 원(元) · 청(淸)을 지칭한다. 비트포겔과 풍가승(馮家昇)이 1949년 처음으로 제창하였다. 중국의 일부 혹은 전부를 지배한 이민족왕조는 중국문화에 동화된 것이 아니라 중국과 이민족의 문화가 문화접변을 통해 제 3의 문화를 만들었다고 주장하였다.

• 정책공신(定策功臣) : 황제를 옹립하는 데 공을 세운 신하 혹은 이들에게 준 공신의 칭호이다.

• 정평사변(正平事變) : 정평원년(正平元年, 451) 북위 태무제(太武帝)와 태자 탁발황(拓跋晃)의 권력 투쟁. 결국 탁발황이 죽고 태자파가 제거되어 태무제의 승리로 끝났다.

• 제민요술 : 6세기 전반기 가사협(賈思勰)이 저술한 농서(農書)이다. 당시 농경과 목축, 음식문화 연구에 필요한 자료이다.

• 제실십성(帝室十姓) : 북위황제를 배출하는 가문인 탁발씨(拓跋氏)와 함께 북위의 핵심 지배계층을 이루는 9성(탁발씨를 포함하면 10성)이다. 서기시대 헌제(獻帝)의 형제들이 7개의 집단을 지배한 흘골씨(紇骨氏, 후에 호씨胡氏로 개칭), 보씨(普氏, 후에 주씨周氏로 개칭), 발발씨(拔拔氏, 후에 장손씨長孫氏로 개칭), 달해씨(達奚氏, 후에 해씨奚氏로 개칭), 이루씨(伊婁氏, 후에 이씨伊氏로 개칭), 구돈씨(丘敦氏, 후에 구씨丘氏로 개칭), 후씨(侯氏, 후에 해씨亥氏로 개칭)를 7족(七族)이라고 하며, 여기에 을전씨(乙旃氏, 후에 숙손씨叔孫氏로 개칭)와 차곤씨(車焜氏, 후에 차씨車氏로 개칭)와 탁발씨를 합쳐 제실십성(帝室十姓)이라 지칭한다. 이들은 일부 제천(祭天) 행사에 독점적으로 참석할 권리를 지녔다.

• 조비간묘문(弔比干墓文) : 효문조비간묘문(孝文弔比干墓文)이라고도 한다. 상(商, 은(殷)이라고도 함)의 충신인 비간을 기려 세운 비석이다. 업에서 낙양으로 순행하던 효문제가 태화 18년(494) 11월 비간(比干)의 묘를 지나면서 친히 조문(弔問)하고 비를 세우도록 했다. 이 비문에는 비석을 세우게 된 과정과 효문제의 순행을 수행한 관원 82인의 관작(官爵)과 성명(姓名)이 기록되었다. 효문제 시기 관료제도를 이해하는 데 중요한 사료가 된다. 실제 비석을 세운 시점에 대해서는 여러 가지 학설이 분분하다.

• 조위(曹魏, 220~265) : 삼국시대 위(魏)를 지칭한다. 탁발씨(원씨)가 세운 북위와 구별하기 위해 창업자 조조(曹操)와 조비(曹丕) 부자의 성인 '조(曹)'를 붙여 '조위'라고 칭한다. 후한(後漢) 연강원년(延康元年, 220)에 조비(曹丕)가 헌제(獻帝)의 선양을 받아 제위(帝位)에 올랐다. 수도는 낙양(洛陽)이며, 5대 46년간 존속하였다. 원제(元帝) 함희(咸熙) 2년(265)에 권신(權臣)의 사마염(司馬炎)에게 망하였다.

• 종족(種族) : 혈통이 같은 집단을 지칭한다. 본래 이러한 뜻의 단어로 '민족'이 있으나, 현재 사용하는 민족은 한 · 중 · 일 삼국에서는 국가 혹은 국민을 뜻하는 'nation'의 번역어이다. 이에 비해 종족(種族)은 영어의 'ethnic group' 혹은 'ethnicity'의 어감과 비슷한 뜻을 지녔다. 본고에서 혈통으로 구성된 집단을 지칭할 때 종족(種族)이라 지칭하였다.

• 직근(直勤) : 직근(直懃)이라고도 표기되며 북위 황실인 탁발씨(拓跋氏)와 방계 혈통인 독발씨(禿髮氏)의 남성 이름에 붙인 칭호였다. 카간 일족의 남성 이름 앞에 붙였던 돌궐의 테긴(tegin)과 동일하다.

• 친정(親征) : 황제가 직접 전쟁터에 나가 군대를 지휘하는 행위를 지칭한다. 중국의 황제나 군주는 거의 친정하지 않았던 반면 유목국가와 유럽의 여러 나라 군주는 직접 출전하는 예가 많았다. 한인왕조에서는 명의 영락제의 친정이 대표적이며, 대부분의 황제는 친정하지 않는 것으로 알려졌다.

• 침투왕조(浸透王朝, Infiltration Dynasties) : 잠입왕조(潛入王朝)라고도 한다. 여러 이민족이 세운 오호십육국(五胡十六國)과 북조의 여러 나라를 지칭한다. 비트포겔은 이들 국가를 세운 이민족이 일시에 중국의 일부나 전부를 정복한 것이 아니라 오랜 기간 점차로 화북 지역으로 내려와 살다가 국가를 건설했다고 하여 붙인 명칭이다.

• 카라키타이(Kara Khitai, 1132~1218) : 요가 망한 후 황실 일족인 야율대석(耶律大石)이 중앙아시아로 이동하여 세운 나라이다. 중국에서는 서요(西遼)라 부른다. 수도는 발라사군이며 중앙아시아의 주요 지역을 지배하였다. 3대 87년 만인 1211년 나이만의 쿠츨룩에게 멸망되었다.

• 카안(ga'an) : 몽골제국 군주의 칭호이다. 본래 우구데이만의 칭호였으나 후에 여러 군주의 칭호로 사용하였다. 다른 유목국가의 카간과 같다.

• 케식(keshiq) : 몽골의 친위부대 이름이다. 천호장 · 백호장 · 십호장의 자제와 재능 있는 인물로 편성되었다. 야간에 카안의 천막을 지키는 숙위(宿衛, kebte'ül) 1천 명, 낮에 호위하는 산반(散班, turqa'ud), 카안의 주위에서 활통을 차고 지키는 전통사(箭筒士, qorchi) 1천 명

등 1만 명이 4개의 조로 나뉘어 사흘마다 교대하여 근무하였다. 케식은 카안의 신변을 보호했을 뿐만 아니라 요리를 담당하는 바우르치(ba'urchi), 양떼를 치고 감독하는 코니치(qonichi), 양산을 든 수구르치(sülaülrchi), 통역을 맡은 켈레미치(kelemechi)처럼 일상적인 활동과 정사를 돕는 일을 맡았다. 케식은 카안과의 개인적인 유대관계를 형성하여 권력의 핵이 되었다.

- 태무제동순비(太武帝東巡碑) : '태무황제동순지비(太武皇帝東巡之碑)'라고도 한다. 태연원년(435) 11월 어사(御射), 즉 태무제의 활쏘기를 기념하기 위해 세웠다. 현재는 비석을 세운 이유와 일부 관원의 관작과 이름만 판독이 가능하다.
- 태자감국(太子監國) : 감국(監國) 참조.
- 태조(太祖) : 북위의 초대 황제 도무제(道武帝)의 묘호(廟號).
- 태종(太宗) : 북위의 2대 황제 명원제(明元帝)의 묘호(廟號).
- 태치(泰畤) : 천자가 천신(天神)에 제사 지내는 장소이다. 전한시대에는 감천(甘泉)에서 제사를 거행하였다.
- 패부(覇府) : 황제 대신 권력을 잡은 권신(權臣)의 정치조직을 지칭한다. 권신들은 대개 상국(相國), 승상(丞相), 대장군(大將軍) 등의 직함을 가지고 부(府)를 개설하고 막료들을 임명하였다. 이 부(府)를 패부(覇府)라고 불렀다.
- 품관(品官) : 유내관(流內官)이라고도 하며 정1품(正一品)부터 종9품하(從九品下)까지 품계를 받는 정규직 관리이다. 품관에 속하지 못하면 유외관(流外官) 혹은 서리(胥吏)라고 하며 일종의 별정직이다.
- 하서(河西) : (1) 황하(黃河)의 서쪽 지역이라는 뜻으로 일반적으로 현재의 감숙성 서부인 '하서회랑(중국에서는 '하서주랑'이라고 함)'을 지칭한다. (2) 『위서』의 '하서'는 대부분 북위전기 수도인 평성 부근의 황하 서쪽, 현재의 오르도스 지역을 지칭한다. (3) 북위시대 북량(北涼)을 지칭한 용어였다. 『위서(魏書)』에서는 북량 대신 '하서'라는 국명으로 표기하였다.
- 한인왕조 : 한인(한족)이 황제로 즉위하여 세운 왕조를 지칭한다.
- 한지(漢地) : 한인(한족)의 거주지이며 중국 본토이다. 이를 북위로 한정시키면 북위가 지배했던 화북(華北) 지역에 해당한다.
- 한화(漢化) : 이민족이 중국인 혹은 중국문화에 동화되는 현상.
- 행궁(行宮) : 황제가 순행 도중 임시로 머무르는 숙소를 지칭한다. '궁(宮)'이란 명칭이 붙은 건물뿐 아니라 임시로 설치한 천막이나 임시 숙소도 행궁이라 지칭한다. 당대에는 장안-낙양 혹은 장안-구성궁 사이의 교통로 등 순행 도중 숙소로 설치된 궁전을 지칭했다. 이 경우 순행 당시 자주 머물던 혹은 최종 목적지의 궁전을 이궁(離宮)이라 불러 구별하였다. 어떤 학자는 장안을 제외한 지방에 있는 궁전을 행궁이라고 정의하였다.
- 행대(行臺) : (1) 본래 황제의 친정(親征)이나 순행 때 황제의 국정 처리를 위해 수행했던 관료조직을 지칭한다. 혹은 '행상서대(行尙書臺)'의 약칭, 즉 상서대(尙書臺) 혹은 상서성(尙書省)의 출장 기관으로 보기도 한다. (2) 지방행정조직의 성격을 지닌 기관. 북위 초에는 후

연(後燕)의 옛 영토에 주(州)가 설치되기 전 임시로 설치되어 점령군 사령부와 지방행정구역의 역할을 대신하였다. 북위 말과 서위(西魏) · 북제(北齊)시대에는 각 지방에 행대가 설치되어 도독제주군사(都督諸州軍事)를 대체하여 최고 지방행정기관이 되었다. (3) 북위후기 지방에 파견된 사자(사신)에게 주어진 임시 직함. 예컨대 원회(源懷)가 행대의 직함을 가지고 평성과 육진 일대에 파견되어 지방 시찰과 애로사항을 청취하는 등의 일을 처리하였다.

- 행역(行役) : 황제의 순행과 관련하여 군사들이 부담하는 역이다.
- 허장(虛葬) : 도굴을 막기 위해 가짜 무덤에 매장하는 것처럼 위장하는 것을 지칭한다. 후한 말 삼국시대 조조(曹操)의 무덤이 대표적인 예이다.
- 현조(顯祖) : 북위의 5대 황제 헌문제(獻文帝)의 묘호(廟號).
- 호복(胡服) : 유목민이 착용했던 의복이다. 교령(交領) · 착수(窄袖) · 단고(短褲), 허리춤과 소매가 좁은 의복과 좌임(左衽), 둥근 옷깃의 둘레[원령(圓領)], 고습복(褲褶服), 협령소수(夾領小袖) 등이 대표적인 호복의 특징이다.
- 호삼성(胡三省) : 남송말 · 원초 인물로 『자치통감(資治通鑑)』을 주석하였다.
- 호삼성주(胡三省註) : 호주(胡注, 胡註)라고도 한다. 호삼성은 『자치통감(資治通鑑)』 원문에 나오는 관직명과 지명, 인명, 사건을 설명하거나 한자의 음을 표기하는 음주(音註)를 달아서 『자치통감』의 이해를 도왔다.
- 호어(胡語) : 선비 · 흉노 · 갈 · 고차 등 북방 유목민이 사용한 언어이다. 현재 한자로 표기된 단어를 보면 몽골어 혹은 투르크어와 유사했다고 한다. 『위서』에서는 '이언(夷言)' 혹은 '북속지어언(北俗之語言)'이라고도 표기하였다.
- 호인(胡人) : 선비 · 흉노 · 갈 · 고차 등 북방 유목민을 지칭한다.
- 호족계 관명 : 선비나 흉노 등 유목국가에서 유래된 관직, 혹은 선비어로 표기되었거나 한자로 의역(意譯)된 관명을 지칭한다. 『위서』와 『남제서』 「위로전(魏虜傳)」, 「문성제남순비」에 보이는 중산(中散) · 내아간(內阿干) · 내행령(內行令) · 내삼랑(內三郎) · 절흘진(折紇眞) · 하혼토략악(賀渾吐略渥) · 곡락진(斛洛眞) · 우진(羽眞), 직진(直眞), 오왜진(烏矮眞), 비덕진(比德眞) 등이 대표적인 예이다.
- 호지(胡地) : 호인, 즉 북방 유목민의 거주 지역이다. 하서(오르도스), 막남, 음산(陰山) 등지이다.
- 호태후(胡太后) : 선무제(宣武帝)의 후궁이자 효명제(孝明帝)의 생모이다. 효명제 즉위 이후 황태후(皇太后)가 되어 어린 효명제 대신 정사를 농단하였다.
- 호풍(胡風) : 유목민의 풍속과 문화를 총칭한다. 호속(胡俗)도 같은 뜻으로 사용하였다.
- 후직령(後職令) : 태화 23년(499)에 제정한 관제이다. 같은 해 효문제가 죽었기 때문에 아들인 선무제(宣武帝)가 즉위한 후에 반포되어 북위 말까지 유지되었다. 우선 관품을 9개의 숫자로 나눈 후 각각의 품은 정(正)과 종(從)으로 나누었다. 계(階)는 1품부터 3품까지는 상하의 품계 구분이 없었고, 4품부터 9품까지 상하의 품계가 있었다. 이러한 품계 구분 방식은

이후의 역대왕조에서 계속 사용되었다.

- 후진(後秦, 384~417년) : 오호십육국(五胡十六國)의 한 나라이다. 강인(羌人) 요장(姚萇)이 세웠다. 저인 부씨(苻氏)가 세운 진과 구별하기 위해 후진(後秦) 혹은 성을 붙여 요진(姚秦)이라고도 한다. 3대 34년 만인 417년에 유유(劉裕)가 지휘하는 동진의 군대에게 망하였다.
- 후토(后土) : 토신(土神) 혹은 지신(地神)을 지칭한다. 전한시대에는 하동군(河東郡) 분음현(汾陰縣)에서 후토 제사를 지내다가 수도의 북교(北郊)에서 제사 지내는 방식으로 바뀌었다.
- 훈신팔성(勳臣八姓) : 제실십성 다음의 권력과 지위를 가진 8개의 가문을 지칭한다. 구목릉씨(丘目陵氏, 후에 목씨(穆氏)로 바꿈), 보육고씨(步六孤氏, 후에 육씨(陸氏)로 바꿈), 하란씨(賀蘭氏, 후에 하씨(賀氏)로 바꿈), 독고씨(獨孤氏, 유씨(劉氏)로 바꿈), 하루씨(賀婁氏, 후에 누씨(樓氏)로 바꿈), 만뉴우씨(万忸于氏, 후에 우씨(于氏)로 바꿈), 흘해씨(紇奚氏, 후에 혜씨(嵇氏)로 바꿈), 위지씨(尉遲氏, 위씨(尉氏)로 바꿈) 등 8성(八姓)을 지칭한다.
- 휼성(遹省) : '휼정(遹正)', '휼(遹)', '성(省)'으로 표기되며 임금의 일반적인 순시뿐 아니라 군사적 활동, 즉 주왕의 친정(親征)의 뜻도 지닌다.

「東아시아 學術硏究叢書」 간행에 즈음하여

동아시아 지역 연구의 중요성이 최근처럼 강조된 적이 없는 것 같다. 비약적인 경제성장을 거듭하고 있는 중국을 비롯하여 일본, 동남아 각국이 포함되는 동아시아는 이제 세계 어느 지역보다 가장 큰 규모의 새로운 경제 블록으로 등장하고 있다. 뿐 아니라 동아시아는 같은 文化圈으로 우리나라와 수천 년간 끊임없이 교류관계를 맺어 온 지역이다.

이러한 중요성과 밀접성에도 불구하고 우리나라의 이들에 대한 연구는 아직 만족할 만한 수준에 이르지 못하고 있다. 이런 시점에서 한국에서 가장 오래된 동아시아 연구기관의 하나인 東亞文化硏究所가 「동아시아 학술연구총서」를 간행하게 된 것은 매우 시의적절한 일이라 생각한다. 동아문화연구소는 1963년 설립된 이후 문학, 사학, 철학 등 동아시아 각국의 인문학을 위주로 정치, 사회 등 사회과학 부분을 함께 연구해 온 유서 깊은 연구소이다. 그리고 앞으로 서울대학교 동아시아 연구의 중추기관으로서 임무를 충실히 해 나갈 충분한 인력을 확보하고 있다. 따라서 동아시아 학술연구에 커다란 기여를 할 것으로 기대된다.

이런 즈음에 동아문화연구소의 세의를 받아들여 「동아시아 학술연구총서」가 서울대학교출판문화원에서 계속 발간하기로 한 것은 매우 축하해야 할 일이라 생각한다. 「동아시아 학술연구총서」가 서울대학교는 물론 한국의 동아시아 지역학 연구의 진작에 큰 역할을 할 것으로 기대되기 때문이다. 앞으로 보다 수준 높고 알찬 연구서가 계속 출판되어 「동아시아학술연구총서」가 차곡차곡 쌓여 가기를 충심으로 바란다.

서울대학교
동아문화연구소장

동아시아 학술연구총서

1	20세기 전반기 상해사회의 지역주의와 노동자	전인갑
2	중국 역대 도시구조와 사회변화	서울대학교 동아문화연구소 편
3	근현대 중국의 국가건설과 제3의 길	강명희
4	근사록	이범학 역주
5	1930년대 중국의 중앙 · 지방 · 상인	강진아

북위황제 순행과 호한사회

펴낸곳 서울대학교출판문화원
펴낸이 오연천
지은이 최진열

초판 1쇄 인쇄 2011년 12월 27일
초판 1쇄 발행 2011년 12월 31일
출판등록 제15-3호

주소 서울 관악구 관악로 1 우편번호 151-742
대표전화 02-880-5252 팩스 02-888-4148
마케팅팀(주문상담) 02-889-4424, 02-880-7995
이메일 snubook@snu.ac.kr
홈페이지 www.snupress.com
영문홈페이지 eng.snupress.com

ISBN 978-89-521-1278-1 94910